CÓDIGO

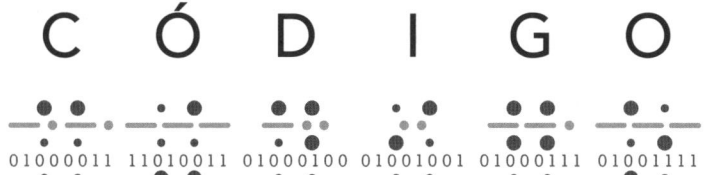

01000011 11010011 01000100 01001001 01000111 01001111

código (s.m.)

1. a. Um sistema de sinais usado para representar letras ou números na transmissão de mensagens.

   b. Um sistema de símbolos, letras ou palavras contendo certos significados arbitrários, usado para transmitir mensagens que exigem segredo ou concisão.

2. a. A informação que constitui um programa de computador específico.

   b. Um sistema de símbolos e regras que servem como instruções para um computador.

   – Traduzido de *The American Heritage Dictionary of the English Language*
   (edição *on-line*)

P513c   Petzold, Charles.
         Código : a vida secreta dos computadores / Charles Petzold ; tradução: Daniel Vieira ; revisão técnica: Ingrid Jansch. – 2. ed. – [São Paulo]: Pearson ; Porto Alegre : Bookman, 2024.
         xiv, 481 p. ; 23 cm.

         ISBN 978-85-8260-631-5

         1. Linguagens de programação – História. I. Título.

                                                              CDU 004.42

Catalogação na publicação: Karin Lorien Menoncin – CRB 10/2147

CHARLES PETZOLD

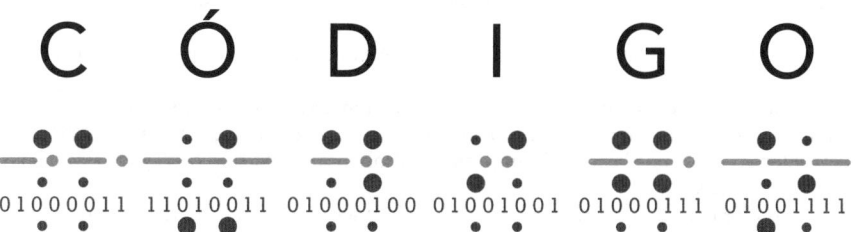

A Vida Secreta dos Computadores

2ª EDIÇÃO

Tradução
Daniel Vieira

Revisão técnica
Ingrid Jansch
Professora titular aposentada no Instituto de Informática
da Universidade Federal do Rio Grande do Sul (UFRGS).
Mestra em Ciência da Computação pela UFRGS.
Doutora em Microeletrônica pelo Institut National Polytechnique de Grenoble,
França. Pós-doutorado na Cornell University, nos Estados Unidos.

Porto Alegre
2024

Obra originalmente publicada sob o título *Code: The Hidden Language of Computer Hardware and Software*, 2nd edition

ISBN 9780137909100

Authorized translation from the English language edition, entitled *Code: The Hidden Language of Computer Hardware and Software,* 2nd edition by Charles Petzold; published by Pearson Education, Inc., publishing as Addison-Wesley Professional; Copyright © 2023. All rights reserved. No part of this book may be reproduced or transmitted in any form or by any means, electronic or mechanical, including photocopying, recording or by any information storage retrieval system, without permission from Pearson Education, Inc.

Portuguese language edition published by Grupo A Educação S.A., Copyright © 2023.

Tradução autorizada a partir do original em língua inglesa da obra intitulada *Code: The Hidden Language of Computer Hardware and Software,* 2ª edição, autoria de Charles Petzold, publicado por Pearson Education, Inc., sob o selo Addison-Wesley Professional, Copyright © 2023.
Todos os direitos reservados. Este livro não poderá ser reproduzido nem em parte nem na íntegra, armazenado em qualquer meio, seja mecânico ou eletrônico, inclusive fotorreprografação, sem permissão da Pearson Education, Inc.

A edição em língua portuguesa desta obra é publicada por Grupo A Educação S.A., Copyright © 2023.

Gerente editorial: *Letícia Bispo de Lima*

Colaboraram nesta edição:

Editora: *Simone de Fraga*
Preparação de originais: *Ildo Orsolin Filho*
Leitura final: *Carine Garcia Prates*
Capa: *Márcio Monticelli*
Editoração: *Ledur Serviços Editoriais Ltda.*

Reservados todos os direitos de publicação, em língua portuguesa, ao
GRUPO A EDUCAÇÃO S.A.
(Bookman é um selo editorial do GRUPO A EDUCAÇÃO S.A.)
Rua Ernesto Alves, 150 – Bairro Floresta
90220-190 – Porto Alegre – RS
Fone: (51) 3027-7000

SAC 0800 703 3444 – www.grupoa.com.br

É proibida a duplicação ou reprodução deste volume, no todo ou em parte, sob quaisquer formas ou por quaisquer meios (eletrônico, mecânico, gravação, fotocópia, distribuição na Web e outros), sem permissão expressa da Editora.

IMPRESSO NO BRASIL
PRINTED IN BRAZIL

Sobre o autor

Charles Petzold é mestre em Matemática pelo Stevens Institute of Technology. É autor de *The Annotated Turing: A Guided Tour through Alan Turing's Historic Paper on Computability and the Turing Machine* (Wiley, 2008). Ele escreveu vários outros livros e artigos de revistas, mas a maioria deles trata de aplicações de programação para o Microsoft Windows, e todos eles já estão obsoletos. Ele mora na cidade de Nova York  com sua esposa, a historiadora e romancista Deirdre Sinnott, e suas duas gatas, Honey e Heidi. Seu *site* é www.charlespetzold.com.

Dedicatória

Dedico este livro às duas mulheres mais importantes da minha vida.

À minha mãe, que lutou contra adversidades que teriam destruído uma pessoa menos preparada. Fundamental no direcionamento de minha vida, ela nunca freou meus caminhos. Comemoramos seu 95º (e último) aniversário durante a escrita deste livro.

À minha esposa, Deirdre Sinnott, que foi essencial e continua me deixando orgulhoso de suas realizações, seu apoio e seu amor.

Não posso deixar de mencionar, também, os leitores da 1ª edição, cujo *feedback* foi muito gratificante.

Agradecimentos

O nome de um dos responsáveis por este livro está na capa; os demais, não menos indispensáveis, aparecem a seguir.

Em particular, quero chamar a atenção para a editora executiva Haze Humbert, que me abordou sobre a possibilidade de uma 2ª edição, coincidentemente no momento exato em que eu estava pronto para fazê-la. Comecei a trabalhar em janeiro de 2021, e ela nos guiou habilmente durante o período, mesmo quando o livro passou vários meses do prazo e quando eu precisei de alguma garantia de que não havia diminuído a qualidade do conteúdo.

A editora de projeto da 1ª edição foi Kathleen Atkins, que também entendeu o que eu estava tentando fazer e dedicou muitas horas com sua colaboração. Minha agente na época era Claudette Moore, que também percebeu o potencial deste livro e convenceu a Microsoft Press a publicá-lo.

O editor técnico da 1ª edição foi Jim Fuchs, que encontrou muitos erros embaraçosos naquela época. Nesta 2ª edição, os revisores técnicos Mark Seemann e Larry O'Brien também perceberam alguns erros e me ajudaram a corrigi-los para que o livro ficasse melhor.

Achei que havia descoberto a diferença entre "compor" e "consistir" décadas atrás, mas aparentemente não. Corrigir erros como esses foi a contribuição inestimável do revisor de texto Scout Festa. Sempre contei com a gentileza dos revisores, que muitas vezes permanecem anônimos, mas que trabalham para apresentarmos um texto claro e preciso. Contudo, se ainda assim persistirem alguns erros, esses serão de minha exclusiva responsabilidade.

Quero agradecer novamente aos meus leitores beta da 1ª edição: Sheryl Canter, Jan Eastlund, o falecido Peter Goldeman, Lynn Magalska e Deirdre Sinnott (que mais tarde se tornou minha esposa).

As muitas ilustrações da 1ª edição foram obra do falecido Joel Panchot, que, pelo que percebi, estava orgulhoso de seu trabalho aqui. Muitas de suas ilustrações permanecem, mas como era necessário adicionar diagramas de circuitos, acabei refazendo todos os outros por uma questão de consistência. (Essas ilustrações foram geradas por um programa que escrevi em C# usando a biblioteca de gráficos SkiaSharp para gerar arquivos Scalable Vector Graphics.

Sob a direção da produtora de conteúdo sênior Tracey Croom, os arquivos SVG foram convertidos para Encapsulated PostScript para compor as páginas usando o Adobe InDesign.)

Charles Petzold

Prefácio

A 1ª edição deste livro foi publicada em setembro de 1999. Com grande satisfação, percebi que finalmente havia escrito um livro que nunca precisaria de revisão. Isso foi bem diferente do ocorrido com meu primeiro livro, que tratava de aplicações de programação para o Microsoft Windows. Ele já havia passado por cinco edições em apenas 10 anos. Meu segundo livro, sobre o OS/2 Presentation Manager (o quê?), tornou-se obsoleto muito mais rapidamente. No entanto, o livro *Código* eu tinha certeza de que duraria para sempre.

    Minha ideia original com *Código* era iniciar com conceitos muito simples, e aos poucos ir elaborando conceitos mais aprofundados sobre o funcionamento dos computadores digitais. Por meio dessa progressão constante, subindo a ladeira do conhecimento, eu empregaria um mínimo de metáforas, analogias e ilustrações tolas e, em vez disso, usaria a linguagem e os símbolos dos engenheiros reais que projetam e constroem computadores. Eu também tinha um truque muito inteligente na manga: usaria tecnologias antigas para demonstrar princípios universais, supondo que essas tecnologias já eram bastante antigas e nunca envelheceriam. Era como se eu estivesse escrevendo um livro sobre motor a combustão interna, mas baseado no Ford Modelo T.

    Ainda acho que a minha abordagem foi correta, mas eu estava errado em alguns detalhes. Com o passar dos anos, o livro foi ficando desatualizado. Algumas das referências culturais tornaram-se obsoletas. Telefones e dedos complementavam teclados e *mouses*. A internet certamente existia em 1999, mas não era nada parecida com o que acabou se tornando. O Unicode – a codificação de texto, que permite uma representação uniforme de todos os idiomas do mundo, bem como *emojis* – teve menos de uma página na 1ª edição. E JavaScript, a linguagem de programação que se tornou difundida na *web*, sequer foi mencionada.

    Esses problemas até poderiam ser fáceis de resolver, mas havia outro aspecto que continuava a me incomodar. Eu queria mostrar o funcionamento de uma CPU real – a unidade central de processamento que forma o cérebro, o coração e a alma de um computador –, mas a 1ª edição não conseguiu isso. Senti que havia chegado perto desse importante avanço crucial, mas depois desisti. Os leitores não pareciam reclamar, mas para mim era uma falha gritante.

Essa deficiência foi corrigida nesta 2ª edição. É por isso que ela tem mais páginas. Sim, é uma jornada mais longa, mas, se você me acompanhar, vamos mergulhar mais profundamente nas entranhas da CPU. Se esta será uma experiência mais prazerosa para você ou não, eu não posso dizer. Se você sentir que vai se afogar, por favor, suba para respirar, mas, se você chegar ao Capítulo 24, deverá se sentir muito orgulhoso e ficará feliz em saber que o restante do livro é fácil.

Recursos adicionais

A 1ª edição deste livro usava a cor vermelha em diagramas de circuitos para indicar o fluxo de eletricidade. A 2ª edição também faz isso, mas o funcionamento desses circuitos agora também é ilustrado de uma forma graficamente mais interativa, em um novo *site**: CodeHiddenLanguage.com.

Ocasionalmente, você será lembrado desse *site* ao longo das páginas deste livro, mas também estamos usando um ícone especial, que aparece próximo à margem deste parágrafo. A partir de agora, sempre que notar esse ícone – geralmente acompanhando um diagrama de circuito –, você poderá explorar o funcionamento do circuito no *site*. (Para aqueles que desejam conhecimento mais técnico, programei esses gráficos da *web* em JavaScript, usando o elemento canvas de HTML5.)

O uso do *site* CodeHiddenLanguage.com é totalmente gratuito. Não há acesso pago, e o único anúncio que você verá é do próprio livro. Em alguns dos exemplos, o *site* usa *cookies*, mas apenas para permitir que algumas informações fiquem armazenadas em seu computador. O *site* não rastreia você nem lhe causará danos.

Também usarei o *site* para prestar esclarecimentos ou informar sobre correções no material do livro.

---

* A atualização, manutenção e permanência do *site* (em inglês) são de responsabilidade do autor, e não do selo editorial Bookman.

Sumário

1 Melhores amigos 1
2 Códigos e combinações 7
3 Braille e códigos binários 13
4 Anatomia de uma lanterna 21
5 Comunicação por fios 31
6 Lógica com chaves 41
7 Telégrafos e relés 57
8 Relés e portas 64
9 Nossos 10 dígitos 90
10 Alternativas para o 10 98
11 Um *bit* de cada vez 116
12 *Bytes* e hexadecimais 138
13 Do ASCII ao Unicode 148
14 Adição com portas lógicas 168
15 Isso é real? 183
16 Mas e a subtração? 198
17 Realimentação e *flip-flops* 214
18 Vamos construir um relógio! 243

19 Uma montagem de memória 270

20 Automatização da aritmética 293

21 A unidade lógica e aritmética 319

22 Registradores e barramentos 338

23 Sinais de controle da CPU 359

24 Laços, desvios e chamadas 384

25 Periféricos 410

26 O sistema operacional 422

27 Codificação 435

28 O cérebro do mundo 459

Índice 473

1
Melhores amigos

Você tem 10 anos de idade. Seu melhor amigo mora do outro lado da rua. As janelas de seus quartos estão voltadas uma para a outra. Todas as noites, depois que seus pais declaram que está na hora de dormir, indecentemente cedo, vocês ainda precisam trocar pensamentos, observações, segredos, fofocas, piadas e sonhos. Ninguém pode culpá-los. Afinal, o impulso de se comunicar é uma das características mais humanas.

Enquanto as luzes ainda estão acesas em seus quartos, você e seu melhor amigo podem acenar um para o outro das janelas e, usando gestos amplos e uma linguagem corporal rudimentar, transmitir um ou dois pensamentos. Contudo, conversas mais sofisticadas parecem difíceis, e uma vez que os pais decretem "Apague a luz!", são necessárias soluções mais furtivas.

Como se comunicar? Se você tiver sorte o suficiente para ter um telefone celular aos 10 anos de idade, talvez uma ligação secreta ou uma mensagem de texto silenciosa possam resolver. Mas e se seus pais tiverem o hábito de confiscar celulares na hora de dormir e até desligar o *wi-fi*? Um quarto sem comunicação eletrônica é, de fato, um cômodo muito isolado.

O que você e seu melhor amigo **possuem**, no entanto, são lanternas. Todo mundo sabe que as lanternas foram inventadas para permitir que as crianças leiam livros debaixo das cobertas; lanternas também parecem perfeitas para o trabalho de comunicação após o anoitecer. Elas certamente são silenciosas o suficiente, e a luz é muito direcional e provavelmente não vazará por baixo da porta do quarto, alertando seus pais desconfiados.

As lanternas podem ser usadas para falar? Certamente vale tentar. Você aprendeu a escrever letras e palavras no papel no primeiro ano, então transferir esse conhecimento para a lanterna parece ser algo razoável. Tudo o que você precisa fazer é ficar na janela e desenhar as letras com luz. Para um O, você liga a lanterna, faz um círculo no ar e desliga o interruptor. Para um I, você faz um traço vertical. Contudo, como você rapidamente descobrirá, esse método é um desastre. Ao observar a lanterna de seu amigo fazendo curvas e linhas no ar, você descobre que é muito difícil reunir os diversos traçados em sua cabeça. Esses rodopios e cortes de luz não têm **precisão** suficiente.

Talvez você já tenha visto algum filme em que dois marinheiros sinalizavam um para o outro através do mar com luzes piscando. Em outro filme, um espião ajustou um espelho para refletir a luz do sol em uma sala onde outro espião estava preso. Talvez essa seja a solução. Então, primeiro você cria uma técnica simples: cada letra do alfabeto corresponde a uma série de piscadas de lanterna. Um A é uma piscada, um B é duas piscadas, um C é três piscadas e assim por diante, até as 26 piscadas para Z. A palavra BAD é duas piscadas, uma piscada e quatro piscadas, com pequenas pausas entre as letras para você não confundir com as sete piscadas para a letra G. Entre palavras, a pausa seria um pouco maior.

Isso parece promissor. A boa notícia é que você não precisa mais agitar a lanterna no ar; tudo que você precisa fazer é apontar e apertar um botão. A má notícia é que uma das primeiras mensagens que você tenta enviar (*"How are you?"*, expressão em inglês para "Como você está?") exige um total de 131 piscadas de luz! Além disso, você se esqueceu da pontuação, então não sabe quantas piscadas correspondem a um ponto de interrogação.

Mas você está chegando lá. Certamente, você pensa que alguém já deve ter enfrentado esse problema antes, e você está absolutamente certo. Com uma visita à biblioteca ou uma pesquisa na internet, você descobre uma invenção maravilhosa: o código Morse. É **exatamente** o que você estava procurando, embora agora precise reaprender a "escrever" todas as letras do alfabeto.

Aqui está a diferença: no sistema que você inventou, cada letra do alfabeto corresponde a um certo número de piscadas, de uma piscada para A a 26 piscadas para Z. No código Morse, temos dois tipos de piscadas: as curtas e as longas. Isso torna o código Morse mais complicado, é claro, mas no uso real ele acaba sendo muito mais eficiente. A frase *"How are you?"* agora requer apenas 32 piscadas (algumas curtas, outras longas) em vez de 131, e esse número agora inclui um código adicional para o ponto de interrogação.

Ao discutir como o código Morse funciona, as pessoas não falam sobre piscadas curtas e piscadas longas. Em vez disso, elas se referem a pontos e traços, porque é uma maneira conveniente de mostrar os códigos em uma página impressa. No código Morse, cada letra do alfabeto corresponde a uma pequena série de pontos e traços, como podemos ver na tabela a seguir.

A	•—	J	•———	S	•••
B	—•••	K	—•—	T	—
C	—•—•	L	•—••	U	••—
D	—••	M	——	V	•••—
E	•	N	—•	W	•——
F	••—•	O	———	X	—••—
G	——•	P	•——•	Y	—•——
H	••••	Q	——•—	Z	——••
I	••	R	•—•		

Embora o código Morse não tenha absolutamente nada a ver com computadores, familiarizar-se com a natureza dos códigos é uma preliminar essencial para alcançar uma compreensão profunda das linguagens ocultas e das estruturas internas do *hardware* e do *software* do computador.

Neste livro, a palavra **código** geralmente significa um sistema de transferência de informações entre pessoas, entre pessoas e computadores, ou internamente aos próprios computadores.

Um código permite que você se comunique. Às vezes, os códigos são secretos, mas a maioria deles não é. De fato, a maioria dos códigos é bem compreendida, porque eles são a base da comunicação humana.

Os sons que fazemos com a boca para formar palavras constituem um código inteligível para qualquer um que possa ouvir nossas vozes e compreender a língua que falamos. Chamamos esse código de "palavra falada" ou "fala".

Dentro das comunidades com deficiência auditiva, várias linguagens de sinais empregam as mãos e os braços para formar movimentos e gestos que transmitem letras individuais das palavras ou palavras e até conceitos inteiros. Os dois sistemas mais comuns na América do Norte são a língua americana de sinais (ASL, do inglês *American Sign Language*), que foi desenvolvida no início do século XIX na Escola Americana para Surdos, e a língua quebequense de sinais (LSQ, do francês *Langue des Signes Québécoise*), que é uma variação da língua francesa de sinais.

Usamos outro código para palavras em papel ou outro meio, chamado de "palavra escrita" ou "texto". O texto pode ser escrito ou digitado à mão e depois impresso em jornais, revistas e livros ou pode ser exibido digitalmente em diversos tipos de dispositivos. Em muitas línguas, existe uma forte correspondência entre fala e texto. Em português, por exemplo, letras e grupos de letras correspondem (mais ou menos) aos sons falados.

Para deficientes visuais, a palavra escrita pode ser substituída pelo Braille, que utiliza um sistema de pontos em relevo que correspondem a letras, grupos de letras e palavras inteiras. (O Capítulo 3 discute sobre o Braille com mais detalhes.)

Quando as palavras faladas devem ser transcritas em texto muito rapidamente, a estenografia ou a taquigrafia são úteis. Nos tribunais ou para geração de legendas em tempo real para noticiários ou programas esportivos na TV, os estenógrafos utilizam uma máquina estenográfica com um teclado simplificado que incorpora seus próprios códigos correspondentes ao texto.

Como alguns códigos são mais convenientes do que outros, entre nós usamos uma variedade de códigos diferentes para nos comunicarmos. O código da palavra falada não pode ser armazenado no papel, então o código da palavra escrita é usado em seu lugar. A troca silenciosa de informações a distância no escuro não é possível com fala ou papel, portanto o código Morse é uma alternativa conveniente. Um código é útil se serve a um propósito que nenhum outro código poderia servir.

Como veremos, muitos tipos de códigos também são usados nos computadores para armazenar e comunicar textos, números, sons, músicas, imagens e filmes, bem como instruções dentro do próprio computador. Os computadores não podem lidar facilmente com os códigos humanos porque não podem reproduzir com precisão as maneiras pelas quais os humanos usam seus olhos, ouvidos, boca e dedos. Ensinar computadores a falar é difícil, e convencê-los a compreender a fala é ainda mais difícil.

No entanto, já foi feito muito progresso. Os computadores agora podem capturar, armazenar, manipular e apresentar muitos tipos de informações usadas na comunicação humana, incluindo o visual (texto e imagens), o auditivo (palavras faladas, sons e música) ou uma combinação de ambos (animações e filmes). Todos esses tipos de informações exigem seus próprios códigos.

Mesmo a tabela de código Morse que você acabou de ver é, por si só, uma espécie de código. A tabela mostra que cada letra é representada por uma série de pontos e traços. Ainda assim, não podemos realmente enviar pontos e traços. Ao enviar código Morse com uma lanterna, os pontos e traços correspondem às piscadas.

Enviar código Morse com uma lanterna requer ligar seu interruptor e desligá-lo rapidamente para um ponto e um pouco mais devagar para um traço. Para enviar um A, por exemplo, você liga e desliga a lanterna rapidamente e depois liga e desliga não tão rápido, com uma pausa antes do próximo caractere. Por convenção, o comprimento de um traço deve ser cerca de três vezes maior que o de um ponto. A pessoa que recebe vê a piscada curta e a piscada longa e sabe que é um A.

No código Morse, as pausas entre pontos e traços são cruciais. Quando você envia um A, por exemplo, a lanterna deve ficar desligada entre o ponto e o traço por um período correspondente a um ponto. As letras na mesma palavra são separadas por pausas mais longas, iguais à duração de um traço. Por exemplo, aqui está o código Morse para "hello", ilustrando as pausas entre as letras:

●●●● ● ●▬●● ●▬●● ▬ ▬ ▬

As palavras são separadas por um período de lanterna desligada de aproximadamente dois traços. Aqui está o código para *hi there*:

●●●● ●● ▬ ●●●● ● ●▬● ●

Os períodos em que a lanterna permanece ligada e desligada não são fixos. Eles são todos relativos ao comprimento de um ponto, que depende da rapidez com que o interruptor da lanterna pode ser acionado e da rapidez com que um remetente do código Morse pode se lembrar do código de uma letra específica. O traço de um remetente rápido pode ter o mesmo comprimento que o ponto de um remetente lento. Esse pequeno problema pode dificultar a leitura de uma mensagem em código Morse, mas depois de uma ou duas letras a pessoa que recebe geralmente consegue descobrir o que é um ponto e o que é um traço.

A princípio, a definição de código Morse – e uso o termo **definição** para referir-me à correspondência entre as várias sequências de pontos e traços com as letras do alfabeto – parece tão aleatória quanto o leiaute de um teclado de computador. Em uma inspeção cuidadosa, no entanto, vemos que não é bem assim. Devido à sua origem, os códigos mais simples e curtos foram atribuídos às letras do alfabeto usadas com mais frequência no inglês, como E e T. Os jogadores de "Scrable" e os fãs da "Roda da Fortuna" podem perceber isso imediatamente. As letras menos comuns, como Q e Z (que dão 10 pontos no "Scrabble" e raramente aparecem nos quebra-cabeças da "Roda da Fortuna"), têm códigos mais longos.

Quase todo mundo conhece um pouco de código Morse. Três pontos, três traços e três pontos representam SOS, o sinal internacional de socorro. SOS não é uma abreviação; é simplesmente uma sequência de código Morse fácil de lembrar. Durante a Segunda Guerra Mundial, a *British Broadcasting Corporation (BBC)* iniciou algumas transmissões de rádio com o início da Quinta Sinfonia de Beethoven – BAH, BAH, BAH, BAHMMMMM. Na época em que compôs, Beethoven não sabia que a música um dia seria o código Morse para a letra V, de "vitória".

Uma desvantagem do código Morse é que ele não diferencia entre letras maiúsculas e minúsculas. No entanto, além de representar letras, o código Morse também inclui códigos para números, usando uma série de cinco pontos e traços:

1	• ━ ━ ━ ━	6	━ • • • •
2	• • ━ ━ ━	7	━ ━ • • •
3	• • • ━ ━	8	━ ━ ━ • •
4	• • • • ━	9	━ ━ ━ ━ •
5	• • • • •	0	━ ━ ━ ━ ━

Os códigos para números pelo menos são um pouco mais sistemáticos do que os códigos para letras. A maior parte dos sinais de pontuação utiliza cinco, seis ou sete pontos e traços:

.	•—•—•—	'	•——————•
,	——••——	(	—•——•—
?	••——••	)	—•——•—
:	———•••	=	—•••—
;	—•—•—•	+	•—•—•
-	—••••—	$	•••—••—
/	—••—•	¶	•—•—••
"	•—••—•	_	••——•—

Códigos adicionais são definidos para letras acentuadas de alguns idiomas europeus (tal como o português) e como sequências abreviadas para fins especiais. O código SOS é uma dessas sequências abreviadas: ele deve ser enviado continuamente com apenas uma pausa de um ponto entre as três letras.

Você descobrirá que é muito mais fácil para você e seu amigo enviarem código Morse se vocês tiverem lanternas feitas especialmente para essa finalidade. Além do interruptor deslizante liga-desliga normal, essas lanternas também incluem um botão que você simplesmente pressiona e solta para ligar e desligar a lanterna. Com um pouco de prática, você poderá atingir uma velocidade de envio e recebimento de 5 ou 10 palavras por minuto – ainda muito mais lenta que a fala (que está em torno de 100 palavras por minuto), mas adequada em muitas ocasiões.

Quando você e seu melhor amigo memorizarem o código Morse (já que essa é a única maneira de se tornar proficiente em enviá-lo e recebê-lo), vocês também poderão usá-lo vocalmente como um substituto para a fala normal. Para obter o máximo de velocidade, você pronuncia um ponto como *dih* (ou *dit* para o último ponto de uma letra) e um traço como *dah*; por exemplo, *dih-dih-dih-dah* para V. Da mesma forma que o código Morse simplifica a linguagem escrita para pontos e traços, a versão falada do código reduz a fala a apenas dois sons de vogais.

A palavra-chave aqui é "dois". Dois tipos de piscadas, dois sons de vogais e duas coisas diferentes podem, nas combinações adequadas, transmitir todos os tipos de informação.

2
Códigos e combinações

O código Morse foi inventado por volta de 1837 por Samuel Finley Breese Morse (1791–1872), a quem conheceremos melhor mais adiante neste livro. O código foi aprimorado por outros, principalmente Alfred Vail (1807–1859), e evoluiu para algumas versões diferentes. O sistema descrito neste livro é mais formalmente conhecido como código Morse internacional.

A invenção do código Morse anda de mãos dadas com a invenção do telégrafo, que também veremos com mais detalhes posteriormente neste livro. Assim como o código Morse é uma boa introdução à natureza dos códigos, o telégrafo inclui *hardware* que pode imitar operações de um computador.

A maioria das pessoas acha o código Morse mais fácil de enviar do que de receber. Mesmo que você não tenha decorado o código Morse, pode simplesmente utilizar esta tabela, que viu no capítulo anterior, convenientemente organizada por ordem alfabética:

A	•—	J	•———	S	•••
B	—•••	K	—•—	T	—
C	—•—•	L	•—••	U	••—
D	—••	M	——	V	•••—
E	•	N	—•	W	•——
F	••—•	O	———	X	—••—
G	——•	P	•——•	Y	—•——
H	••••	Q	——•—	Z	——••
I	••	R	•—•		

Receber o código Morse e traduzi-lo de volta em palavras é consideravelmente mais difícil e demorado do que enviar porque você deve trabalhar de trás para frente para descobrir a letra que corresponde a uma determinada sequência codificada de pontos e traços. Se você não tiver os códigos memorizados e receber um traço-ponto-traço-traço, terá de examinar a tabela letra por letra antes de finalmente descobrir que é a letra Y.

O problema é que, embora tenhamos uma tabela que oferece esta tradução:

Letra do alfabeto → *Código Morse de pontos e traços*

não temos uma tabela que nos permita fazer o contrário:

Código Morse de pontos e traços → *Letra do alfabeto*

No início do aprendizado do código Morse, essa tabela certamente seria conveniente. Contudo, não é nada óbvia a forma como poderíamos montá-la. Não há relação entre esses conjuntos de pontos e traços que corresponda à ordem alfabética.

Então vamos deixar de lado a ordem alfabética. Talvez uma abordagem melhor para organizar os códigos seja agrupá-los com base em quantos pontos e traços eles têm. Por exemplo, uma sequência de código Morse que contém apenas um ponto ou um traço pode representar apenas duas letras, E e T:

•	E
▬	T

Uma combinação de exatamente dois pontos ou traços oferece mais quatro letras, I, A, N e M:

••	I
•▬	A

▬•	N
▬▬	M

Um padrão com três pontos ou traços nos dá mais oito letras:

•••	S
••▬	U
•▬•	R
•▬▬	W

▬••	D
▬•▬	K
▬▬•	G
▬▬▬	O

Por fim, se você quiser parar este exercício antes de lidar com números e sinais de pontuação, as sequências que combinam quatro pontos e traços possibilitam mais 16 caracteres:

••••	H
•••−	V
••−•	F
••−−	Ü
•−••	L
•−•−	Ä
•−−•	P
•−−−	J

−•••	B
−••−	X
−•−•	C
−•−−	Y
−−••	Z
−−•−	Q
−−−•	Ö
−−−−	Š

Juntas, essas quatro tabelas contêm 2 mais 4 mais 8 mais 16 códigos para um total de 30 letras, quatro a mais do que o necessário para as 26 letras do alfabeto latino. Por isso, você notará que quatro dos códigos da última tabela são para letras acentuadas: três com trema e um com circunflexo invertido.

Essas quatro tabelas certamente podem ajudar quando alguém estiver enviando código Morse para você. Depois de receber um código para uma determinada letra, você saberá quantos pontos e traços ela tem e poderá pelo menos ir à tabela certa para procurá-la. Cada tabela é organizada metodicamente começando com o código apenas com pontos no canto superior esquerdo e terminando com o código apenas com traços no canto inferior direito.

Você consegue ver um padrão no "tamanho" das quatro tabelas? Cada tabela tem o dobro de códigos da tabela anterior. Isso faz sentido: cada tabela tem todos os códigos da tabela anterior seguidos por um ponto e todos os códigos da tabela anterior seguidos por um traço.

Podemos resumir essa tendência interessante desta forma:

Número de pontos e traços	Quantidade de códigos
1	2
2	4
3	8
4	16

Cada uma das quatro tabelas tem o dobro de códigos que a tabela anterior, de modo que, se a primeira tabela tiver 2 códigos, a segunda tabela terá 2 × 2 códigos e a terceira tabela terá 2 × 2 × 2 códigos. Aqui está outra maneira de mostrar isso:

Número de pontos e traços	Quantidade de códigos
1	2
2	2 × 2
3	2 × 2 × 2
4	2 × 2 × 2 × 2

Quando estivermos lidando com um número multiplicado por ele mesmo, podemos começar a usar expoentes para mostrar potências. Por exemplo, 2 × 2 × 2 × 2 pode ser escrito como 2^4 (ou seja, *2 elevado à quarta potência*). Os números 2, 4, 8 e 16 são potências de 2 porque você pode calculá-los multiplicando 2 por si mesmo. Reescrevendo as quantidades em forma sintética, temos:

Número de pontos e traços	Quantidade de códigos
1	2^1
2	2^2
3	2^3
4	2^4

Essa tabela se tornou muito simples. A quantidade de códigos é simplesmente 2 elevado à potência do número de pontos e traços:

$$\text{Quantidade de códigos} = 2^{\text{número de pontos e traços}}$$

Potências de 2 são frequentemente usadas nos códigos, especialmente neste livro. O próximo capítulo contém outro exemplo.

Para tornar o processo de decodificação do código Morse ainda mais fácil, você pode valer-se de algo como este diagrama em forma de árvore, mostrado a seguir.

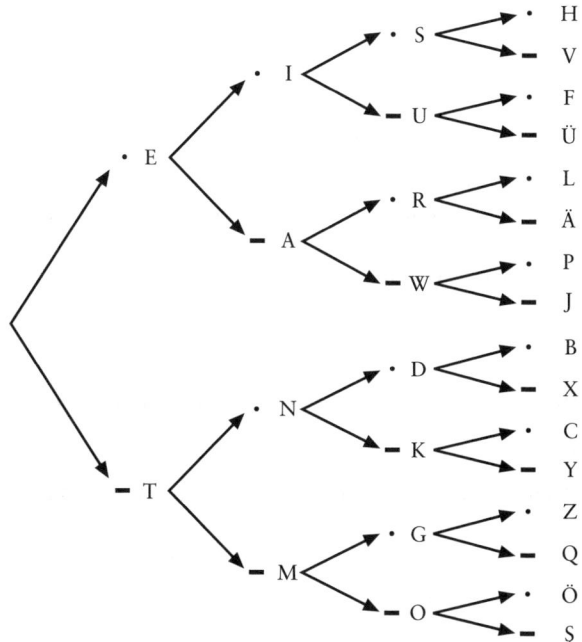

Esse diagrama mostra as letras que resultam de cada sequência específica e ininterrupta de pontos e traços. Para decodificar uma determinada sequência, siga as setas da esquerda para a direita. Por exemplo, suponha que você queira saber qual letra corresponde ao código ponto-traço-ponto. Comece à esquerda e escolha o ponto; em seguida, continue movendo-se para a direita ao longo das setas e escolha o traço e então outro ponto. A letra é R, mostrada ao lado desse último ponto.

Se você pensar bem, a construção prévia da tabela provavelmente foi necessária para definir o código Morse. Assim, ela garante que você não cometa o erro bobo de usar o mesmo código para duas letras diferentes. Além disso, você tem a certeza de usar todos os códigos possíveis sem tornar as sequências de pontos e traços desnecessariamente longas.

Correndo o risco de estender a tabela além dos limites da página impressa, poderíamos continuá-la para códigos de cinco pontos e traços. Uma sequência de exatamente cinco pontos e traços nos dá 32 ($2 \times 2 \times 2 \times 2 \times 2$, ou 2^5) códigos adicionais. Normalmente, isso seria suficiente para os 10 números e 16 sinais de pontuação definidos no código Morse, e, de fato, os números são codificados com cinco pontos e traços. Contudo, muitos dos outros códigos que usam uma sequência de cinco pontos e traços representam letras acentuadas em vez de sinais de pontuação.

Para incluir todos os sinais de pontuação, o sistema deve ser expandido para seis pontos e traços, o que nos dá 64 (2 × 2 × 2 × 2 × 2 × 2, ou 2^6) códigos adicionais, formando um total geral de 2 + 4 + 8 + 16 + 32 + 64, ou 126 caracteres. Isso é um exagero para o código Morse, o que deixa muitos desses códigos mais longos **indefinidos**, termo que nesse contexto refere-se a um código sem significado correspondente. Se você estivesse recebendo código Morse e aparecesse um código indefinido, poderia ter certeza de que alguém cometeu um erro.

Como fomos espertos o suficiente para desenvolver esta pequena fórmula,

$$\text{quantidade de códigos} = 2^{\text{número de pontos e traços}},$$

podemos continuar calculando quantos códigos podemos obter com o uso de sequências mais longas:

Número de pontos e traços	Quantidade de códigos
1	$2^1 = 2$
2	$2^2 = 4$
3	$2^3 = 8$
4	$2^4 = 16$
5	$2^5 = 32$
6	$2^6 = 64$
7	$2^7 = 128$
8	$2^8 = 256$
9	$2^9 = 512$
10	$2^{10} = 1.024$

Felizmente, não precisamos escrever todos os códigos possíveis para determinar quantos seriam. Basta multiplicar 2 por ele mesmo várias vezes.

Diz-se que o código Morse é **binário** (que significa literalmente "dois a dois") porque os componentes do código consistem em apenas duas coisas: um ponto e um traço. Isso é semelhante a uma moeda, que pode cair apenas no lado da cara ou da coroa. Moedas lançadas 10 vezes podem ter 1.024 sequências diferentes de caras e coroas.

As combinações de objetos binários (como moedas) e códigos binários (como o código Morse) são sempre descritas por potências de dois. Neste livro, dois é um número muito importante.

3
Braille e códigos binários

Samuel Morse não foi a primeira pessoa a traduzir com sucesso as letras da linguagem escrita em um código interpretável. Ele também não foi a primeira pessoa a ser lembrada mais pelo nome de seu código do que por ele próprio. Essa honra cabe a um adolescente francês cego, nascido cerca de 18 anos depois de Morse, mas que deixou sua marca muito mais cedo. Pouco se sabe sobre sua vida, mas o que se sabe é uma história convincente.

Louis Braille nasceu em 1809 em Coupvray, França, a apenas 40 quilômetros a leste de Paris. Seu pai era fabricante de arreios. Aos três anos de idade – uma idade em que os meninos não deveriam brincar nas oficinas de seus pais –, ele acidentalmente enfiou uma ferramenta pontiaguda no olho. A ferida infeccionou, e a infecção se espalhou para o outro olho, deixando-o totalmente cego. A maioria das pessoas que sofressem tal destino naquela época estaria condenada a uma vida de ignorância e pobreza, mas a inteligência e o desejo de aprender do jovem Louis logo foram reconhecidos. Por intervenção do
pároco da vila e de um professor, ele primeiro frequentou a escola da vila com as outras crianças e depois, aos 10 anos, foi enviado para a Instituição Real para Jovens Cegos, em Paris.

O maior obstáculo na educação de crianças cegas é a falta de acesso a materiais de leitura acessíveis. Valentin Haüy (1745–1822), fundador da escola de Paris, havia inventado um sistema de letras em relevo no papel em uma grande fonte arredondada, que podia ser lida pelo toque. No entanto, esse sistema era muito difícil de usar, e apenas alguns livros foram produzidos usando esse método.

Cego, Haüy estava preso em um paradigma. Para ele, um A era um A e somente um A, e a letra A deveria se parecer (ou sentir) como um A. (Se tivesse uma lanterna para se comunicar, ele poderia ter tentado desenhar letras no ar, como fizemos antes de descobrirmos que isso não funcionava muito bem.)

Haüy provavelmente não percebeu que um tipo de código bem diferente das letras em relevo poderia ser mais apropriado para pessoas cegas.

As origens de um tipo alternativo de código vieram de uma fonte inesperada. Charles Barbier, capitão do exército francês, desenvolveu, em 1815, um sistema de escrita mais tarde chamado de *écriture nocturne,* ou "escrita noturna". Esse sistema usava um padrão de pontos em relevo em papel grosso e foi planejado para ser usado por soldados ao passar bilhetes uns para os outros no escuro, quando era preciso manter silêncio. Os soldados poderiam furar esses pontos no verso do papel usando um objeto pontiagudo, semelhante ao instrumento "punção". Os pontos em relevo então poderiam ser lidos com os dedos.

Louis Braille se familiarizou com o sistema de Barbier aos 12 anos de idade. Ele gostou do uso de pontos em relevo, não apenas pela facilidade de leitura com os dedos, mas também porque era fácil de "escrever". Um aluno na sala de aula equipado com papel e um punção conseguiria fazer anotações e lê-las de volta. Braille trabalhou diligentemente para melhorar o sistema e em três anos (aos 15 anos) criou o seu próprio, cujos fundamentos ainda hoje são usados. Por muitos anos, o sistema era conhecido apenas dentro da escola, mas aos poucos foi se espalhando pelo resto do mundo. Em 1835, Louis Braille contraiu tuberculose, morrendo logo após seu 43º aniversário, em 1852.

Hoje, várias versões do sistema Braille competem com os audiolivros para fornecer às pessoas cegas o acesso à palavra escrita, mas ele continua sendo um sistema inestimável e a única maneira de ler para pessoas ao mesmo tempo cegas e surdas. Nas últimas décadas, esse sistema de escrita tátil tornou-se mais conhecido para o público em geral, pois elevadores e caixas eletrônicos começaram a dispor do Braille para se tornarem mais acessíveis.

O que farei neste capítulo é analisar o código Braille e mostrar como ele funciona. Você não precisa realmente "aprender" Braille ou memorizar algo. O único propósito deste exercício é obter algum conhecimento adicional sobre a natureza dos códigos.

Em Braille, cada símbolo usado na linguagem escrita normal – especificamente, letras, números e sinais de pontuação – é codificado como um ou mais pontos em relevo dentro de uma célula de dois por três. Os pontos da célula são comumente numerados de 1 a 6:

```
1 ○ ○ 4
2 ○ ○ 5
3 ○ ○ 6
```

Foram projetadas máquinas de escrever especiais para gravar em relevo os pontos em Braille no papel e, hoje, equipamentos computadorizados fazem esse trabalho.

Como imprimir em Braille apenas algumas páginas deste livro seria proibitivamente caro, usei uma notação comum para mostrar o código na página impressa. Nessa notação, todos os seis pontos na célula são mostrados. Pontos grandes indicam as partes da célula onde o papel estaria em relevo. Pontos pequenos indicam as partes da célula que são planas. Por exemplo, no caractere Braille

os pontos 1, 3 e 5 são elevados, e os pontos 2, 4 e 6, não.

O que deve ser interessante para nós aqui é que os pontos são **binários**. Um ponto específico é plano ou em relevo. Isso significa que podemos aplicar o que aprendemos sobre código Morse e combinações binárias ao Braille. Sabemos que existem seis pontos e que cada ponto pode ser plano ou em relevo, então o número total de combinações de seis pontos planos e elevados é 2 × 2 × 2 × 2 × 2 × 2, ou 2^6, ou 64.

Assim, o sistema Braille é capaz de representar 64 códigos únicos. Aqui estão todos eles:

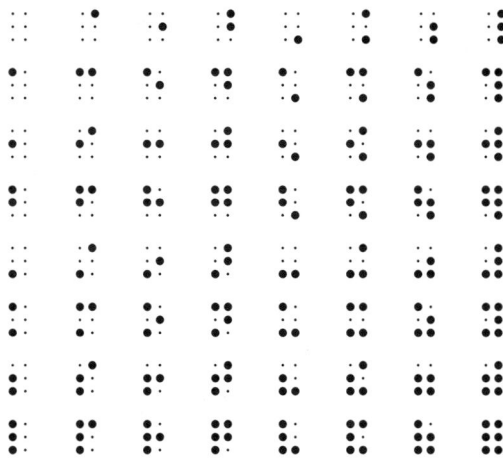

Não é necessário que todos os 64 códigos sejam usados em Braille, mas 64 é definitivamente o limite superior imposto pelo padrão de seis pontos.

Para começar a examinar o código Braille, vejamos o alfabeto básico de minúsculas:

⠁ ⠃ ⠉ ⠙ ⠑ ⠋ ⠛ ⠓ ⠊ ⠚
a b c d e f g h i j

⠅ ⠇ ⠍ ⠝ ⠕ ⠏ ⠟ ⠗ ⠎ ⠞
k l m n o p q r s t

⠥ ⠧ ⠭ ⠽ ⠵
u v x y z

Por exemplo, a frase "*you and me*" em Braille se parece com isto:

⠽⠕⠥ ⠁⠝⠙ ⠍⠑

Observe que as células para cada letra dentro de uma palavra são separadas por um pequeno espaço; um espaço maior (basicamente uma célula sem pontos em relevo) é usado entre as palavras.

Essa é a base do Braille conforme concebido por Louis Braille, ou pelo menos é como se aplica às letras do alfabeto latino. Louis Braille também criou códigos para letras com acentos, comuns no francês. Observe que não há código para *w*, que não é usado no francês clássico. (Não se preocupe, a letra aparecerá mais tarde.) Neste ponto, apenas 25 dos 64 códigos possíveis foram considerados.

Após um exame mais atento, você descobrirá um padrão nos códigos Braille para as 25 letras minúsculas. A primeira linha (letras de *a* até *j*) usa apenas os quatro pontos superiores (na parte mais alta) da célula: pontos 1, 2, 4 e 5. A segunda linha (letras de *k* até *t*) duplica a primeira linha, exceto que o ponto 3 também está em relevo. A terceira linha (*u* até *z*) repete a primeira, mas acrescentando os pontos 3 e 6 em relevo.

Louis Braille originalmente projetou seu sistema para ser perfurado à mão. Ele sabia que isso provavelmente não seria muito preciso, então ele habilmente definiu as 25 letras minúsculas de uma forma que reduzisse a ambiguidade. Por exemplo, dos 64 códigos Braille possíveis, seis têm um ponto em relevo, mas apenas um deles é usado para letras minúsculas, especificamente para a letra *a*. Quatro dos 64 códigos têm dois pontos verticais adjacentes, mas, novamente, apenas um é usado, para a letra *b*. Três códigos têm dois pontos horizontais adjacentes, mas apenas um é usado, para *c*.

Braille e códigos binários **17**

O que Louis Braille realmente definiu é uma coleção de padrões únicos que podem ser deslocados um pouco na página sem alterar ou perder o significado. Um *a* é um ponto elevado, um *b* são dois pontos adjacentes verticalmente, um *c* são dois pontos adjacentes horizontalmente e assim por diante.

Muitas vezes, os códigos são suscetíveis a erros. Um erro que ocorre quando um código é escrito (p. ex., quando um aluno de Braille marca pontos no papel) é chamado de erro de **codificação**. Um erro cometido na leitura do código é chamado de erro de **decodificação**. Também pode haver erros de **transmissão** – por exemplo, quando uma página que contém Braille é danificada de alguma forma.

Códigos mais sofisticados geralmente incorporam em sua composição vários tipos de correção de erros. Nesse sentido, o Braille originalmente definido por Louis Braille é um sistema de codificação sofisticado: usa redundância para permitir um pouco de imprecisão na perfuração e na leitura dos pontos.

Desde os dias de Louis Braille, o código Braille foi expandido de várias maneiras, incluindo sistemas para anotar matemática e música. Atualmente, o sistema usado com mais frequência em textos publicados em inglês é o Braille Grau 2. O Braille Grau 2 usa muitas contrações para utilizar menos papel e acelerar a leitura. Por exemplo, se códigos de letras aparecem isolados, eles correspondem a palavras frequentes ou usuais. As três linhas a seguir (incluindo uma terceira linha "completa") mostram esses códigos de palavras (em inglês):

(none)	but	can	do	every	from	go	have	(none)	just
knowledge	like	more	not	(none)	people	quite	rather	so	that
us	very	it	you	as	and	for	of	the	with

Assim, a frase "*you and me*" pode ser escrita em Braille Grau 2 da seguinte forma:

Até agora, descrevi 31 códigos – o espaço sem pontos em alto relevo entre as palavras e as três linhas de 10 códigos para letras e palavras. Ainda não estamos perto dos 64 códigos teoricamente disponíveis. No Braille Grau 2, como veremos, nada é desperdiçado.

Os códigos para as letras de *a* até *j* podem ser combinados com um ponto 6 em relevo. Eles são usados principalmente para contrações de letras dentro de palavras e incluem o *w* e outra abreviação de palavra:

ch   gh   sh   th   wh   ed   er   ou   ow   w
                                                      (ou "will")

Por exemplo, a palavra "*about*" pode ser escrita em Braille Grau 2 desta forma:

O próximo passo introduz alguma ambiguidade potencial, ausente na formulação original de Louis Braille. Os códigos para as letras de *a* até *j* também podem ser reorganizados, deslocando os pontos em relevo para baixo, de forma a usar apenas os pontos 2, 3, 5 e 6. Esses códigos representam alguns sinais de pontuação e contrações, dependendo do contexto:

ea   bb   cc   dis   en   to   gg   his   in   was
,   ;   :   .   !   ()   "   "

Os quatro primeiros desses códigos são vírgula, ponto e vírgula, dois pontos e ponto. Observe que o mesmo código é usado para parênteses esquerdo e direito, mas dois códigos diferentes são usados para aspas de abertura e de fechamento. Como esses códigos podem ser confundidos com as letras de *a* até *j*, eles só fazem sentido em um contexto maior entre outras letras.

Chegamos a 51 códigos até agora. Os seis códigos a seguir usam várias combinações não utilizadas dos pontos 3, 4, 5 e 6 para representar contrações e alguma pontuação adicional:

st   ing   ble   ar   '   com
/   #   -

O código para "ble" é muito importante porque, quando não faz parte de uma palavra, significa que os códigos que seguem devem ser interpretados como números. Esses códigos para números são idênticos aos das letras de *a* até *j*:

⠼ ⠼ ⠼ ⠼ ⠼ ⠼ ⠼ ⠼ ⠼ ⠼
1   2   3   4   5   6   7   8   9   0

Assim, a sequência de códigos

indica o número 256.

Se você estiver acompanhando, deve ter notado que faltam mais sete códigos para atingirmos o máximo de 64. Aqui estão eles:

O primeiro (um ponto 4 em relevo) é usado como um indicador de acento. Os outros são usados como prefixos para algumas contrações e para outras finalidades. Quando os pontos 4 e 6 estão em relevo (o quinto código nessa linha), o código é um separador da parte decimal em um número ou um indicador de ênfase, dependendo do contexto. Quando os pontos 5 e 6 estão em relevo (o sexto código), isso sinaliza que o próximo caractere é letra, neutralizando o indicador anterior de número.

Por fim, se você está se perguntando como o Braille codifica letras maiúsculas, temos o ponto 6, o indicador de maiúsculas. Ele indica que a letra seguinte é maiúscula. Por exemplo, podemos escrever o nome do criador original desse sistema como

Essa sequência começa com um indicador de maiúscula, seguido pela letra *l*, a contração *ou*, as letras *i* e *s*, um espaço, outro indicador de maiúscula e as letras *b*, *r*, *a*, *i*, *l*, *l* e *e*. (Em uso real, o nome poderia ser abreviado ainda mais eliminando as duas últimas letras, que não são pronunciadas, ou usando a escrita fonética (*"brl"* para a pronúncia no inglês).

Resumindo, vimos como seis elementos binários (os pontos) geram 64 códigos possíveis e nada mais. Acontece que muitos desses 64 códigos atuam com dupla função, dependendo do contexto. Particularmente interessante é o indicador de número que, seguido pelo indicador de letra, tem sua função desfeita. Esses códigos alteram o significado dos códigos que os seguem – de letras para números e de números de volta para letras. Códigos como esses costumam ser chamados de códigos de **precedência** ou de **deslocamento**. Eles alteram o significado de todos os códigos subsequentes, até que a operação seja desfeita.

Um código de mudança é semelhante a manter pressionada a tecla *Shift* em um teclado de computador. Ele é assim denominado porque a tecla *Shift* nas antigas máquinas de escrever deslocava (*shift*, em inglês) o mecanismo para a escrita de letras maiúsculas.

O indicador de letras maiúsculas em Braille significa que a letra seguinte (e apenas esta) deve ser maiúscula em vez de minúscula. Um código como esse é conhecido como código de **escape**. Os códigos de escape permitem "escapar" da interpretação normal de um código e interpretá-lo de maneira diferente. Códigos de deslocamento e códigos de escape são comuns quando as linguagens escritas são representadas por códigos binários. No entanto, eles podem aumentar a complexidade, pois os códigos individuais não podem ser interpretados isoladamente sem que se saiba quais códigos vieram antes.

Já em 1855, alguns defensores do Braille começaram a expandir o sistema com outra linha de dois pontos. O Braille de oito pontos tem sido usado para alguns propósitos especiais, como música, estenografia e caracteres *kanji* japoneses. Por aumentar o número de códigos distintos para 2^8, ou 256, ele também é conveniente em algumas aplicações de computador, permitindo que letras minúsculas e maiúsculas, números e sinais de pontuação tenham seus próprios códigos exclusivos, sem o incômodo dos códigos de deslocamento e de escape.

4
Anatomia de uma lanterna

As lanternas são úteis para diversas tarefas; ler sob as cobertas e enviar mensagens codificadas são apenas algumas das mais óbvias. A lanterna doméstica comum também pode ocupar um papel central em uma demonstração educacional sobre algo onipresente conhecido como eletricidade.

A eletricidade é um fenômeno incrível, conseguindo ser extremamente útil enquanto permanece em grande parte misteriosa, mesmo para pessoas que aparentam saber como ela funciona. Felizmente, precisamos saber apenas alguns conceitos básicos para entender como a eletricidade é usada dentro dos computadores.

A lanterna é certamente um dos aparelhos elétricos mais simples encontrados na maioria das residências. Desmonte uma lanterna típica e você descobrirá que ela consiste em uma ou mais baterias, uma lâmpada, um interruptor, algumas peças de metal e um estojo para manter tudo junto.

Hoje, a maioria das lanternas usa diodos emissores de luz (LED, do inglês *light-emitting diodes*), mas uma vantagem das lâmpadas mais antigas é que você pode ver dentro do bulbo de vidro transparente:

Essa é conhecida como uma lâmpada **incandescente**. A maioria dos norte-americanos acredita que a lâmpada incandescente foi inventada por Thomas Edison, enquanto os britânicos têm certeza de que Joseph Swan foi seu autor. Na verdade, muitos outros cientistas e inventores fizeram avanços importantes antes que Edison ou Swan estivessem envolvidos.

Dentro da lâmpada incandescente há um filamento feito de tungstênio, que brilha quando a eletricidade é aplicada. O bulbo da lâmpada é preenchido com um gás inerte para evitar que o tungstênio queime ao esquentar. As duas pontas desse filamento são conectadas a fios finos que são presos ao tubo rosqueado da lâmpada e à ponta da base.

Você pode fazer sua própria lanterna simples descartando tudo, exceto as baterias e a lâmpada. Você também precisará de alguns pedaços curtos de fio isolado (com o isolamento removido nas pontas) e mãos suficientes para manter tudo junto:

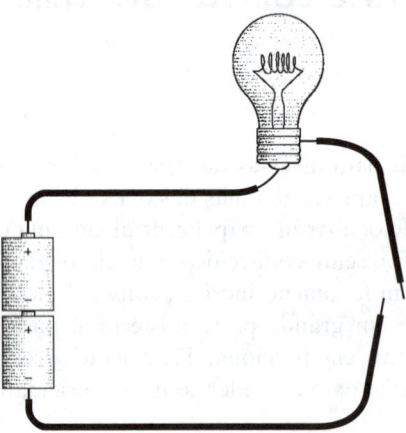

Observe as duas pontas soltas dos fios à direita do diagrama. Esse é o nosso interruptor (ou chave). Supondo que as baterias estejam boas e a lâmpada não esteja queimada, tocar essas pontas soltas acenderá a luz:

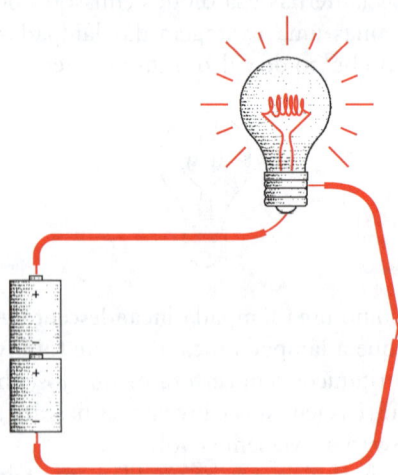

Este livro usa a cor vermelha para indicar que a eletricidade está fluindo pelos fios e acendendo a lâmpada.

O que construímos aqui é um circuito elétrico simples, e a primeira coisa a notar é que um **circuito** é um "caminho fechado ou circular". A lâmpada acenderá apenas se o caminho das baterias ao fio, da lâmpada ao interruptor e de volta às baterias for contínuo. Qualquer interrupção nesse circuito fará com que a lâmpada se apague. O propósito do interruptor é controlar esse processo.

A natureza circular de um circuito elétrico sugere que algo está se movendo ao redor do circuito, talvez como a água fluindo pelos canos. A analogia de "água e canos" é bastante comum nas explicações de como a eletricidade funciona, mas mais tarde ela falha, como deve acontecer com todas as analogias. A eletricidade é única neste universo. Assim, devemos examiná-la em seus próprios termos.

Uma abordagem para entender o funcionamento da eletricidade é a **teoria dos elétrons**, que explica a eletricidade como o movimento dos elétrons.

Como sabemos, toda a matéria – aquilo que podemos ver e sentir (geralmente) – é composta por coisas extremamente pequenas, chamadas de átomos. Cada átomo é composto por três tipos de partículas: nêutrons, prótons e elétrons. Às vezes, um átomo é representado como um pequeno sistema solar, com os nêutrons e os prótons ligados a um núcleo e os elétrons girando em torno do núcleo, como planetas em torno de um sol, mas esse é um modelo obsoleto.

O número de elétrons em um átomo é geralmente igual ao número de prótons. Contudo, em certas circunstâncias, os elétrons podem ser desalojados dos átomos. É assim que a eletricidade acontece.

As palavras **elétron** e **eletricidade** derivam da palavra do grego antigo ηλεκτρον (*elektron*), que estranhamente é a palavra grega para "âmbar", a seiva das árvores que, endurecida, se torna semelhante ao vidro. A razão para essa derivação improvável é que os antigos gregos experimentaram esfregar âmbar com lã, o que produz algo que hoje chamamos de eletricidade **estática**. Esfregar lã no âmbar faz com que a lã capture elétrons do âmbar. A lã fica com mais elétrons do que prótons, e o âmbar fica com menos elétrons do que prótons. Em experimentos mais modernos, o carpete capta elétrons das solas de nossos sapatos.

Prótons e elétrons têm uma característica denominada **carga**. Diz-se que os prótons têm uma carga positiva (+) e que os elétrons têm uma carga negativa (–), mas os símbolos não significam mais e menos no sentido aritmético ou que os prótons têm algo que os elétrons não têm. Os símbolos + e – indicam simplesmente que prótons e elétrons são opostos de alguma forma. Essa característica oposta se manifesta em como prótons e elétrons se relacionam uns com os outros.

Prótons e elétrons ficam plenamente satisfeitos e estáveis quando coexistem na mesma quantidade. Um desequilíbrio de prótons e elétrons tentará se corrigir. Quando o carpete capta elétrons de seus sapatos, no final tudo se iguala quando você toca em algo e sente uma faísca. Essa centelha de eletricidade estática é o movimento dos elétrons por uma rota bastante tortuosa, do tapete passa ao e através do seu corpo, e retorna aos sapatos.

A eletricidade estática não se limita às pequenas faíscas produzidas pelos dedos que tocam nas maçanetas. Durante as tempestades, a parte inferior das nuvens acumula elétrons, enquanto o topo das nuvens perde elétrons; até que esse desequilíbrio seja nivelado com um relâmpago acompanhado do trovão. O relâmpago (ou raio) é um monte de elétrons se movendo muito rapidamente de um ponto para outro.

A eletricidade no circuito da lanterna é obviamente muito mais contida do que uma faísca ou um relâmpago. A luz queima constante e continuamente porque os elétrons não estão apenas pulando de um lugar para outro. Como um átomo no circuito perde um elétron para outro átomo próximo, ele pega outro elétron de um átomo adjacente, que pega um elétron de outro átomo adjacente e assim por diante. A eletricidade no circuito é a passagem de elétrons de um átomo para outro.

Isso não acontece por si só. Não podemos simplesmente conectar um monte de coisas velhas e esperar que alguma eletricidade aconteça. Precisamos de algo para precipitar o movimento dos elétrons ao redor do circuito. Olhando para trás em nosso diagrama da lanterna simples, podemos assumir com segurança que o que inicia o movimento da eletricidade não são os fios nem a lâmpada, então provavelmente são as baterias.

As baterias usadas em lanternas geralmente são cilíndricas e rotuladas como D, C, A, AA ou AAA, dependendo do tamanho. A extremidade plana da bateria é marcada com um sinal de menos (–); a outra extremidade tem uma pequena saliência marcada com um sinal de mais (+).

As baterias geram eletricidade por meio de uma reação química. Os produtos químicos nas baterias são escolhidos de modo que as reações entre eles gerem elétrons sobressalentes no lado da bateria marcado com um sinal de menos (chamado de terminal negativo, ou **ânodo**) e exijam elétrons extras no outro lado da bateria (o terminal positivo, ou **cátodo**). Assim, a energia química é convertida em energia elétrica.

As baterias usadas nas lanternas geram cerca de 1,5 volt de eletricidade. Veremos o que isso significa em breve.

A reação química não pode prosseguir a menos que haja alguma maneira de os elétrons extras serem retirados do terminal negativo da bateria e devolvidos ao terminal positivo. Isso ocorre com um circuito elétrico que conecta os dois terminais. Os elétrons viajam em torno desse circuito no sentido anti-horário:

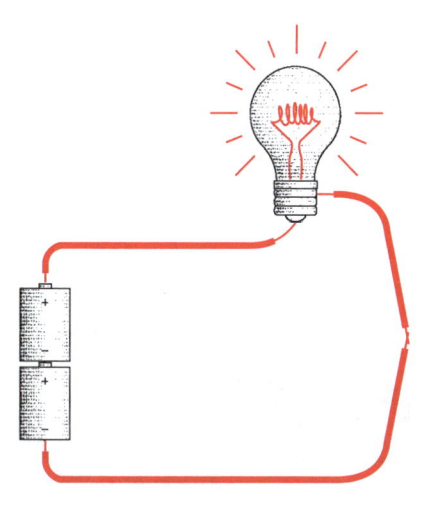

Os elétrons dos produtos químicos nas baterias poderiam não se misturar tão livremente com os elétrons nos fios de cobre se não fosse por um simples fato: todos os elétrons, onde quer que sejam encontrados, são idênticos. Não há algo que diferencie um elétron de cobre de qualquer outro elétron.

Observe que ambas as baterias estão voltadas para a mesma direção. A extremidade positiva da bateria inferior recebe elétrons da extremidade negativa da bateria superior. É como se as duas baterias tivessem sido combinadas em uma bateria maior com um terminal positivo em uma extremidade e um terminal negativo na outra extremidade. Assim, a bateria combinada é de 3 volts em vez de 1,5 volt.

Se virarmos uma das baterias ao contrário, o circuito não funcionará:

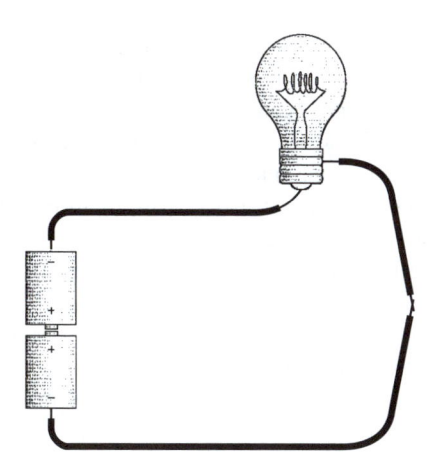

As duas extremidades positivas da bateria precisam de elétrons para as reações químicas, mas não há como os elétrons chegarem até elas, pois estão ligadas uma à outra. Se as duas extremidades positivas da bateria estiverem conectadas, as duas extremidades negativas também devem estar:

Isso funciona. Diz-se que as baterias estão conectadas **em paralelo**, não **em série**, como mostrado anteriormente. A tensão combinada é de 1,5 volt, igual a tensão de cada uma das baterias. A luz provavelmente ainda brilhará, mas não tanto quanto com duas baterias em série. No entanto, as baterias durarão o dobro do tempo.

Normalmente, gostamos de pensar que uma bateria fornece eletricidade a um circuito. Mas vimos que também podemos pensar em um circuito como um meio para que ocorram as reações químicas de uma bateria. O circuito retira os elétrons da extremidade negativa da bateria e os entrega à sua extremidade positiva. As reações na bateria continuam até que todos os produtos químicos se esgotem, momento em que você descarta adequadamente a bateria, ou a recarrega, se for o caso.

Da extremidade negativa para a extremidade positiva da bateria, os elétrons fluem através dos fios e da lâmpada. Mas por que precisamos dos fios? A eletricidade não pode simplesmente fluir pelo ar? Bem, sim e não. Sim, a eletricidade pode fluir pelo ar (principalmente pelo ar úmido), caso contrário não haveria relâmpagos, mas ela não flui pelo ar com tanta facilidade.

Algumas substâncias são significativamente melhores do que outras para transportar eletricidade. A capacidade de um elemento transportar eletricidade está relacionada à sua estrutura subatômica. Os elétrons cercam o núcleo em vários níveis, chamados de camadas. Um átomo que tem apenas um elétron em sua camada externa pode desistir prontamente desse elétron, que é o necessário para transportar eletricidade. Essas substâncias conduzem a eletricidade com mais facilidade e, portanto, são chamadas de **condutoras**. Os melhores condutores são cobre, prata e ouro. Não é por acaso que esses três elementos se encontram na mesma coluna da tabela periódica. O cobre é a substância mais comum na fabricação de fios.

O oposto da condutância é a **resistência**. Algumas substâncias são mais resistentes à passagem de eletricidade do que outras e, portanto, são conhecidas como *resistores*. Se uma substância tem uma resistência muito alta, o que significa que ela praticamente não conduz eletricidade, ela é conhecida como **isolante**. A borracha e o plástico são bons isolantes; por isso são frequentemente usados para revestir os fios. Tecido e madeira também são bons isolantes, assim como o ar seco. Quase tudo conduzirá eletricidade, porém apenas se a tensão for alta o suficiente.

O cobre tem uma resistência muito baixa, mas ainda tem "alguma" resistência. Quanto mais longo for um fio, maior será sua resistência. Se você tentasse conectar uma lanterna com fios de quilômetros de comprimento, a resistência nos fios seria tão alta que a lanterna não funcionaria.

Quanto mais grosso for um fio, menor será sua resistência. Isso pode ser um pouco contraintuitivo. Você pode imaginar que um fio grosso requer muito mais eletricidade para "preenchê-lo", mas, na verdade, a espessura do fio disponibiliza muito mais elétrons para se moverem através do fio.

Eu mencionei a tensão, mas não a defini. O que significa quando uma bateria tem 1,5 volt? Na verdade, a tensão – ou voltagem, em homenagem ao conde Alessandro Volta (1745–1827), que inventou a primeira bateria em 1800 – é um dos conceitos mais difíceis da eletricidade elementar. A tensão refere-se a um **potencial** para realizar trabalho. Ela existe independentemente de algo estar ou não conectado a uma bateria.

Imagine um tijolo. Apoiado no chão, o tijolo tem muito pouco *"potencial"*. Segurado em sua mão a um metro e meio do chão, o tijolo tem mais potencial. Tudo o que você precisa fazer para realizar esse potencial é largar o tijolo. Segurado em sua mão no topo de um prédio alto, o tijolo tem muito mais potencial. Nos três casos, você está segurando o tijolo e ele não está fazendo algo, mas o **potencial** é diferente.

Um conceito muito mais fácil em eletricidade é a noção de **corrente**. A corrente está relacionada ao número de elétrons realmente circulando pelo circuito. A corrente é medida em "amperes", em homenagem a André-Marie Ampère (1775–1836), por convenção abreviada com a letra A, como em "um fusível de 10 A". Para obter um ampere de corrente, você precisa de mais de 6 quintilhões de elétrons passando por um determinado ponto por segundo. Isso é 6 seguido de 18 zeros, ou 6 bilhões de bilhões.

A analogia da água e dos canos ajuda aqui: a corrente é semelhante à "quantidade" de água que flui por um cano; a tensão é semelhante à "pressão" da água; e a resistência é semelhante ao calibre do cano – quanto menor for o calibre, maior será a resistência. Portanto, quanto mais pressão de água você tiver, mais água fluirá pelo cano. Quanto menor for o cano, menos água fluirá por ele. A quantidade de água que flui através de um cano (a corrente) é diretamente proporcional à pressão da água (a tensão) e inversamente proporcional ao calibre do cano (a resistência).

Em eletricidade, você pode calcular quanta corrente está fluindo através de um circuito se conhecer a tensão e a resistência. A resistência – a tendência de uma substância de impedir o fluxo de elétrons – é medida em "ohms", em homenagem a Georg Simon Ohm (1789-1854), que também propôs a famosa lei de Ohm. A lei afirma que:

$$I = V / R$$

em que I é tradicionalmente usado para representar a corrente em amperes, V é usado para representar a tensão (em alguns casos, é referida como **força eletromotriz**) e R é a resistência.

Por exemplo, vejamos uma bateria que está simplesmente isolada, sem qualquer conexão:

A tensão, V, é 1,5. Esse é um potencial para realizar o trabalho. Contudo, como os terminais positivo e negativo são conectados apenas por ar, a resistência (o símbolo R) é exageradamente alta, o que significa que a corrente (I) é igual a 1,5 volt dividido por um número grande. Isso significa que a corrente é muito próxima de zero.

Agora vamos conectar os terminais positivo e negativo com um pequeno pedaço de fio de cobre (e a partir daqui não mostraremos mais o isolamento dos fios):

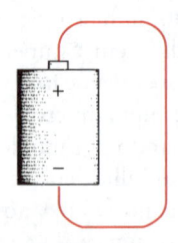

Isso é conhecido como **curto-circuito**. A tensão ainda é 1,5, mas a resistência agora é muito baixa. A corrente é de 1,5 volt dividido por um número muito pequeno. Isso significa que a corrente será extremamente alta. Muitos elétrons estarão fluindo através do fio. Na verdade, a corrente real será limitada pelo tamanho físico da bateria. A bateria provavelmente não será capaz de fornecer uma corrente tão alta, e a tensão cairá abaixo de 1,5 volt. Se a bateria for grande o suficiente, o fio ficará quente, pois a energia elétrica está sendo convertida em calor. Se o fio ficar muito quente, ele brilhará e poderá até derreter.

A maioria dos circuitos situa-se entre esses dois extremos. Podemos simbolizá-los assim:

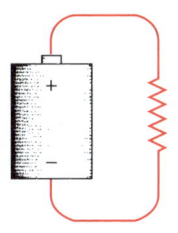

A linha em zigue-zague é reconhecida pelos engenheiros eletricistas como o símbolo de um resistor. Aqui, ela significa que o circuito tem uma resistência que não é nem muito baixa nem muito alta.

Se um fio tiver baixa resistência, ele pode esquentar e começar a brilhar. É assim que funciona uma lâmpada incandescente.

O filamento comumente encontrado nas lâmpadas incandescentes das lanternas tem uma resistência de cerca de 4 ohms. Se a lanterna requer duas baterias conectadas de ponta a ponta, a corrente é de 3 volts divididos por 4 ohms, ou 0,75 ampere, que também pode ser expresso como 750 miliamperes. Isso significa que mais de 4,5 quintilhões de elétrons estão fluindo através da lâmpada a cada segundo. A resistência do filamento faz com que a energia elétrica seja convertida em luz e calor.

Outra medida comum de eletricidade é o "watt", em homenagem a James Watt (1736–1819), que é mais conhecido por seu trabalho na máquina a vapor. O watt é uma medida de potência (P) que pode ser calculada como:

$$P = V \times I$$

Os 3 volts e 0,75 ampere de nossa lanterna indicam que estamos lidando com uma lâmpada de 2,25 watts. Os LEDs estão substituindo as lâmpadas incandescentes porque podem fornecer a mesma quantidade de luz com menos calor e menor potência. As contas de eletricidade são baseadas em watts, portanto reduzir a potência das lâmpadas economiza dinheiro e reduz o impacto sobre o meio ambiente.

Agora aparentemente analisamos tudo sobre a lanterna: as baterias, os fios e a lâmpada. No entanto, esquecemos da parte mais importante!

Sim, o interruptor (ou chave). O interruptor controla se a eletricidade está fluindo no circuito ou não. Quando um interruptor permite que a eletricidade flua, diz-se que está **ligado**, ou **fechado**. Um interruptor **desligado**, ou **aberto**, não permite que a eletricidade flua. (A maneira como usamos as palavras "fechado" e "aberto" para interruptores é oposta à maneira como as usamos para uma porta. Uma porta fechada impede que qualquer coisa passe por ela; um interruptor fechado permite que a eletricidade flua.)

Ou o interruptor está fechado ou está aberto. Ou a corrente flui ou não. Ou a lâmpada acende ou não.

Como os códigos binários inventados por Morse e Braille, essa lanterna simples está ligada ou desligada. Não há meio-termo. Essa semelhança entre códigos binários e circuitos elétricos simples será muito útil nos próximos capítulos.

5
Comunicação por fios

Você agora tem 12 anos de idade. Em um dia terrível, a família do seu melhor amigo se muda para outra cidade. Você envia *e-mails* e mensagens de texto para ele de vez em quando, mas não é tão emocionante quanto aquelas sessões noturnas com as lanternas piscando em código Morse. Seu segundo melhor amigo, que mora na casa ao lado da sua, acaba se tornando seu novo melhor amigo. É hora de ensinar ao seu novo melhor amigo um pouco de código Morse e colocar as lanternas para piscar novamente.

O problema é que a janela do quarto do seu novo melhor amigo não fica de frente para a janela do seu quarto. As casas estão lado a lado, mas as janelas dos quartos estão voltadas para a mesma direção. A menos que você descubra uma maneira de montar alguns espelhos do lado de fora, as lanternas agora não são adequadas para a comunicação após o anoitecer.

Ou são?

Talvez você já tenha aprendido algo sobre eletricidade a essa altura, então decide fazer suas próprias lanternas com baterias, lâmpadas, interruptores e fios. No primeiro experimento, você conecta as baterias e o interruptor em seu quarto. Dois fios saem da sua janela, passam pela cerca e vão para o quarto do seu amigo, onde são conectados a uma lâmpada:

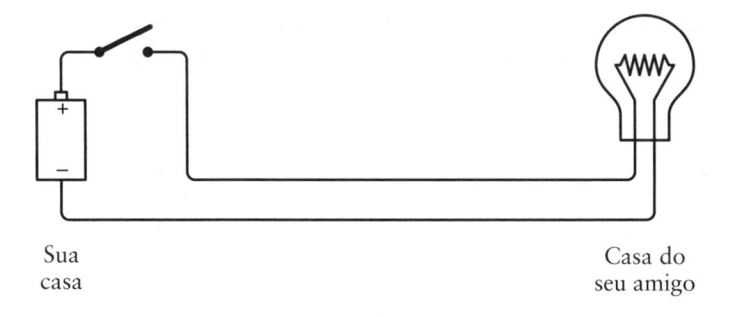

Sua casa

Casa do seu amigo

Daqui por diante, os circuitos serão representados de forma mais simbólica do que realista. Embora eu mostre apenas uma bateria, na verdade você poderá usar duas. Neste diagrama e nos próximos, o símbolo desenhado representará um interruptor desligado (ou aberto):

E este será o interruptor quando estiver ligado (ou fechado):

A lanterna neste capítulo funciona da mesma forma como foi ilustrada no capítulo anterior, exceto que os fios que conectam os componentes agora estão um pouco mais longe. Quando você fecha o interruptor em seu quarto, a lâmpada se acende na casa do seu amigo:

Sua casa

Casa do seu amigo

Agora, você pode enviar mensagens usando código Morse.

Quando uma "lanterna" estiver funcionando, você poderá preparar outra lanterna de longa distância para que seu amigo também possa enviar mensagens para você:

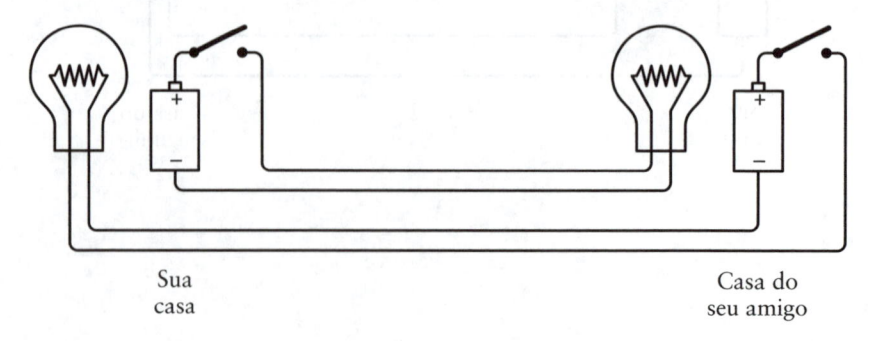

Sua casa

Casa do seu amigo

Parabéns! Você acabou de improvisar um sistema de telégrafo bidirecional. Você notará que são dois circuitos idênticos e totalmente independentes um do outro. Teoricamente, você pode enviar uma mensagem para seu amigo enquanto seu amigo está enviando uma mensagem para você, embora seu cérebro possa ter alguma dificuldade para ler e enviar mensagens ao mesmo tempo.

Você também pode ser engenhoso o suficiente para descobrir que não precisa de tantos fios cobrindo a distância entre as duas casas. Você pode eliminar um dos quatro fios fazendo a conexão desta maneira:

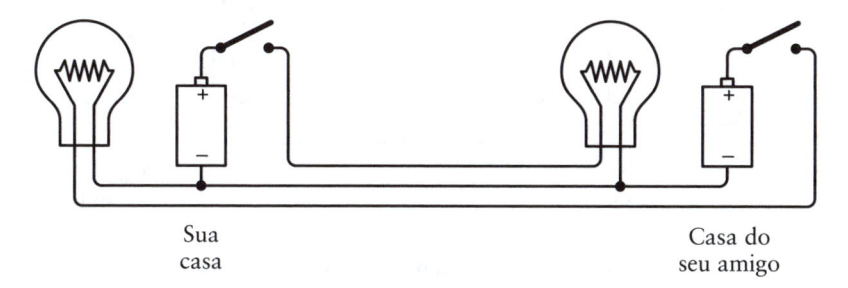

Sua casa

Casa do seu amigo

Neste livro, os fios conectados são simbolizados por um pequeno ponto na conexão. Esse diagrama tem duas dessas conexões, uma embaixo da bateria da sua casa e outra embaixo da lâmpada da casa do seu amigo.

Observe que, agora, os terminais negativos das duas pilhas estão conectados. Os dois circuitos circulares (da bateria ao interruptor à lâmpada à bateria) ainda operam de forma independente, embora agora estejam interligados.

Essa conexão entre os dois circuitos é chamada de **retorno**. Nesse circuito, o retorno se estende entre os dois pontos de conexão dos fios, do ponto onde a lâmpada e a bateria à esquerda estão conectadas até o ponto onde a lâmpada e a bateria à direita estão conectadas, todos com a mesma tensão.

Vamos dar uma olhada mais de perto para garantir que nada de estranho está acontecendo. Primeiro, quando você fecha o interruptor do seu lado, a lâmpada da casa do seu amigo acende. Os fios vermelhos mostram o fluxo de eletricidade no circuito:

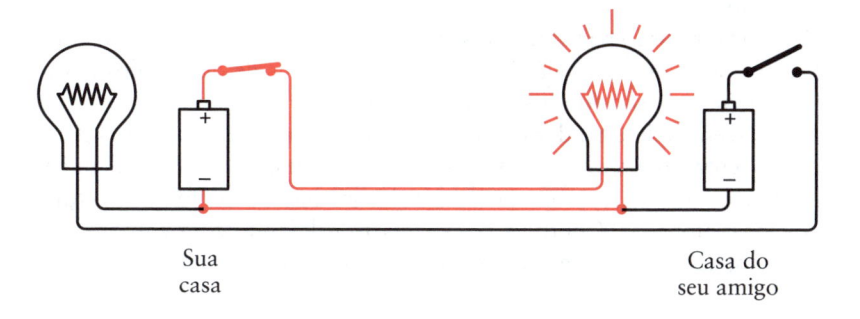

Sua casa

Casa do seu amigo

Nenhuma eletricidade flui na outra parte do circuito porque não há um caminho contínuo para os elétrons completarem um circuito.

Quando você não está enviando, mas seu amigo está enviando, o interruptor na casa do seu amigo controla a lâmpada da sua casa. Mais uma vez, os fios vermelhos mostram como a eletricidade flui no circuito:

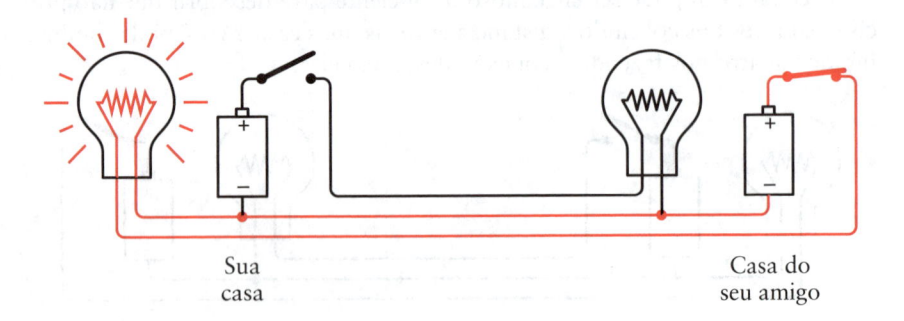

Sua casa

Casa do seu amigo

Quando você e seu amigo tentam enviar ao mesmo tempo, às vezes ambos os interruptores estão abertos, às vezes um interruptor está fechado e o outro está aberto, e às vezes ambos os interruptores estão fechados. Quando ambos os interruptores estão fechados, o fluxo de eletricidade no circuito fica assim:

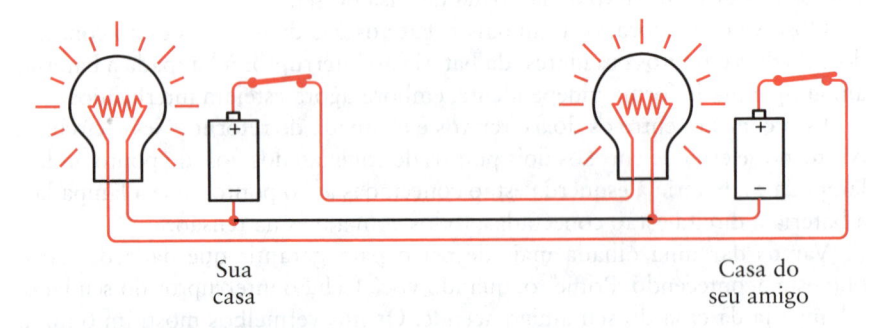

Sua casa

Casa do seu amigo

Curiosamente, nenhuma corrente flui pelo retorno quando ambas as lâmpadas estão acesas.

Ao usar o retorno para unir dois circuitos separados em um único circuito, nós reduzimos a conexão elétrica entre as duas casas de quatro fios para três fios e reduzimos nossas despesas com fios em 25%.

Se tivéssemos de estender os fios por uma distância muito longa, poderíamos ficar tentados a reduzir ainda mais nossas despesas com fiação eliminando outro fio. Infelizmente, isso não é viável com baterias comuns de 1,5 volt e pequenas lâmpadas. Contudo, se estivéssemos lidando com baterias de 100 volts e lâmpadas muito maiores, isso certamente poderia ser feito.

O truque é este: depois de estabelecer uma parte comum do circuito, você não precisa usar fio para isso. Você pode substituir o fio por outra coisa. Essa coisa é uma esfera gigante, com aproximadamente 12.700 quilômetros de diâmetro, composta por metal, rocha, água e material orgânico, do qual a maioria está morta. Essa esfera gigante é conhecida por nós como Terra.

Quando descrevi os bons condutores no capítulo anterior, mencionei prata, cobre e ouro, mas não cascalho e composto orgânico. Na verdade, a terra não é tão boa condutora, embora alguns tipos da superfície (p. ex., o solo úmido) sejam melhores que outros (como a areia seca). Contudo, uma coisa que aprendemos sobre condutores é que quanto maior, melhor. Um fio muito grosso conduz muito melhor do que um fio muito fino. É onde a terra se destaca. Ela é gigantesca.

Para usar a terra como condutor, você não pode simplesmente enfiar um fiozinho no chão perto dos pés de tomate. É preciso usar algo que mantenha um contato substancial com a terra, e com isso quero dizer um condutor com uma grande superfície. Uma boa solução é um poste de cobre com, pelo menos, 2,5 metros de comprimento e ½ polegada (ou 1,27 cm) de diâmetro. Isso fornece quase 1.000 centímetros quadrados de contato com a terra. Você pode usar uma marreta para enterrar o poste no chão e conectar um fio a ele. Ou, se os canos de água fria em sua casa forem feitos de cobre e se vierem de fora para sua casa de forma subterrânea, você também pode conectar um fio ao cano.

Um contato elétrico com a terra é chamado de *earth*, na Inglaterra, e *ground*, nos Estados Unidos. Há uma certa confusão em torno da palavra "terra", porque frequentemente ela também se aplica em referência à parte de um circuito que chamamos aqui de "retorno". Neste capítulo, e até que eu indique de outra forma, "terra" é uma conexão física com a terra.

Quando as pessoas desenham circuitos elétricos, elas usam este símbolo para representar um terra:

$$\bot\!\!\!\!\!\!=$$

Os eletricistas usam esse símbolo porque não gostam de perder tempo para desenhar um poste de cobre de 2,5 metros enterrado no solo. Um circuito conectado ali é referido como "conectado ao terra" ou, por simplicidade, "aterrado".

Vejamos como isso funciona. Iniciamos este capítulo examinando uma configuração unidirecional como esta:

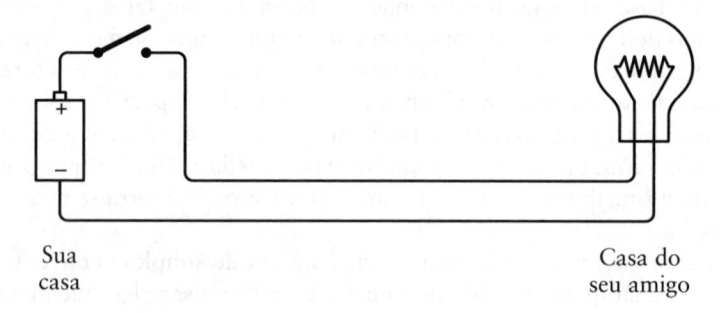

Sua casa   Casa do seu amigo

Se você usasse baterias e lâmpadas de alta tensão, precisaria de apenas um fio entre sua casa e a casa de seu amigo, pois poderia usar a terra como um dos conectores:

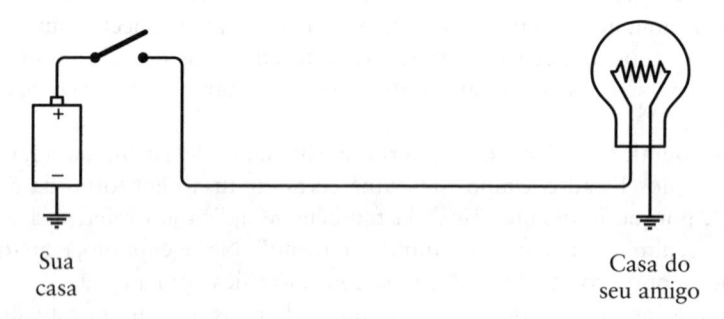

Sua casa   Casa do seu amigo

Quando você liga o interruptor, a eletricidade flui desta forma:

Sua casa

Casa do seu amigo

Os elétrons saem da terra na casa do seu amigo, passam pela lâmpada e pelo fio, passam pelo interruptor da sua casa e vão para o terminal positivo da bateria. Os elétrons do terminal negativo da bateria vão para a terra.

Você também poderia visualizar elétrons saltando do poste de cobre de 2,5 metros enterrado no quintal de sua casa para a terra e, em seguida, correndo pela terra para chegar ao poste de cobre de 2,5 metros enterrado no quintal da casa de seu amigo. No entanto, se você considerar que a terra está realizando essa mesma função para muitos milhares de circuitos elétricos ao redor do mundo, você pode se perguntar: como os elétrons sabem para onde ir? Bem, obviamente eles não sabem. Uma imagem diferente da terra parece muito mais apropriada.

Sim, a terra é um grande condutor de eletricidade, mas também pode ser vista tanto como uma fonte de elétrons quanto como um repositório de elétrons. "A terra está para os elétrons assim como o oceano está para as gotas de água". A terra é uma fonte praticamente ilimitada de elétrons e também um mar gigante de elétrons.

A terra, no entanto, tem "alguma" resistência. É por isso que não podemos usar o aterramento para reduzir nossas necessidades de fiação se estivermos brincando com baterias comuns de 1,5 volt e lâmpadas de lanterna. A terra simplesmente tem resistência demais para as baterias com baixa tensão.

Você notará que os dois diagramas anteriores incluem uma bateria com o terminal negativo conectado ao terra:

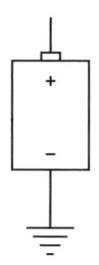

Não vou mais desenhar essa bateria conectada ao terra. Em seu lugar, vou desenhar um V maiúsculo, símbolo que representa tensão (ou *voltage*, em inglês). Um fio que se estende de um V maiúsculo é o mesmo que um fio conectado ao terminal positivo de uma bateria cujo terminal negativo está conectado ao terra. O telégrafo de lâmpada unidirecional agora se parece com isto:

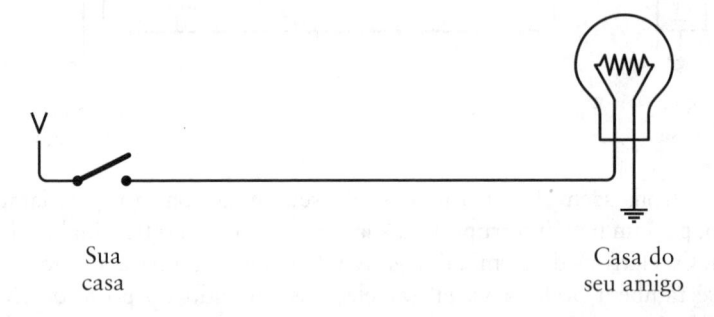

Sua casa   Casa do seu amigo

O V é o símbolo para tensão, mas, num certo sentido, também poderia significar *vacuum* (aspirador, em inglês). Você pode pensar no V como um aspirador de elétrons e no solo como um oceano de elétrons. O aspirador puxa os elétrons da terra através do circuito, realizando trabalho ao longo do caminho (tal como acender uma lâmpada).

O terra às vezes também é conhecido como o ponto de **potencial zero**. Isso significa que não há tensão presente. A tensão, como expliquei anteriormente, é um potencial para realizar trabalho, assim como um tijolo suspenso no ar é uma fonte potencial de energia. O potencial zero é como um tijolo no chão: não há mais espaço para ele cair.

No Capítulo 4, uma das primeiras coisas que notamos foi que os circuitos são caminhos circulares. Nosso novo circuito não tem qualquer semelhança com esta forma circular. No entanto, ele ainda é uma. Você pode substituir V por uma bateria com o terminal negativo conectado ao terra e, em seguida, desenhar um fio conectando todos os lugares onde vê um símbolo de aterramento. Você terminaria com o mesmo diagrama que usamos no início deste capítulo.

Assim, com a ajuda de alguns postes de cobre (ou canos de água fria), podemos construir um sistema de código Morse bidirecional com apenas dois fios cruzando a cerca entre sua casa e a de seu amigo:

Sua casa

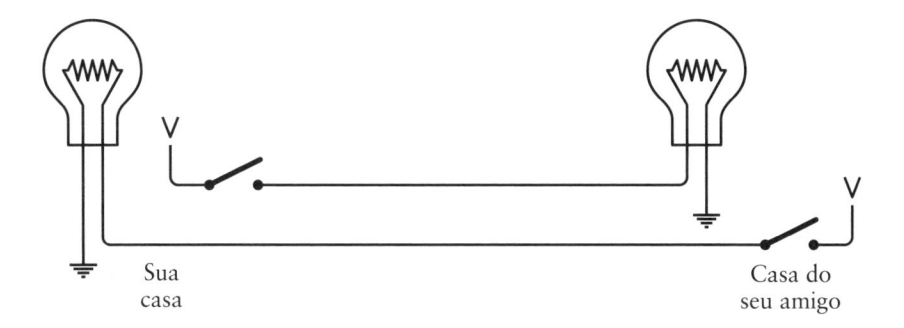

Casa do seu amigo

Funcionalmente, esse circuito é igual à configuração mostrada nas páginas 33 a 34, em que três fios atravessavam a cerca entre as casas, mas funcionaria apenas com baterias e lâmpadas de alta tensão.

Neste capítulo, demos um passo importante na evolução das comunicações. Anteriormente, podíamos nos comunicar com o código Morse, mas apenas em uma linha reta de visão e apenas até onde o feixe de uma lanterna viajasse.

Ao usar fios, não apenas construímos um sistema para se comunicar em curvas além da linha de visão, mas também nos libertamos da limitação da distância. Podemos nos comunicar por centenas e milhares de quilômetros apenas conectando fios cada vez mais longos.

Bem, não exatamente. Embora o cobre seja um ótimo condutor de eletricidade, ele não é perfeito. Quanto mais longos os fios, mais resistência eles têm. Quanto mais resistência, menos corrente flui. Quanto menos corrente, mais fracas ficam as lâmpadas.

Então, qual é a extensão que os fios poderão ter? Isso depende. Vamos supor que você esteja usando a conexão bidirecional original de quatro fios, sem aterramento e fios comuns, e que esteja usando baterias e lâmpadas de lanterna. Para manter seus custos baixos, você pode ter comprado inicialmente um rolo de fio para alto-falantes, comumente usado para conectar alto-falantes a amplificadores de áudio de última geração. O fio do alto-falante consiste em um par de dois fios isolados e convenientemente unidos, por isso é uma boa escolha para o nosso sistema de telégrafo. Se o seu quarto e o quarto do seu amigo estiverem a menos de 15 metros de distância, esse rolo de fio é tudo o que você precisa.

A bitola do fio é medida em *American Wire Gauge* (AWG, ou calibre de fio no sistema americano de medidas.). Quanto menor o número em AWG, mais grosso é o fio e menor é sua resistência. Se você comprasse um fio para alto-falantes de calibre 20, o fio em si teria um diâmetro de cerca de 0,8 milímetro e uma resistência de cerca de 10 ohms a cada 300 metros, ou 1 ohm para a distância de ida e volta de 30 metros entre os quartos.

Isso não é ruim, mas e se estendermos o fio por 1.600 metros? A resistência total do fio seria superior a 100 ohms (para ida e volta). Lembre-se, do capítulo anterior, que nossa lâmpada tinha apenas 4 ohms. Pela lei de Ohm, podemos calcular facilmente que a corrente no circuito não será mais 0,75 ampere (3 volts divididos por 4 ohms); ela agora será menor que 0,03 ampere (3 volts divididos por mais de 100 ohms). É quase certo que não haverá corrente suficiente para acender a lâmpada.

Usar um fio mais grosso é uma boa solução, mas pode ser caro. O fio de 10 AWG tem cerca de 2,5 milímetros de espessura e resistência de apenas 1 ohm a cada 300 metros, ou 5 ohms para cada 1.600 metros.

Outra solução é aumentar a tensão e usar lâmpadas com uma resistência muito maior, como as lâmpadas incandescentes usadas para iluminar sua casa. A resistência dos fios afetará muito menos o circuito como um todo.

Esses são problemas enfrentados em meados do século XIX pelas pessoas que instalaram os primeiros sistemas de telégrafo através da América do Norte e da Europa. Independentemente da espessura dos fios e dos altos níveis de tensão, os fios do telégrafo simplesmente não podiam se estender indefinidamente. No máximo, o limite para um sistema funcionando de acordo com esse esquema era de algumas centenas de quilômetros. Isso não chega nem perto para alcançar os milhares de quilômetros entre Nova York e a Califórnia.

A solução para esse problema – não para as lanternas, mas para os telégrafos de antigamente – é um dispositivo simples e humilde, mas com o qual podem ser construídos computadores inteiros.

6
Lógica com chaves

O que é a verdade? Aristóteles imaginava que a lógica tinha algo a ver com ela. A coleção de seus ensinamentos, conhecida como *Organon* (que data do quarto século a.C.), é o escrito extenso mais antigo sobre a lógica. Para os antigos gregos, a lógica era um meio de analisar a linguagem na busca da verdade e, portanto, era considerada uma forma de filosofia. A base da lógica de Aristóteles era o **silogismo**. O silogismo mais famoso (que, na verdade, não se encontra nas obras de Aristóteles) é

> "Todos os homens são mortais.
> Sócrates é um homem.
> Logo, Sócrates é mortal."

Em um silogismo, duas premissas são consideradas corretas e, a partir delas, uma conclusão é deduzida.

A mortalidade de Sócrates pode parecer bastante direta, mas há muitas variedades de silogismos. Por exemplo, considere as duas premissas a seguir, propostas pelo matemático do século XIX Charles Dodgson (também conhecido como Lewis Carroll):

> "Todos os filósofos são lógicos.
> Um homem ilógico é sempre obstinado."

A conclusão – "algumas pessoas obstinadas não são filósofos" – não é óbvia de forma alguma. Observe o surgimento inesperado e perturbador da palavra "algumas".

Por mais de dois mil anos, os matemáticos lutaram com a lógica de Aristóteles, tentando encurralá-la usando símbolos e operadores matemáticos. Antes do século XIX, a única pessoa que chegou perto foi Gottfried Wilhelm von Leibniz (1648–1716), que se interessou pela lógica no início da vida, mas depois passou para outros interesses, como inventar o cálculo independentemente e ao mesmo tempo que Isaac Newton.

Então apareceu George Boole.

George Boole nasceu na Inglaterra em 1815, em um mundo onde as probabilidades certamente estavam contra ele. Por ser filho de um sapateiro e de uma ex-empregada doméstica, a rígida estrutura de classes da Grã-Bretanha normalmente teria impedido Boole de realizar algo muito diferente de seus ancestrais. Contudo, ajudado por uma mente inquisitiva e seu prestativo pai (que tinha fortes interesses em ciência, matemática e literatura), o jovem George deu a si mesmo o tipo de educação que normalmente era privilégio dos meninos de classe alta; seus estudos incluíam latim, grego e matemática. Como resultado de seus primeiros trabalhos sobre matemática, em 1849 Boole foi nomeado o primeiro professor de matemática no Queen's College, em Cork, na Irlanda.

Vários matemáticos em meados do século XIX estavam trabalhando em uma definição matemática de lógica (principalmente Augustus De Morgan), mas foi Boole quem teve o verdadeiro avanço conceitual, primeiro no pequeno livro *The Mathematical Analysis of Logic: Being an Essay Towards a Calculus of Deductive Reasoning* (em português, "A análise matemática da lógica, sendo um ensaio para um cálculo do raciocínio dedutivo"), de 1847, e depois em um texto muito mais longo e mais ambicioso, *An Investigation of The Laws of Thought on Which Are Founded The Mathematical Theories of Logic and Probabilities* ("Uma investigação das leis do pensamento nas quais são baseadas as teorias matemáticas da lógica e das probabilidades"), publicado em 1854 e mais convenientemente referido como "As leis do pensamento". Boole morreu em 1864, aos 49 anos, depois de correr para a aula na chuva e contrair pneumonia.

O título do livro de Boole de 1854 sugere uma motivação ambiciosa: Boole acreditava que o cérebro humano usa a lógica para pensar; portanto, se descobríssemos uma maneira de representar a lógica com a matemática, também teríamos uma descrição matemática de como o cérebro funciona. No entanto, a matemática de Boole pode ser estudada sem necessariamente aderir à sua neuropsicologia.

Boole inventou um tipo totalmente diferente de álgebra, que acabou sendo chamada de álgebra booleana para distingui-la da álgebra convencional.

Na álgebra convencional, as letras são frequentemente usadas para representar números. Eles são chamados de **operandos** e são combinados de várias maneiras com **operadores**, geralmente + e ×. Por exemplo:

$$A = 3 \times (B + 5)$$

Quando realizamos álgebra convencional, seguimos certas regras. Essas regras provavelmente se tornaram tão arraigadas em nossa prática que não as consideramos mais como regras e podemos até esquecer seus nomes, mas é um fato que as regras fundamentam todo o funcionamento de qualquer forma de matemática.

A primeira regra é que a adição e a multiplicação são **comutativas**. Isso significa que podemos alternar os símbolos em cada lado dos operadores:

$$A + B = B + A$$
$$A \times B = B \times A$$

Por outro lado, a subtração e a divisão **não** são comutativas.

A adição e a multiplicação também são **associativas**, isto é,

$$A + (B + C) = (A + B) + C$$
$$A \times (B \times C) = (A \times B) \times C$$

Por fim, a multiplicação é considerada **distributiva** sobre a adição:

$$A \times (B + C) = (A \times B) + (A \times C)$$

Outra característica da álgebra convencional é que ela sempre lida com números, como quilogramas de tofu ou o número de patos, de distâncias que um trem percorre ou de segundos em um dia.

Graças ao seu talento, Boole tornou a álgebra mais abstrata, desligando-a dos conceitos de números. Na álgebra booleana, os operandos não se referem a números, mas a **classes**. Uma classe é simplesmente um grupo de coisas, semelhante ao que posteriormente veio a ser conhecido como **conjunto**.

Vamos falar sobre gatos. Os gatos podem ser machos ou fêmeas. Por conveniência, podemos usar a letra M para nos referirmos à classe dos gatos machos e a letra F para nos referirmos à classe das fêmeas. Lembre-se de que esses dois símbolos **não** representam quantidades de gatos. A quantidade de gatos machos e fêmeas pode mudar a cada minuto, à medida que novos gatos nascem e gatos velhos (lamentavelmente) falecem. As letras representam classes de gatos, ou seja, gatos com características específicas. Em vez de nos referirmos a gatos machos, podemos apenas dizer "M".

Também podemos usar outras letras para representar a cor dos gatos. Por exemplo, C pode se referir à classe dos gatos castanhos, P pode ser a classe dos gatos pretos, B pode ser a classe dos gatos brancos e O pode se referir à classe dos gatos de todas as outras cores, isto é, todos os gatos que não estão nas classes C, P ou B.

Por fim (pelo menos no que diz respeito a este exemplo), os gatos podem ser castrados ou não castrados. Vamos usar a letra N (*neutered*, em inglês) para nos referirmos à classe dos gatos castrados e a letra U (*unneutered*, em inglês) para a classe dos gatos não castrados.

Na álgebra convencional (numérica), os operadores + e × são usados para indicar adição e multiplicação. Na álgebra booleana, são usados os mesmos símbolos + e ×, e é aqui que as coisas podem ficar confusas. Todo mundo sabe somar e multiplicar números na álgebra convencional, mas como somar e multiplicar **classes**?

Bem, na verdade, não somamos e multiplicamos na álgebra booleana. Em vez disso, os símbolos + e × significam algo totalmente diferente.

O símbolo + na álgebra booleana significa a **união** de duas classes. Uma união de duas classes é tudo da primeira classe combinado com tudo da segunda classe. Por exemplo, P + B representa a classe de todos os gatos que são pretos ou brancos.

O símbolo × na álgebra booleana significa uma **interseção** de duas classes. Uma interseção de duas classes é tudo o que está em **ambas**, na primeira e também na segunda classe. Por exemplo, F × C representa a classe de todos os gatos que são simultaneamente fêmeas e castanhos. Como na álgebra convencional, podemos escrever F × C como F · C ou simplesmente FC (conforme Boole preferia). Você pode pensar nas duas letras como dois adjetivos amarrados juntos: gatos "fêmeas castanhos".

Para evitar confusão entre a álgebra convencional e a álgebra booleana, às vezes os símbolos ∪ e ∩ são usados para união e interseção em vez de + e ×. Contudo, como parte da influência libertadora de Boole na matemática foi tornar o uso de operadores familiares mais abstrato, decidi manter sua decisão de não introduzir novos símbolos em sua álgebra.

As regras comutativas, associativas e distributivas são válidas para a álgebra booleana. Além disso, na álgebra booleana, o operador + é distributivo sobre o operador ×. Isso não é verdade para a álgebra convencional:

$$B + (P \times F) = (B + P) \times (B + F)$$

A união de gatos brancos e de gatos pretos fêmeas é o mesmo que a interseção de duas uniões: a união de gatos brancos e de gatos pretos e a união de gatos brancos e de gatos fêmeas. Isso é um pouco difícil de entender, mas funciona.

Mais três símbolos são necessários para completar a álgebra booleana. Dois desses símbolos podem parecer números, mas na verdade não são, pois são tratados de maneira um pouco diferente dos números. O símbolo 1 na álgebra booleana significa "o universo", ou seja, tudo de que estamos falando. Nesse exemplo, o símbolo 1 significa "a classe de todos os gatos". Portanto,

$$M + F = 1$$

Isso significa que a união de gatos machos e fêmeas é a classe de todos os gatos. De modo semelhante, a união de gatos castanhos, gatos pretos, gatos brancos e gatos de outras cores também é a classe de todos os gatos:

$$C + P + B + O = 1$$

Você também pode chegar à classe de todos os gastos desta forma:

$$N + U = 1$$

O símbolo 1 pode ser usado com um sinal de menos para indicar o universo **excluindo** algo. Por exemplo,

$$1 - M$$

é a classe de todos os gatos exceto os machos. O universo excluindo todos os gatos machos é o mesmo que a classe de gatos fêmeas:

$$1 - M = F$$

O terceiro símbolo de que precisamos é o 0 (zero). Na álgebra booleana, o 0 significa uma classe vazia, uma classe de nada. A classe vazia resulta quando tomamos uma interseção de duas classes mutuamente exclusivas; por exemplo, gatos que são simultaneamente macho e fêmeas:

$$F \times M = 0$$

Observe que os símbolos 1 e 0 às vezes funcionam da mesma maneira na álgebra booleana e na álgebra convencional. Por exemplo, a interseção de todos os gatos e dos gatos fêmeas é a classe das fêmeas:

$$1 \times F = F$$

A interseção de nenhum gato e das fêmeas é a classe de nenhum gato:

$$0 \times F = 0$$

A união de nenhum gato e de todas as fêmeas é a classe de fêmeas:

$$0 + F = F$$

Contudo, às vezes, o resultado não se parece o mesmo da álgebra convencional. Por exemplo, a união de todos os gatos e das fêmeas é a classe de todos os gatos:

$$1 + F = 1$$

Isso não faz muito sentido na álgebra convencional.

Como F é a classe de todos os gatos fêmeas e (1 – F) é a classe de todos os gatos que não são fêmeas, a união dessas duas classes é 1:

$$F + (1 - F) = 1$$

E a interseção das duas classes é 0:

$$F \times (1 - F) = 0$$

Historicamente, essa formulação representa um conceito importante na lógica: a **lei da contradição**, que indica que algo não pode ser ele mesmo e o oposto de si mesmo.

Onde a álgebra booleana realmente revela-se diferente da álgebra convencional é em uma declaração como esta:

$$F \times F = F$$

A afirmação faz todo o sentido na álgebra booleana: a interseção de fêmeas com fêmeas ainda é a classe das fêmeas. No entanto, com certeza não pareceria certo se F se referisse a um número. Boole considerou

$$X^2 = X$$

como a única declaração que diferencia sua álgebra da álgebra convencional. Outra declaração booleana que parece estranha em termos da álgebra convencional é esta:

$$F + F = F$$

A união de fêmeas com fêmeas ainda é a classe das fêmeas.

A álgebra booleana fornece um método matemático para resolver os silogismos de Aristóteles. Vejamos os primeiros dois terços desse famoso silogismo novamente, mas agora usando uma linguagem neutra em termos de gênero:

"Todas as pessoas são mortais.
Sócrates é uma pessoa."

Usaremos P para representar a classe de todas as pessoas, M para representar a classe das coisas mortais e S para representar a classe de Sócrates. O que significa dizer que "todas as pessoas são mortais"? Isso significa que a interseção da classe de todas as pessoas e da classe de todas as coisas mortais é a classe de todas as pessoas:

$$P \times M = P$$

Seria errado dizer que $P \times M = M$, porque a classe de todas as coisas mortais inclui gatos, cachorros e olmos.

Dizer "Sócrates é uma pessoa" significa que a interseção da classe que contém Sócrates (uma classe muito pequena) e da classe de todas as pessoas (uma classe muito maior) é a classe que contém Sócrates:

$$S \times P = S$$

Como sabemos, pela primeira equação, que P é igual a (P × M), podemos substituir esse termo na segunda equação:

$$S \times (P \times M) = S$$

Pela lei associativa, isso é o mesmo que

$$(S \times P) \times M = S$$

Mas já sabemos que (S × P) é igual a S, portanto podemos simplificar usando esta substituição:

$$S \times M = S$$

E terminamos assim. Essa fórmula nos diz que a interseção de Sócrates com a classe de todas as coisas mortais é S, o que significa que Sócrates é mortal. Se, em vez disso, descobríssemos que (S × M) é igual a 0, concluiríamos que Sócrates não é mortal. Se descobríssemos que (S × M) é igual a M, a conclusão teria de ser que todos os mortais são Sócrates!

Usar a álgebra booleana pode parecer um exagero para provar esse fato óbvio (principalmente considerando que Sócrates demonstrou sua mortalidade 2.400 anos atrás), mas a álgebra booleana também pode ser usada para determinar se algo satisfaz um determinado conjunto de critérios.

Talvez um dia você entre em uma loja de animais e diga ao vendedor: "Quero um gato macho, castrado, branco ou castanho; ou um gato fêmea, castrado, de qualquer cor, menos branco; ou pode ser qualquer gato que você tiver, desde que seja preto". Então o vendedor diz a você: "Então você quer um gato da classe dos gatos representado pela seguinte expressão:

$$(M \times N \times (B + C)) + (F \times N \times (1 - B)) + P$$

Certo?". E você diz: "Sim! Exatamente!".

Ao verificar se o vendedor está correto, você pode representar os conceitos de união e interseção usando as palavras OU e E (ou *OR* e *AND*, em inglês). Estou colocando essas palavras em maiúsculas porque elas normalmente representam conceitos da linguagem natural, mas também podem representar operações na álgebra booleana. Quando você forma uma união de duas classes, na verdade você está aceitando coisas da primeira classe **OU** da segunda classe. Quando você forma uma interseção, está aceitando apenas as coisas que estão, ao mesmo tempo, na primeira **E** na segunda classe. Além disso, você pode usar a palavra NÃO (ou *NOT*, em inglês). sempre que vir um 1 seguido de um sinal de menos. Resumindo:

- + (união) também pode ser denotada por OR*;
- × (interseção) também pode ser denotada por AND;

---

* N. de R.T.: A partir deste ponto, usaremos os termos AND, OR, NOT e seus derivados em lugar das operações booleadas E, OU, NÃO, etc., pois essa é a forma como elas serão representadas posteriormente no contexto dos circuitos digitais.

- 1 – (o universo sem algo) pode ser denotado por NOT.

Assim, o exemplo também pode ser escrito como:

(M AND N AND (B OR C)) OR (F AND N AND (NOT B)) OR P

Isso é muito próximo do que você disse. Observe como os parâmetros esclarecem suas intenções. Você deseja um gato de uma destas três classes:

(M AND N AND (B OR C))
OU
(F AND N AND (NOT B))
OU
P

Com essa fórmula anotada, o vendedor pode realizar algo denominado **teste booleano**. Este envolve outra variação da álgebra booleana, em que as letras se referem a **propriedades, características** ou **atributos** de gatos, e podem ser atribuídos a eles os valores 0 ou 1. O valor 1 significa "Sim, verdadeiro, este gato em particular atende a esses critérios", enquanto o valor 0 significa "Não, falso, este gato não atende a esses critérios".

Primeiro, o vendedor traz um macho castanho não castrado. Aqui está a expressão de gatos aceitáveis:

$$(M \times N \times (B + C)) + (F \times N \times (1 - B)) + P$$

E esta é a forma utilizando 0s e 1s em substituição:

$$(1 \times 0 \times (0 + 1)) + (0 \times 0 \times (1 - 0)) + 0$$

Observe que os únicos símbolos atribuídos a 1s são M e C, porque o gato trazido é macho e castanho.

O que devemos fazer agora é simplificar essa expressão. Se a simplificação resultar em 1, o gato satisfaz seus critérios; se resultar em 0, o gato não satisfaz. Enquanto simplificamos a expressão, tenha em mente que não estamos realmente somando e multiplicando, embora geralmente possamos fingir que estamos. A maioria das mesmas regras se aplica quando + corresponde a OR e × corresponde a AND. (Às vezes, em textos modernos, os símbolos ∧ e ∨ são usados para AND e OR em vez de × e +, mas aqui os sinais + e × talvez facilitem o trabalho, porque as regras são semelhantes às da álgebra convencional.)

Quando o sinal × corresponde a AND, os resultados possíveis são:

$$0 \times 0 = 0$$
$$0 \times 1 = 0$$
$$1 \times 0 = 0$$
$$1 \times 1 = 1$$

Em outras palavras, o resultado é 1 somente se tanto o operando esquerdo quanto o operando direito forem 1. Essa operação funciona exatamente da mesma forma que a multiplicação convencional e pode ser resumida em uma tabelinha. A operação é mostrada no canto superior esquerdo, e as possíveis combinações de operadores são mostradas na linha superior e na coluna esquerda:

AND	0	1
0	0	0
1	0	1

Quando o sinal + corresponde a OR, os resultados possíveis são:

$$0 + 0 = 0$$
$$0 + 1 = 1$$
$$1 + 0 = 1$$
$$1 + 1 = 1$$

O resultado é 1 se o operando esquerdo ou o operando direito for 1. Essa operação produz resultados muito semelhantes aos da soma convencional, exceto que, nesse caso, 1 + 1 é igual a 1. (Se um gato é castanho ou se um gato é castanho significa que ele é castanho.) A operação OR pode ser resumida em outra tabelinha:

OR	0	1
0	0	1
1	1	1

Agora estamos prontos para usar essas tabelas para calcular o resultado do exemplo:

$$(1 \times 0 \times 1) + (0 \times 0 \times 1) + 0 = 0 + 0 + 0 = 0$$

O resultado 0 significa "Não, falso, este felino não servirá".

Em seguida, o vendedor traz uma fêmea branca e castrada. A expressão original foi

$$(M \times N \times (B + C)) + (F \times N \times (1 - B)) + P$$

Substituindo os 0s e 1s novamente:

$$(0 \times 1 \times (1 + 0)) + (1 \times 1 \times (1 - 1)) + 0$$

E simplificando:

$$(0 \times 1 \times 1) + (1 \times 1 \times 0) + 0 = 0 + 0 + 0 = 0$$

E outro pobre animalzinho deverá ser rejeitado.

Em seguida, o vendedor traz uma fêmea cinza castrada. (Cinza se qualifica com a cor "outra", nem branca, nem preta, nem castanha.) Veja a expressão:

$$(0 \times 1 \times (0 + 0)) + (1 \times 1 \times (1 - 0)) + 0$$

Agora simplificando:

$$(0 \times 1 \times 0) + (1 \times 1 \times 1) + 0 = 0 + 1 + 0 = 1$$

O resultado final 1 significa "Sim, é verdade, uma gatinha encontrou um lar". (Ela era a mais fofa também!)

Mais tarde naquela noite, quando a gatinha está enrolada dormindo no seu colo, você se pergunta se poderia ter ligado algumas chaves (interruptores) e uma lâmpada para ajudá-lo a determinar se certos gatinhos satisfizeram seus critérios. (Sim, você é um garoto esquisito.) Mal você percebe que está prestes a fazer um avanço conceitual muito importante. Você está prestes a realizar alguns experimentos que unirão a álgebra de George Boole com circuitos elétricos e, assim, possibilitarão o projeto e a construção de computadores digitais. Mas não deixe que isso o intimide.

Para começar seu experimento, você conecta uma lâmpada e uma pilha como faria normalmente, mas usa duas chaves em vez de uma:

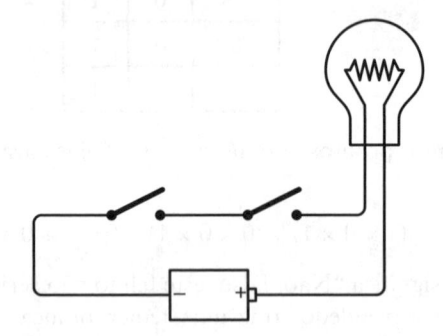

O ícone do mundo (⊕) próximo à margem indica que uma versão interativa do circuito está disponível no *site* CodeHiddenLanguage.com.

As chaves conectadas dessa maneira, uma após a outra, são conectadas **em série**. Se você fechar a chave esquerda, nada acontece:

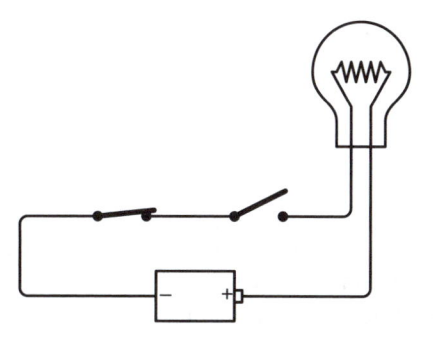

Da mesma forma, se você deixar a chave esquerda aberta e fechar a chave direita, nada acontecerá. A lâmpada acende apenas se ambas as chaves esquerda e direita estiverem fechadas, conforme mostrado aqui:

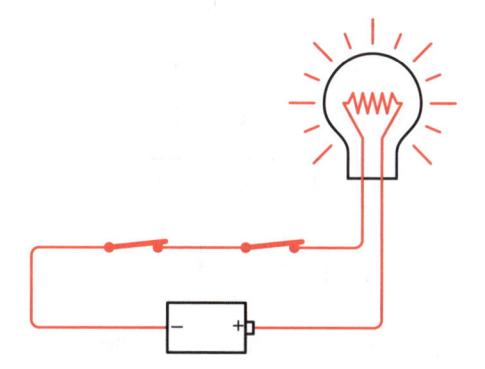

A palavra-chave aqui é "e". A chave esquerda e a direita devem ser fechadas para que a corrente flua pelo circuito.

Esse circuito está realizando um exerciciozinho de lógica. Na verdade, a lâmpada está respondendo à pergunta "As duas chaves estão fechadas?". Podemos resumir o funcionamento desse circuito na seguinte tabela:

Chave esquerda	Chave direita	Lâmpada
Aberta	Aberta	Apagada
Aberta	Fechada	Apagada
Fechada	Aberta	Apagada
Fechada	Fechada	Acesa

Se você pensar nas chaves e na lâmpada como operadores booleanos, a esses estados podem ser atribuídos os valores 0 e 1. Um 0 pode significar "a chave está aberta" e um 1 pode significar "a chave está fechada". Uma lâmpada tem dois estados; um 0 pode significar "lâmpada apagada" e um 1 pode significar "lâmpada acesa". Agora vamos simplesmente reescrever a tabela:

Chave esquerda	Chave direita	Lâmpada
0	0	0
0	1	0
1	0	0
1	1	1

Observe que, se trocarmos a chave esquerda pela chave direita, os resultados serão os mesmos. Na verdade, não precisamos identificar qual chave é qual. Portanto, a tabela pode ser reescrita em formato similar ao das tabelas para AND e OR, mostradas anteriormente:

Chaves em série	0	1
0	0	0
1	0	1

Na verdade, essa é a **mesma** tabela do AND. Confira:

AND	0	1
0	0	0
1	0	1

Esse circuito simples está realmente realizando uma operação AND em álgebra booleana.

Agora tente conectar as duas chaves de uma forma um pouco diferente:

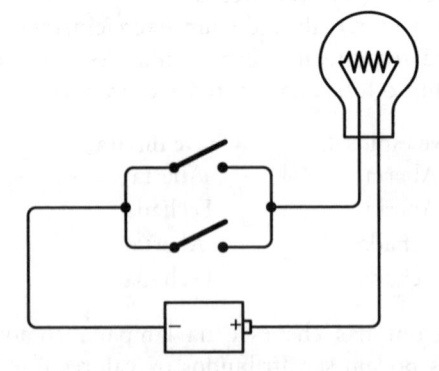

Consideramos que essas chaves estão conectadas **em paralelo**. A diferença entre essa e a conexão anterior é que essa lâmpada se acenderá se você fechar a chave superior:

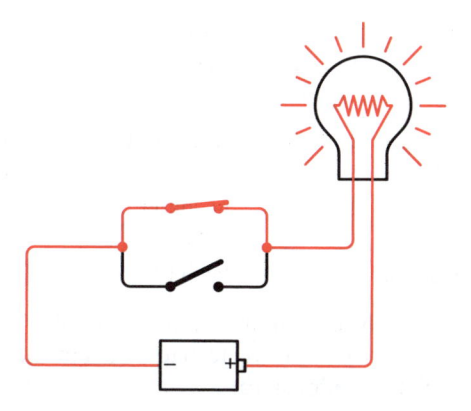

ou se fechar a chave inferior:

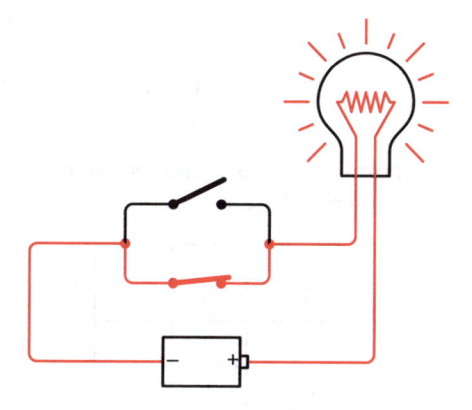

ou se fechar as duas chaves:

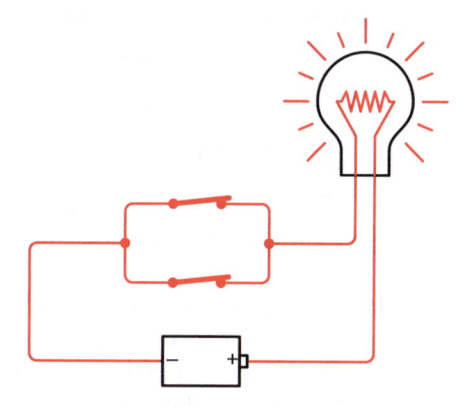

A lâmpada se acende se a chave superior **ou** a inferior estiver fechada. A palavra-chave aqui é "ou".

Mais uma vez, o circuito está realizando um exercício de lógica. A lâmpada responde à pergunta "Alguma das chaves está fechada?". A tabela a seguir resume como esse circuito funciona:

Chave esquerda	Chave direita	Lâmpada
Aberta	Aberta	Apagada
Aberta	Fechada	Acesa
Fechada	Aberta	Acesa
Fechada	Fechada	Acesa

Mais uma vez, usando 0 para indicar uma chave aberta ou uma lâmpada apagada e 1 para indicar uma chave fechada ou uma lâmpada acesa, essa tabela pode ser reescrita neste formato:

Chave esquerda	Chave direita	Lâmpada
0	0	0
0	1	1
1	0	1
1	1	1

Novamente, não importa se as duas chaves forem permutadas, então a tabela também pode ser reescrita desta forma:

Chaves em paralelo	0	1
0	0	1
1	1	1

Você já deve ter imaginado que isso é o mesmo que o OR booleano:

OR	0	1
0	0	1
1	1	1

Isso significa que duas chaves em paralelo estão executando o equivalente a uma operação booleana OR.

Quando você entrou pela primeira vez na loja de animais, disse ao vendedor: "Quero um gato macho, castrado, branco ou castanho; ou um gato fêmea, castrado, de qualquer cor, menos branco; ou pode ser qualquer gato que você tiver, desde que seja preto". Então o vendedor desenvolveu esta expressão:

$$(M \times N \times (B + C)) + (F \times N \times (1 - B)) + P$$

Agora que você sabe que duas chaves conectadas em série executam um AND lógico (que é representado por um sinal ×) e duas chaves em paralelo executam um OR lógico (que é representado pelo sinal +), você pode conectar oito chaves da seguinte maneira:

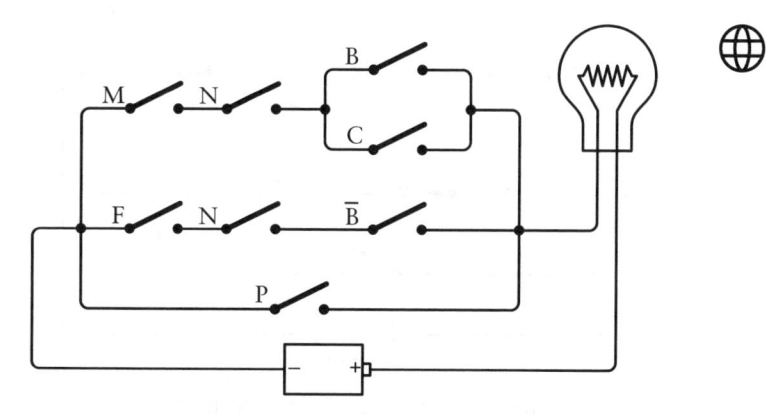

Cada interruptor nesse circuito é rotulado com uma letra – as mesmas letras da expressão booleana. $\overline{B}$ significa NOT B e é uma maneira alternativa de escrever 1 – B. De fato, se você percorrer o diagrama de fiação da esquerda para a direita, começando no topo e movendo-se de cima para baixo, encontrará as letras na mesma ordem em que aparecem na expressão. Cada sinal × na expressão corresponde a um ponto no circuito onde duas chaves (ou grupos de chaves) estão conectadas em série. Cada sinal + na expressão corresponde a um local no circuito onde duas chaves (ou grupos de chaves) estão conectadas em paralelo.

Como você deve se lembrar, o vendedor primeiro trouxe um macho castanho não castrado. Feche os interruptores apropriados:

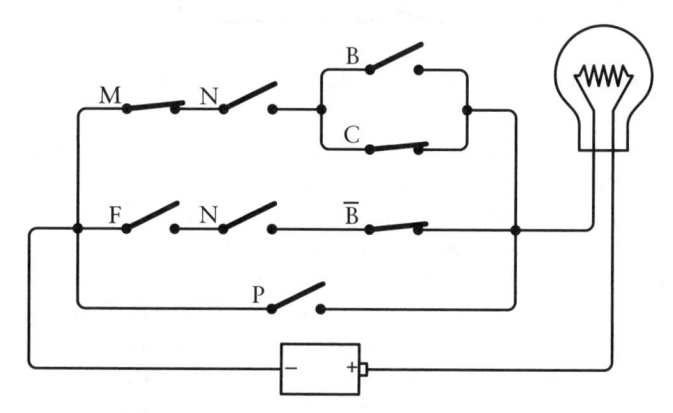

Embora as chaves M, C e NOT $\overline{B}$ estejam fechadas, não temos um circuito completo para acender a lâmpada. Em seguida, o vendedor trouxe uma fêmea branca castrada:

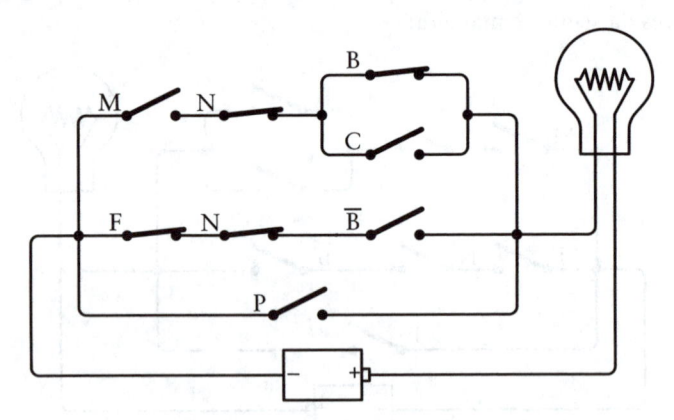

Novamente, as chaves corretas não estão fechadas para completar o circuito. Por fim, o vendedor trouxe uma fêmea cinza castrada:

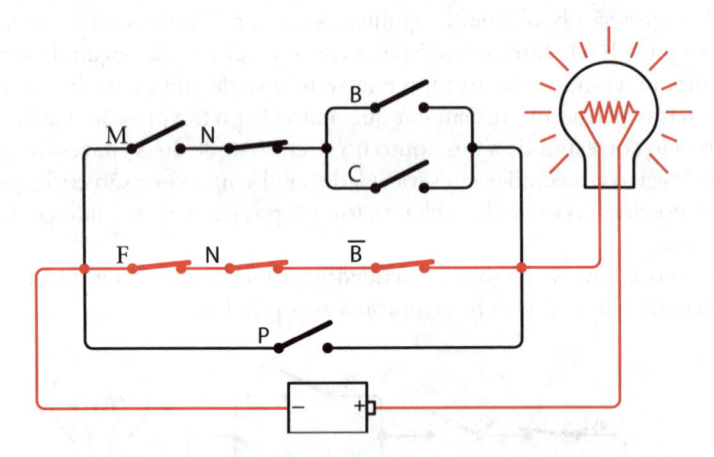

E isso é o suficiente para completar o circuito, acender a lâmpada e indicar que a gatinha atende a todos os seus critérios.

George Boole nunca montou um circuito desse tipo. Ele nunca teve a emoção de ver uma expressão booleana concretizada com chaves, fios e lâmpadas. Um obstáculo, é claro, foi que a lâmpada incandescente só foi inventada 15 anos após sua morte. No entanto, o telégrafo havia sido inventado 10 anos antes da publicação de "As leis do pensamento", de Boole, e uma parte importante do sistema telegráfico era um dispositivo simples que podia realizar operações lógicas com muito mais agilidade do que simples chaves.

7
Telégrafos e relés

Samuel Finley Breese Morse nasceu em 1791 em Charlestown, Massachusetts, a cidade onde a Batalha de Bunker Hill foi travada e que agora é a parte nordeste de Boston. No ano do nascimento de Morse, a Constituição dos Estados Unidos estava em vigor há apenas dois anos, e George Washington cumpria seu primeiro mandato como presidente. Catarina, a Grande, governava a Rússia. Na França, a Revolução ainda estava em andamento, e Luís XVI e Maria Antonieta seriam levados à guilhotina dois anos depois. Em 1791, Mozart completou "A flauta mágica", sua última ópera, e morreu no final daquele ano aos 35 anos, mas Beethoven, com apenas 20 anos, já estava sendo observado.

Morse foi educado em Yale e estudou arte em Londres. Ele se tornou um retratista de sucesso. Sua pintura "General Lafayette" (1825) está pendurada na prefeitura de Nova York. Muito mais pessoal é sua pintura final: um retrato de sua filha Susan intitulado "A musa", em exibição no Metropolitan Museum of Art.

Morse também foi um dos primeiros aficionados por fotografia. Ele aprendeu a fazer fotografias em daguerreótipo com o próprio Louis Daguerre e criou alguns dos primeiros daguerreótipos na América. Em 1840, ele ensinou o processo a Mathew Brady, de 17 anos, que, com seus colegas, seria o responsável por criar as fotografias mais memoráveis da Guerra Civil, de Abraham Lincoln e do próprio Samuel Morse.

Essas são apenas notas explicativas de uma carreira eclética. Samuel Morse é mais lembrado atualmente por sua invenção do telégrafo e do código que leva seu nome.

A comunicação mundial instantânea com a qual estamos acostumados é um desenvolvimento relativamente recente. No início dos anos 1800, você podia se comunicar instantaneamente e a longas distâncias, mas não podia fazer as duas coisas ao mesmo tempo. A comunicação instantânea era limitada até onde sua voz podia chegar (sem amplificação disponível) ou até onde o olho podia ver, auxiliado talvez por um telescópio. A comunicação por carta em longas distâncias levava tempo e envolvia cavalos, trens ou navios.

Durante décadas antes da invenção de Morse, foram feitas muitas tentativas para acelerar a comunicação de longa distância. Métodos tecnicamente simples empregavam um sistema de revezamento de homens parados em colinas agitando bandeiras em padrões codificados, conhecidos como **semáforos**. Soluções mais complexas usavam grandes estruturas com braços móveis, mas que faziam basicamente o mesmo que homens agitando bandeiras.

A ideia do telégrafo (que literalmente significa "escrita distante") estava no ar no início de 1800, e outros inventores o haviam tentado antes de Samuel Morse começar a experimentar em 1832. Em princípio, a ideia por trás de um telégrafo elétrico era simples: você faz algo em uma extremidade de um fio, o que faz com que algo aconteça na outra extremidade do fio. Isso é exatamente o que fizemos no Capítulo 5, quando criamos uma lanterna de longa distância. No entanto, Morse não podia usar uma lâmpada como seu dispositivo de sinalização porque um dispositivo prático como esse não seria inventado até 1879. Em vez disso, Morse contou com o fenômeno do **eletromagnetismo**.

O físico dinamarquês Hans Christian Ørsted tem o crédito pela primeira exploração sistemática da relação entre eletricidade e magnetismo. Um artigo que ele publicou em 1820 mostrou como uma corrente elétrica poderia desviar a agulha magnetizada de uma bússola. Posteriormente, o fenômeno envolveu as melhores mentes da ciência do século XIX, incluindo Michael Faraday e James Clerk Maxwell, cujo "Tratado de eletricidade e magnetismo", de 1873, continua um clássico da física matemática. Contudo, naquela época, inovadores habilidosos como Samuel Morse já usavam o eletromagnetismo em suas invenções inteligentes. Se você pegar uma barra de ferro, enrolá-la com algumas centenas de voltas de fio fino isolado e, em seguida, passar uma corrente através do fio, a barra de ferro se tornará um ímã. Em seguida, ela atrairá outros pedaços de ferro e aço. Ao remover a corrente, a barra de ferro perderá seu magnetismo:

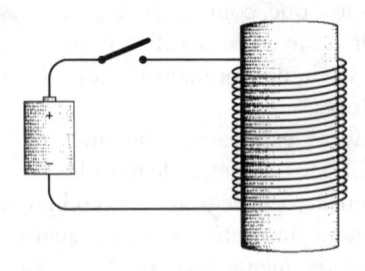

Isso pode parecer um curto-circuito, mas o fio enrolado na barra de ferro geralmente é muito fino e constitui resistência elétrica suficiente.

O eletroímã é a base do telégrafo. Ligar e desligar a chave em uma extremidade faz com que o eletroímã faça algo na outra extremidade.

Os primeiros telégrafos de Morse eram, na verdade, mais complexos do que os que surgiram posteriormente. Morse achava que um sistema de telégrafo deveria realmente escrever algo no papel ou, como os usuários de computador diriam mais tarde, "produzir uma cópia impressa". Isso não seria necessariamente palavras, é claro, pois seria muito complexo, mas "algo" deveria ser escrito no papel, fossem rabiscos ou pontos e traços. Observe que Morse estava preso a um paradigma que exigia papel e leitura, muito parecido com a noção de Valentin Haüy de que os livros para cegos deveriam usar letras do alfabeto em relevo.

Embora Samuel Morse tenha notificado o escritório de patentes em 1836 de que havia inventado um telégrafo de sucesso, somente em 1843 ele conseguiu persuadir o Congresso a financiar uma demonstração pública do dispositivo. O dia histórico foi 24 de maio de 1844, quando uma linha telegráfica instalada entre Washington, D.C., e Baltimore, Maryland, transmitiu com sucesso uma mensagem bíblica de Números 23:23: *"What hath God wrought!"* ("Que coisas Deus tem feito!").

A "chave" tradicional do telégrafo usada para enviar mensagens tinha esta aparência:

Apesar da aparência elegante, essa é apenas uma chave projetada para que se consiga o máximo de velocidade. A maneira mais confortável de usar a chave por longos períodos é segurar a alça entre o polegar, o indicador e o dedo médio e bater com ela para cima e para baixo. Um toque curto produz um ponto de código Morse; um toque mais longo, um traço de código Morse.

Na outra ponta do fio havia um receptor que era, basicamente, um eletroímã puxando uma alavanca de metal. Originalmente, o eletroímã controlava uma caneta. Conforme a caneta saltava para cima e para baixo, ela desenhava pontos e traços no papel de um rolo que era lentamente puxado por uma mola enrolada. Uma pessoa que pudesse ler o código Morse transcreveria os pontos e traços em letras e palavras.

É claro que nós, humanos, somos uma espécie preguiçosa e engenhosa, e os operadores de telégrafo logo descobriram que podiam transcrever o código simplesmente ouvindo a caneta saltar para cima e para baixo. O mecanismo da caneta acabou eliminado em favor do tradicional "receptor" do telégrafo, que se parecia com isto:

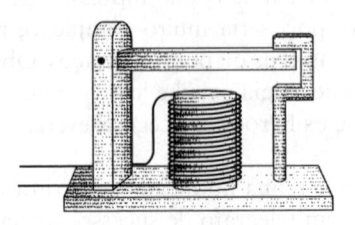

Essa barra no topo era normalmente mantida na posição horizontal por um peso ou uma mola dentro da parte vertical à esquerda, mas também podia girar. Quando a chave do telégrafo era pressionada, o eletroímã puxava a barra articulada para baixo e fazia um ruído de "clique". Quando a chave era solta, a barra voltava à sua posição normal, fazendo um barulho de "claque". Um rápido "clique-claque" era um ponto; um "clique...claque" mais lento era um traço.

A chave, o receptor, uma bateria e alguns fios podem ser conectados exatamente como a lâmpada do telégrafo no capítulo anterior:

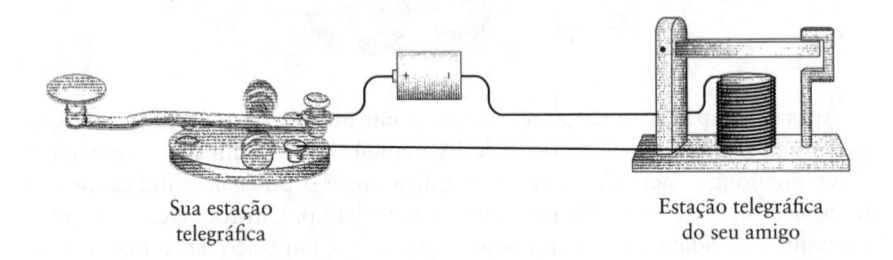

Sua estação
telegráfica

Estação telegráfica
do seu amigo

Como descobrimos, você não precisa de dois fios conectando as duas estações telegráficas. Um fio será suficiente se a tensão for alta o bastante e a terra fornecer a outra metade do circuito.

Como fizemos no Capítulo 5, podemos substituir a bateria conectada ao terra por um V maiúsculo. Portanto, a configuração unidirecional completa é mais ou menos assim:

Sua estação
telegráfica

Estação telegráfica
do seu amigo

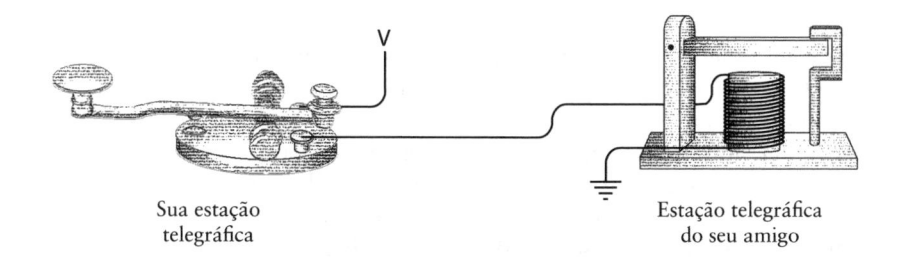

A comunicação bidirecional simplesmente requer outra chave e receptor. Isso é semelhante ao que fizemos anteriormente.

A invenção do telégrafo marca verdadeiramente o início da comunicação moderna. Pela primeira vez, as pessoas foram capazes de se comunicar mais longe do que o olho pode ver ou o ouvido pode ouvir e mais rapidamente do que um cavalo pode galopar. O fato de essa invenção usar um código binário é ainda mais intrigante. Em formas posteriores de comunicação elétrica e sem fio, incluindo telefone, rádio e televisão, os códigos binários foram abandonados, apenas para aparecerem mais tarde nos computadores, seguidos por muitos outros códigos binários em praticamente todos os tipos de mídia eletrônica.

O telégrafo de Morse triunfou sobre outros projetos em parte porque tolerava más condições na linha. Se você amarrasse um fio entre uma chave e um receptor, isso geralmente funcionava. Outros sistemas de telégrafo não eram tão complacentes. No entanto, como discuti no Capítulo 5, quanto maior o comprimento do fio, mais resistência ele apresenta ao fluxo de eletricidade. Esse foi um grande impedimento para a telegrafia de longa distância. Embora algumas linhas telegráficas usassem até 300 volts e pudessem funcionar por um comprimento de quase 500 quilômetros, os fios não podiam ser estendidos indefinidamente.

Uma solução óbvia é ter um sistema de retransmissão. Mais ou menos a cada 300 quilômetros, uma pessoa equipada com um receptor e uma chave poderia receber uma mensagem e retransmiti-la.

Agora imagine que você foi contratado pela companhia de telégrafo para fazer parte desse sistema de revezamento. Eles o colocaram em uma pequena cabana com uma mesa e uma cadeira em algum lugar entre Nova York e a Califórnia. Um fio vindo da janela leste está conectado a um receptor. Sua chave do telégrafo está conectada a uma bateria e a um fio que sai pela janela oeste. Seu trabalho é receber mensagens originadas em Nova York e retransmiti-las para que finalmente cheguem à Califórnia. Uma configuração idêntica transmite mensagens da Califórnia para Nova York.

A princípio, você prefere receber uma mensagem inteira antes de reenviá-la. Você escreve as letras que correspondem aos cliques do receptor e, quando a mensagem termina, você começa a enviá-la usando sua chave. Mais tarde, você aprende a enviar a mensagem enquanto a ouve, sem ter de anotar tudo. Isso economiza tempo.

Um dia, ao retransmitir uma mensagem, você olha para a barra no receptor subindo e descendo e vê seus dedos subindo e descendo ao movimentar a chave. Você olha para o receptor e para a chave novamente e percebe que o receptor está subindo e descendo da mesma forma que a chave está subindo e descendo. Então você sai e pega um pedacinho de madeira e usa a madeira e um barbante para conectar fisicamente o receptor e a chave:

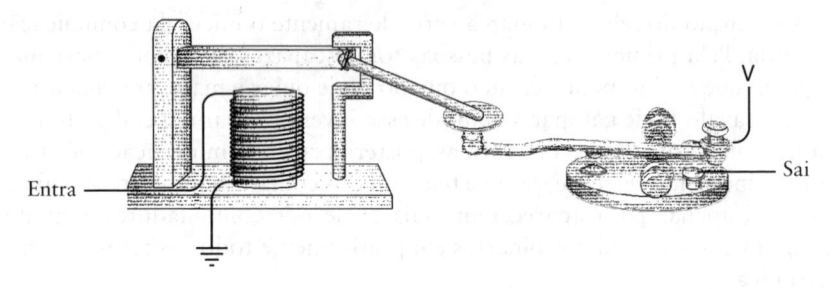

Agora tudo funciona sozinho, e você pode sair para pescar pelo resto da tarde.

Essa é uma fantasia interessante, mas, na realidade, Samuel Morse entendeu o conceito desse dispositivo desde o início. O dispositivo que inventamos é chamado de **repetidor** ou **relé**. Um relé é como um receptor em que uma corrente de entrada é usada para alimentar um eletroímã que puxa uma alavanca de metal para baixo. A alavanca, no entanto, é usada como parte de uma chave que conecta uma bateria a um fio de saída. Desse modo, uma corrente de entrada fraca é "amplificada" para produzir uma corrente de saída mais forte.

Desenhado de forma bastante esquemática, o relé se parece com isto:

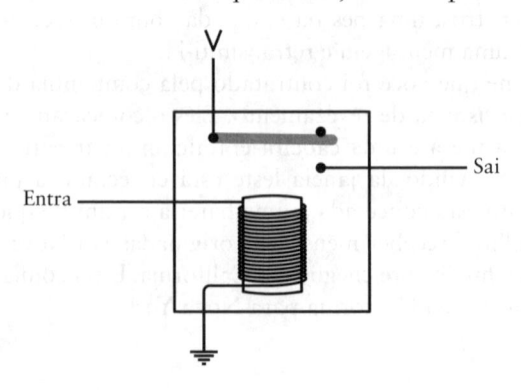

Quando uma corrente de entrada dispara o eletroímã, ele puxa um pivô ou uma barra de metal flexível, que atua como uma chave para ativar uma corrente na saída:

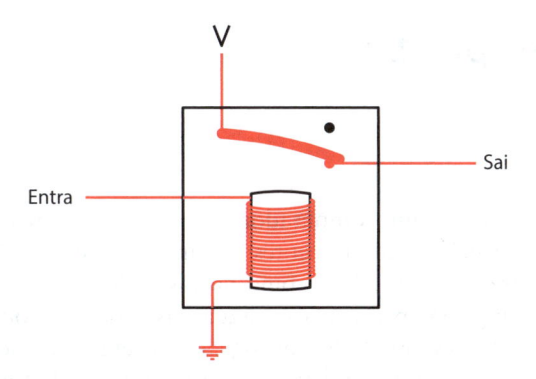

As palavras "Entra" e "Sai" podem descrever o modo como a linha telegráfica entra por uma janela de sua cabana e sai pela janela oposta, mas também podem servir como abreviações convenientes para **entrada** e **saída**. Estes são **sinais** elétricos. O sinal rotulado com "Entra" causa uma mudança no sinal rotulado como "Sai". É uma questão de causa e efeito.

O relé é um dispositivo notável. Ele é uma chave, com certeza, mas uma chave que é ligada e desligada não por mãos humanas, mas por uma corrente elétrica na entrada. Você poderia fazer coisas incríveis com esses dispositivos. Você poderia montar grande parte de um computador com eles.

Sim, essa coisa de relé é uma invenção boa demais para ser deixada inativa no museu de telegrafia. Vamos pegar um e enfiar dentro da jaqueta e passar rapidamente pelos guardas. Uma ideia começa a se formar em nossas mentes.

8
Relés e portas

Reduzido à sua essência, um computador é uma síntese de álgebra booleana e eletricidade. Os principais componentes que incorporam essa fusão de matemática e *hardware* são conhecidos como **portas lógicas**. Essas portas não são diferentes das comportas pelas quais a água passa ou das conhecidas portas por onde as pessoas passam. As portas lógicas executam operações simples na lógica booleana, bloqueando ou deixando passar o fluxo de corrente elétrica.

Você deve se lembrar que, no Capítulo 6, você entrou em uma loja de animais e anunciou corajosamente: "Quero um gato macho, castrado, branco ou castanho; ou um gato fêmea, castrado, de qualquer cor, menos branca; ou pode ser qualquer gato que você tiver, desde que seja preto". Esses critérios são resumidos pela seguinte expressão booleana:

$$(M \times N \times (B + C)) + (F \times N \times (1 - B)) + P$$

Essa expressão pode ser executada interativamente em um circuito composto por chaves, uma bateria e uma lâmpada:

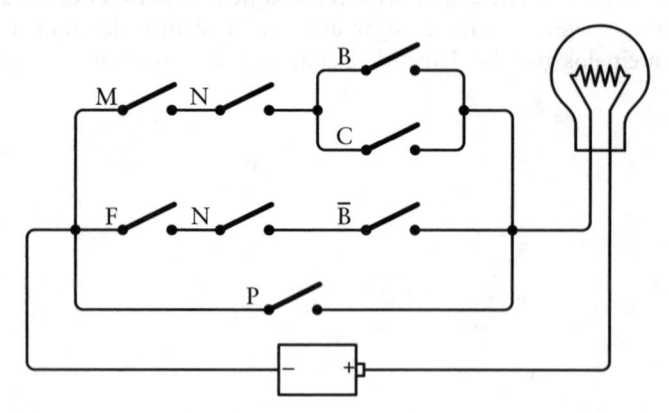

Esse circuito é ocasionalmente referido como "rede", mas hoje essa palavra é usada com muito mais frequência para se referir a computadores conectados do que a uma montagem de simples chaves.

O circuito contém uma combinação de chaves, algumas conectadas em série e outras conectadas em paralelo. Chaves conectadas em série executam operações lógicas AND (lembrando, a operação "E", em inglês.), simbolizadas na expressão booleana com um sinal ×. Chaves conectadas em paralelo executam uma operação lógica OR (a operação "OU", em inglês.), correspondente ao sinal +. Como esse circuito é equivalente a uma expressão booleana, se a expressão booleana puder ser simplificada, o circuito também poderá ser.

Aqui está a expressão que indica as características que você deseja em um gato:

$$(M \times N \times (B + C)) + (F \times N \times (1 - B)) + P$$

Vamos tentar simplificá-la. Usando a lei comutativa, podemos reordenar as variáveis que são combinadas com os sinais de AND (×) e reescrever a expressão desta forma:

$$(N \times M \times (B + C)) + (N \times F \times (1 - B)) + P$$

Em uma tentativa de esclarecer o que farei aqui, vou definir dois novos símbolos, chamados de X e Y:

$$X = M \times (B + C)$$
$$Y = F \times (1 - B)$$

Agora a expressão para o gato que você deseja pode ser escrita desta forma:

$$(N \times X) + (N \times Y) + P$$

Depois que terminarmos, podemos colocar as expressões X e Y de volta.

Observe que a variável N aparece duas vezes na expressão. Usando a lei distributiva, a expressão pode ser reescrita assim, com apenas um N:

$$(N \times (X + Y)) + P$$

Agora vamos colocar as expressões indicadas por X e Y de volta:

$$(N \times ((M \times (B + C)) + (F \times (1 - B)))) + P$$

Devido à quantidade de parênteses, essa expressão dificilmente se parece uma simplificação. No entanto, ela tem uma variável a menos, o que significa que uma chave pode ser eliminada.

Aqui está a versão revisada:

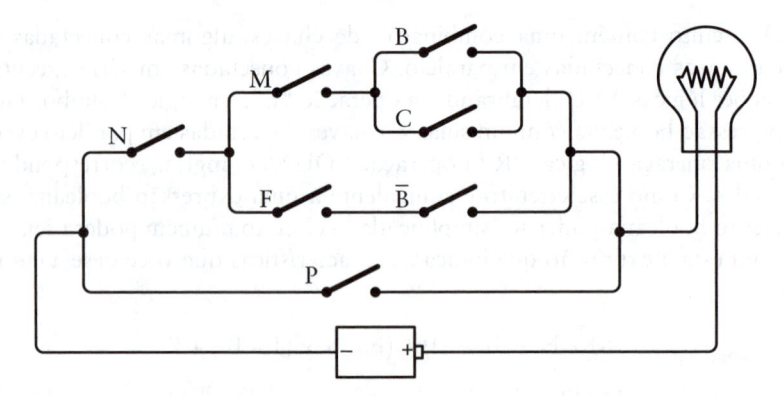

De fato, provavelmente é mais fácil ver que essa rede é equivalente à anterior do que verificar se as expressões são as mesmas!

Contudo, ainda há muitas chaves nessa rede. Existem chaves separadas para macho e fêmea, mas apenas uma deveria ser necessária, talvez ligada (ou fechada) para fêmea e desligada (ou aberta) para macho. Da mesma forma, existem interruptores separados para branco e "não branco".

Vamos montar um painel de controle agora mesmo para escolher um gato. O painel de controle é composto simplesmente por cinco chaves (muito parecidas com os interruptores liga/desliga que você tem em suas paredes para controlar suas lâmpadas) e uma lâmpada montada em um painel:

As chaves estão ligadas (fechadas) quando estão para cima e desligadas (abertas) quando estão para baixo. A primeira opção permite selecionar fêmea ou macho; a segunda é castrado (N, do inglês *neutered*) ou não castrado (U, do inglês *unneutered*). Existem três opções para selecionar a cor: preto, branco e castanho. Apenas uma delas deve estar ligada a qualquer momento, ou nenhuma delas deve estar ativada para selecionar um gato de cor diferente dessas (anteriormente referida como a classe O).

Na terminologia de computador, o painel de chaves constitui um **dispositivo de entrada**. A entrada é a informação que controla como um circuito se comporta; nesse caso, ela descreve as características de um gatinho ideal. O **dispositivo de**

saída é a lâmpada. Essa lâmpada se acende se as chaves descrevem um gato satisfatório. As chaves mostradas no painel de controle estão ajustadas para um gato fêmea preto não castrado. Isso satisfaz seus critérios, então a lâmpada está acesa.

Agora tudo o que temos de fazer é projetar um circuito que faça esse painel de controle funcionar.

No capítulo anterior, você viu como os dispositivos denominados relés eram essenciais para o funcionamento do sistema telegráfico. Por longas distâncias, os fios que conectavam as estações telegráficas tinham uma resistência muito alta. Era preciso haver algum método para receber um sinal fraco e reenviar um sinal forte idêntico. O relé fez isso usando um eletroímã para controlar uma chave, **amplificando** um sinal fraco para criar um sinal forte.

Neste momento, não estamos interessados em usar o relé para amplificar um sinal fraco. Estamos interessados apenas na ideia do relé atuando como uma chave que pode ser controlada por eletricidade e não pelos dedos. Embora os relés tenham sido originalmente projetados para telégrafos, eles se tornaram parte dos circuitos de comutação usados na vasta rede do sistema telefônico, e foi assim que sua versatilidade se tornou mais aparente para engenheiros eletricistas criativos.

Assim como as chaves, os relés podem ser conectados em série e em paralelo, como portas lógicas, para executar tarefas simples em lógica. Quando digo que essas portas lógicas executam tarefas **simples** na lógica, quero dizer "tão simples quanto possível". Os relés têm uma vantagem sobre os interruptores, pois os relés podem ser ligados e desligados por outros relés e não pelos dedos. Isso significa que as portas lógicas podem ser combinadas para executar tarefas mais complexas, como funções simples em aritmética e, por fim, o funcionamento de computadores inteiros.

A descoberta de que os relés poderiam ser usados para executar operações booleanas é geralmente creditada ao pioneiro da computação Claude Elwood Shannon (1916–2001), autor da famosa tese de mestrado no M.I.T., em 1938, intitulada "Uma análise simbólica de circuitos de relé e circuitos de chaveamento". Entretanto, uma equivalência semelhante havia sido descrita alguns anos antes pelo engenheiro eletricista japonês Akira Nakashima.

Você pode conectar um relé com uma chave, uma lâmpada e algumas baterias assim:

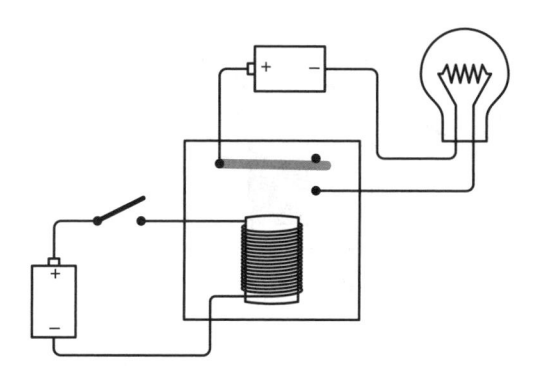

O interruptor à esquerda está aberto, e a lâmpada, apagada. Quando você fecha o interruptor, a bateria à esquerda faz com que a corrente flua através das muitas voltas do fio ao redor da barra de ferro (ao que chamamos de **bobina**). A barra de ferro fica magnetizada e puxa para baixo um contato metálico flexível ou pivotante que liga o circuito para acender a lâmpada:

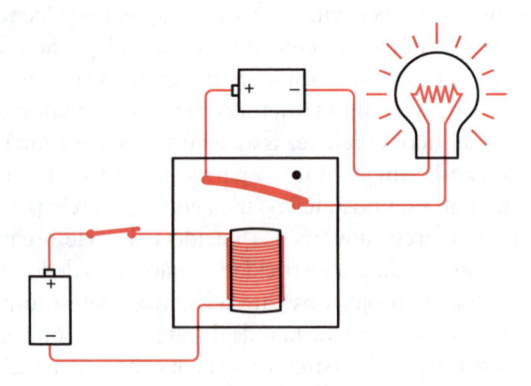

Quando o eletroímã puxa o contato de metal, diz-se que o relé foi **acionado**. Quando a chave é desligada, a barra de ferro desmagnetiza e o contato de metal volta à sua posição normal.

Essa parece ser uma rota bastante indireta para acender a lâmpada, e de fato é. Se estivéssemos interessados apenas em acender a lâmpada, poderíamos dispensar totalmente o relé, mas não estamos interessados em lâmpadas. Temos um objetivo muito mais ambicioso.

Usarei muito relés neste capítulo (e dificilmente depois que as portas lógicas forem construídas), então quero simplificar o diagrama. Podemos eliminar alguns dos fios usando um terra e um V maiúsculo para representar a tensão na bateria, como foi feito nos Capítulos 5 e 7. Nesse caso, os aterramentos simplesmente representam uma conexão comum; eles não precisam estar conectados fisicamente ao terra. Agora o relé fica assim:

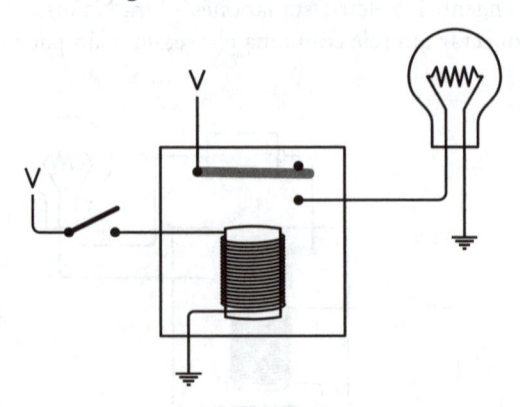

Quando a chave é fechada, uma corrente flui entre V e o terra através das bobinas do eletroímã. Isso faz com que o eletroímã puxe o contato de metal flexível, conectando, em consequência, o circuito entre V, a lâmpada e o terra. A lâmpada se acende:

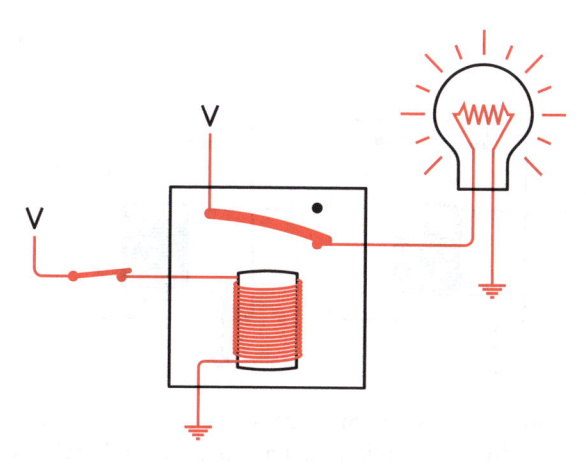

Esses diagramas do relé mostram duas fontes de tensão e dois terras, mas em todos os diagramas deste capítulo todos os Vs podem ser conectados entre si e todos os terras podem ser conectados entre si.

De uma forma mais abstrata, o relé pode ser mostrado sem a chave e a lâmpada, mas rotulado com **entradas** e **saídas**:

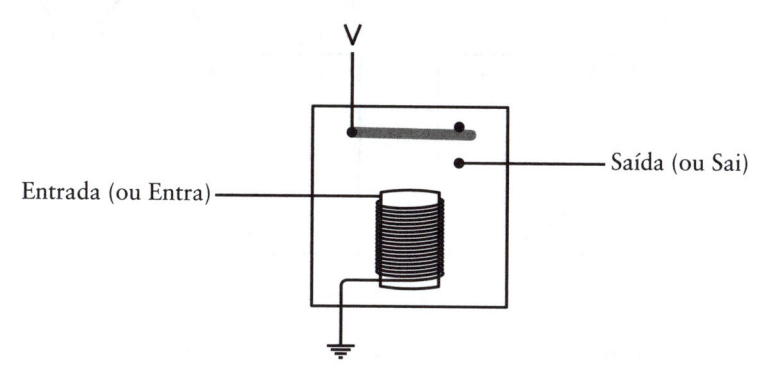

Se uma corrente estiver fluindo pela entrada (p. ex., se uma chave conectar a entrada a V), o eletroímã será acionado e a saída terá uma tensão.

A entrada de um relé não precisa ser uma chave, e a saída de um relé não precisa ser uma lâmpada. A saída de um relé pode ser conectada à entrada de outro relé, por exemplo, assim:

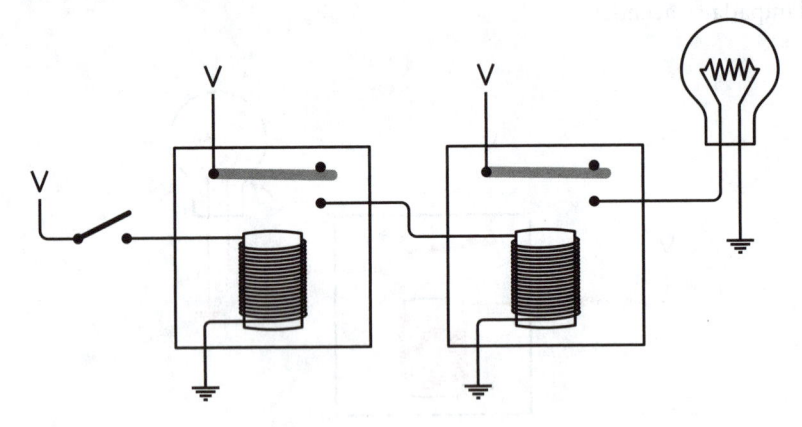

Diz-se que esses relés estão **em cascata**. Quando você liga a chave, o primeiro relé é acionado, fornecendo uma tensão ao segundo relé. O segundo relé é acionado, e a lâmpada se acende:

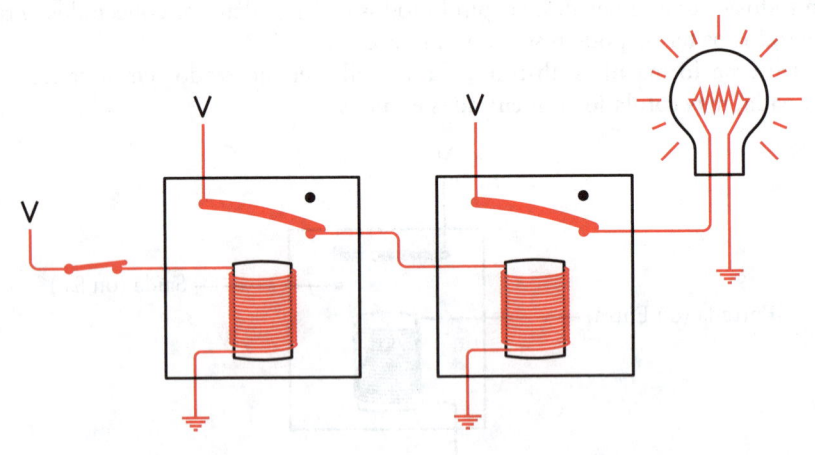

A conexão de relés é a chave para a construção de portas lógicas.

Assim como duas chaves podem ser conectadas em série, dois relés podem ser conectados em série:

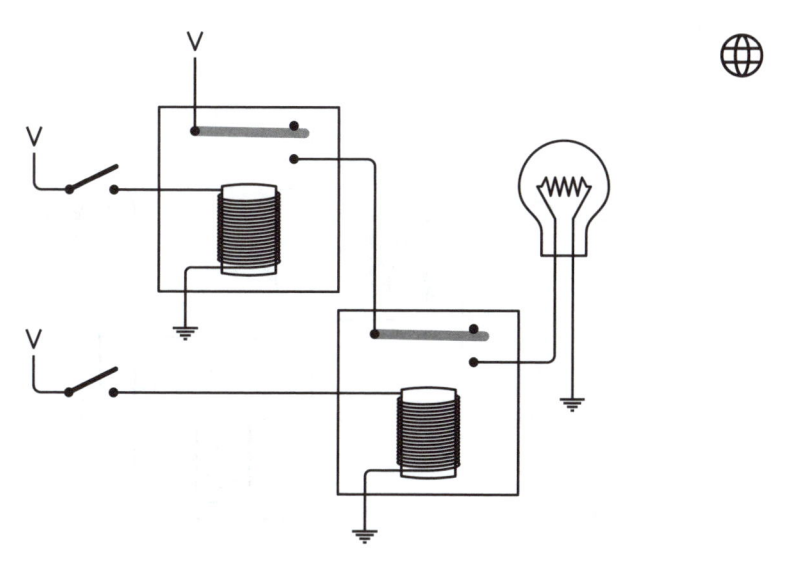

Agora existem duas chaves e dois relés. A saída do relé superior fornece uma tensão para o segundo relé. Como podemos ver, quando as duas chaves estão abertas, a lâmpada não se acende. Podemos tentar fechar a chave superior:

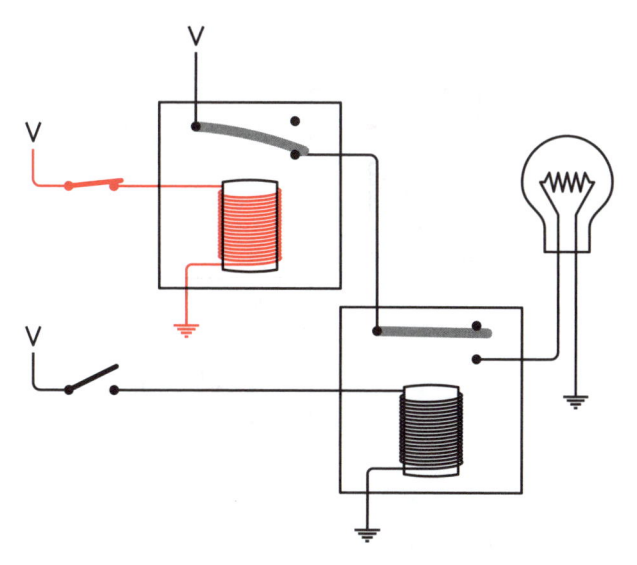

Ainda assim a lâmpada não se acende, porque a chave inferior ainda está aberta e esse relé não está acionado. Podemos tentar abrir a chave superior e fechar a chave inferior:

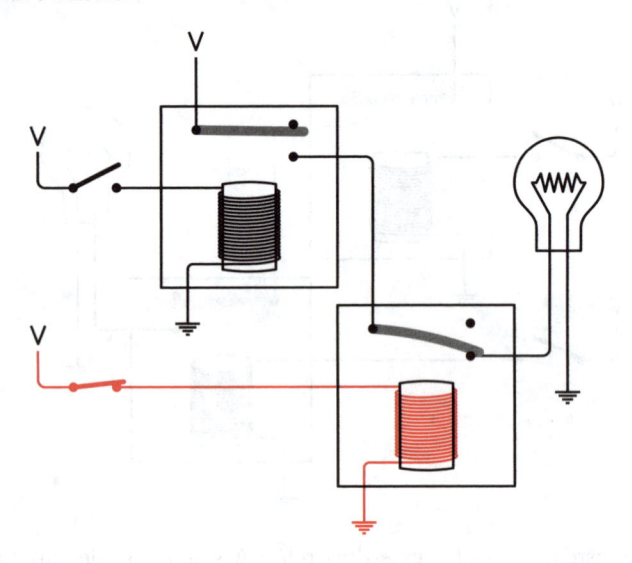

A lâmpada ainda não está acesa. A corrente não consegue chegar à lâmpada porque o primeiro relé não está acionado. A única forma de fazer com que a lâmpada se acenda é fechar as duas chaves:

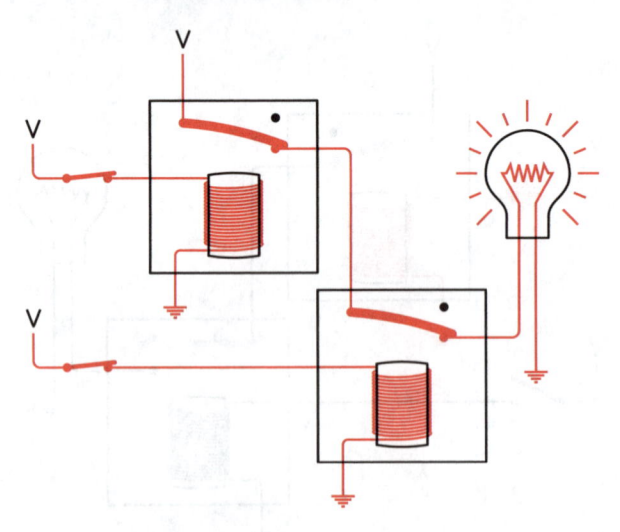

Agora ambos os relés são acionados, e a corrente pode fluir entre V, a lâmpada e o terra.

Como as duas chaves conectadas em série que você viu no Capítulo 6, esses dois relés estão realizando um exerciciozinho de lógica. A lâmpada acende apenas se ambos os relés forem acionados. Esses dois relés conectados em série são conhecidos como **porta AND**, pois estão realizando uma operação booleana AND.

Para evitar desenho excessivo, os engenheiros eletricistas têm um símbolo especial para uma porta AND, que se parece com isto:

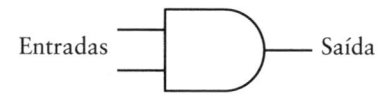

Entradas ⟶⟩— Saída

Essa é a primeira das seis portas lógicas básicas. A porta AND tem duas entradas e uma saída. Muitas vezes você verá a porta AND desenhada com as entradas à esquerda e a saída à direita. Isso porque as pessoas que estão acostumadas a ler da esquerda para a direita preferem ler diagramas elétricos da esquerda para a direita. Contudo, a porta AND também pode ser desenhada com as entradas na parte de cima, vindas da direita, ou de baixo.

O diagrama anterior, com dois relés conectados em série, é simbolizado de forma mais sucinta assim:

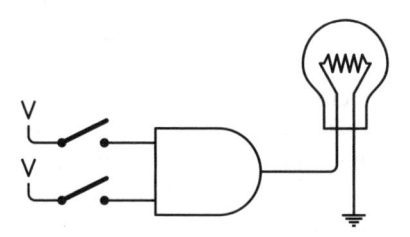

Observe que esse símbolo para a porta AND não apenas substitui dois relés conectados em série, mas também implica que o relé superior está conectado a uma tensão e que ambos os relés estão conectados ao terra. Novamente, a lâmpada se acende apenas se as chaves superior e inferior estiverem fechadas. É por isso que ela é chamada de porta **AND**.

Se pensarmos na ausência de tensão como 0 e na presença de tensão como 1, a saída da porta AND depende das entradas desta forma:

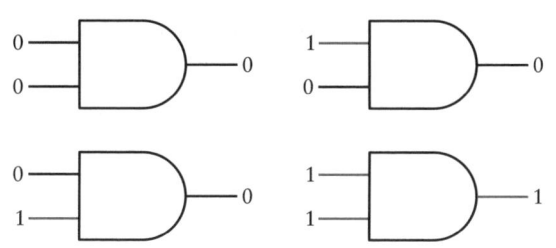

Assim como as duas chaves conectadas em série, a porta AND também pode ser descrita nesta tabelinha:

AND	0	1
0	0	0
1	0	1

As entradas da porta AND não precisam necessariamente estar conectadas a chaves, e a saída não precisa necessariamente estar conectada a uma lâmpada. A saída de uma porta AND pode ser uma entrada para uma segunda porta AND, assim:

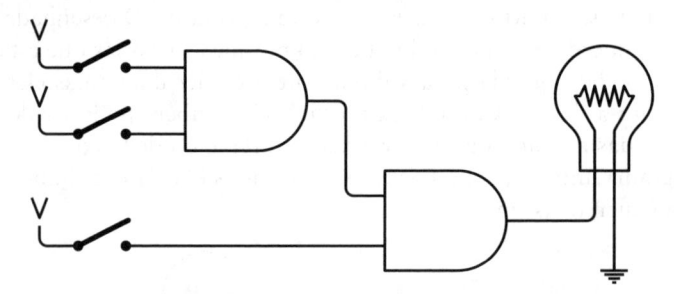

Essa lâmpada se acenderá somente se todos os três interruptores estiverem fechados. Somente se as duas chaves superiores estiverem fechadas, a saída da primeira porta AND produzirá uma tensão, e somente se a terceira chave também estiver fechada, a segunda porta AND produzirá uma tensão.

Essa configuração também pode ser expressa por este símbolo:

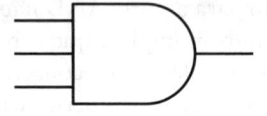

Ele é chamado de porta AND de três entradas. A saída será 1 somente se todas as entradas forem 1. Também é possível criar portas AND com muito mais entradas.

A próxima porta lógica exige dois relés conectados em paralelo, desta forma:

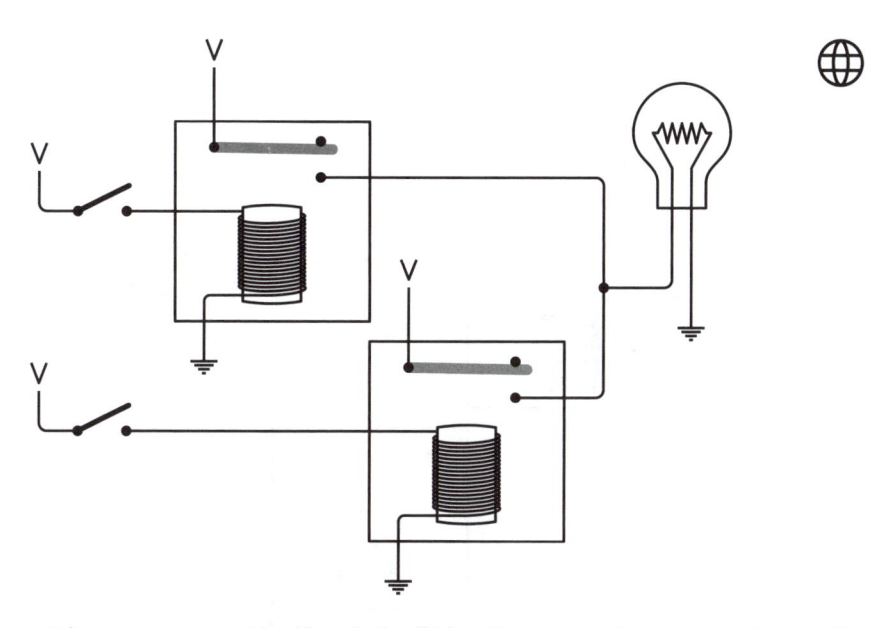

Observe que as saídas dos dois relés estão conectadas entre si. Essa saída conectada fornece energia para a lâmpada. Qualquer um dos dois relés é suficiente para acender a lâmpada. Por exemplo, se fecharmos o interruptor superior, a lâmpada se acenderá. A lâmpada está recebendo energia do relé superior:

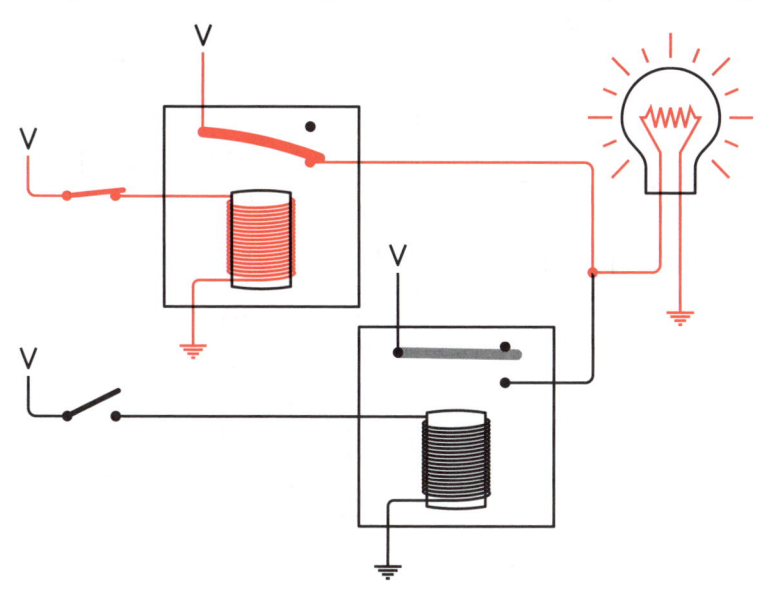

Da mesma forma, se deixarmos a chave superior aberta, mas fecharmos a inferior, a lâmpada também se acenderá:

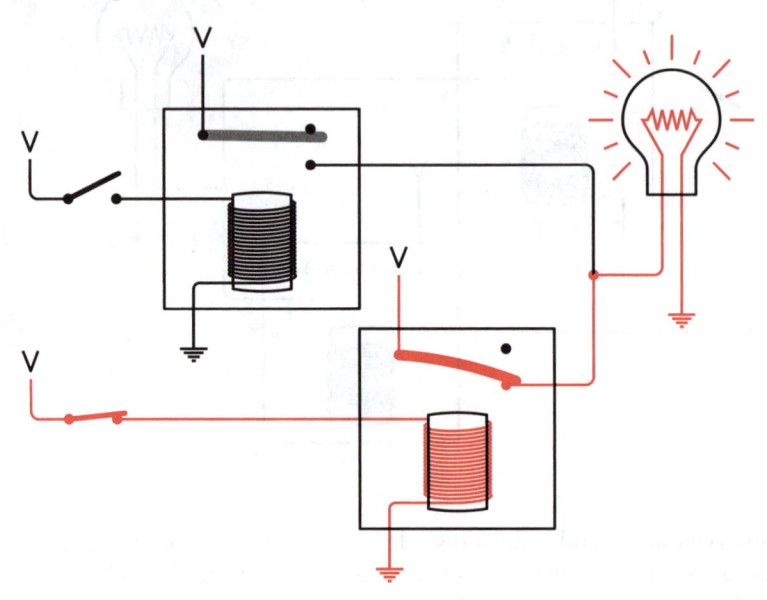

A lâmpada também se acenderá se as duas chaves estiverem fechadas:

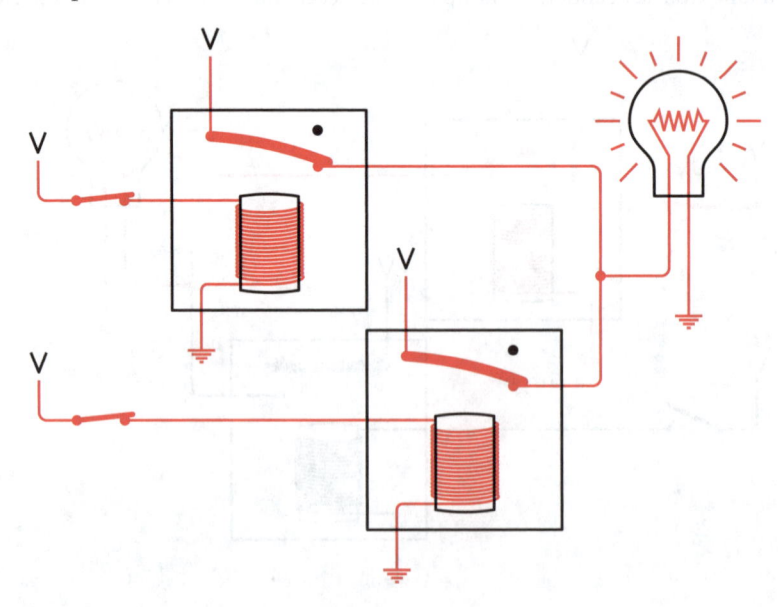

Fizemos um circuito no qual a lâmpada se acende se o interruptor superior **ou** o inferior estiver fechado. A palavra-chave aqui é **ou**, então isso é chamado de porta OR. Os engenheiros eletricistas usam um símbolo para a porta OR tem esta aparência:

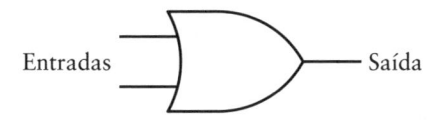

Entradas ⟩⟩— Saída

Ele tem alguma semelhança com o símbolo da porta AND, exceto que o lado da entrada é arredondado, muito parecido com o O de OR. (Isso pode ajudá-lo a diferenciá-los.)

A saída da porta OR fornece uma tensão se qualquer uma das duas entradas tiver uma tensão. Novamente, se dissermos que a ausência de tensão é 0 e a presença de tensão é 1, a porta OR tem quatro estados possíveis:

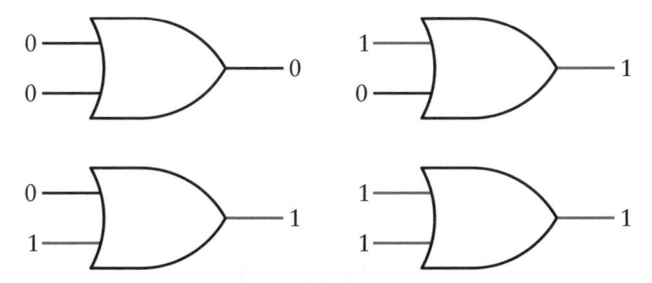

A saída da porta OR pode ser resumida em uma tabela semelhante à que foi usada para a porta AND:

OR	0	1
0	0	1
1	1	1

As portas OR também podem ter mais de duas entradas. A saída de tal porta é 1 se qualquer uma das entradas for 1; a saída é 0 somente se todas as entradas forem 0.

Os relés que tenho mostrado aqui são chamados de relés de **dois contatos**. Em repouso, a barra de metal móvel no topo está tocando um contato e, quando o eletroímã a puxa, ela atinge outro contato. O contato inferior é referido como saída **normalmente aberta**. Esse é o que temos usado, mas também poderíamos usar o contato superior, que é referido como **normalmente fechado**. Quando usamos esse contato superior, a saída do relé opera de forma inversa, ou seja, a lâmpada acende quando a chave de entrada está aberta:

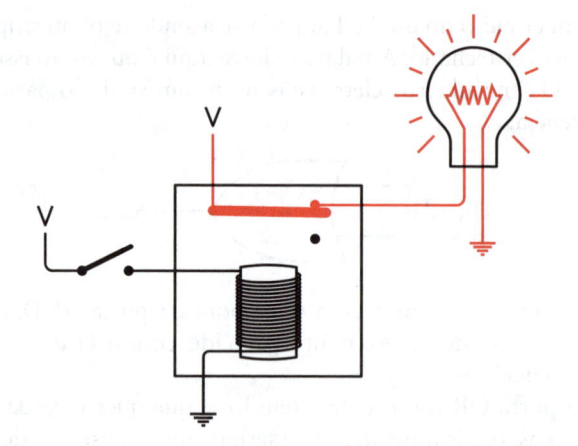

Quando a chave de entrada é fechada, a lâmpada se apaga:

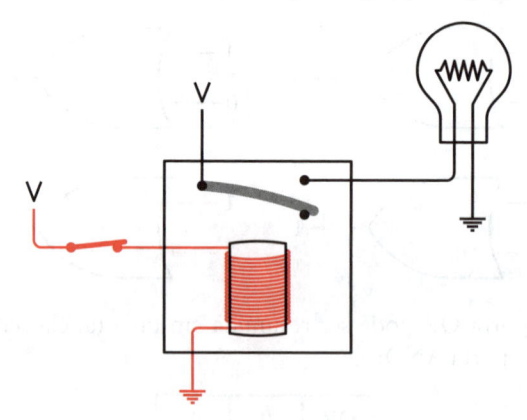

Um único relé conectado dessa forma é chamado de **inversor**. Ele é representado por um símbolo especial, desenhado desta forma:

Entrada ──▷○── Saída

É chamado inversor porque inverte 0 (sem tensão aplicada) em 1 (tensão aplicada) e vice-versa:

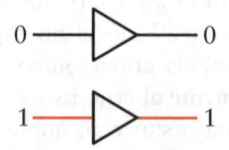

0 ──▷── 0

1 ──▷── 1

Essa é uma versão prática do operador booleano NOT.

Às vezes, quando as pessoas veem o inversor de cima, recém apresentado, elas se perguntam: "Como pode haver tensão na saída se não há tensão na entrada? De onde vem essa tensão?". Lembre-se de que o inversor é, na verdade, um relé conectado a uma tensão.

Com o inversor, a porta AND e a porta OR, podemos começar a conectar o painel de controle para automatizar a escolha do gatinho ideal. Aqui está ele novamente:

Vamos começar com as chaves. A primeira chave está fechada para fêmea e aberta para macho. Assim, podemos gerar dois sinais que chamaremos de F e M, da seguinte forma:

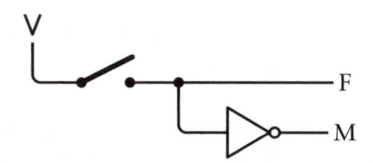

Quando F é 1, M será 0, e vice-versa. De modo semelhante, a segunda chave está fechada para um gato castrado (N) e aberta para um gato não castrado (U):

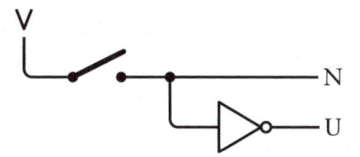

As outras três chaves selecionam a cor: preto, branco ou castanho. Aqui estão todos os três conectados a uma tensão:

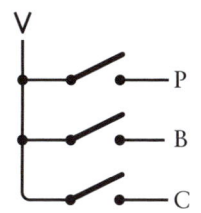

Algumas regras simples determinam como você pode conectar portas e inversores: a saída de uma porta (ou inversor) pode ser a entrada para uma ou várias outras portas (ou inversores). Contudo, não conecte as saídas de duas ou mais portas (ou inversores) entre si.

A versão simplificada da expressão de seleção de gato foi:

$$(N \times ((M \times (B + C)) + (F \times (1 - B)))) + P$$

Para cada sinal + nessa expressão, deve haver uma porta OR no circuito. Para cada sinal ×, deve haver uma porta AND.

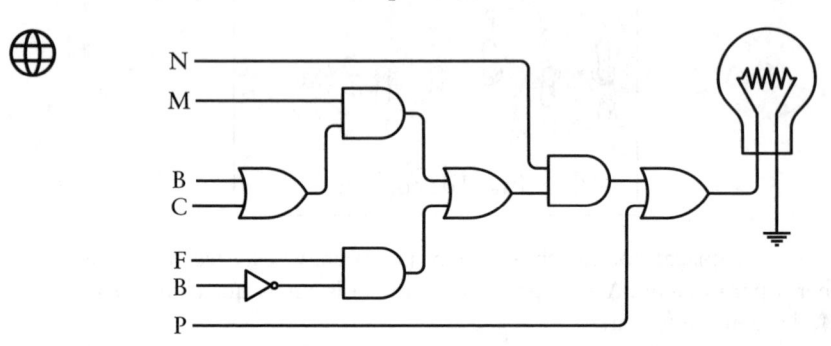

Os símbolos no lado esquerdo do diagrama de circuito estão na mesma ordem em que aparecem na expressão. Observe o uso de um inversor para a parte (1 – B) da expressão.

Agora você pode dizer que isso precisa de um monte de relés, o que é verdade. Existem dois relés em cada porta AND e OR e um relé para cada inversor. No entanto, temo que você verá muito mais relés nos próximos capítulos. Apenas agradeça por não precisar comprá-los e conectá-los em casa. (A não ser, é claro, que você queira.)

Já disse que existem seis portas lógicas padrão. Você já viu três e agora é a vez das outras. As duas primeiras usam a saída normalmente fechada do relé que é usado para o inversor. Essa saída tem uma tensão presente quando o relé não é acionado. Por exemplo, nessa configuração, a saída de um relé fornece energia para um segundo relé. Com as duas entradas desligadas, a lâmpada se acende:

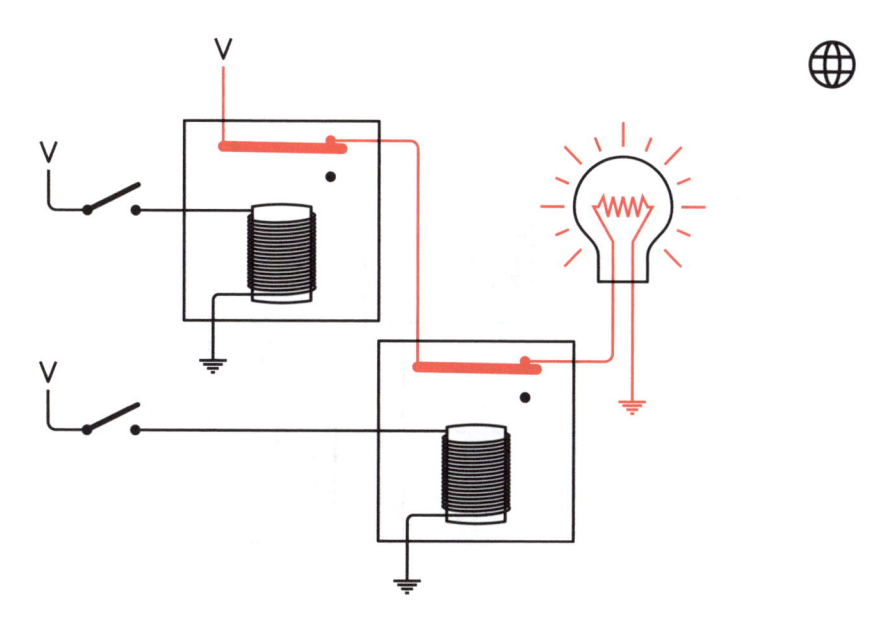

Se a chave superior for fechada, a lâmpada se apagará:

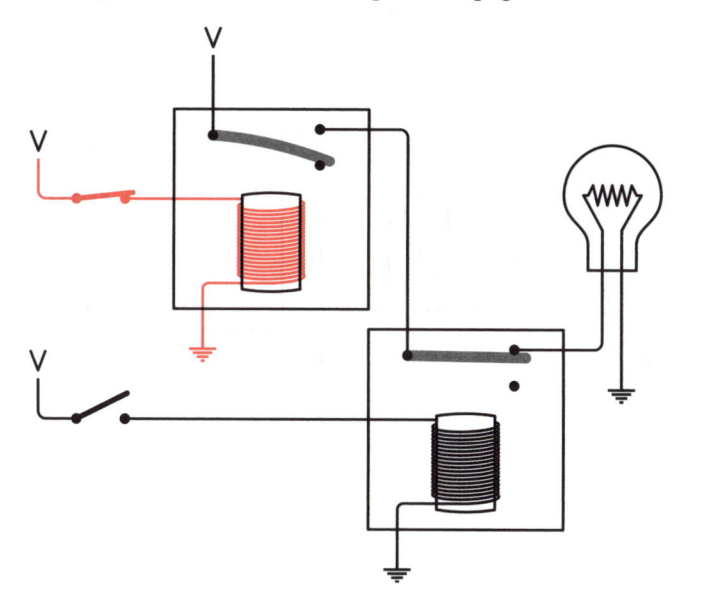

A lâmpada se apaga porque a energia não está mais sendo fornecida ao segundo relé. Da mesma forma, se a chave superior estiver aberta, mas a inferior estiver fechada, a lâmpada também estará apagada:

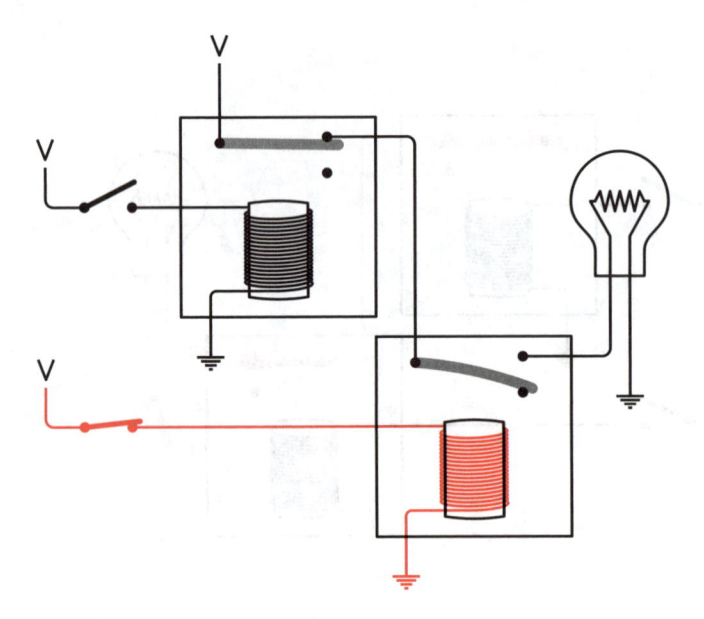

Se as duas chaves forem fechadas, a lâmpada não se acenderá:

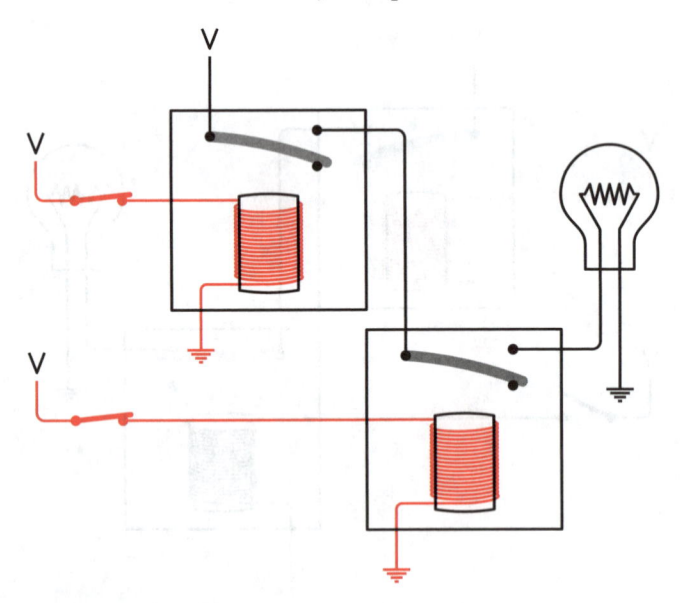

Esse comportamento é exatamente o oposto do que acontece com a porta OR. Ele é chamado de *NOT OR* ou, de modo mais conciso, *NOR*. Este é o símbolo da porta NOR:

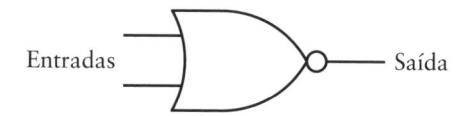

Ele é o mesmo que o símbolo para OR, mas com um pequeno círculo na saída. O círculo significa **inversão**. O NOR é o mesmo que uma porta OR seguida por um inversor.

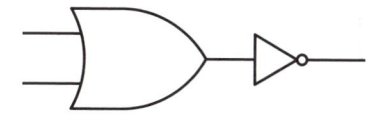

A saída da porta NOR aparece na seguinte tabela:

NOR	0	1
0	1	0
1	0	0

Essa tabela mostra resultados opostos aos da porta OR, em que são 1 se qualquer uma das duas entradas for 1 e 0 somente se ambas as entradas forem 0.

Outra maneira de conectar dois relés é mostrada aqui:

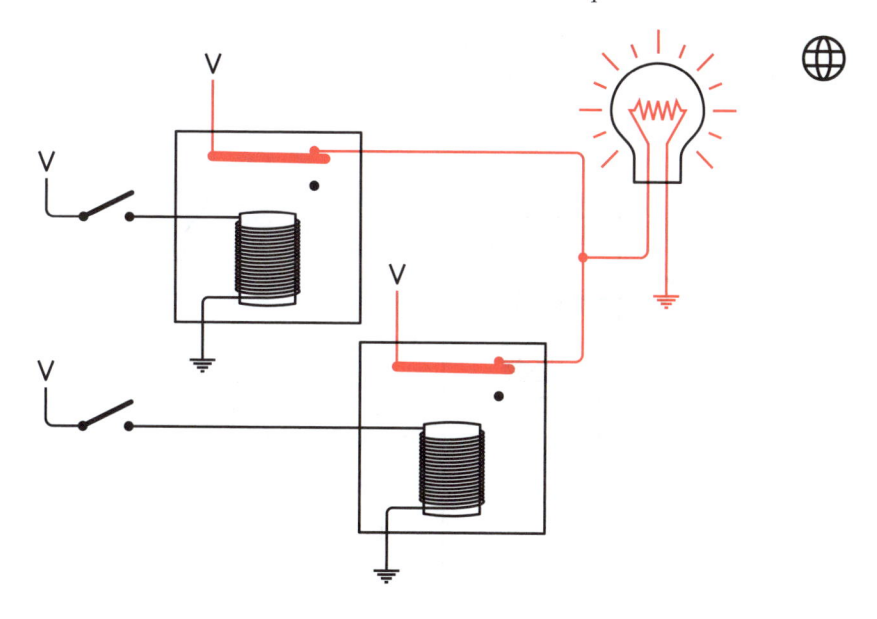

Nesse caso, as duas saídas são conectadas, o que é semelhante à configuração OR, mas usando os outros contatos. A lâmpada acende quando ambos os interruptores estão abertos.

A lâmpada permanece acesa quando apenas o interruptor superior é fechado, porque a lâmpada pode obter energia do relé inferior:

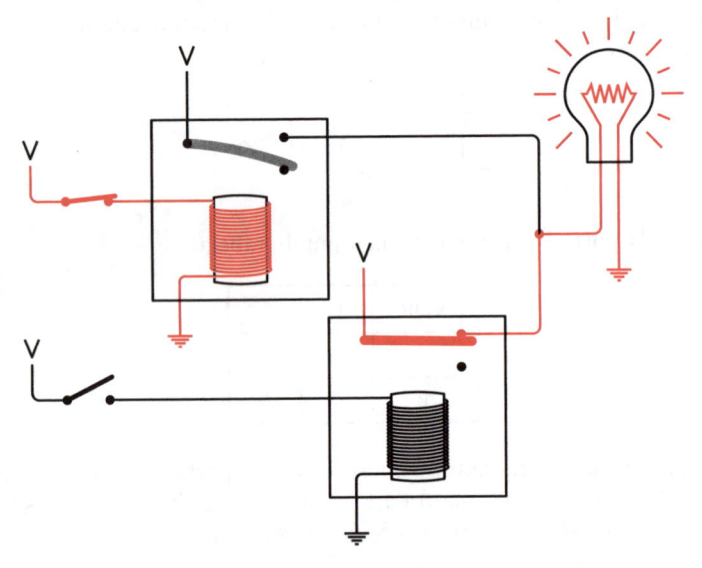

Da mesma forma, a lâmpada permanece acesa quando somente a chave inferior é fechada, pois recebe energia do relé superior:

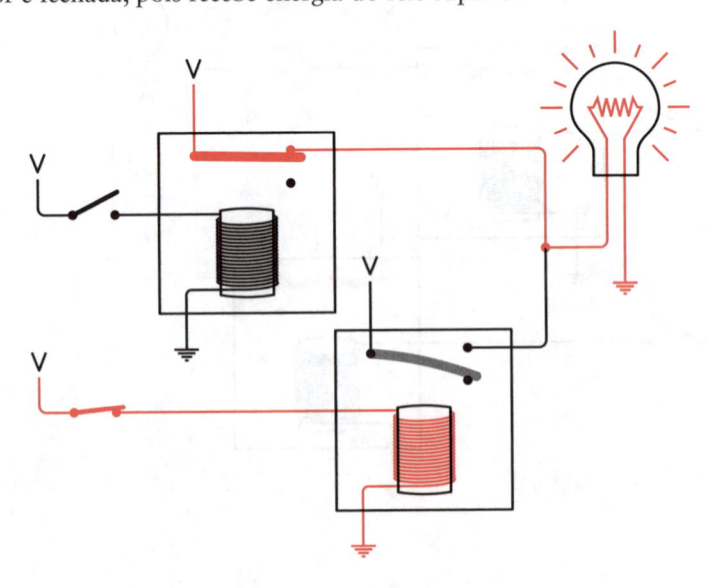

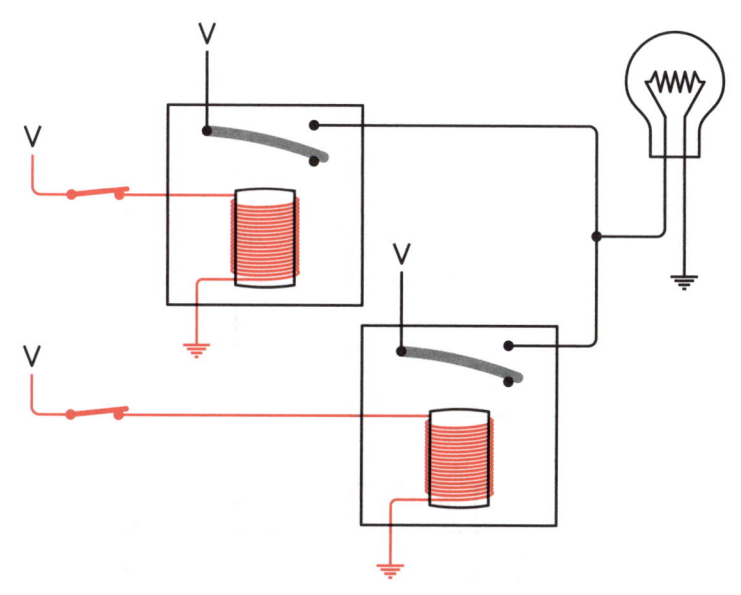

Somente quando as duas chaves estão fechadas é que a lâmpada se apaga:

Esse comportamento é exatamente oposto ao da porta AND. Isso é chamado de **NOT AND** ou, de forma mais concisa, **NAND**. Diferente de NOR, que já estava no dicionário, NOR, a palavra NAND foi criada (em 1958) especificamente para descrever esse tipo de lógica.

A porta NAND é desenhada como a porta AND, mas com um círculo na saída, o que significa que a saída é o inverso da porta AND:

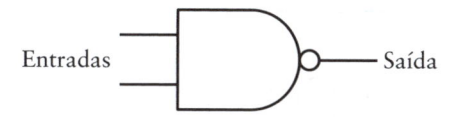

A porta NAND tem o seguinte comportamento:

NAND	0	1
0	1	1
1	1	0

Você deve se lembrar que a saída da porta AND é 1 apenas se ambas as entradas forem 1; caso contrário, a saída é 0. A saída da porta NAND é o contrário disso.

Neste ponto, examinamos quatro maneiras diferentes de conectar relés com duas entradas e uma saída. Cada configuração se comporta de maneira ligeiramente diferente. Para evitar desenhar e redesenhar os relés, nós os chamamos de portas lógicas e decidimos usar os mesmos símbolos usados por engenheiros eletricistas para representá-los. A saída de cada porta lógica específica depende da entrada, cujo funcionamento é resumido a seguir:

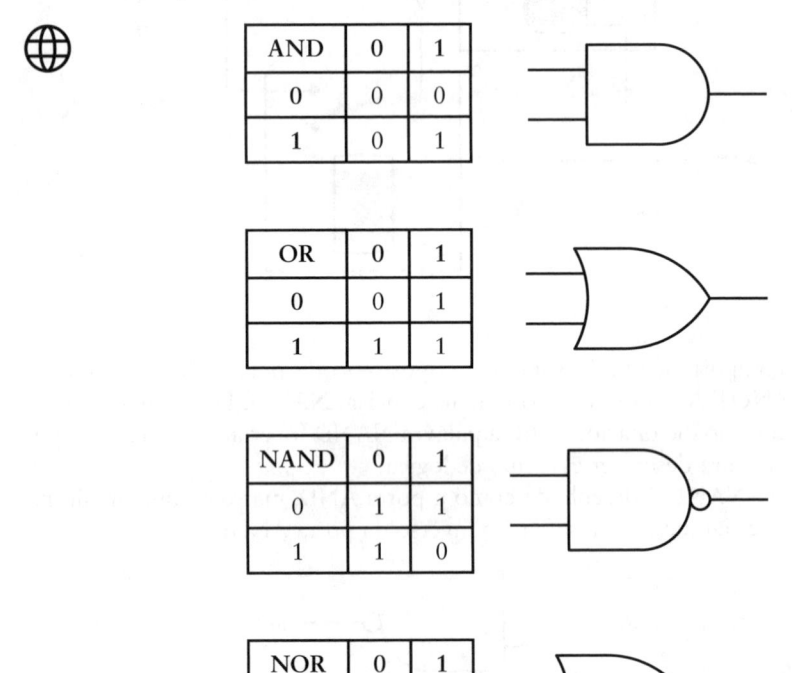

AND	0	1
0	0	0
1	0	1

OR	0	1
0	0	1
1	1	1

NAND	0	1
0	1	1
1	1	0

NOR	0	1
0	1	0
1	0	0

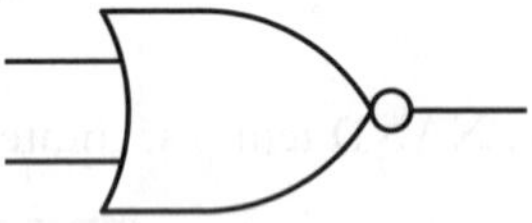

O inversor apresenta a seguinte forma:

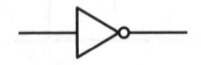

Ele inverte o sinal de 0 para 1 e de 1 para 0.

Completa este conjunto de ferramentas um relé tradicional simples:

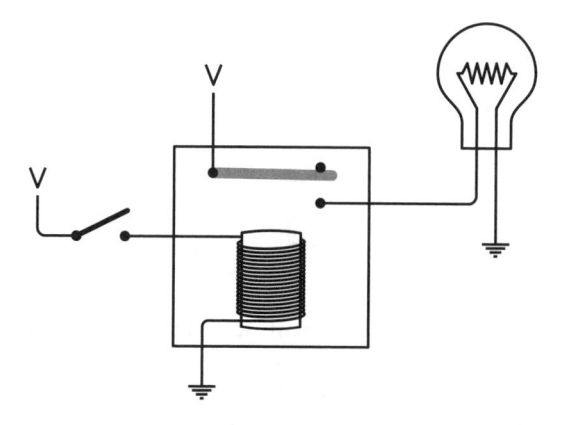

Ele é chamado de *buffer*, e este é o seu símbolo:

Entrada ——▷—— Saída

Esse é o mesmo símbolo do inversor, mas sem o pequeno círculo na ponta. O *buffer* é notável mesmo sem fazer muito. A saída do *buffer* é igual à sua entrada:

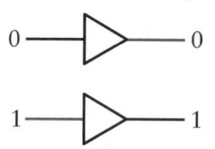

0 ——▷—— 0

1 ——▷—— 1

Você pode usar um *buffer* quando um sinal de entrada é fraco. Você deve se lembrar que esse foi o motivo da invenção dos relés para o telégrafo há muitos anos. Em circuitos lógicos da vida real, às vezes uma saída deve alimentar múltiplas entradas. Isso é conhecido como *fan out*, e pode resultar em uma diminuição da potência disponível para cada saída. Os *buffers* podem ajudar a aumentar essa potência. Ou então um *buffer* pode ser usado para atrasar ligeiramente um sinal. Isso funciona porque o relé requer pouco tempo – uma fração de segundo – para ser acionado.

A partir daqui neste livro, você verá poucos desenhos de relés. Em vez disso, os circuitos a seguir serão construídos a partir de *buffers*, inversores, as quatro portas lógicas básicas de duas entradas e circuitos mais sofisticados construídos a partir dessas portas lógicas. Todos esses outros componentes são feitos de relés, é claro, mas não precisamos mais olhar para eles da mesma forma que antes.

No início deste capítulo, mostramos um pequeno painel de controle que permite selecionar um gatinho ideal. Ele tinha interruptores para gatos pretos, brancos e castanhos, mas não tinha um interruptor para outras cores (qualquer gato que não fosse preto, branco ou castanho). Este é um sinal que pode ser criado usando três inversores e uma porta AND de três entradas:

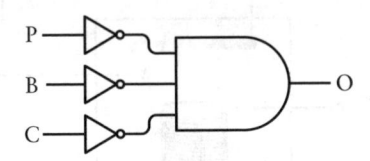

Três entradas são invertidas e tornam-se entradas para uma porta AND. Somente quando P, B e C forem todos 0 é que todas as entradas na porta AND serão 1, fazendo com que a saída seja 1.

Às vezes, uma configuração como essa é desenhada sem os inversores:

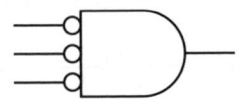

Observe os pequenos círculos na entrada da porta AND. Eles significam que os sinais estão invertidos naquele ponto: um 0 (sem tensão aplicada) torna-se um 1 (tensão aplicada) e vice-versa.

Se você tiver de escolher apenas uma porta lógica das seis que mostrei, escolha NAND ou NOR. Você pode usar um NAND ou um NOR para criar todas as outras portas lógicas. Por exemplo, veja como combinar as entradas de uma porta NAND para criar um inversor:

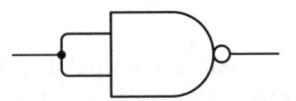

Você pode usar esse inversor na saída de outra porta NAND para criar uma porta AND. A princípio, não parece possível que você possa fazer uma porta OR a partir de uma porta NAND, mas você pode. Isso porque uma porta AND com todas as suas entradas invertidas faz exatamente a mesma coisa que uma porta NOR:

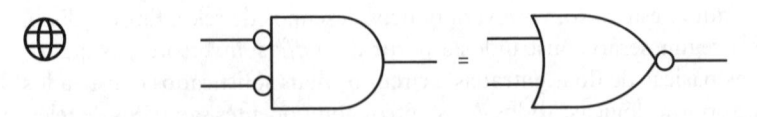

A saída é 1 somente se as duas entradas forem 0.

Da mesma forma, uma porta OR com as duas entradas invertidas é equivalente a uma porta NAND:

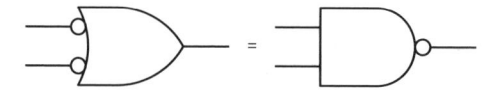

A saída é 0 somente se as duas entradas forem 1.

Esses dois pares de circuitos equivalentes representam uma implementação elétrica das **leis de De Morgan**. Augustus De Morgan foi outro matemático vitoriano, nove anos mais velho que George Boole, cujo livro *Formal Logic* (em português, "Lógica formal"), foi publicado em 1847, no mesmo dia (conta a história) que *The Mathematical Analysis of Logic* (em português, "A análise matemática da lógica"), de Boole. Na verdade, Boole foi inspirado a investigar a lógica por uma disputa muito divulgada que estava sendo travada entre De Morgan e outro matemático britânico, envolvendo acusações de plágio. (De Morgan foi exonerado pela história.) Muito cedo, De Morgan reconheceu a importância das ideias de Boole. Ele altruisticamente encorajou Boole e o ajudou ao longo do caminho e, infelizmente, hoje é quase totalmente esquecido, exceto por suas famosas leis.

As leis de De Morgan são expressas de forma mais concisa desta maneira:

$$\overline{A} \times \overline{B} = \overline{A + B}$$
$$\overline{A} + \overline{B} = \overline{A \times B}$$

A e B são dois operandos booleanos. As barras no topo indicam uma inversão, ou a negação. Na primeira expressão, A e B têm seus valores invertidos e depois combinados por meio do operador booleano AND. Isso é o mesmo que combinar os dois operandos por meio do operador booleano OR e depois inverter o resultado (que é o NOR). Também funciona na linguagem natural: se não está chovendo **e** não está nevando, então não está chovendo **ou** nevando.

Na segunda expressão, os dois operandos são invertidos e então combinados por meio do operador booleano OR. Isso é o mesmo que combinar os operandos por meio do operador booleano AND e depois inverter (que é o NAND). Se não sou grande **ou** não sou forte, então não sou grande **e** forte. As leis de De Morgan são uma ferramenta importante para simplificar expressões booleanas e, portanto, para simplificar os circuitos. Historicamente, foi isso que o artigo de Claude Shannon realmente significou para os engenheiros eletricistas. Contudo, simplificar circuitos obsessivamente não será uma grande preocupação neste livro. É preferível fazer as coisas funcionarem do que fazê-las funcionar da forma mais simples possível.

O próximo grande projeto é nada menos que uma máquina de somar digital, totalmente implementada com portas lógicas. No entanto, esse projeto precisará ser adiado por vários capítulos enquanto voltamos à escola primária e aprendemos a contar.

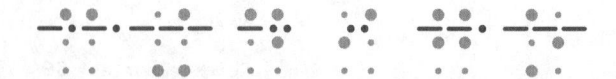

9
Nossos 10 dígitos

A ideia de que a linguagem é simplesmente um código parece prontamente aceitável. Muitos de nós pelo menos tentamos aprender uma língua estrangeira no ensino médio, então estamos dispostos a reconhecer que o animal que chamamos de gato em português também pode ser um *cat*, *chat*, *Katze*, кошка, ou γάτα.

No entanto, os números parecem ser menos maleáveis culturalmente. Independentemente do idioma que falamos e da maneira como pronunciamos os números, quase todas as pessoas com quem provavelmente entramos em contato neste planeta os escrevem da mesma maneira:

1 2 3 4 5 6 7 8 9 10

Não é à toa que a matemática é chamada de "a linguagem universal".

Os números são certamente os códigos mais abstratos com os quais lidamos regularmente. Quando vemos o número

3

não precisamos imediatamente relacioná-lo a algo. Podemos visualizar 3 maçãs ou 3 de outra coisa, mas ficaríamos da mesma forma à vontade aprendendo a partir do contexto que o número se refere ao aniversário de uma criança, um canal de televisão, um placar de um jogo de futebol, o número de xícaras de farinha de trigo em uma receita de bolo ou o mês de março. Como nossos números são tão abstratos desde o início, é mais difícil para nós entender que este número de maçãs

não necessariamente precisa ser indicado pelo símbolo

3

Grande parte deste capítulo e do seguinte será dedicada a explicar que esta quantidade de maçãs

também pode ser indicada escrevendo

11

Quando chegarmos a esse ponto, será possível começar a representar números em circuitos elétricos e, por fim, em computadores. Quanto melhor entendermos como nossos números familiares funcionam, mais preparados estaremos para dar esse salto.

Desde que nossa espécie começou a contar, usamos nossos dedos para ajudar. Consequentemente, a maioria das civilizações baseou seus sistemas numéricos em torno de 10. As únicas exceções significativas são alguns sistemas numéricos construídos em torno de cinco, 20 ou 60, todos intimamente relacionados a 10. (O antigo sistema numérico babilônico baseado em 60 persiste em nossa contagem do tempo em segundos e minutos.) Não há algo inerentemente especial em nosso sistema numérico além de sua relação com a fisiologia da mão humana. Se nossa espécie tivesse se desenvolvido com oito ou 12 dedos, nossas formas de contar seriam um pouco diferentes. Não é por acaso que a palavra "dígito" pode se referir tanto aos dedos das mãos ou dos pés quanto aos números, ou que as palavras em inglês *five* (cinco) e *fist* (punho) tenham raízes semelhantes.

Nesse sentido, o uso de uma **base dez**, ou do sistema de numeração **decimal** (do latim para "dez"), é totalmente arbitrário. No entanto, damos aos números baseados em 10 um significado quase mágico e nomes especiais. Dez anos é uma década; dez décadas, um século; dez séculos, um milênio. Mil milhares é 1 milhão; mil milhões, 1 bilhão. Esses números são todos potências de 10:

$10^1 = 10$
$10^2 = 100$
$10^3 = 1.000$ (mil)
$10^4 = 10.000$
$10^5 = 100.000$
$10^6 = 1.000.000$ (milhão)
$10^7 = 10.000.000$
$10^8 = 100.000.000$
$10^9 = 1.000.000.000$ (bilhão)

A maioria dos historiadores acredita que os números foram originalmente inventados para contar coisas, como pessoas, posses e transações comerciais. Por exemplo, se alguém possui quatro patos, isso pode ser registrado com o desenho de quatro patos:

Por fim, a pessoa cujo trabalho era desenhar os patos pensou: "Por que tenho de desenhar quatro patos? Por que não posso desenhar um pato e indicar que há quatro deles com, sei lá, um rabisco ou algo assim?".

Então, um dia, alguém tinha 27 patos, e os rabiscos se tornaram ridículos:

Alguém disse: "Tem de haver uma maneira melhor". Então surgiu um sistema numérico.

De todos os antigos sistemas numéricos, apenas os algarismos romanos ainda são de uso comum. Eles são usados nos mostradores de relógios, para datas em monumentos e estátuas, para a numeração de capítulos e páginas em livros, para alguns itens em um esboço e, o que é mais irritante, no aviso de direitos autorais em filmes: a pergunta "Em que ano esse filme foi produzido?" muitas vezes pode ser respondida apenas se alguém for rápido o suficiente para decifrar MCMLIII conforme indicado no final dos créditos.

Vinte e sete patos em algarismos romanos é:

O conceito aqui é muito fácil: o X significa 10 rabiscos, e o V significa cinco rabiscos.

Os símbolos dos números romanos que sobrevivem até hoje são:

I V X L C D M

O I é um. Isso pode ser derivado de um rabisco ou de um único dedo levantado. O V, que é possivelmente um símbolo para uma mão, significa cinco. Dois Vs formam um X, que representa dez. O L é 50. A letra C vem da palavra *centum*, que em latim significa 100. D é 500. Finalmente, M vem da palavra latina *mille*, ou mil. Com uma centena de passadas, você andará cerca de uma milha (que corresponde a 1,6 quilômetros).

Embora possamos não concordar, por muito tempo os numerais romanos foram considerados fáceis de somar e subtrair, e é por isso que eles sobreviveram tanto tempo na Europa para a contabilidade. De fato, ao somar dois numerais romanos, você simplesmente combina todos os símbolos de ambos os números e simplifica o resultado usando apenas algumas regras: cinco Is formam um V, dois Vs formam um X, cinco Xs formam um L e assim por diante.

No entanto, multiplicar e dividir numerais romanos é difícil. Muitos outros sistemas numéricos antigos (como o dos gregos antigos) também são inadequados para trabalhar com números de maneira sofisticada. Os antigos gregos desenvolveram uma geometria extraordinária que ainda hoje é ensinada praticamente inalterada nas escolas secundárias, mas eles não são conhecidos por sua álgebra.

O sistema numérico que usamos hoje é conhecido como hindu-arábico, ou indo-arábico. Ele é de origem indiana, mas foi trazido para a Europa por matemáticos árabes. De particular renome é o matemático persa Muhammed ibn Musa al-Khwarizmi (de cujo nome derivamos a palavra **algoritmo**), que escreveu um livro sobre álgebra por volta de 820 d.C. que usava o sistema hindu de contagem. Uma tradução latina data de cerca de 1145 d.C. e foi influente em acelerar a transição em toda a Europa dos algarismos romanos para o nosso atual sistema de números hindu-arábicos.

O sistema de números hindu-arábicos difere dos sistemas numéricos anteriores de três maneiras:

- Diz-se que o sistema de numeração hindu-arábico é **posicional**, o que significa que um determinado dígito representa uma quantidade diferente dependendo de onde é encontrado no número. **Onde** os dígitos aparecem em um número é realmente mais significativo do que os próprios dígitos! Tanto 100 quanto 1.000.000 têm apenas um único 1 neles, mas todos nós sabemos que 1 milhão é muito maior que 100.
- Praticamente todos os primeiros sistemas numéricos têm algo que o sistema hindu-arábico **não** tem, e esse é um símbolo especial para o número 10. Em nosso sistema numérico, **não** há um símbolo especial para 10.
- Por outro lado, praticamente todos os primeiros sistemas numéricos carecem de algo que o sistema hindu-arábico tem e que acaba sendo muito mais importante do que um símbolo para 10: o zero.

Sim, o zero. O humilde zero é sem dúvida uma das invenções mais importantes da história dos números e da matemática. Ele apoia a notação posicional porque nos permite ver imediatamente a diferença entre 25, 205 e 250. O zero também facilita muitas operações matemáticas que são complicadas em sistemas não posicionais, particularmente multiplicação e divisão.

Toda a estrutura dos números hindu-arábicos é revelada na forma como os pronunciamos. Veja 4.825, por exemplo. Dizemos "quatro mil oitocentos e vinte e cinco". Isso significa

> quatro milhares
> oito centenas
> duas dezenas e
> cinco unidades.

Ou podemos escrever os componentes assim:

$$4.825 = 4.000 + 800 + 20 + 5$$

Ou então, desmembrando ainda mais, podemos escrever o número desta maneira:

$$4.825 = 4 \times 1.000 + \\ 8 \times 100 + \\ 2 \times 10 + \\ 5 \times 1$$

Usando potências de 10, o número pode ser escrito desta forma:

$$4.825 = 4 \times 10^3 + \\ 8 \times 10^2 + \\ 2 \times 10^1 + \\ 5 \times 10^0$$

Lembre-se de que qualquer número elevado à potência 0 é igual a 1.

Cada posição em um número com vários dígitos tem um significado particular. As sete caixas mostradas aqui nos permitem representar qualquer número de 0 até 9.999.999:

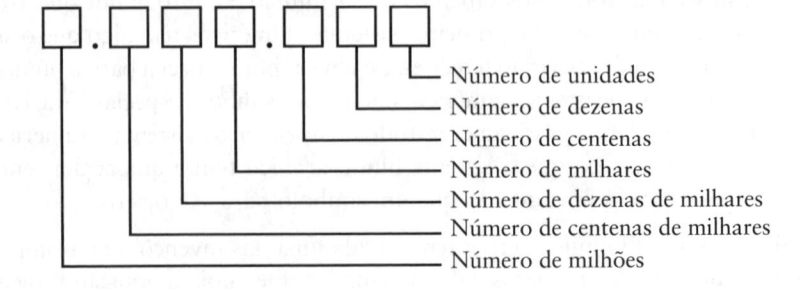

☐.☐☐☐.☐☐☐
— Número de unidades
— Número de dezenas
— Número de centenas
— Número de milhares
— Número de dezenas de milhares
— Número de centenas de milhares
— Número de milhões

Como cada posição corresponde a uma potência de 10, não é necessário um símbolo especial para 10, porque 10 é representado colocando o 1 em uma posição diferente e usando 0 para reservar uma posição.

O que também é muito bom é que as quantidades fracionárias mostradas como dígitos à direita do divisor decimal (usamos a vírgula como padrão no Brasil) seguem esse mesmo padrão. O número 42.705,684 é

$$4 \times 10.000 +$$
$$2 \times 1.000 +$$
$$7 \times 100 +$$
$$0 \times 10 +$$
$$5 \times 1 +$$
$$6 \div 10 +$$
$$8 \div 100 +$$
$$4 \div 1.000$$

Observe que as três últimas linhas usam a divisão em vez da multiplicação. Esse número também pode ser escrito sem qualquer divisão, desta forma:

$$4 \times 10.000 +$$
$$2 \times 1.000 +$$
$$7 \times 100 +$$
$$0 \times 10 +$$
$$5 \times 1 +$$
$$6 \times 0,1 +$$
$$8 \times 0,01 +$$
$$4 \times 0,001$$

Ou então, usando potências de 10, o número é:

$$4 \times 10^4 +$$
$$2 \times 10^3 +$$
$$7 \times 10^2 +$$
$$0 \times 10^1 +$$
$$5 \times 10^0 +$$
$$6 \times 10^{-1} +$$
$$8 \times 10^{-2} +$$
$$4 \times 10^{-3}$$

Observe que os expoentes diminuem até zero e depois se tornam números negativos. Nosso sistema numérico é tão familiar para nós que nem sempre reconhecemos a elegância de sua estrutura subjacente.

Sabemos que 3 mais 4 é igual a 7. Da mesma forma, 30 mais 40 é igual a 70, 300 mais 400 é igual a 700 e 3.000 mais 4.000 é igual a 7.000. Essa é a beleza do sistema hindu-arábico. Ao somar números decimais de qualquer tamanho, você segue um procedimento que divide o problema em etapas. Cada etapa não envolve nada mais complicado do que somar pares de números de um dígito. É por isso que há muito tempo alguém obrigou você a memorizar uma tabuada de adição:

+	0	1	2	3	4	5	6	7	8	9
0	0	1	2	3	4	5	6	7	8	9
1	1	2	3	4	5	6	7	8	9	10
2	2	3	4	5	6	7	8	9	10	11
3	3	4	5	6	7	8	9	10	11	12
4	4	5	6	7	8	9	10	11	12	13
5	5	6	7	8	9	10	11	12	13	14
6	6	7	8	9	10	11	12	13	14	15
7	7	8	9	10	11	12	13	14	15	16
8	8	9	10	11	12	13	14	15	16	17
9	9	10	11	12	13	14	15	16	17	18

Encontre os dois números que deseja somar na linha superior e na coluna da esquerda. Siga para baixo e encontre a soma onde a linha e a coluna se cruzam. Por exemplo, 4 mais 6 é igual a 10.

De forma similar, quando você precisa multiplicar dois números decimais, você segue um procedimento um pouco mais complicado, mas que ainda decompõe o problema de modo que você não tenha de fazer nada mais complexo do que somar ou multiplicar números decimais de um dígito. Sua educação fundamental provavelmente também envolveu a memorização de uma tabuada de multiplicação:

×	0	1	2	3	4	5	6	7	8	9
0	0	0	0	0	0	0	0	0	0	0
1	0	1	2	3	4	5	6	7	8	9
2	0	2	4	6	8	10	12	14	16	18
3	0	3	6	9	12	15	18	21	24	27
4	0	4	8	12	16	20	24	28	32	36
5	0	5	10	15	20	25	30	35	40	45
6	0	6	12	18	24	30	36	42	48	54
7	0	7	14	21	28	35	42	49	56	63
8	0	8	16	24	32	40	48	56	64	72
9	0	9	18	27	36	45	54	63	72	81

O que há de melhor no sistema de notação posicional não é o quão bem ele funciona, mas o quão bem ele funciona para sistemas de contagem **não** baseados em 10. Nosso sistema numérico não é necessariamente apropriado para todos. Um grande problema do nosso sistema de números de base 10 é que ele não tem relevância para personagens de desenhos animados. A maioria dos personagens de desenhos animados tem apenas quatro dedos em cada mão (ou pata), então eles preferem um sistema numérico baseado em oito.

Curiosamente, muito do que sabemos sobre numeração decimal pode ser aplicado a um sistema de numeração mais apropriado para nossos amigos dos desenhos animados.

10
Alternativas para o 10

Dez é um número excepcionalmente importante para nós, seres humanos. Dez é o número de dedos que temos nas mãos e nos pés, e certamente preferimos ter todos os 10 de cada. Como nossos dedos são convenientes para a contagem, nós humanos desenvolvemos todo um sistema numérico baseado no número 10.

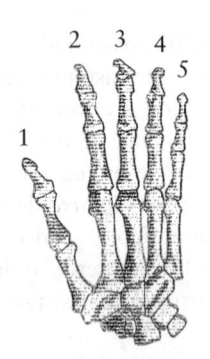

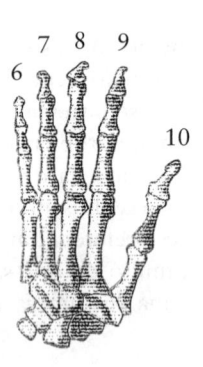

Conforme discuti no capítulo anterior, nosso sistema numérico convencional é chamado de **base dez**, ou **decimal**. Os números decimais parecem ser tão naturais para nós que, a princípio, é difícil imaginar alternativas. Na verdade, quando vemos "10", não há como deixar de pensar que ele se refere a esta quantidade de patos:

Contudo, o único motivo para que o número 10 se refira a essa quantidade de patos é que esse é o mesmo número de dedos que nós temos. Se os seres humanos tivessem um número diferente de dedos, o modo como contamos seria diferente, e 10 significaria alguma outra coisa. Esse mesmo número 10 poderia se referir a esta quantidade de patos:

$$10 = \text{🦆🦆🦆🦆🦆🦆🦆🦆}$$

Ou a esta:

$$10 = \text{🦆🦆🦆🦆}$$

Ou mesmo a esta:

$$10 = \text{🦆🦆}$$

Quando chegarmos ao ponto em que 10 significa apenas dois patos, estaremos prontos para examinar como chaves, fios e lâmpadas podem representar números e como relés e portas lógicas (e, por extensão, computadores) podem manipular números.

E se os seres humanos tivessem apenas quatro dedos em cada mão, como personagens de desenhos animados? Provavelmente, nunca teríamos pensado em desenvolver um sistema numérico baseado em 10. Em vez disso, teríamos considerado normal, natural, sensato, inevitável, incontestável e inegavelmente adequado basear nosso sistema numérico no oito. Esse é chamado de sistema numérico **octal**, ou de **base oito**.

Se nosso sistema numérico fosse organizado em torno de oito em vez de 10, não precisaríamos do símbolo que se parece com este:

9

Mostre esse símbolo a qualquer personagem de desenho animado e terá a resposta "O que é isso? Para que serve isso?". Se você pensar um pouco, também não precisaríamos do símbolo que se parece com este:

8

No sistema numérico decimal, não existe um símbolo especial para 10, de modo que, no sistema numérico octal, não existe um símbolo especial para oito.

A maneira como contamos no sistema numérico decimal é 0, 1, 2, 3, 4, 5, 6, 7, 8, 9 e depois 10. A maneira como contamos no sistema numérico octal é 0, 1, 2, 3, 4, 5, 6, 7... e depois? Ficamos sem símbolos. A única coisa que faz sentido é 10, e está correto. Em octal, o próximo número depois de 7 é 10, mas esse 10 não significa o número de dedos que os humanos têm. Em octal, 10 refere-se ao número de dedos que os personagens de desenhos animados têm.

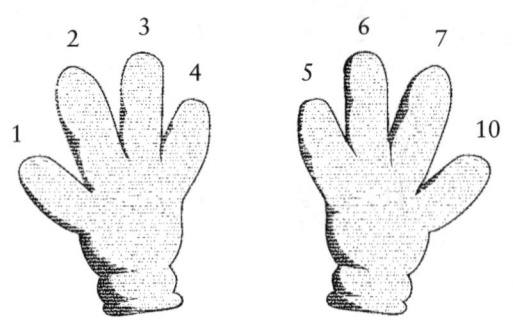

Podemos continuar contando com os pés de quatro dedos:

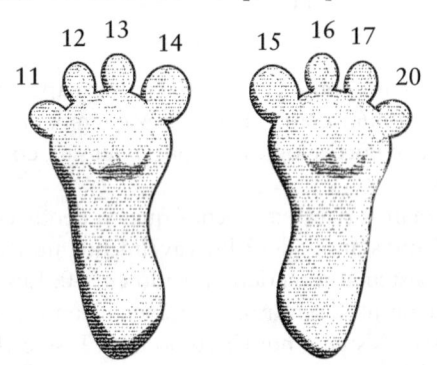

Quando trabalhamos com sistemas numéricos diferentes do decimal, podemos evitar alguma confusão se pronunciarmos o número 10 como "um zero". Da mesma forma, 13 é pronunciado como "um três", e 20 é pronunciado como "dois zero". Para sermos mais precisos e **realmente** evitarmos ambiguidade, podemos dizer "um três base oito" ou "dois zero octal".

Embora esgotemos os dedos das mãos e dos pés, ainda podemos continuar contando em octal. Isso é basicamente o mesmo que contar em decimal, exceto que pulamos cada número que tem um 8 ou um 9:

0, 1, 2, 3, 4, 5, 6, 7, 10, 11, 12, 13, 14, 15, 16, 17, 20, 21, 22, 23, 24, 25, 26, 27, 30, 31, 32, 33, 34, 35, 36, 37, 40, 41, 42, 43, 44, 45, 46, 47, 50, 51, 52, 53, 54, 55, 56, 57, 60, 61, 62, 63, 64, 65, 66, 67, 70, 71, 72, 73, 74, 75, 76, 77, 100...

Esse último número é pronunciado como "um zero zero". Esse é o número de dedos nas mãos que os personagens de desenho animado têm multiplicado por si mesmo.

Quase uma vida inteira de familiaridade com números decimais nos condicionou a esperar que certas sequências de dígitos correspondam a quantidades específicas no mundo real. Contar em um sistema numérico diferente é como entrar em um mundo totalmente diferente. Aqui estão alguns exemplos de números octais:

O número de anões que Branca de Neve encontra é 7, como em decimal.
O número de dedos nas mãos que os personagens de desenhos animados têm é 10.
O número de sinfonias que Beethoven escreveu é 11.
O número de dedos nas mãos que os humanos têm é 12.
O número de meses em um ano é 14.

Se você estiver convertendo mentalmente esses números octais em decimais, ótimo. É um bom exercício. Para um número octal de dois dígitos que começa com 1, o equivalente decimal é 8 mais o segundo dígito. O número de meses em octal é 14, então em decimal é 8 mais 4, ou 12. Vamos continuar:

Uma dúzia de padeiro é 15.
O número de dias em duas semanas é 16.
A idade mínima para ser um eleitor no Brasil é 20.
O número de horas em um dia é 30.
O número de letras do alfabeto latino é 32.

Quando um número octal de dois dígitos começa com algo diferente de 1, a conversão para decimal é um pouco diferente: você precisa multiplicar o primeiro dígito por 8 e depois adicionar o segundo dígito. O número de letras no alfabeto é 32 em octal, então em decimal é 3 vezes 8 (ou 24) mais 2, que é igual a 26.

Zero grau na escala Celsius converte para Fahrenheit como 40.
O número de cartas em um baralho é 4 vezes 15, ou 64.
O número de casas em um tabuleiro de xadrez é 10 vezes 10, ou 100.

Em decimal, o número de casas em um tabuleiro de xadrez é 8 vezes 8, ou 64.

O número de jardas em um campo de futebol americano é 144.
O número inicial de mulheres, em jogos individuais em Wimbledon é 200.
O número de caracteres em Braille de 8 pontos é 400.

Essa lista contém vários números octais redondos, como 100, 200 e 400. O termo "número redondo" geralmente significa um número que tem alguns zeros no final. Dois zeros no final de um número decimal significa que o número é um múltiplo de 100, que é 10 vezes 10. Com números octais, dois zeros no final significa que o número também é um múltiplo de 100, mas é 100 em octal, que é 64 em decimal. O número inicial de jogadoras individuais no torneio de tênis em Wimbledon é 128 em decimal, e o número de caracteres em Braille de 8 pontos é 256.

Os primeiros três capítulos deste livro exploraram como os códigos binários envolvem potências de dois. A quantidade de códigos Morse possíveis com quatro pontos e traços é 2 elevado à quarta potência, ou 16. A quantidade de códigos em Braille de 6 pontos é 2 elevado à sexta potência, ou 64. O Braille de oito pontos aumenta a quantidade para 2 à oitava potência, ou 256. Sempre que multiplicamos uma potência de dois por outra potência de dois, o resultado também é uma potência de dois.

A tabela a seguir mostra as 12 primeiras potências de dois com as representações decimal e octal correspondentes:

Potência de dois	Decimal	Octal
2^0	1	1
2^1	2	2
2^2	4	4
2^3	8	10
2^4	16	20
2^5	32	40
2^6	64	100
2^7	128	200
2^8	256	400
2^9	512	1000
2^{10}	1.024	2000
2^{11}	2.048	4000
2^{12}	4.096	10000

Como oito é uma potência de dois, a coluna octal mostra muitos números redondos nessa base e, por esse motivo, sugere uma relação mais próxima com os códigos binários do que é possível com números decimais.

Em sua estrutura, o sistema octal não é diferente do sistema decimal. Ele só difere nos detalhes. Por exemplo, cada posição em um número octal é um dígito que é multiplicado por uma potência de oito:

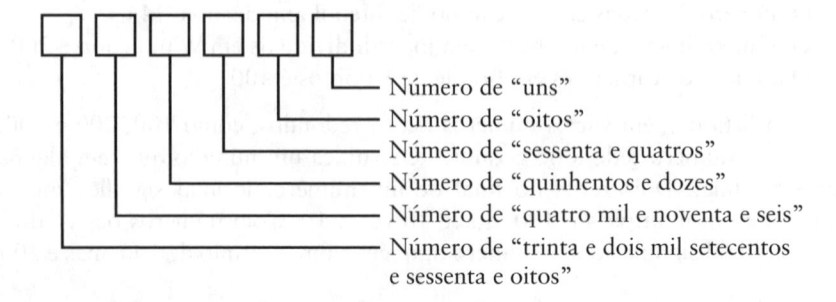

Número de "uns"
Número de "oitos"
Número de "sessenta e quatros"
Número de "quinhentos e dozes"
Número de "quatro mil e noventa e seis"
Número de "trinta e dois mil setecentos e sessenta e oitos"

Assim, um número octal como 3725 pode ser desmembrado da seguinte forma:

$$3725 = 3000 + 700 + 20 + 5$$

Esse número também pode ser expresso como os dígitos individuais multiplicados pelas potências de oito em octal:

$$3725 = 3 \times 1000 + \\ 7 \times 100 + \\ 2 \times 10 + \\ 5 \times 1$$

Esta é outra maneira de expressá-lo:

$$3725 = 3 \times 8^3 + \\ 7 \times 8^2 + \\ 2 \times 8^1 + \\ 5 \times 8^0$$

Se você fizer esse cálculo em decimal, obterá 2.005. É assim que você pode converter números octais em números decimais.

Você pode somar e multiplicar números octais da mesma maneira que soma e multiplica números decimais. A única diferença real é que você usa tabelas diferentes para somar e multiplicar os dígitos individuais. Aqui está a tabela de adição para números octais:

+	0	1	2	3	4	5	6	7
0	0	1	2	3	4	5	6	7
1	1	2	3	4	5	6	7	10
2	2	3	4	5	6	7	10	11
3	3	4	5	6	7	10	11	12
4	4	5	6	7	10	11	12	13
5	5	6	7	10	11	12	13	14
6	6	7	10	11	12	13	14	15
7	7	10	11	12	13	14	15	16

Por exemplo, 5 + 7 = 14. Números octais mais longos podem ser somados da mesma forma que os números decimais. Aqui está um pequeno exercício que se parece com uma soma em decimal, porém os números são octais. Use a tabela anterior para somar cada coluna de dígitos:

$$\begin{array}{r} 135 \\ + 643 \\ \hline \end{array}$$

Cada coluna de dígitos somados chega a um número maior que o octal 7, de modo que cada coluna tem um "vai um" para a coluna seguinte. O resultado é 1000 octal.

De modo semelhante, 2 vezes 2 ainda é 4 em octal, mas 3 vezes 3 não é 9. Como seria o resultado? Em vez de 9, 3 vezes 3 é 11. Aqui está a tabela de multiplicação em octal:

×	0	1	2	3	4	5	6	7
0	0	0	0	0	0	0	0	0
1	0	1	2	3	4	5	6	7
2	0	2	4	6	10	12	14	16
3	0	3	6	11	14	17	22	25
4	0	4	10	14	20	24	30	34
5	0	5	12	17	24	31	36	43
6	0	6	14	22	30	36	44	52
7	0	7	16	25	34	43	52	61

Essa tabela mostra que 4 × 6 é igual a 30, que é 24 em decimal.

O octal é um sistema numérico tão válido quanto o decimal. Mas vamos mais longe. Agora que desenvolvemos um sistema de numeração para personagens de desenhos animados, vamos desenvolver algo apropriado para lagostas. As lagostas não têm exatamente dedos, mas as da espécie *Homarus americanus* têm pinças nas pontas de suas duas longas patas dianteiras. Um sistema numérico apropriado para lagostas é o sistema **quaternário**, ou base quatro:

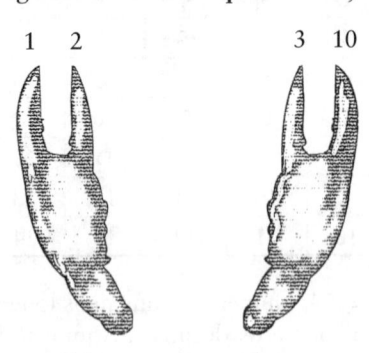

A contagem no sistema quaternário é feita assim: 0, 1, 2, 3, 10, 11, 12, 13, 20, 21, 22, 23, 30, 31, 32, 33, 100, 101, 102, 103, 110, 111, 112, 113, 120 e assim por diante.

Não vou perder muito tempo com o sistema quaternário, porque em breve passaremos para algo muito mais importante, mas você pode ver aqui como cada posição em um número quaternário corresponde desta vez a uma potência de **quatro**:

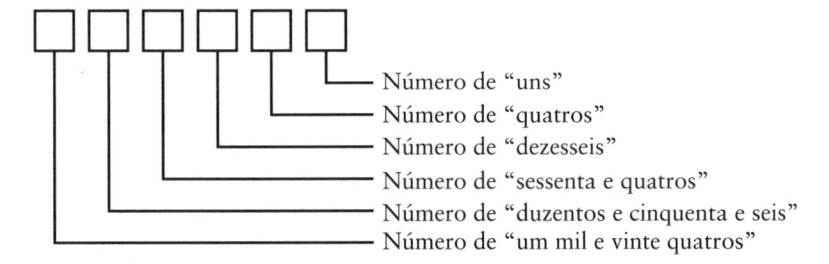

- Número de "uns"
- Número de "quatros"
- Número de "dezesseis"
- Número de "sessenta e quatros"
- Número de "duzentos e cinquenta e seis"
- Número de "um mil e vinte quatros"

O número quaternário 31232 pode ser escrito desta forma:

$$31232 = 3 \times 10000 + \\ 1 \times 1000 + \\ 2 \times 100 + \\ 3 \times 10 + \\ 2 \times 1$$

Cada dígito é multiplicado por uma potência de quatro:

$$31232 = 3 \times 4^4 + \\ 1 \times 4^3 + \\ 2 \times 4^2 + \\ 3 \times 4^1 + \\ 2 \times 4^0$$

Se você realizar os cálculos em decimal, verá que 31232 em quaternário é o mesmo que 878 em decimal.

Agora daremos outro salto, e este é extremo. Suponha que fôssemos golfinhos e devêssemos recorrer ao uso de nossas duas nadadeiras para contar. Esse é o sistema numérico conhecido como base dois, ou **binário** (do latim para "dois por dois"). Parece provável que teríamos apenas dois dígitos, e esses dois dígitos seriam 0 e 1.

Você já viu como 1 e 0 podem ser usados na álgebra booleana para representar verdadeiro ou falso, sim ou não, "gatinho bom" ou "gatinho-não-suficientemente-bom". Você também pode usar esses mesmos dois dígitos para contar.

Agora 0 e 1 não são muito para se trabalhar, e é preciso alguma prática para se acostumar com números binários. O grande problema é que você fica sem dígitos muito rapidamente. Por exemplo, veja como um golfinho conta usando suas nadadeiras:

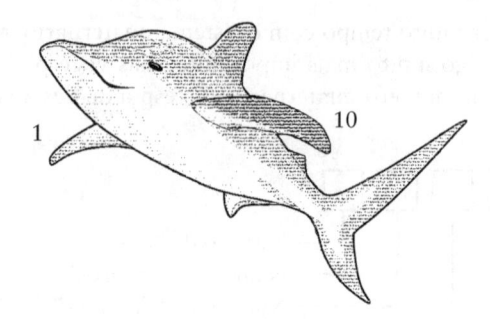

Sim, em binário, o próximo número depois de 1 é 10. Isso é surpreendente, mas não deve ser realmente uma surpresa. Não importa o sistema numérico que usemos, sempre que estivermos sem mais dígitos isolados, o primeiro número de dois dígitos é sempre 10. Em binário, contamos desta forma:

0, 1, 10, 11, 100, 101, 110, 111, 1000, 1001, 1010, 1011, 1100, 1101, 1110, 1111, 10000, 10001 ...

Esses números podem parecer grandes, mas, na verdade, não são. É mais exato dizer que os números binários ficam **longos** muito rapidamente, em vez de grandes:

O número de cabeças que os seres humanos têm é 1.
O número de nadadeiras em um golfinho é 10.
O número de estados da água é 11.
O número de lados de um quadrado é 100.
O número de dedos em uma mão humana é 101.
O número de faces de um dado comum é 110.
O número de dias em uma semana é 111.
O número de músicos em um octeto é 1000.
O número de *innings* em um jogo de beisebol é 1001.
O número de dedos nas duas mãos humanas juntas é 1010.

e assim por diante.

Em um sistema binário de múltiplos dígitos, as posições dos dígitos correspondem a potências de dois:

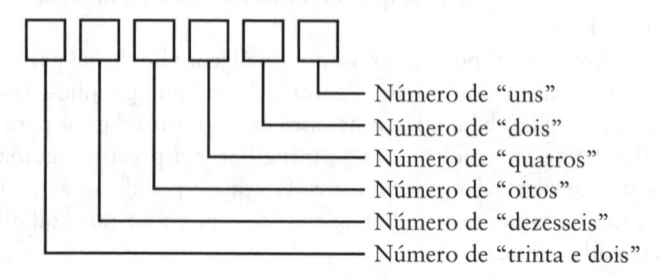

- Número de "uns"
- Número de "dois"
- Número de "quatros"
- Número de "oitos"
- Número de "dezesseis"
- Número de "trinta e dois"

Assim, sempre que tivermos um número binário composto por um 1 seguido por dígitos com apenas zeros, esse número é uma potência de dois, e a potência é o mesmo que a quantidade de zeros. Veja nossa tabela expandida das potências de dois demonstrando essa regra:

Potência de dois	Decimal	Octal	Quaternário	Binário
2^0	1	1	1	1
2^1	2	2	2	10
2^2	4	4	10	100
2^3	8	10	20	1000
2^4	16	20	100	10000
2^5	32	40	200	100000
2^6	64	100	1000	1000000
2^7	128	200	2000	10000000
2^8	256	400	10000	100000000
2^9	512	1000	20000	1000000000
2^{10}	1.024	2000	100000	10000000000
2^{11}	2.048	4000	200000	100000000000
2^{12}	4.096	10000	1000000	1000000000000

Suponha que encontremos o número binário 101101011010. Ele pode ser escrito como:

$$\begin{aligned}
101101011010 = \; & 1 \times 100000000000 \; + \\
& 0 \times 10000000000 \; + \\
& 1 \times 1000000000 \; + \\
& 1 \times 100000000 \; + \\
& 0 \times 10000000 \; + \\
& 1 \times 1000000 \; + \\
& 0 \times 100000 \; + \\
& 1 \times 10000 \; + \\
& 1 \times 1000 \; + \\
& 0 \times 100 \; + \\
& 1 \times 10 \; + \\
& 0 \times 1
\end{aligned}$$

O mesmo número pode ser escrito deste modo mais simples usando potências de dois:

$$101101011010 = 1 \times 2^{11} +$$
$$0 \times 2^{10} +$$
$$1 \times 2^9 +$$
$$1 \times 2^8 +$$
$$0 \times 2^7 +$$
$$1 \times 2^6 +$$
$$0 \times 2^5 +$$
$$1 \times 2^4 +$$
$$1 \times 2^3 +$$
$$0 \times 2^2 +$$
$$1 \times 2^1 +$$
$$0 \times 2^0$$

Se você apenas somar as partes em decimal obterá 2.048 + 512 + 256 + 64 + 16 + 8 + 2, que é 2.906, e esse é o equivalente decimal do número binário.

Para converter números binários em decimais de forma mais concisa, você pode preferir usar o modelo que preparei:

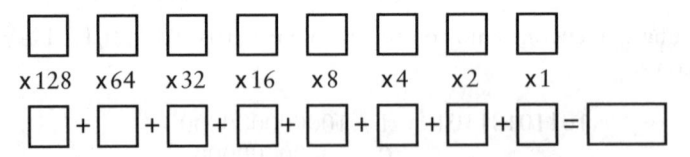

☐ ☐ ☐ ☐ ☐ ☐ ☐ ☐
x128 x64 x32 x16 x8 x4 x2 x1

☐+☐+☐+☐+☐+☐+☐+☐=☐

Esse modelo permite converter números de até oito dígitos binários de comprimento, mas pode ser facilmente estendido. Para usá-lo, coloque os dígitos binários nas oito caixas no topo, um dígito para cada caixa. Faça as oito multiplicações e coloque os produtos nas oito caixas inferiores. Some essas oito caixas para obter o resultado final. Este exemplo mostra como encontrar o equivalente decimal de 10010110:

| 1 | 0 | 0 | 1 | 0 | 1 | 1 | 0 |
x128 x64 x32 x16 x8 x4 x2 x1

128 + 0 + 0 + 16 + 0 + 4 + 2 + 0 = 150

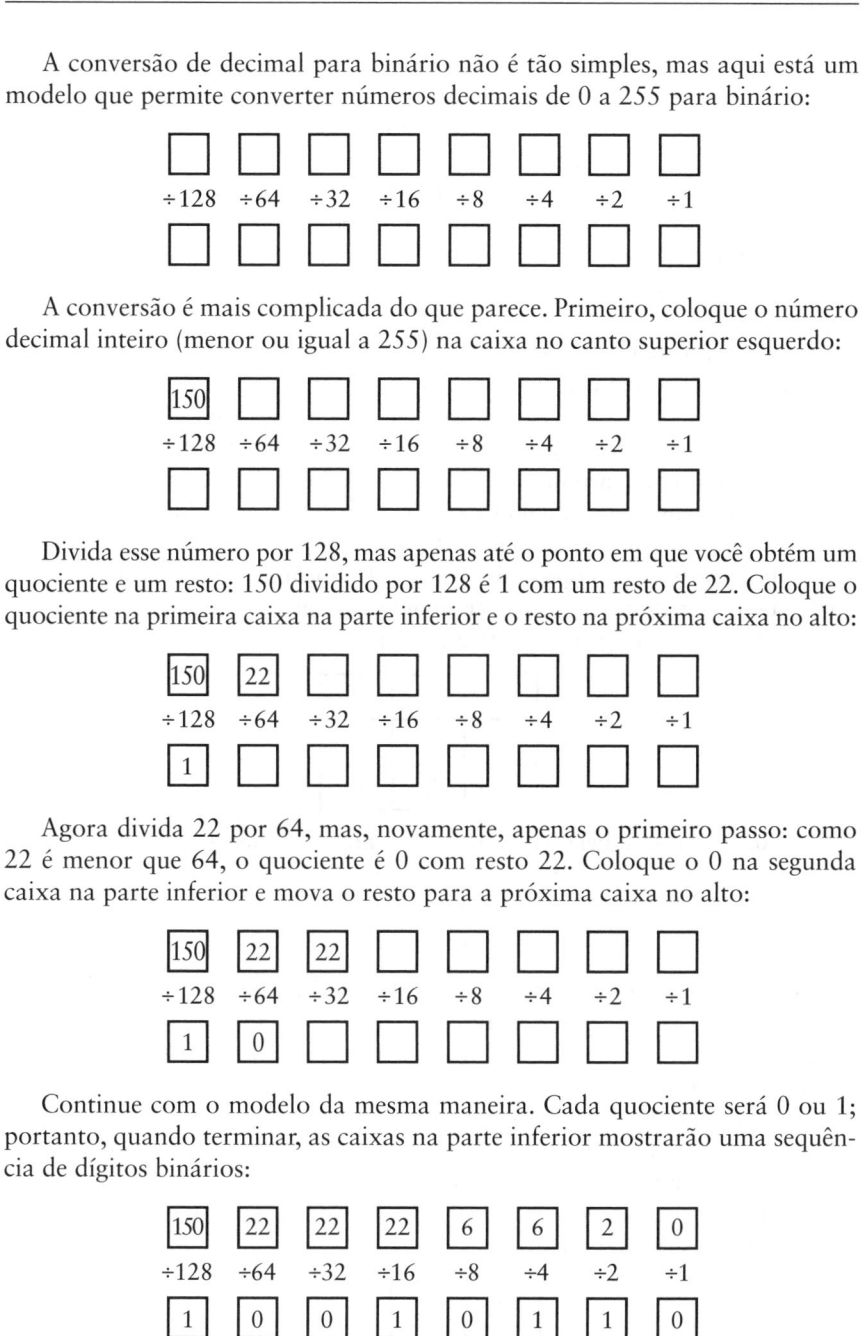

A conversão de decimal para binário não é tão simples, mas aqui está um modelo que permite converter números decimais de 0 a 255 para binário:

☐	☐	☐	☐	☐	☐	☐	☐
÷128	÷64	÷32	÷16	÷8	÷4	÷2	÷1
☐	☐	☐	☐	☐	☐	☐	☐

A conversão é mais complicada do que parece. Primeiro, coloque o número decimal inteiro (menor ou igual a 255) na caixa no canto superior esquerdo:

150	☐	☐	☐	☐	☐	☐	☐
÷128	÷64	÷32	÷16	÷8	÷4	÷2	÷1
☐	☐	☐	☐	☐	☐	☐	☐

Divida esse número por 128, mas apenas até o ponto em que você obtém um quociente e um resto: 150 dividido por 128 é 1 com um resto de 22. Coloque o quociente na primeira caixa na parte inferior e o resto na próxima caixa no alto:

150	22	☐	☐	☐	☐	☐	☐
÷128	÷64	÷32	÷16	÷8	÷4	÷2	÷1
1	☐	☐	☐	☐	☐	☐	☐

Agora divida 22 por 64, mas, novamente, apenas o primeiro passo: como 22 é menor que 64, o quociente é 0 com resto 22. Coloque o 0 na segunda caixa na parte inferior e mova o resto para a próxima caixa no alto:

150	22	22	☐	☐	☐	☐	☐
÷128	÷64	÷32	÷16	÷8	÷4	÷2	÷1
1	0	☐	☐	☐	☐	☐	☐

Continue com o modelo da mesma maneira. Cada quociente será 0 ou 1; portanto, quando terminar, as caixas na parte inferior mostrarão uma sequência de dígitos binários:

150	22	22	22	6	6	2	0
÷128	÷64	÷32	÷16	÷8	÷4	÷2	÷1
1	0	0	1	0	1	1	0

O equivalente binário de 150 é 10010110.

Essas conversões entre números decimais e binários certamente são desajeitadas. Portanto, se você precisar realizá-las de verdade, ficará satisfeito em saber que os aplicativos de calculadora do Windows e do macOS têm modos de programador que podem fazer isso por você.

O uso de números binários não era universal nos primeiros computadores digitais. Alguns dos primeiros computadores foram projetados e construídos para usar números decimais habituais. A máquina analítica que o matemático inglês Charles Babbage (1791–1871) projetou no início da década de 1830 armazenava números decimais usando o posicionamento de engrenagens. (Infelizmente, ele não foi capaz de construir essa máquina.) Alguns dos primeiros computadores digitais, como o Harvard Mark I (operando pela primeira vez em 1944) e o ENIAC (1946), também foram construídos para trabalhar com números decimais. Alguns computadores IBM fabricados na década de 1960 também tinham arquiteturas baseadas em números decimais.

Contudo, mais do que qualquer outra coisa, foram as codificações binárias que caracterizaram a revolução digital. A simplicidade dos números binários é talvez mais evidente nas operações básicas de adição e multiplicação. Essa é a parte que você **realmente** vai gostar. Imagine a rapidez com que você dominaria a adição se a única coisa que tivesse de memorizar fosse isto:

+	0	1
0	0	1
1	1	10

Vamos usar essa tabela para somar dois números binários:

$$\begin{array}{r} 1100101 \\ +\ 0110110 \\ \hline 10011011 \end{array}$$

Começando na coluna mais à direita: 1 mais 0 é igual a 1. Segunda coluna da direita: 0 mais 1 é igual a 1. Terceira coluna: 1 mais 1 é igual a 0 e vai 1. Quarta coluna: o 1 transportado mais 0 mais 0 é igual a 1. Quinta coluna: 0 mais 1 é igual a 1. Sexta coluna: 1 mais 1 é igual a 0 e vai 1. Sétima coluna: o 1 transportado mais 1 mais 0 é igual a 10.

A tabela de multiplicação é ainda mais simples do que a tabela de adição, pois pode ser totalmente derivada usando duas regras básicas de multiplicação: multiplicar qualquer coisa por 0 é 0 e multiplicar qualquer número por 1 não tem efeito sobre o número.

×	0	1
0	0	0
1	0	1

Aqui está uma multiplicação do decimal 13 (1101 em binário) pelo decimal 11 (1011 em binário). Não vou mostrar todos os passos, mas é o mesmo processo da multiplicação decimal:

```
      1101
    × 1011
    ──────
      1101
      1101
      0000
     1101
    ────────
    10001111
```

O resultado em decimal é 143.

As pessoas que trabalham com números binários costumam escrevê-los antecedidos por zeros (i.e., zeros à esquerda do primeiro 1), como 0011 em vez de apenas 11. Isso não altera o valor do número; é apenas para fins estéticos. Por exemplo, aqui estão os primeiros 16 números binários com seus equivalentes decimais:

Binário	Decimal
0000	0
0001	1
0010	2
0011	3
0100	4
0101	5
0110	6
0111	7
1000	8
1001	9
1010	10
1011	11
1100	12
1101	13
1110	14
1111	15

Vamos fazer uma pausa para estudar essa lista de números binários por um momento. Considere cada uma das quatro colunas verticais de zeros e uns e observe como os dígitos se alternam descendo a coluna:

- O dígito mais à direita alterna entre 0 e 1.
- O próximo dígito da direita alterna entre dois 0s e dois 1s.
- O próximo dígito alterna entre quatro 0s e quatro 1s.
- O próximo dígito alterna entre oito 0s e oito 1s.

Você poderia dizer que isso é "muito" metódico, certo? De fato, isso é tão metódico que é possível criar um circuito capaz de gerar sequências de números binários automaticamente, mas isso será visto no Capítulo 17.

Além disso, você pode facilmente escrever os próximos 16 números binários apenas repetindo os primeiros 16 e colocando um 1 na frente:

Binário	Decimal
10000	16
10001	17
10010	18
10011	19
10100	20
10101	21
10110	22
10111	23
11000	24
11001	25
11010	26
11011	27
11100	28
11101	29
11110	30
11111	31

Aqui está outra maneira de ver isso: quando você conta em binário, o dígito mais à direita (também chamado de dígito **menos significativo**) alterna entre 0 e 1. Toda vez que muda de 1 para 0, o segundo dígito à esquerda (i.e., o próximo dígito mais significativo) também muda, seja de 0 para 1 ou de 1 para 0. De modo mais geral, toda vez que um dígito binário muda de 1 para 0, o próximo dígito mais significativo também muda, seja de 0 para 1 ou de 1 para 0.

Os números binários podem ficar muito longos muito rapidamente. Por exemplo, 12 milhões em binário é 101101110001101100000000. Uma maneira de expressar números binários de forma mais concisa é mostrá-los em octal. Isso funciona bem porque cada três dígitos binários correspondem a um dígito octal:

Binário	Octal
000	0
001	1
010	2
011	3
100	4
101	5
110	6
111	7

Pegue esse longo número binário de 12 milhões, por exemplo, e separe-o em grupos de três, começando pela direita:

101 101 110 001 101 100 000 000

Cada grupo de três dígitos binários corresponde a um dígito octal:

101 101 110 001 101 100 000 000
 5   5   6   1   5   4   0   0

Doze milhões em decimal corresponde a 55615400 em octal. No Capítulo 12, você verá uma maneira ainda mais concisa de expressar números binários.

Ao reduzir nosso sistema numérico apenas para os dígitos binários 0 e 1, chegamos o mais longe que podíamos. Não há como ficar mais simples sem recorrer às marcas de arranhão primitivas. O mais importante é que os números binários permitem unir aritmética e eletricidade. Chaves, fios e lâmpadas podem representar os dígitos binários 0 e 1 e, com a adição de portas lógicas, esses números podem ser manipulados. É por isso que os números binários têm "quase tudo" a ver com computadores.

Você acabou de ver uma tabelinha que mostra a correspondência entre números binários de três dígitos e seus equivalentes octais. Usando interruptores, lâmpadas e portas lógicas, você pode construir um circuito que realiza esta conversão para você:

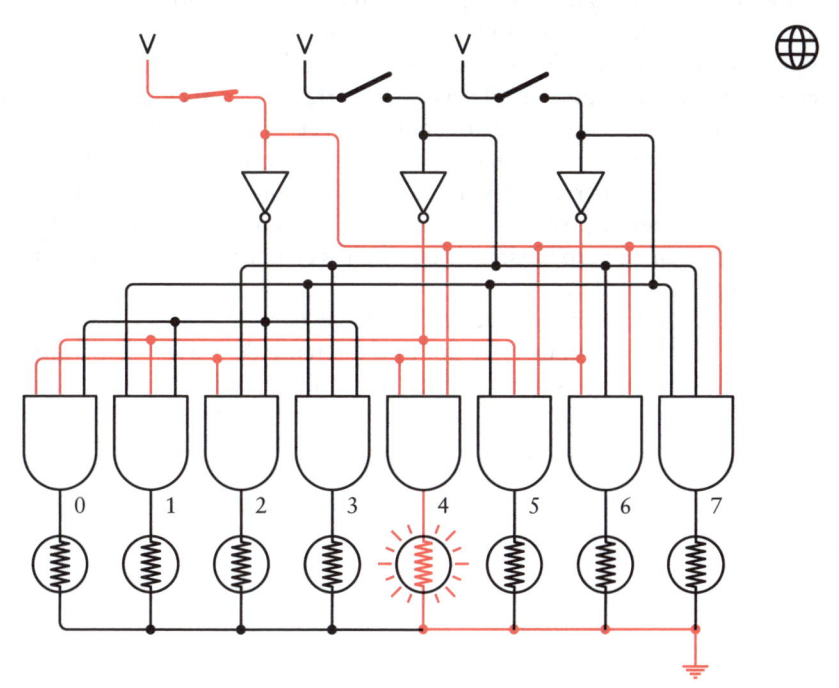

Esse circuito, sem dúvida, parece terrivelmente ameaçador à primeira vista, tal como o pesadelo no aglomerado de rodovias que se cruzam em uma cidade estrangeira onde todos os sinais de trânsito são indecifráveis. Contudo, na verdade, ele é bastante metódico. Pequenos pontos indicam quando os fios estão conectados uns aos outros. Caso contrário, os fios não estão conectados e apenas se sobrepõem.

O circuito começa no topo com três chaves para representar números binários de três dígitos. Essas chaves estão fechadas para 1 e abertas para 0. Esse exemplo mostra como o número binário 100 é representado. Na parte inferior estão oito lâmpadas rotuladas de 0 a 7. Apenas uma delas acende, dependendo de quais chaves estão fechadas.

Provavelmente é mais fácil entender o circuito de baixo para cima: cada uma das oito lâmpadas na parte inferior é alimentada por uma porta AND de três entradas. A saída da porta AND é 1 apenas se todas as três entradas forem 1. As três entradas para cada uma das portas AND têm correspondência com as três chaves, às vezes diretamente e às vezes com o sinal invertido pelos três inversores diretamente sob as chaves. Lembre-se de que, se a entrada de um inversor for 0, a saída será 1; se a entrada for 1, a saída será 0.

As três chaves na parte superior estão nas posições fechada, aberta e aberta, o que representa o número binário 100. Se você rastrear pelas linhas vermelhas, o dígito mais significativo de 1 é uma das entradas para a porta AND associada ao número octal 4. O próximo dígito (a chave no centro) é invertido antes de se tornar uma entrada para a mesma porta AND. O dígito menos significativo (a chave à direita) também é invertido antes de se tornar a terceira entrada para aquela porta AND. Assim, a porta AND associada ao dígito octal 4 tem todas as três entradas definidas como 1, e é por isso que a saída é 1.

Da mesma forma, cada uma das outras sete portas AND tem como entrada uma combinação diferente dos sinais das chaves ou dos sinais invertidos.

Esse pequeno dispositivo é chamado de **decodificador 3 para 8**. O nome implica que um número binário de três dígitos é um **código** que representa uma das oito possibilidades.

Outro circuito, chamado de **codificador 8 para 3**, realiza a tarefa oposta. Para esse trabalho, vamos criar um tipo diferente de chave que permite selecionar uma das oito posições. Na vida real, você poderia fazer algo assim com tachinhas ou pregos e um pedaço de metal cortado de uma lata:

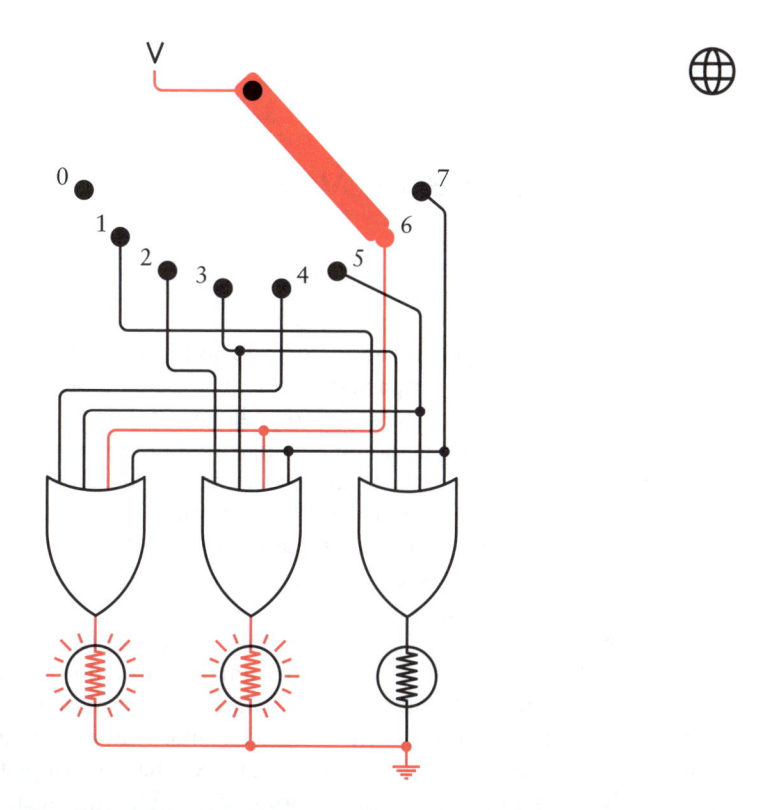

Cada um dos dígitos binários na parte inferior é exibido usando uma lâmpada controlada por uma porta OR de quatro entradas. A saída da porta OR é 1 se **qualquer** uma das quatro entradas for 1. Quando a chave na parte superior seleciona o dígito octal 6, a primeira e a segunda portas OR têm uma entrada de 1, que define a saída dessas portas OR como 1, mostrando os dígitos binários 110. Observe que não há conexão a partir da posição 0 da chave no canto superior esquerdo. Isso porque o número octal 0 é o número binário 000, então nenhuma lâmpada precisa ser acesa.

Por volta de 1947, o matemático americano John Wilder Tukey (1915–2000) percebeu que o termo "dígito binário" provavelmente assumiria uma importância muito maior nos anos seguintes, à medida que os computadores se tornassem mais predominantes. Ele decidiu cunhar uma palavra nova e mais curta para substituir o longo e desajeitado agrupamento de sílabas de "dígito binário" (em inglês, *binary digit*). Ele pensou em *bigit* e *binit*, mas finalmente escolheu a palavra curta, simples, elegante e perfeitamente adorável: **bit**.

11
Um *bit* de cada vez

Uma história originada pelo menos na década de 1950 fala de um homem viajando para casa depois de ter passado um tempo em uma prisão distante. Ele não sabe se será recebido de volta, então pede um sinal na forma de um pano amarrado em torno de um galho de uma árvore. Em uma versão da história, o homem está viajando de trem para sua família, e ele espera ver uma fita branca em uma macieira. Em outra, ele está viajando de ônibus até sua esposa e procura por um lenço amarelo em um carvalho. Em ambas as versões, o homem chega e vê a árvore coberta com centenas dessas bandeiras, não deixando dúvidas de sua recepção.

A história foi popularizada em 1973 com o sucesso *Tie a yellow ribbon round the old oak tree* ("Amarre uma fita amarela ao redor do velho carvalho") e, desde então, exibir uma fita amarela se tornou um costume quando membros da família ou entes queridos estão distantes, lutando em uma guerra.

O homem que havia pedido aquela fita amarela não estava pedindo explicações elaboradas ou uma discussão prolongada. Ele não queria um "se", "por quê" ou "mas". Apesar dos sentimentos complexos e das histórias emocionantes que poderiam estar em questão, tudo o que o homem realmente queria era um simples sim ou não. Ele queria uma fita amarela para significar "Sim, mesmo que você tenha se atrapalhado muito e esteja na prisão há três anos, eu ainda quero você de volta comigo sob o meu teto" ou a ausência de uma fita amarela para significar "Nem 'pense' em parar por aqui".

Essas são duas alternativas claras e mutuamente exclusivas. Tão eficaz quanto uma fita amarela (mas talvez mais difícil de colocar em letras de música) seria um sinal de trânsito no quintal da frente: talvez "Desvio" ou "Contramão".

Ou então uma placa pendurada na porta, com a palavra "Aberto" ou "Fechado".

Ou um lampião na janela, aceso ou apagado.

Você pode escolher entre muitas maneiras de dizer sim ou não, se isso é tudo o que você precisa dizer. Não é preciso usar uma frase para dizer sim ou não; nem é preciso dizer uma palavra, ou mesmo uma letra. Tudo o que você precisa é de um *bit*, e com isso quero dizer que tudo o que você precisa é de um 0 ou um 1.

Como vimos nos dois capítulos anteriores, não há nada de tão especial sobre o sistema de números decimais que normalmente usamos para contagem. Ficou bastante claro que baseamos nosso sistema numérico em 10 simplesmente porque esse é o número de dedos que temos nas mãos e nos pés. Poderíamos razoavelmente basear nosso sistema numérico em oito (se fôssemos personagens de desenhos animados) ou em quatro (se fôssemos lagostas) ou até em dois (se fôssemos golfinhos).

Não há nada de especial sobre o sistema de números decimais, mas **há** algo especial sobre o sistema binário, porque ele é o sistema numérico **mais simples possível**. Há apenas dois dígitos binários: 0 e 1. Se quisermos algo mais simples do que o binário, teremos de nos livrar do 1, e então ficaremos com apenas um 0, e não podemos fazer muita coisa somente com isso.

A palavra "*bit*", com o significado de "dígito binário", é certamente uma das palavras mais bonitas inventadas em conexão com os computadores. Claro, em inglês, a palavra tem como significado normal "uma pequena porção, grau ou quantidade", e esse significado normal é perfeito porque um dígito binário é uma quantidade realmente muito pequena.

Às vezes, quando uma palavra é inventada, ela também assume um novo significado. Isso é certamente verdade nesse caso. Além dos dígitos binários usados pelos golfinhos para contagem, o *bit* passou a ser considerado na era do computador como o "bloco de construção básico da informação".

Essa é uma afirmação ousada e, claro, os *bits* não são as únicas coisas que expressam informações. Letras, palavras, código Morse, Braille e dígitos decimais também expressam informações. O detalhe sobre o *bit* é que ele expressa "pouquíssima" informação. Um "*bit* de informação" é a menor quantidade de informação possível, mesmo que essa informação seja tão importante quanto a fita amarela. Qualquer coisa menor do que um *bit* significa "nenhuma informação". Contudo, como um *bit* representa a menor quantidade de informação possível, informações mais complexas podem ser transmitidas com vários *bits*.

"Ouçam, meus filhos, e vocês ouvirão / Do passeio da meia-noite de Paul Revere", escreveu Henry Wadsworth Longfellow. Embora ele possa não ter sido historicamente preciso ao descrever como Paul Revere alertou as colônias norte-americanas de que os britânicos haviam invadido, ele forneceu um exemplo instigante do uso de *bits* para comunicar informações importantes:

> *Ele disse ao seu amigo: "Se os britânicos marcharem*
> *Por terra ou pelo mar da cidade esta noite,*
> *Pendure um lampião no alto no arco do campanário*
> *Da torre norte da igreja, como uma luz de sinal –*
> *Um, se por terra, e dois, se por mar..."*

Para resumir, o amigo de Paul Revere teria dois lampiões. Se os britânicos estivessem invadindo por terra, ele colocaria apenas um lampião na torre da igreja. Se os britânicos estivessem vindo pelo mar, ele colocaria ambos os lampiões na torre da igreja.

No entanto, Longfellow não está mencionando explicitamente todas as possibilidades. Ele não mencionou uma **terceira** possibilidade, que corresponde aos britânicos ainda não estarem invadindo. Longfellow dá a entender que essa circunstância será comunicada através da "ausência" de lampiões na torre da igreja.

Vamos supor que os dois lampiões são, na verdade, acessórios permanentes na torre da igreja. Normalmente, eles não estão acesos:

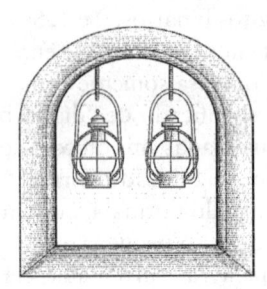

Isso significa que os britânicos ainda não estão invadindo. Se um dos lampiões estiver aceso,

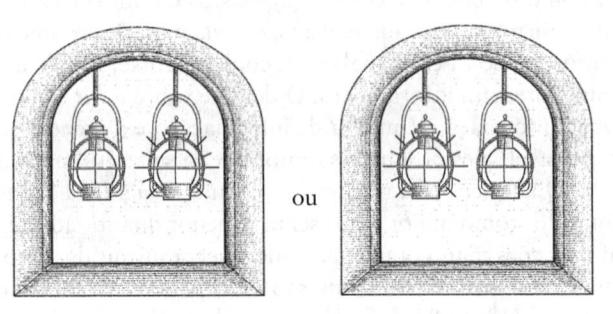

ou

os britânicos estão vindo por terra. Se ambos os lampiões estiverem acesos,

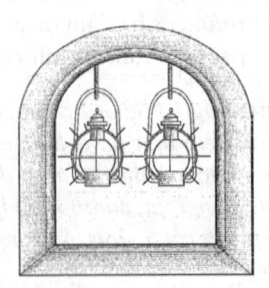

os britânicos estão vindo por mar.

Cada lampião é um *bit* e pode ser representado por 0 ou 1. A história da fita amarela demonstra que apenas um *bit* é necessário para transmitir uma das duas possibilidades. Se Paul Revere precisasse apenas ser alertado de que os britânicos estavam invadindo e não de onde eles estavam vindo, um lampião teria sido suficiente. O lampião ficaria aceso para indicar uma invasão e apagado para indicar outra noite de paz.

Transmitir uma das três possibilidades requer outro lampião. Uma vez que o segundo lampião está presente, no entanto, os dois *bits* permitem comunicar uma de quatro possibilidades:

>00 = Os britânicos não estão invadindo hoje à noite.
>01 = Eles estão vindo por terra.
>10 = Eles estão vindo por terra.
>11 = Eles estão vindo pelo mar.

O que Paul Revere fez ao se ater a apenas três possibilidades foi, na verdade, bastante sofisticado. No jargão da teoria da comunicação, ele usou **redundância** para compensar o efeito do "ruído". A palavra **ruído** é usada na teoria da comunicação para se referir a qualquer coisa que interfira na comunicação. Uma conexão móvel ruim é um exemplo óbvio de ruído que interfere em uma comunicação telefônica. A comunicação por telefone geralmente é bem-sucedida, mesmo na presença de ruído, porque a linguagem falada é altamente redundante. Não precisamos ouvir cada sílaba de cada palavra para entender o que está sendo dito.

No caso dos lampiões na torre da igreja, o ruído pode se referir à escuridão da noite e à distância entre Paul Revere e a torre, o que poderia impedi-lo de distinguir um lampião do outro. Aqui está a passagem crucial no poema de Longfellow:

> *Mas vejam! Enquanto ele olha, na altura do campanário*
> *Uma luz fraca e, em seguida, um brilho de luz!*
> *Ele salta para a sela com as rédeas na mão,*
> *Mas hesita e olha até que, vendo melhor,*
> *Queima um segundo lampião no campanário!*

Certamente não soa como se Paul Revere estivesse em posição de descobrir exatamente qual dos dois lampiões estava aceso na primeira vez.

O conceito essencial aqui é que "a informação representa uma escolha entre duas ou mais possibilidades". Quando falamos com outra pessoa, cada palavra que pronunciamos é uma escolha entre todas as palavras do dicionário. Se numerássemos todas as palavras do dicionário de 1 a 351.482, poderíamos continuar as conversas com a mesma precisão usando números em vez de palavras. (Claro, os dois participantes precisariam de dicionários em que as palavras são numeradas de forma idêntica, além de muita paciência.)

O outro lado disso é que "qualquer informação que possa ser reduzida a uma escolha entre duas ou mais possibilidades pode ser expressa usando *bits*". Nem é preciso dizer que existem muitas formas de comunicação humana que **não** representam escolhas entre possibilidades discretas e que também são vitais para a nossa existência. É por isso que as pessoas não formam relacionamentos românticos com computadores. (Pelo menos, esperemos que não.) Se você não pode expressar algo em palavras, imagens ou sons, então não será capaz de codificar as informações em *bits*, e nem desejaria isso.

Durante mais de uma década, no final do século XX, os críticos de cinema Gene Siskel e Robert Ebert demonstraram um uso para os *bits* no programa de TV que apresentavam, chamado *At the Movies* (ou "No cinema"). Depois de entregar suas resenhas de filmes mais detalhadas, eles emitiam um veredicto final com um polegar para cima ou um polegar para baixo.

Se esses dois polegares são *bits*, eles podem representar quatro possibilidades:

       00 = Ambos detestaram.
       01 = Siskel detestou; Ebert gostou.
       10 = Siskel gostou; Ebert detestou.
       11 = Ambos gostaram.

O primeiro *bit* é reservado para Siskel, o qual é 0 se Siskel detestou o filme e 1 se ele gostou. O segundo *bit* é de Ebert, que recebe valores de forma similar.

Então, na época de *At the Movies*, se seu amigo lhe perguntasse "Qual foi o veredicto de Siskel e Ebert sobre esse novo filme 'Encontro indelicado'?", em vez de responder "Siskel mostrou o polegar para cima e Ebert mostrou o polegar para baixo" ou mesmo "Siskel gostou; Ebert não", você poderia simplesmente dizer "Um zero", ou, se você se converteu ao quaternário, "Dois". Contanto que seu amigo soubesse qual era o *bit* de Siskel e qual era o *bit* de Ebert e que um *bit* 1 significava polegar para cima e um *bit* 0 significava polegar para baixo, sua resposta seria perfeitamente compreensível. No entanto, você e seu amigo precisam conhecer o código.

Poderíamos ter declarado inicialmente que um *bit* 1 significava um polegar para baixo e um *bit* 0 significava um polegar para cima. Isso pode parecer contraintuitivo. Naturalmente, gostamos de pensar em um *bit* 1 como representando algo afirmativo e um *bit* 0 como o oposto, mas essa é, na verdade, apenas uma atribuição arbitrária. O único requisito é que todos que usam o código devem saber o que os *bits* 0 e 1 significam.

O significado de um *bit* particular ou de uma coleção de *bits* é sempre entendido conforme o contexto. O significado de uma fita amarela em torno de um carvalho específico em determinado dia provavelmente é conhecido apenas pela pessoa que a colocou lá e pela pessoa que deveria vê-la. Mude a cor, a árvore ou a data, e a fita se torna apenas um pedaço de pano sem sentido. Da mesma forma, para obter algumas informações úteis dos gestos com as mãos de Siskel e Ebert, no mínimo precisamos saber qual filme está em discussão.

Se, enquanto assistia *At the Movies*, você mantivesse uma lista dos filmes e de como Siskel e Ebert votaram com os polegares, poderia ter adicionado outro *bit* à mistura para incluir sua própria opinião. A inclusão desse terceiro *bit* aumenta o número de possibilidades diferentes para oito:

000 = Siskel detestou; Ebert detestou; eu detestei.
001 = Siskel detestou; Ebert detestou; eu gostei.
010 = Siskel detestou; Ebert gostou; eu detestei.
011 = Siskel detestou; Ebert gostou; eu gostei.
100 = Siskel gostou; Ebert detestou; eu detestei.
101 = Siskel gostou; Ebert detestou; eu gostei.
110 = Siskel gostou; Ebert gostou; eu detestei.
111 = Siskel gostou; Ebert gostou; eu gostei.

Um bônus de usar *bits* para representar essas informações é que sabemos que consideramos todas as possibilidades. Sabemos que pode haver oito e apenas oito possibilidades e não mais ou menos. Com 3 *bits*, podemos contar apenas de zero a sete. Não há mais números binários formados com três dígitos. Como você descobriu no final do capítulo anterior, esses números binários de três dígitos também podem ser expressos como números octais de 0 a 7.

Sempre que falamos sobre *bits*, muitas vezes falamos sobre um determinado **número de *bits***. Quanto mais *bits* tivermos, maior será a quantidade de diferentes possibilidades que poderemos expressar.

Com os números decimais, a situação é a mesma, naturalmente. Por exemplo, quantos códigos de área de telefone existem? Nos Estados Unidos, o código de área tem três dígitos decimais e, se todas as combinações de três dígitos forem usadas (o que não acontece, mas vamos desconsiderar isso), há 10^3, ou 1.000 códigos, variando de 000 a 999. Quantos números de telefone de sete dígitos são possíveis dentro do código de área 212? A resposta é 10^7, ou 10 milhões. Quantos números de telefone você pode ter com um código de área 212 e um prefixo 260? A resposta é 10^4, ou 10 mil.

Da mesma forma, em binário, a quantidade de códigos possíveis é sempre igual a 2 elevado à potência do número de *bits*:

Número de *bits*	Quantidade de códigos
1	$2^1 = 2$
2	$2^2 = 4$
3	$2^3 = 8$
4	$2^4 = 16$
5	$2^5 = 32$
6	$2^6 = 64$
7	$2^7 = 128$
8	$2^8 = 256$
9	$2^9 = 512$
10	$2^{10} = 1.024$

Cada *bit* adicional dobra a quantidade de códigos.

Se você sabe de quantos códigos precisa, como você pode calcular quantos *bits* são necessários? Em outras palavras, como você retrocede na tabela anterior?

A matemática que você precisa é o **logaritmo na base dois**. O logaritmo é o oposto da potenciação. Sabemos que 2 na sétima potência é igual a 128. O logaritmo na base dois de 128 é igual a 7. Para usar uma notação mais matemática, esta afirmação

$$2^7 = 128$$

é equivalente a esta afirmação:

$$\log_2 128 = 7$$

Então, se o logaritmo na base dois de 128 é 7 e o logaritmo na base dois de 256 é 8, qual é o logaritmo na base dois de números entre 128 e 256, como 200? Na verdade, é cerca de 7,64, mas realmente não precisamos saber disso. Se precisássemos representar 200 coisas diferentes com *bits*, precisaríamos de 8 *bits*, assim como quando Paul Revere precisou de dois lampiões para transmitir uma entre três possibilidades. Seguindo estritamente pela matemática, o número de *bits* necessários para as três possibilidades de Paul Revere é o logaritmo na base dois de 3, ou cerca de 1,6, mas na prática ele precisou de 2.

Os *bits* ficam muitas vezes escondidos da observação casual, nas profundezas de nossos aparelhos eletrônicos. Não podemos ver os *bits* codificados dentro de nossos computadores ou fluindo através dos fios de nossas redes ou nas ondas eletromagnéticas que cercam os concentradores de *wi-fi* e as torres de celular. Contudo, às vezes os *bits* estão à vista de todos.

Isso aconteceu em 18 de fevereiro de 2021, quando o veículo Perseverance pousou em Marte. O paraquedas visto em uma fotografia do veículo foi montado com 320 tiras de tecido laranja e branco dispostas em quatro círculos concêntricos:

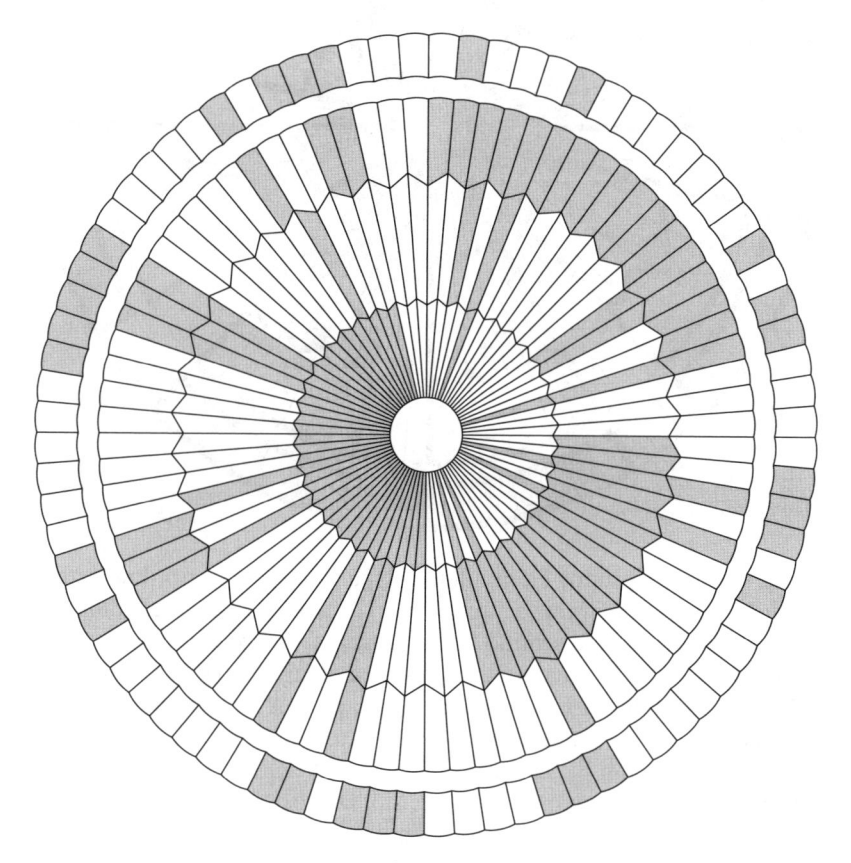

Não demorou muito para os usuários do Twitter decodificarem o padrão. A chave é dividir as tiras de tecido em grupos de sete contendo laranja e branco. Esses grupos de sete tiras são sempre separados por três tiras brancas. As áreas que consistem em tiras laranjas consecutivas são ignoradas. Neste diagrama, cada grupo de sete tiras é cercado por uma linha grossa preta:

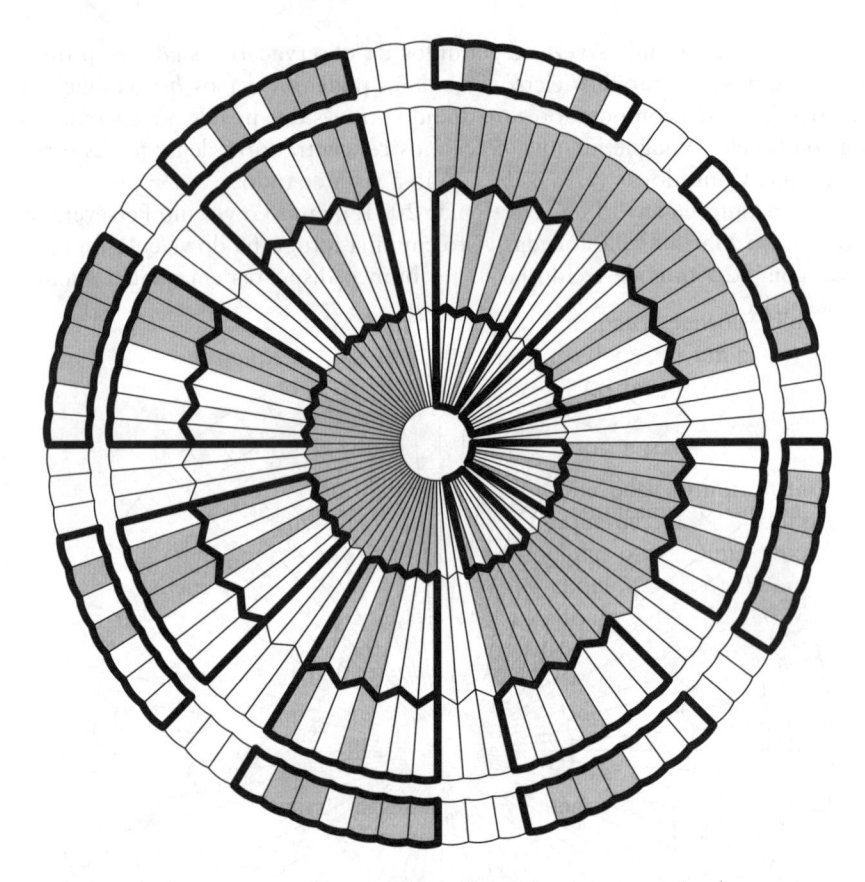

Cada um desses grupos é um número binário com uma tira branca representando 0 e uma tira laranja representando 1. Logo acima do círculo interno está o primeiro grupo. No sentido horário, essas sete tiras codificam o número binário 0000100, ou decimal 4. A quarta letra do alfabeto é D. O próximo no sentido horário é 0000001, ou decimal 1. Isso é um A. O próximo é 0010010, ou decimal 18. A décima oitava letra do alfabeto é R. O próximo é 00000101, ou decimal 5, que é um E. A primeira palavra é DARE.

Agora pule para o próximo nível externo. Os *bits* são 0001101, ou decimal 13, a letra M. Quando terminar, você soletrará três palavras,* uma frase criada por Teddy Roosevelt e que se tornou o lema não oficial do Laboratório de Propulsão a Jato da NASA.

---

* N. de T.: As três palavras são "*Dare mighty things*" (Ouse coisas poderosas).

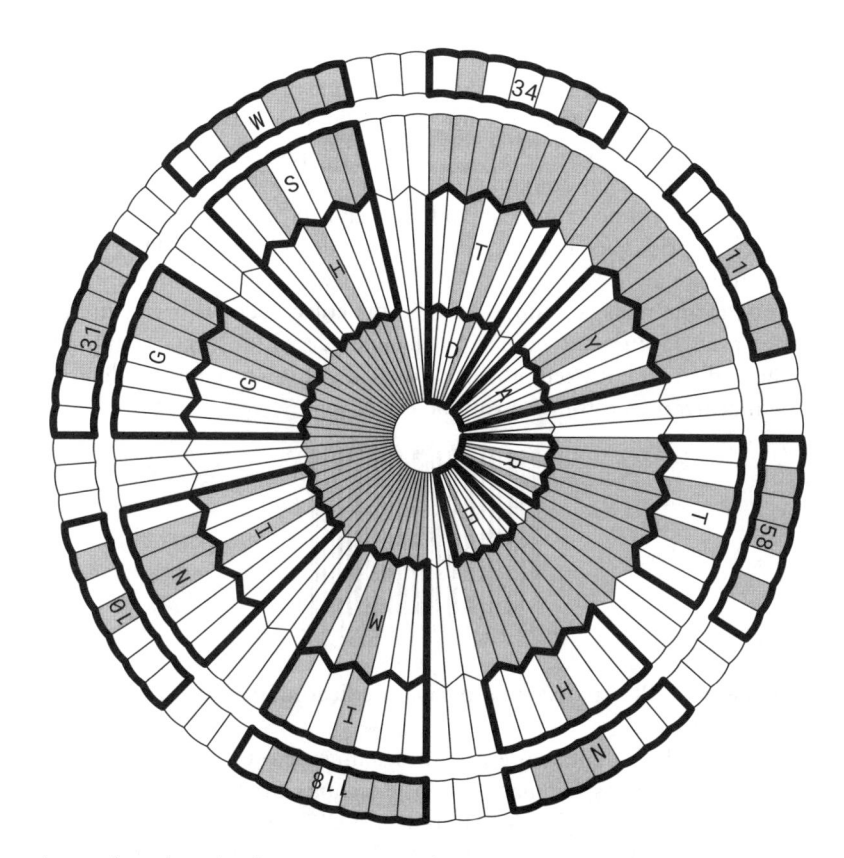

Ao redor do círculo externo também estão alguns números codificados, revelando a latitude e a longitude do Laboratório de Propulsão a Jato: 34°11'58"N 118°10'31"W. Com o sistema de codificação simples usado aqui, não há algo que distinga letras e números. Os números 10 e 11 que fazem parte das coordenadas geográficas podem ser as letras J e K. Só o contexto os identifica como números.

Talvez a exibição visual mais comum de dígitos binários seja o conhecido Código Universal de Produto (UPC, do inglês *Universal Product Code*), aquele pequeno símbolo de código de barras que aparece em praticamente todos os itens embalados que compramos.* O UPC é um de dezenas de códigos de barras usados para vários fins. Se você tiver a versão impressa deste livro, verá na contracapa outro tipo de código de barras que codifica a identificação deste livro segundo o Padrão Internacional de Numeração de Livro (ISBN, do inglês *International Standard Book Number*).

---

* N. de R.T.: O autor está referindo-se ao código de barras largamente utilizado nos Estados Unidos e no Canadá, o UPC.

Embora o UPC tenha inicialmente inspirado alguma paranoia quando foi introduzido, ele é realmente uma coisinha inocente, inventada com o objetivo de automatizar a conferência na saída e no estoque de produtos, o que faz com bastante sucesso. Antes do UPC, não era possível que os caixas de supermercados emitissem um recibo de vendas detalhado. Agora isso é comum.

De interesse para nós aqui é que o UPC é um código binário, embora possa não parecer a princípio. Pode ser interessante decodificar o UPC e examinar como ele funciona.

Em sua forma mais comum, o UPC é uma coleção de 30 barras pretas verticais de várias larguras, divididas por lacunas de várias larguras, juntamente com alguns dígitos. Por exemplo, este é o UPC que aparece na lata de 300 g de sopa de macarrão com frango Campbell's:

0 51000 01251 7

Esse mesmo UPC apareceu na primeira edição deste livro. Ele não mudou em mais de 20 anos!

Somos tentados a tentar interpretar visualmente o UPC em termos de barras finas e barras pretas, lacunas estreitas e lacunas largas, e de fato essa é uma maneira de ver o código. As barras pretas no UPC podem ter quatro larguras diferentes, com as barras mais grossas sendo duas, três ou quatro vezes a largura da barra mais fina. Da mesma forma, os espaços mais largos entre as barras são duas, três ou quatro vezes a largura do espaço mais fino.

Outra maneira de olhar para o UPC é como uma série de *bits*. Tenha em mente que o símbolo inteiro de código de barras não é exatamente o que o *scanner* "vê" no balcão do caixa. O *scanner* não tenta interpretar os números impressos na parte inferior, por exemplo, porque isso exigiria uma técnica de computação mais sofisticada, conhecida como **reconhecimento óptico de caracteres** (OCR, do inglês *optical character recognition*). Em vez disso, o *scanner* vê apenas uma fatia fina de todo esse bloco. O UPC tem essa largura para poder dar ao funcionário no caixa algo para onde o *scanner* é direcionado. A fatia que o *scanner* vê pode ser representada desta forma:

Isso se parece quase com código Morse, não é? De fato, a invenção original de códigos de barras de leitura rápida foi inspirada em parte no código Morse.

À medida que o computador lê essas informações da esquerda para a direita, ele atribui um *bit* 1 à primeira barra preta que encontrar e um 0 *bit* à próxima lacuna branca. As lacunas e barras subsequentes são lidas como uma série de 1, 2, 3 ou 4 *bits* seguidos, dependendo da largura da lacuna ou da barra. A correspondência do código de barras lido com *bits* é simplesmente:

▮▮ ▆▮▆ ▮▆▮ ▆▮ ▆▮ ▆▮▮▮▆ ▮▆ ▆▆▆ ▮ ▆▆ ▆▮ ▮ ▮▮
1010001101011000100110010010001101000110100011010101011100101100110110110010011101100110100010101

Assim, o UPC inteiro é simplesmente uma sequência de 95 *bits*. Nesse exemplo em particular, os *bits* podem ser agrupados da seguinte maneira:

Bits	Significado
101	Padrão de guarda esquerdo
0001101	⎫
0110001	⎪
0011001	⎬ Dígitos do lado esquerdo
0001101	⎪
0001101	⎪
0001101	⎭
01010	Padrão de guarda central
1110010	⎫
1100110	⎪
1101100	⎬ Dígitos do lado direito
1001110	⎪
1100110	⎪
1000100	⎭
101	Padrão de guarda direito

Os primeiros 3 *bits* são sempre 101. Isso é conhecido como o **padrão de guarda esquerdo** e permite que o dispositivo de varredura computadorizado seja orientado. A partir do padrão de guarda, o *scanner* pode determinar a largura das barras e lacunas que correspondem a *bits* individuais. Caso contrário, o UPC teria que ser impresso em um tamanho específico em todos os pacotes.

O padrão de guarda esquerdo é seguido por seis grupos de 7 *bits* cada. Você verá em breve como cada um deles é um código para um dígito numérico de 0 a 9. Segue-se um **padrão de guarda central** de 5 *bits*. A presença desse padrão fixo (sempre 01010) é uma forma de verificação de erros por construção. Se o *scanner* do computador não encontrar o padrão de guarda central onde deveria estar, ele não confirmará com a interpretação do UPC. Esse padrão de guarda central é uma das várias precauções contra um código que foi adulterado ou mal impresso.

O padrão de guarda central é seguido por outros seis grupos de 7 *bits* cada, que são seguidos por um **padrão de guarda direito**, que é sempre 101. Esse padrão de guarda no final permite que o código UPC seja lido de trás para frente (i.e., da direita para a esquerda) e vice-versa.

Assim, todo o UPC codifica 12 dígitos numéricos. O lado esquerdo do UPC codifica seis dígitos, cada um exigindo 7 *bits*. Você pode usar a tabela a seguir para decodificar esses *bits*:

Códigos do lado esquerdo

0001101 = 0	0110001 = 5
0011001 = 1	0101111 = 6
0010011 = 2	0111011 = 7
0111101 = 3	0110111 = 8
0100011 = 4	0001011 = 9

Observe que cada código de 7 *bits* começa com um 0 e termina com um 1. Se o mecanismo de varredura encontrar um código de 7 *bits* no lado esquerdo que comece com um 1 ou termine com um 0, ele saberá que não leu corretamente o código UPC ou que o código foi adulterado. Observe também que cada código tem apenas dois grupos de *bits* 1 consecutivos. Isso implica que cada dígito corresponde a duas barras verticais no código UPC.

Examine esses códigos mais de perto e você descobrirá que todos eles têm um número ímpar de *bits* 1. Essa é outra forma de verificação de erros e consistência, conhecida como **paridade**. Um grupo de *bits* tem **paridade par** se tiver um número par de *bits* 1 e tem **paridade ímpar** se tiver um número ímpar de *bits* 1. Assim, todos esses códigos têm paridade ímpar.

Para interpretar os seis códigos de 7 *bits* no lado direito do UPC, use a tabela a seguir:

Códigos do lado direito

1110010 = 0	1001110 = 5
1100110 = 1	1010000 = 6
1101100 = 2	1000100 = 7
1000010 = 3	1001000 = 8
1011100 = 4	1110100 = 9

Esses códigos são os opostos ou **complementos** dos códigos anteriores: onde quer que um 0 aparecesse, agora ele é um 1, e vice-versa. Esses códigos sempre começam com um 1 e terminam com um 0. Além disso, eles têm um número par de *bits* 1, porque usam paridade par.

Agora estamos preparados para decifrar o UPC. Usando as duas tabelas anteriores, podemos determinar que os 12 dígitos decimais codificados na lata de 300 g de sopa de macarrão com frango Campbell's são:

0 51000 01251 7

Isso é "muito" decepcionante. Como você pode ver, esses são exatamente os mesmos números convenientemente impressos na parte inferior do código de barras. (Isso faz muito sentido: se o *scanner* não puder ler o código por algum motivo, a pessoa no caixa poderá inserir manualmente os números. Sem dúvidas, você já viu isso acontecer.) Não tivemos de passar por todo esse trabalho para decodificar os números e, além disso, não chegamos perto de revelar uma informação secreta. No entanto, nada mais há no UPC para decodificar. Essas 30 linhas verticais são convertidas para apenas 12 dígitos.

Dos 12 dígitos decimais, o primeiro (0, nesse caso) é conhecido como o **caractere do sistema numérico**. Um dígito de valor zero significa que esse é um código UPC comum. Se o UPC aparecesse em itens de mercearia de peso variável, como carne ou legumes, o dígito seria 2. Os cupons são codificados com um 5.

Os próximos cinco dígitos compõem o código do fabricante. Nesse caso, 51000 é o código da Campbell Soup Company. Todos os produtos Campbell têm esse código. Os cinco dígitos que seguem (01251) correspondem ao código para um determinado produto dessa empresa – nesse caso, o código para uma lata de 300 g de sopa de macarrão com frango. Esse código de produto tem significado somente quando combinado com o código do fabricante. A sopa de macarrão com frango de outra empresa pode ter um código de produto diferente, e um código de produto de 01251 pode significar algo totalmente diferente para outro fabricante.

Ao contrário da crença popular, o UPC não inclui o preço do item. Essas informações devem ser recuperadas do computador que a loja usa em conjunto com os *scanners* do caixa.

O dígito final (nesse caso, 7) é chamado de **caractere de verificação de módulo**. Esse caractere permite ainda uma forma adicional de verificação de erros. Você pode experimentá-lo: atribua a cada um dos primeiros 11 dígitos (0 51000 01251, em nosso exemplo) uma letra, nesta ordem:

A BCDEF GHIJK

Agora calcule o seguinte:

$$3 \times (A + C + E + G + I + K) + (B + D + F + H + J)$$

e subtraia do próximo múltiplo de 10 maior que esse resultado. No caso da sopa de macarrão com frango Campbell's, temos:

$$3 \times (0 + 1 + 0 + 0 + 2 + 1) + (5 + 0 + 0 + 1 + 5) = 3 \times 4 + 11 = 23$$

O próximo múltiplo de 10 maior do que 23 é 30, então:

$$30 - 23 = 7$$

Esse é o caractere de verificação de módulo impresso e codificado no UPC. Essa é uma forma de redundância. Se o computador que controla o *scanner* não calcular o mesmo caractere de verificação de módulo que o codificado no UPC, esse código não será aceito como válido pelo computador.

Normalmente, apenas 4 *bits* seriam necessários para especificar um dígito decimal de 0 a 9. O UPC usa 7 *bits* por dígito. No geral, o UPC usa 95 *bits* para codificar apenas 11 dígitos decimais úteis. Na verdade, o UPC inclui espaço em branco (equivalente a nove *bits* 0) nos lados esquerdo e direito do padrão de guarda. Isso significa que todo o UPC requer 113 *bits* para codificar 11 dígitos decimais, ou mais de 10 *bits* por dígito decimal!

Parte desse exagero é necessário para a verificação de erros, como vimos. Um código de produto como esse não seria muito útil se pudesse ser facilmente alterado por um cliente portando uma caneta com ponta de feltro.

O UPC também se beneficia por ser legível em ambas as direções. Se os primeiros dígitos que o dispositivo de digitalização decodifica tiverem paridade par (i.e., um número par de *bits* 1 em cada código de 7 *bits*), o *scanner* saberá que está interpretando o código UPC da direita para a esquerda. O sistema de computador então usa esta tabela para decodificar os dígitos do lado direito:

Códigos do lado direito no sentido inverso

0100111 = 0	0111001 = 5
0110011 = 1	0000101 = 6
0011011 = 2	0010001 = 7
0100001 = 3	0001001 = 8
0011101 = 4	0010111 = 9

E usa esta tabela para os dígitos do lado esquerdo:

Códigos do lado esquerdo em sentido inverso

1011000 = 0	1000110 = 5
1001100 = 1	1111010 = 6
1100100 = 2	1101110 = 7
1011110 = 3	1110110 = 8
1100010 = 4	1101000 = 9

Esses códigos de 7 *bits* são todos diferentes dos códigos lidos quando o UPC é digitalizado da esquerda para a direita. Não há ambiguidade.

Uma maneira de reunir mais informações em um código digitalizável é passar para duas dimensões. Em vez de uma sequência de barras e espaços grossos e finos, crie uma grade de quadrados pretos e brancos.

O código de barras bidimensional mais comum é provavelmente Código de Resposta Rápida (QR Code, do inglês *Quick Response code*), desenvolvido pela primeira vez no Japão em 1994 e agora usado para diversas finalidades.

A criação do seu próprio código QR é gratuita e fácil. Existem vários *sites* para essa finalidade. Também há muitos *softwares* prontamente disponíveis que podem digitalizar e decodificar códigos QR por meio de uma câmera em um dispositivo móvel. Existem *scanners* QR dedicados a fins industriais, como rastrear remessas ou fazer controle de inventário em depósitos.

Aqui está o código QR que codifica o URL do *site* para este livro, CodeHiddenLanguage.com:

Se você tiver um aplicativo em seu dispositivo móvel que possa ler códigos QR, poderá apontá-lo para essa imagem e acessar o *site*.

Os códigos QR consistem em uma grade de quadrados chamados de **módulos** na especificação oficial do QR. Esse código QR em particular tem 25 módulos horizontal e verticalmente, que é o tamanho identificado como Versão 2. Quarenta tamanhos diferentes de códigos QR podem ser usados; a Versão 40 tem 177 módulos horizontal e verticalmente.

Se cada bloquinho for interpretado como um *bit* – 0 para branco e 1 para preto –, uma grade desse tamanho potencialmente codifica 25 vezes 25, ou 625 *bits*. No entanto, a capacidade real de armazenamento é cerca de um terço disso. Grande parte da informação é dedicada a um esquema de correção de erros matematicamente complexo e sofisticado. Isso protege o código QR de adulteração e também pode ajudar na recuperação de dados que podem estar faltando em um código danificado. Não explicarei aqui a correção de erros no código QR.

Obviamente, o código QR também contém vários padrões fixos que ajudam o *scanner* de QR a orientar adequadamente a grade. Na imagem a seguir, os padrões fixos são mostrados em preto e branco, e todo o resto é mostrado em cinza:

Os três grandes quadrados nos cantos são conhecidos como **padrões de detecção de posição**; o quadrado menor em direção ao canto inferior direito é conhecido como um **padrão de alinhamento**. Eles ajudam o leitor de código QR a orientar adequadamente o código e compensar qualquer distorção. As sequências horizontais e verticais de células pretas e brancas alternadas perto do topo e à esquerda são chamadas de **padrões de temporização** e são usadas para determinar o número de células no código QR. Além disso, o código QR deve ser inteiramente cercado por uma zona silenciosa, que é uma borda branca cuja largura é igual a quatro vezes a de uma célula.

Os programas que criam um código QR têm várias opções, incluindo diferentes sistemas de correção de erros. As informações necessárias para um leitor de código QR executar essa correção de erros (e outras tarefas) são codificadas em 15 *bits* e são chamadas de **informações de formato**. Esses 15 *bits* aparecem duas vezes no código QR. Aqui estão os 15 *bits* rotulados de 0 a 14 à direita e na parte inferior do padrão de detecção de posição superior esquerdo, e repetidos abaixo do padrão de detecção de posição superior direito e à direita do padrão de detecção de posição inferior esquerdo:

Os *bits* às vezes são rotulados com números dessa forma para indicar como eles constituem um valor mais longo. O *bit* rotulado como 0 é o *bit* menos significativo e aparece na extrema direita do número. O *bit* rotulado como 14 é o *bit* mais significativo e aparece à esquerda. Se as células brancas forem *bits* 0 e as células pretas forem *bits* 1, aqui está aquele número completo de 15 *bits*:

111001011110011

Por que o *bit* 0 é o *bit* menos significativo? Porque ocupa a posição no número completo correspondente a 2 elevado à potência zero. (Veja o topo da página 109 se precisar de um lembrete de como os *bits* compõem um número.)

O valor numérico real desse número de 15 *bits* não é importante, pois ele consolida três informações. Os dois *bits* mais significativos indicam um dos quatro níveis de correção de erros. Os 10 *bits* menos significativos especificam um código BCH de 10 *bits* usado para correção de erros. (BCH representa os inventores desse tipo de código: Bose, Chaudhuri e Hocquenghem. Mas eu prometi que não discutiria a correção de erros do código QR!)

Entre os 2 *bits* do nível de correção de erros e os 10 *bits* do código BCH há três *bits* que **não** são usados para correção de erros. Eu destaquei esses três *bits* aqui em negrito:

11**100**1011110011

Os leitores de código QR funcionam melhor quando há aproximadamente um número igual de quadrados pretos e brancos. Com algumas informações codificadas, esse não será o caso. O programa que cria o código QR é responsável por selecionar um **padrão de máscara** que equilibre o número de quadrados pretos e brancos. Esse padrão de máscara é aplicado ao código QR para inverter células selecionadas de branco para preto ou de preto para branco e, portanto, os *bits* que elas representam de 0 para 1 e de 1 para 0.

A documentação do código QR define oito padrões de máscara diferentes, que podem ser especificados pelas oito sequências de 3 *bits* 000, 001, 010, 011, 100, 101, 110 e 111. O valor no código QR que estamos examinando é 100, e isso corresponde a um padrão de máscara que consiste em um conjunto de linhas horizontais que se alternam em linhas intercaladas:

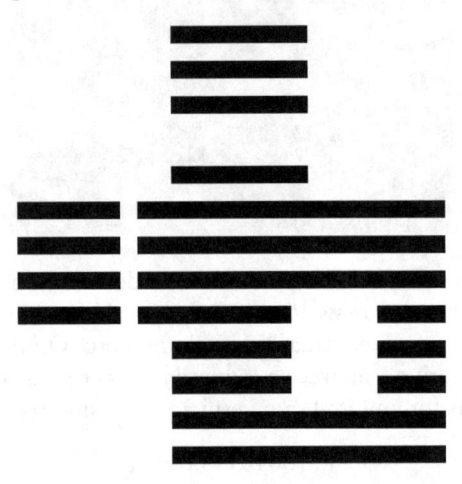

Cada célula no código QR original que corresponde a uma área branca nessa máscara permanece inalterada. Cada célula que corresponde a uma área preta deve ser invertida de branco para preto ou de preto para branco. Observe que a máscara evita alterar as áreas fixas e a área de informações do QR. Veja o que acontece quando essa máscara é aplicada ao código QR original:

A máscara não altera as áreas fixa e de informação. Por outro lado, se você comparar essa imagem com o código QR original, verá que a linha superior tem suas cores invertidas, a segunda linha permanece sem alteração, a terceira linha é invertida e assim por diante.

Agora estamos prontos para começar a examinar os dados propriamente ditos. Comece com os quatro *bits* no canto inferior direito. Na imagem a seguir, essas células são numeradas de 0 a 3, onde 3 é o *bit* mais significativo e 0 é o *bit* menos significativo:

= 0100 significando "valores de 8 *bits*"

Esses quatro *bits* são conhecidos como o indicador de **tipo de dados** e indicam que tipo de dado está codificado no código QR. Aqui estão alguns dos valores possíveis:

Indicador de tipo de dados	Significado
0001	Somente números
0010	Letras maiúsculas e números
0100	Texto codificado como valores de 8 *bits*
1000	*Kanji* japonês

O valor para esse código QR é 0100, o que significa que os dados consistem em valores de 8 *bits*, que codificam texto.

O próximo item é armazenado nas oito células acima do indicador de tipo de dados. Esses oito *bits* são numerados de 0 a 7 nesta ilustração:

= 00011010, ou 26 em decimal

Esse valor é 00011010, que é 26 em decimal. Esse é o número de caracteres codificados no código QR.

A ordem desses caracteres é sistemática, porém estranha. Os caracteres começam logo acima da contagem de caracteres. Geralmente, embora nem sempre, cada caractere ocupa uma área que tem duas células de largura e quatro células de altura, e os caracteres serpenteiam pela grade assim:

Nem todos os caracteres ocupam áreas com duas células de largura e quatro células de altura. Felizmente, a especificação oficial do QR é bastante precisa sobre como os *bits* são orientados quando a área não é retangular. Nesta próxima imagem, as células para cada um dos 26 caracteres são delineadas em vermelho, e as células são numeradas de 0 a 7, onde 0 representa o *bit* menos significativo e 7 representa o *bit* mais significativo:

Um *bit* de cada vez **137**

[QR code figure with annotations: = 01110111 ("w"), = 01110111 ("w"), = 01110111 ("w")]

A especificação QR indica que o texto é codificado no código QR usando valores de 8 *bits* definidos em um padrão identificado como ISO/IEC 8859. Esse é apenas um termo mais sofisticado para uma variação do Código Padrão Americano para Troca de Informações (ASCII, do inglês *American Standard Code for Information Interchange*), que discutirei com mais detalhes no Capítulo 13.

O primeiro caractere é 01110111, que é o código ASCII para **w**. O próximo caractere acima é o mesmo. O próximo caractere se estende para a esquerda, mas também é outro **w**. Agora prossiga para baixo pelos próximos dois pares de colunas. O próximo caractere é 00101110, que é o **ponto**, depois 01000011, o **C** maiúsculo seguido por 01101111, **o**. O próximo caractere atravessa o próximo par de linhas. É 01100100: **d**. O próximo caractere começa abaixo do padrão de alinhamento e continua acima dele. O código ASCII é 01100101, que é **e**. Continue dessa mesma forma para formar **"www.CodeHiddenLanguage.com"**.

E é isso. A maior parte do restante do código QR é dedicada à correção de erros.

Códigos como o UPC e o QR certamente parecem assustadores à primeira vista, e podemos perdoar as pessoas por supor que eles codificam informações secretas (e talvez desonestas). Contudo, para que esses códigos sejam amplamente utilizados, eles devem estar bem documentados e disponíveis publicamente. Quanto mais eles são usados, mais potencialmente valiosos eles se tornam como outra extensão da nossa vasta gama de meios de comunicação.

Os *bits* estão em toda parte, mas quase no final da minha discussão sobre o código QR, eu me referi a "valores de 8 *bits*". Há uma palavra especial para valores de 8 *bits*. Talvez você já tenha ouvido falar dela.

12
Bytes e hexadecimais

Os *bits* individuais podem fazer grandes afirmações: sim ou não, verdadeiro ou falso, passa ou falha. No entanto, mais comumente, vários *bits* são agrupados para representar números e, a partir daí, todos os tipos de dados, incluindo texto, som, música, imagens e filmes. Um circuito que soma dois *bits* é interessante, mas um circuito que soma vários *bits* está a caminho de se tornar parte de um computador real.

Por conveniência, na movimentação e manipulação de *bits*, os sistemas de computação geralmente agrupam um certo número de *bits* em uma quantidade chamada de **palavra**. O comprimento ou tamanho dessa palavra – ou seja, o número de *bits* que compõem a palavra – torna-se crucial para a arquitetura do computador, porque todos os dados do computador movem-se em grupos de uma ou múltiplas palavras.

Alguns dos primeiros sistemas de computação usavam comprimentos de palavras que eram múltiplos de 6 *bits*, como 12, 18 ou 24 *bits*. Esses comprimentos de palavras têm um apelo muito especial pela simples razão de que os valores são facilmente representados com números octais. Como você se lembrará, os dígitos octais são 0, 1, 2, 3, 4, 5, 6 e 7, que correspondem a valores de 3 *bits*, como mostramos nesta tabela:

Binário	Octal
000	0
001	1
010	2
011	3
100	4
101	5
110	6
111	7

Uma palavra de 6 *bits* pode ser representada com precisão por dois dígitos octais, e os outros tamanhos de palavras de 12, 18 e 24 *bits* são apenas múltiplos dessa. Uma palavra de 24 *bits* precisa de oito dígitos octais.

Contudo, a indústria de computadores foi em uma direção ligeiramente diferente. Uma vez reconhecida a importância dos números binários, deve ter parecido quase perverso trabalhar com tamanhos de palavras, como 6, 12, 18 ou 24, que **não** são potências de dois e são, em vez disso, múltiplos de três.

Aí entra o *byte*.

A palavra "*byte*" originou-se na IBM, provavelmente em 1956. Teve suas origens na palavra "*bite*", mas foi escrita com um y para que ninguém confundisse a palavra com *bit*. Inicialmente, um *byte* significava simplesmente o número de *bits* em um caminho de dados específico. No entanto, em meados da década de 1960, em conexão com o desenvolvimento do *System*/360, grande complexo de computadores comerciais da IBM, a palavra *byte* foi usada para identificar um grupo de 8 *bits*.

Isso pegou, e 8 *bits* para um **byte** é agora uma medida universal de dados digitais.

Como uma quantidade de 8 *bits*, um *byte* pode assumir valores de 00000000 a 11111111, que podem representar números decimais de 0 a 255, ou uma de 2^8 ou 256 coisas diferentes. Acontece que 8 é uma quantidade de *bits* muito boa, não muito pequena nem muito grande. O *byte* está correto, de mais de uma maneira. Como você verá nos próximos capítulos, um *byte* é ideal para armazenar texto, porque muitas linguagens escritas no mundo inteiro podem ser representadas com menos de 256 caracteres. Onde 1 *byte* é inadequado (p. ex., para representar os ideógrafos de chinês, japonês e coreano), 2 *bytes* (que permitem a representação de 2^{16} ou 65.536 coisas) geralmente são suficientes. Um *byte* também é ideal para representar tons de cinza em fotografias em preto e branco, porque o olho humano pode diferenciar aproximadamente 256 tons de cinza. Para cores em monitores de vídeo, 3 *bytes* funcionam bem para representar os componentes vermelho, verde e azul da cor.

A revolução do computador pessoal começou no final da década de 1970 e no início dos anos 1980, com computadores de 8 *bits*. Outros avanços técnicos dobraram o número de *bits* usados no computador: de 16 *bits* para 32 *bits* para 64 *bits*, ou 2 *bytes*, 4 *bytes* e 8 *bytes*, respectivamente. Para alguns fins especiais, também existem computadores de 128 *bits* e 256 *bits*.

Meio *byte*, ou 4 *bits*, às vezes é chamado de *nibble* (e às vezes é escrito *nybble*), mas essa palavra não é usada nas conversas com tanta frequência quanto *byte*.

Como os *bytes* aparecem muito nas partes internas dos computadores, é conveniente poder se referir a seus valores de forma mais sucinta do que como uma cadeia de dígitos binários. Você certamente pode usar octal para essa finalidade: para o *byte* 10110110, por exemplo, você pode dividir os *bits* em grupos de três, começando pela direita, e em seguida converter cada um desses grupos para octal usando a tabela que mostramos anteriormente:

$$\underbrace{10}_{2}\underbrace{110}_{6}\underbrace{110}_{6}$$

O número octal 266 é mais sucinto do que 10110110, mas há uma incompatibilidade básica entre *bytes* e octais: oito não se divide igualmente por três, o que significa que a representação octal de um número de 16 *bits*

$$\underbrace{10}_{1}\underbrace{110}_{3}\underbrace{011}_{1}\underbrace{111}_{7}\underbrace{000}_{0}\underbrace{101}_{5}$$

não é igual às representações octais dos 2 *bytes* que compõem o número de 16 *bits*:

$$\underbrace{10}_{2}\underbrace{110}_{6}\underbrace{011}_{3} \qquad \underbrace{11}_{3}\underbrace{000}_{0}\underbrace{101}_{5}$$

Para que as representações de valores em múltiplos *bytes* sejam consistentes com as representações dos *bytes* individuais, precisamos de um sistema numérico no qual cada *byte* seja dividido em um número igual de *bits*.

Poderíamos dividir cada *byte* em quatro valores de 2 *bits* cada. Esse seria o sistema de base quatro, ou quaternário, descrito no Capítulo 10. Contudo, isso provavelmente não é tão sucinto quanto gostaríamos.

Ou então poderíamos dividir o *byte* em dois valores de 4 *bits* cada. Isso exigiria o uso do sistema numérico conhecido como base 16.

Base 16. Isso é algo que ainda não analisamos, e por uma boa razão. O sistema de números base 16 é chamado de **hexadecimal**, e até mesmo a palavra em si é estranha. A maioria das palavras que começam com o prefixo *hexa* (como hexágono, hexápode ou hexâmetro) refere-se a seis de algo. Hexadecimal deve significar "dezesseis", ou "seis mais o (sufixo) decimal". E mesmo que eu tenha sido instruído a manter o texto deste livro em conformidade com a versão *online* do "Guia de Estilo da Microsoft", que afirma claramente "Não abrevie como 'hexa'", todo mundo sempre faz isso, e às vezes eu também faço.

O nome do sistema numérico não é a única peculiaridade do hexadecimal. Em decimal, contamos assim:

0 1 2 3 4 5 6 7 8 9 10 11 12...

Em octal, não precisamos mais dos dígitos 8 e 9:

0 1 2 3 4 5 6 7 10 11 12...

Em hexadecimal é diferente porque requer **mais** dígitos do que o decimal. A contagem em hexadecimal é mais ou menos assim:

0 1 2 3 4 5 6 7 8 9 <*mais alguns símbolos para dígitos aqui*> 10 11 12

onde 10 (pronuncia-se "um-zero") é, na verdade, 16 em decimal. Mas o que usamos para esses seis símbolos ausentes? De onde eles vêm? Não nos foram passados por tradição, como o restante de nossos símbolos numéricos, então a coisa racional a fazer é criar seis novos símbolos, por exemplo:

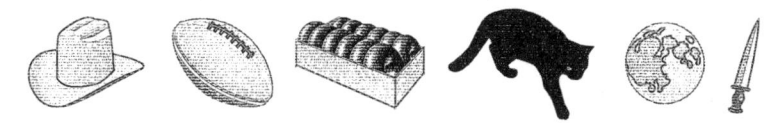

Ao contrário dos símbolos usados para a maioria dos nossos números, estes têm o benefício de serem fáceis de lembrar e identificar com as quantidades reais que representam. Há um chapéu de caubói de 10 galões, uma bola de futebol americano (11 jogadores em um time), uma dúzia de *donuts*, um gato preto (associado ao 13, número do azar), uma lua cheia que ocorre cerca de uma quinzena (14 dias) depois da lua nova, e um punhal que nos remete ao assassinato de Júlio César lá pelo meio (no dia 15) de março.

Mas não. Infelizmente (ou talvez para seu alívio), nós realmente não vamos usar bolas de futebol e *donuts* para escrever números hexadecimais. Poderia ter sido feito dessa forma, mas não foi. Em vez disso, a notação hexadecimal em uso universal garante que todos fiquem realmente confusos e continua desse jeito. Esses seis dígitos hexadecimais ausentes são representados pelas primeiras seis letras do alfabeto latino, assim:

0 1 2 3 4 5 6 7 8 9 A B C D E F 10 11 12...

A tabela a seguir mostra a conversão entre binário, hexadecimal e decimal:

Binário	Hexadecimal	Decimal
0000	0	0
0001	1	1
0010	2	2
0011	3	3
0100	4	4
0101	5	5
0110	6	6
0111	7	7
1000	8	8
1001	9	9
1010	A	10
1011	B	11
1100	C	12
1101	D	13
1110	E	14
1111	F	15

Não é agradável usar letras para representar números (e a confusão aumenta quando os números são usados para representar letras), mas o hexadecimal veio para ficar. Ele existe por uma razão, e uma única razão: para representar os valores dos *bytes* da forma mais sucinta possível, o que ele faz muito bem.

Cada *byte* é formado por 8 *bits*, ou dois dígitos hexadecimais, que variam de 00 a FF. O *byte* 10110110 é o número hexadecimal B6, e o *byte* 01010111 é o número hexadecimal 57.

Agora, B6 é obviamente hexadecimal por causa da letra, mas 57 poderia ser um número decimal. Para evitar confusão, precisamos de alguma maneira de diferenciar facilmente os números decimais e os hexadecimais, e essa maneira existe. De fato, existem cerca de 20 maneiras diferentes de indicar números hexadecimais em diferentes linguagens e ambientes de programação. Neste livro, usarei um **h** minúsculo após o número, como B6h ou 57h.

Aqui está uma tabela com alguns números hexadecimais representativos expressos em 1 *byte* e seus equivalentes decimais:

Binário	Hexadecimal	Decimal
00000000	00h	0
00010000	10h	16
00011000	18h	24
00100000	20h	32
01000000	40h	64
01100100	64h	100
10000000	80h	128
11000000	C0h	192
11001000	C8h	200
11100000	E0h	224
11110000	F0h	240
11111111	FFh	255

Assim como os números binários, os números hexadecimais geralmente são antecedidos por zeros, para deixar claro o número específico de dígitos com o qual estamos trabalhando. Para números binários mais longos, cada quatro dígitos binários correspondem a um dígito hexadecimal. Um valor de 16 *bits* ocupa 2 *bytes* ou quatro dígitos hexadecimais. Um valor de 32 *bits* corresponde a escrito em 4 *bytes* ou oito dígitos hexadecimais.

Com o uso generalizado do hexadecimal, tornou-se comum escrever números binários longos com traços ou espaços a cada quatro dígitos. Por exemplo, o número binário 00100100011010001010011001110 é um pouco menos assustador quando escrito como 0010 0100 0110 1000 1010 1100 1110 ou 0010-0100-0110-1000-1010-1100-1110, e a correspondência com dígitos hexadecimais torna-se mais evidente:

$$\underbrace{0010}_{2}\ \underbrace{0100}_{4}\ \underbrace{0110}_{6}\ \underbrace{1000}_{8}\ \underbrace{1010}_{A}\ \underbrace{1100}_{C}\ \underbrace{1110}_{E}$$

Esse é o número hexadecimal de sete dígitos 2468ACE, que são todos os dígitos hexadecimais pares em sequência. (Quando você ouvir líderes de torcida gritando "2 4 6 8 A C E! *Work for that Comp Sci degree!*" ["Trabalhe para aquele diploma de ciência da computação!"], você saberá que sua faculdade talvez seja um pouco *nerd* demais.)

Se você já fez algum trabalho com HTML, a linguagem de marcação de hipertexto usada em páginas *web* na internet, talvez já esteja familiarizado com um uso comum de hexadecimal. Cada ponto colorido (ou *pixel*) na tela do computador é uma combinação de três cores primárias aditivas: vermelho, verde e azul, referido como sistema ou código RGB (*Red* para vermelho, *Green* para verde, e *Blue* para azul). A intensidade ou o brilho de cada um desses três componentes é dado por um valor expresso em 1 *byte*, o que significa que 3 *bytes* são necessários para indicar uma cor específica. Muitas vezes, em páginas HTML, a cor de algo é indicada com um valor hexadecimal de seis dígitos precedido por um sinal de libra. Por exemplo, determinada tonalidade de vermelho pode ter sua cor expressa pelo código #E74536, o que corresponde à combinação do vermelho número E7h, com verde número 45h e azul número 36h. Como alternativa, essa cor pode ser especificada nas páginas HTML com os valores decimais equivalentes, como este: rgb (231, 69, 54).

Sabendo que são necessários 3 *bytes* para especificar a cor de cada *pixel* na tela do computador, é possível fazer um pouco de aritmética e derivar algumas outras informações: se a tela do seu computador contém 1.920 *pixels* horizontalmente e 1.080 *pixels* verticalmente (as dimensões padrão da TV de alta definição), então o número total de *bytes* necessários para armazenar a imagem para essa tela é 1.920 vezes 1.080 vezes 3 *bytes*, ou 6.220.800 *bytes*.

Cada cor primária pode variar de 0 a 255, o que significa que o número total de combinações pode resultar em 256 vezes 256 vezes 256 cores únicas, ou 16.777.216. Em hexadecimal, esse número é 100h vezes 100h vezes 100h, ou 1000000h.

Em um número hexadecimal, as posições de cada dígito correspondem a potências de 16:

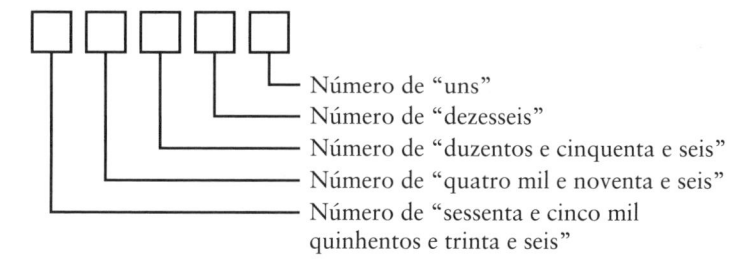

- Número de "uns"
- Número de "dezesseis"
- Número de "duzentos e cinquenta e seis"
- Número de "quatro mil e noventa e seis"
- Número de "sessenta e cinco mil quinhentos e trinta e seis"

O número hexadecimal 9A48Ch corresponde a

$$9A48Ch = 9 \times 10000h +$$
$$A \times 1000h +$$
$$4 \times 100h +$$
$$8 \times 10h +$$
$$C \times 1h$$

Isso pode ser escrito usando potências de 16:

$$9A48Ch = 9 \times 16^4 +$$
$$A \times 16^3 +$$
$$4 \times 16^2 +$$
$$8 \times 16^1 +$$
$$C \times 16^0$$

Ou então usando os equivalentes decimais dessas potências:

$$9A48Ch = 9 \times 65.536 +$$
$$A \times 4.096 +$$
$$4 \times 256 +$$
$$8 \times 16 +$$
$$C \times 1$$

Observe que não há ambiguidade em escrever os dígitos únicos do número (9, A, 4, 8 e C) sem indicar a base numérica. Um 9 por si só é um 9, seja decimal ou hexadecimal. E um A é obviamente hexadecimal – equivalente a 10 em decimal.

A conversão de todos os dígitos para decimal nos permite fazer o cálculo:

$$9A48Ch = 9 \times 65.536 +$$
$$10 \times 4.096 +$$
$$4 \times 256 +$$
$$8 \times 16 +$$
$$12 \times 1$$

A resposta é 631.948. É assim que os números hexadecimais são convertidos para decimal.

Aqui está um modelo para converter qualquer número hexadecimal de quatro dígitos para decimal:

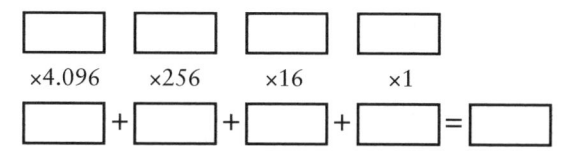

```
  ☐       ☐       ☐       ☐
×4.096   ×256    ×16     ×1

☐   +   ☐   +   ☐   +   ☐   =   ☐
```

Por exemplo, aqui está a conversão de 79ACh. Lembre-se de que os dígitos hexadecimais A e C são os decimais 10 e 12, respectivamente:

```
  7       9       A       C
×4.096   ×256    ×16     ×1

28.672 + 2.304 + 160 + 12 = 31.148
```

A conversão de números decimais para hexadecimal geralmente requer divisões. Se o número for 255 ou menor, você sabe que ele pode ser representado por 1 *byte*, que são dois dígitos hexadecimais. Para calcular esses dois dígitos, divida o número por 16 para obter o quociente e o resto. Por exemplo, para o número decimal 182, divida-o por 16 para obter 11 (que é um B em hexadecimal) com um resto de 6. O equivalente hexadecimal é B6h.

Se o número decimal que você deseja converter for menor que 65.536, o equivalente hexadecimal terá, no máximo, quatro dígitos. Aqui está um modelo para converter tal número em hexadecimal:

```
  ☐       ☐       ☐       ☐
÷4.096   ÷256    ÷16     ÷1

  ☐       ☐       ☐       ☐
```

Você começa colocando o número decimal inteiro na caixa no canto superior esquerdo:

```
31.148    ☐       ☐       ☐
÷4.096   ÷256    ÷16     ÷1

  ☐       ☐       ☐       ☐
```

Divida esse número por 4.096, mas apenas para obter um quociente inteiro e um resto. O quociente vai para a primeira caixa na parte inferior, e o resto vai para a próxima caixa na parte superior:

31.148	2.476		
÷4.096	÷256	÷16	÷1
7			

Agora divida esse resto por 256, mas apenas para obter um quociente inteiro, agora igual a 9, e um novo resto de valor 172. Continue o processo:

31.148	2.476	172	12
÷4.096	÷256	÷16	÷1
7	9	10	12

Os números decimais 10 e 12 correspondem aos hexadecimais A e C, de modo que o resultado é 79ACh.

Outra abordagem para converter números decimais até 65.535 em hexadecimais envolve primeiro separar o número em 2 *bytes* dividindo por 256. Em seguida, para cada *byte*, divida por 16. Aqui está um modelo para fazê-lo:

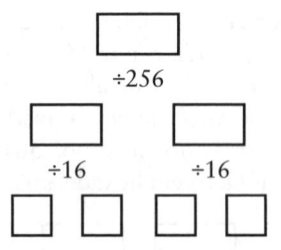

```
         ┌───┐
         │   │
         └───┘
          ÷256
    ┌───┐       ┌───┐
    │   │       │   │
    └───┘       └───┘
     ÷16         ÷16
   □   □       □   □
```

Comece pelo topo. Com cada divisão, o quociente vai para a caixa da esquerda, e o resto vai para a caixa da direita. Por exemplo, aqui está a conversão de 51.966:

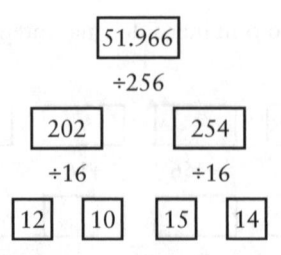

```
         ┌──────┐
         │51.966│
         └──────┘
           ÷256
    ┌───┐       ┌───┐
    │202│       │254│
    └───┘       └───┘
     ÷16         ÷16
   ┌──┐┌──┐   ┌──┐┌──┐
   │12││10│   │15││14│
   └──┘└──┘   └──┘└──┘
```

Os dígitos hexadecimais são 12, 10, 15 e 14, ou CAFE, que se parece mais com uma palavra do que com um número! (Se você quiser ser enigmático, poderá pedir seu café com 51.966. Ou, pode explorar uma alternativa a partir de 56.495.)

Bytes e hexadecimais

Como para as demais bases numéricas, também há uma tabela de adição associada ao sistema hexadecimal:

+	0	1	2	3	4	5	6	7	8	9	A	B	C	D	E	F
0	0	1	2	3	4	5	6	7	8	9	A	B	C	D	E	F
1	1	2	3	4	5	6	7	8	9	A	B	C	D	E	F	10
2	2	3	4	5	6	7	8	9	A	B	C	D	E	F	10	11
3	3	4	5	6	7	8	9	A	B	C	D	E	F	10	11	12
4	4	5	6	7	8	9	A	B	C	D	E	F	10	11	12	13
5	5	6	7	8	9	A	B	C	D	E	F	10	11	12	13	14
6	6	7	8	9	A	B	C	D	E	F	10	11	12	13	14	15
7	7	8	9	A	B	C	D	E	F	10	11	12	13	14	15	16
8	8	9	A	B	C	D	E	F	10	11	12	13	14	15	16	17
9	9	A	B	C	D	E	F	10	11	12	13	14	15	16	17	18
A	A	B	C	D	E	F	10	11	12	13	14	15	16	17	18	19
B	B	C	D	E	F	10	11	12	13	14	15	16	17	18	19	1A
C	C	D	E	F	10	11	12	13	14	15	16	17	18	19	1A	1B
D	D	E	F	10	11	12	13	14	15	16	17	18	19	1A	1B	1C
E	E	F	10	11	12	13	14	15	16	17	18	19	1A	1B	1C	1D
F	F	10	11	12	13	14	15	16	17	18	19	1A	1B	1C	1D	1E

Você pode usar a tabela e as regras de transporte ("vai um") normais para somar números hexadecimais:

$$\begin{array}{r} 4A3378E2 \\ +\ 877AB982 \\ \hline D1AE3264 \end{array}$$

Se você preferir não fazer esses cálculos manualmente, os aplicativos de calculadora do Windows e do macOS têm o modo Programador, que permite fazer aritmética em binário, octal e hexadecimal e converter entre esses sistemas numéricos.

Ou você pode construir um somador binário de 8 *bits* no Capítulo 14.

13
Do ASCII ao Unicode

Sempre que tocamos na tela de um *tablet* ou de nossos *smartphones* ou nos sentamos em frente a um *notebook* ou *desktop*, estamos lidando com texto. Estamos lendo texto, digitando texto ou recortando e colando texto de um lugar para outro – de páginas *web* a processadores de texto, do *e-mail* a redes sociais, de piadas que vemos *on-line* a amigos com quem trocamos mensagens.

Nada disso seria possível sem uma maneira padronizada de representar caracteres de texto em *bits* e *bytes* de computador. A codificação de caracteres é facilmente o padrão de computação mais importante. Esse padrão é crucial para a capacidade da comunicação moderna de transcender as diferenças entre sistemas e aplicações de computador, entre fabricantes de *hardware* e *software* e até mesmo entre fronteiras nacionais.

No entanto, a representação do texto nos computadores ainda pode falhar às vezes. No início de 2021, quando comecei a revisar este capítulo, recebi um *e-mail* da companhia de água e esgoto com a seguinte linha de assunto:

Veja aqui sua conta dâ€™água do mês.

Você, sem dúvida, já viu essas esquisitices, e elas parecem bizarras, mas até o final deste capítulo você saberá exatamente como é que isso pode acontecer.

Este livro começou com uma discussão sobre dois sistemas para representar texto com códigos binários. O código Morse pode não parecer um código binário puro no início, porque envolve pontos curtos e traços mais longos com vários comprimentos de pausas entre os pontos e os traços, mas lembre-se de que tudo no código Morse é um múltiplo do comprimento de um ponto: um traço é três vezes o comprimento de um ponto, as pausas entre letras têm o comprimento de um traço, e as pausas entre palavras têm o comprimento de dois traços. Se um ponto é um único *bit* de valor "1", então um traço é composto por três *bits* iguais a 1 em sequência, enquanto as pausas são cadeias de caracteres de *bits* iguais a 0. Aqui estão as palavras "*HI THERE*" em código Morse com os dígitos binários equivalentes:

● ● ● ●　● ●　　━　　● ● ● ●　●　● ━ ●　●
1010101000101000000111000101010100010001011101000100000

O código Morse é categorizado como um código de **comprimento variável de** *bits* porque caracteres diferentes exigem um número diferente de *bits*.

O Braille é muito mais simples a esse respeito. Cada caractere é representado por uma matriz de seis pontos, e cada ponto pode estar em relevo ou não. O Braille é inequivocamente um código de 6 *bits*, o que significa que cada caractere pode ser representado por um valor de 6 *bits*. Uma "pegadinha" é que caracteres Braille adicionais são necessários para representar números e letras maiúsculas. Você deve se lembrar de que os números em Braille exigem um código de **deslocamento**, um caractere em Braille que altera o significado dos caracteres seguintes.

Os códigos de deslocamento também aparecem em outro código binário antigo, inventado em conexão com um telégrafo de impressão na década de 1870. Esse foi o trabalho de Émile Baudot, um oficial do Serviço Telegráfico Francês, e o código ainda é conhecido por seu nome. O código Baudot foi usado na década de 1960 – por exemplo, pela Western Union, para enviar e receber mensagens de texto chamadas de "telegramas". Você pode até hoje ouvir um antigo usuário de computador se referir a velocidades de transmissão de dados binários como "taxas de baud", ou simplesmente "baud".

O código Baudot era frequentemente usado no "teletipo", um dispositivo que tem um teclado que se parece com uma máquina de escrever, mas que tem apenas 30 teclas e uma barra de espaço. As teclas são chaves que fazem com que um código binário seja gerado e enviado pelo cabo de saída do teletipo, um *bit* após o outro. Os teletipos também contêm um mecanismo de impressão. Os códigos que vêm pelo cabo de entrada do teletipo acionam eletroímãs que imprimem caracteres no papel.

O Baudot é um código de 5 *bits*, de modo que existem apenas 32 códigos possíveis, em hexadecimal variando de 00h a 1Fh. Veja como esses 32 códigos disponíveis correspondem às letras do alfabeto e caracteres de controle:

Código hexa	Letra Baudot	Código hexa	Letra Baudot
00		10	E
01	T	11	Z
02	Retorno de carro	12	D
03	O	13	B
04	Espaço	14	S
05	H	15	Y
06	N	16	F
07	M	17	X
08	Nova linha	18	A
09	L	19	W
0A	R	1A	J
0B	G	1B	Troca para número
0C	I	1C	U
0D	P	1D	Q
0E	C	1E	K
0F	V	1F	Troca para letra

O código 00h não tem ação ou significado correspondente. Dos 31 códigos restantes, 26 são atribuídos a letras do alfabeto, e os outros cinco são caracteres de controle (códigos hexa 02h, 04h, 08h, 1Bh e 1Fh), cujo significado está indicado na respectiva posição na tabela.

O código 04h é o código de "espaço", que é usado para o espaço que separa as palavras. Os códigos 02h e 08h são rotulados como "retorno de carro" (CR, do inglês *Carriage Return*) e "nova linha" (LF, do inglês *Line Feed*). Essa terminologia vem das máquinas de escrever: quando você está datilografando em uma máquina de escrever e chega ao final de uma linha, pressiona uma alavanca ou botão que faz duas coisas. Primeiro, faz com que o carro com o papel seja movido para a direita (ou o mecanismo de impressão seja movido para a esquerda), para que a próxima linha comece no lado esquerdo do papel. Isso é um "retorno de carro". Em segundo lugar, a máquina de escrever rola o carro para que a próxima linha fique abaixo da linha que você acabou de escrever. Essa é a "nova linha". No Baudot, códigos separados representam essas duas ações, e uma impressora de teletipo Baudot responde a eles ao imprimir.

Onde estão os números e sinais de pontuação no sistema de Baudot? Essa é a finalidade do código 1Bh, identificado na tabela como "troca para número". Após o código de "troca para número", todos os códigos subsequentes são interpretados como números ou sinais de pontuação, até que o código de "troca para letra" (1Fh) faça com que eles revertam para as letras. Aqui estão os códigos para os números e sinais de pontuação:

Código hexa	Número Baudot	Código hexa	Número Baudot
00		10	3
01	5	11	+
02	*Retorno de carro*	12	*Quem é você?*
03	9	13	?
04	*Espaço*	14	'
05	#	15	6
06	,	16	$
07	.	17	/
08	*Nova linha*	18	-
09	)	19	2
0A	4	1A	*Sino*
0B	&	1B	*Troca para número*
0C	8	1C	7
0D	0	1D	1
0E	:	1E	(
0F	=	1F	*Troca para letra*

Essa tabela mostra como esses códigos foram usados nos Estados Unidos. Fora dos EUA, os códigos 05h, 0Bh e 16h eram frequentemente usados para as letras acentuadas de algumas línguas europeias, tal como o português. O código de "sino" deve produzir o som de um sino audível no teletipo. O código "Quem é você?" ativa um mecanismo para que um teletipo se identifique.

Como o código Morse, o Baudot não diferencia entre maiúsculas e minúsculas. A sentença

                I SPENT $25 TODAY.

é representada pelo seguinte fluxo de dados hexadecimais:

```
I      S  P  E  N  T      $  2  5        T  O  D  A  Y     .
0C 04 14 0D 10 06 01 04 1B 16 19 01 1F 04 01 03 12 18 15 1B 07 02 08
```

Observe os três códigos para troca: 1Bh logo antes do cifrão, 1Fh após o número e 1Bh novamente antes do ponto final. A linha termina com códigos para "retorno de carro" e "nova linha".

Infelizmente, se você enviasse esse fluxo de dados para um teletipo duas vezes seguidas, ele sairia assim:

                I SPENT $25 TODAY.
                8 '03,5 $25 TODAY.

O que aconteceu? O último código de troca que a impressora recebeu antes da segunda linha foi um código de troca para número, de modo que os códigos no início da segunda linha são interpretados como números até o próximo código de troca para letra.

Problemas como esse geralmente são os resultados desagradáveis do uso de códigos de troca. Quando chegou a hora de substituir Baudot por algo mais moderno e versátil, preferiu-se evitar códigos de troca, além de definir códigos separados para letras minúsculas e maiúsculas.

Quantos *bits* você precisa para esse código? Se você se concentrar somente no inglês e começar a numerar os caracteres, precisará de 52 códigos apenas para as letras maiúsculas e minúsculas no alfabeto latino e 10 códigos para os dígitos de 0 a 9. Assim, chegamos a 62. Jogue alguns sinais de pontuação e isso ultrapassa os 64, que é o limite para 6 *bits*. No entanto, agora há uma boa folga antes de exceder 128 caracteres, o que exigiria 8 *bits*.

Então a resposta é 7. Você precisa de 7 *bits* para representar todos os caracteres que normalmente ocorrem no texto em inglês sem aqueles códigos de troca.

O que substituiu Baudot foi um código de 7 *bits* chamado de American Standard Code for Information Interchange, abreviado como ASCII e referido com a pronúncia improvável de [*askii*]. Ele foi formalizado em 1967 e continua a ser o padrão mais importante em toda a indústria de computadores. Com uma grande exceção (que descreverei em breve), sempre que você encontrar texto em um computador, você pode ter certeza de que o ASCII está envolvido de alguma forma.

Como um código de 7 *bits*, o ASCII usa códigos binários de 0000000 a 1111111, que são códigos hexadecimais de 00h a 7Fh. Você verá todos os 128 códigos ASCII em breve, mas quero dividir os códigos em quatro grupos de 32 cada e então pular os primeiros 32 códigos inicialmente, porque esses códigos são conceitualmente um pouco mais difíceis do que os outros. O segundo grupo de 32 códigos inclui pontuação e os 10 dígitos numéricos. Esta tabela mostra os códigos hexadecimais de 20h a 3Fh e os caracteres que correspondem a esses códigos:

Código hexa	Caractere ASCII	Código hexa	Caractere ASCII
20	*Espaço*	30	0
21	!	31	1
22	"	32	2
23	#	33	3
24	$	34	4
25	%	35	5
26	&	36	6
27	'	37	7
28	(	38	8
29	)	39	9
2A	*	3A	:
2B	+	3B	;
2C	,	3C	<
2D	-	3D	=
2E	.	3E	>
2F	/	3F	?

Observe que 20h é o caractere de "espaço" que divide palavras e frases.

Os próximos 32 códigos incluem as letras maiúsculas e alguma pontuação adicional. Além do sinal @ e do sublinhado (*underscore*), esses símbolos de pontuação normalmente não são encontrados em máquinas de escrever, mas passaram a ser padrão em teclados de computador.

Código hexa	Caractere ASCII	Código hexa	Caractere ASCII
40	@	50	P
41	A	51	Q
42	B	52	R
43	C	53	S
44	D	54	T
45	E	55	U
46	F	56	V
47	G	57	W
48	H	58	X
49	I	59	Y
4A	J	5A	Z
4B	K	5B	[
4C	L	5C	\
4D	M	5D	]
4E	N	5E	^
4F	O	5F	_

Os próximos 32 caracteres incluem todas as letras minúsculas e alguma pontuação adicional, novamente não frequentemente encontrada em máquinas de escrever, mas padrão em teclados de computador:

Código hexa	Caractere ASCII	Código hexa	Caractere ASCII
60	`	70	p
61	a	71	q
62	b	72	r
63	c	73	s
64	d	74	t
65	e	75	u
66	f	76	v
67	g	77	w
68	h	78	x
69	i	79	y
6A	j	7A	z
6B	k	7B	{
6C	l	7C		
6D	m	7D	}
6E	n	7E	~
6F	o		

Observe que nessa tabela está faltando o último caractere, correspondente ao código 7Fh. Você verá isso em breve.

A sequência de texto

Hello, you!

pode ser representada em ASCII usando os códigos hexadecimais

H	e	l	l	o	,		y	o	u	!
48	65	6C	6C	6F	2C	20	79	6F	75	21

Observe a vírgula (código 2Ch), o espaço (código 20h) e o ponto de exclamação (código 21h), bem como os códigos para as letras. Aqui está outra frase curta:

I am 12 years old.

E sua representação em ASCII:

I		a	m		1	2		y	e	a	r	s		o	l	d	.
49	20	61	6D	20	31	32	20	79	65	61	72	73	20	6F	6C	64	2E

Observe que o número 12 nessa frase é representado pelos números hexadecimais 31h e 32h, que são os códigos ASCII para os dígitos 1 e 2. Quando o número 12 faz parte de um fluxo de texto, ele **não** deve ser representado pelos códigos hexadecimais 01h e 02h ou pelo código hexadecimal 0Ch. Todos esses códigos têm outros significados em ASCII.

Uma letra maiúscula particular em ASCII difere de sua contraparte minúscula por 20h. Esse fato torna bastante fácil para os programas de computador converterem entre letras maiúsculas e minúsculas: basta somar 20h ao código para que uma letra maiúscula seja convertida em minúscula e basta subtrair 20h para converter minúsculas em maiúsculas. (Mas você nem precisa somar. Apenas um único *bit* precisa ser alterado para converter entre maiúsculas e minúsculas. Mais adiante neste livro, você verá técnicas para realizar tarefas como essa.)

Diz-se que os 95 códigos ASCII que você acabou de ver se referem a **caracteres gráficos** ou imprimíveis, porque eles têm uma representação visual. O ASCII também inclui 33 **caracteres de controle**, que não têm representação visual, mas executam determinadas funções. Para completar a tabela, aqui estão os 33 caracteres de controle do ASCII, mas não se preocupe se eles parecerem incompreensíveis. Na época em que o ASCII foi desenvolvido, ele foi destinado principalmente a teletipos, e muitos desses códigos são bastante obscuros atualmente.

Código hexa	Acrônimo	Nome do caractere de controle ASCII
00	NUL	Nulo (Nada)
01	SOH	Início de cabeçalho
02	STX	Início de texto
03	ETX	Fim do texto
04	EOT	Fim da transmissão
05	ENQ	Consulta
06	ACK	Confirmação
07	BEL	Sino
08	BS	*Backspace*
09	HT	Tabulação horizontal
0A	LF	Nova linha
0B	VT	Tabulação vertical
0C	FF	Avanço de página
0D	CR	Retorno de carro
0E	SO	*Shift-out*
0F	SI	*Shift-in*
10	DLE	Fim da sequência de dados
11	DC1	Controle de dispositivo 1
12	DC2	Controle de dispositivo 2
13	DC3	Controle de dispositivo 3
14	DC4	Controle de dispositivo 4
15	NAK	Confirmação negativa
16	SYN	Ocioso síncrono
17	ETB	Fim do bloco de transmissão
18	CAN	Cancelar
19	EM	Fim de mídia
1A	SUB	Caractere substituto
1B	ESC	Escape
1C	FS	Separador de arquivo ou separador de informação 4
1D	GS	Separador de grupo ou separador de informação 3
1E	RS	Separador de registro ou separador de informação 2
1F	US	Separador de unidade ou separador de informação 1
7F	DEL	*Delete*

A ideia aqui é que os caracteres de controle podem ser misturados com caracteres gráficos para fazer alguma formatação básica do texto. Isso é mais fácil de entender se você pensar em um dispositivo, como um teletipo ou uma impressora matricial, que imprime caracteres em uma página em resposta a um fluxo de códigos ASCII. A cabeça de impressão do dispositivo normalmente responde a códigos de caracteres imprimindo um caractere e movendo um espaço para a direita. Os caracteres de controle mais importantes modificam esse comportamento.

Por exemplo, considere esta cadeia de caracteres hexadecimais:

$$41\ 09\ 42\ 09\ 43\ 09$$

O caractere 09 é um código de tabulação horizontal, ou "tab", para abreviar. Se você pensar em todas as posições de caracteres horizontais na página da impressora como numeradas começando com 0, o código "tab" geralmente significa imprimir o próximo caractere na próxima posição horizontal que seja múltiplo de 8, desta forma:

$$A\qquad B\qquad C$$

Essa é uma maneira prática de manter o texto alinhado em colunas.

Ainda hoje, algumas impressoras de computador respondem a um código de "avanço de página" (OCh) ejetando a página atual e iniciando uma nova página.

O código de "*backspace*" pode ser usado para imprimir caracteres compostos em algumas impressoras antigas. Por exemplo, suponha que o computador que controla o teletipo quisesse exibir um "a" minúsculo com uma marca de acento grave (crase), assim: "à". Isso pode ser obtido utilizando os códigos hexadecimais 61 08 60.

Sem dúvida, os códigos de controle mais importantes são "retorno de carro" e "nova linha", que têm o mesmo significado que os códigos Baudot semelhantes. Em algumas impressoras de computador mais antigas, o código de "retorno de carro" movia a cabeça de impressão para o lado esquerdo da página na mesma linha, e o código de "nova linha" movia a cabeça de impressão uma linha para baixo. Ambos os códigos geralmente eram necessários no avanço para uma nova linha. O "retorno de carro" poderia ser usado por si só para imprimir sobre uma linha existente, e o "nova linha" poderia ser usado isoladamente para pular para a próxima linha sem o movimento para a margem esquerda.

Texto, imagens, música e vídeo podem ser armazenados no computador na forma de **arquivos**, que são coleções de *bytes* identificadas por um nome. Esses nomes de arquivo geralmente consistem em um nome descritivo, indicando o conteúdo do arquivo, e uma extensão, geralmente três ou quatro letras indicando o tipo do arquivo. Arquivos que consistem em caracteres ASCII muitas vezes têm a extensão de nome de arquivo "txt", indicando "texto". O ASCII não inclui códigos para texto em itálico, negrito ou várias fontes e tamanhos de fonte. Todas essas coisas extravagantes são características do que é chamado de **texto formatado** ou também referido no inglês como *"rich text"*. O ASCII é usado para "texto simples" ou **não formatado**. Em um computador *desktop* Windows, o programa Bloco de Notas (ou Notepad) pode criar arquivos de texto sem formatação; no macOS, o programa TextEdit faz o mesmo (embora esse não seja seu comportamento padrão). Ambos os programas permitem que você escolha uma fonte e um tamanho de fonte, mas isso é apenas para visualizar o texto. Essa informação não é armazenada com o texto em si.

Tanto o Bloco de Notas quanto o TextEdit respondem à tecla "Enter" ou "Return"*, terminando a linha atual e movendo-se para o início da próxima linha. Contudo, esses programas também executam "quebra automática" de linha: à medida que você digita e chega à borda mais à direita da janela, o programa continua automaticamente sua digitação na próxima linha e o texto seguinte continua sendo parte do mesmo parágrafo, não sendo uma linha individual. Pressione a tecla "Enter" ou "Return", para marcar o final desse parágrafo e iniciar um novo parágrafo.

Quando você pressiona a tecla "Enter" ou "Return", o Bloco de Notas do Windows insere os códigos hexadecimais 0Dh e 0Ah no arquivo: os caracteres de "retorno de carro" e "nova linha". O TextEdit do macOS insere apenas um 0Ah, ou seja, "nova linha". O que agora é chamado de Mac OS clássico (que existiu de 1984 a 2001) inseria apenas 0Dh, o "retorno de carro". Essa inconsistência continua a causar problemas quando um arquivo criado em um sistema é lido em outro sistema. Nos últimos anos, os programadores trabalharam para reduzir esses problemas, mas é incrível – até mesmo vergonhoso – que ainda não haja um padrão da indústria de computadores para representar o fim de linhas ou parágrafos em um arquivo de texto não formatado.

Logo após sua introdução, o ASCII tornou-se o padrão dominante para texto no mundo da computação, mas não dentro da IBM. Em conexão com o System/360, a IBM desenvolveu seu próprio código de caracteres, conhecido como *Extended BCD Interchange Code*, ou EBCDIC, que era uma extensão de 8 *bits* de um código anterior de 6 *bits*, conhecido como BCDIC, que era derivado de códigos usados em cartões perfurados da IBM. Esse estilo de cartão perfurado, capaz de armazenar 80 caracteres de texto, foi introduzido pela IBM em 1928 e usado por mais de 50 anos.

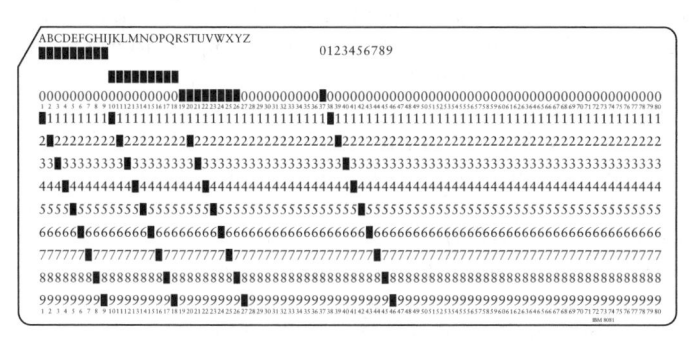

---

* N. de R.T.: *Enter* ou *Return* são denominações sinônimas para a mesma tecla nos computadores. Mas não devem ser associadas ao código de "Retorno de carro" devido à explicação que segue.

Os retângulos pretos são perfurações efetuadas no cartão. Os cartões perfurados têm um problema prático que afeta a forma como eles são usados para representar os caracteres: se muitos furos forem perfurados no cartão, ele pode perder sua integridade estrutural, rasgar e emperrar uma máquina.

Um caractere é codificado em um cartão perfurado por uma combinação de um ou mais orifícios retangulares perfurados em uma única coluna. O caractere em si é frequentemente impresso perto da parte superior do cartão. As 10 linhas inferiores são chamadas de **linhas de dígitos** e identificadas por números: linha 0, linha 1 e assim por diante, até a linha 9. Esses cartões são remanescentes de sistemas de computador que trabalhavam diretamente com números decimais. As duas linhas não numeradas perto da parte superior são as **linhas de zona**, chamadas de linha 11 e linha 12, que é a que está na parte superior. Não há uma linha 10.

Os códigos de caracteres EBCDIC são combinações das perfurações de zona e de dígitos. Os códigos EBCDIC para os 10 dígitos vão de F0h a F9h. Os códigos EBCDIC para as letras maiúsculas estão em três grupos: de C1h a C9h, de D1h a D9h e de E2h a E9h. Os códigos EBCDIC para letras minúsculas também estão em três grupos: de 81h a 89h, de 91h a 99h e de A2h a A9h.

Em ASCII, todas as letras maiúsculas e minúsculas estão em sequências contínuas. Isso torna conveniente classificar em ordem alfabética os dados ASCII. Em EBCDIC, no entanto, há lacunas nas sequências das letras, tornando a classificação mais complexa. Felizmente, neste momento, o EBCDIC é mais uma curiosidade histórica, e não algo que você provavelmente encontrará em sua vida pessoal ou profissional.

Na época em que o ASCII estava sendo desenvolvido, a memória era muito cara. Algumas pessoas achavam que, para economizar memória, o ASCII deveria ser um código de 6 *bits*, usando um caractere de troca para diferenciar entre letras minúsculas e maiúsculas. Uma vez que essa ideia foi rejeitada, outros acreditavam que o ASCII deveria ser um código de 8 *bits*, porque era considerado mais provável que os computadores tivessem arquiteturas de 8 *bits* do que de 7 *bits*. Claro, *bytes* de 8 *bits* são agora o padrão e, embora o ASCII seja tecnicamente um código de 7 *bits*, ele é armazenado quase universalmente como valores de 8 *bits*.

A equivalência de *bytes* e caracteres ASCII com certeza é conveniente, porque podemos ter uma noção aproximada de quanta memória de computador um determinado documento de texto requer simplesmente contando os caracteres. Por exemplo, *Moby-Dick*, ou *A Baleia*, de Herman Melville, tem cerca de 1,25 milhão de caracteres e, portanto, ocupa 1,25 milhão de *bytes* de armazenamento no computador. A partir dessa informação, uma contagem aproximada de palavras também pode ser derivada: considerando que palavras de tamanho médio têm cinco caracteres, e somando a este valor o espaço que aparece entre palavras, *Moby-Dick* tem um tamanho aproximado de 200 mil palavras.

Um arquivo de texto não formatado de *Moby-Dick* pode ser baixado do *site* do Projeto Gutenberg (gutenberg.org), juntamente com muitas outras obras de literatura clássica em domínio público. Embora o Projeto Gutenberg tenha sido pioneiro ao disponibilizar livros em texto não formatado, ele também disponibiliza esses mesmos livros em alguns formatos de *e-book*, bem como em HTML (*Hypertext Markup Language*).

Sendo o formato usado para páginas *web* em toda a internet, o HTML é definitivamente o formato *rich text* mais popular. Ele adiciona formatação sofisticada ao texto sem formatação, usando trechos de **marcação**, ou ***tags***. O interessante é que o HTML usa caracteres ASCII normais para realizar a marcação, de modo que um arquivo HTML também é um arquivo de texto simples, sem formatação. Quando visto como texto sem formatação, o HTML tem a seguinte aparência:

Este é um texto em negrito, e este é um texto em <i>itálico</i>.

Os sinais de menor e maior são apenas os códigos ASCII 3Ch e 3Eh. No entanto, quando interpretados como HTML, um navegador *web* pode exibir esse texto assim:

Este é um texto em **negrito**, e este é um texto em *itálico*.

É o mesmo texto, apenas apresentado de maneiras diferentes.

O ASCII é certamente o padrão mais importante na indústria de computadores, mas até mesmo no início as deficiências eram óbvias. O grande problema é que o American Standard Code for Information Interchange – que pode ser traduzido por "Código Americano Padrão para Troca de Informações" é americano demais! De fato, o ASCII dificilmente seria adequado mesmo para outras nações cuja língua principal é o inglês. O ASCII inclui um cifrão, mas onde está o sinal da libra esterlina? Onde ele falha muito é em lidar com as letras acentuadas, usadas em muitos outros idiomas da Europa Ocidental, para não falar dos alfabetos não latinos usados na Europa, incluindo grego, árabe, hebraico e cirílico, ou as escritas brami da Índia e do Sudeste Asiático, incluindo devanágari, bengali, tailandês e tibetano. Além disso, como um código de 7 *bits* pode lidar com as "dezenas de milhares" de ideógrafos do chinês, japonês e coreano e as 10 mil sílabas singulares do *hangul* coreano?

Incluir todas as línguas do mundo em ASCII teria sido uma meta ambiciosa demais na década de 1960, mas as necessidades de algumas outras nações foram mantidas em mente, embora apenas com soluções rudimentares. De acordo com o padrão ASCII publicado, 10 códigos ASCII (40h, 5Bh, 5Ch, 5Dh, 5Eh, 60h, 7Bh, 7Ch, 7Dh e 7Eh) estão disponíveis para serem redefinidos para usos nacionais. Além disso, o sinal de número (#) pode ser substituído pelo sinal da libra esterlina (£), e o cifrão ($) pode ser substituído por um sinal de moeda generalizada (¤). Obviamente, a substituição de símbolos só faz sentido se todos os envolvidos no uso de um documento de texto específico com esses códigos redefinidos souberem da alteração.

Como muitos sistemas de computador armazenam caracteres como valores de 8 *bits*, é possível criar algo referido como **ASCII estendido**, que contém 256 caracteres em vez de apenas 128. Nesse conjunto estendido, os primeiros 128 códigos, com valores hexadecimais de 00h a 7Fh, são definidos exatamente como são em ASCII, mas os próximos 128 códigos (de 80h a FFh) podem ser o que você quiser. Essa técnica foi usada para definir códigos de caracteres adicionais para acomodar letras acentuadas e alfabetos não latinos. Infelizmente, o ASCII foi estendido muitas vezes e de muitas maneiras diferentes.

Quando o Microsoft Windows foi lançado pela primeira vez, ele suportava uma extensão do ASCII que a Microsoft chamou de conjunto de caracteres ANSI, embora não tivesse sido realmente aprovado pelo American National Standards Institute (órgão de padronização norte-americano). Os caracteres adicionais para os códigos de A0h a FFh são principalmente símbolos úteis e letras acentuadas comumente encontradas em idiomas europeus. Na tabela a seguir, o meio *byte* (*nibble*) mais significativo do código de caractere hexadecimal é mostrado na linha superior; o meio *byte* menos significativo é mostrado na coluna da esquerda:

	A-	B-	C-	D-	E-	F-
-0		°	À	Ð	à	ð
-1	¡	±	Á	Ñ	á	ñ
-2	¢	²	Â	Ò	â	ò
-3	£	³	Ã	Ó	ã	ó
-4	¤	´	Ä	Ô	ä	ô
-5	¥	µ	Å	Õ	å	õ
-6	¦	¶	Æ	Ö	æ	ö
-7	§	·	Ç	×	ç	÷
-8	¨	¸	È	Ø	è	ø
-9	©	¹	É	Ù	é	ù
-A	ª	º	Ê	Ú	ê	ú
-B	«	»	Ë	Û	ë	û
-C	¬	¼	Ì	Ü	ì	ü
-D	-	½	Í	Ý	í	ý
-E	®	¾	Î	Þ	î	þ
-F	¯	¿	Ï	ß	ï	ÿ

O caractere para o código A0h é definido como um "espaço sem quebra". Normalmente, quando um programa de computador formata texto em linhas e parágrafos, ele quebra cada linha em um caractere de espaço, que é o código ASCII 20h. O código A0h deve ser exibido como um espaço, mas não pode ser usado para quebrar uma linha. Um espaço sem quebra pode ser usado em uma marca como Forever 21 para que "Forever" não apareça em uma linha e "21" na próxima linha.

O código ADh é definido como um "hífen flexível", um hífen usado para separar sílabas no meio das palavras. Ele aparece na página impressa somente quando é necessário quebrar uma palavra entre duas linhas.

O conjunto de caracteres ANSI tornou-se popular porque fazia parte do Windows, mas essa era apenas uma das muitas extensões diferentes do ASCII definidas ao longo das décadas. Para mantê-las organizadas, elas acumulavam números e outros identificadores. O conjunto de caracteres ANSI do Windows tornou-se um padrão da Organização Internacional de Padrões (ISO, do inglês International Standards Organization), referido como ISO-8859-1 ou Alfabeto Latino nº 1. Quando esse conjunto de caracteres foi estendido para incluir caracteres para os códigos de 80h a 9Fh, ele ficou conhecido como Windows-1252:

	8-	9-	A-	B-	C-	D-	E-	F-
-0	€			°	À	Ð	à	ð
-1		'	¡	±	Á	Ñ	á	ñ
-2	‚	'	¢	²	Â	Ò	â	ò
-3	ƒ	"	£	³	Ã	Ó	ã	ó
-4	„	"	¤	´	Ä	Ô	ä	ô
-5	…	•	¥	µ	Å	Õ	å	õ
-6	†	–	¦	¶	Æ	Ö	æ	ö
-7	‡	—	§	·	Ç	×	ç	÷
-8	ˆ	˜	¨	¸	È	Ø	è	ø
-9	‰	™	©	¹	É	Ù	é	ù
-A	Š	š	ª	º	Ê	Ú	ê	ú
-B	‹	›	«	»	Ë	Û	ë	û
-C	Œ	œ	¬	¼	Ì	Ü	ì	ü
-D			-	½	Í	Ý	í	ý
-E	Ž	ž	®	¾	Î	Þ	î	þ
-F		Ÿ	¯	¿	Ï	ß	ï	ÿ

O número 1252 é chamado de identificador de **página de código**, um termo que se originou na IBM para diferenciar diferentes versões do EBCDIC. Várias páginas de código foram associadas a países que exigiam seus próprios caracteres acentuados e até alfabetos inteiros, como grego, cirílico e árabe. Para exibir corretamente os dados de caracteres, era preciso saber qual página de código estava envolvida. Isso se tornou mais crucial na internet, onde as informações na parte superior de um arquivo HTML (conhecidas como **cabeçalho**) indicam a página de código usada para criar a página *web*.

O ASCII também foi estendido de maneiras mais radicais para codificar os ideógrafos do chinês, japonês e coreano. Em uma codificação popular, chamada de Shift-JIS (Japanese Industrial Standard), os códigos de 81h a 9Fh na verdade representam o *byte* inicial de um código de caracteres de 2 *bytes*. Dessa forma, o Shift-JIS permite a codificação de cerca de 6 mil caracteres adicionais. Infelizmente, o Shift-JIS não é o único sistema que usa essa técnica. Três outros **conjuntos de caracteres de *byte* duplo** (DBCS, do inglês *double-byte character sets*) padrão tornaram-se populares na Ásia.

A existência de vários conjuntos de caracteres de *byte* duplo incompatíveis é apenas um de seus problemas. Outro problema é que alguns caracteres – especificamente os caracteres ASCII normais – são representados por códigos de 1 *byte*, enquanto os milhares de ideógrafos são representados por códigos de 2 *bytes*. Isso dificulta bastante o trabalho com esses conjuntos de caracteres.

Se você acha que isso soa como uma bagunça, você não está sozinho, então alguém poderia, por favor, chegar a uma solução?

Sob a suposição de que é preferível ter apenas um sistema de codificação de caracteres inequívoco que seja adequado para todas as linguagens do mundo, várias grandes empresas de computadores se reuniram em 1988 e começaram a desenvolver uma alternativa ao ASCII conhecida como **Unicode**. Enquanto o ASCII é um código de 7 *bits*, o Unicode é um código de 16 *bits* (pelo menos essa era a ideia original). Em sua concepção original, cada caractere em Unicode exigiria 2 *bytes*, com códigos de caracteres variando de 0000h a FFFFh para representar 65.536 caracteres diferentes. Isso foi considerado suficiente para todas as línguas do mundo que provavelmente serão usadas na comunicação por computador, até mesmo com espaço para expansão.

O Unicode não começou do zero. Os primeiros 128 caracteres do Unicode – códigos 0000h a 007Fh – são os mesmos que os caracteres ASCII. Além disso, os códigos Unicode 00A0h a 00FFh são os mesmos que a extensão do Alfabeto Latino nº 1 do ASCII que descrevi anteriormente. Outros padrões mundiais também estão incorporados ao Unicode.

Embora um código Unicode seja apenas um valor hexadecimal, a maneira padrão de indicá-lo é precedendo o valor com um U maiúsculo e um sinal de mais. Aqui estão alguns caracteres Unicode representativos:

Código hexa	Caractere	Descrição
U+0041	A	Letra maiúscula latina A
U+00A3	£	Símbolo de libra
U+03C0	π	Letra minúscula grega pi
U+0416	Ж	Letra maiúscula cirílica zhe
U+05D0	א	Letra hebraica alef
U+0BEB	௫	Dígito cinco em tâmil
U+2018	'	Aspas simples à esquerda
U+2019	'	Aspas simples à direita
U+20AC	€	Sinal de euro
U+221E	∞	Infinito

Muito mais pode ser encontrado no *site* administrado pelo Unicode Consortium, unicode.org, que oferece um passeio fascinante pela riqueza das línguas escritas e simbologia do mundo. Role para baixo até a parte inferior da página inicial e clique em Code Charts (Tabelas de Código) para ver um portal de imagens de mais caracteres do que você jamais imaginou ser possível.

No entanto, passar de um código de caracteres de 8 *bits* para um código de 16 *bits* tem seus próprios problemas: computadores diferentes leem valores de 16 *bits* de maneiras diferentes. Por exemplo, considere estes dois *bytes*:

20h ACh

Alguns computadores leriam essa sequência como o valor de 16 *bits* 20ACh, o código Unicode para o sinal do euro. Esses computadores são referidos como máquinas *big-endian*, o que significa que o *byte* mais significativo (a extremidade grande) vem primeiro (ou seja, é armazenado na parte mais significativa dos 16 *bits*). Outros computadores são máquinas *little-endian*. (Essa terminologia vem de "As viagens de Gulliver", em que Jonathan Swift descreve um conflito sobre qual é o lado correto de quebrar um ovo cozido.) As máquinas *little-endian* leem esse valor como AC20h, que em Unicode é o caractere 갠 no alfabeto coreano *hangul*.

Para contornar esse problema, o Unicode define um caractere especial chamado de marca de ordem de *bytes*, ou BOM (*byte order mark*), que é U+FEFF. Isso deve ser colocado no início de um arquivo de valores Unicode de 16 *bits*. Se os dois primeiros *bytes* no arquivo forem FEh e FFh, o arquivo estará em ordem *big-endian*. Se eles forem FFh e FEh, o arquivo estará em ordem *little-endian*.

Em meados da década de 1990, quando o Unicode estava começando a pegar, foi preciso ultrapassar os 16 *bits* para incluir *scripts* que se extinguiram, mas ainda são necessários representar por razões históricas, e para incluir numerosos símbolos novos. Alguns desses novos símbolos foram aqueles caracteres populares e engraçados, conhecidos como *emojis*.

No momento em que este livro foi escrito (o ano de 2021), o Unicode foi expandido para se tornar um código de 21 *bits*, com valores que chegam a U+10FFFF, com potencial para aceitar mais de 1 milhão de caracteres diferentes. Aqui estão apenas alguns dos caracteres que não puderam ser acomodados com um código de 16 *bits*:

Código hexa	Caractere	Descrição
U+1302C	𓀬	Hieróglifos egípcios A039
U+1F025	🀍	Crisântemo de azulejo Mahjong
U+1F3BB	🎻	Violino
U+1F47D	👽	Alienígena extraterrestre
U+1F614	😔	Rosto pensativo
U+1F639	😹	Cara de gato com lágrimas de alegria

Incluir *emojis* em Unicode pode parecer algo banal, mas somente se você acreditar que é aceitável que um *emoji* inserido em uma mensagem de texto apareça como algo completamente diferente no telefone do destinatário. Poderia haver mal entendidos, e relacionamentos poderiam ser abalados por isso!

É claro que as necessidades das pessoas em relação ao Unicode são diferentes. Particularmente, ao exibir ideógrafos de idiomas asiáticos, é necessário fazer uso extensivo do Unicode. Outros documentos e páginas *web* têm necessidades mais modestas. Muitos podem muito bem usar apenas o velho ASCII simples. Por esse motivo, vários métodos diferentes foram definidos para armazenar e transmitir texto Unicode. Eles são chamados de formatos de transformação Unicode, ou UTFs (*Unicode transformation formats*).

O mais simples dos formatos de transformação Unicode é o UTF-32. Todos os caracteres Unicode são definidos como valores de 32 *bits*. Os 4 *bytes* necessários para cada caractere podem ser especificados em ordem *little-endian* ou *big-endian*.

A desvantagem do UTF-32 é que ele usa muito espaço. Um arquivo de texto simples contendo o texto de *Moby-Dick* aumentaria de tamanho de 1,25 milhão de *bytes* em ASCII para 5 milhões de *bytes* em Unicode. Ainda, considerando que o Unicode usa apenas 21 dos 32 *bits*, 11 *bits* são desperdiçados para cada caractere.

Um meio-termo é o UTF-16. Com esse formato, a maioria dos caracteres Unicode é definida com 2 *bytes*, mas os caracteres com códigos acima de U+FFFF são definidos com 4 *bytes*. Uma área na especificação original do Unicode, de U+D800 a U+DFFF, foi deixada sem atribuição para essa finalidade.

O formato de transformação Unicode mais importante é o UTF-8, que agora é muito utilizado em toda a internet. Uma estatística recente indica que 97% das páginas *web* usam UTF-8. Isso é o máximo que você pode querer de um padrão universal. Os arquivos de texto simples do Projeto Gutenberg estão todos em UTF-8. O Bloco de Notas do Windows e o TextEdit do macOS salvam arquivos em UTF-8 por padrão.

O UTF-8 é um compromisso entre flexibilidade e concisão. A maior vantagem do UTF-8 é que ele é compatível com versões anteriores do ASCII. Isso significa que um arquivo que consiste apenas em códigos ASCII de 7 *bits* armazenados como *bytes* é automaticamente um arquivo UTF-8.

Para tornar essa compatibilidade possível, todos os outros caracteres Unicode são armazenados com 2, 3 ou 4 *bytes*, dependendo de seu valor. A tabela a seguir resume como o UTF-8 funciona:

Intervalo Unicode	Contagem de *bits*	Sequência de *bytes*
U+0000 a U+007F	7	0xxxxxxx
U+0080 a U+07FF	11	110xxxxx 10xxxxxx
U+0800 a U+FFFF	16	1110xxxx 10xxxxxx 10xxxxxx
U+10000 a U+10FFFF	21	11110xxx 10xxxxxx 10xxxxxx 10xxxxxx

Para os intervalos de códigos mostrados na primeira coluna, cada caractere é identificado exclusivamente com a quantidade de *bits* mostrada na segunda coluna. Esses *bits* são então precedidos com 1s e 0s, como mostrado na terceira coluna, para formar uma sequência de *bytes*. A quantidade de "x" na terceira coluna é a mesma que o valor na segunda coluna.

A primeira linha da tabela indica que, se o caractere for da coleção original de códigos ASCII de 7 *bits*, a codificação UTF-8 desse caractere será um *bit* 0 seguido por esses 7 *bits*, que é o mesmo que o próprio código ASCII.

Caracteres com valores Unicode de U+0080 e superiores exigem 2 ou mais *bytes*. Por exemplo, o sinal de libra esterlina (£) é o Unicode U+00A3. Como esse valor está entre U+0080 e U+07FF, a segunda linha da tabela indica que ele é codificado em UTF-8 com 2 *bytes*. Para valores nesse intervalo, apenas os 11 *bits* menos significativos precisam ser usados para derivar a codificação de 2 *bytes*, conforme mostrado aqui:

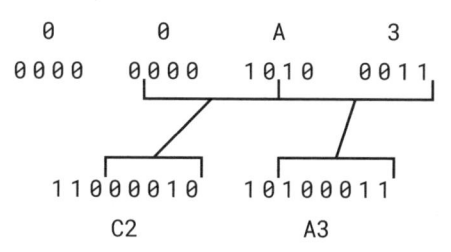

```
    0         0         A         3
  0000      0000      1010      0011
              
              
           11000010   10100011
             C2         A3
```

O valor Unicode 00A3 é mostrado na parte superior desse diagrama. Cada um dos quatro dígitos hexadecimais corresponde ao valor de 4 *bits* mostrado diretamente abaixo do dígito. Sabemos que o valor é 07FFh ou menos, o que significa que os 5 *bits* mais significativos são 0 e podem ser ignorados. Os próximos 5 *bits* são precedidos com 110 (como mostra a parte inferior da ilustração) para formar o *byte* C2h. Os 6 *bits* menos significativos são precedidos com 10 para formar o *byte* A3h.

Assim, em UTF-8, os dois *bytes* C2h e A3h representam o sinal britânico £. Parece uma pena exigir 2 *bytes* para codificar o que é essencialmente apenas 1 *byte* de informação, mas isso é necessário para que o restante do UTF-8 funcione.

Aqui está outro exemplo. A letra hebraica א (alef) é U+05D0 em Unicode. Novamente, esse valor está entre U+0080 e U+07FF, de modo que a segunda linha da tabela é usada. Esse é o mesmo processo do caractere £:

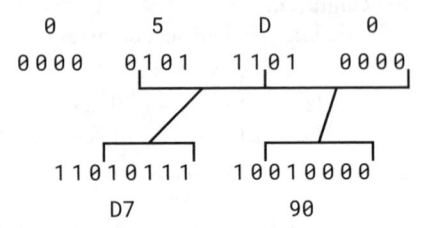

```
    0         5         D         0
  0000      0101      1101      0000


  11010111    10010000
     D7          90
```

Os primeiros 5 *bits* do valor 05D0h podem ser ignorados. Os próximos 5 *bits* são precedidos com 110, e os 6 *bits* menos significativos são precedidos com 10 para formar os *bytes* D7h e 90h do UTF-8.

Independentemente de quão improvável a imagem possa ser, o *emoji* "Cara de gato com lágrimas de alegria" é representado pelo código Unicode U+1F639, o que significa que o UTF-8 o representa como uma sequência de 4 *bytes*. Este diagrama mostra como esses 4 *bytes* são montados a partir dos 21 *bits* do código original:

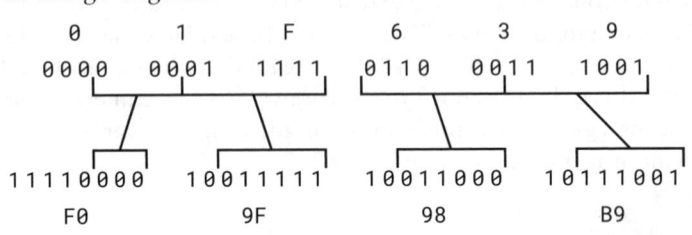

```
    0    1      F        6    3      9
  0000 0001   1111     0110 0011   1001


 11110000  10011111  10011000  10111001
    F0        9F        98        B9
```

Ao representar caracteres usando um número variável de *bytes*, o UTF-8 estraga um pouco da pureza e da beleza do Unicode. No passado, esquemas como esse, usados em conexão com o ASCII, causavam problemas e confusão. O UTF-8 não é totalmente imune a problemas, mas foi definido de forma muito inteligente. Quando um arquivo UTF-8 é decodificado, cada *byte* pode ser identificado com bastante precisão:

- Se o *byte* começar com um zero, isso é simplesmente um código de caractere ASCII de 7 *bits*.
- Se o *byte* começar com 10, ele fará parte de uma sequência de *bytes* que representa um código de caractere de múltiplos *bytes*, mas não é o primeiro *byte* dessa sequência.

- Caso contrário, o *byte* começa com pelo menos dois *bits* 1 e é o primeiro *byte* de um código de caractere de múltiplos *bytes*. A quantidade total de *bytes* para esse código de caractere é indicada pelo número de *bits* 1 com que esse primeiro *byte* começa antes do primeiro *bit* 0. Isso pode ser dois, três ou quatro.

Vamos tentar mais uma conversão UTF-8: o caractere de "aspas simples à direita" é U+2019. Isso requer a consulta da terceira linha da tabela, porque o valor está entre U+0800 e U+FFFF. A representação UTF-8 é de 3 *bytes*:

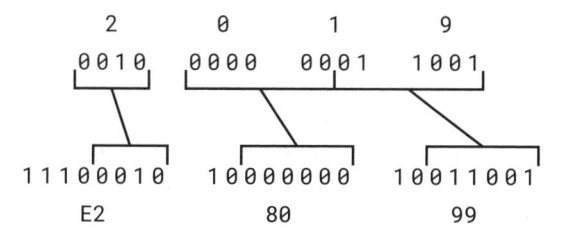

```
     2           0           1         9
   0010        0000        0001      1001


 11100010    10000000    10011001
    E2          80          99
```

Todos os *bits* do número Unicode original são necessários para formar os 3 *bytes*. Os primeiros 4 *bits* são precedidos com 1110, os próximos 6 *bits*, com 10 e os 6 *bits* menos significativos, também com 10. O resultado é a sequência de 3 *bytes* de E2h, 80h e 99h.

Agora é possível ver o problema com o *e-mail* que mencionei no início deste capítulo, com esta linha de assunto:

Veja aqui sua conta dâ€™água do mês.

Obviamente, a palavra estranha aqui é a contração "d'água", porém ela não usa o apóstrofo simples em ASCII (ASCII 27h ou Unicode U+0027), mas o caractere mais sofisticado de "aspas simples à direita" Unicode, que, como acabamos de ver, é codificado em UTF-8 com os três *bytes* E2h, 80h e 99h.

Até agora, sem problemas. Contudo, o arquivo HTML nesse *e-mail* indicava que ele estava usando o conjunto de caracteres Windows-1252. Deveria ter dito "utf-8", porque foi assim que o texto foi codificado, mas como esse arquivo HTML indicava Windows-1252, meu programa de *e-mail* usou o conjunto de caracteres Windows-1252 para interpretar esses três *bytes*. Verifique novamente na tabela dos códigos do Windows-1252, na página 162, para confirmar por si mesmo que os três *bytes* E2h, 80h e 99h realmente são mapeados para os caracteres â, € e ™, exatamente os caracteres contidos no *e-mail*.

Mistério resolvido.

Ao estender a computação para se tornar uma experiência universal e multicultural, o Unicode tem sido um padrão extremamente importante. No entanto, como qualquer outra coisa, ele só funciona se for usado corretamente.

14
Adição com portas lógicas

A adição é a mais básica das operações aritméticas; por isso, se quisermos construir um computador (e essa é a minha agenda não tão oculta neste livro), devemos primeiro saber como construir algo que some dois números. Quando você chega a esse nível, a adição é quase a "única" coisa que os computadores fazem. Se pudermos construir algo que some, estamos no caminho certo para construir algo que use adição para também subtrair, multiplicar, dividir, calcular pagamentos de hipotecas, guiar foguetes para Marte, jogar xadrez e usar as mídias sociais para compartilhar nossas "dancinhas" mais recentes, pratos culinários ou travessuras do cãozinho de estimação.

A máquina de somar que construiremos neste capítulo será grande, desajeitada, lenta e barulhenta, pelo menos em comparação com as calculadoras e os computadores do mundo moderno. O que é mais interessante é que vamos construir essa máquina de somar totalmente a partir de dispositivos elétricos simples sobre os quais aprendemos nos capítulos anteriores: chaves, lâmpadas, fios, uma pilha e relés que foram previamente conectados para compor diversas portas lógicas. Esses componentes estavam todos disponíveis antes do século XX. A melhor parte é que não precisamos construir algo em nossas salas de estar; em vez disso, podemos construir essa máquina de somar no papel e em nossas mentes.

Essa máquina de somar funcionará totalmente com números binários e não terá algumas comodidades modernas. Você não poderá usar um teclado para digitar os números que deseja somar; em vez disso, usará uma fileira de chaves. Em vez de uma tela numérica para mostrar os resultados, essa máquina de somar terá uma fileira de lâmpadas.

Ainda assim, essa máquina definitivamente somará dois números, e o fará de uma maneira muito parecida com a maneira como os computadores somam números.

A adição de números binários é muito parecida com a adição de números decimais. Quando você deseja somar dois números decimais, como 245 e 673, você divide o problema em etapas mais simples. Cada etapa requer apenas que você some um par de dígitos decimais. Nesse exemplo, você começaria com 5 mais 3. O problema é resolvido muito mais rapidamente se você decorou uma tabela de adição em algum momento durante a sua vida.

A grande vantagem dos números binários sobre os decimais é a simplicidade da tabela de adição:

+	0	1
0	0	1
1	1	10

Se você fosse criado com uma comunidade de golfinhos e decorasse essa tabela na escola de golfinhos, poderia ter chiado e assobiado em voz alta:

"0 mais 0 é igual a 0.
0 mais 1 é igual a 1.
1 mais 0 é igual a 1.
1 mais 1 é igual a 0 e 'vai 1'."

Você pode reescrever a tabela de adição com zeros à esquerda, para que cada resultado seja um valor de 2 *bits*:

+	0	1
0	00	01
1	01	10

Vista assim, a adição de um par de números binários resulta em dois *bits*, que são chamados de *bit* de **soma** e *bit* de "**vai um**"* (como em "1 mais 1 é igual a 0 e vai 1"). Agora podemos dividir a tabela de adição binária em duas tabelas, a primeira para o *bit* de soma:

Soma	0	1
0	0	1
1	1	0

E a segunda para o *bit* de "vai um":

Vai um	0	1
0	0	0
1	0	1

---

* N. de R.T.: "Vai-um" ou "vai 1", também identificado como "transporte", são traduções usadas para o termo *carry*, em inglês, ao qual é associado o símbolo "C".

É conveniente olhar para a adição binária dessa maneira, porque nossa máquina de somar fará somas e "vai uns" separadamente. A construção de uma máquina de somar binária requer que projetemos um circuito que execute essas operações. Trabalhar apenas em binário simplifica imensamente o problema, pois todas as partes de um circuito – chaves, lâmpadas e fios – podem ser dígitos binários.

Como na adição decimal, somamos dois números binários coluna por coluna, começando com o *bit* menos significativo, na coluna mais à direita:

$$\begin{array}{r} 01100101 \\ +\ 10110110 \\ \hline 100011011 \end{array}$$

Observe que, quando somamos a terceira coluna a partir da direita, um 1 é transportado para a próxima coluna. Isso acontece novamente na sexta, na sétima e na oitava colunas, contando a partir da direita.

Que tamanho de números binários queremos somar? Como estamos construindo nossa máquina de somar apenas em nossas mentes, poderíamos construir uma para somar números muito longos. No entanto, vamos ser razoáveis e decidir somar números binários de até 8 *bits* de comprimento, ou 1 *byte*. Ou seja, queremos somar números binários que possam variar de 00000000 a 11111111. Esses valores variam de 00h a FFh em hexadecimal, ou de 0 a 255 em decimal. A soma de dois números de 8 *bits* pode ter um máximo de 510 em decimal, ou 1FEh em hexadecimal, ou 111111110 em binário.

O painel de controle para a nossa máquina de somar em binário pode ter esta aparência:

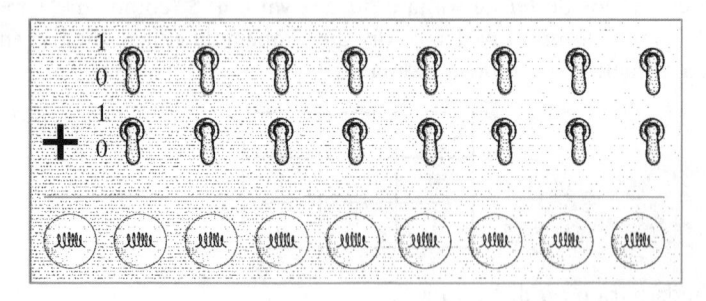

Esse painel tem duas fileiras de oito chaves. Essa coleção de chaves é o dispositivo de entrada, e vamos usá-lo para "digitar" os dois números de 8 *bits*. Nesse dispositivo de entrada, uma chave está desligada (para baixo) para 0 e ligada (para cima) para 1, assim como nos interruptores de parede em sua casa. Como de costume, o *bit* menos significativo está à direita, e o *bit* mais significativo está à esquerda. O dispositivo de saída na parte inferior é uma fileira de nove lâmpadas. Essas lâmpadas indicarão a resposta. Uma lâmpada apagada representa um 0, e uma lâmpada acesa, um 1. Nove lâmpadas são necessárias porque a soma dos dois números de 8 *bits* pode produzir um número de 9 *bits*. Essa lâmpada na extrema esquerda acenderá apenas se a soma for maior que o decimal 255.

O restante da máquina de somar consistirá em portas lógicas conectadas de várias maneiras. Os interruptores acionarão os relés nas portas lógicas, que então acenderão as luzes corretas. Por exemplo, se quisermos somar 01100101 e 10110110 (os dois números mostrados no exemplo anterior), colocaremos as chaves nas posições apropriadas, conforme mostrado aqui:

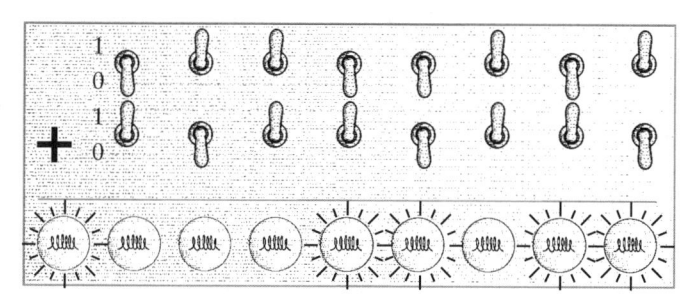

As lâmpadas acendem-se para indicar a resposta de 100011011. (Bem, de qualquer forma, vamos torcer que sim, pois ainda não construímos a máquina!)

Eu avisei em um capítulo anterior que usaria muitos relés neste livro. A máquina de somar de 8 *bits* que estamos construindo neste capítulo exige nada menos que 144 relés, 18 para cada um dos oito pares de *bits* que estamos somando. Se eu lhe mostrasse o circuito final em sua totalidade, você definitivamente surtaria. Não há como alguém entender 144 relés conectados de formas excêntricas. Em vez disso, abordarei esse problema em etapas incrementais e mais simples.

Talvez você tenha visto imediatamente uma conexão entre portas lógicas e adição binária quando olhou para a tabela do *bit* de "vai um" que resulta da soma de dois números de 1 *bit*:

Vai um	0	1
0	0	0
1	0	1

Você pode ter percebido que essa era idêntica à operação lógica conhecida como AND e à saída de uma porta AND mostrada no Capítulo 8:

AND	0	1
0	0	0
1	0	1

Ou desta forma, se as duas entradas forem rotuladas:

A	B	AND
0	0	0
0	1	0
1	0	0
1	1	1

Em vez de desenhar um monte de relés, os engenheiros eletricistas simbolizam uma porta AND desta forma:

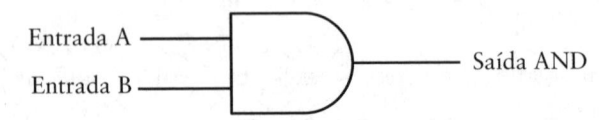

Entrada A ─────┐
)──── Saída AND
Entrada B ─────┘

As entradas à esquerda são rotuladas como A e B para os dois *bits* que estão sendo somados. A saída da porta AND à direita é o *bit* de "vai um" para a soma desses dois dígitos binários.

Ahá! Estamos definitivamente fazendo progresso. Uma tarefa um pouco mais difícil é persuadir alguns relés a se comportarem assim:

Soma	0	1
0	0	1
1	1	0

Essa é a outra metade do problema na soma de um par de dígitos binários. O *bit* de soma acaba não sendo tão simples quanto o *bit* de "vai um", mas vamos chegar lá.

A primeira coisa a perceber é que a operação lógica OR está próxima do que queremos, exceto pelo caso no canto inferior direito:

OR	0	1
0	0	1
1	1	1

Você deve se lembrar, do Capítulo 8, que a porta OR é simbolizada desta forma:

Entrada A ──┐
            ├──▶ Saída OR
Entrada B ──┘

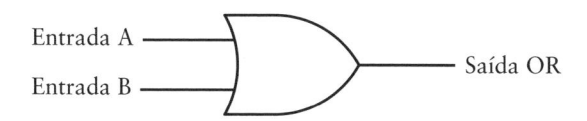

Também semelhante ao que queremos é a operação lógica NAND (ou NOT AND), que tem a saída inversa à porta AND. Isso é o mesmo que a soma de dois números de um *bit*, exceto para o caso no canto superior esquerdo:

NAND	0	1
0	1	1
1	1	0

Veja como a porta NAND é representada:

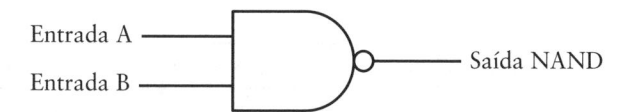

Entrada A ──┐
            ├──▶ Saída NAND
Entrada B ──┘

Ela é semelhante a uma porta AND, mas tem um pequeno círculo à direita simbolizando que a saída é a negação do AND.

Vamos conectar uma porta OR e uma porta NAND às mesmas entradas. Como de costume, os pontinhos mostram onde os fios estão conectados; caso contrário, eles apenas se sobrepõem:

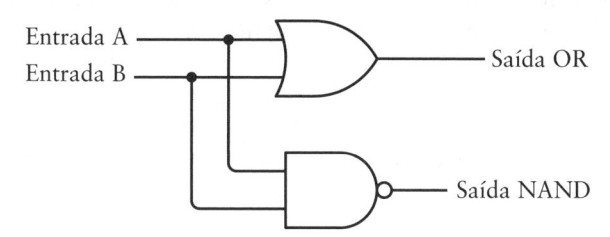

Entrada A ──┬──▶ Saída OR
Entrada B ──┼──▶
            └──▶ Saída NAND

A tabela a seguir resume as saídas dessas portas OR e NAND e as compara com o que queremos para a máquina de somar:

Entrada A	Entrada B	Saída OR	Saída NAND	O que queremos
0	0	0	1	0
0	1	1	1	1
1	0	1	1	1
1	1	1	0	0

Observe que o que queremos é 1 somente se as saídas da porta OR e da porta NAND forem 1. Isso sugere que essas duas saídas podem ser entradas para uma porta AND:

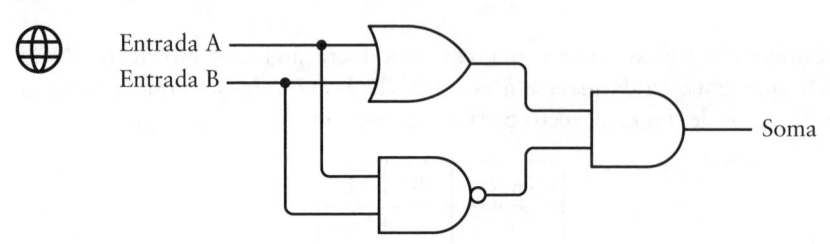

Entrada A
Entrada B
Soma

Observe que ainda existem apenas duas entradas e uma saída em todo esse circuito. As duas entradas entram na porta OR e na porta NAND. As saídas das portas OR e NAND vão para a porta AND, e isso nos dá exatamente o que queremos:

Entrada A	Entrada B	Saída OR	Saída NAND	Saída AND (Soma)
0	0	0	1	0
0	1	1	1	1
1	0	1	1	1
1	1	1	0	0

Na verdade, há um nome para o que este circuito faz: **porta OU EXCLUSIVO** ou, mais resumidamente, porta XOR. Algumas pessoas pronunciam "xór"; outras, "eksór". Ela é chamada de porta OU exclusivo porque a saída é 1 se a entrada A for 1 **ou** se a entrada B for 1, mas não ambas. Então, em vez de desenhar uma porta OR, uma porta NAND e uma porta AND, como mostramos anteriormente, podemos usar o símbolo que os engenheiros eletricistas usam para a porta XOR:

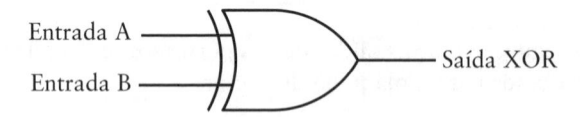

Entrada A
Entrada B
Saída XOR

Ele se parece muito com a porta OR, mas tem outra linha curva acrescentada no lado das entradas. O comportamento da porta XOR é mostrado aqui:

XOR	0	1
0	0	1
1	1	0

A porta XOR é a última porta lógica que descreverei em detalhes neste livro. (Há ainda outra porta que às vezes aparece na engenharia elétrica. Ela é referida como **porta de coincidência** ou **porta de equivalência**, porque a saída é 1 somente se as duas entradas forem idênticas. A porta de coincidência tem valor de saída inverso ao da porta XOR, de modo que seu símbolo é similar ao da porta XOR, mas com um pequeno círculo na extremidade de saída.)

Vamos rever o que sabemos até agora. A soma de dois números binários produz um *bit* de soma e um *bit* de "vai um":

Soma	0	1
0	0	1
1	1	0

Vai um	0	1
0	0	0
1	0	1

Você pode usar as duas portas lógicas a seguir para obter esses resultados:

XOR	0	1
0	0	1
1	1	0

AND	0	1
0	0	0
1	0	1

A soma de dois números binários é dada pela saída de uma porta XOR, e o *bit* de "vai um" é dado pela saída de uma porta AND. Assim, podemos combinar uma porta AND e uma porta XOR para somar os dois dígitos binários A e B:

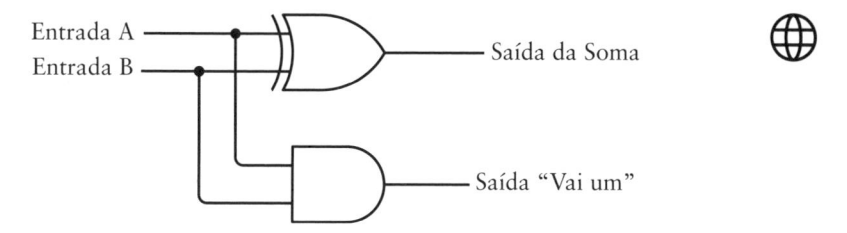

Tenha em mente que isso é mais complexo do que parece. A porta XOR é, na verdade, uma combinação de uma porta OR, uma porta NAND e uma porta AND, e cada uma dessas portas consiste em dois relés. Contudo, torna-se mais fácil de entender se muitos dos detalhes estiverem ocultos. Esse processo às vezes é chamado de **encapsulamento**: um conjunto complexo de coisas fica escondido em um pacote mais simples. A qualquer momento, podemos desembrulhar esse pacote, se quisermos ver todos os detalhes, mas isso não é necessário.

Aqui está outro encapsulamento: em vez de desenhar e redesenhar uma porta AND e uma porta XOR, você pode simplesmente representar todo o circuito com uma caixa como a mostrada a seguir, chamada de **meio somador**.

```
Entrada A ──── A   Meio    S ──── Saída da Soma
                 somador
Entrada B ──── B          CS ──── Saída "Vai um"
```

Os rótulos S e CS* significam Saída da "Soma" e Saída "Vai um" e correspondem aos *bits* resultantes dessas operações. Às vezes, uma caixa como essa é chamada de "caixa preta". Uma combinação particular de entradas resulta em saídas específicas, mas a implementação está oculta. No entanto, como sabemos o que se passa dentro do meio somador, ele seria mais corretamente chamado de "caixa transparente".

Essa caixa é rotulada como "meio somador" por um motivo. Certamente ele soma dois dígitos binários, produzindo um *bit* de soma e um *bit* de produzindo "vai um". Porém, para números binários maiores que 1 *bit*, o meio somador é insuficiente, exceto para somar os dois *bits* menos significativos. Ele não consegue incluir um possível *bit* de "vai um" de uma adição anterior de um par de *bits*. Por exemplo, suponha que estamos somando dois números binários como estes:

$$\begin{array}{r} 1111 \\ + \; 1111 \\ \hline 11110 \end{array}$$

Podemos usar o meio somador apenas para a adição da coluna mais à direita: 1 mais 1 é igual a 0, com "vai um" igual a 1. Para a segunda coluna da direita, realmente precisamos somar **três** dígitos binários, devido ao "vai um". Isso vale para todas as próximas colunas. Cada adição subsequente de dois dígitos binários deve incluir o *bit* de "vai um" da coluna anterior.

Para somar três dígitos (ou algarismos) binários, precisamos de dois meios somadores e uma porta OR conectados desta forma:

---

* N. de R.T.: O "C" (de *Carry*) é mantido para o símbolo associado ao "vai um" para diferenciar de "V", anteriormente utilizado para tensão elétrica. O sufixo "S" indica que é um valor de saída, diferente do "vai um" que mais adiante vai aparecer como entrada.

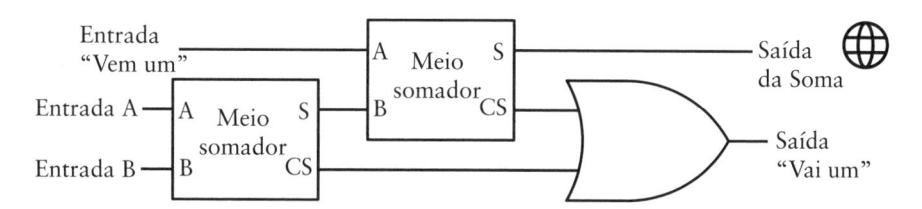

```
Entrada ─────────────┐
"Vem um"             │    ┌─────────┐
                     └────┤A  Meio  S├──────────────── Saída
Entrada A ─┐   ┌─────┐    │  somador │                 da Soma
           │   │ Meio│    │B      CS ├──┐
           ├───┤A    S├───┤         │  │
           │   │somador   └─────────┘  │              Saída
Entrada B ─┘   │B    CS├────────────────              "Vai um"
               └───────┘
```

Pode não estar muito claro por que isso funciona. Comece com as entradas A e B para o primeiro meio somador à esquerda. A saída é uma soma e um "vai um". Essa soma deve ser adicionada ao "vai um" gerado pela coluna anterior, chamado, nesta posição de **"vem um"**, e abreviado como CE. Essa entrada de "vem um" (que é o "vai um" da coluna anterior) e a Soma resultante do primeiro meio somador são entradas para o segundo meio somador. A adição efetuada pelo segundo meio somador é a soma final. As duas saídas de "vai um" dos meios somadores são entradas para uma porta OR. Você poderia pensar que outro meio somador é necessário aqui, e isso certamente funcionaria, mas se você percorrer todas as possibilidades, verá que as saídas de "vai um" dos dois meios somadores nunca são **ambas** iguais a 1. A porta OR é suficiente para somá-los porque o OR produz o mesmo resultado que a porta XOR se as entradas nunca forem ambas iguais a 1.

Em vez de desenhar e redesenhar esse diagrama, podemos simplesmente chamá-lo de **somador completo**:

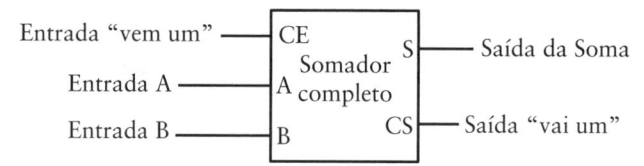

```
Entrada "vem um" ───── CE
                      Somador   S ── Saída da Soma
      Entrada A ───── A completo
                                CS ── Saída "vai um"
      Entrada B ───── B
```

A tabela a seguir resume todas as combinações possíveis de entradas para o somador completo e as saídas resultantes:

Entrada A	Entrada B	Entrada "vem um"	Saída da Soma	Saída "vai um"
0	0	0	0	0
0	1	0	1	0
1	0	0	1	0
1	1	0	0	1
0	0	1	1	0
0	1	1	0	1
1	0	1	0	1
1	1	1	1	1

Eu disse no início deste capítulo que precisaríamos de 144 relés para o nosso somador binário. Veja como eu descobri isso: cada porta AND, OR e NAND requer dois relés. Assim, uma porta XOR é composta por seis relés. Um meio somador é uma porta XOR e uma porta AND; portanto, um meio somador requer oito relés. Cada somador completo é composto por dois meios somadores e uma porta OR, ou 18 relés. Precisamos de oito somadores completos para a nossa máquina de somar de 8 *bits*, então são 144 relés.

Lembre-se do nosso painel de controle original com as chaves e as lâmpadas:

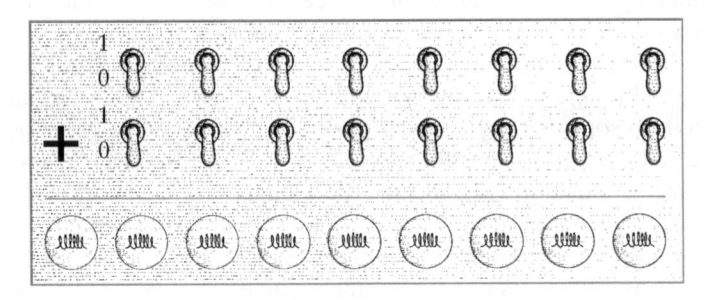

Agora podemos começar a ligar essas chaves e lâmpadas para oito somadores completos.

Comece com o *bit* menos significativo: primeiro conecte as duas chaves mais à direita e a lâmpada mais à direita a um somador completo:

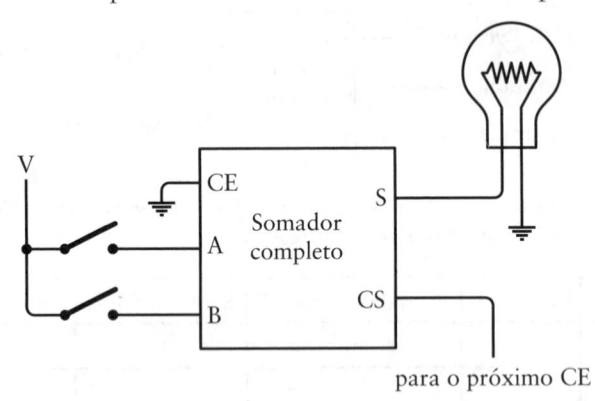

Quando você começa a somar dois números binários, a primeira coluna mais à direita de dígitos que você adiciona é diferente das outras, pois cada coluna subsequente pode incluir um *bit* de "vem um" da coluna anterior. A primeira coluna não inclui um *bit* de "vem um", e é por isso que a primeira entrada de "vem um" para o somador completo é conectada ao terra. Isso significa um *bit* 0. A soma do primeiro par de dígitos binários poderia, é claro,

produzir um *bit* de "vai um". Essa saída de "vai um" é uma entrada de "vem um" para a próxima coluna.

Para os próximos dois dígitos e a próxima lâmpada, use um somador completo conectado desta forma:

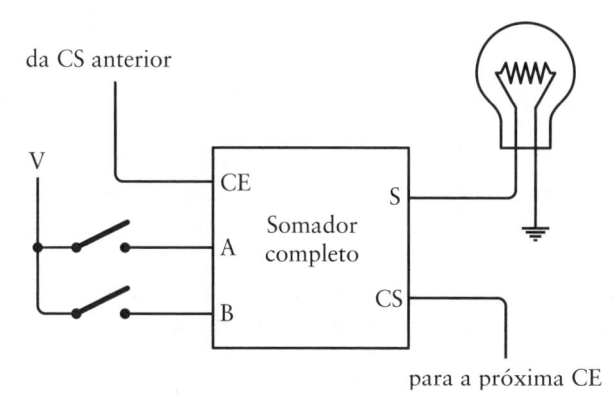

A saída de "vai um" do primeiro somador completo é uma entrada para esse segundo somador completo. Cada coluna subsequente de dígitos é conectada da mesma maneira. Cada saída de "vai um" de uma coluna é uma entrada de "vem um" para a próxima coluna.

Por fim, além do "vem um", o oitavo e último par de chaves (aquelas na extremidade esquerda do painel de controle) são conectados ao último somador completo:

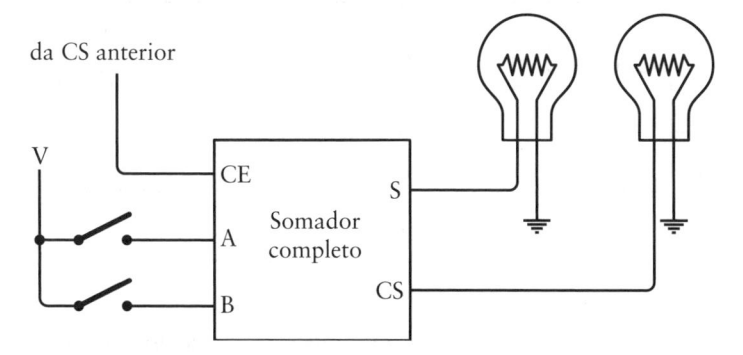

Aqui, a saída final de "vai um" vai para a nona lâmpada.

E assim terminamos.

Aqui está outra maneira de olhar para esse conjunto de oito somadores completos (SC), com cada saída de "vai um" servindo como entrada para a próxima entrada de "vem um":

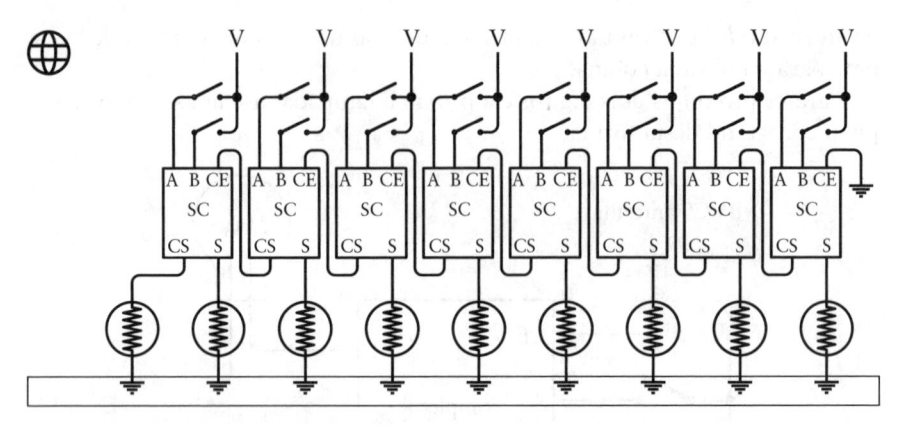

A ordem desses somadores completos é a mesma que a ordem das chaves e lâmpadas no painel de controle: o *bit* menos significativo está à direita e o *bit* mais significativo está à esquerda, assim como os números são normalmente escritos. Observe como cada saída de "vai um" circula para se tornar a entrada de "vem um" para o próximo *bit* mais significativo. A primeira entrada de "vem um" é conectada ao terra (que representa um *bit* 0), enquanto a saída final de "vai um", se for 1, acende a nona lâmpada.

Aqui está o somador completo de 8 *bits* encapsulado em uma caixa. As entradas são rotuladas de A_0 a A_7 e de B_0 a B_7. As saídas são rotuladas de S_0 a S_7 (para a soma):

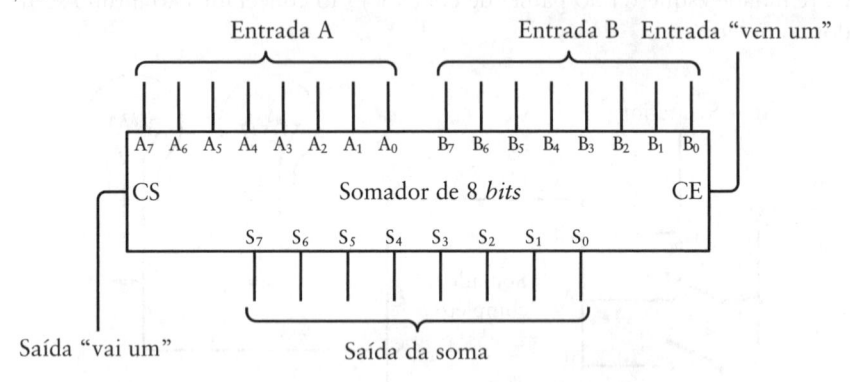

Essa é uma maneira comum de rotular *bits* isolados de um número de vários *bits*. Os *bits* A_0, B_0 e S_0, bem à direita, são os **menos significativos**. Os *bits* A_7, B_7 e S_7, bem à esquerda, são os **mais significativos**. Por exemplo, veja como essas letras individualizadas por índices se aplicariam ao número binário 01101001:

A_7	A_6	A_5	A_4	A_3	A_2	A_1	A_0
0	1	1	0	1	0	0	1

Os índices começam em 0 e crescem para dígitos mais significativos porque correspondem aos expoentes das potências de dois:

2^7	2^6	2^5	2^4	2^3	2^2	2^1	2^0
0	1	1	0	1	0	0	1

Se você multiplicar cada potência de dois pelo dígito abaixo dele e somar todos estes produtos, obterá o equivalente decimal de 01101001, isto é, 64 + 32 + 8 + 1, ou 105.

Outra maneira pela qual um somador de 8 *bits* pode ser desenhado é assim:

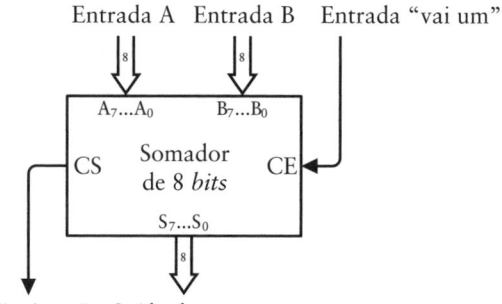

As setas duplas têm um 8 dentro para indicar que cada uma representa um grupo de oito sinais separados. Esses são **caminhos de dados** de 1 *byte*. Eles também são rotulados como $A_7 \ldots A_0$, $B_7 \ldots B_0$, e $S_7 \ldots S_0$ para indicar os números de 8 *bits*.

Depois de criar um somador de 8 *bits*, você pode criar outro. Em seguida, torna-se fácil colocá-los **em cascata** para somar dois números de 16 *bits*:

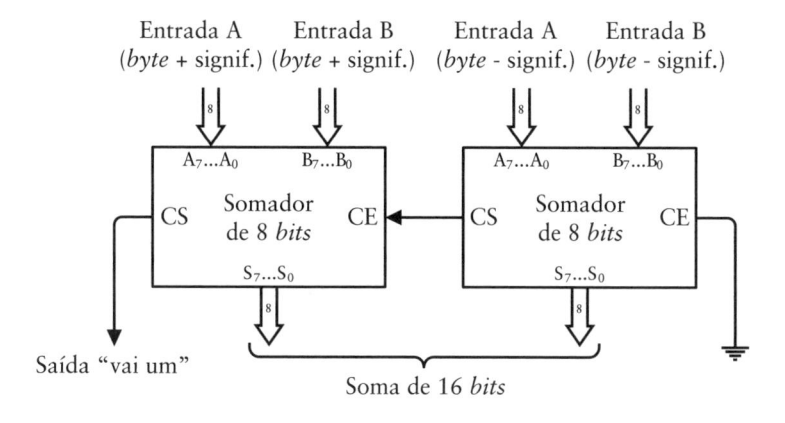

Os dois valores de entrada de 16 *bits* são separados em dois *bytes*, chamados de *byte* **menos significativo** e *byte* **mais significativo** (identificados de forma abreviada na figura). A Saída de "vai um" do somador à direita é conectada à Entrada de "vem um" do somador à esquerda. O somador à esquerda tem como entrada os oito dígitos mais significativos dos dois números a serem somados e gera como saída os oito dígitos mais significativos do resultado.

Agora você pode perguntar: "É **realmente** assim que os computadores somam números?".

Excelente pergunta!

15
Isso é real?

No capítulo anterior, você viu como é possível conectar relés para montar um somador de 1 *bit* e, em seguida, combinar oito deles para somar dois *bytes*. Você até viu como esses somadores de 8 *bits* poderiam ser cascateados para adicionar números ainda maiores. Você pode ter se perguntado: "É realmente assim que os computadores somam os números?".

Bem, sim e não. Uma grande diferença é que os computadores de hoje não são mais feitos de relés, mas eles foram assim no passado.

Em novembro de 1937, George Stibitz (1904–1995), um pesquisador da Bell Labs, levou para casa alguns relés usados em circuitos de centrais telefônicas. Em sua mesa da cozinha, ele combinou esses relés com baterias, duas lâmpadas e duas chaves que ele fez de tiras de metal cortadas de latas. Era um somador de 1 *bit*, como aquele que você viu no capítulo anterior. Stibitz mais tarde o chamou de Modelo K, porque ele o construiu em sua mesa de cozinha (*kitchen*, em inglês).

O somador Modelo K foi o que mais tarde seria chamado de "prova de conceito", que demonstrou que os relés podiam realizar aritmética. A Bell Labs autorizou um projeto para continuar esse trabalho e, em 1940, o *Complex Number Computer* (em português, Computador de Números Complexos) estava em operação. Ele consistia em um pouco mais de 400 relés e era dedicado a multiplicar números complexos, que são números que consistem em ambas partes real e imaginária. (Números imaginários são raízes quadradas de números negativos e são úteis em aplicações científicas e de engenharia.) Multiplicar dois números complexos requer quatro multiplicações separadas e duas adições. O Complex Number Computer poderia lidar com números complexos com partes reais e imaginárias de até oito dígitos decimais. Ele demorava cerca de um minuto para realizar essa multiplicação.

Esse não foi o primeiro computador baseado em relés. Cronologicamente, o primeiro foi construído por Conrad Zuse (1910–1995), que, em 1935, ainda estudante de engenharia, começou a construir uma máquina no apartamento de seus pais em Berlim. Sua primeira máquina, chamada de Z1, não usava relés, mas simulava a função dos relés de forma totalmente mecânica. Sua máquina Z2 usava relés e podia ser programada com furos perfurados em antigos filmes de 35 mm.

Enquanto isso, por volta de 1937, Howard Aiken (1900–1973), estudante de pós-graduação de Harvard, precisava de alguma maneira de realizar muitos cálculos repetitivos. Isso levou a uma colaboração entre Harvard e a IBM, que resultou na *Automated Sequence Controlled Calculator* (ASCC), que pode ser traduzida como "Calculadora Automática de Sequência Controlada", mais tarde conhecida como Harvard Mark I, concluída em 1943. Em operação, o clique dos relés nessa máquina produzia um som muito distinto que, para uma pessoa, soava "como uma sala cheia de senhoras tricotando". O Mark II foi a maior máquina baseada em relés, usando 13 mil relés. O Laboratório de Computação de Harvard, liderado por Aiken, ministrou as primeiras aulas de ciência da computação.

Esses computadores baseados em relés – também chamados de computadores **eletromecânicos**, pois combinavam eletricidade e dispositivos mecânicos – foram os primeiros computadores digitais em funcionamento.

A palavra **digital** para descrever esses computadores foi cunhada em 1942 por George Stibitz, para distingui-los dos computadores **analógicos**, que estavam em uso comum há várias décadas.

Um dos grandes computadores analógicos foi o *Differential Analyzer* (em português, Analisador Diferencial), construído pelo professor do MIT Vannevar Bush (1890–1974) e por seus alunos entre 1927 e 1932. Essa máquina usava discos rotativos, eixos e engrenagens para resolver equações diferenciais, que são equações que envolvem cálculo. A solução para uma equação diferencial não é um número, mas uma função, e o Analisador Diferencial imprimiria um gráfico dessa função no papel.

Os computadores analógicos podem ser rastreados mais remotamente na história, com a *Tide-Predicting Machine* (em português, Máquina de Previsão de Marés), projetada pelo físico William Thomson (1824–1907), mais tarde conhecido como Lord Kelvin. Na década de 1860, Thomson concebeu uma maneira de analisar a subida e a descida das marés e desmembrar os padrões em uma série de curvas senoidais de várias frequências e amplitudes. Nas palavras de Thomson, o objetivo de sua Máquina de Previsão de Marés era "substituir o cérebro pelo latão no grande esforço mecânico de calcular os constituintes elementares do movimento completo da subida e descida das marés". Em outras palavras, ele usou rodas, engrenagens e polias para adicionar as curvas senoidais componentes e imprimir o resultado em um rolo de papel, mostrando a subida e a descida das marés no futuro.

Tanto o Analisador Diferencial quanto a Máquina de Previsão de Marés eram capazes de imprimir gráficos, mas o interessante é que eles faziam isso sem calcular os números que definem o gráfico! Essa é uma característica dos computadores analógicos.

Em 1879, ou antes disso, William Thomson sabia a diferença entre computadores analógicos e digitais, mas ele usava termos diferentes. Instrumentos como o seu previsor de marés ele chamava de "máquinas de calcular contínuas", para diferenciá-las de máquinas "puramente aritméticas", como "as grandiosas, mas parcialmente realizadas, concepções de máquinas de calcular de Babbage".

Thomson está se referindo ao famoso trabalho do matemático inglês Charles Babbage (1791–1871). Em retrospecto, Babbage é historicamente anômalo, pois tentou construir um computador digital muito antes de computadores analógicos serem comuns.

Na época de Babbage (e por muito tempo depois), um "computador" era uma pessoa que calculava números por contratação. Tabelas de logaritmos eram frequentemente usadas para simplificar a multiplicação, e tabelas de funções trigonométricas foram essenciais para a navegação náutica e outros propósitos. Se você quisesse publicar um novo conjunto de tabelas matemáticas, contratava um monte de computadores, os colocava para trabalhar e, em seguida, reunia os resultados. Os erros podiam aparecer em qualquer fase desse processo, é claro, desde o cálculo inicial até a montagem tipográfica para imprimir as páginas finais.

Charles Babbage era uma pessoa muito meticulosa, que experimentou muita angústia ao encontrar erros nas tabelas matemáticas. A partir de 1820, ele teve uma ideia de que poderia construir um mecanismo que construísse essas tabelas automaticamente, até o ponto de montar o tipo para impressão.

A primeira máquina de Babbage foi chamada de *Difference Engine* (em português, Máquina Diferencial), porque executaria um trabalho específico relacionado à criação de tabelas matemáticas. Era bem sabido que a construção de uma tabela de logaritmos não requer o cálculo do logaritmo para todo e qualquer valor. Em vez disso, os logaritmos poderiam ser calculados para valores selecionados e, em seguida, os números intermediários poderiam ser calculados por interpolação, usando o que eram denominadas de **diferenças** em cálculos relativamente simples.

Babbage projetou sua Máquina Diferencial para calcular essas diferenças. Ele usava engrenagens para representar dígitos decimais e teria sido capaz de realizar adição e subtração. Contudo, apesar de algum financiamento do governo britânico, o projeto nunca foi concluído, e Babbage abandonou a Máquina Diferencial em 1833.

Naquela época, Babbage tinha uma ideia ainda melhor, para uma máquina que ele chamou de *Analytical Engine* (em português, Máquina Analítica ou Engenho Analítico). Depois de projetos e reprojetos (com alguns modelos reduzidos e peças realmente construídos), isso consumiu Babbage, ocasionalmente, até a sua morte. A Máquina Analítica é a coisa mais próxima de um computador digital que o século XIX teria a oferecer. No projeto de Babbage, há **armazenamento** (comparável ao nosso conceito de memória) e um **engenho**, que realiza a aritmética. A multiplicação podia ser manipulada por adições repetidas, e a divisão, por subtrações repetidas.

O que é mais intrigante sobre a Máquina Analítica é que ela pode ser programada usando cartões perfurados. Babbage teve essa ideia a partir dos inovadores teares automatizados desenvolvidos por Joseph Marie Jacquard (1752–1834). O tear de Jacquard (por volta de 1801) usava folhas de papelão perfuradas para controlar a tecelagem de padrões em seda. O *tour de force** criado por Jacquard foi seu autorretrato em seda preta e branca que exigia cerca de 10 mil cartões.

Babbage nunca nos deixou com uma descrição abrangente e coerente do que ele estava tentando fazer com sua Máquina Analítica. Ele era muito mais eloquente ao escrever uma justificativa matemática de milagres ou redigir um ataque verbal condenando músicos de rua.

Coube a Augusta Ada Byron, Condessa de Lovelace (1815–1852), compensar o lapso de Babbage. Ela era a única filha legítima do poeta Lord Byron, mas foi conduzida para a matemática por sua mãe para neutralizar o que era percebido como um temperamento poético perigoso que Ada poderia ter herdado de seu pai. Lady Lovelace estudou com o lógico Augustus de Morgan (que já fez uma aparição nos Capítulos 6 e 8 deste livro) e ficou fascinada pela máquina de Babbage.

Quando surgiu a oportunidade de traduzir um artigo italiano sobre a Máquina Analítica, Ada Lovelace assumiu o trabalho. Sua tradução foi publicada em 1843, mas ela acrescentou uma série de notas que expandiram o artigo para três vezes o seu comprimento original. Uma dessas notas continha um conjunto de instruções para a máquina de Babbage, posicionando Lovelace não exatamente como o primeiro programador de computador (que seria o próprio Babbage), mas como a primeira pessoa que **publicou** um programa de computador.

Aqueles de nós que posteriormente publicaram programas de computador em tutoriais de revistas e livros podem ser considerados filhos de Ada.

Devemos a Ada Lovelace talvez a mais poética das descrições da máquina de Babbage, quando ela escreveu: "Podemos dizer que a Máquina Analítica 'tece padrões algébricos' assim como o tear de Jacquard tece flores e folhas".

---

* N. de R.T.: O termo francês "*tour de force*" usado no original indica um desempenho impressionante que precisa ser executado com muita destreza.

Lovelace também tinha uma visão precocemente visionária da computação, indo além do mero cálculo de números. Qualquer coisa que pudesse ser expressa em números era um assunto possível para a Máquina Analítica:

> "Supondo, por exemplo, que as relações fundamentais dos sons lançados na ciência da harmonia e da composição musical fossem suscetíveis a tal expressão e adaptações, a máquina poderia compor peças musicais elaboradas e científicas, de qualquer grau de complexidade ou extensão."

Considerando que Babbage e Samuel Morse eram contemporâneos quase exatos e que Babbage também conhecia o trabalho de George Boole, é lamentável que ele não tenha feito a conexão crucial entre os relés telegráficos e a lógica matemática. Foi apenas na década de 1930 que engenheiros inteligentes começaram a construir computadores a partir de relés. O Harvard Mark I foi o primeiro computador a imprimir tabelas matemáticas, finalmente realizando o sonho de Babbage, mais de 100 anos depois.

Desde os primeiros computadores digitais na década de 1930 até os dias atuais, toda a história da computação pode ser resumida com três tendências: **menor, mais rápido, mais barato.**

Os relés não são os melhores dispositivos para a construção de um computador. Como os relés são mecânicos e funcionam entortando pedaços de metal, eles podem se quebrar após um esforço prolongado. Um relé também pode falhar por causa de um pedaço de sujeira ou papel perdido preso entre os contatos. Em um incidente famoso em 1947, uma mariposa foi extraída de um relé no computador Harvard Mark II. Grace Murray Hopper (1906–1992), que se juntou à equipe de Aiken em 1944 e mais tarde se tornou bastante renomada no campo das linguagens de programação de computadores, colou a mariposa no diário de bordo do computador com a nota "Encontrado o primeiro caso real de um *bug*".

Um possível substituto para o relé é o tubo a vácuo (chamado de "válvula" pelos britânicos), que foi desenvolvido por John Ambrose Fleming (1849–1945) e Lee de Forest (1873–1961) em conexão com o rádio. Na década de 1940, as válvulas eram usadas há muito tempo para amplificar telefones, e praticamente todas as casas tinham um aparelho de rádio cheio de válvulas que se acendiam para amplificar os sinais de rádio para torná-los audíveis. As válvulas também podem ser conectadas – muito parecido com os relés – para formar portas AND, OR, NAND e NOR.

Não importa se as portas lógicas são construídas a partir de relés ou válvulas. Elas sempre podem ser montadas para compor somadores e outros componentes complexos.

Contudo, as válvulas tinham seus próprios problemas. Elas eram caras, exigiam muita eletricidade e geravam muito calor. A maior desvantagem era que elas acabavam se queimando. Esse era um fato da vida com o qual as pessoas conviviam. Aqueles que possuíam rádios a válvula estavam acostumados a substituí-las periodicamente. O sistema telefônico foi projetado com muita redundância, então a perda de uma válvula de vez em quando não era grande coisa. (De qualquer forma, ninguém espera que o sistema telefônico funcione perfeitamente.) No entanto, quando uma válvula queima em um computador, isso pode não ser detectado imediatamente. Além disso, um computador usa **tantas** válvulas que, estatisticamente, elas podem estar se queimando a cada poucos minutos.

A grande vantagem de usar válvulas em comparação aos relés era a velocidade. No seu melhor, um relé só consegue mudar em cerca de um milésimo de segundo, ou um milissegundo. Uma válvula pode mudar de estado em cerca de um milionésimo de segundo, ou um **microssegundo**. Curiosamente, a questão da velocidade não era uma consideração importante no desenvolvimento inicial do computador, porque a velocidade geral do cálculo estava ligada à velocidade com que a máquina podia ler um programa a partir de uma fita de papel ou filme. Enquanto os computadores fossem construídos dessa maneira, não importava o quanto as válvulas eram mais rápidas do que os relés.

A partir do início da década de 1940, as válvulas começaram a substituir os relés em novos computadores. Em 1945, a transição estava completa. Enquanto as máquinas usando relés eram conhecidas como computadores eletromecânicos, as válvulas foram a base dos primeiros computadores **eletrônicos**.

Na *Moore School of Electrical Engineering* ("Escola de Engenharia Elétrica Moore", Universidade da Pensilvânia), J. Presper Eckert (1919–1995) e John Mauchly (1907–1980) projetaram o ENIAC (*Electronic Numerical Integrator and Computer*, "Computador e Integrador Numérico Eletrônico"). Ele usava 18 mil válvulas e foi concluído no final de 1945. Em seu total de massa (cerca de 30 toneladas), o ENIAC foi o maior computador que já foi (e provavelmente será) montado. Contudo, a tentativa de Eckert e Mauchly de patentear o computador foi frustrada por uma reivindicação concorrente de John V. Atanasoff (1903–1995), que anteriormente projetou um computador eletrônico que nunca funcionou muito bem.

O ENIAC atraiu o interesse do matemático John von Neumann (1903–1957). Desde 1930, o húngaro von Neumann (cujo sobrenome é pronunciado *Noy mahn*) residia nos Estados Unidos. Homem extravagante, com a reputação de fazer aritmética complexa de cabeça, von Neumann era professor de matemática no Instituto Princeton de Estudos Avançados e fez pesquisas sobre tudo, desde mecânica quântica até a aplicação da teoria de jogos à economia.

Von Neumann ajudou a projetar o sucessor do ENIAC, o EDVAC (*Electronic Discrete Variable Automatic Computer*, "Computador Eletrônico Automático de Variáveis Discretas"). Particularmente no artigo de 1946 "Discussão preliminar do projeto lógico de um instrumento de computação eletrônica", em coautoria com Arthur W. Burks e Herman H. Goldstine, ele descreveu várias características de um computador e fez do EDVAC um avanço considerável sobre o ENIAC. O ENIAC usava números decimais, mas os projetistas do EDVAC perceberam que o computador deveria usar números binários internamente. O computador também deve ter o máximo de memória possível, e essa memória deve ser usada para armazenar o código do programa e os dados enquanto o programa está sendo executado. (Novamente, isso não acontecia com o ENIAC. Programar o ENIAC era uma questão de virar chaves e conectar cabos.) Esse projeto veio a ser conhecido como o **conceito de programa armazenado**. Essas decisões de projeto foram um passo evolutivo tão importante que hoje falamos da **arquitetura de von Neumann** nos computadores.

Em 1948, a Eckert-Mauchly Computer Corporation (mais tarde parte da Remington Rand) começou a trabalhar no que se tornaria o primeiro computador comercialmente disponível: o UNIVAC (*Universal Automatic Computer*, "Computador Automático Universal"). Ele foi concluído em 1951, e o primeiro foi entregue ao *Bureau of the Census* (agência federal norte-americana para controle de assuntos e dados estatísticos). O UNIVAC fez sua estreia na rede em horário nobre na CBS, quando foi usado para prever os resultados da eleição presidencial de 1952. O âncora Walter Cronkite referiu-se a ele como um "cérebro eletrônico". Também em 1952, a IBM anunciou o primeiro sistema de computador comercial da empresa, o 701.

Assim começou uma longa história de computação corporativa e governamental. Por mais interessante que a história possa ser, vamos buscar outra trilha histórica: uma trilha que encolheu o custo e o tamanho dos computadores e os trouxe para casa, e que começou com um avanço eletrônico quase despercebido em 1947.

A Bell Telephone Laboratories, abreviadamente Bell Labs, surgiu quando a American Telephone and Telegraph separou oficialmente suas divisões de pesquisa científica e técnica do restante de seus negócios, criando a subsidiária em 1º de janeiro de 1925. O principal objetivo da Bell Labs era desenvolver tecnologias para melhorar o sistema telefônico. Esse mandato era, felizmente, vago o suficiente para ser bem abrangente, mas um objetivo perpétuo óbvio dentro do sistema telefônico era a amplificação não distorcida de sinais de voz transmitidos por fios.

Muita pesquisa e engenharia foi feita para melhorar a válvula. Em 16 de dezembro de 1947, dois físicos da Bell Labs, John Bardeen (1908–1991) e Walter Brattain (1902–1987), conectaram um tipo diferente de amplificador. Esse novo amplificador foi construído a partir de uma placa de germânio – um elemento conhecido como **semicondutor** – e uma lâmina de ouro. Eles demonstraram isso ao seu chefe, William Shockley (1910–1989), uma semana depois. Esse foi o primeiro **transistor**, um dispositivo que algumas pessoas chamaram de a invenção mais importante do século XX.

O transistor não surgiu do nada. Oito anos antes, em 29 de dezembro de 1939, Shockley havia escrito em seu caderno: "Ocorreu-me hoje que um amplificador usando semicondutores em vez de vácuo é, em princípio, possível". Depois que o primeiro transistor foi demonstrado, muitos anos se seguiram para que ele fosse aperfeiçoado. Foi somente em 1956 que Shockley, Bardeen e Brattain receberam o Prêmio Nobel de Física "por suas pesquisas sobre semicondutores e sua descoberta do efeito transistor".

Anteriormente neste livro, falei sobre condutores e isolantes. Os condutores são assim chamados porque são muito propícios à passagem de eletricidade. Cobre, prata e ouro são os melhores condutores, e não é coincidência que todos os três sejam encontrados na mesma coluna da tabela periódica dos elementos.

Os elementos germânio e silício (bem como alguns compostos) são chamados de **semicondutores**, não porque conduzem metade da capacidade dos condutores, mas porque sua condutância pode ser manipulada de várias maneiras. Os semicondutores têm quatro elétrons na camada mais externa, que é metade do número máximo que a camada externa pode ter. Em um semicondutor puro, os átomos formam ligações muito estáveis entre si e têm uma estrutura cristalina semelhante ao diamante. Tais materiais não são bons condutores.

Contudo, os semicondutores podem ser "dopados", o que significa que eles são combinados com certas impurezas. Um tipo de impureza adiciona elétrons extras aos necessários para a ligação entre os átomos. Estes são chamados de **semicondutores tipo N** (de "negativo"). Outro tipo de impureza resulta em um **semicondutor tipo P**.

Os semicondutores podem ser transformados em amplificadores intercalando um semicondutor do tipo P entre dois semicondutores do tipo N. Isso é conhecido como um transistor NPN, e as três peças são conhecidas como o **coletor**, a **base** e o **emissor**.

Aqui está um diagrama esquemático de um transistor NPN:

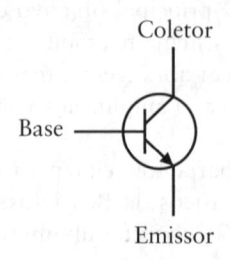

Uma pequena tensão na base pode controlar uma tensão muito maior que passa do coletor para o emissor. Se não houver tensão na base, isso efetivamente desliga o transistor.

Os transistores geralmente são embalados em pequenas latas de metal com cerca de 6 mm de diâmetro com três fios saindo por baixo:

O transistor inaugurou a eletrônica de **estado sólido**, o que significa que os transistores não exigem vácuos e são construídos a partir de sólidos, especificamente semicondutores e, mais comumente, o silício. Além de serem muito menores que as válvulas, os transistores exigem muito menos energia, geram muito menos calor e duram muito mais tempo. Carregar um rádio a válvula no bolso era inconcebível. Já um rádio a transistor poderia ser alimentado por uma pequena pilha e, ao contrário das válvulas, não ficaria quente. Carregar um rádio transistorizado no bolso tornou-se possível para algumas pessoas sortudas que abriram presentes na manhã de Natal de 1954. Esses primeiros rádios de bolso usavam transistores fabricados pela Texas Instruments, uma empresa importante para a revolução dos semicondutores.

No entanto, as primeiras aplicações comerciais do transistor foram os aparelhos auditivos. Ao comemorar a herança de Alexander Graham Bell em seu trabalho ao longo da vida com pessoas surdas, a AT&T permitiu que os fabricantes de aparelhos auditivos usassem a tecnologia de transistores sem pagar *royalties*.

A primeira TV a transistor estreou em 1960, e hoje os aparelhos a válvula quase desapareceram. (Não totalmente, no entanto. Alguns audiófilos e guitarristas elétricos continuam a preferir o som dos amplificadores a válvula aos seus similares transistorizados.)

Em 1956, Shockley deixou a Bell Labs para formar a Shockley Semiconductor Laboratories. Ele mudou-se para Palo Alto, Califórnia, onde fora criado. A sua empresa foi a primeira desse tipo a se instalar naquela área. Com o tempo, outras empresas de semicondutores e computadores estabeleceram negócios por lá, e a área ao sul de São Francisco hoje é informalmente conhecida como Vale do Silício.

As válvulas foram originalmente desenvolvidas para amplificação, mas também podem ser usadas como chaves em portas lógicas. O mesmo vale para o transistor. Aqui está uma porta AND baseada em transistor, estruturada de modo muito parecido com a versão com relés:

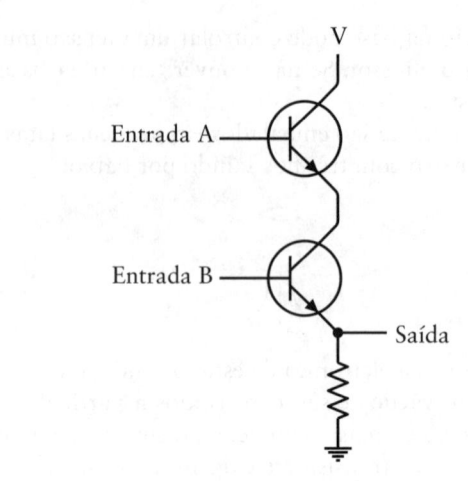

Somente quando a entrada A e a entrada B têm tensões é que ambos os transistores conduzem corrente e, portanto, produzem tensão na saída. O resistor evita um curto-circuito quando isso acontece.

A conexão de dois transistores da forma a seguir cria uma porta OR. Os coletores de ambos os transistores são conectados à fonte de tensão e os emissores estão interconectados:

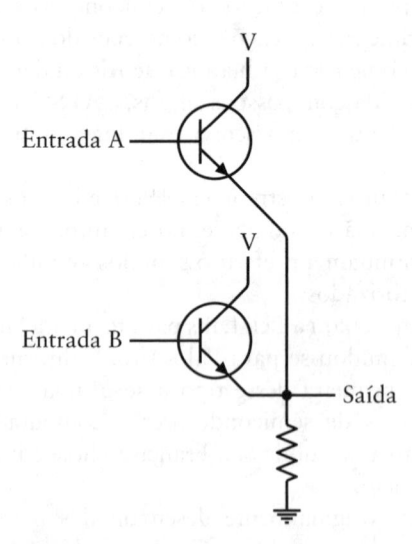

Tudo o que aprendemos sobre a construção de portas lógicas e outros componentes a partir de relés é válido para transistores. No princípio, relés, válvulas e transistores foram desenvolvidos principalmente para fins de amplificação, mas eles podem ser conectados de formas semelhantes para criar portas lógicas a partir das quais os computadores podem ser construídos. Os primeiros computadores transistorizados foram construídos em 1956 e, em poucos anos, as válvulas foram abandonadas para o projeto de novos computadores.

Os transistores certamente tornam os computadores mais confiáveis, menores e com menor consumo de energia, mas não necessariamente tornam os computadores mais simples de construir. O transistor permite que você encaixe mais portas lógicas em um espaço menor, mas você ainda precisa se preocupar com todas as **interconexões** desses componentes. Conectar transistores para montar portas lógicas é tão difícil quanto conectar relés e válvulas.

No entanto, como você já deve ter descoberto, certas combinações de transistores aparecem repetidamente. Pares de transistores são quase sempre conectados como portas. As portas são frequentemente conectadas em somadores, em decodificadores ou em codificadores, como vimos no final do Capítulo 10. No Capítulo 17, você verá uma configuração crucial para as portas lógicas, chamada de *flip-flop*, que tem a capacidade de armazenar *bits*, e um **contador** que conta em números binários. A montagem desses circuitos seria muito mais fácil se os transistores fossem previamente conectados em configurações comuns.

Essa ideia parece ter sido proposta pela primeira vez pelo físico britânico Geoffrey Dummer (1909–2002) em um discurso em maio de 1952. "Eu gostaria de dar uma espiada no futuro", disse ele.

> "Com o advento do transistor e o trabalho com semicondutores em geral, parece agora possível imaginar equipamentos eletrônicos em um bloco sólido, sem fios de conexão. O bloco pode consistir em camadas de materiais isolantes, condutores, retificadores e amplificadores, sendo as funções elétricas conectadas diretamente, pela supressão de áreas das várias camadas."

No entanto, um produto funcional ainda teria de esperar alguns anos.

Sem saber sobre a previsão de Dummer, em julho de 1958 ocorreu a Jack Kilby (1923–2005), da Texas Instruments, que vários transistores, bem como resistores e outros componentes elétricos, poderiam ser feitos de uma única peça de silício. Seis meses depois, em janeiro de 1959, basicamente a mesma ideia ocorreu a Robert Noyce (1927–1990). Noyce havia originalmente trabalhado para a Shockley Semiconductor Laboratories, mas em 1957 ele e sete outros cientistas saíram e fundaram a Fairchild Semiconductor Corporation.

Na história da tecnologia, a invenção simultânea é mais comum do que se poderia imaginar. Embora Kilby tivesse inventado o dispositivo seis meses antes de Noyce e a Texas Instruments tivesse solicitado uma patente antes da Fairchild, Noyce recebeu uma patente primeiro. Batalhas legais se seguiram, e somente depois de uma década elas finalmente foram resolvidas, para a satisfação de todos. Embora nunca tenham trabalhado juntos, Kilby e Noyce hoje são considerados os coinventores do **circuito integrado**, ou CI, comumente chamado de *chip*.

Os circuitos integrados são fabricados por meio de um processo complexo que envolve a colocação de camadas finas de silício precisamente dopadas e gravadas em diferentes áreas para formar componentes microscópicos. Embora seja caro desenvolver um novo circuito integrado, eles se beneficiam da produção em massa: quanto mais você fabrica, mais baratos eles se tornam.

O *chip* de silício real é fino e delicado, por isso deve ser embalado com segurança, tanto para protegê-lo quanto para fornecer alguma maneira de os componentes do *chip* serem conectados a outros *chips*. Os primeiros circuitos integrados foram embalados de algumas maneiras diferentes, mas o mais comum é o **encapsulamento em linha dupla** (ou DIP, do inglês *dual inline package*) de plástico retangular, com 14, 16 ou até 40 pinos salientes nas laterais:

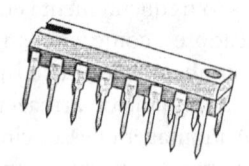

Esse é um *chip* de 16 pinos. Se você segurar o *chip* de modo que o pequeno recuo esteja à esquerda (como mostra a figura), os pinos são numerados de 1 a 16, começando no canto inferior esquerdo e circulando pelo lado direito para terminar com o pino 16 no canto superior esquerdo. Os pinos de cada lado estão a exatamente 2,54 mm de distância um do outro.

Ao longo da década de 1960, o programa espacial e a corrida armamentista alimentaram o mercado inicial para circuitos integrados. No lado civil, o primeiro produto comercial que continha um circuito integrado foi um aparelho auditivo vendido pela Zenith em 1964. Em 1971, a Texas Instruments começou a vender a primeira calculadora de bolso, e a Pulsar, o primeiro relógio digital. (Obviamente, o CI em um relógio digital é embalado de forma muito diferente do exemplo que acabamos de mostrar.) Muitos outros produtos que incorporaram circuitos integrados em seu projeto se seguiram.

Em 1965, Gordon E. Moore (então na Fairchild e mais tarde cofundador da Intel Corporation) notou que a tecnologia estava melhorando de tal forma que o número de transistores que poderiam caber em um único *chip* havia dobrado a cada ano desde 1959. Ele previu que essa tendência continuaria. A tendência real era um pouco mais lenta, então a lei de Moore (como foi chamada) foi modificada para prever uma duplicação de transistores em um *chip* a cada 18 meses. Essa ainda é uma taxa surpreendentemente rápida de progresso e revela por que os computadores domésticos sempre parecem se tornar desatualizados em apenas alguns anos. A lei de Moore parece ter falhado na segunda década do século XXI, mas a realidade ainda está vindo próxima da previsão.

Várias tecnologias diferentes foram usadas para fabricar os componentes que compõem os circuitos integrados. Cada uma dessas tecnologias às vezes é chamada de **família** de CIs. Em meados da década de 1970, duas famílias eram predominantes: TTL (pronuncia-se cada letra separadamente) e CMOS (pronuncia-se *cemós*).

TTL significa **lógica transistor-transistor**. Esses *chips* eram preferidos por aqueles para quem a velocidade era uma consideração importante. Os *chips* CMOS (metal-óxido-semiconductor complementar ou metal-óxido-semicondutor de simetria complementar) usavam menos energia e eram mais tolerantes a variações de tensão, mas não eram tão rápidos quanto os TTLs.

Se, em meados da década de 1970, você fosse um engenheiro de projeto digital (o que significa que você projetava circuitos maiores a partir de CIs), um acessório permanente em sua mesa seria um livro com 3 cm de espessura, publicado pela primeira vez em 1973 pela Texas Instruments, chamado *The TTL Data Book for Design Engineers* ("Catálogo TTL para engenheiros de projeto"). Essa é uma referência completa à série 7400 ("setenta e quatro zero zero") de circuitos integrados TTL vendidos pela Texas Instruments e por várias outras empresas. Ela tem esse nome porque cada CI dessa família é identificado por um número que começa com os dígitos 74.

Cada circuito integrado da série 7400 consiste em portas lógicas que são pré-conectadas em uma configuração específica. Alguns *chips* fornecem portas pré-conectadas simples que você pode usar para criar componentes maiores; outros *chips* fornecem componentes comuns.

O primeiro CI da série 7400 é o próprio número 7400, que é descrito no **Catálogo TTL** como "Quatro portas NAND positivas de 2 entradas". Isso significa que esse circuito integrado em particular contém quatro portas NAND de duas entradas. Elas são chamadas de portas NAND "positivas" porque uma entrada de 5 volts (ou próxima disso) corresponde ao nível lógico 1 e uma tensão zero corresponde a 0. Esse é um *chip* de 14 pinos, e um pequeno diagrama no livro de dados mostra como os pinos correspondem às entradas e saídas:

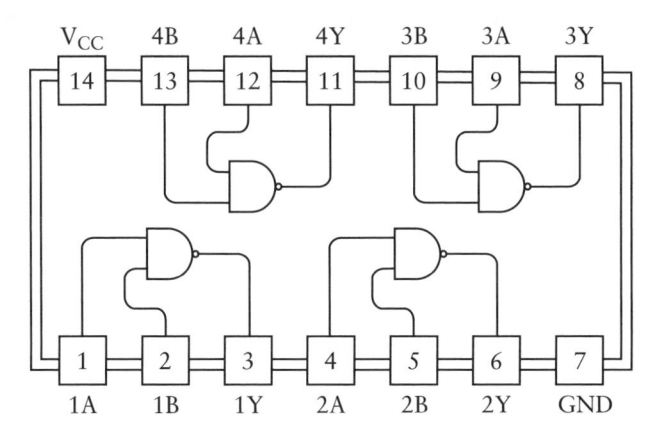

Esse diagrama é uma vista superior do *chip* (pinos na parte inferior), com o pequeno recuo (mostrado na figura da página 195) à esquerda.

O pino 14 é rotulado como V_{CC} e é equivalente ao símbolo V que tenho usado para indicar tensão. O pino 7 é rotulado como GND, de *ground* (terra). Cada circuito integrado que você usa em um circuito específico deve ser conectado a uma fonte de alimentação comum de 5 volts e a um terra comum. Cada uma das quatro portas NAND no *chip* 7400 tem duas entradas e uma saída. Essas portas operam independentemente umas das outras.

Um fato importante a saber sobre um determinado circuito integrado é o **tempo de propagação**: o tempo que leva para que uma mudança nas entradas seja refletida na saída.

Os tempos de propagação dos *chips* são geralmente medidos em **nanossegundos**, abreviado como ns. Um nanossegundo é um período muito curto. Um milésimo de segundo é um milissegundo. Um milionésimo de segundo é um microssegundo. Um bilionésimo de segundo é um nanossegundo. O tempo de propagação para as portas NAND no *chip* 7400 é garantido em menos de 22 ns. Isso é 0,000000022 segundo, ou 22 bilionésimos de segundo.

Se você não consegue imaginar o tempo de um nanossegundo, então não está sozinho. No entanto, se você segurar este livro a 1 metro de distância do seu rosto, um nanossegundo é o tempo que a luz leva para viajar da página até os seus olhos.

Mesmo assim, o nanossegundo é o que torna os computadores possíveis. Cada passo que o computador efetua é uma operação básica muito simples, e qualquer coisa substancial feita em um computador só acontece porque essas operações ocorrem muito rapidamente. Para citar Robert Noyce, "Depois que você se acostuma com o nanossegundo, as operações do computador são conceitualmente bastante simples".

Vamos continuar examinando o "Catálogo TTL para engenheiros de projeto". Você verá muitos pequenos itens familiares nesse livro: o *chip* 7402 contém quatro portas NOR de 2 entradas, o 7404 contém seis inversores, o 7408 abriga quatro portas AND de 2 entradas, o 7432 utiliza quatro portas OR de 2 entradas e o 7430 é uma porta NAND de 8 entradas:

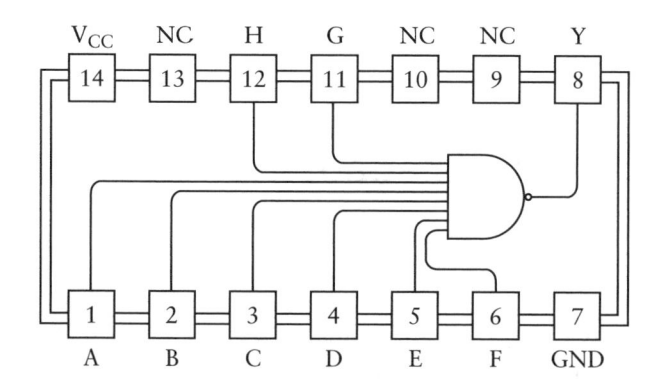

```
        V_CC    NC     H      G     NC     NC     Y
       ┌──┐  ┌──┐  ┌──┐  ┌──┐  ┌──┐  ┌──┐  ┌──┐
       │14│  │13│  │12│  │11│  │10│  │ 9│  │ 8│
       └──┘  └──┘  └──┘  └──┘  └──┘  └──┘  └──┘

       ┌──┐  ┌──┐  ┌──┐  ┌──┐  ┌──┐  ┌──┐  ┌──┐
       │ 1│  │ 2│  │ 3│  │ 4│  │ 5│  │ 6│  │ 7│
       └──┘  └──┘  └──┘  └──┘  └──┘  └──┘  └──┘
         A     B     C     D     E     F    GND
```

A abreviação NC significa "nenhuma conexão".

Continuando diretamente no "Catálogo TTL", você descobrirá que o *chip* 7483 é um somador completo binário de 4 *bits*, o 74151 é um seletor de dados de 8 linhas para 1 linha e o 74154 é um decodificador de 4 linhas para 16 linhas.

Então agora você sabe como eu criei todos os vários componentes que estou mostrando para você neste livro. Eu os copiei do "Catálogo TTL para engenheiros de projeto".

Um dos *chips* interessantes que você encontrará nesse livro é o 74182, chamado de gerador com "vai um" antecipado (*look-ahead carry generator*). Ele se destina a ser usado com outro *chip*, o 74181, que executa soma e outras operações aritméticas. Como você viu quando construímos um somador de 8 *bits* no Capítulo 14, cada *bit* do somador binário depende do "vai um" do *bit* anterior. Isso é conhecido como propagação de "vai-um" (*ripple carry*). Quanto maiores os números que você deseja somar, mais lentamente o resultado é obtido.

Um gerador com "vai um" antecipado é projetado para melhorar essa tendência, fornecendo circuitos especificamente para calcular um *bit* de "vai um" em menos tempo do que o próprio somador poderia fazer. Esse circuito especial requer mais portas lógicas, é claro, mas acelera o tempo total da soma. Às vezes, um circuito pode ser melhorado redesenhando-o para que portas lógicas possam ser removidas, mas muitas vezes acontece de um circuito poder ser acelerado adicionando mais portas lógicas para lidar com problemas específicos.

As portas lógicas não são metáforas ou objetos imaginários. Elas são muito reais. Houve uma época em que portas lógicas e somadores eram construídos a partir de relés, e então os relés foram substituídos por válvulas, e as válvulas foram substituídas por transistores, e os transistores foram substituídos por circuitos integrados. No entanto, os conceitos subjacentes continuam sendo exatamente os mesmos.

16
Mas e a subtração?

Se você se convenceu de que relés, válvulas ou transistores podem realmente ser conectados para somar números binários, você pode se perguntar: "mas e a subtração?". Tenha certeza de que não é um incômodo para si mesmo questionar esse tipo de coisa; na verdade, você está sendo bastante perceptivo. Adição e subtração se complementam em alguns aspectos, mas a mecânica das duas operações é bem diferente. Uma adição marcha consistentemente da coluna de dígitos mais à direita para a coluna mais à esquerda. Cada "vai um" (*carry*) de uma coluna é transportado e somado à próxima coluna. No entanto, não "transportamos" na subtração; em vez disso, "tomamos emprestado" (no inglês, *borrow*), e isso envolve um mecanismo intrinsecamente diferente – um tipo de ida e volta um tanto confuso.

Por exemplo, vejamos um problema típico de subtração que usa a técnica de tomar emprestado:

$$\begin{array}{r} 253 \\ -\ 176 \\ \hline ??? \end{array}$$

Se você é como eu, assim que você olha para a coluna mais à direita e vê que 6 é maior que 3, você diz: "poxa". Você precisa pedir emprestado da próxima coluna à esquerda, e essa coluna também precisa de um empréstimo. Eu não vou explicar todos os detalhes, mas se você fizer isso corretamente (ou terá cometido os mesmos erros que eu), receberá uma resposta de 77:

$$\begin{array}{r} 253 \\ -\ 176 \\ \hline 77 \end{array}$$

Mas como vamos persuadir um monte de portas lógicas a passar pela lógica perversa necessária para obter esse resultado?

Bem, não vamos tentar. Em vez disso, vamos usar uma pequena técnica que nos permite subtrair **sem** pedir emprestado. Isso pode parecer um truque no início, mas é um primeiro passo crucial para entender como os números negativos são armazenados nos computadores.

No início de sua educação, você provavelmente foi informado que a subtração é o mesmo que a adição com um número negativo. De certa forma, essa é uma informação inútil, porque não facilita a subtração. No entanto, isso significa que podemos reescrever essa subtração como um número positivo somado a um número negativo:

$$-176 + 253 =$$

Agora eu quero jogar mais alguns números lá – um positivo e um negativo –, para que estejamos somando uma série de quatro números:

$$1.000 - 176 + 253 - 1.000 =$$

Estamos somando 1.000 e, em seguida, subtraindo 1.000, então não deve fazer qualquer diferença para o resultado. Sabemos que 1.000 é 999 mais 1, então, em vez de começar com 1.000, podemos começar com 999 e então somar 1 mais tarde. A sequência de números fica ainda maior, mas continua equivalente:

$$999 - 176 + 253 + 1 - 1.000 =$$

Isso certamente ficou muito atulhado, mas vamos começar a trabalhar nisso da esquerda para a direita. O primeiro passo é uma subtração: 999 menos 176. Por incrível que pareça, você não precisa pedir emprestado! É fácil calcular que 999 menos 176 é 823:

$$823 + 253 + 1 - 1.000 =$$

Subtrair um número de uma sequência de 9s resulta em um número chamado de **complemento de nove**. O complemento de nove de 176 é 823. Também funciona ao contrário: o complemento de nove de 823 é 176. O que é bom é o seguinte: não importa qual seja o número, calcular o complemento de nove **nunca** requer um empréstimo.

Os próximos dois passos envolvem apenas adição. Primeiro, some 253 a 823 para obter o resultado 1.076:

$$1.076 + 1 - 1.000 =$$

Em seguida, some 1 e subtraia 1.000:

$$1.077 - 1.000 = 77$$

É a mesma resposta de antes, mas realizada sem um único empréstimo desagradável.

É importante ressaltar que, ao usar o complemento de nove para simplificar a subtração, você precisa saber com quantos dígitos está lidando. Se um ou ambos os números tiverem quatro dígitos, você precisará calcular o complemento de nove usando 9.999 e, em seguida, subtrair 10.000 no final.

Mas e se você estiver subtraindo um número maior de um número menor? Por exemplo, o problema de subtração pode ser:

$$\begin{array}{r} 176 \\ -\ 253 \\ \hline ??? \end{array}$$

Normalmente, você olharia para isso e diria: "Hmmm. Eu vejo que um número maior é subtraído de um número menor, então eu tenho de mudar os dois números, realizar a subtração e lembrar que o resultado é realmente um número negativo". Você pode ser capaz de trocá-los em sua cabeça e escrever a resposta desta maneira:

$$\begin{array}{r} 176 \\ -\ 253 \\ \hline -77 \end{array}$$

Fazer esse cálculo sem pedir emprestado é um pouco diferente do exemplo anterior, mas comece alternando os dois números, adicionando 999 no início e subtraindo 999 no final:

$$999 - 253 + 176 - 999 =$$

Você começa como fez antes, subtraindo 253 de 999 para obter o complemento de nove:

$$746 + 176 - 999 =$$

Agora some o complemento de nove a 176:

$$922 - 999 =$$

Nesse ponto do problema anterior, você foi capaz de somar 1 e subtrair 1.000 para obter o resultado final, mas essa estratégia não vai funcionar bem aqui. Em vez disso, ficamos com um 922 positivo e um 999 negativo. Se isso fosse um 922 negativo e um 999 positivo, você poderia simplesmente valer-se do complemento de nove de 922. O resultado seria 77. Contudo, como trocamos os sinais para realizar o complemento de nove, na verdade a resposta é −77. Não é tão simples quanto o primeiro exemplo, mas, novamente, nenhum empréstimo foi necessário.

Essa mesma técnica também pode ser usada com números binários, e na verdade é mais simples do que com números decimais. Vejamos como ela funciona.

O problema de subtração original foi

$$\begin{array}{r} 253 \\ -\ 176 \\ \hline ??? \end{array}$$

Quando esses números são convertidos para binário, o problema se torna

$$\begin{array}{r} 11111101 \\ -\ 10110000 \\ \hline ???????? \end{array}$$

Primeiro, vou mudar esses números para que o problema se torne um número negativo somado a um número positivo. Os equivalentes decimais são mostrados abaixo dos números binários:

$$-10110000 + 11111101 =$$
$$-176\ \ +\ \ 253\ \ \ =$$

Agora vamos somar 11111111 (que é igual a 255 em decimal) no início e depois somar 00000001 (apenas 1 em decimal) e subtrair 100000000 (que é igual a 256):

11111111 − 10110000 + 11111101 + 00000001 − 100000000 =
255   −   176 +   253   +   1   −   256   =

Em binário, essa primeira subtração não requer transporte porque o número está sendo subtraído de 11111111:

$$\underbrace{11111111 - 10110000}_{01001111} + 11111101 + 00000001 - 100000000 =$$

$$01001111 \quad + 11111101 + 00000001 - 100000000 =$$

Quando um número decimal é subtraído de uma cadeia de noves, o resultado é chamado de complemento de nove. Com números binários, subtrair algo de uma sequência de uns é chamado de **complemento de um**. No entanto, observe que realmente não precisamos fazer uma subtração para calcular o complemento de um. Olhe para esses dois números. O complemento de 10110000 é 01001111, e o complemento de 01001111 é 10110000:

1 0 1 1 0 0 0 0
0 1 0 0 1 1 1 1

Os *bits* são apenas invertidos: cada *bit* 0 em um número se torna um *bit* 1 no complemento de um, e cada *bit* 1 se torna um *bit* 0. É por isso que o complemento de um é muitas vezes chamado de **inverso**. (Neste ponto, você deve se lembrar, do Capítulo 8, que construímos uma porta lógica denominada "inversor", que alterava um 0 para um 1 e vice-versa.)

O problema agora é:

$$01001111 + 11111101 + 00000001 - 100000000 =$$
$$79 \quad + \quad 253 \quad + \quad 1 \quad - \quad 256 \quad =$$

Agora some os dois primeiros números:

$$\underbrace{01001111 + 11111101}_{101001100} + 00000001 - 100000000 =$$

$$101001100 \quad + 00000001 - 100000000 =$$

O resultado é um número de 9 *bits*, mas tudo bem. Agora o problema foi reduzido a isto:

$$101001100 + 00000001 - 100000000 =$$
$$332 \quad + \quad 1 \quad - \quad 256 \quad =$$

Somar o 1 é trivial:

$$101001101 - 100000000 =$$
$$333 \quad - \quad 256 \quad =$$

Agora tudo o que resta é subtrair o equivalente binário de 256, que simplesmente descarta o *bit* mais à esquerda:

$$01001101$$
$$77$$

Esse resultado final, você ficará satisfeito em saber, é a mesma resposta que obtivemos ao fazer o problema em decimal.

Vamos tentar novamente com os sinais dos dois números invertidos. Em decimal, o problema de subtração é:

$$\begin{array}{r} 176 \\ - 253 \\ \hline ??? \end{array}$$

Em binário, a operação tem a seguinte aparência:

$$10110000$$
$$-\underline{11111101}$$
$$?\,?\,?\,?\,?\,?\,?\,?$$

Da mesma forma como isso foi feito com os números decimais, vamos mudar a ordem desses números. Somaremos 11111111 no início e subtrairemos 11111111 no final:

11111111 − 11111101 + 10110000 − 11111111 =
  255   −   253   +   176   −   255 =

O primeiro passo é resolver o complemento de um 11111101:

$$\underbrace{11111111 - 11111101} + 10110000 - 11111111 =$$

00000010   + 10110000 − 11111111 =

Some o valor encontrado ao próximo número:

10110010 − 11111111 =
178   −   255 =

Agora 11111111 deve ser subtraído desse resultado de alguma forma. Ao subtrair um número menor de um número maior, você realiza essa tarefa somando 1 e subtraindo 100000000. No entanto, você não pode subtrair dessa maneira sem pedir emprestado. Então, em vez disso, vamos subtrair esse resultado de 11111111:

11111111 − 10110010 = 01001101
255   −   178   =   77

Novamente, essa estratégia significa que estamos apenas invertendo todos os *bits* para obter o resultado. A resposta novamente é o equivalente binário 77, mas, para esse problema, a resposta é, na verdade, −77.

Essa pequena peculiaridade que encontramos ao subtrair um número maior de um número menor nos sugere que ainda não chegamos lá. Não resolvemos bem esse problema.

Independentemente disso, agora temos todo o conhecimento necessário para modificar a máquina de somar desenvolvida no Capítulo 14 para que ela possa realizar subtração, bem como adição. Para que isso não se torne excessivamente complexo, essa nova máquina de adição e subtração realizará subtrações somente quando o resultado for um número positivo.

O núcleo da máquina de adição era um somador de 8 *bits* montado a partir de portas lógicas:

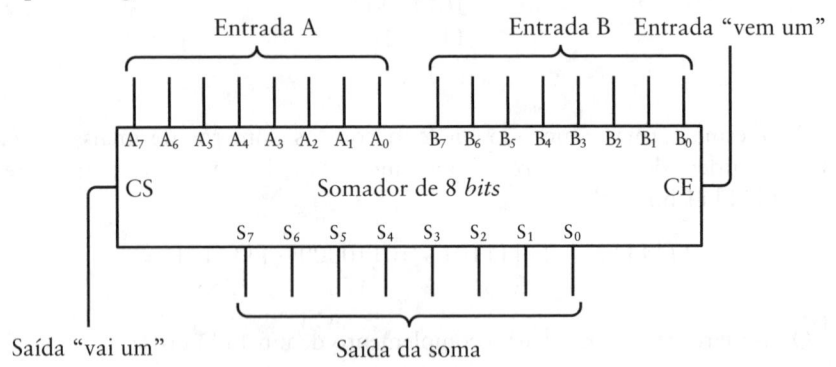

```
        Entrada A              Entrada B    Entrada "vem um"
    ┌──────────────┐        ┌──────────────┐     ┌──┐
    │││││││││        │││││││││       │
   A₇ A₆ A₅ A₄ A₃ A₂ A₁ A₀  B₇ B₆ B₅ B₄ B₃ B₂ B₁ B₀
   CS         Somador de 8 bits              CE
              S₇ S₆ S₅ S₄ S₃ S₂ S₁ S₀
              │││││││││
   Saída "vai um"       Saída da soma
```

Entrada A — Entrada B — Entrada "vem um"
$A_7\ A_6\ A_5\ A_4\ A_3\ A_2\ A_1\ A_0$ — $B_7\ B_6\ B_5\ B_4\ B_3\ B_2\ B_1\ B_0$
CS — Somador de 8 *bits* — CE
$S_7\ S_6\ S_5\ S_4\ S_3\ S_2\ S_1\ S_0$
Saída "vai um" — Saída da soma

Como você provavelmente se lembra, as entradas A_0 a A_7 e B_0 a B_7 foram conectadas a chaves que indicavam dois valores de 8 *bits* a serem somados. A entrada "vem um" foi conectada ao terra, o equivalente ao *bit* 0. As saídas S_0 a S_7 foram conectadas a oito lâmpadas que exibiam o resultado da adição. Como a adição poderia resultar em um valor de 9 *bits*, a saída de "vai um" também foi conectada a uma nona lâmpada.

O painel de controle tinha esta aparência:

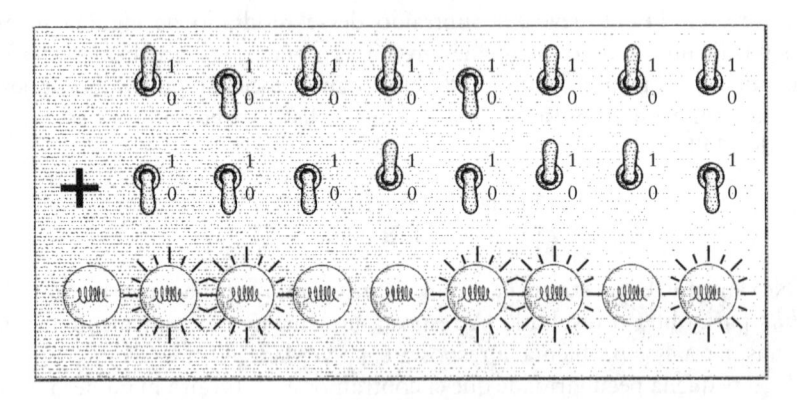

Nesse diagrama, as chaves são definidas para somar 183 (ou 10110111) e 22 (00010110), produzindo o resultado de 205, ou 11001101, conforme mostrado na fileira de lâmpadas.

O novo painel de controle para somar e subtrair dois números de 8 *bits* é apenas ligeiramente modificado. Em vez do grande sinal de mais, ele inclui uma chave extra para indicar se queremos somar ou subtrair.

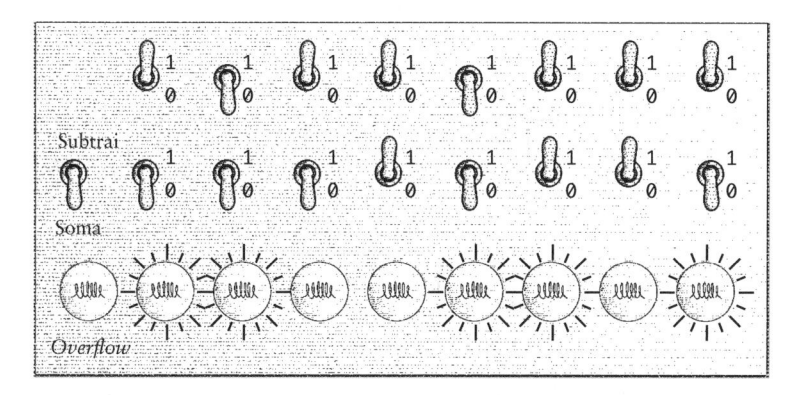

Desligue essa chave para a adição e ligue-a para a subtração, conforme rotulado.

Outra diferença é que apenas as oito lâmpadas mais à direita são usadas para exibir resultados. A nona lâmpada agora é rotulada como "*Overflow*", um termo encontrado na programação de computadores em vários contextos diferentes e que quase sempre indica um problema. Configuramos esse painel de controle para somar dois números de 8 *bits* e, em muitos casos, o resultado também será de 8 *bits*. Contudo, se o resultado tiver 9 *bits* de comprimento, isso é um *overflow* (por vezes chamado de "excesso"). O resultado está excedendo o espaço que alocamos para exibi-lo. O *overflow* também pode ocorrer na subtração se ocorrer a situação de subtrairmos um número maior de um número menor. A luz de *overflow* significa que o resultado é negativo, mas não acomodamos adequadamente a exibição desse resultado negativo.

O principal acréscimo à máquina de adição são circuitos que calculam o complemento de um de um número de 8 *bits*. Lembre-se de que o complemento de um é equivalente a inverter os *bits*, de modo que um circuito para calcular o complemento de um número de 8 *bits* pode ser tão simples quanto oito inversores:

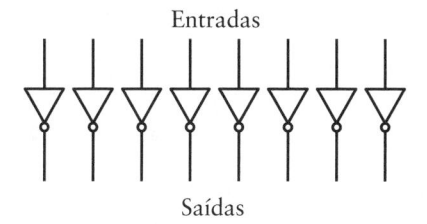

O problema com esse circuito é que ele **sempre** inverte os *bits* que entram nele. Estamos tentando criar uma máquina que faça adição e subtração, de modo que o circuito precisa inverter os *bits* somente se uma subtração estiver sendo realizada. Um circuito melhor se parece com este:

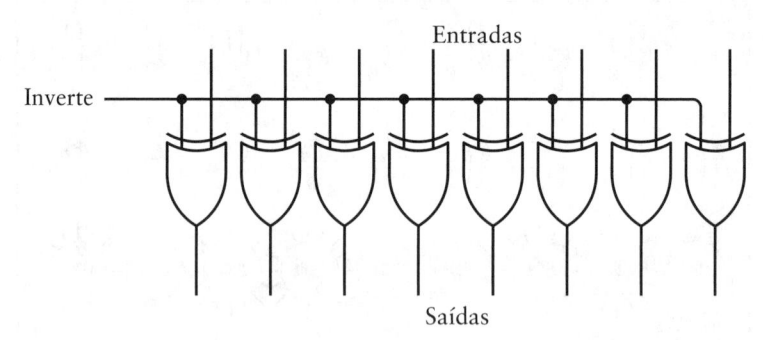

Entradas

Inverte

Saídas

Um único sinal, rotulado como **Inverte**, é inserido em cada uma das oito portas XOR (OU exclusivo). Lembre-se de que o XOR exibe o seguinte comportamento:

XOR	0	1
0	0	1
1	1	0

Se o sinal Inverte for 0, as oito saídas das portas XOR são respectivamente idênticas às oito entradas. Por exemplo, se 01100001 for a entrada, então 01100001 será a saída. Se o sinal Inverte for 1, os oito sinais de entrada serão invertidos. Se 01100001 for a entrada, a saída será 10011110.

Vamos empacotar essas oito portas XOR em uma caixa chamada de **Complemento de Um**:

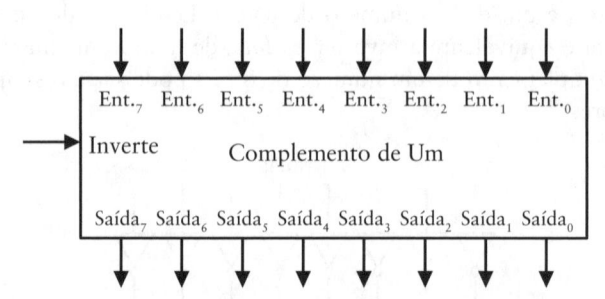

Ent.$_7$ Ent.$_6$ Ent.$_5$ Ent.$_4$ Ent.$_3$ Ent.$_2$ Ent.$_1$ Ent.$_0$

Inverte   Complemento de Um

Saída$_7$ Saída$_6$ Saída$_5$ Saída$_4$ Saída$_3$ Saída$_2$ Saída$_1$ Saída$_0$

A caixa "Complemento de Um", a caixa "Somador de 8 *bits*" e uma porta "XOR (OU exclusivo)" final agora podem ser conectadas desta forma:

Entrada A   Entrada B   Subtrai

Inverte
Complemento de Um

A_7 A_6 A_5 A_4 A_3 A_2 A_1 A_0 B_7 B_6 B_5 B_4 B_3 B_2 B_1 B_0

CS   Somador de 8 *bits*   CE

S_7 S_6 S_5 S_4 S_3 S_2 S_1 S_0

Overflow   Saída da soma

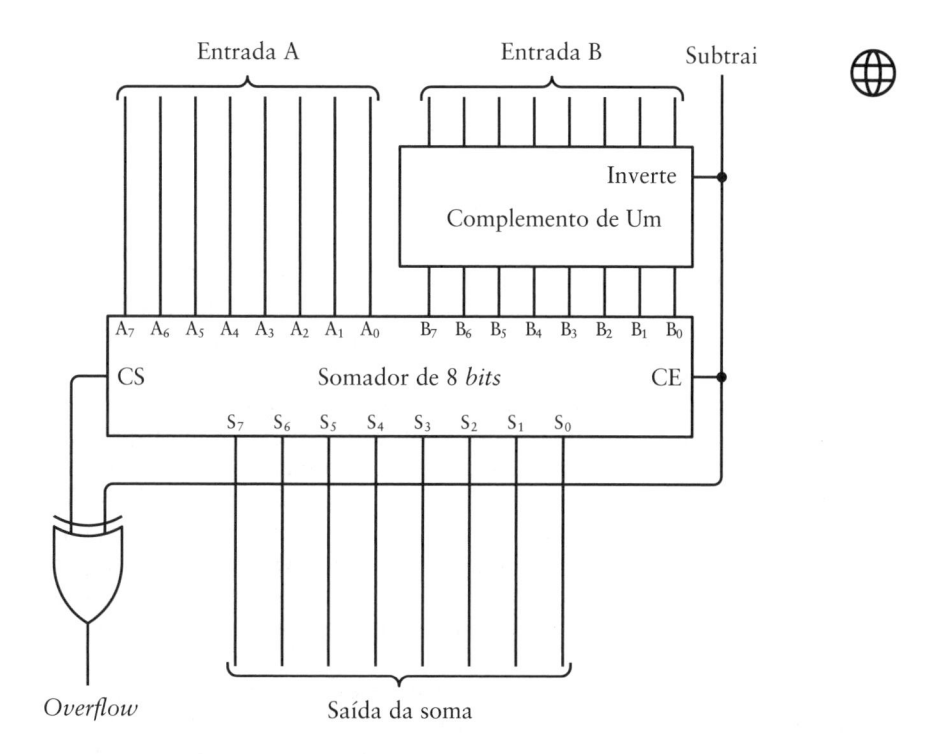

Observe o fio rotulado "Subtrai" no canto superior direito. Isso vem da chave "Soma/Subtrai". Esse sinal é 0 se for desejada uma adição e 1 para a subtração. Para uma adição, o sinal Inverte para o circuito Complemento de Um é 0, e o circuito não tem efeito. A entrada CE (Entrada "vem um") também é 0. É o mesmo que um circuito somador simples.

Contudo, para uma subtração, os *bits* da Entrada B (a segunda fileira de chaves no painel de controle) são todos invertidos pelo circuito de Complemento de Um antes de entrar no somador. Também para uma subtração, você soma 1 ao resultado da adição, atribuindo o valor 1 à entrada CE (vem um) do somador.

O sinal "Subtrai" e a saída CS (vai um) do somador também entram em uma porta XOR usada para acender a lâmpada de *overflow*. Se o sinal "Subtrai" for 0 (o que significa que uma adição está sendo executada), a lâmpada será acesa se a saída CS do somador for 1. Isso significa que o resultado da adição é maior que 255.

Se uma subtração estiver sendo executada e se o número B for menor que o número A, é normal que a saída de CS do somador seja 1. Isso representa o 100000000 que deve ser subtraído na etapa final. Para subtrações, a lâmpada de *overflow* é acesa somente se a saída de CS do somador for 0. Isso significa que estamos tentando subtrair um número maior de um número menor.

O dispositivo mostrado anteriormente não foi projetado para exibir números negativos.

Até agora você certamente deve estar feliz por ter perguntado: "Mas e a subtração?".

Estou falando sobre números negativos neste capítulo, mas ainda não indiquei como são representados os números binários negativos. Você pode supor que o sinal negativo tradicional é usado com binário, assim como acontece em decimal. Por exemplo, −77 é escrito em binário como −1001101. Você certamente pode fazer isso, mas um dos objetivos ao usar números binários é representar **tudo** usando 0s e 1s – até mesmo símbolos minúsculos, como o sinal negativo.

Claro, você poderia simplesmente usar outro *bit* para o sinal negativo. Você pode fazer desse *bit* extra um 1 para um número negativo e um 0 para um número positivo e deixar todo o restante igual. Isso funcionaria, mas não vai longe o suficiente. Na verdade, há outra solução que se tornou padrão para representar números negativos em computadores. A principal razão pela qual ela se tornou padrão é que ela fornece um método livre de problemas para somar números negativos e positivos. A maior desvantagem é que você deve decidir com antecedência quantos dígitos são necessários para todos os números que possam aparecer.

Pense nisso por um instante: a vantagem de escrever números positivos e negativos da maneira que normalmente fazemos é que eles podem continuar até qualquer tamanho. Imaginamos 0 como o meio de um fluxo infinito de números positivos saindo em um sentido e um fluxo infinito de números negativos saindo em outro:

... −1.000.000 −999.999 ... −3 −2 −1 0 1 2 3 ... 999.999 1.000.000 ...

Mas suponha que não precisemos de um número infinito de números. Suponha que saibamos desde o início que cada número que encontrarmos estará dentro de um determinado intervalo.

Vamos considerar uma conta corrente, que é um lugar onde as pessoas às vezes veem números negativos. Suponha que você nunca chegue a $500 na conta corrente e que o banco lhe deu um limite especial de $500. Isso significa que o saldo em sua conta corrente é sempre um número em algum ponto entre $499 e −$500. Suponha também que você nunca deposite $500 ou mais, que nunca preencha um cheque com valor superior a $500 e que lide apenas com valores inteiros, não se importando com os centavos.

Esse conjunto de condições significa que o intervalo de números com os quais você lida ao usar sua conta corrente é de −500 a 499. Isso corresponde a um total de 1.000 números. Essa restrição implica que você pode usar apenas três dígitos decimais e nenhum sinal negativo para representar **todos** os números necessários. O artifício é que você realmente não precisa de números positivos que variam de 500 a 999. Isso porque você já estabeleceu que o maior número positivo que você precisa é 499. Assim, os números de três dígitos de 500 a 999 podem realmente representar números negativos. Veja como funciona:

Para exprimir –500, use 500.
Para exprimir –499, use 501.
Para exprimir –498, use 502.
 (e assim por diante)
Para exprimir –2, use 998.
Para exprimir –1, use 999.
Para exprimir 0, use 000.
Para exprimir 1, use 001.
Para exprimir 2, use 002.
 (e assim por diante)
Para exprimir 497, use 497.
Para exprimir 498, use 498.
Para exprimir 499, use 499.

Em outras palavras, cada número de três dígitos que começa com um 5, 6, 7, 8 ou 9 é, na verdade, um número negativo. Em vez de números negativos e positivos que se estendem em duas direções a partir do zero, assim:

–500 –499 –498 ... –4 –3 –2 –1 0 1 2 3 4 ... 497 498 499

eles podem ser escritos desta forma:

500 501 502 ... 996 997 998 999 000 001 002 003 004 ... 497 498 499

Observe que isso forma uma espécie de círculo. O menor número negativo (500) parece continuar a partir do maior número positivo (499), e o número 999 (que, na verdade, é –1) é um a menos que zero. Somando 1 a 999, você normalmente obteria 1.000, mas como estamos lidando apenas com três dígitos, na verdade é 000.

Esse tipo de notação é chamada de **complemento de dez**. Para converter um número negativo de três dígitos em complemento de dez, subtraia-o de 999 e some 1. Em outras palavras, o complemento de dez é o complemento de nove mais um. Por exemplo, para escrever –255 em complemento de dez, subtraia-o de 999 para obter 744 e, em seguida, some 1 para obter 745.

Ao usar o complemento de dez, você não subtrai números. Tudo é adição.

Suponha que você tenha um saldo de conta corrente de $143. Você emite um cheque de $78. Normalmente você faz o cálculo do seu novo saldo assim:

```
   143
 – 78
 ─────
    65
```

É uma subtração envolvendo dois "vai uns". Contudo, no complemento de dez, −78 é escrito como 999 − 078 + 1, ou 922; então é apenas:

$$\begin{array}{r} 143 \\ + \ 922 \\ \hline 1.065 \end{array}$$

Ignore o *overflow* e o resultado será novamente $65. Se então você fizer uma compra de $150, terá de somar −150, que no complemento de dez é igual a 850:

$$\begin{array}{r} 65 \\ + \ 850 \\ \hline 915 \end{array}$$

O resultado começa com um 9, por isso é um número negativo igual a −$85.

O sistema equivalente em binário é chamado de **complemento de dois**, e é a forma padrão como os números positivos e negativos são representados nos computadores.

Vamos supor que estamos trabalhando com *bytes*, então tudo é representado por números de 8 *bits*. Estes variam de 00000000 a 11111111. Até agora, pensávamos nesses números como correspondentes dos números decimais de 0 a 255. Contudo, se você também quiser expressar números negativos, cada número de 8 *bits* que começa com um 1 na verdade representará um número negativo, conforme mostra a tabela a seguir:

Binário	Decimal
10000000	−128
10000001	−127
10000010	−126
10000011	−125
⋮	⋮
11111101	−3
11111110	−2
11111111	−1
00000000	0
00000001	1
00000010	2
⋮	⋮
01111100	124
01111101	125
01111110	126
01111111	127

O intervalo de números que você pode representar agora está limitado a −128 a +127. O *bit* mais significativo (mais à esquerda) é conhecido como **bit de sinal**. O *bit* de sinal é 1 para números negativos e 0 para números positivos.

Para calcular o complemento de dois, primeiro calcule o complemento de um e, em seguida, some 1. Isso equivale a inverter todos os dígitos e somar 1. Por exemplo, o número decimal 125 é 01111101. Para expressar −125 em complemento de dois, primeiro inverta os dígitos de 01111101 para obter 10000010 e, em seguida, some 1 para obter 10000011. Você pode verificar o resultado usando a tabela anterior. Para retroceder, faça a mesma coisa: inverta todos os *bits* e some 1.

A grande vantagem desse sistema é que números positivos e negativos podem ser expressos sem o uso de sinais negativos. Talvez uma vantagem ainda maior seja que ele nos permite somar livremente números positivos e negativos usando apenas as regras de adição. Por exemplo, vamos somar os equivalentes binários de −127 e 124. Usando a tabela anterior como uma cola, isso é simplesmente:

$$\begin{array}{r} 10000001 \\ +\ 01111100 \\ \hline 11111101 \end{array}$$

O resultado é equivalente a −3 em decimal.

Aqui, você precisa ficar atento no *overflow*. É quando o resultado de uma adição é maior que 127. Por exemplo, suponha que você some 125 a si mesmo:

$$\begin{array}{r} 01111101 \\ +\ 01111101 \\ \hline 11111010 \end{array}$$

Como o *bit* mais significativo da soma está com o valor 1, o resultado deve ser interpretado como um número negativo, especificamente o equivalente binário de −6. Obviamente, somar dois números positivos não pode tornar um número negativo, mas é exatamente isso que aconteceu. Isso é peculiar e obviamente incorreto.

Algo semelhante acontece quando −125 é somado a si mesmo:

$$\begin{array}{r} 10000011 \\ +\ 10000011 \\ \hline 100000110 \end{array}$$

Isso também indica um problema: decidimos no início que estamos nos restringindo a números de 8 *bits*, portanto o dígito mais à esquerda do resultado deve ser ignorado. Os 8 *bits* mais à direita são equivalentes a 6, que é um número positivo.

Em geral, o resultado de uma adição envolvendo números de complemento de dois positivos e negativos é inválido se os *bits* de sinal dos dois operandos forem idênticos, mas o *bit* de sinal do resultado for diferente. O resultado é sempre válido ao somar um número positivo e um número negativo, porque o resultado está sempre no intervalo de −128 a 127.

Aqui está um mecanismo de soma modificado para somar dois números em complemento de dois com 8 *bits*:

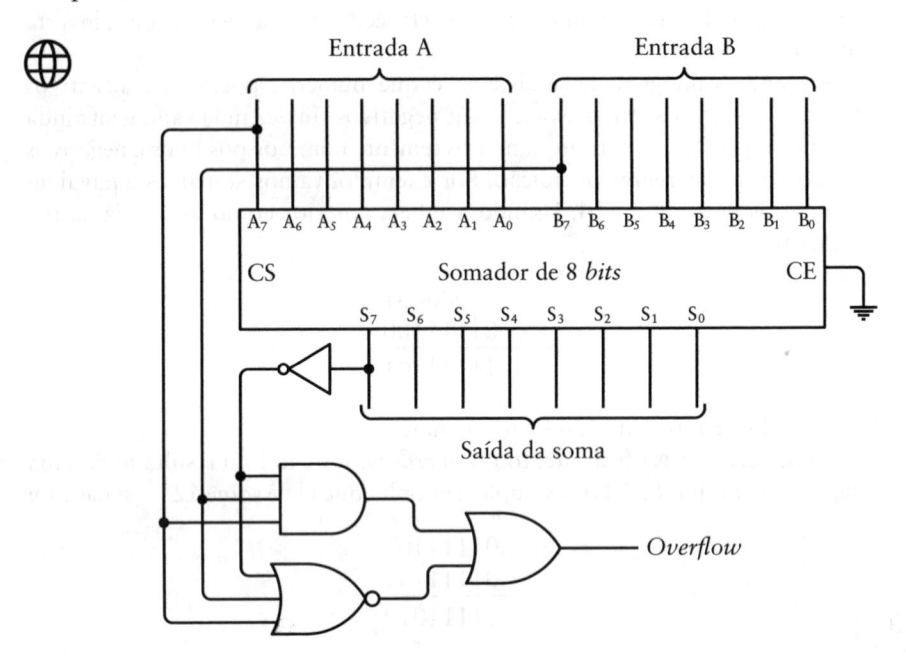

O somador de 8 *bits* já é familiar. Algumas portas foram acrescentadas para detectar o *overflow*. Lembre-se de que os *bits* mais significativos representam o sinal do número: 1, se negativo, e 0, se positivo. No lado da entrada, esses *bits* de sinal são A_7 e B_7. O *bit* de sinal na soma é S_7. Observe que o *bit* de sinal da soma é invertido antes de ser usado na porta AND e na porta NOR.

A porta AND detecta uma condição de *overflow* para números negativos. Se os *bits* de sinal das entradas A e B são ambos 1 (indicando dois números negativos) e o *bit* de sinal da soma é 0 (indicando um resultado positivo), obviamente algo deu errado. A soma dos dois números negativos é tão negativa que não cabe nos 8 *bits* que alocamos para ela.

A porta NOR detecta a condição de *overflow* para números positivos. Se os *bits* de sinal de A e B são ambos 0 e o *bit* de sinal da soma é 1, isso significa que dois números positivos totalizaram algo tão grande que foi representado como um número negativo. As três entradas para a porta NOR serão todas 0, e a saída da porta NOR será 1, indicando *overflow*.

No início deste capítulo, os números binários eram bastante simples. Eles correspondiam de uma maneira muito direta aos números decimais. Um número binário de 8 *bits* pode variar de 0 a 255. Esses números binários são ditos "sem sinal", porque são sempre positivos.

O complemento de dois nos permite trabalhar com números binários "com sinal". Estes podem ser positivos ou negativos. Para valores de 8 *bits*, eles podem variar de –128 a 127. É a mesma quantidade de números (256), mas em um intervalo diferente.

O termo matemático formal para o que temos trabalhado aqui é **inteiro**: um número que pode ser positivo ou negativo, mas que não tem partes fracionárias. Na vida real, os inteiros de 8 *bits* são muitas vezes inadequados para muitas situações, e os programadores usam inteiros de 16 *bits* (que exigem 2 *bytes* por número) ou inteiros de 32 *bits* (4 *bytes*) ou mesmo inteiros de 64 *bits* (8 *bytes*).

Em cada caso, eles podem ser com sinal ou sem sinal. A tabela a seguir resume o intervalo de valores decimais que são possíveis com esses tamanhos de números inteiros:

Tamanho do inteiro	Intervalo sem sinal	Intervalo com sinal
8 *bits*	0 a 255	–128 a 127
16 *bits*	0 a 65.535	–32.768 a 32.767
32 *bits*	0 a 4.294.967.295	–2.147.483.648 a 2.147.483.647
64 *bits*	0 a 18.446.744.073.709.551.615	–9.223.372.036.854.775.808 a 9.223.372.036.854.775.807

Os intervalos são baseados em potências de 2. Por exemplo, 16 *bits* permitem representar 2 à 16ª potência, ou 65.536 números diferentes. Esses números podem variar de 0 a 65.535, ou de –32.768 a 32.767.

Nada sobre os números em si dirá se eles representam valores com ou sem sinal. Por exemplo, suponha que alguém diga: "Eu tenho um número binário de 8 *bits* e o valor é 10110110. Qual é o equivalente em decimal?". Você deve primeiro perguntar: "Isso é um número com sinal ou sem sinal? Ele pode ser –74 ou 182".

Os *bits* são formados apenas com 0s e 1s. Eles não lhe dizem algo "sobre si mesmos". Essas informações devem vir do contexto em que são usados.

17

Realimentação e *flip-flops*

Todos sabem que a eletricidade pode fazer com que as coisas se movimentem. Uma rápida olhada ao redor de uma casa revela motores elétricos em aparelhos tão diversificados quanto relógios, ventiladores, processadores de alimentos e qualquer coisa que gire um disco. A eletricidade também controla as vibrações de caixas de som, alto-falantes e fones de ouvido, trazendo música e fala de nossos muitos dispositivos. Mesmo que não haja um carro elétrico em sua garagem, um motor elétrico ainda é responsável por ligar os antigos motores alimentados a combustível fóssil.

Mas talvez a maneira mais simples e elegante de fazer as coisas se moverem seja ilustrada por uma classe de dispositivos que estão desaparecendo rapidamente à medida que suas contrapartes eletrônicas os substituem. Refiro-me àquelas campainhas elétricas maravilhosamente retrô.

Considere um relé com fio como este, com um interruptor e uma pilha:

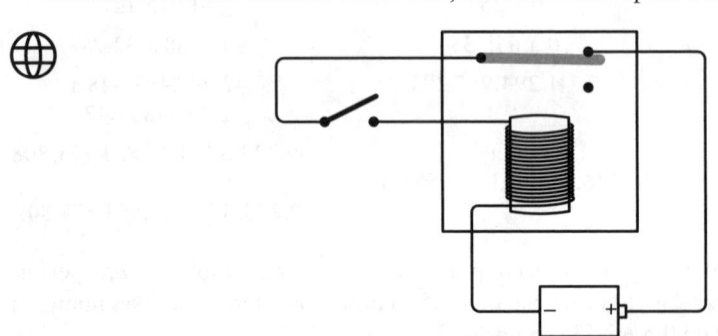

Se isso parece um pouco estranho para você, você não está imaginando coisas. Ainda não vimos um relé conectado desta forma. Normalmente, um relé é conectado para que a entrada seja separada da saída. Aqui é tudo um grande círculo.

Se você fechar o interruptor, um circuito será fechado:

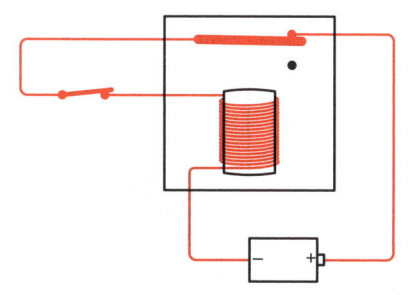

O circuito fechado faz com que o eletroímã puxe para baixo o contato flexível:

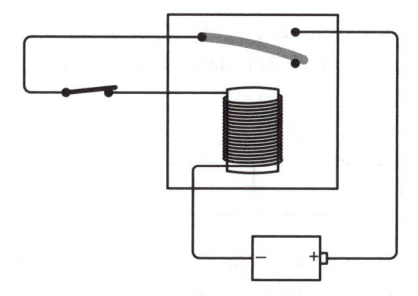

Contudo, quando o contato muda de posição, o circuito não está mais fechado, então o eletroímã perde seu magnetismo e o contato flexível reverte para cima:

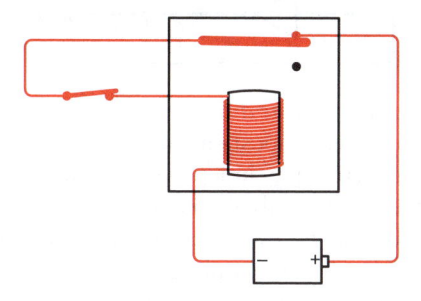

No entanto, isso fecha o circuito novamente. Enquanto o interruptor estiver fechado, o contato de metal vai e volta – alternadamente fechando o circuito e abrindo-o –, provavelmente fazendo um som repetitivo (e possivelmente irritante). Se o contato fizer um som áspero, é uma campainha. Se você prender um martelo a ele e fornecer um gongo de metal, terá os ingredientes de um sino elétrico.

Você pode escolher entre algumas maneiras de conectar esse relé para fazer uma campainha. Aqui está outra maneira de fazer isso usando os símbolos convencionais de tensão e aterramento:

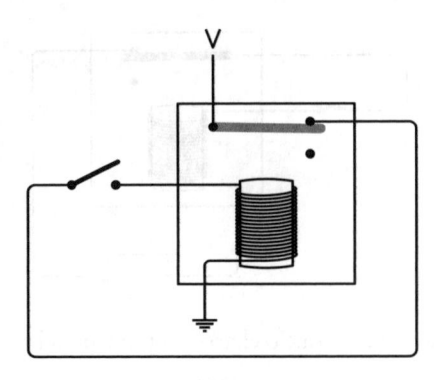

Desenhado dessa maneira, você pode reconhecer o inversor do Capítulo 8, na página 79. O circuito pode ser desenhado de forma mais simples desta forma:

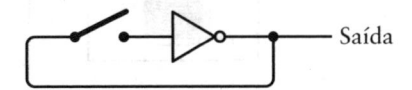

Como você se lembrará, a saída de um inversor é 1 se a entrada for 0, e 0 se a entrada for 1. Fechar o interruptor nesse circuito faz com que o relé ou transistor no inversor abra e feche alternadamente. Você também pode conectar o inversor sem uma chave, para que ele prossiga sem parar:

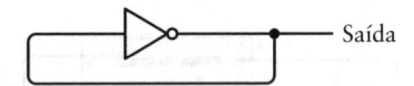

Esse desenho parece estar ilustrando uma contradição lógica, já que a saída de um inversor é supostamente oposta à entrada, mas aqui a saída é a entrada. No entanto, tenha em mente que, independentemente de o inversor ser construído a partir de um relé, uma válvula ou um transistor, ele sempre requer um breve tempo para mudar de um estado para outro. Mesmo que a entrada seja a mesma que a saída, a saída logo mudará, tornando-se o inverso da entrada, o que, é claro, muda a entrada, e assim por diante, repetidamente.

Qual é a saída desse circuito? Bem, a saída rapidamente alterna entre gerar tensão e não gerar uma tensão, ou podemos dizer que "a saída alterna rapidamente entre 0 e 1".

Esse circuito é chamado de **oscilador**. Ele é intrinsecamente diferente de qualquer outra coisa que você tenha visto até agora. Todos os circuitos anteriores mudavam seu estado apenas com a intervenção de um ser humano que fecha ou abre uma chave. O oscilador não requer um ser humano; ele basicamente funciona por si só.

Claro, o oscilador isoladamente não parece ser muito útil, mas veremos mais adiante, neste capítulo e nos próximos, que tal circuito conectado a outros circuitos é uma parte essencial da automação. Todos os computadores têm algum tipo de oscilador que faz com que todo o resto se mova em sincronismo. (Os osciladores nos computadores reais, no entanto, são um pouco mais sofisticados, consistindo em cristais de quartzo conectados de tal forma que vibram de forma muito consistente e muito rápida.)

A saída do oscilador alterna entre 0 e 1. Uma maneira comum de simbolizar esse fato é com um diagrama que se parece com isto:

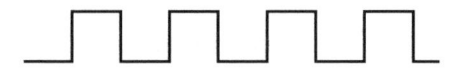

Isso pode ser compreendido como um tipo de gráfico. O eixo horizontal representa o tempo, e o eixo vertical indica se a saída é 0 ou 1:

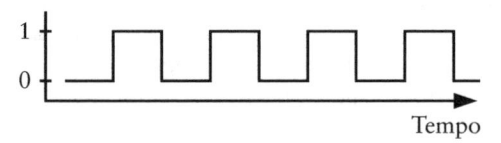

Tudo isso está realmente dizendo que, à medida que o tempo passa, a saída do oscilador alterna entre 0 e 1 regularmente. Por essa razão, um oscilador é por vezes referido como **relógio** (no inglês, *clock*) porque, contando o número de oscilações, você pode descobrir a hora (mais ou menos).

Com que velocidade o oscilador funcionará? Quantas vezes por segundo a saída alternará entre 0 e 1? Obviamente, isso depende de como o oscilador é construído. Pode-se facilmente imaginar um relé grande e resistente que desloca seu contato para cima e para baixo lentamente e um pequeno e leve relé que zumbe rapidamente. Um oscilador a transistor pode vibrar milhões ou bilhões de vezes por segundo.

Um **ciclo** de um oscilador é definido como o intervalo durante o qual a saída do oscilador muda e depois volta novamente para onde começou:

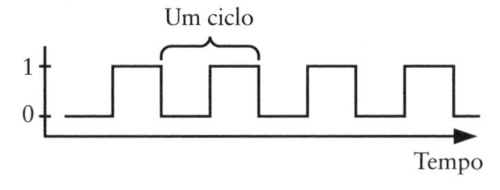

O tempo necessário para um ciclo é chamado de **período** do oscilador. Vamos supor que estamos olhando para um oscilador específico que tem um período de 0,02 segundo. O eixo horizontal pode ser rotulado em segundos a partir de algum tempo arbitrário, indicado como 0:

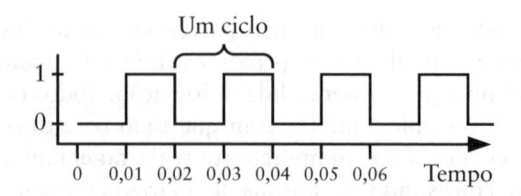

A **frequência** do oscilador é 1 dividido pelo período. Nesse exemplo, se o período do oscilador for de 0,02 segundo, a frequência do oscilador é de 1 ÷ 0,02 ou 50 **ciclos por segundo**. Cinquenta vezes por segundo, a saída do oscilador muda e muda de volta.

"Ciclos por segundo" é um termo bastante autoexplicativo, muito parecido com "quilômetros por hora", "quilogramas por centímetro quadrado" ou "calorias por porção". Contudo, "ciclos por segundo" não é mais muito usado. Em homenagem a Heinrich Rudolph Hertz (1857–1894), que foi a primeira pessoa a transmitir e receber ondas de rádio, a palavra hertz agora é usada em seu lugar. Esse uso começou primeiro na Alemanha, na década de 1920, e depois se espalhou para outros países ao longo das décadas.

Assim, podemos dizer que o nosso oscilador tem uma frequência de 50 hertz, ou, para abreviar, 50 Hz.

Claro, nós acabamos de adivinhar a velocidade real de um oscilador em particular. Até o final deste capítulo, seremos capazes de construir algo que nos permita realmente medir a velocidade do oscilador.

Para começar essa tarefa, vamos olhar para um par de portas NOR conectadas de uma maneira particular. Você deve se lembrar que a saída de uma porta NOR tem tensão somente se ambas as entradas não têm tensões:

NOR	0	1
0	1	0
1	0	0

Aqui está um circuito com duas portas NOR, duas chaves e uma lâmpada:

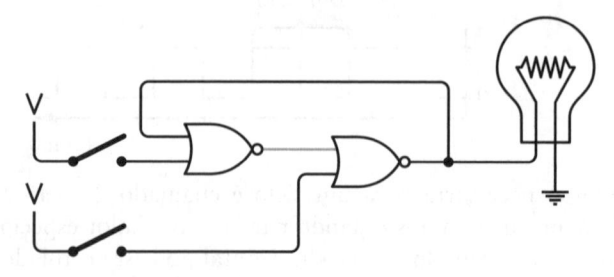

Observe a fiação estranhamente contorcida: a saída da porta NOR à esquerda é uma entrada para a porta NOR à direita, e a saída dessa porta NOR é uma entrada para a primeira porta NOR. Esse é um tipo de **realimentação** (*feedback*). De fato, assim como no oscilador, uma saída circula de volta para se tornar uma entrada. Essa idiossincrasia será característica da maioria dos circuitos deste capítulo.

Há uma regra simples ao usar esse circuito: você pode fechar a chave superior ou a chave inferior, mas não as duas ao mesmo tempo. A discussão a seguir depende dessa regra.

No início, a única corrente que flui nesse circuito é a partir da saída da porta NOR esquerda. Isso ocorre porque ambas as entradas para essa porta são 0. Agora feche a chave superior. A saída da porta NOR esquerda torna-se 0, o que significa que a saída da porta NOR direita torna-se 1, e a lâmpada continua acesa:

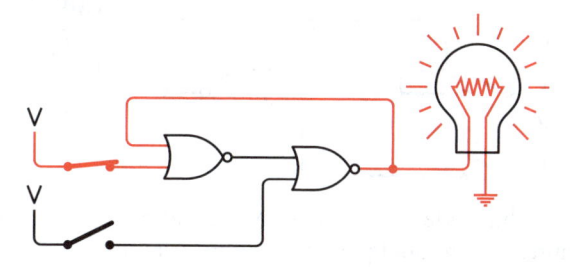

A magia ocorre quando você abre a chave superior. Como a saída de uma porta NOR é 0 se qualquer entrada for 1, a saída da porta NOR esquerda permanece a mesma, e a luz permanece acesa:

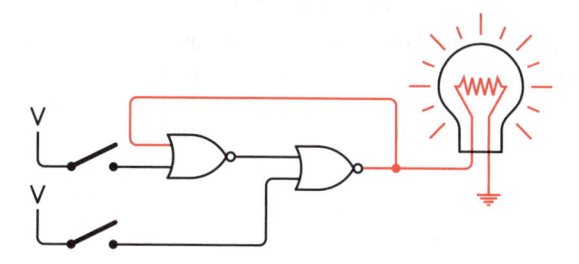

Isso é estranho, você não acha? Ambas as chaves estão abertas – o mesmo que no primeiro desenho –, mas agora a lâmpada está ligada. Essa situação é certamente diferente de tudo o que já vimos antes. Normalmente, a saída de um circuito depende exclusivamente das entradas. Parece que esse não é o caso aqui. Além disso, neste ponto, você pode fechar e abrir a chave superior e a luz permanecerá acesa. Essa chave não tem mais efeito sobre o circuito porque a saída da porta NOR esquerda permanece 0.

Agora feche a chave inferior. Como uma das entradas para a porta NOR direita agora é 1, a saída se torna 0, e a lâmpada se apaga. A saída da porta NOR esquerda torna-se 1:

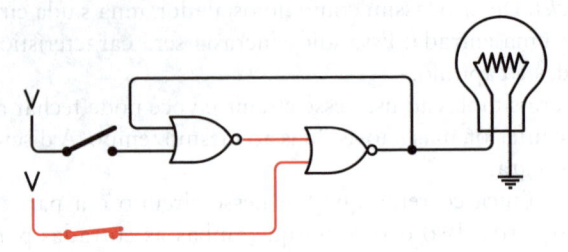

Agora você pode abrir a chave inferior e a lâmpada permanecerá desligada:

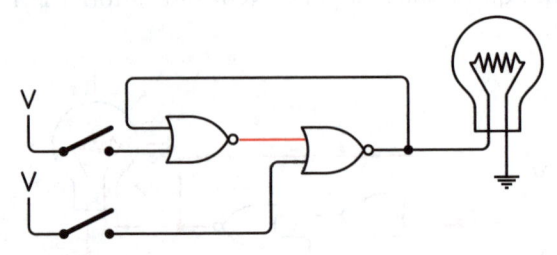

Estamos de volta onde começamos. Neste momento, você pode fechar e abrir a chave inferior sem qualquer efeito sobre a lâmpada. Em resumo:

- Fechar a chave superior faz com que a lâmpada acenda e permaneça acesa quando a chave superior for aberta.
- Fechar a chave inferior faz com que a lâmpada se apague, e ela permanece apagada quando a chave inferior é aberta.

A estranheza desse circuito é que, às vezes, quando ambas as chaves estão abertas, a luz está acesa e, às vezes, quando ambas as chaves estão abertas, a luz está apagada. Podemos dizer que esse circuito tem dois **estados estáveis** quando ambas as chaves estão abertas. Tal circuito é chamado de **flip-flop**, um termo datado de 1918 com o trabalho dos físicos ingleses William Henry Eccles (1875–1966) e F. W. Jordan (1881–1941), pioneiros no desenvolvimento da comunicação por rádio. Um circuito *flip-flop* **retém informações** – ele "se lembra". Ele só se lembra de qual chave foi fechada mais recentemente, mas isso é significativo. Se você se deparar com tal *flip-flop* em suas viagens e descobrir que a luz está acesa, poderá supor que foi a chave superior que foi fechada mais recentemente; se a luz estiver apagada, a chave inferior foi fechada mais recentemente.

Um *flip-flop* é muito parecido com uma gangorra. Uma gangorra tem dois estados estáveis, nunca ficando muito tempo naquela posição intermediária precária. Você sempre pode dizer, olhando para uma gangorra, qual lado foi empurrado para baixo mais recentemente.

Embora possa não ser aparente ainda, os *flip-flops* são ferramentas essenciais. Eles adicionam memória a um circuito para dar a ele uma história do que aconteceu antes. Imagine tentar contar se você não consegue se lembrar de nada. Você não saberia com qual número estava trabalhando e qual número vem a seguir! Da mesma forma, um "circuito que conta" (que mostrarei mais adiante neste capítulo) precisa de *flip-flops*.

Os *flip-flops* são encontrados em algumas variedades diferentes. O que você acabou de ver é o mais simples, chamado de *flip-flop* R-S (ou S-R, iniciais associadas a *Set-Reset*, ou Inicializa-Reinicia). As duas portas NOR são mais comumente desenhadas e rotuladas como no diagrama a seguir, para obter uma aparência simétrica:

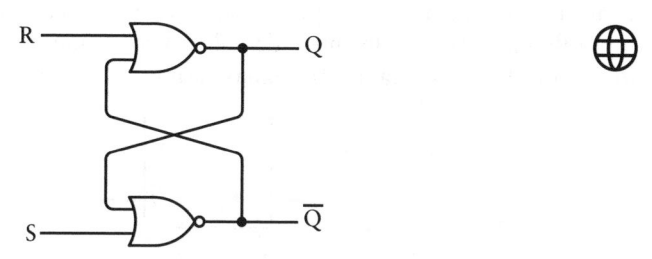

A saída que usamos para a lâmpada é tradicionalmente chamada de Q. Além disso, há uma segunda saída, denominada $\overline{Q}$ (pronuncia-se "Q barra"), que é o oposto de Q. Se Q é 0, então $\overline{Q}$ é 1 e vice-versa. As duas entradas são chamadas de S para *set* (ligar, iniciar, definir) e R para *reset* (reiniciar, desligar).* Você pode pensar nesses verbos como significando "ligar Q para 1" e "desligar Q para 0". Quando S é 1 (o que corresponde a fechar a chave superior no diagrama anterior), Q se torna 1 e $\overline{Q}$ se torna 0. Quando R é 1 (o que corresponde a fechar a chave inferior no diagrama anterior), Q se torna 0 e $\overline{Q}$ se torna 1. Quando ambas as entradas são 0, a saída indica se Q foi ligado ou desligado pela última vez. Esses resultados estão resumidos na tabela a seguir:

Entradas		Saídas	
S	R	Q	$\overline{Q}$
1	0	1	0
0	1	0	1
0	0	Q	$\overline{Q}$
1	1	Não permitido	

---

* N. de R.T.: Para manter a consistência com os termos consagrados e as denominações encontradas na literatura, serão mantidos os termos em inglês para Set e Reset e respectivas notações abreviadas (S e R).

Isso é chamado de **tabela de função, tabela lógica** ou **tabela verdade**.* Ela mostra as saídas que resultam de combinações específicas de entradas. Como há apenas duas entradas para o *flip-flop* R-S, o número de combinações de entradas é quatro. Elas correspondem às quatro linhas da tabela sob os cabeçalhos.

Observe a segunda linha de baixo para cima, quando S e R são ambos 0: as saídas são indicadas como Q e $\overline{Q}$. Isso significa que as saídas Q e $\overline{Q}$ permanecem o que eram antes das entradas S e R se tornarem 0. A linha final da tabela indica que tornar as entradas S e R iguais a 1 **não é permitido**, ou é **inválido**. Isso não significa que você será preso por fazê-lo, mas se ambas as entradas forem 1 nesse circuito, ambas as saídas serão 0, o que viola a noção de $\overline{Q}$ ser o oposto de Q. Se você estiver projetando circuitos que usam o *flip-flop* R-S, convém evitar situações em que ambas as entradas S e R sejam 1.

O *flip-flop* R-S geralmente é desenhado como uma pequena caixa, com as duas entradas e duas saídas rotuladas assim:

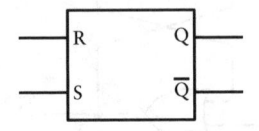

O *flip-flop* R-S certamente é interessante como um primeiro exemplo de um circuito que parece "lembrar" qual das duas entradas teve tensão aplicada por último. O que acaba por ser muito mais útil, no entanto, é um circuito que se lembra se um determinado sinal era 0 ou 1 **em um determinado momento**.

Vamos pensar em como esse circuito deve se comportar antes de realmente tentar construí-lo. Ele teria duas entradas. Vamos chamar uma delas de "Dados". Como todos os sinais digitais, a entrada de Dados pode ser 0 ou 1. Vamos chamar a outra entrada de "Mantenha esse *bit*", que é o equivalente digital de uma pessoa dizendo "Mantenha esse pensamento". Normalmente, o sinal "Mantenha esse *bit*" é 0, caso em que o sinal de Dados não tem efeito sobre o circuito. Quando "Mantenha esse *bit*" é 1, o circuito reflete o valor do sinal de Dados. O sinal "Mantenha esse *bit*" pode então voltar a ser 0, momento em que o circuito se lembra do último valor do sinal de Dados. Qualquer alteração no sinal de Dados não tem mais efeito.

Em outras palavras, queremos algo que tenha a seguinte tabela de função:

---

* N. de R.T.: Estas denominações aplicam-se às tabelas que vinham sendo usadas por vários capítulos mostrando as relações entre entradas e saídas.

Entradas		Saída
Dados	Mantenha esse *bit*	Q
0	1	0
1	1	1
0	0	Q
1	0	Q

Nos dois primeiros casos, quando o sinal "Mantenha esse *bit*" é 1, a saída Q é a mesma que a entrada de Dados. Nos dois casos seguintes, quando o sinal "Mantenha esse *bit*" é 0, a saída Q é a mesma de antes, independentemente de qual seja a entrada de Dados. A tabela de função pode se tornar um pouco mais simples assim:

Entradas		Saída
Dados	Mantenha esse *bit*	Q
0	1	0
1	1	1
X	0	Q

O X significa "não importa". Não importa qual seja a entrada de Dados, porque se a entrada "Mantenha esse *bit*" for 0, a saída Q será a mesma de antes.

A implementação de um sinal "Mantenha esse bit" com base no *flip-flop* R-S existente exige que adicionemos duas portas AND aos terminais de entrada, como no diagrama a seguir:

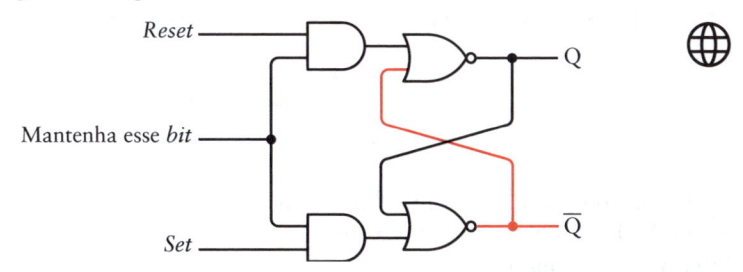

Sei que isso não inclui uma entrada de Dados, mas corrigirei isso em breve.

Lembre-se de que a saída de uma porta AND é 1 somente se ambas as entradas forem 1, o que significa que as entradas *Reset* e *Set* não têm efeito sobre o restante do circuito, a menos que "Mantenha esse *bit*" seja 1.

O circuito começa com um valor de Q e um valor oposto de $\overline{Q}$. Nesse diagrama, a saída Q é 0 e a saída $\overline{Q}$ é 1. Contanto que o sinal "Mantenha esse *bit*" seja 0, o sinal *Set* não tem efeito sobre as saídas:

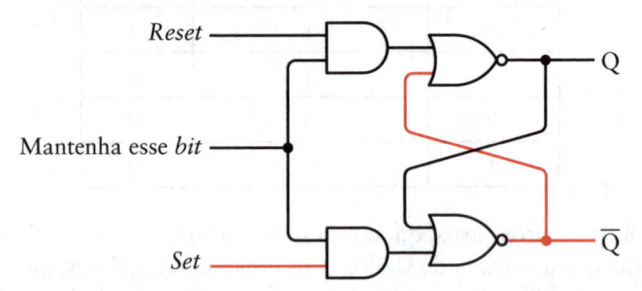

Da mesma forma, o sinal *Reset* não tem efeito:

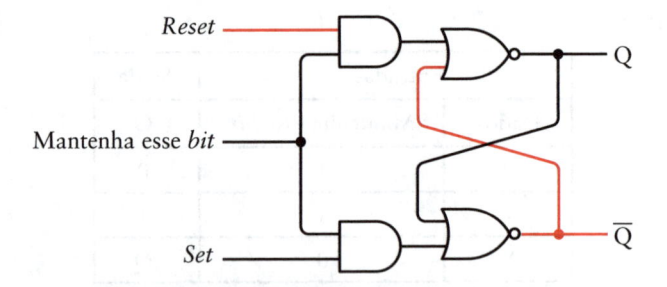

Somente quando o sinal "Mantenha esse *bit*" for 1 é que esse circuito funcionará da mesma maneira que o *flip-flop* R-S normal, mostrado anteriormente:

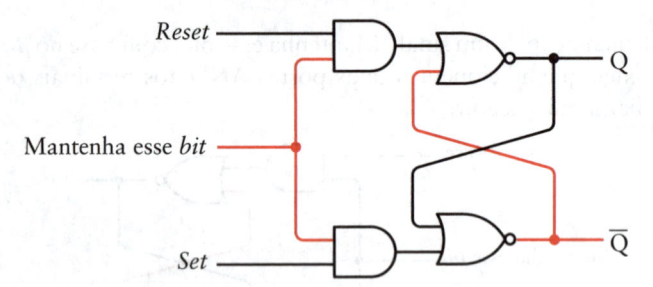

Ele se comporta como um *flip-flop* R-S normal porque agora a saída da porta AND superior é a mesma que o sinal *Reset*, e a saída da porta AND inferior é a mesma que o sinal *Set*.

Contudo, ainda não alcançamos nosso objetivo. Queremos apenas duas entradas, não três. Como isso é feito?

Se você se lembrar da tabela de funções original do *flip-flop* R-S, o caso em que *Set* e *Reset* eram ambos 1 não era permitido, então queremos evitar isso. Também não faz muito sentido que os sinais *Set* e *Reset* sejam ambos 0, porque esse é simplesmente o caso em que a saída não muda. Podemos obter o mesmo comportamento nesse circuito definindo "Mantenha esse *bit*" como 0. Isso implica que só faz sentido que *Set* e *Reset* sejam opostos um ao outro: se *Set* é 1, *Reset* é 0; se *Set* é 0, *Reset* é 1.

Vamos fazer duas alterações no circuito. As entradas *Set* e *Reset* podem ser substituídas por uma única entrada de Dados. Isso é equivalente à entrada *Set* anterior. Esse sinal de Dados pode ser invertido para substituir o sinal de *Reset*.

A segunda mudança é dar ao sinal "Mantenha esse *bit*" um nome mais tradicional, que é *Clock*.* Isso pode parecer um pouco estranho, porque não é um relógio real, mas você verá em breve que às vezes ele pode ter atributos semelhantes aos relógios, o que significa que ele pode marcar num vai e vem, entre 0 e 1, de forma sistemática. Contudo, por enquanto, a entrada de *Clock* indica simplesmente quando a entrada de Dados deve ser salva.

Aqui está o circuito revisado. A entrada de Dados substitui a entrada *Set* na porta AND inferior, enquanto um inversor inverte esse sinal para substituir a entrada *Reset* na porta AND superior:

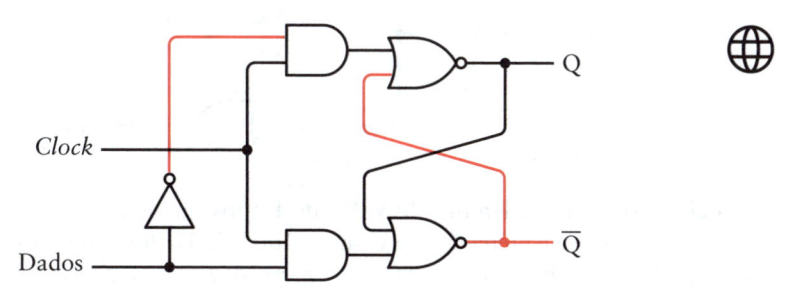

Novamente, começamos com ambas as entradas definidas como 0. A saída Q é 0, o que significa que $\overline{Q}$ é 1. Enquanto a entrada de *Clock* for 0, a entrada de Dados não terá efeito sobre o circuito:

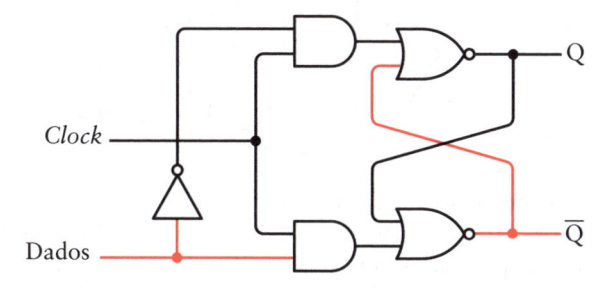

---

* N. de R.T.: Para manter a consistência com os termos consagrados em manuais e pela literatura em geral, será mantido o termo em inglês para relógio (*Clock*) e respectiva notação abreviada (Clk).

Contudo, quando o *Clock* se torna 1, o circuito reflete o valor da entrada de Dados:

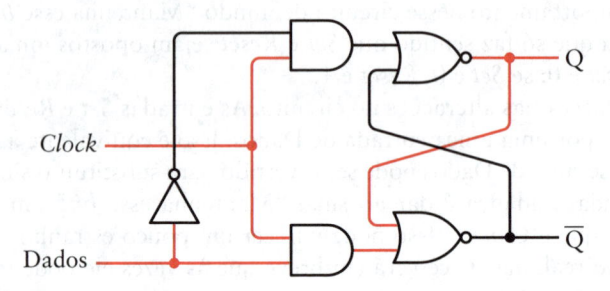

A saída Q agora é a mesma que a entrada de Dados, e $\overline{Q}$ é o oposto. Agora *Clock* pode voltar a ser 0:

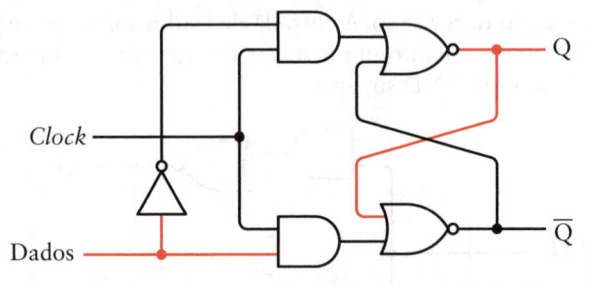

O circuito agora se lembra do valor de Dados quando *Clock* era 1 pela última vez, independentemente de como o sinal de Dados muda. O sinal de Dados poderia, por exemplo, voltar a 0 sem produzir efeito na saída:

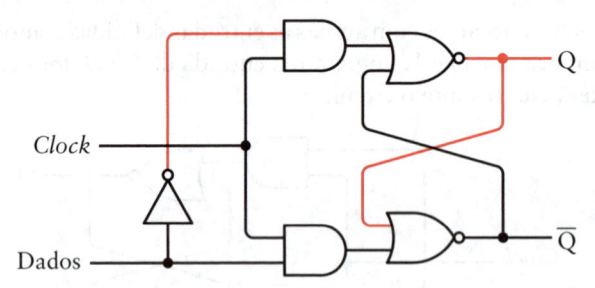

Esse circuito é chamado *de flip-flop* **do tipo D acionado por nível.** O D corresponde a Dados. "Acionado por nível ", também referido como "Disparado por nível" significa que o *flip-flop* salva o valor da entrada de Dados quando a entrada *Clock* está em um **nível** específico; nesse caso, 1. (Em breve, veremos uma alternativa aos *flip-flops* acionados por nível.)

Na tabela de funções, Dados pode ser abreviado como D e *Clock,* como Clk:

Entradas		Saídas	
D	Clk	Q	$\overline{Q}$
0	1	0	1
1	1	1	0
X	0	Q	$\overline{Q}$

Esse circuito também é conhecido como "*latch* do tipo D acionado por nível", e esse termo significa simplesmente que o circuito "se apossa" de um *bit* de dados e o mantém guardado para uso posterior. O circuito também pode ser chamado de **memória de 1** *bit*. Demonstrarei, no Capítulo 19, como muitos desses *flip-flops* podem ser conectados para fornecer muitos *bits* e *bytes* de memória.

Por enquanto, vamos tentar guardar apenas 1 *byte* de dados. Você pode montar oito *flip-flops* do tipo D acionados por nível com todas as entradas de *Clock* consolidadas em um único sinal. Aqui está o pacote resultante:

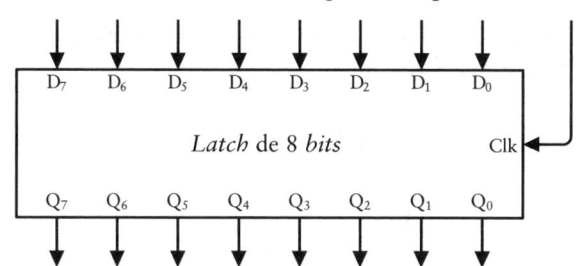

```
   ↓   ↓   ↓   ↓   ↓   ↓   ↓   ↓
┌──────────────────────────────────┐
│ D₇  D₆  D₅  D₄  D₃  D₂  D₁  D₀   │
│                                  │
│         Latch de 8 bits      Clk │←
│                                  │
│ Q₇  Q₆  Q₅  Q₄  Q₃  Q₂  Q₁  Q₀   │
└──────────────────────────────────┘
   ↓   ↓   ↓   ↓   ↓   ↓   ↓   ↓
```

Esse *latch* é capaz de salvar um *byte* inteiro de uma só vez. As oito entradas na parte superior são rotuladas de D_0 a D_7, e as oito saídas na parte inferior são rotuladas de Q_0 a Q_7. A entrada à direita é o *Clock*. O sinal de *Clock* é normalmente 0. Quando o sinal de *Clock* é 1, todo o valor de 8 *bits* nas entradas D é transferido para as saídas Q. Quando o sinal de *Clock* volta para 0, esse valor de 8 *bits* permanece lá até a próxima vez que o sinal de *Clock* for 1. As saídas $\overline{Q}$ de cada *latch* são ignoradas.

O *latch* de 8 *bits* também pode ser desenhado com as oito entradas de Dados e as oito saídas Q agrupadas em um caminho de dados, como mostramos aqui:

```
        ↓8
  ┌───────────────┐
  │   D₇...D₀     │
  │ Latch de 8 bits  Clk ◄─┐
  │   Q₇...Q₀     │        │
  └───────────────┘        │
        ↓8
```

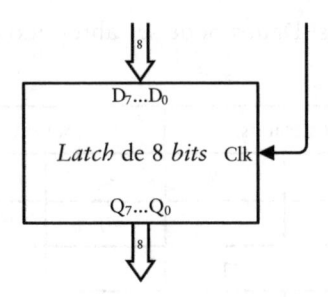

Ou simplificado ainda mais com as entradas rotuladas simplesmente como D e Q:

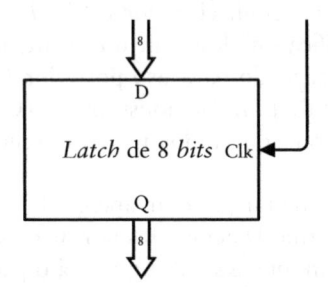

```
        ↓8
  ┌───────────────┐
  │       D       │
  │ Latch de 8 bits  Clk ◄─┐
  │       Q       │        │
  └───────────────┘        │
        ↓8
```

No final do Capítulo 14, oito somadores de 1 *bit* também foram coletados e conectados para somar *bytes* inteiros:

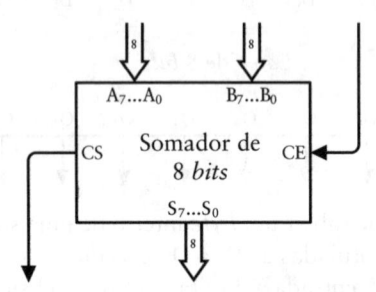

```
         ↓8       ↓8
      ┌──────────────────┐
      │  A₇...A₀  B₇...B₀ │
      │    Somador de    │
  ◄── CS    8 bits    CE ◄──┐
      │     S₇...S₀      │
      └──────────────────┘
              ↓8
```

Naquele capítulo, as oito entradas A e as oito entradas B estavam conectadas a chaves, a entrada CE (Entrada "vem um") estava conectada ao terra e as oito saídas S (Soma) e o CS (Saída "vai um") estavam conectadas a lâmpadas.

O *latch* e o somador podem ser usados como blocos de construção modulares na montagem de circuitos mais complexos. Por exemplo, é possível salvar a saída do somador de 8 *bits* em um *latch* de 8 *bits*. Também é possível substituir uma das linhas de oito chaves por um *latch* de 8 *bits* para que a saída do *latch* seja uma entrada para o somador. Aqui está algo que combina esses dois conceitos para fazer o que pode ser chamado de um "somador acumulador", que mantém um total acumulado de vários números:

Oito chaves

```
        ↓8    ↓8
    ┌───A─────B───┐
    │             │
    │ Somador de 8 bits CE ├─
    │      S      │       ═
    └──────┬──────┘
           ↓8
    ┌──────D──────┐           V
    │             │          ╱
    │ Latch de 8 bits Clk ◄──╱ •
    │      Q      │        Somar
    └──────┬──────┘
           ↓8
```

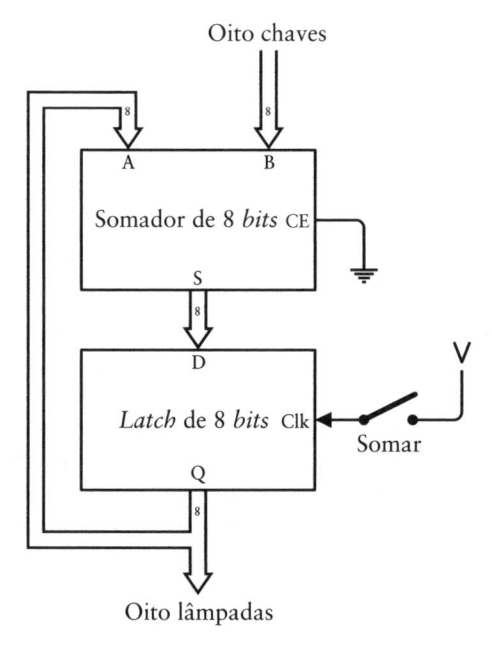

Oito lâmpadas

Observe que a chave rotulada como "Somar" controla a entrada de *Clock* do *latch*.

Além de reduzir o número de chaves pela metade, essa configuração permite somar mais do que apenas dois números sem reinserir resultados intermediários. A saída do *latch* começa com uma saída totalmente zerada, que também é a entrada A para o somador. Você indica o primeiro número através das chaves e pressiona o botão Somar, o que fecha e abre a chave. Esse número é armazenado pelo *latch* e aparece nas lâmpadas. Em seguida, indica, através das chaves, o segundo número e pressiona novamente o botão Somar. O número configurado pelas chaves é somado ao total anterior e aparece nas lâmpadas. Basta continuar configurando mais números e pressionando a chave Somar.

Infelizmente, isso não funciona exatamente como você esperaria. Pode funcionar se você construiu o somador a partir de relés lentos e foi capaz de pressionar a chave Somar muito rapidamente para armazenar o resultado do somador no *latch*. Contudo, quando essa chave Somar é fechada, qualquer alteração nas entradas de dados do *latch* passará diretamente para as saídas Q e, em seguida, voltará para o somador, onde o valor será somado às chaves, e a soma voltará para o *latch* e circulará novamente.

Isso é o que chamamos de **laço infinito**. Isso ocorre porque o *flip-flop* do tipo D que projetamos foi "acionado por nível". A entrada de *Clock* deve alterar seu *nível* de 0 para 1 para que o valor da entrada Dados seja armazenado no *latch*. Contudo, durante o momento em que a entrada *Clock* é 1, a entrada Dados pode ser alterada, e essas alterações serão refletidas nos valores das saídas.

Para algumas aplicações, uma entrada de *Clock* acionada por nível é suficiente. No entanto, para o somador acumulador, isso simplesmente não funciona. Para ele, não queremos um *latch* que permita que os dados fluam sempre que a entrada de *Clock* for 1. É preferível um *latch* que salva os dados no exato instante em que o *Clock* muda de 0 para 1 (ou, como alternativa, de 1 para 0). Essa transição é chamada de **borda**, porque é assim que ela se parece graficamente:

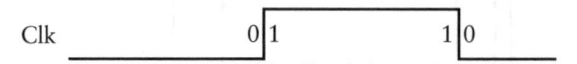

Clk ⎯⎯⎯⎯⎯⎯⎯⎯0|1⎯⎯⎯⎯⎯⎯1|0⎯⎯⎯⎯⎯

A transição de 0 para 1 às vezes é chamada de "transição positiva" ou "borda de subida", e a transição de 1 para 0 é uma de "transição negativa" ou "borda de descida".

O *flip-flop* acionado por nível mostrado anteriormente retinha os dados quando a entrada de *Clock* era 1. Ao contrário, um *flip-flop* acionado na borda positiva retém os dados "somente quando (no breve período em que) o *Clock* faz uma transição de 0 para 1". Assim como acontece com o *flip-flop* acionado por nível, quando a entrada de *Clock* é 0, qualquer alteração na entrada de Dados não afeta as saídas. A diferença em um *flip-flop* acionado na borda positiva é que as alterações na entrada de dados também não afetam as saídas quando a entrada de *Clock* é 1. A entrada de Dados afeta as saídas somente no instante em que o *Clock* muda de 0 para 1.

Esse conceito é diferente de tudo o que foi encontrado até agora, por isso pode parecer difícil de implementar, mas há um truque envolvido: um *flip-flop* do tipo D acionado por borda é construído a partir de dois estágios de *flip--flops* do tipo D acionados por nível, conectados da seguinte forma.

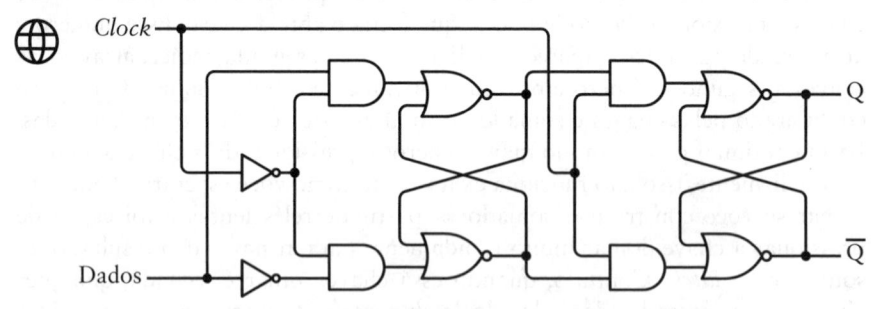

A ideia aqui é que a entrada de *Clock* controle o primeiro estágio e o segundo estágio, mas observe que o *Clock* está invertido no primeiro estágio. Isso significa que o primeiro estágio funciona exatamente como um *flip-flop* do tipo D, exceto que a entrada de dados é armazenada quando o *Clock* é 0. As saídas do primeiro estágio são entradas para o segundo estágio, e estas são salvas quando o *Clock* é 1. O resultado geral é que a entrada de dados é salva somente quando o *Clock* muda de 0 para 1.

Vamos dar uma olhada mais de perto. Aqui está o *flip-flop* em repouso, com as entradas de Dados e *Clock* em 0 e a saída Q em 0:

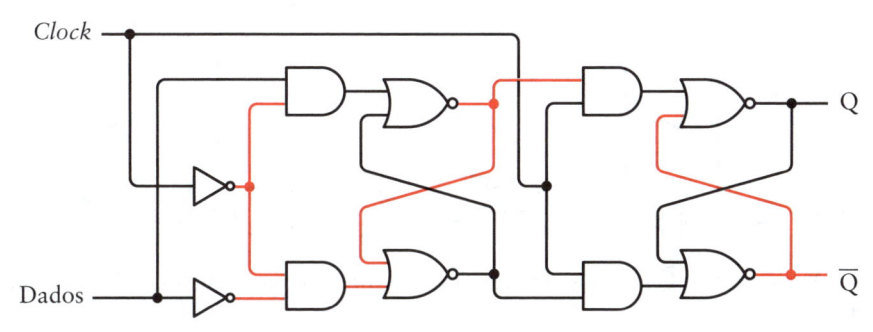

Agora mude a entrada de Dados para 1:

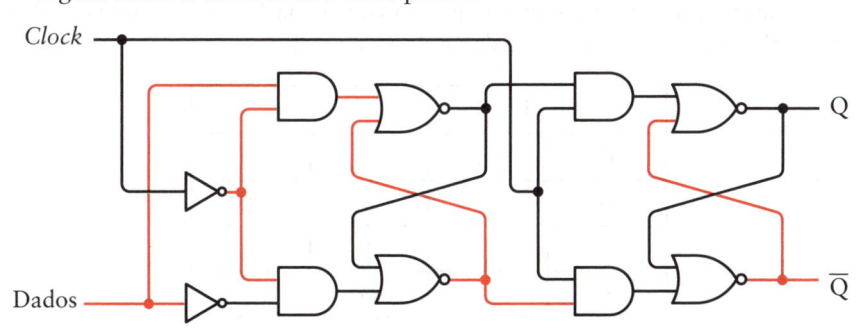

Isso muda o primeiro estágio do *flip-flop*, porque a entrada de *Clock* invertida é 1. Contudo, o segundo estágio permanece inalterado, porque a entrada de *Clock* não invertida é 0. Agora altere a entrada de *Clock* para 1:

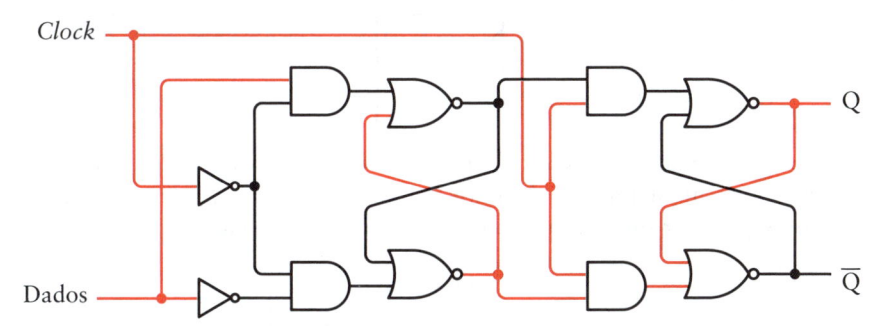

Isso faz com que o segundo estágio seja alterado e a saída Q vá para 1. A diferença é que a entrada de dados agora pode mudar (p. ex., de volta para 0) sem afetar a saída Q:

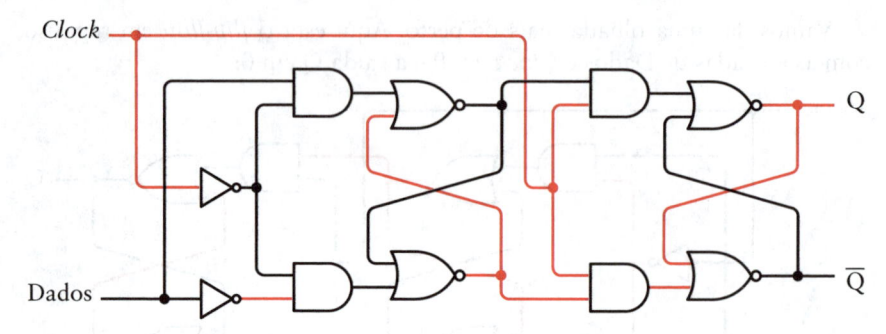

As saídas Q e $\overline{Q}$ só podem mudar no instante em que a entrada *Clock* muda de 0 para 1.

A tabela de funções do *flip-flop* do tipo D acionado por borda requer um novo símbolo, que é uma seta apontando para cima (↑). Esse símbolo indica um sinal fazendo uma transição de um 0 para um 1:

Entradas		Saídas	
D	Clk	Q	$\overline{Q}$
0	↑	0	1
1	↑	1	0
X	0	Q	$\overline{Q}$

A seta apontando para cima indica que a saída Q se torna idêntica ao valor na entrada de Dados quando o *Clock* faz uma transição positiva, que é uma transição de 0 para 1. O *flip-flop* tem um diagrama como este:

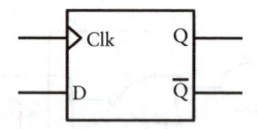

O pequeno sinal de maior (>) na entrada Clk indica que o *flip-flop* é acionado por borda. Da mesma forma, uma nova montagem de oito *flip-flops* acionados por borda pode ser simbolizada com esse mesmo sinal na entrada de *Clock*:

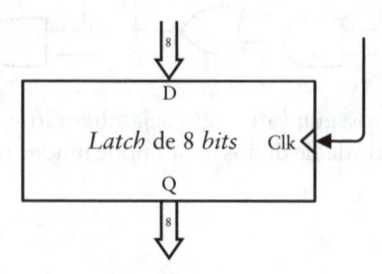

Esse *latch* acionado por borda é ideal para o somador acumulador:

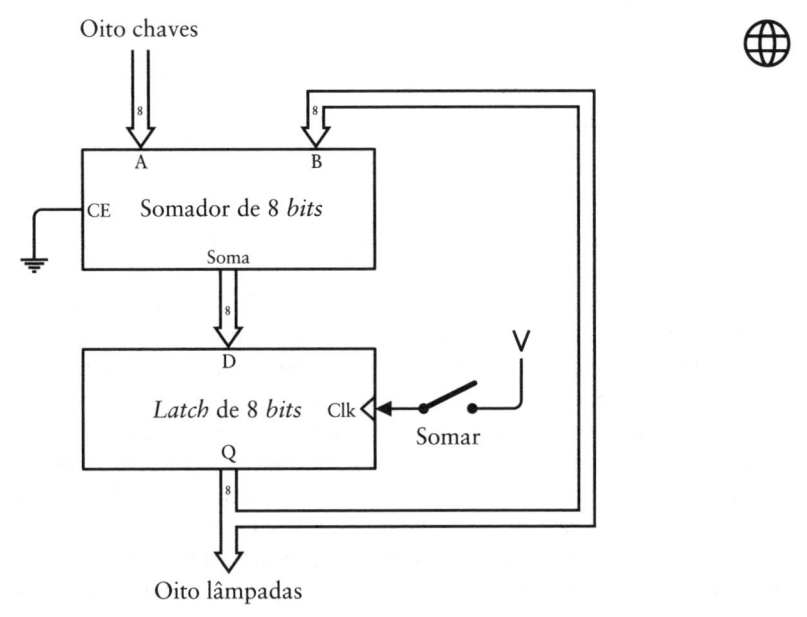

```
          Oito chaves
              ↓↓ 8
       ┌──────────────────────┐
       │   A          B       │
    ─CE│    Somador de 8 bits │
    ⏚  │       Soma           │
       └──────────┬───────────┘
                  ↓ 8
       ┌──────────────────────┐
       │   D                  │
       │ Latch de 8 bits  Clk│◄─── Somar
       │   Q                  │
       └──────────┬───────────┘
                  ↓ 8
            Oito lâmpadas
```

Esse somador acumulador não está lidando muito bem com o sinal de "vai um". Se a soma de dois números ultrapassar 255, o "vai um" é simplesmente ignorado, e as lâmpadas mostrarão uma soma menor do que deveria ser. Uma solução possível é fazer com que somador e *latch* tenham 16 *bits* de largura cada, ou que pelo menos possam acomodar resultados maiores do que a maior soma que você encontrará. No entanto, vamos deixar a solução desse problema para depois.

Outro problema é que não há como limpar esse somador para iniciar um novo total acumulado, mas há uma maneira indireta de fazê-lo. No capítulo anterior, você aprendeu sobre o complemento de um e o complemento de dois, e você pode usar esses conceitos: se o total acumulado for 10110001, por exemplo, insira o complemento de um (01001110) nas chaves e some. Esse total será 11111111. Em seguida, informe apenas 00000001 nas chaves e some novamente. Agora todas as lâmpadas estarão apagadas e o somador está limpo.

Vamos explorar outra espécie de circuito usando o *flip-flop* tipo D acionado por borda. Você deve se lembrar do oscilador construído no início deste capítulo. A saída do oscilador alterna entre 0 e 1:

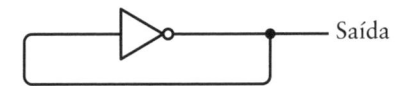

Vamos conectar a saída do oscilador à entrada de *Clock* do *flip-flop* tipo D acionado por borda. Vamos conectar a saída Q̄ à entrada D:

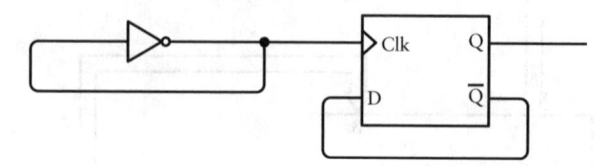

A saída do *flip-flop* é em si uma entrada para o *flip-flop*. É realimentação sobre realimentação! (Na prática, isso poderia representar um problema. O oscilador é construído a partir de um relé ou de outro componente de chaveamento que está alternando seu valor num vaivém, o mais rápido possível. A saída do oscilador é conectada aos componentes que fazem parte do *flip-flop*. Esses outros componentes podem ser incapazes de acompanhar a velocidade do oscilador. Para evitar esses problemas, vamos supor que o oscilador seja muito mais lento do que os *flip-flops* usados em quaisquer partes desses circuitos.)

Para entender o que acontece nesse circuito, vamos examinar uma tabela de funções que ilustra as várias mudanças. Isso é um pouco complicado, então vamos prosseguir passo a passo. Comece com a entrada de *Clock* em 0 e a saída Q em 0. Isso significa que a saída Q̄ é 1, que está conectada à entrada D:

Entradas		Saídas	
D	Clk	Q	Q̄
1	0	0	1

Quando a entrada de *Clock* mudar de 0 para 1, a saída Q receberá o mesmo valor que a entrada D:

Entradas		Saídas	
D	Clk	Q	Q̄
1	0	0	1
1	↑	1	0

A entrada de *Clock* agora é 1. Contudo, como a saída $\overline{Q}$ muda para 0, a entrada D também mudará para 0:

Entradas		Saídas	
D	Clk	Q	$\overline{Q}$
1	0	0	1
1	↑	1	0
0	1	1	0

A entrada de *Clock* mudará de volta para 0 sem afetar as saídas:

Entradas		Saídas	
D	Clk	Q	$\overline{Q}$
1	0	0	1
1	↑	1	0
0	1	1	0
0	0	1	0

Agora a entrada de *Clock* muda para 1 novamente. Como a entrada D é 0, a saída Q se torna 0 e a saída $\overline{Q}$ se torna 1:

Entradas		Saídas	
D	Clk	Q	$\overline{Q}$
1	0	0	1
1	↑	1	0
0	1	1	0
0	0	1	0
0	↑	0	1

Assim, a entrada D também se torna 1:

Entradas		Saídas	
D	Clk	Q	$\overline{Q}$
1	0	0	1
1	↑	1	0
0	1	1	0
0	0	1	0
0	↑	0	1
1	1	0	1

O que está acontecendo aqui pode ser resumido de forma muito simples: toda vez que a entrada de *Clock* muda de 0 para 1, a saída Q muda ou de 0 para 1 ou de 1 para 0. A situação fica mais clara se olharmos para o diagrama de tempo:

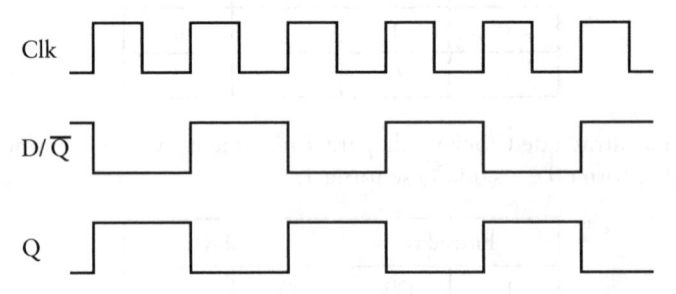

Clk

D/$\overline{Q}$

Q

Quando a entrada de *Clock* vai de 0 a 1, o valor de D (que é o mesmo que $\overline{Q}$) é transferido para Q, alterando assim também $\overline{Q}$ e D para a próxima transição da entrada de *Clock* de 0 para 1.

Anteriormente, mencionei que a taxa na qual um sinal oscila entre 0 e 1 é chamada de frequência e é medida em Hertz (abreviada como Hz), que é equivalente a ciclos por segundo. Se a frequência do oscilador for de 20 Hz (o que significa 20 ciclos por segundo), a frequência da saída Q é metade disso, ou 10 Hz. Por esse motivo, esse circuito, no qual a saída $\overline{Q}$ é conectada de volta na entrada Dados de um *flip-flop*, também é conhecido como **divisor de frequência**.

Naturalmente, a saída do divisor de frequência pode ser a entrada de *Clock* de outro divisor de frequência, para dividir a frequência mais uma vez. Aqui está um arranjo de apenas três desses *flip-flops* em cascata, mas a sequência poderia ser estendida:

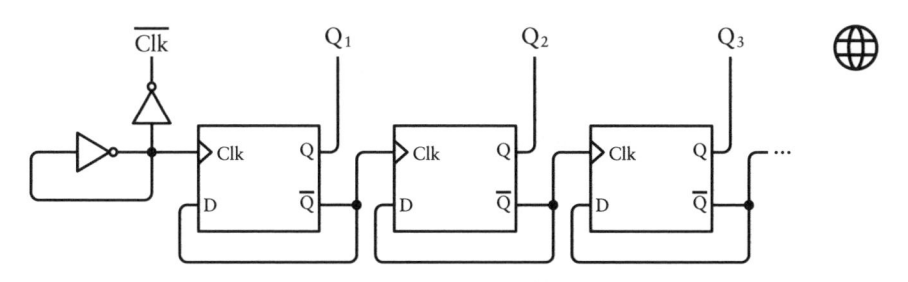

Vejamos os quatro sinais que rotulei no topo desse diagrama:

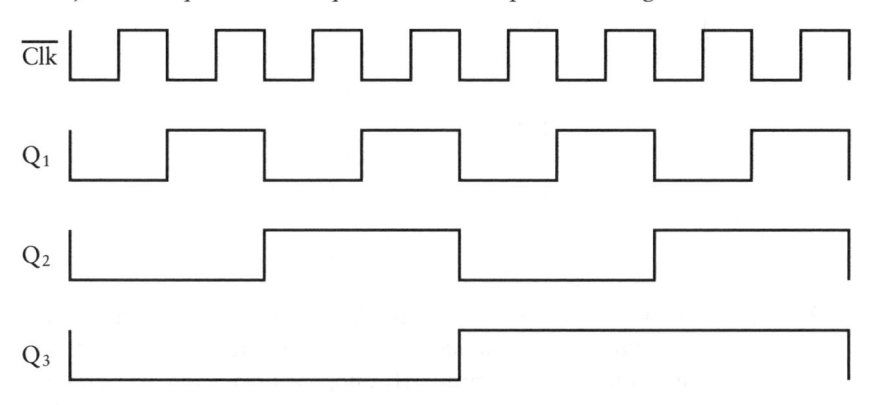

Admito que comecei e terminei esse diagrama em um ponto oportuno, mas não há desonestidade nisso: o circuito repetirá esse padrão várias vezes. Você reconhece algo familiar sobre isso?

Vou dar uma dica. Vamos rotular esses sinais com 0s e 1s:

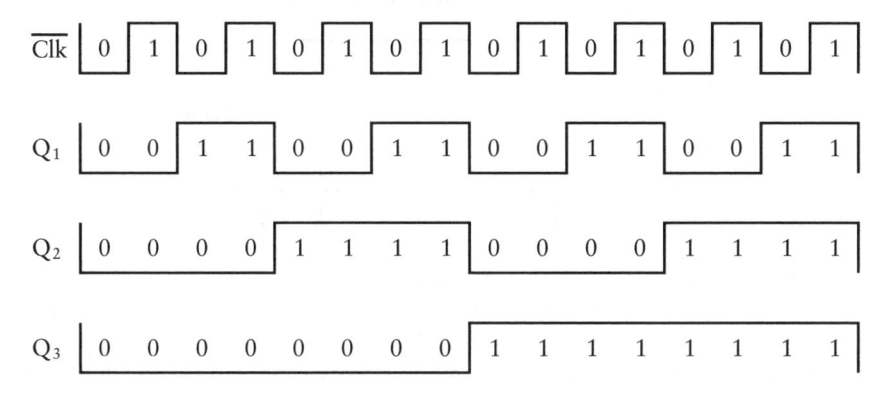

Percebeu agora? Tente girar o diagrama 90 graus no sentido horário e leia os números de 4 *bits* de forma transversal aos diagramas. Cada um deles corresponde a um número decimal de 0 a 15:

Binário	Decimal
0000	0
0001	1
0010	2
0011	3
0100	4
0101	5
0110	6
0111	7
1000	8
1001	9
1010	10
1011	11
1100	12
1101	13
1110	14
1111	15

Assim, esse circuito está fazendo nada menos do que **contando em números binários**, e quanto mais *flip-flops* adicionarmos ao circuito, mais ele vai avançar na contagem. Indiquei no Capítulo 10 que, em uma sequência crescente de números binários, cada coluna de dígitos alterna entre 0 e 1 na metade da frequência da coluna à direita. O contador imita isso. A cada transição positiva do sinal de *Clock*, diz-se que as saídas do contador são **incrementadas**, ou seja, aumentam em 1.

Vamos encadear oito *flip-flops* e colocá-los em uma caixa:

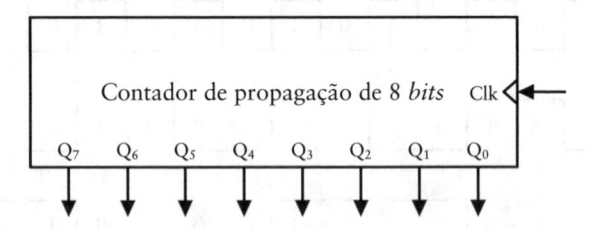

```
┌─────────────────────────────────────────────┐
│                                             │
│   Contador de propagação de 8 bits    Clk ◁─┤
│                                             │
│  Q₇   Q₆   Q₅   Q₄   Q₃   Q₂   Q₁   Q₀      │
└──┬────┬────┬────┬────┬────┬────┬────┬───────┘
   ▼    ▼    ▼    ▼    ▼    ▼    ▼    ▼
```

Isso é chamado de **contador de propagação** (*ripple*) porque a saída de cada *flip-flop* se torna a entrada de *Clock* do próximo *flip-flop*. As mudanças se propagam através dos estágios sequencialmente, e os *flip-flops* no final podem atrasar um pouco na mudança. Contadores mais sofisticados são **síncronos**, o que significa que todas as saídas mudam ao mesmo tempo.

Eu rotulei as saídas de Q_0 a Q_7. Estas estão organizadas de modo que a saída do primeiro *flip-flop* na cadeia (Q_0) esteja na extrema direita. Assim, se você conectasse lâmpadas a essas saídas, poderia ler um número de 8 *bits*.

Eu mencionei anteriormente neste capítulo que descobriríamos alguma maneira de determinar a frequência de um oscilador. Pois aqui está. Se você conectar um oscilador à entrada de *Clock* do contador de 8 *bits*, o contador mostrará por quantos ciclos o oscilador passou. Quando o total atinge 11111111 (255 em decimal), ele volta para 00000000. (Isso também é conhecido como *rollover* ou *wraparound*, termos usados com o significado de "rolar sobre si mesmo" ou de movimento circular contínuo.) Provavelmente, a maneira mais fácil de determinar a frequência de um oscilador é conectar oito lâmpadas às saídas desse contador de 8 *bits*. Agora aguarde até que todas as saídas estejam 0 (i.e., quando nenhuma das lâmpadas estiver acesa) e inicie um cronômetro. Pare o cronômetro quando todas as luzes se apagarem novamente. Esse é o tempo necessário para 256 ciclos do oscilador. Digamos que sejam 10 segundos. A frequência do oscilador é, portanto, de 256 ÷ 10, ou 25,6 Hz.

Na vida real, os osciladores construídos a partir de cristais vibratórios são muito mais rápidos do que isso, começando no extremo inferior a 32.000 Hz (ou 32 kilohertz, ou kHz) e indo até 1 milhão de ciclos por segundo (1 megahertz, ou MHz) ou mais, até mesmo atingindo 1 bilhão de ciclos por segundo (1 gigahertz, ou GHz).

Um tipo comum de oscilador de cristal tem uma frequência de 32.768 Hz. Esse não é um número qualquer! Quando isso é uma entrada para uma série de divisores de frequência, torna-se 16.384 Hz, depois 8.192 Hz, 4.096 Hz, 2.048 Hz, 1.024 Hz, 512 Hz, 256 Hz, 128 Hz, 64 Hz, 32 Hz, 16 Hz, 8 Hz, 4 Hz, 2 Hz e 1 Hz, momento em que se pode contar os segundos em um relógio digital.

Um problema prático com esses contadores de propagação é que eles nem sempre começam no zero. Quando a energia é ligada, as saídas Q de alguns dos *flip-flops* individuais podem ser 1, enquanto outras podem ser 0. Um aprimoramento comum aos *flip-flops* é um sinal de *Clear* (limpar) para definir a saída Q como 0, independentemente das entradas de *Clock* e Dados.

Para o *flip-flop* tipo D acionado por nível mais simples, acrescentar uma entrada de *Clear* é bastante fácil e requer apenas a inclusão de uma porta OR. A entrada de *Clear* é normalmente 0, mas quando recebe o valor 1, a saída Q se torna 0, como mostrado aqui:

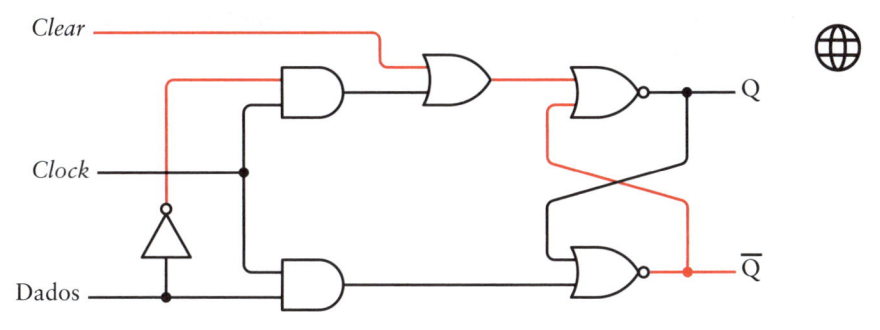

Esse sinal força Q a ser 0, independentemente dos outros sinais de entrada, limpando o *flip-flop*.

Para o *flip-flop* acionado por borda, o sinal de *Clear* é mais complexo, e, se formos acrescentar um sinal de *Clear*, também podemos considerar a adição de um sinal de *Preset*. Enquanto o sinal de *Clear* define a saída Q como 0, independentemente das entradas de *Clock* e Dados, o *Preset* define Q como 1. Se você estivesse construindo um relógio digital, os sinais de *Clear* e *Preset* seriam úteis para ajustar o relógio para uma hora inicial.

Aqui está o *flip-flop* tipo D acionado por borda com *Preset* e *Clear*, construído inteiramente a partir de seis portas NOR de três entradas e um inversor. O que lhe falta em simplicidade ele tem em simetria:

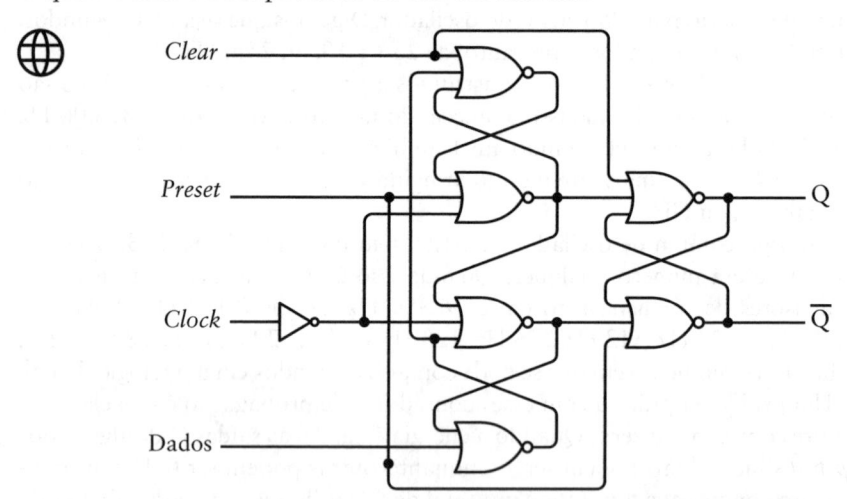

As entradas de *Preset* e *Clear* substituem (ou sobrescrevem) as entradas de *Clock* e Dados. Normalmente, essas entradas de *Preset* e *Clear* são ambas 0. Quando a entrada de *Preset* é 1, Q torna-se 1 e $\overline{Q}$ torna-se 0. Quando a entrada de *Clear* é 1, Q torna-se 0 e $\overline{Q}$ torna-se 1. (Assim como as entradas *Set* e *Reset* de um *flip-flop* R-S, *Preset* e *Clear* não devem ser 1 ao mesmo tempo.) No mais, esse conjunto de portas lógicas se comporta como um *flip-flop* normal do tipo D acionado pela borda positiva:

Entradas				Saídas	
Pre	Clr	D	Clk	Q	$\overline{Q}$
1	0	X	X	1	0
0	1	X	X	0	1
0	0	0	↑	0	1
0	0	1	↑	1	0
0	0	X	0	Q	$\overline{Q}$

O diagrama para o *flip-flop* tipo D acionado por borda com *Preset* e *Clear* tem esta aparência:

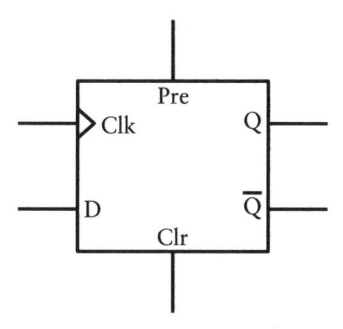

No Capítulo 15, descrevi alguns exemplos de circuitos integrados da família conhecida como TTL (lógica transistor-transistor). Se você estivesse trabalhando com TTL e precisasse de um desses *flip-flops*, não teria de construí-lo a partir de portas lógicas. O *chip* 7474 é descrito como uma estrutura dual de "*flip-flop* tipo D acionado na borda positiva com *Preset* e *Clear*", e aqui está como ele é mostrado no *Catálogo TTL para engenheiros de projeto*:

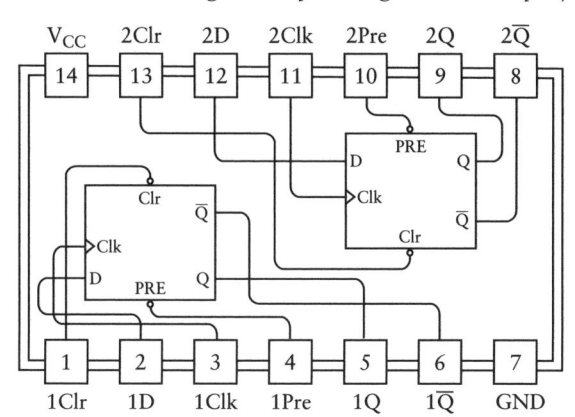

Até agora, conseguimos persuadir relés de telégrafo e transistores a somar, subtrair e contar em números binários. Também vimos como os *flip-flops* podem armazenar *bits* e *bytes*. Esse é o primeiro passo para a construção de um componente essencial dos computadores, conhecido como **memória**.

Mas antes vamos nos divertir um pouco.

18
Vamos construir um relógio!

A construção de um relógio pode ser um projeto muito divertido. Imagine um grande relógio de avô, à moda antiga, com uma caixa de madeira cuidadosamente esculpida e uma porta de vidro através da qual você pode ver o pesado pêndulo oscilante. Atrás do mostrador de metal ornamentado há um complexo de engrenagens que mantém a hora usando um pequeno mecanismo inteligente denominado escape, cujos tiques e taques reverberam por toda a sua casa e aciona o carrilhão solene a cada hora.

Mas não. Esse não é o tipo de relógio que vamos construir. Os relógios neste capítulo são, em vez disso, relógios digitais que exibem as horas, os minutos e os segundos com números em vez de ponteiros giratórios em um mostrador. Na verdade, a primeira versão desse relógio nem sequer exibe dígitos decimais convencionais; ele usa luzes piscantes para mostrar a hora em binário.

Eu sei, eu sei... Mostrar a hora em binário parece horrível! Mas esse é um primeiro passo necessário para representar a hora com os números decimais tão familiares. Além disso, os números binários que usaremos são, na verdade, um intermediário entre binário puro e decimal.

Primeiro, vamos examinar os números que compõem a hora. Se incluirmos minutos e segundos, uma exibição de hora exigirá seis dígitos decimais, por exemplo:

12:30:47

São 12 horas, 30 minutos e 47 segundos, cerca de meia hora depois da meia-noite ou do meio-dia. Um indicador para AM ou PM* esclareceria essa informação.

Em binário, essa hora poderia ser representada com os equivalentes binários dos números 12, 30 e 47:

1100 : 11110 : 101111

Eu não sei quanto a você, mas eu prefiro **não** ver a hora dessa forma. Depois que eu terminar de converter esses números binários em decimais, a hora pode muito bem já ter mudado.

---

* Em inglês, é usual representar as 24 horas do dia subdividindo-as em dois períodos de 12 horas. Da meia-noite ao meio-dia, é associada a indicação AM. A partir das 12h do meio-dia, usa-se PM.

Então não vamos fazer dessa forma. Em vez disso, vamos representar cada dígito decimal separadamente em binário para que a hora 12:30:47 seja exibida com os números binários para 1, 2, 3, 0, 4 e 7, ou:

0001 0010 : 0011 0000 : 0100 0111

Agora você tem seis números binários de quatro dígitos para converter em sua cabeça para decimal, mas os valores decimais estão todos entre 0 e 9, então as conversões são muito mais fáceis. Além disso, apenas observando os segundos passarem em tal relógio, você seria capaz de aprender rapidamente a ler e interpretar esses números binários.

Há um nome para esse tipo de representação: **decimal codificado em binário**, ou BCD (*binary-coded decimal*). Com o BCD, cada dígito de um número decimal é codificado como um número binário de quatro dígitos, conforme mostra a tabela a seguir:

BCD	Decimal
0000	0
0001	1
0010	2
0011	3
0100	4
0101	5
0110	6
0111	7
1000	8
1001	9

Você já viu tabelas como essa antes, mas elas geralmente continuaram além de 1001 (decimal 9) para mostrar 1010, 1011, 1100, 1101, 1110 e 1111, que são os equivalentes binários de 10 a 15. Com o BCD, esses números binários adicionais são inválidos. O BCD só vai até 1001, e essas outras combinações de *bits* não são usadas.

Esse é mais um exemplo de *bits* que não lhe dizem algo sobre si mesmos. Se você encontrasse o número 10011001, não poderia dizer o que é isso fora do contexto. Como um inteiro sem sinal, ele é o decimal 153, mas como um inteiro com sinal em complemento de dois (que você aprendeu no Capítulo 16), é –103. Se for BCD, é 99.

O BCD não é muito usado nas partes internas dos computadores porque complica as operações aritméticas básicas, como adição e subtração. Contudo, quando chega a hora de exibir números decimais, o BCD é muitas vezes uma etapa intermediária.

O primeiro relógio que mostrarei neste capítulo não exibirá necessariamente a hora correta, mas mostrará segundos aumentando de 00 a 59, depois minutos de 00 a 59 e, em seguida, horas. A decisão de exibir a hora em BCD implica que cada um dos seis dígitos decimais da hora pode ser calculado individualmente, começando com os segundos. A seguir, veja os seis dígitos que compõem a hora, com os intervalos válidos de valores.

- Segundos, dígito menos significativo, variando de 0 a 9.
- Segundos, dígito mais significativo, variando de 0 a 5.
- Minutos, dígito menos significativo, variando de 0 a 9.
- Minutos, dígito mais significativo, variando de 0 a 5.
- Horas, dígito menos significativo, variando de 0 a 9.
- Horas, dígito mais significativo, 0 ou 1.

O dígito menos significativo dos segundos aumenta constantemente de 0 a 9. Toda vez que esse dígito menos significativo atinge 9, ele **retorna** para (ou **reinicia** em) 0, e o dígito mais significativo dos segundos é **incrementado** (i.e., aumenta) em 1: de 0 para 1, depois para 2, para 3, para 4 e, finalmente, para 5. Quando os segundos atingem 59, o próximo valor é 00 e o minuto é aumentado em 1.

Cada um dos seis dígitos na hora requer um circuito separado, que então afeta o próximo circuito.

Vamos começar com o dígito menos significativo dos segundos. Você pode começar conectando quatro *flip-flops* acionados por borda em cascata, semelhante à maneira como os *flip-flops* foram conectados na página 239 do Capítulo 17, para criar um contador de propagação. Cada uma das saídas Q dos *flip-flops* é conectada a uma lâmpada:

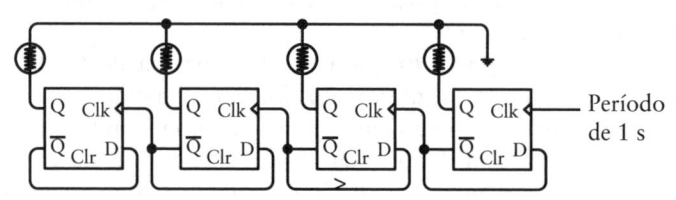

No Capítulo 17, os *flip-flops* foram conectados da esquerda para a direita; aqui, eles estão conectados da direita para a esquerda. Como você verá em breve, esse arranjo permite que as luzes mostrem números binários fáceis de se ler.

A entrada bem à direita é um oscilador de algum tipo com uma frequência de 1 Hertz, ou um ciclo por segundo. O **período** desse oscilador – o tempo necessário para um ciclo – é 1 dividido pela frequência, ou 1 segundo. A cada segundo, esse "oscilador de 1 segundo" vai de 0 a 1 e então volta a 0.

As saídas de cada *flip-flop* são Q e $\overline{Q}$, que são valores opostos. Se Q é 0, então $\overline{Q}$ é 1. Cada um dos *flip-flops* tem sua saída $\overline{Q}$ conectada à sua entrada D (de Dados). Quando a entrada de *Clock* passa de 0 para 1, o valor na entrada D se torna a saída Q. Quando essa saída Q passa de 0 para 1, ela também altera o estado do próximo *flip-flop* mais à esquerda.

Para o primeiro *flip-flop* à direita, a saída Q será 0 por um segundo e 1 pelo próximo segundo, desligando a luz por um segundo e depois ligando por um segundo. O período é de dois segundos, e a frequência foi dividida pela metade. O segundo *flip-flop* da direita reduz pela metade essa frequência novamente, acendendo sua luz por dois segundos e depois apagando por dois segundos, e assim por diante.

O resultado é que as quatro luzes piscantes contam os segundos em binário:

0 0 0 0
0 0 0 1
0 0 1 0
0 0 1 1
0 1 0 0
...
1 1 1 0
1 1 1 1
0 0 0 0
...

As luzes contarão de 0000 a 1111 e depois voltarão a 0000, completando um ciclo a cada 16 segundos.

Mas não é isso que queremos! Queremos que as luzes contem de 0000 a 1001 a cada 10 segundos. Depois que o contador chegar a 1001 (decimal 9), queremos que ele volte para 0.

Felizmente, usamos *flip-flops* que têm uma entrada de *Clear* (Limpar), rotulada como Clr na parte inferior do *flip-flop*. Quando essa entrada de *Clear* é definida como 1, a saída Q do *flip-flop* se torna 0, independentemente das outras entradas. Além disso, todas essas entradas de *Clear* podem ser definidas como 1 ao mesmo tempo, fazendo com que o número exibido volte para 0000.

Quando essas entradas de *Clear* devem ser definidas como 1? Um valor exibido de 1001 (decimal 9) é válido, mas o próximo valor 1010 (decimal 10) não é válido. Então, quando a saída dos quatro *flip-flops* é 1010, que é 10 em decimal, queremos que todos os *flip-flops* sejam zerados.

Isso pode ser feito com uma porta AND conectada a duas das saídas Q do *flip-flop*:

Vamos construir um relógio! 247

[Diagrama de quatro flip-flops conectados em série com Clk, Q, Q̄, Clr, D, com saída de período de 1 s e porta AND realimentando o Clr]

Período de 1 s

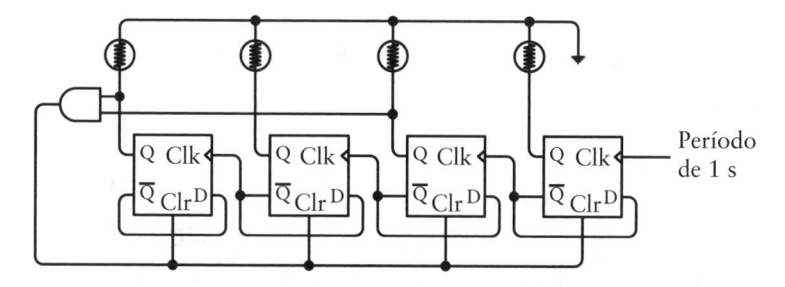

Na vida real, os transistores que compõem os *flip-flops* serão tão rápidos que você não verá a transição de 1010 para 0000. Assim que as saídas Q dos quatro *flip-flops* se tornam 1010, a saída da porta AND é 1, os *flip-flops* são limpos e voltam a ser zerados. Visualmente, será uma transição suave de 1001 para 0000:

```
0 0 0 0
0 0 0 1
0 0 1 0
0 0 1 1
0 1 0 0
0 1 0 1
0 1 1 0
0 1 1 1
1 0 0 0
1 0 0 1
0 0 0 0
...
```

Se você está um pouco desconfortável em usar as saídas de *flip-flop* para limpar os *flip-flop*s, suas preocupações não são completamente injustificadas. Existem maneiras melhores de fazer esse tipo de coisa, mas elas são um pouco mais complicadas. Se você estivesse construindo um relógio binário na vida real, também deveria estar ciente de que existem circuitos integrados chamados de **contadores de décadas**, que contam de 0000 a 1001 e, em seguida, retornam corretamente para 0000.

Agora estamos contando segundos de 0 a 9, e muito em breve você verá outro circuito para o dígito mais significativo dos segundos, que conta de 0 a 5. Quando as quatro luzes do dígito menos significativo retornam de 1001 para 0000, o dígito mais significativo deve aumentar em 1, o que significa que precisamos de um sinal que vá de 0 a 1 naquele momento.

A saída da porta AND poderia ser usada para essa finalidade, mas vamos adotar uma abordagem um pouco diferente, acrescentando uma porta NAND a este circuito:

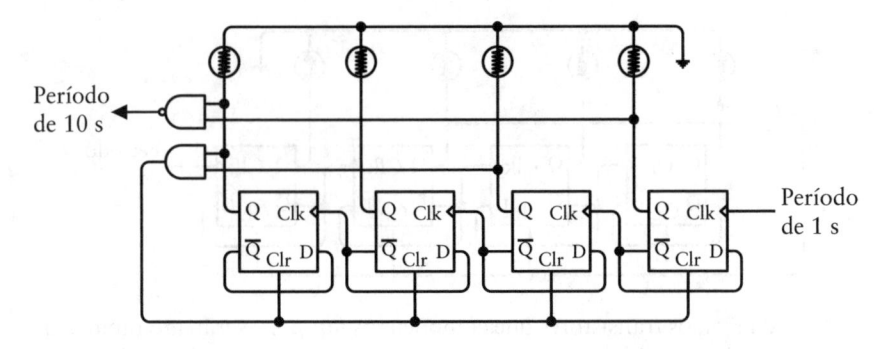

Lembre-se de que a saída de uma porta NAND é oposta a uma porta AND. A saída é normalmente 1, exceto quando as duas entradas são 1, caso em que a saída é 0. Essa porta NAND é conectada para que as duas entradas sejam 1 quando o número exibido for 1001, ou decimal 9. A saída da porta NAND se tornará 0 quando o número exibido for 1001 e, em seguida, voltará para 1. Isso acontecerá a cada 10 segundos, e essa transição de 0 para 1 pode ser uma entrada para outro *flip-flop* acionado por borda.

Este diagrama de temporização mostra o sinal de período de 1 segundo, as saídas Q de cada um dos quatro *flip-flops* (da direita para a esquerda) e o sinal de período de 10 segundos:

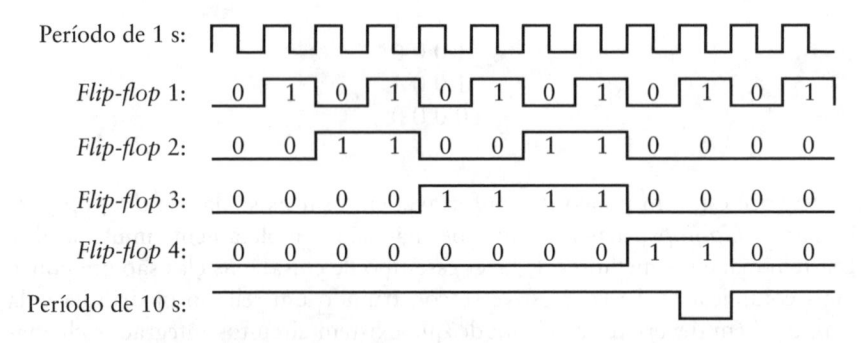

Se você girar o diagrama 90 graus no sentido horário, poderá ver que os quatro *flip-flops* contam de 0000 a 1001 e depois voltam ao início.

A saída dessa porta NAND é a entrada para o próximo estágio do relógio binário, que conta o dígito superior de segundos: 0, 1, 2, 3, 4 e 5. Esse estágio só precisa de três *flip-flops*, mas quando atinge 110 (decimal 6), todos os *flip-flops* precisam ser zerados:

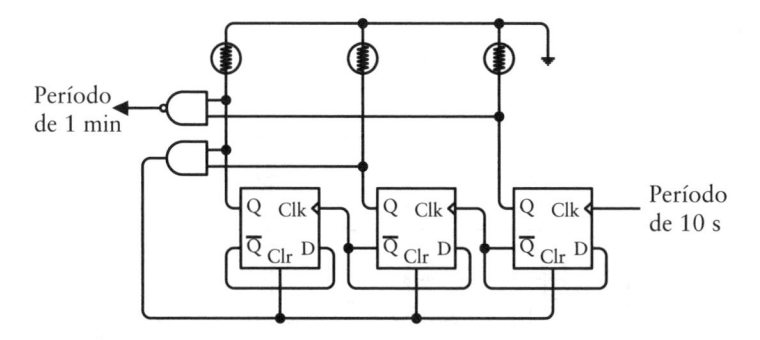

A saída da porta NAND nesse circuito torna-se 0 quando o número exibido é 101, ou decimal 5. Em combinação com os quatro *flip-flops* anteriores, o relógio está agora contando de 000 0000 a 101 1001, ou decimal 59, momento em que todos os sete *flip-flops* voltam para 0. Veja o diagrama de temporização para esses três *flip-flops*:

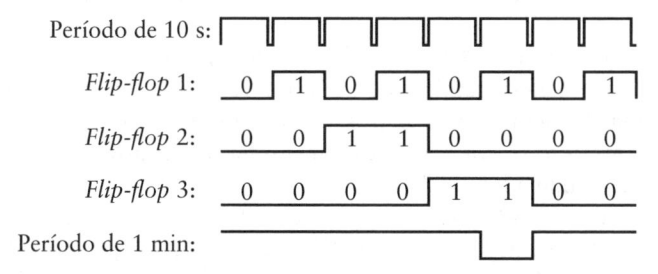

Novamente, gire o diagrama 90 graus no sentido horário para ver como os *flip-flops* contam de 000 a 101 e, em seguida, voltam ao início.

Agora temos um sinal com um período de 1 minuto. Podemos começar a contar minutos. Mais quatro *flip-flops* são configurados como os quatro anteriores para contar os minutos de 0 a 9:

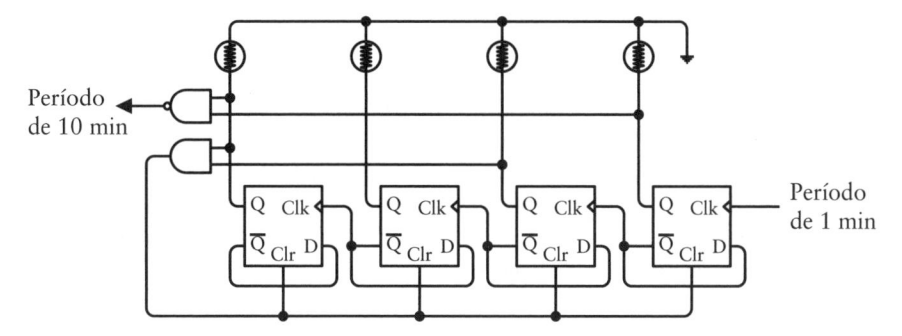

Essa saída de período de 10 minutos agora pode ser uma entrada para outro conjunto de três *flip-flops* para o dígito mais significativo dos minutos, que é exatamente como o dígito mais significativo dos segundos:

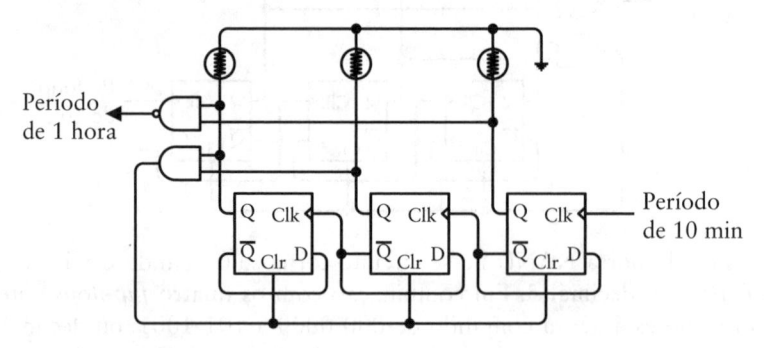

Período de 1 hora

Período de 10 min

Agora, quando parece que você está na reta final de construir um relógio binário inteiro, você pode começar a experimentar alguns presságios de desânimo.

Com um relógio de 24 horas, a hora começa em 0 e vai até 23, mas os países de língua inglesa geralmente usam um relógio de 12 horas, e isso gera um problema. A hora tem dois dígitos, como segundos e minutos, mas as horas não começam no zero. Por convenção, meio-dia ou meia-noite é uma hora de 12, e então a próxima hora é 1.

Vamos ignorar esse problema por enquanto. Vamos supor que, com um relógio de 12 horas, as horas são 0, 1, 2, 3, 4, 5, 6, 7, 8, 9, 10, 11 e depois voltam para 0, e que a hora 00:00:00 é o que chamamos de meia-noite ou meio-dia.

Contudo, ainda há outra peculiaridade com as horas: com segundos e minutos, limpar os dígitos menos significativos e limpar os dígitos mais significativos são independentes uns dos outros. O dígito menos significativo deve ser limpo quando atinge 1010 (decimal 10), e o dígito mais significativo deve ser limpo quando atinge 110 (decimal 6).

Com as horas, o dígito menos significativo também deve ser limpo quando atinge 1010. Essa é a transição de 9:59:59 para 10:00:00. No entanto, ambos os dígitos devem ser limpos quando o dígito mais significativo é 1 e o dígito menos significativo é 0010. Essa é a transição das 11:59:59 para meia-noite ou meio-dia, que representaremos temporariamente como 00:00:00.

Isso significa que os dígitos menos significativo e mais significativo da hora devem ser considerados juntos. Os cinco *flip-flops* aqui mostram como os dois dígitos podem ser limpos sob duas condições diferentes:

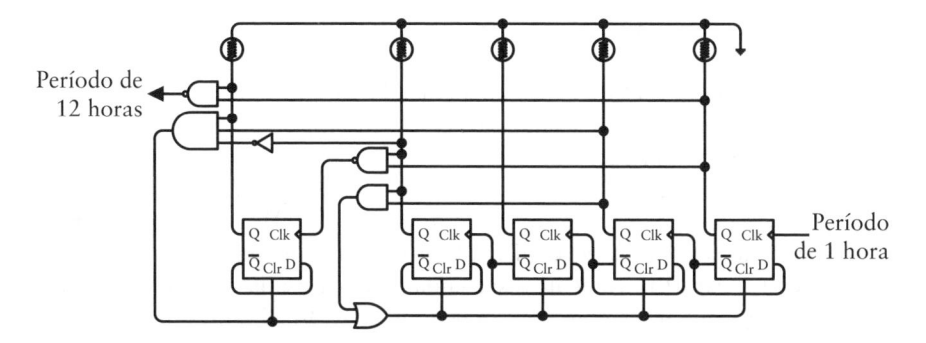

Os quatro *flip-flops* à direita são conectados de forma muito semelhante ao dígito menos significativo dos segundos e dos minutos. Uma porta AND limpa os *flip-flops* quando o número se torna 1010, e uma porta NAND produz um sinal que passa de 0 para 1 ao mesmo tempo.

No entanto, outra porta AND de três entradas à esquerda, perto do topo, determina quando o dígito mais significativo da hora é 1 e os dígitos menos significativos são 0010 (decimal 2), formando um valor BCD combinado de 12. Você pode pensar que deseja exibir 12 nesse momento, mas então você ficaria travado diante do problema de exibir o próximo valor como 1. Em vez disso, essa porta AND de três entradas limpa todos os cinco *flip-flops* para que a hora exibida seja 0.

Esse circuito exibe com sucesso horas em sequência de 0 a 11. Agora só precisamos corrigir um problema: quando as saídas Q de todos os *flip-flops* são 0, queremos que a hora exibida seja 12, ou 1 0010 em binário.

Isso pode ser feito com uma porta NOR de cinco entradas, mostrada aqui bem à direita:

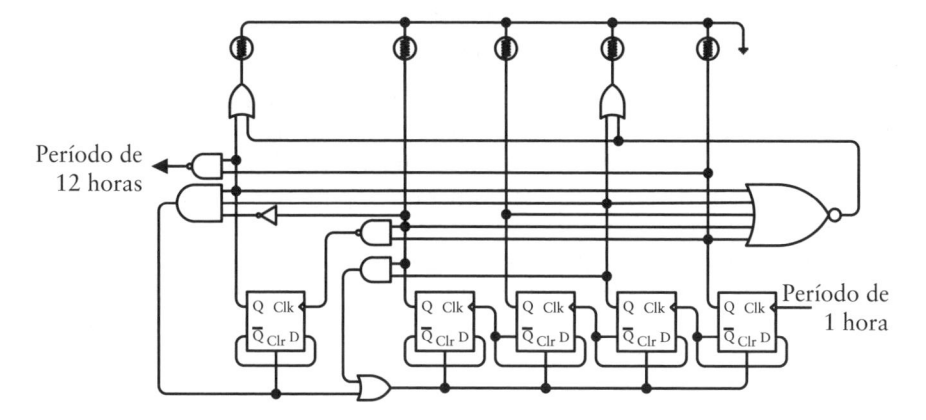

Lembre-se de que a saída de uma porta NOR é oposta a uma porta OR. A saída dessa porta NOR é 1 somente quando todas as cinco entradas são 0. A saída dessa porta NOR é então uma entrada para duas portas OR em dois dos dígitos. Assim, quando a saída dos cinco *flip-flops* é 0 0000, as luzes exibem 1 0010, ou 12 em decimal.

Eu ainda não mencionei a porta NAND bem à esquerda. A saída dessa porta é normalmente 1, exceto quando a hora é 1 0001, ou 11 em decimal. Nesta situação, a saída da porta NAND torna-se 0. Quando a hora não é mais 11, a saída vai para 1 novamente. Essa saída pode ser usada como entrada para outro *flip-flop*, que serve como um indicador de AM/PM (antes ou depois do meio-dia):

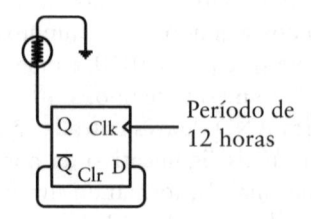

Período de 12 horas

O relógio binário completo, que combina todos os componentes que você viu, está disponível no *site* CodeHiddenLanguage.com.

Como você viu, cada um dos seis dígitos desse relógio usa uma porta NAND para gerar um sinal de relógio para o próximo dígito. A saída dessa porta NAND é normalmente 1, a menos que as duas entradas sejam 1. Isso ocasiona uma peculiaridade quando o relógio é iniciado pela primeira vez. Nesse momento, cada porta NAND terá uma saída de 1, que aciona a entrada de *Clock* do primeiro *flip-flop* do estágio seguinte. Quando o relógio for iniciado, a hora inicial estará definida como:

1:11:10

Isso é ótimo se essa for a hora exata em que você inicia o relógio; caso contrário, você pode querer ajustar o relógio para a hora atual.

Alguns relógios digitais obtêm a hora exata a partir da internet, de satélites GPS ou de sinais de rádio projetados para esse propósito. No entanto, para aqueles que exigem que a hora seja acertada manualmente, existem relógios com vários botões que devem ser manipulados de várias maneiras, talvez em uma sequência tão complexa que sejam necessárias instruções detalhadas.

Interagir com os seres humanos é sempre um desafio, por isso vamos implementar algo muito simples.

Os segundos, os minutos, e as horas do relógio binário são conectados da direita para a esquerda, conforme mostrado neste diagrama de blocos:

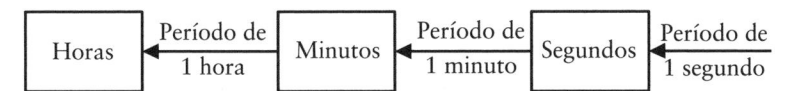

```
┌───────┐ Período de ┌─────────┐ Período de ┌──────────┐ Período de
│ Horas │◄───────────│ Minutos │◄───────────│ Segundos │◄───────────
└───────┘   1 hora   └─────────┘  1 minuto  └──────────┘  1 segundo
```

Vamos acrescentar dois botões a esse circuito. Pressionar o primeiro desses botões incrementará manualmente os minutos, e pressionar o segundo incrementará manualmente as horas. Essa abordagem não é uma solução ideal: se a hora exibida for 2:55 e você precisar configurá-la para 1:50, será necessário pressionar o botão de minutos 55 vezes e o botão de horas 11 vezes. No entanto, a simplicidade pode ser considerada uma vantagem aqui. Você não precisará de instruções detalhadas para acertar a hora.

Os minutos normalmente aumentam quando os segundos atingem 59 e então voltam para 00. Esse sinal, rotulado como "período de 1 minuto", é normalmente 1, mas torna-se 0 quando o dígito mais significativo dos segundos é 5. Da mesma forma, o sinal rotulado como "período de 1 hora" também é normalmente 1, mas muda para 0 quando o dígito mais significativo dos minutos é 5.

Queremos alterar esses dois sinais quando os botões para acertar a hora são pressionados. Por exemplo, se o sinal de "período de 1 minuto" for 1 (o que é a maior parte do tempo), pressionar o botão deve torná-lo 0 e soltá-lo deve deixá-lo voltar para 1. Da mesma forma, se o sinal for 0 (o que será se os segundos estiverem entre 50 e 59), pressionar esse botão deve fazer com que o sinal vá para 1, e liberar o botão deve permitir que ele volte para 0.

Em outras palavras, os botões para acertar a hora manualmente devem fazer com que esses sinais de "período de 1 minuto" e "período de 1 hora" sejam o oposto do que normalmente são.

Essa é uma das aplicações da porta OU exclusivo, ou XOR, que foi usada no Capítulo 14 para somar dois números. A saída da porta XOR é a mesma que a da porta OR, exceto quando ambas as entradas são 1:

XOR	0	1
0	0	1
1	1	0

Além de seu papel vital na adição, a porta XOR também pode inverter um sinal. Quando uma entrada é 0, a saída da porta XOR é a mesma que a outra entrada. Contudo, quando uma das entradas é 1, a saída é o oposto da outra entrada.

Usando portas XOR, adicionar botões para acertar a hora manualmente torna-se bastante simples:

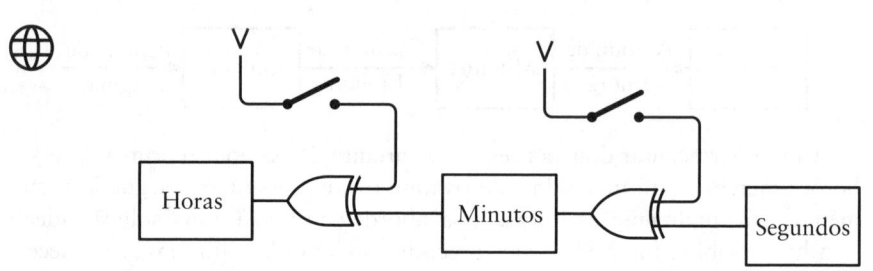

À medida que os segundos e minutos passam em um relógio binário, o efeito pode ser bastante hipnótico. A partir da década de 1970, relógios binários com luzes piscantes foram fabricados e vendidos como itens de novidade, muitas vezes com preços que não refletiam a simplicidade do circuito utilizado. No entanto, para as pessoas que desejam aprender números binários – ou, pelo menos, números decimais codificados binários –, eles têm algum valor educacional.

Para aqueles que preferem a exibição de dígitos decimais convencionais, existem alternativas. Uma das mais bonitas (em um sentido tecnologicamente retrô) é referida como "mostrador de cátodo frio" (*cold cathode display*), que é um tubo de vidro preenchido principalmente com neon. No interior estão fios sobrepostos em forma de números, e cada um deles está conectado a um dos 10 pinos na parte inferior, começando com 0 na lateral esquerda:

Outro pino, para a conexão ao terra, não aparece na figura. Também não é mostrada uma malha conectada a esse terra, que envolve todos esses fios.

Quando uma tensão é aplicada a um dos pinos, o neon em torno desse número brilha:

A Burroughs Corporation introduziu esse tipo de mostrador em tubo em 1955 e deu-lhe o nome de uma fada mitológica: tubo Nixie.

Você precisará de um desses tubos para cada um dos seis dígitos do mostrador de horas. Conceitualmente, usar um tubo Nixie é bastante fácil: você só precisa projetar circuitos que apliquem energia a um dos 10 pinos para iluminar esse número. No uso real, isso é um pouco mais difícil, porque é necessária mais potência do que geralmente está disponível nos transistores dos circuitos integrados. Circuitos especiais, referidos como *"drivers* para tubos Nixie", estão disponíveis para fornecer a corrente necessária.

O circuito digital para um tubo Nixie deve converter os números decimais codificados em binário, provenientes dos *flip-flops*, em sinais separados para cada um dos 10 pinos. Quando o número é 0000, você deseja um sinal para o primeiro pino, que representa o dígito 0. Quando o número é 0001, o sinal deve ativar o pino para o número 1, e quando o número é 1001, ele corresponde ao último pino, para o número 9.

Você já viu um circuito semelhante a esse no final do Capítulo 10, na página 114. Um número octal foi convertido em sinais para acender uma das oito lâmpadas. Vimos que tal circuito é chamado de decodificador, e aqui ele é expandido apenas um pouco para acomodar os números BCD. Este circuito é, portanto, chamado de **decodificador BCD,**

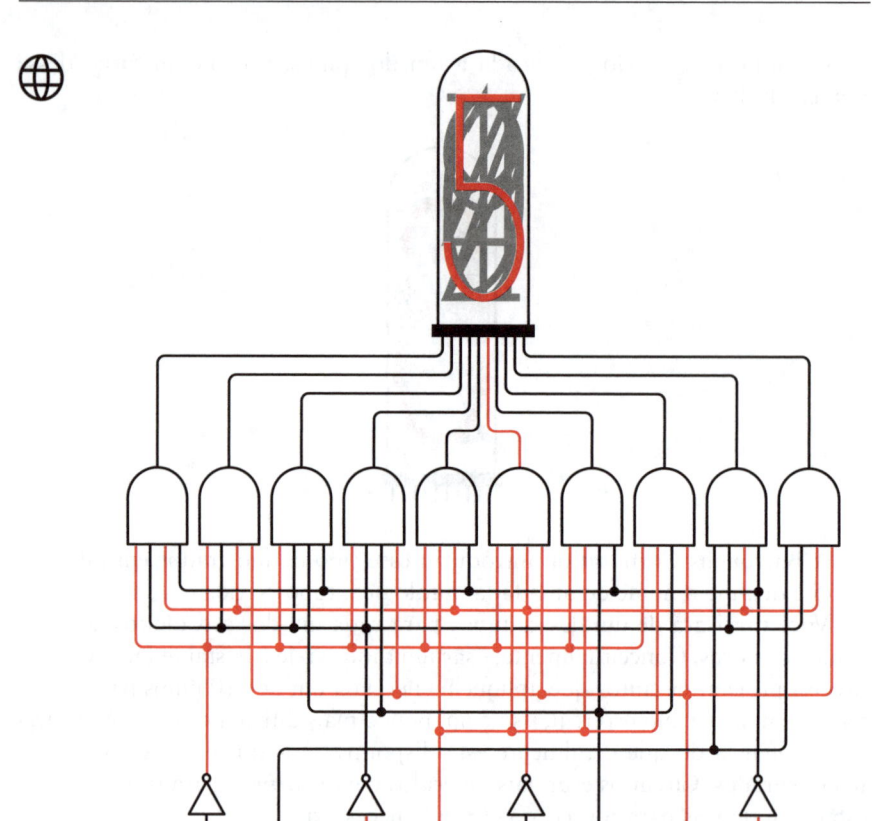

Decimal codificado em binário vindo de *flip-flops*

Eu sei que esse circuito parece insano, mas ele é extremamente metódico. O número BCD proveniente de quatro *flip-flops* está na parte inferior. Os fios vermelhos na figura indicam que esse número é atualmente 0101, o número binário para 5 em decimal. Cada um desses quatro sinais é invertido com um inversor, e várias combinações dos sinais originais e os sinais invertidos entram nas 10 portas AND de quatro entradas. Para a porta AND correspondente a 5, que é a porta AND logo à direita do centro, as quatro entradas, examinadas da direita para a esquerda, são:

- o *bit* BCD menos significativo (o mais à direita);
- o segundo *bit* BCD mais significativo, invertido;
- o próximo *bit* BCD mais significativo;
- o *bit* BCD mais significativo (o mais à esquerda), invertido.

Essas quatro entradas são todas 1 apenas para o número BCD 0101.

Uma abordagem mais comum para exibir números decimais é um mostrador de sete segmentos. Este consiste em sete luzes alongadas, dispostas em um padrão simples:

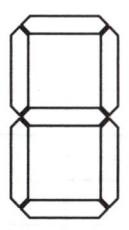

Quando esses mostradores são fabricados, geralmente há sete pinos na parte de trás, um para cada um dos sete segmentos. Um oitavo pino é para o terra. As tensões aplicadas às combinações desses sete pinos iluminam os segmentos apropriados para mostrar um dígito decimal específico:

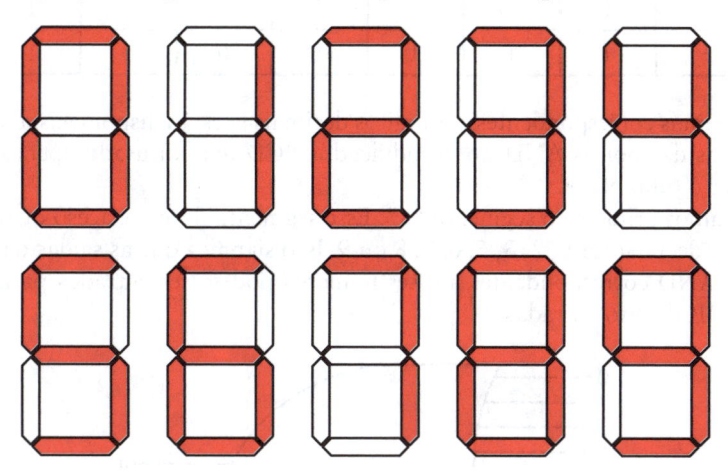

Para facilitar a ligação do mostrador com sete segmentos, cada um dos segmentos recebe uma letra de identificação:

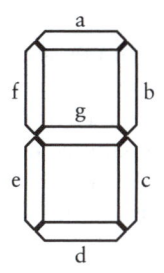

A tabela a seguir mostra quais segmentos devem ser acesos para cada dígito decimal de 0 a 9:

Dígito	a	b	c	d	e	f	g
0	1	1	1	1	1	1	0
1	0	1	1	0	0	0	0
2	1	1	0	1	1	0	1
3	1	1	1	1	0	0	1
4	0	1	1	0	0	1	1
5	1	0	1	1	0	1	1
6	1	0	1	1	1	1	1
7	1	1	1	0	0	0	0
8	1	1	1	1	1	1	1
9	1	1	1	1	0	1	1

Os sinais correspondentes aos dígitos decimais já estão disponíveis. Eles são as saídas das portas AND no decodificador BCD que foi usado apenas para acender o tubo Nixie.

Vejamos primeiro o segmento "a". Esse segmento deve ser aceso quando o número decimal for 0, 2, 3, 5, 6, 7, 8 ou 9. Isso significa que as saídas das oito portas AND correspondentes a esses números podem ser entradas para uma porta OR de oito entradas:

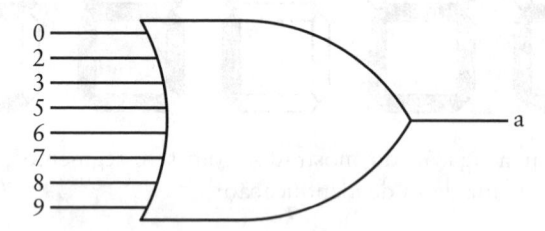

Você pode fazer algo semelhante para os segmentos de "b" até "g".

Ou então você pode procurar algo um pouco mais simples.

O segmento "a" é aceso para os números 0, 2, 3, 5, 6, 7, 8 ou 9, o que significa que ele **não** está iluminado para os números 1 e 4. Portanto, você pode usar as saídas das duas portas AND correspondentes a 1 e 4 como entradas para uma porta NOR de duas entradas típica:

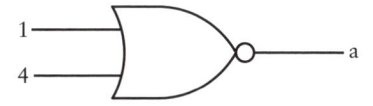

A saída dessa porta NOR é 1, exceto quando as entradas são os sinais 1 ou 4. Para esses dois números, o segmento superior **não** é iluminado.

Essas duas abordagens não são exatamente as mesmas. Pode haver momentos em que você deseja que a exibição de sete segmentos fique totalmente em branco, em vez de exibir um dígito decimal. Isso pode ser alcançado se **nenhum** dos 10 sinais das portas AND em um decodificador BCD for 1. A porta OR de oito entradas funcionaria corretamente nessa situação, mas a porta NOR de duas entradas continuaria a iluminar o segmento superior.

Se o mostrador de sete segmentos sempre estiver exibindo um dígito, um decodificador de sete segmentos poderá ser criado a partir de um decodificador BCD, conforme mostrado aqui:

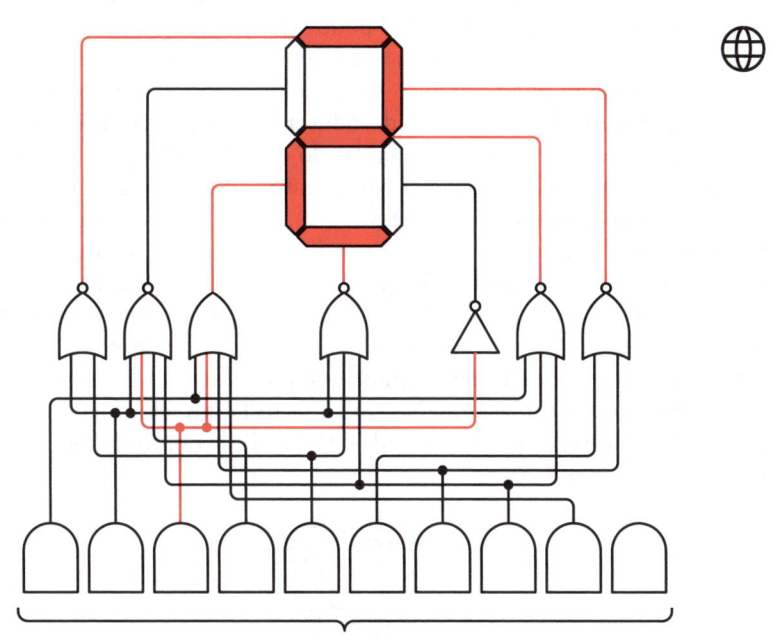

Portas AND vindas do decodificador BCD

Observe que as portas NOR são usadas para cinco dos segmentos, mas uma porta OR e um inversor podem ser usados para os outros dois.

Observe também que a porta AND bem à direita não está conectada a algo. Essa porta AND está associada à exibição do dígito 9, e todos os segmentos desse dígito são iluminados pelas portas NOR e pelo inversor.

Os mostradores de sete segmentos também podem ser conectados para exibir os dígitos adicionais de números hexadecimais, mas você precisará de alguma maneira de distinguir o hexadecimal B de um 8 e um D hexadecimal de um 0. Uma solução possível requer a mistura de maiúsculas e minúsculas. Aqui estão as letras A, b, C, d, E, F:

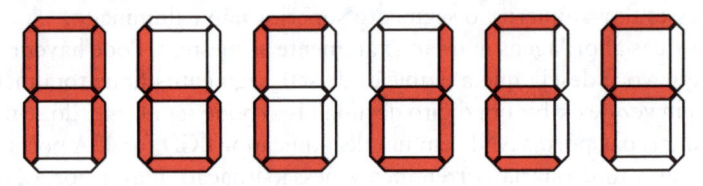

Para representar todas as 26 letras, você precisaria de mais alguns segmentos, incluindo segmentos diagonais. As soluções comuns usam mostradores de 14 segmentos e mostradores de 16 segmentos.

Você pode se perguntar se precisará de circuitos de decodificação para cada dígito que você precisar exibir. Você pode fazer isso se quiser, mas, para reduzir a quantidade de circuitos, existem alternativas. Uma técnica denominada **multiplexação** permite que o circuito de decodificação seja compartilhado entre vários dígitos. As entradas para o decodificador podem ser rapidamente deslocadas entre diferentes fontes, e as saídas do decodificador podem ir para todos os mostradores simultaneamente. No entanto, em sincronismo com o deslocamento do decodificador entre várias fontes, apenas um mostrador é aterrado. Em cada instante, apenas um dígito é iluminado, mas a mudança entre os mostradores acontece tão rápido que geralmente não é perceptível.

Outra abordagem para exibir números e letras é chamada de **matriz de pontos**, que é uma coleção de luzes redondas dispostas horizontal e verticalmente em uma grade. A menor grade que pode lidar com todos os números, pontuação e letras não acentuadas do alfabeto latino tem cinco pontos de largura e sete pontos de altura, chamada de "matriz de pontos 5 por 7", mostrada aqui exibindo o número 3:

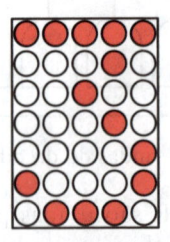

Você pode pensar que essas pequenas luzes podem ser controladas de forma independente usando a técnica mostrada anteriormente para a exibição de sete segmentos, mas isso não funcionaria bem. Existem 35 dessas pequenas luzes, e desligá-las e ligá-las individualmente exigiria muitos circuitos. Em vez disso, é usada uma abordagem diferente.

Essas 35 luzes são **diodos emissores de luz**, ou LEDs (*light-emitting diodes*). Os diodos são pequenos componentes elétricos cujo símbolo é este:

Os diodos permitem que a corrente elétrica flua em apenas um sentido – nesse caso, da esquerda para a direita. A linha vertical à direita simboliza como o diodo bloqueia a corrente que, de outra forma, fluiria da direita para a esquerda.

Um diodo emissor de luz é um diodo que irradia fótons à medida que a corrente flui. Esses fótons são registrados em nossos olhos como luz. Os LEDs são comumente simbolizados como diodos, mas com pequenas setas representando raios de luz:

Nas últimas décadas, como os LEDs se tornaram mais brilhantes e mais baratos, eles passaram a iluminar as nossas casas com menos eletricidade e menos calor do que outros tipos de lâmpadas.

Os 35 LEDs que compõem a matriz de pontos 5 por 7 de um mostrador são conectados assim:

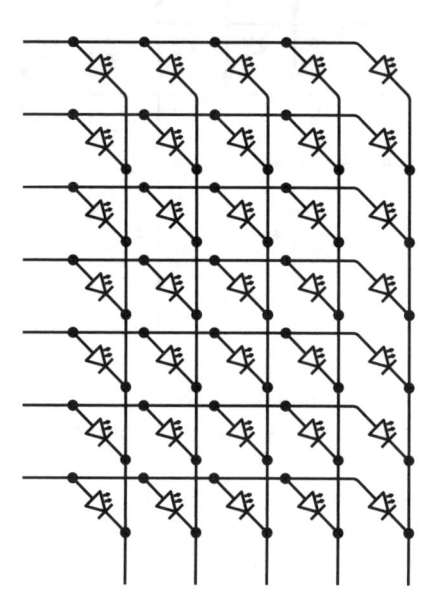

Cada LED está na interseção de uma linha e uma coluna. Em cada linha de LEDs, as entradas de diodo são conectadas; em cada coluna, as saídas são conectadas. (Um esquema alternativo é que as entradas sejam conectadas em colunas e as saídas sejam conectadas em linhas, mas não há diferença substancial em como o esquema funciona em geral.)

Essa organização reduz o número de conexões de 35 para apenas 12 para as sete linhas e cinco colunas.

A desvantagem é que você pode iluminar apenas uma linha ou uma coluna de luzes de cada vez. A princípio, isso parece horrivelmente restritivo, mas há um truque: se as linhas e colunas da matriz de pontos forem exibidas em sequência muito rapidamente, parecerá que o mostrador inteiro está iluminado de uma só vez.

Veja como o número 3 é exibido pela matriz de pontos. Na coluna mais à esquerda, duas luzes estão acesas: a luz no topo e a segunda de baixo para cima. Isso pode ser feito fornecendo tensão para essas duas linhas e fornecendo aterramento para a primeira coluna, da seguinte forma:

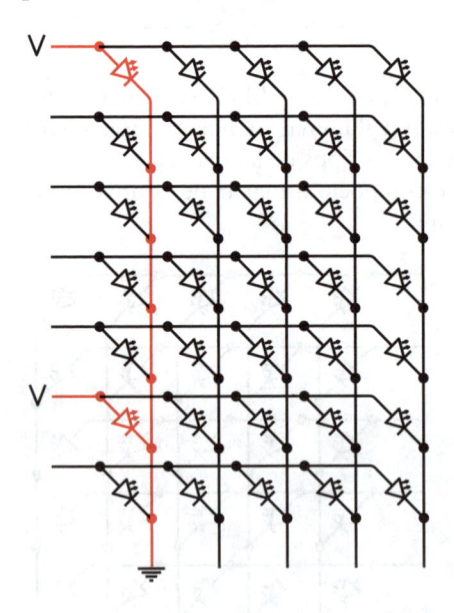

Se você rastrear todas as conexões possíveis desde as tensões até o terra, verá que os diodos proíbem todos os outros caminhos, exceto aqueles para as duas luzes iluminadas.

Para a segunda coluna de luzes para o número 3, as luzes superior e inferior são acesas. Para conseguir isso, aplique tensões a essas duas linhas e forneça aterramento para a segunda coluna:

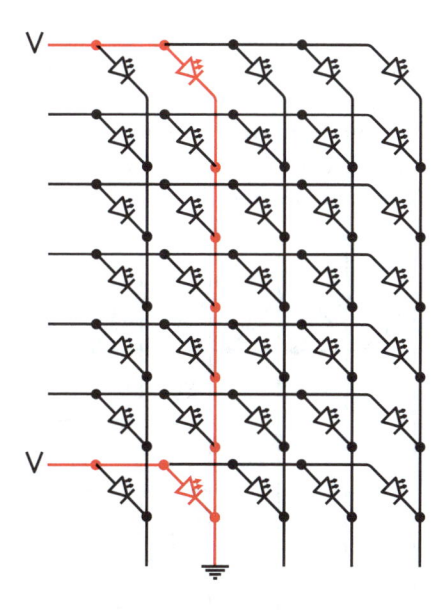

As outras colunas funcionam de forma semelhante. Para a coluna mais à direita do número 3, três luzes devem ser acesas. Aplique tensões a essas linhas e forneça aterramento nessa coluna:

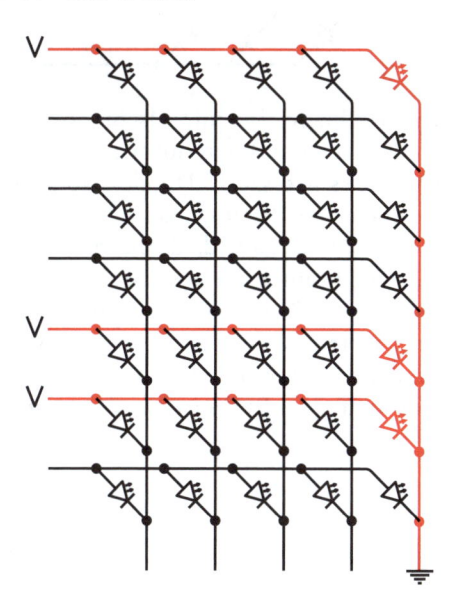

Agora precisamos encontrar uma maneira de automatizar o processo de fornecimento de tensões para as linhas da matriz de pontos e de fornecimento de terra para uma das colunas.

Novamente, os diodos podem nos socorrer com isso – mas apenas diodos simples, não os da variedade emissora de luz. Veja como conectar alguns diodos para que se assemelhem ao número 3:

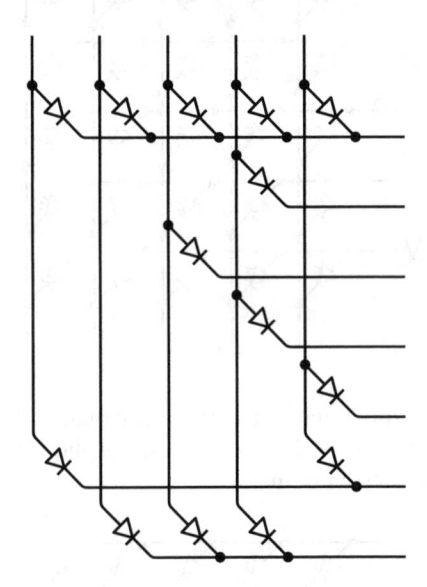

Você consegue ver o número 3 aqui? Os diodos correspondem exatamente às luzes iluminadas mostradas anteriormente, que exibem o número 3. No entanto, novamente, esses não são LEDs; eles são apenas diodos comuns. O número 3 está basicamente codificado nessa coleção de diodos conectados.

Essa configuração de diodos é chamada de **matriz de diodos**. Ela está armazenando informações, especificamente a posição das luzes que devem ser iluminadas para exibir o número 3. Por isso, essa matriz de diodos também é considerada um tipo de "memória". Como o conteúdo dessa matriz de diodos não pode ser alterado sem religar os diodos, ela é mais precisamente chamada de **memória somente de leitura**, ou ROM (*read-only memory*).

Essa ROM de matriz de diodos pode ajudar a exibir o número 3 em um mostrador de LEDs de matriz de pontos. Observe os fios correspondentes a cada coluna na parte superior. Eles correspondem às cinco colunas da exibição da matriz de pontos. O diagrama a seguir mostra a tensão sendo fornecida ao primeiro fio vertical à esquerda:

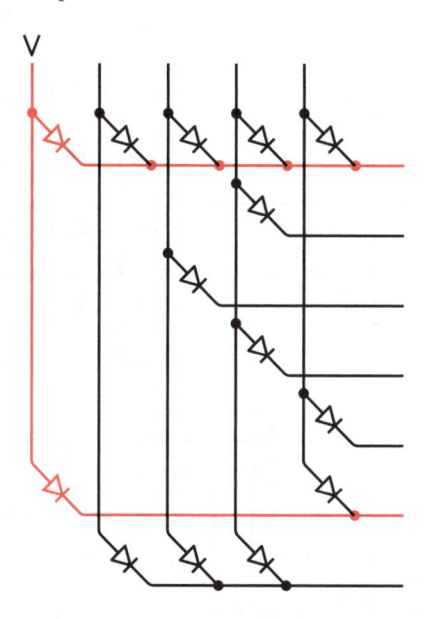

Devido à disposição dos diodos, duas linhas com tensão estão disponíveis à direita. Elas correspondem às luzes que devem ser acesas na primeira coluna do LED para o número 3.

Ao aplicar tensões sucessivamente (e rapidamente) às colunas restantes, todas as combinações de tensões para os LEDs do mostrador de matriz de pontos podem ser geradas.

O diagrama a seguir mostra a ROM de matriz de diodos e o mostrador de matriz de pontos conectados em conjunto e com alguns circuitos de suporte. A ROM de matriz de diodos está ligeiramente reorientada a partir da que você acabou de ver, mas é funcionalmente a mesma:

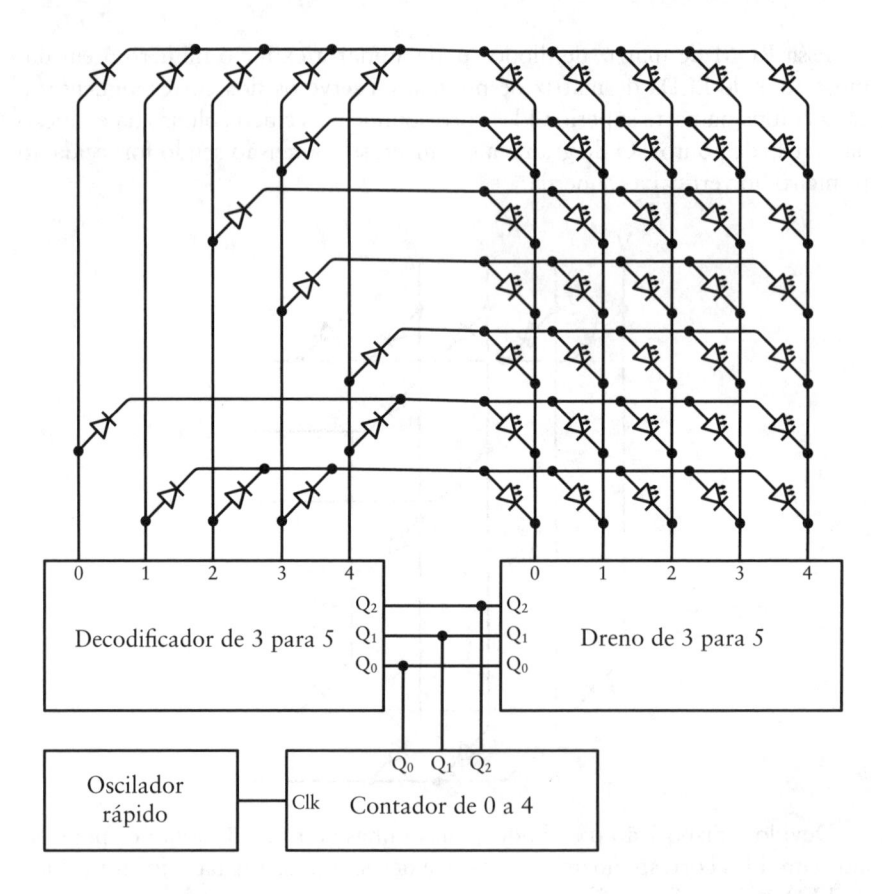

[Diagrama: matriz de LEDs 5×5 conectada a "Decodificador de 3 para 5" (saídas 0–4, entradas Q_2, Q_1, Q_0) e "Dreno de 3 para 5" (saídas 0–4, entradas Q_2, Q_1, Q_0). Abaixo: "Oscilador rápido" conectado ao Clk de um "Contador de 0 a 4" com saídas Q_0, Q_1, Q_2.]

Comece a examinar esse circuito no canto inferior esquerdo: precisamos de um oscilador rápido o suficiente para ligar e desligar as luzes tão rapidamente que o sistema visual humano nem perceba. Esse oscilador é uma entrada para um contador construído a partir de três *flip-flops*. Você já viu circuitos como este antes:

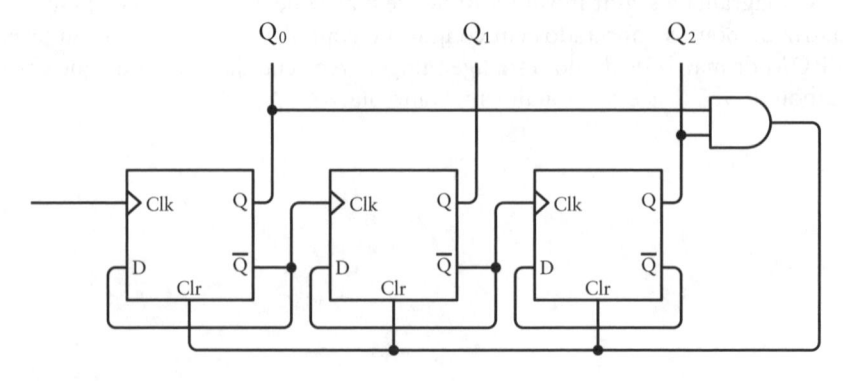

[Diagrama: três flip-flops em cascata com saídas Q_0, Q_1, Q_2, cada um com entradas Clk, D, saídas Q, $\overline{Q}$ e Clr, com uma porta AND realimentando o Clr.]

Isso é semelhante aos contadores usados no relógio, mas ele só conta de 0 a 4, ou, em binário, 000, 001, 010, 011 e 100. Quando atinge 101, a porta AND limpa os três *flip-flops* de volta para 0.

Esses números binários são entradas para o decodificador de 3 para 5 mostrado à esquerda. Essa é uma versão reduzida do decodificador de 3 para 8 mostrado na página 114 do Capítulo 10 e do decodificador BCD mostrado anteriormente neste capítulo. Ele teve partes removidas porque só precisa decodificar números binários de três dígitos, de 000 a 100, para um dos cinco sinais:

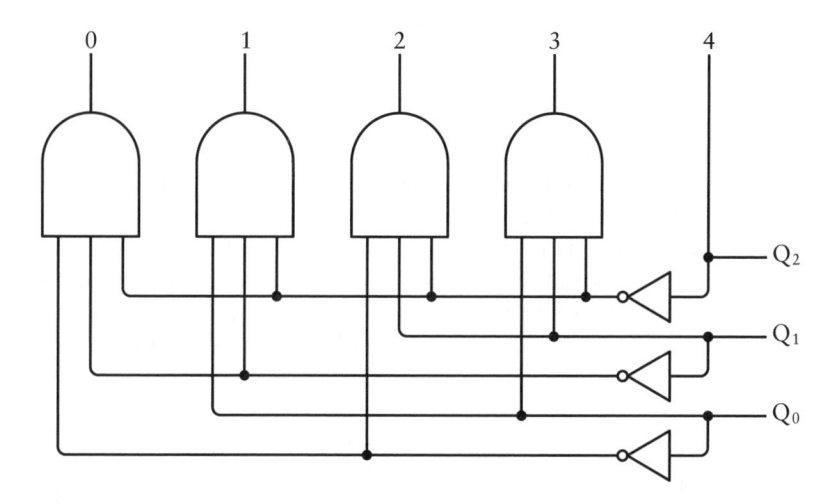

Como o número binário de três dígitos conta de 000 a 100, as saídas do decodificador são sucessivamente 0, 1, 2, 3, 4 e, em seguida, de volta a 0 para o próximo ciclo. Observe que a saída rotulada como 4 não requer uma porta AND, porque Q_2 é 1 somente quando o número binário é 100, ou 4 em decimal.

Essas cinco saídas, de 0 a 4, correspondem às cinco colunas da ROM da matriz de diodos à esquerda do diagrama grande, que então fornecem tensões para as sete linhas do mostrador de matriz de pontos à direita. Na vida real, resistores seriam inseridos entre a matriz de diodos e o mostrador de matriz de pontos, a fim de limitar a corrente e evitar a queima dos LEDs.

As tensões então descem para uma caixa misteriosamente rotulada como "Dreno de 3 para 5", que é o único componente novo desse circuito.

Precisamos de algo nesse circuito que é um tanto incomum. Em sincronismo com os cinco sinais que sobem através da matriz de diodos, precisamos de alguma maneira de conectar uma das cinco colunas do mostrador de matriz de pontos ao terra. Ao longo de todo este livro, construímos circuitos e portas lógicas que fornecem tensão. Tais circuitos podem ser descritos como **fontes** de corrente. No entanto, agora precisamos do oposto. Precisamos de algo que **drene** a corrente, algo que a conecte ao terra de maneira automatizada.

Vamos usar os transistores que aprendemos no Capítulo 15. Aqui está um (pelo menos em sua forma simbólica):

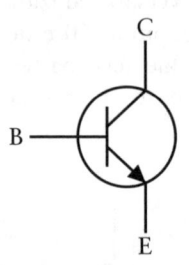

As três letras significam base, coletor e emissor. Uma corrente aplicada à base permitirá que a corrente flua do coletor para o emissor, o que significa que podemos conectar o emissor ao terra.

O dreno de 3 para 5 na parte inferior do diagrama grande é extremamente semelhante ao decodificador de 3 para 5. Na verdade, o mesmo circuito pode ser usado para ambos. A única diferença é que as saídas das portas AND na parte superior (e a entrada Q_2) estão conectadas às entradas da base de cinco transistores:

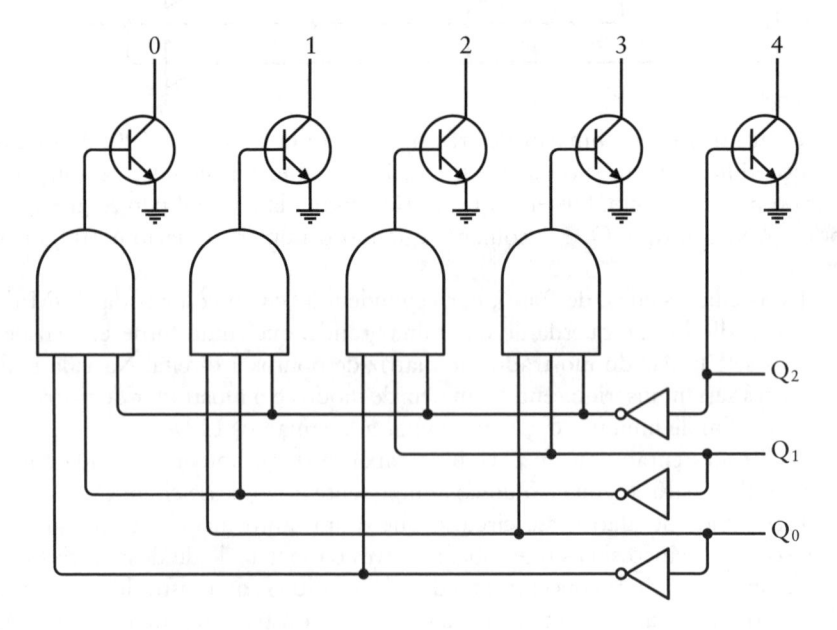

As correntes que descem através das cinco colunas do mostrador de matriz de pontos são então sucessivamente conectadas ao terra por esses transistores.

Agora temos um circuito completo que mostrará o número 3 em um mostrador de matriz de pontos. Claro, isso não é bem o que queremos. Assim como no tubo Nixie e no mostrador de sete segmentos, queremos que esse circuito exiba os dígitos de 0 a 9 provenientes do relógio. Isso requer expandir a matriz de diodos com os outros nove dígitos e, em seguida, implementar outro nível de seleção usando o decodificador BCD.

Uma versão animada desse circuito, exibindo os dígitos de 0 a 9, está disponível no *site* CodeHiddenLanguage.com.

No entanto, por mais divertido que seja mostrar dígitos animados correspondentes a números binários, o objetivo deste livro não é construir um relógio.

19
Uma montagem de memória

Quando nos despertamos do sono a cada manhã, a memória preenche os espaços em branco. Lembramo-nos de onde estamos, o que fizemos no dia anterior e o que planejamos fazer hoje. Essas lembranças podem vir rapidamente ou mais devagar e, talvez depois de alguns minutos, alguns lapsos possam persistir ("Engraçado, não me lembro de ter ido dormir de meias."), mas, no geral, normalmente podemos remontar nossas vidas e alcançar continuidade suficiente para começar outro dia.

É claro que a memória humana não é muito ordenada. Tente se lembrar de algo sobre a geometria do ensino médio e é provável que você comece a pensar no dia em que houve um simulado de incêndio justamente quando o professor estava prestes a explicar o que o QED* significava.

A memória humana também não é infalível. Inclusive, a escrita provavelmente foi inventada especificamente para compensar as falhas de nossa memória.

Escrevemos e, mais tarde, **lemos**. Nós **guardamos** e depois **recuperamos**. **Armazenamos** e depois **acessamos**. A função da memória é manter a informação intacta entre esses dois eventos. Sempre que armazenamos informações, estamos usando diferentes tipos de memória. Apenas no século passado, a mídia para armazenar informações incluía papel, discos de plástico e fita magnética, bem como vários tipos de memória de computador.

Até mesmo os relés do telégrafo – quando montados em portas lógicas e, em seguida, em *flip-flops* – podem armazenar informações. Como vimos, um *flip-flop* é capaz de armazenar 1 *bit*. Isso não é muita informação, mas é um começo. Afinal, sabendo como armazenar 1 *bit*, podemos facilmente armazenar 2, 3 ou mais.

Na página 224 do Capítulo 17, você encontrou o *flip-flop* do tipo D acionado por nível, que é feito de um inversor, duas portas AND e duas portas NOR:

---

* N. de R.T.: QED, em português frequentemente usada como "c.q.d.", é uma abreviação vinda do latim "*quod erat demonstrandum*". Esta notação é normalmente usada ao final de uma prova matemática para indicar que esta foi completada.

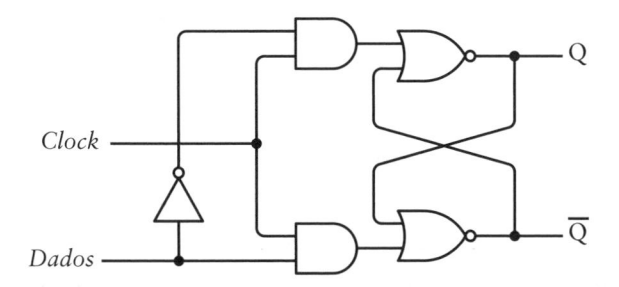

Quando a entrada de *Clock* é 1, a saída Q é a mesma que a entrada de Dados. No entanto, quando a entrada de *Clock* vai para 0, a saída Q mantém o último valor da entrada de Dados. Outras alterações na entrada de Dados não afetam as saídas até que a entrada de *Clock* vá para 1 novamente.

No Capítulo 17, esse *flip-flop* foi apresentado em alguns circuitos diferentes, mas neste capítulo ele geralmente será usado de apenas uma maneira: para armazenar 1 *bit* de informação. Por isso, vou renomear as entradas e as saídas para que estejam mais de acordo com esse propósito:

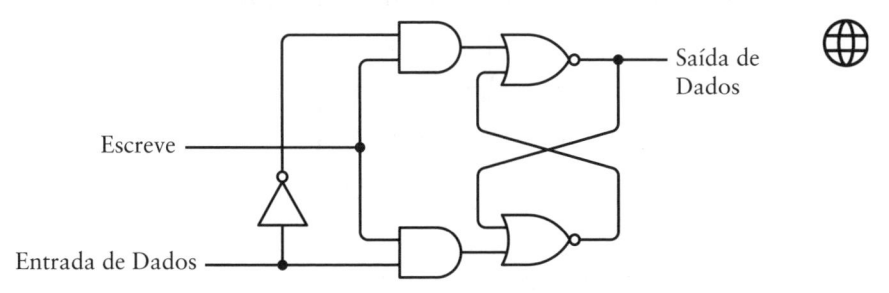

Esse é o mesmo *flip-flop*, mas agora a saída Q é chamada de Saída de Dados (em inglês, *Data Out*), e a entrada de *Clock*, que começou no Capítulo 17 como "Mantenha esse *bit*", é chamada de Escreve (em inglês, *Write*). Assim como podemos escrever algumas informações no papel, o sinal Escreve faz com que o sinal na Entrada de Dados seja escrito ou armazenado no circuito. Normalmente, a entrada Escreve é 0 e o sinal na Entrada de Dados não tem efeito sobre a saída, mas sempre que quisermos armazenar 1 *bit* de dados no *flip-flop* fazemos a entrada Escreve igual a 1 e depois 0 novamente, como mostrado nesta tabela lógica com as entradas e saídas abreviadas como DI (para Entrada de Dados*), W (para Escreve) e DO (para Saída de Dados):

---

* N. de R.T.: Você pode pensar em "Ingresso de Dados" para facilitar a associação.

Entradas		Saída
DI	W	DO
0	1	0
1	1	1
X	0	DO

Como mencionei no Capítulo 17, esse tipo de circuito também é chamado de *latch*, porque "se apossa dos dados, e os mantêm guardados". Mas neste capítulo vamos chamá-lo de **memória**. Veja como poderíamos representar 1 *bit* de memória sem desenhar todos os componentes individuais:

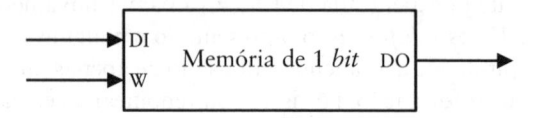

Ou então ela pode ser orientada desta forma, se preferir:

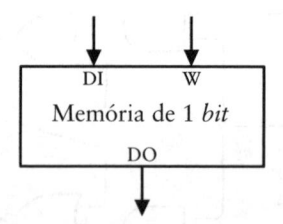

O posicionamento das entradas e saídas não importa.

Claro, 1 *bit* de memória não é muito, mas é bastante fácil montar um *byte* inteiro de memória conectando 8 *bits* de memória. Tudo o que você precisa fazer é conectar as oito linhas que conduzem o sinal Escreve:

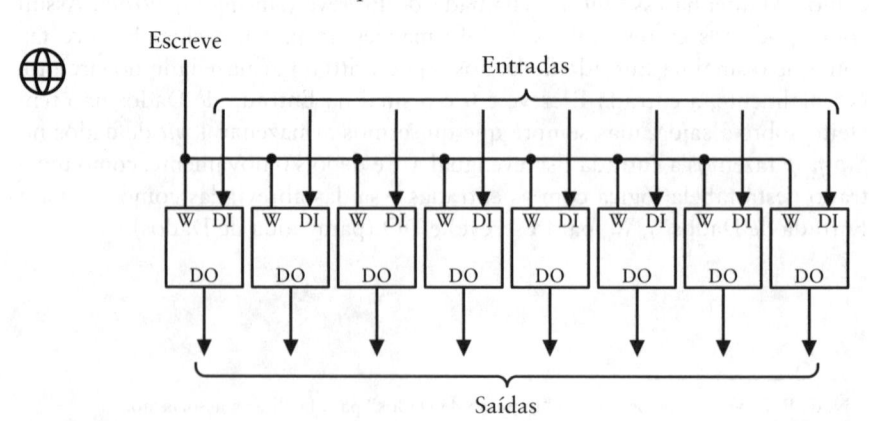

Essa memória de 8 *bits* tem oito entradas e oito saídas, bem como uma entrada isolada chamada Escreve, que normalmente é 0. Para salvar um *byte* na memória, faça a entrada Escreve igual a 1 e, em seguida, 0 novamente. Esse circuito também pode ser desenhado como uma única caixa, assim:

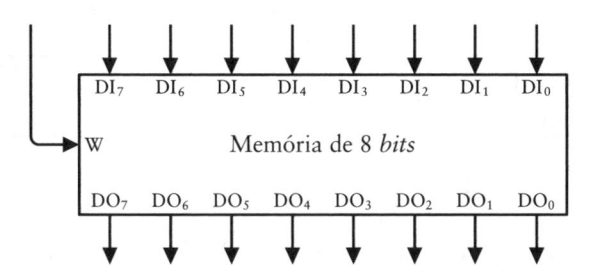

```
      ↓   ↓   ↓   ↓   ↓   ↓   ↓   ↓
    ┌────────────────────────────────┐
    │ DI₇ DI₆ DI₅ DI₄ DI₃ DI₂ DI₁ DI₀│
  → W        Memória de 8 bits       │
    │ DO₇ DO₆ DO₅ DO₄ DO₃ DO₂ DO₁ DO₀│
    └────────────────────────────────┘
      ↓   ↓   ↓   ↓   ↓   ↓   ↓   ↓
```

Como de costume, os índices diferenciam os 8 *bits*. Um índice 0 indica o *bit* menos significativo, e um índice 7 corresponde ao *bit* mais significativo.

Para ser mais consistente com a memória de 1 *bit*, a memória de 8 *bits* pode ser representada usando caminhos de dados de 8 *bits* para a entrada e a saída:

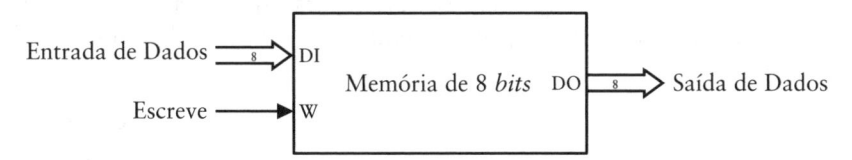

```
Entrada de Dados ══8══▶ DI
                        Memória de 8 bits  DO ══8══▶ Saída de Dados
Escreve ──────────▶ W
```

Há outra maneira de montar oito *flip-flops*, mas não é tão simples quanto essa. Suponha que queremos apenas um sinal na Entrada de Dados e um sinal na Saída de Dados. No entanto, queremos a capacidade de salvar o valor do sinal na Entrada de Dados em oito momentos diferentes durante o dia, ou talvez oito vezes diferentes durante o próximo minuto. Também queremos a capacidade de ler mais tarde esses oito valores observando apenas um sinal na Saída de Dados.

Em outras palavras, em vez de salvar um valor de 8 *bits*, queremos salvar oito valores separados de 1 *bit*.

O armazenamento de oito valores separados de 1 *bit* envolve circuitos mais complexos, mas simplifica a memória de outras maneiras: se você contar as conexões necessárias para a memória de 8 *bits*, encontrará um total de 17. Quando oito valores separados de 1 *bit* são armazenados, as conexões são reduzidas a apenas seis.

Vejamos como isso funciona.

Ao armazenar oito valores de 1 *bit*, oito *flip-flops* ainda são necessários, mas, ao contrário da configuração anterior, as Entradas de Dados estão todas conectadas, enquanto os sinais Escreve estão separados:

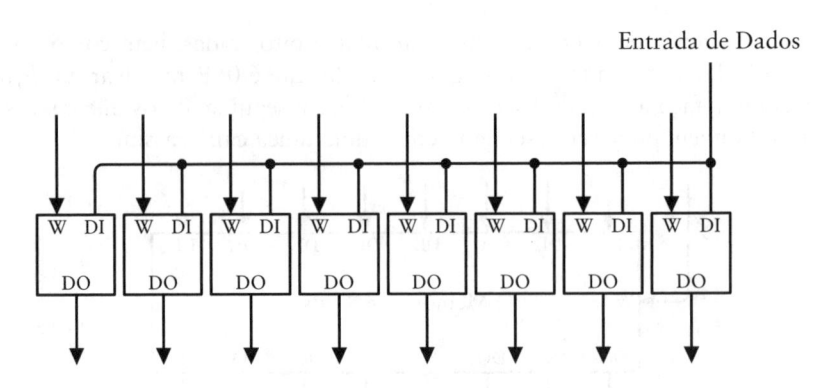

Embora todos os sinais de Entradas de Dados estejam conectados, isso não implica que todos os *flip-flops* armazenarão o mesmo valor na Entrada de Dados. Os sinais Escreve estão separados, portanto um *flip-flop* específico armazenará o valor da Entrada de Dados somente quando o sinal Escreve correspondente se tornar 1. O valor que o *flip-flop* armazena é o valor na Entrada de Dados naquele momento.

Em vez de manipular oito sinais Escreve separados, podemos ter um sinal Escreve e administrar qual *flip-flop* ele controla usando um "decodificador de 3 para 8":

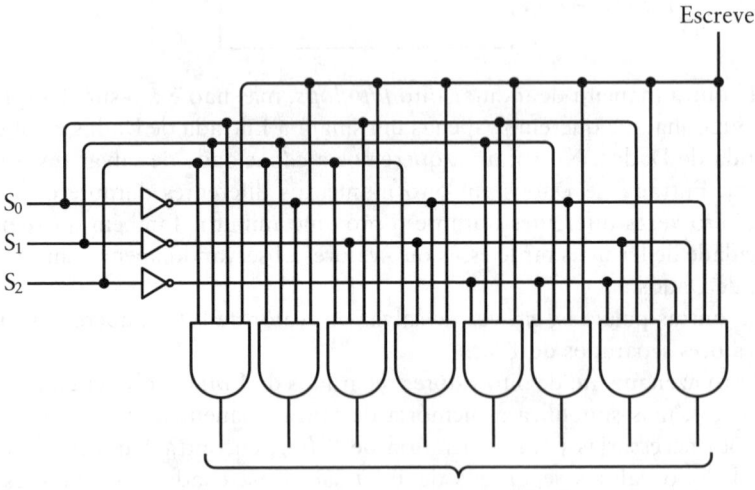

Você já viu circuitos semelhantes a isso antes: na página 114, próximo ao final do Capítulo 10, você viu um circuito que permitia especificar um número octal usando três chaves, em que cada uma das oito portas AND estava conectada a uma lâmpada. Dependendo do número octal que você especificasse, uma (e apenas uma) das oito lâmpadas acenderia. No Capítulo 18, circuitos semelhantes foram fundamentais para a exibição de dígitos de um relógio.

Os sinais S_0, S_1 e S_2 significam Seleção. As entradas para cada porta AND recebem um de cada um desses sinais de Seleção ou seus inversos. Esse decodificador de 3 para 8 é um pouco mais versátil do que o do Capítulo 10, porque um sinal Escreve é combinado com as entradas S_0, S_1 e S_2. Se o sinal Escreve for 0, todas as portas AND terão saídas 0. Se o sinal Escreve for 1, uma e apenas uma porta AND terá saída igual a 1, dependendo dos sinais S_0, S_1 e S_2.

Os sinais Saídas de Dados dos oito *flip-flops* podem ser entradas para um circuito chamado de "seletor de 8 para 1", que seleciona efetivamente um dos oito sinais nas Saídas de Dados dos *flip-flops*:

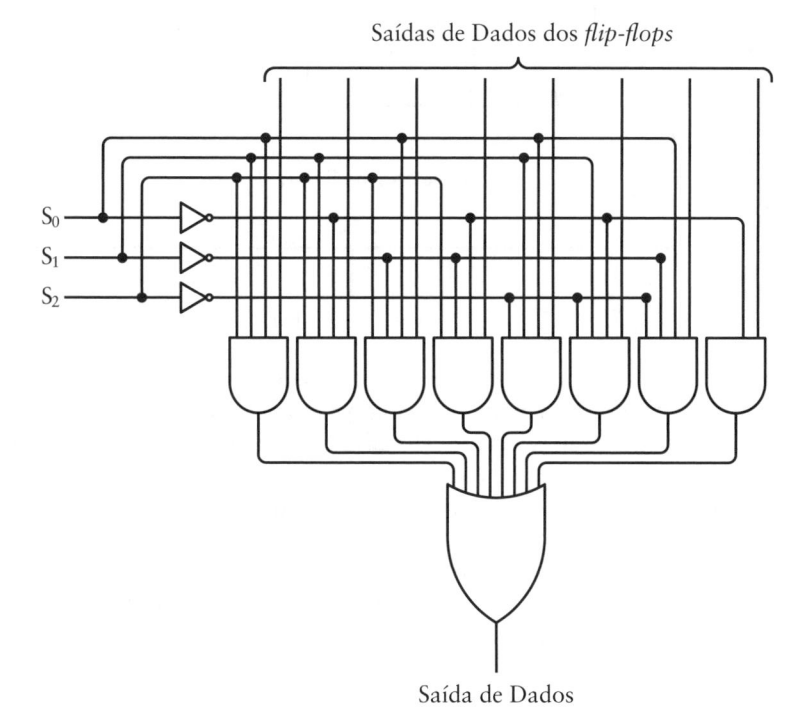

Novamente, três sinais de Seleção e seus inversos são entradas para as oito portas AND. Com base nos sinais S_0, S_1 e S_2, uma e apenas uma porta AND pode ter saída 1. Mas observe que os sinais nas Saídas de Dados dos *flip-flops* também alimentam as oito portas AND. Assim, a saída da porta AND selecionada será o sinal da Saída de Dados correspondente vindo dos *flip-flops*. Uma porta OR de oito entradas fornece o sinal Saída de Dados final selecionado entre os oito.

O decodificador de 3 para 8 e o seletor de 8 para 1 podem ser combinados com os oito *flip-flops* desta forma:

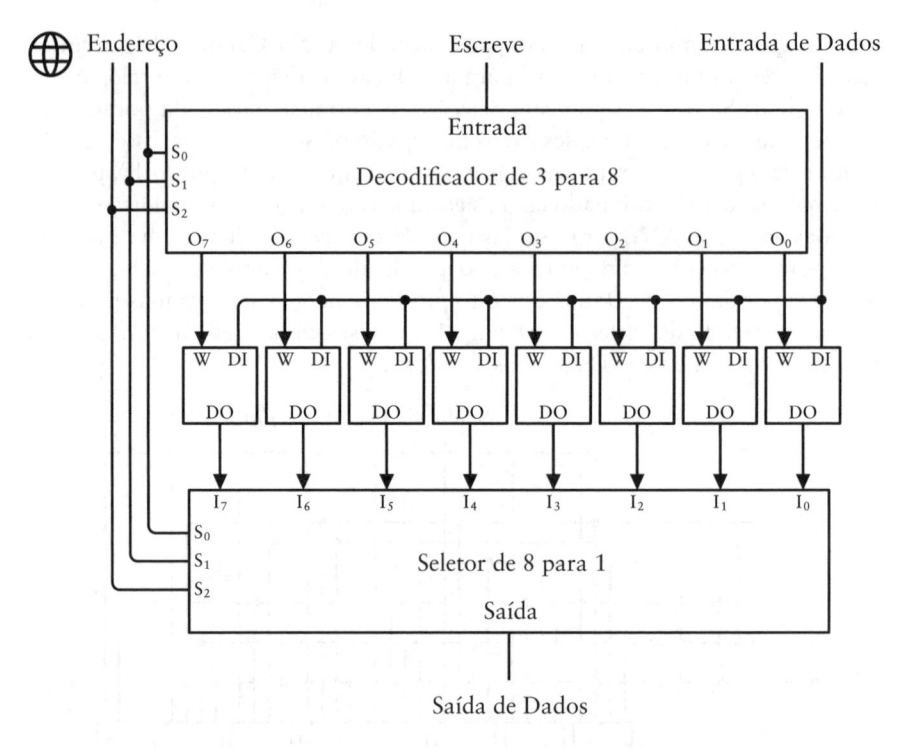

```
         Endereço                    Escreve              Entrada de Dados
            │││                          │                        │
     ┌──────┼┼┼──────────────────────────┼────────────────────────┼──────┐
     │      │││   S₀                  Entrada                            │
     │      ││└──                                                        │
     │      │└───  S₁     Decodificador de 3 para 8                      │
     │      └────  S₂                                                    │
     │       O₇   O₆   O₅   O₄   O₃   O₂   O₁   O₀                       │
     └───────┼────┼────┼────┼────┼────┼────┼────┼───────────────────────┘
             ▼    ▼    ▼    ▼    ▼    ▼    ▼    ▼
           ┌───┬──┬───┬──┬───┬──┬───┬──┬───┬──┬───┬──┬───┬──┬───┬──┐
           │ W │DI│ W │DI│ W │DI│ W │DI│ W │DI│ W │DI│ W │DI│ W │DI│
           │       │       │       │       │       │       │       │
           │  DO   │  DO   │  DO   │  DO   │  DO   │  DO   │  DO   │  DO
           └───┬───┴───┬───┴───┬───┴───┬───┴───┬───┴───┬───┴───┬───┴───┬──┘
               ▼       ▼       ▼       ▼       ▼       ▼       ▼       ▼
              I₇      I₆      I₅      I₄      I₃      I₂      I₁      I₀
      ┌──S₀──────────────────────────────────────────────────────────────┐
      │  S₁                   Seletor de 8 para 1                        │
      │  S₂                         Saída                                │
      └───────────────────────────────┬──────────────────────────────────┘
                                      ▼
                                Saída de Dados
```

Observe que os três sinais de Seleção para o decodificador e o seletor são os mesmos. Também fiz uma alteração importante na denominação dos sinais de Seleção. Eles agora são referidos pelo termo Endereço, porque é um número que especifica onde o *bit* reside na memória. É como um endereço postal, mas existem apenas oito valores de endereço de 3 *bits* possíveis: 000, 001, 010, 011, 100, 101, 110 e 111.

No lado das entradas, a entrada Endereço determina qual *flip-flop* o sinal Escreve acionará para armazenar a Entrada de Dados. No lado da saída (na parte inferior da figura), a entrada Endereço controla o seletor de 8 para 1 para selecionar a saída de um dos oito *latches*.

Por exemplo, inicialize os três sinais de Endereço como 010, defina Entrada de Dados como 0 ou 1 e aplique o valor 1 a Escreve, mudando-o em seguida para 0. Isso é chamado de **escrita na memória**, e diz-se que o valor de Entrada de Dados está **armazenado na memória**, no endereço 010.

Altere os três sinais de Endereço para outro valor. Retorne no dia seguinte. Se a energia ainda estiver ligada, você poderá definir os três sinais de Endereço como 010 novamente e verá que a saída de dados é o que você definiu como Entrada de Dados quando a escreveu na memória. Isso é chamado de **leitura na memória**, ou **acesso à memória**. Em seguida, você pode escrever outra coisa nesse endereço de memória tornando o sinal Escreve igual a 1 e, em seguida, 0.

A qualquer momento, você pode definir os sinais de Endereço para um dos oito valores diferentes e, portanto, pode armazenar oito valores diferentes de 1 *bit*. Essa configuração de *flip-flops*, decodificador e seletor às vezes é referida como **memória de leitura/escrita** porque você pode armazenar valores (ou seja, "escrevê-los") e depois determinar quais são esses valores (i.e., "lê-los"). Como você pode alterar os sinais de Endereço para qualquer um dos oito valores à vontade, esse tipo de memória é mais comumente conhecido como **memória de acesso randômico** (também referido como aleatório), ou RAM (pronuncia-se da mesma forma que o animal).

Nem toda memória é memória de acesso randômico. No final da década de 1940, antes que se tornasse viável construir memória a partir de válvulas e antes que o transistor fosse inventado, outras formas de memória foram usadas. Uma tecnologia estranha usava longos tubos de mercúrio para armazenar *bits* de informação. Pulsos em uma extremidade do tubo se propagavam para a outra extremidade como ondas em uma lagoa, mas esses pulsos tinham de ser lidos sequencialmente em vez de aleatoriamente. Outros tipos de memória por **linha de atraso** foram usados até a década de 1960.

A configuração de RAM específica que agora construímos armazena oito valores separados de 1 *bit*. Ela pode ser representada desta forma:

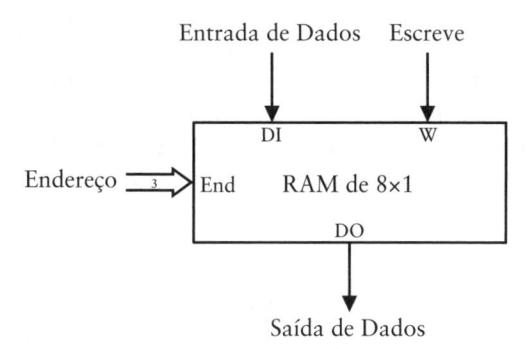

Uma configuração específica de RAM é muitas vezes referida como uma **matriz**, ou uma **configuração matricial**. Uma matriz de RAM é organizada em linhas e colunas e, neste caso do exemplo, referida de forma abreviada como 8×1 (diz-se *oito por um*). Cada um dos oito valores na matriz corresponde a 1 *bit*. Você pode determinar o número total de *bits* que podem ser armazenados na matriz de uma RAM multiplicando os dois valores de linhas e colunas; nesse caso, 8 vezes 1, ou 8 *bits*.

É possível criar matrizes de memória maiores interconectando matrizes menores. Por exemplo, se você tiver oito matrizes de RAM 8×1 e conectar todos os sinais de Endereço e todos os sinais de Escrever, poderá criar uma matriz de RAM 8×8:

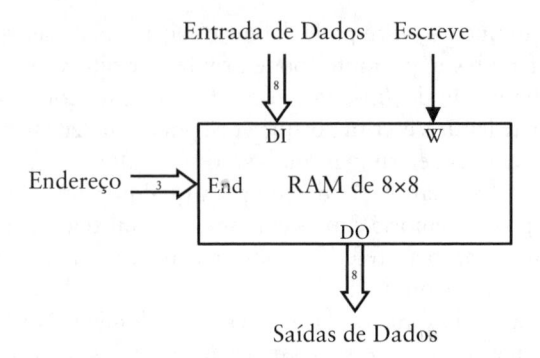

```
            Entrada de Dados   Escreve
                    ↓8            ↓
              ┌─────DI──────────W─────┐
    Endereço ═3═▶ End   RAM de 8×8    │
              └─────DO────────────────┘
                    ↓8
              Saídas de Dados
```

Observe que os sinais Entrada de Dado e Saída de Dados agora têm 8 *bits* de largura cada. Essa matriz de RAM armazena oito *bytes* separados, e cada um deles é referenciado por um endereço de 3 *bits*.

No entanto, se fôssemos montar essa matriz de memória a partir de oito matrizes de RAM 8×1, toda a lógica de decodificação e toda a lógica de seleção seriam duplicadas. Além disso, você deve ter notado anteriormente que o decodificador de 3 para 8 e o seletor de 8 para 1 são semelhantes em muitos aspectos. Ambos usam oito portas AND de quatro entradas, que são selecionadas com base em três sinais de Seleção ou Endereço. Em uma configuração real de memória, o decodificador e o seletor compartilhariam essas portas AND.

Vamos ver se podemos montar uma matriz de RAM de uma maneira um pouco mais eficiente. Em vez de uma matriz de RAM 8×8 que armazena 8 *bytes*, vamos dobrar a memória e criar uma matriz de RAM 16×8 que armazena 16 *bytes*. Ao final, devemos ter algo que possa ser representado assim:

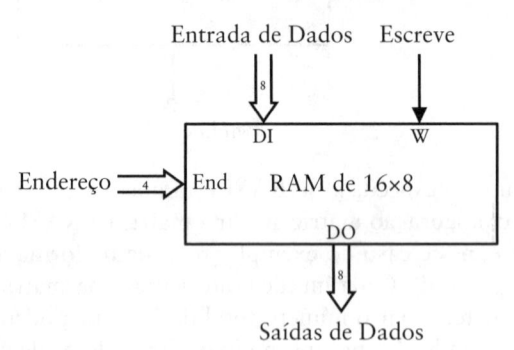

```
            Entrada de Dados   Escreve
                    ↓8            ↓
              ┌─────DI──────────W─────┐
    Endereço ═4═▶ End   RAM de 16×8   │
              └─────DO────────────────┘
                    ↓8
              Saídas de Dados
```

O endereço precisa ter 4 *bits* de largura para endereçar 16 *bytes* de memória. O número total de *bits* que podem ser armazenados nessa matriz de RAM é 16 vezes 8, ou 128, o que significa que serão necessários 128 *flip-flops* separados. Obviamente, será difícil mostrar a matriz de RAM 16×8 completa dentro das páginas deste livro, então vou mostrá-la em várias partes.

No início deste capítulo, você viu como um *flip-flop* usado para armazenar 1 *bit* pode ser simbolizado por uma caixa com entradas de Dados e Escreve e uma saída Saída de Dados:

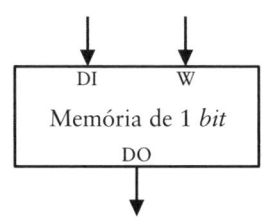

```
        DI    W
    ┌──────────────┐
    │ Memória de 1 bit │
    │      DO       │
    └──────────────┘
```

Um *bit* de memória é, às vezes, entendido como uma "célula" de memória. Vamos organizar 128 dessas células em uma "grade" com 8 colunas e 16 linhas. Cada linha de 8 células é um *byte* de memória. As 16 linhas (apenas três das quais são mostradas aqui) são para os 16 *bytes*:

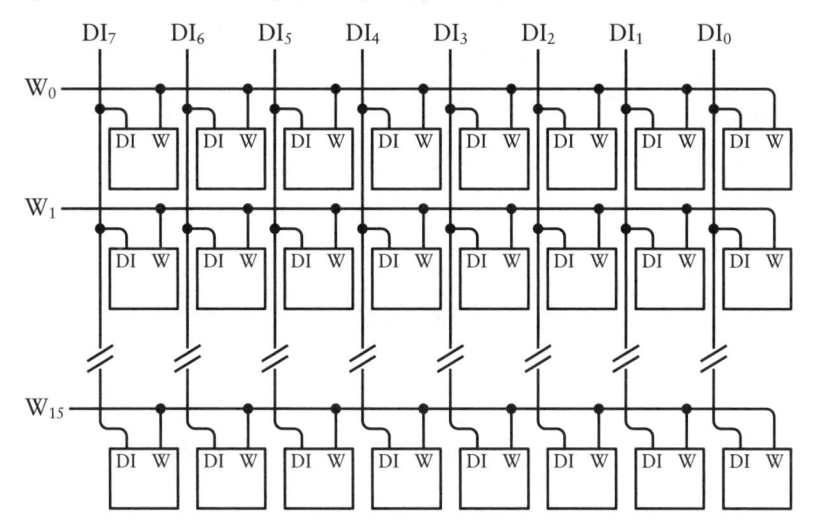

[Diagrama mostrando grade de memória com linhas W_0, W_1, W_{15} e colunas DI_7, DI_6, DI_5, DI_4, DI_3, DI_2, DI_1, DI_0, cada célula rotulada DI W]

Vamos ignorar a parte na Saída de Dados por enquanto. Como você pode ver, para cada *byte*, os sinais Escreve são conectados, pois um *byte* inteiro será escrito na memória de uma só vez. Esses sinais Escreve conectados são rotulados à esquerda como W_0 a W_{15}. Eles correspondem aos 16 endereços possíveis.

Os sinais das Entradas de Dados são conectados de uma maneira diferente. Em cada linha, o *bit* mais significativo do *byte* está à esquerda e o *bit* menos significativo está à direita. Os *bits* correspondentes (de mesmo índice) de cada *byte* são conectados entre si. Não importa que todos os *bytes* tenham os mesmos sinais nas Entradas de Dados, porque esse *byte* só será escrito na memória quando o sinal Escreve for 1.

Para escrever em um dos 16 *bytes*, precisamos de um endereço com 4 *bits* de largura, porque com 4 *bits* podemos representar 16 valores diferentes e selecionar uma de 16 coisas – essas coisas são os *bytes* que são armazenados na memória. Como mostrado anteriormente, a entrada Endereço da matriz de RAM 16×8 tem de fato 4 *bits* de largura, mas precisamos de uma maneira de converter esse endereço no sinal Escreve apropriado. Esse é o propósito do decodificador de 4 para 16:

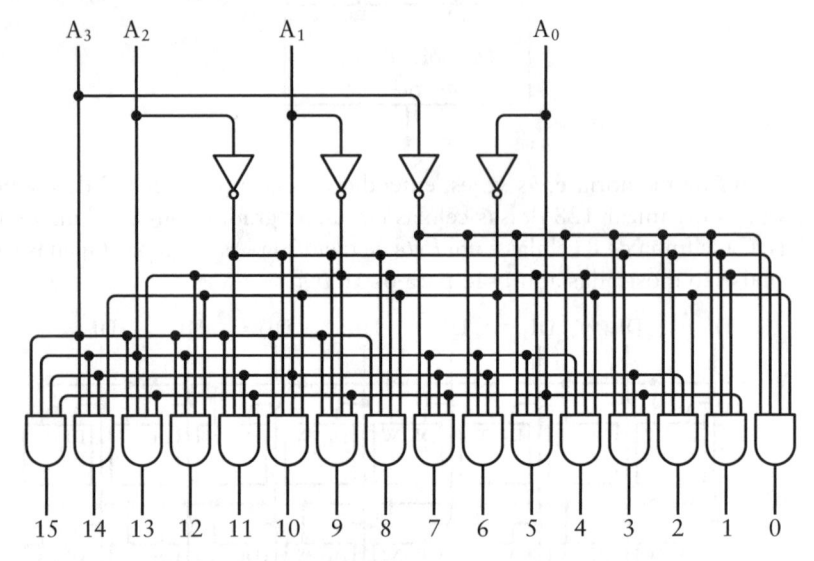

Esse é o decodificador mais complexo que você verá neste livro! Cada uma das 16 portas AND tem quatro entradas, que recebem as quatro linhas de Endereço, com sinais diretos ou invertidos. Identifiquei as saídas dessas portas AND com números que correspondem aos valores dos quatro *bits* de endereço.

Esse decodificador ajuda a gerar os sinais Escreve para os 16 *bytes* da matriz de RAM 16x8: cada uma das saídas (numeradas) das portas AND no decodificador é uma entrada para outra porta AND que executa a lógica tendo como segunda entrada o sinal Escreve:

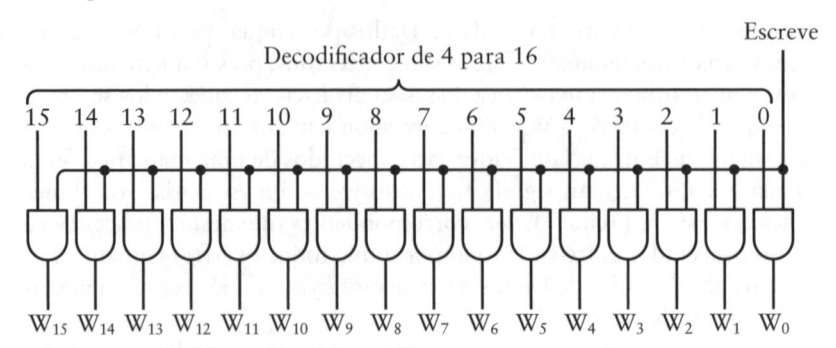

Esses são os sinais para escrever o *byte* da Entrada de Dados para a memória, na ilustração da página 284.

Terminamos com as entradas, e tudo o que resta são os sinais na Saída de Dados de cada uma das 128 células de memória. Isso é difícil porque cada uma das oito colunas de *bits* deve ser tratada separadamente. Por exemplo, aqui está um circuito abreviado que manipula a coluna mais à esquerda da matriz de RAM 16×8 da página 284. Ele mostra como os sinais na Saída de Dados de cada uma das 16 células de memória podem ser combinados com as 16 saídas do decodificador de 4 para 16 para selecionar apenas uma dessas células de memória:

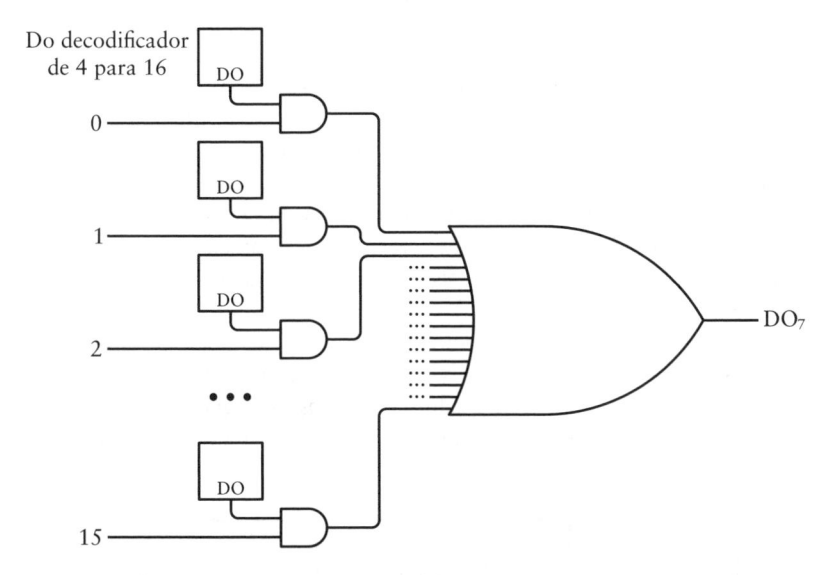

As 16 saídas vindas do decodificador de 4 para 16 são mostradas à esquerda. Cada uma delas é uma entrada para uma porta AND. A outra entrada para a porta AND é um sinal da Saída de Dados de uma das 16 células de memória da primeira coluna da figura da página 284. As saídas dessas 16 portas AND vão para uma porta OR gigante de 16 entradas. O resultado é DO_7, que é o *bit* mais significativo do *byte* na Saída de Dados.

A pior parte sobre esse circuito é que ele precisa ser duplicado para cada um dos 8 *bits* no *byte*.

Felizmente, há uma maneira melhor.

A qualquer momento, apenas uma das 16 saídas do decodificador de 4 para 16 terá saída igual a 1, que na realidade é uma tensão. As restantes terão saídas iguais a 0, indicando o terra. Consequentemente, apenas uma das portas AND terá saída igual a 1, e somente se a Saída de Dados dessa célula de memória específica for 1. As restantes terão saídas com valor 0. A única razão para ter a porta OR gigante é para detectar se **alguma** de suas entradas é 1.

Poderíamos nos livrar da porta OR gigante se pudéssemos simplesmente conectar todas as saídas das portas AND. No entanto, em geral, conectar diretamente saídas de portas lógicas não é permitido, porque assim tensões poderiam ser conectadas diretamente ao terra, e isso seria um curto-circuito. Contudo, há uma maneira de fazer isso usando um transistor:

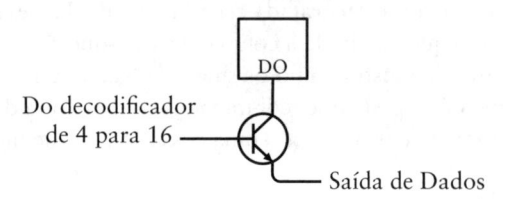

Se o sinal do decodificador de 4 para 16 for 1, o sinal de Saída de Dados do emissor do transistor será o mesmo que o sinal DO (*Data Out*, ou "Saída de Dados") da célula de memória – uma tensão ou um terra. No entanto, se o sinal do decodificador de 4 para 16 for 0, o transistor impede qualquer passagem (neste caso, de corrente), e o sinal na Saída de Dados do emissor do transistor será "nada": nem tensão, nem terra. Isso significa que todos os sinais de Saída de Dados de uma linha desses transistores podem ser conectados sem criar um curto-circuito.

Aqui está a matriz de memória simplificada, novamente, mostrando apenas as conexões das Saídas de Dados. As saídas do decodificador de 4 para 16 estão à esquerda e os sinais de Saída de Dados completos estão na parte inferior. Não são mostrados os pequenos resistores nesses sinais de Saída de Dados que garantem que eles sejam 1 ou 0.

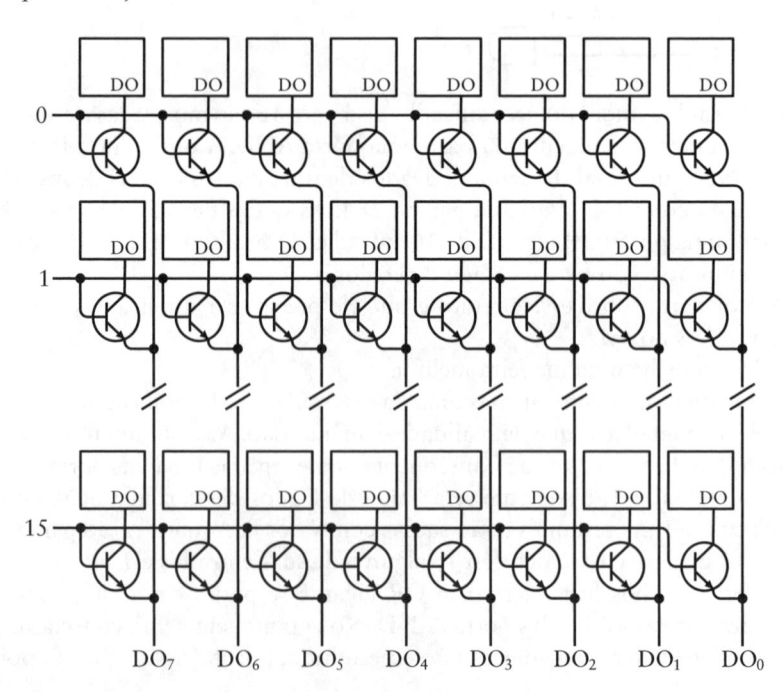

⊕ A matriz de RAM 16×8 completa pode ser vista em CodeHiddenLanguage.com.

Esses transistores são a base de um circuito chamado de *buffer tri-state**. Um *buffer tri-state* pode ter uma de três saídas: terra, indicando 0 lógico; um valor de tensão, indicando 1 lógico; ou nada, nem terra nem tensão, como se não estivesse conectado.

Um *buffer tri-state* individual é simbolizado desta forma:

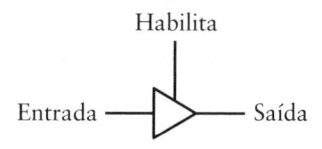

Ele se parece com um *buffer* comum, mas com um sinal *Enable*, ou **Habilita**, adicional. Se esse sinal Habilita for 1, a Saída será a mesma que a Entrada. Caso contrário, diz-se que a Saída "flutua", como se não estivesse conectada.

O *buffer tri-state* nos permite quebrar a regra que proíbe a conexão das saídas de portas lógicas. As saídas de vários *buffers tri-state* podem ser conectadas sem criar um curto-circuito, desde que apenas uma delas esteja habilitada a qualquer momento.

Geralmente, os *buffers tri-state* são mais úteis quando encapsulados para lidar com um *byte* inteiro com um único sinal Habilita:

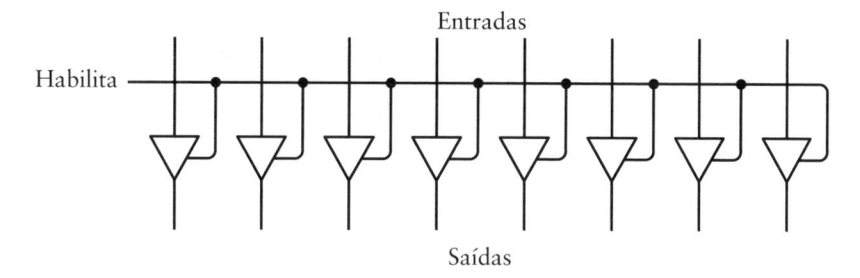

---

* N. de R.T.: A expressão "*buffer tri-state*" não tem sido traduzida no uso em português. "*Buffers*" foram usados no capítulo 8 com a função de "amplificadores"; aqui eles atuam basicamente como "adaptadores".

Vou simbolizar essa configuração de *buffers tri-state* com uma caixa como esta, onde "EN" (de *Enable*) é a entrada que recebe o sinal "Habilita":

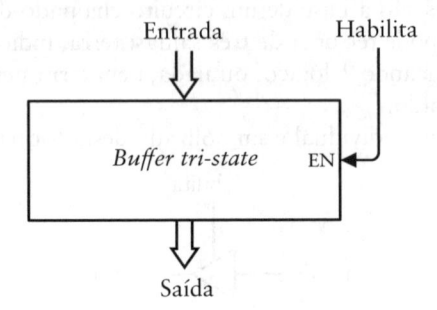

[Diagrama: Entrada → Buffer tri-state (EN ← Habilita) → Saída]

Nos próximos diagramas, se eu não tiver espaço para rotular a caixa com seu nome completo, usarei apenas *Tri-State* ou TRI.

Você viu como os *buffers tri-state* podem ajudar a selecionar 1 de 16 *bytes* dentro da matriz de memória de 16×8. Também quero que a matriz de memória de 16×8 tenha sua própria entrada Habilita:

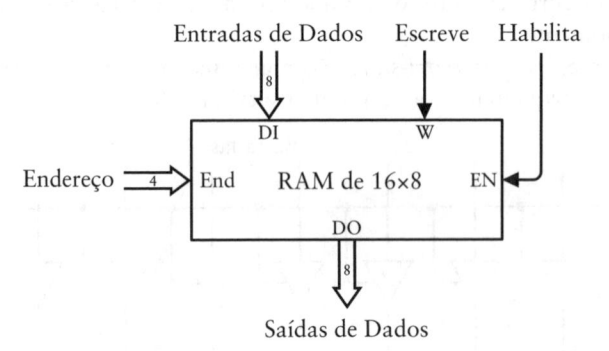

[Diagrama: Entradas de Dados (8) → DI; Escreve → W; Habilita → EN; Endereço (4) → End; RAM de 16×8; DO → Saídas de Dados (8)]

Se esse sinal Habilita for 1, os sinais nas Saídas de Dados revelarão o *byte* armazenado no endereço especificado. Se o sinal Habilita for 0, as Saídas de Dados não terão qualquer valor.

Agora que construímos um circuito que armazena 16 *bytes*, vamos dobrá-lo. Não, vamos quadruplicá-lo. Não, não, vamos octuplicá-lo. Não, não, não, vamos aumentar a quantidade de memória por um fator de 16!

Para fazer isso, você precisará de 16 dessas matrizes de memória de 16×8, conectadas desta forma:

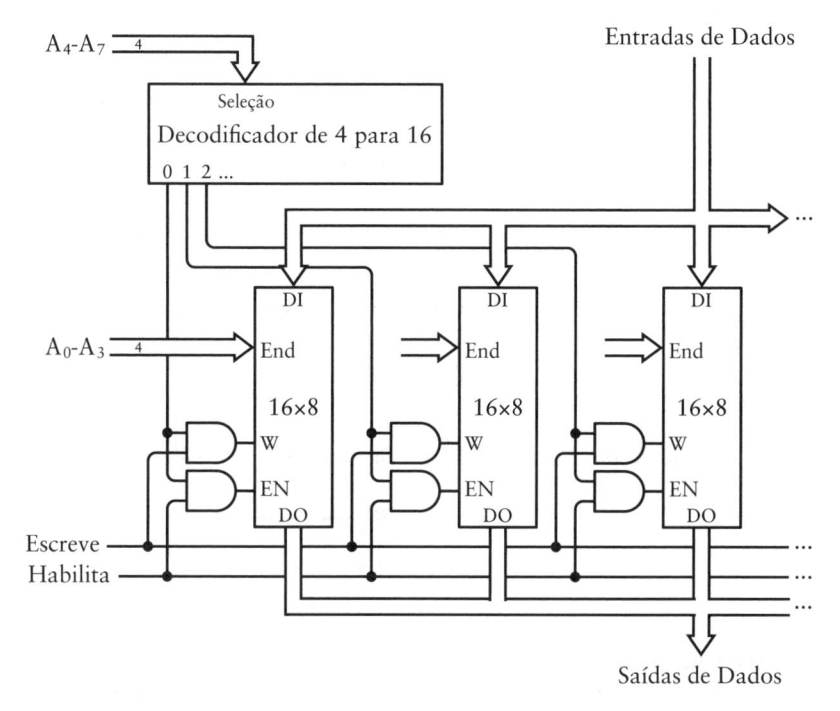

Apenas três das 16 matrizes de RAM são mostradas. Elas compartilham as entradas de Dados. As Saídas de Dados das 16 matrizes de RAM são conectadas com segurança porque as saídas usam *buffers tri-state*. Observe dois conjuntos de endereços de 4 *bits*: os *bits* de endereço rotulados de A_0 a A_3 endereçam todas as 16 matrizes de RAM, enquanto os *bits* de endereço rotulados de A_4 a A_7 alimentam a entrada de Seleção do decodificador de 4 para 16. O decodificador é usado para controlar qual das 16 matrizes de RAM recebe um sinal Escreve e qual recebe um sinal Habilita.

A capacidade total de memória foi aumentada por um fator de 16, o que significa que podemos armazenar 256 *bytes*, e podemos colocar esse circuito em outra caixa rotulada desta forma:

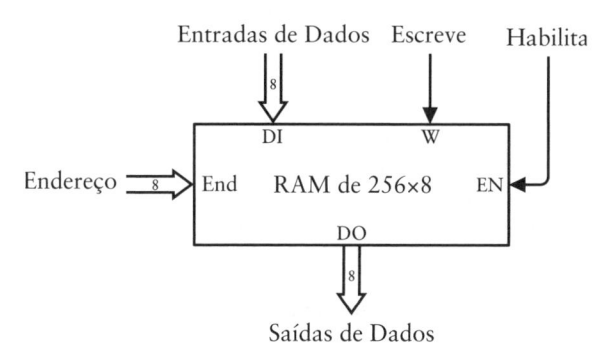

Observe que o endereço agora tem 8 *bits* de largura. Uma matriz de RAM que armazena 256 *bytes* é como uma agência de correios com 256 caixas postais. Cada uma tem um valor de 1 *byte* diferente dentro (que pode ou não ser algo melhor do que propaganda).

Vamos fazer isso de novo. Vamos pegar 16 dessas matrizes de RAM 256×8 e usar outro decodificador de 4 para 16 para selecioná-las com outros quatro *bits* de endereço. A capacidade de memória aumenta por um fator de 16, para um total de 4.096 *bytes*. Aqui está o resultado:

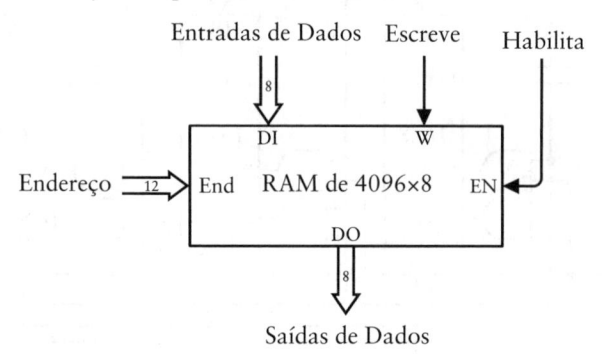

O endereço agora tem 12 *bits* de largura.

Vamos fazer isso mais uma vez. Precisaremos de 16 dessas matrizes de RAM 4.096×8 e outro decodificador de 4 para 16. O endereço cresce para 16 *bits*, e a capacidade de memória agora é de 65.536 *bytes*:

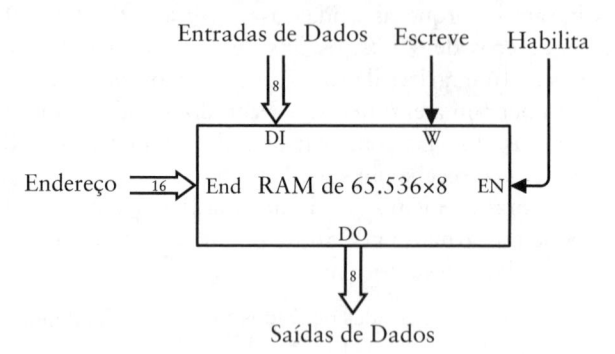

Você pode continuar, mas eu vou parar por aqui.

Você deve ter notado que o número de valores que uma matriz de RAM armazena está diretamente relacionado ao número de *bits* de endereço. Sem entradas de Endereço, apenas um valor pode ser armazenado. Com quatro *bits* de endereço, 16 valores são armazenados e, com 16 *bits* de endereço, obtemos 65.536. A relação é resumida por esta equação:

$$\text{Quantidade de valores na matriz de RAM} = 2^{\text{Número de entradas de Endereço}}$$

A RAM que armazena 65.536 *bytes* também armazena 64 *kilobytes*, ou 64K, ou 64KB, o que no primeiro momento pode parecer estranho. Com que aritmética estranha 65.536 se tornam 64 *kilobytes*?

O valor 2^{10} é 1.024, que é o valor comumente conhecido como "1 *kilobyte*". O prefixo *kilo* (do grego *khilioi*, que significa mil) é utilizado com mais frequência no sistema métrico. Por exemplo, um quilograma são 1.000 gramas, e um quilômetro são 1.000 metros. No entanto, aqui estou dizendo que 1 *kilobyte* são 1.024 *bytes*, **não** 1.000 *bytes*.

O problema é que o sistema métrico é baseado em potências de 10, já os números binários são baseados em potências de 2, e nunca os dois se encontrarão. Potências de 10 são 10, 100, 1.000, 10.000, 100.000 e assim por diante. As potências de 2 são 2, 4, 8, 16, 32, 64 e assim por diante. Não há potência inteira de 10 que seja igual a alguma potência inteira de 2.

Contudo, de vez em quando, elas se aproximam. Sim, 1.000 é bastante próximo de 1.024 ou, usando um sinal matemático de "aproximadamente igual a":

$$2^{10} \cong 10^3$$

Não há algo mágico nessa relação. Tudo o que isso implica é que uma potência particular de 2 é aproximadamente igual a uma potência particular de 10. Essa pequena peculiaridade permite que as pessoas se refiram convenientemente a um *kilobyte* de memória quando realmente querem dizer 1.024 *bytes*.

O que você **não** diz é que uma matriz de RAM de 64K armazena 64 mil *bytes*. São **mais** de 64 mil: são 65.536. Para parecer que você sabe do que está falando, você diz "64K", "64 *kilobytes*" ou "sessenta e cinco mil quinhentos e trinta e seis *bytes*".

Cada *bit* de endereço adicional dobra a quantidade de memória. Cada linha da sequência a seguir representa essa duplicação:

$$
\begin{aligned}
1 \text{ } kilobyte &= 1.024 \text{ } bytes = 2^{10} \text{ } bytes \cong 10^3 \text{ } bytes \\
2 \text{ } kilobytes &= 2.048 \text{ } bytes = 2^{11} \text{ } bytes \\
4 \text{ } kilobytes &= 4.096 \text{ } bytes = 2^{12} \text{ } bytes \\
8 \text{ } kilobytes &= 8.192 \text{ } bytes = 2^{13} \text{ } bytes \\
16 \text{ } kilobytes &= 16.384 \text{ } bytes = 2^{14} \text{ } bytes \\
32 \text{ } kilobytes &= 32.768 \text{ } bytes = 2^{15} \text{ } bytes \\
64 \text{ } kilobytes &= 65.536 \text{ } bytes = 2^{16} \text{ } bytes \\
128 \text{ } kilobytes &= 131.072 \text{ } bytes = 2^{17} \text{ } bytes \\
256 \text{ } kilobytes &= 262.144 \text{ } bytes = 2^{18} \text{ } bytes \\
512 \text{ } kilobytes &= 524.288 \text{ } bytes = 2^{19} \text{ } bytes \\
1.024 \text{ } kilobytes &= 1.048.576 \text{ } bytes = 2^{20} \text{ } bytes \cong 10^6 \text{ } bytes
\end{aligned}
$$

Observe que os números de *kilobytes* mostrados à esquerda também são potências de 2.

Com a mesma lógica que nos permite chamar 1.024 *bytes* de "*kilobyte*", também podemos nos referir a 1.024 *kilobytes* como "um *megabyte*". (A palavra grega *megas* significa "grande".) *Megabyte* é abreviado como MB. A duplicação da memória continua:

$$
\begin{aligned}
1 \text{ megabyte} &= 1.048.576 \text{ bytes} = 2^{20} \text{ bytes} \cong 10^6 \text{ bytes} \\
2 \text{ megabytes} &= 2.097.152 \text{ bytes} = 2^{21} \text{ bytes} \\
4 \text{ megabytes} &= 4.194.304 \text{ bytes} = 2^{22} \text{ bytes} \\
8 \text{ megabytes} &= 8.388.608 \text{ bytes} = 2^{23} \text{ bytes} \\
16 \text{ megabytes} &= 16.777.216 \text{ bytes} = 2^{24} \text{ bytes} \\
32 \text{ megabytes} &= 33.554.432 \text{ bytes} = 2^{25} \text{ bytes} \\
64 \text{ megabytes} &= 67.108.864 \text{ bytes} = 2^{26} \text{ bytes} \\
128 \text{ megabytes} &= 134.217.728 \text{ bytes} = 2^{27} \text{ bytes} \\
256 \text{ megabytes} &= 268.435.456 \text{ bytes} = 2^{28} \text{ bytes} \\
512 \text{ megabytes} &= 536.870.912 \text{ bytes} = 2^{29} \text{ bytes} \\
1.024 \text{ megabytes} &= 1.073.741.824 \text{ bytes} = 2^{30} \text{ bytes} \cong 10^9 \text{ bytes}
\end{aligned}
$$

A palavra grega *gigas* significa "gigante", então 1.024 *megabytes* são chamados de "*gigabyte*", que é abreviado como GB.

Da mesma forma, "um *terabyte*" (*teras* significa "monstro") é igual a 2^{40} *bytes* (aproximadamente 10^{12}), ou 1.099.511.627.776 *bytes*. Terabyte é abreviado como TB.

Um *kilobyte* é aproximadamente mil *bytes*, um *megabyte* é aproximadamente 1 milhão de *bytes*, um *gigabyte* é aproximadamente 1 bilhão de *bytes* e um *terabyte* é aproximadamente 1 trilhão de *bytes*.

Subindo até regiões ainda pouco visitadas, "um *petabyte*" é igual a 2^{50} *bytes*, ou 1.125.899.906.842.624 *bytes*, o que é aproximadamente 10^{15}, ou 1 quatrilhão. "Um *exabyte*" é igual a 2^{60} *bytes*, ou 1.152.921.504.606.846.976 *bytes*, aproximadamente 10^{18}, ou 1 quintilhão.

Apenas para que você tenha uma noção de tamanho, os computadores *desktop* comprados na época em que a primeira edição deste livro foi escrita, em 1999, geralmente tinham 32 MB ou 64 MB ou, às vezes, 128 MB de memória de acesso randômico. No momento em que esta segunda edição está sendo escrita, em 2021, os computadores *desktop* geralmente têm 4, 8 ou 16 GB de RAM. (E não se confunda ainda mais – eu não mencionei sobre o armazenamento que é retido quando a energia é desligada, incluindo discos rígidos e unidades de estado sólido [SSD do inglês *solid-state drives*]; aqui, estou falando apenas de RAM.)

As pessoas, é claro, falam de forma abreviada. Alguém que tenha 65.536 *bytes* de memória dirá: "Eu tenho 64K (e sou um visitante do ano de 1980).". Alguém que tenha 33.554.432 *bytes* dirá: "Eu tenho 32 megas.". E aqueles que têm 8.589.934.592 *bytes* de memória dirão: "Eu tenho 8 gigas (e eu não estou falando de música)."

Às vezes, as pessoas se referem a *kilobits* ou *megabits* (observe *bits* em vez de *bytes*), mas isso é raro quando se fala em memória. Quase sempre, quando as pessoas falam sobre memória, elas estão falando de número de *bytes*, não *bits*. Normalmente, quando *kilobits* ou *megabits* surgem na conversa, é em relação aos dados que estão sendo transmitidos através de um fio ou através do ar, geralmente com conexões de internet de alta velocidade, chamadas de banda larga. Nesses casos, os termos aparecerão como "*kilobits* por segundo" (Kbps) ou "*megabits* por segundo" (Mbps).

Agora você sabe como construir qualquer tamanho de matriz de RAM que você quiser (pelo menos em sua cabeça), mas eu parei em 65.536 *bytes* de memória.

Por que 64 KB? Por que não 32 KB ou 128 KB? Porque 65.536 é "um bom número redondo". São 2^{16}. Essa matriz de RAM tem endereços de 16 *bits*, exatamente 2 *bytes*. Em hexadecimal, o endereço varia de 0000h a FFFFh.

Como eu sugeri anteriormente, 64 KB era uma quantidade comum de memória em computadores pessoais comprados por volta de 1980, mas ela não era exatamente como eu mostrei aqui. A memória construída a partir de *flip-flops* é mais precisamente chamada de memória de acesso randômico **estática**. Em 1980, a **RAM dinâmica**, ou DRAM, estava substituindo as existentes e logo passou a dominar. A DRAM requer apenas um transistor e um capacitor para cada célula de memória. Um capacitor é um dispositivo usado em eletrônica que contém dois condutores elétricos separados. Um capacitor pode armazenar uma carga elétrica, mas não indefinidamente. A chave para fazer a DRAM funcionar é que essas cargas são atualizadas milhares de vezes por segundo.

Tanto a RAM estática quanto a RAM dinâmica são chamadas de memória **volátil**. É preciso haver uma fonte ininterrupta de eletricidade para armazenar os dados. Quando a energia é interrompida, a memória volátil esquece tudo o que havia guardado.

Será vantajoso para nós ter um painel de controle que nos permita gerenciar esses 64 KB de memória, para escrever valores na memória ou examiná-los. Esse painel de controle tem 16 chaves para indicar um endereço, oito chaves para definir um valor de 8 *bits* que queremos escrever na memória, outra chave para o próprio sinal Escreve e oito lâmpadas para exibir um determinado valor de 8 *bits*:

Painel de controle da RAM de 64 KB

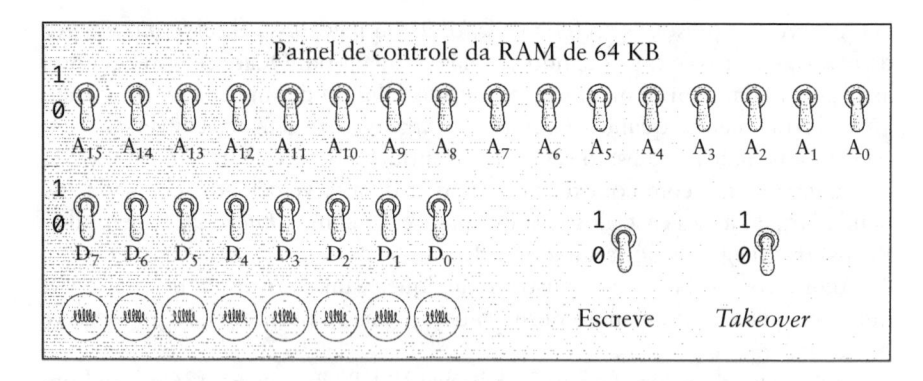

[Painel com chaves A_{15}, A_{14}, A_{13}, A_{12}, A_{11}, A_{10}, A_9, A_8, A_7, A_6, A_5, A_4, A_3, A_2, A_1, A_0; D_7, D_6, D_5, D_4, D_3, D_2, D_1, D_0; Escreve; Takeover]

Todas as chaves são mostradas em suas posições desligadas (0). Eu também incluí uma chave denominada *Takeover**. O objetivo dessa chave é permitir que outros circuitos usem a mesma memória à qual o painel de controle está conectado. Quando essa chave está posicionada em 0 (como mostrado), as demais chaves no Painel de Controle não surtem efeito (ficam desabilitadas). No entanto, quando a chave *Takeover* é definida como 1, o painel de controle tem controle exclusivo sobre a memória.

A implementação dessa mudança de *Takeover* é um trabalho para um monte de seletores de 2 para 1, que são bastante simples em comparação com os decodificadores e seletores maiores que vimos neste capítulo:

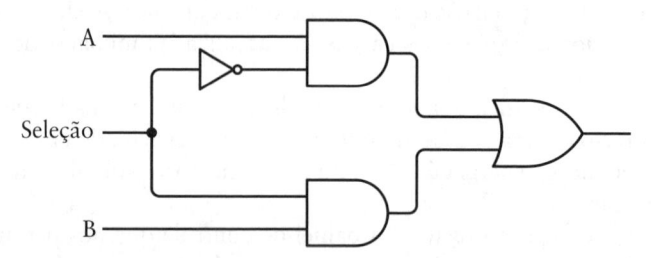

[Circuito: entradas A e B, Seleção, portas AND, inversor e porta OR]

Quando o sinal de Seleção é 0, a saída da porta OR é a mesma que a entrada A. Quando o sinal de Seleção é 1, a entrada B é selecionada.

Precisamos de 26 desses seletores de 2 para 1: 16 para os sinais de Endereço, oito para as chaves de Entrada de Dados e mais dois para a chave Escreve e o sinal Habilita. Aqui está o circuito:

---

* N. de R.T.: *Takeover* significa "assumir o controle, dominar". Assim, quando a chave correspondente está ativa, ela tem prioridade sobre as demais.

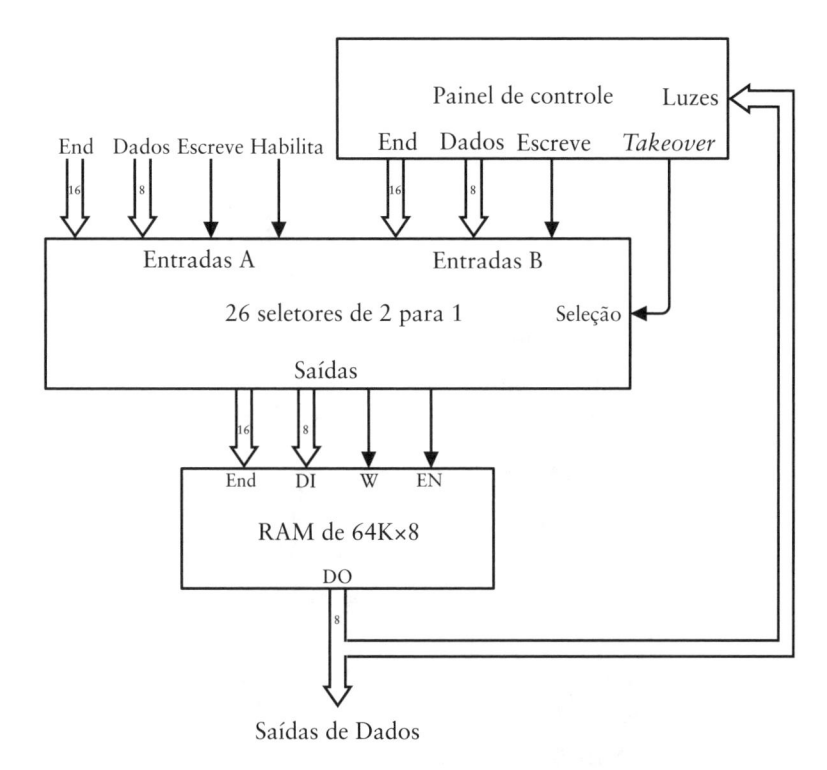

```
                    ┌─────────────────────────────────────┐
                    │     Painel de controle      Luzes   │◄──┐
  End  Dados Escreve Habilita  End   Dados Escreve  Takeover │
   ↓16   ↓8    ↓      ↓         ↓16    ↓8    ↓               │
  ┌──────────────────────────────────────────────┐           │
  │         Entradas A          Entradas B       │           │
  │       26 seletores de 2 para 1    Seleção ◄──┘           │
  │                 Saídas                        │          │
  └──────────────────────────────────────────────┘           │
               ↓16  ↓8  ↓    ↓    ↓                          │
           ┌──────────────────────────┐                      │
           │  End   DI   W    EN      │                      │
           │      RAM de 64K×8        │                      │
           │          DO              │                      │
           └──────────────────────────┘                      │
                     ↓8                                      │
                     └──────────────────────────────────────┘
                Saídas de Dados
```

Quando a chave *Takeover* está aberta, as entradas Endereço, de Dados, Escreve e Habilita para a matriz de RAM de 64K×8 vêm de sinais externos mostrados no canto superior esquerdo dos seletores de 2 para 1. Quando a chave *Takeover* está fechada, os sinais de Endereço, Dados e Escreve para a matriz de RAM vêm das chaves no painel de controle, e Habilita é definido como 1. Em ambos os casos, os sinais nas Saídas de Dados da matriz de RAM voltam para as oito lâmpadas no painel de controle e, possivelmente, para algum outro lugar.

Quando a chave *Takeover* está fechada, você pode usar as 16 chaves de Endereço para selecionar qualquer um dos 65.536 endereços. As lâmpadas mostram o valor dos 8 *bits* atualmente armazenado nesse endereço da memória. Você pode usar as oito chaves de dados para definir um novo valor, e pode escrever esse valor na memória usando a chave Escreve.

A matriz de RAM de 64K×8 e o painel de controle certamente podem ajudá-lo a rastrear qualquer um dos 65.536 valores de 8 *bits* que você possa precisar ter à mão. No entanto, também deixamos em aberto a oportunidade para outra coisa – algum outro circuito, talvez – usar os valores que estão armazenados na memória, além de também escrever outros.

Se você acha que esse cenário é improvável, pode dar uma olhada na capa da famosa edição de janeiro de 1975 da *Popular Electronics*, que apresentava uma história sobre o primeiro computador doméstico, o Altair 8800:

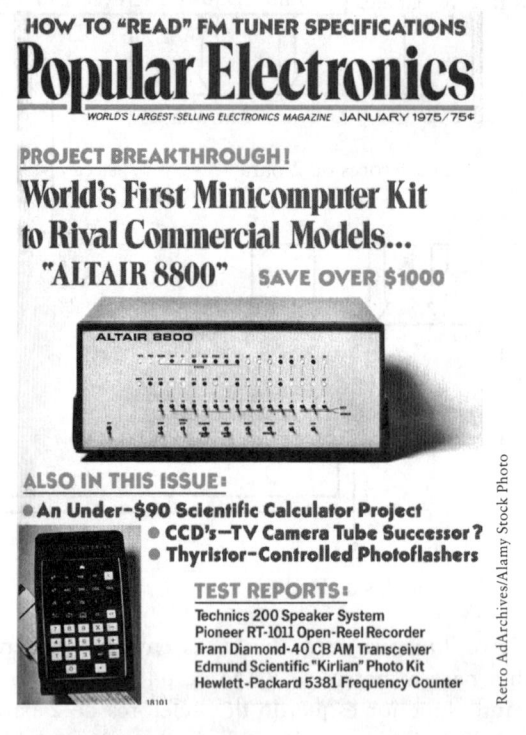

O painel frontal desse computador é um painel de controle com nada além de chaves e lâmpadas, e se você contar a longa fileira de chaves na parte inferior, verá que existem 16 delas.

Uma coincidência? Eu acho que não.

20
Automatização da aritmética

A espécie humana é muitas vezes incrivelmente inventiva e diligente, mas ao mesmo tempo profundamente preguiçosa. Está muito claro que nós, seres humanos, não gostamos de trabalhar. Essa aversão ao trabalho é tão extrema – e nossa engenhosidade é tão aguda – que ficamos ansiosos para dedicar inúmeras horas projetando e construindo dispositivos inteligentes que possam reduzir alguns minutos de trabalho do nosso dia. Poucas fantasias fazem mais cócegas no centro de prazer humano do que imaginar-se deitado em uma rede assistindo a alguma engenhoca nova que acabamos de construir para cortar a grama.

No entanto, receio que não mostrarei o projeto de uma máquina automática para cortar grama nas páginas deste livro, mas neste capítulo começarei a levá-lo por uma progressão de máquinas cada vez mais sofisticadas que **automatizarão** o processo de soma e subtração de números. Isso dificilmente soa algo fantástico, eu sei, mas essas máquinas gradualmente se tornarão tão versáteis que serão capazes de resolver praticamente qualquer problema que faça uso de soma e subtração, bem como lógica booleana, e isso inclui muitos tipos de problemas.

Claro, com a sofisticação vem a complexidade, então parte disso pode ser bem árduo. Ninguém vai culpá-lo se você passar por cima dos detalhes mais complexos. Às vezes, você pode se rebelar e prometer que nunca mais procurará assistência eletrônica para um problema de matemática, mas tente me acompanhar, porque no final teremos inventado uma máquina que pode legitimamente ser chamada de **computador**.

O último somador que examinamos foi no Capítulo 17, na página 235. Essa versão incluía um *latch* de 8 *bits* acionado por borda, que acumulava um total a partir dos números inseridos em um conjunto de oito chaves:

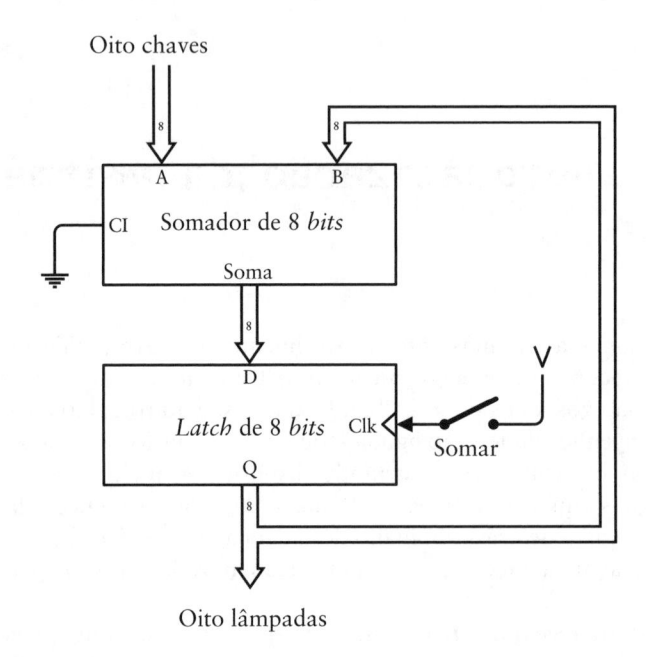

```
                Oito chaves
                     ↓8           ↓8
            ┌─────────────────────────┐
            │    A            B       │
         ──┤ CI  Somador de 8 bits    │
            │       Soma              │
            └─────────────────────────┘
                     ↓8
            ┌─────────────────────────┐
            │       D           Clk   │        V
            │   Latch de 8 bits       │◄── Somar
            │       Q                 │
            └─────────────────────────┘
                     ↓8
                Oito lâmpadas
```

   Como você deve se lembrar, um *latch* de 8 *bits* usa *flip-flops* para armazenar um valor de 8 *bits*. Inicialmente, o conteúdo do *latch* é composto totalmente por zeros, assim como a saída. As chaves são usadas para inserir o seu primeiro número. O somador simplesmente adiciona esse número à saída zero do *latch*, de modo que o resultado é o mesmo número que você inseriu. Pressionando o interruptor Somar armazena esse número no *latch* e acende algumas lâmpadas para exibi-lo. Como esse é um *latch* acionado por borda, o *latch* não armazena um novo valor até que o interruptor Somar seja liberado e pressionado novamente.

   Agora você configura o segundo número nas chaves. O somador adiciona este ao número armazenado no *latch*. Pressionando o interruptor Somar novamente armazena o total no *latch* e o exibe usando as lâmpadas. Dessa forma, você pode adicionar uma série inteira de números e exibir o total acumulado. A limitação, é claro, é que as oito lâmpadas não podem exibir um total maior que 255.

   Um *latch* usado para armazenar totais sucessivos de operações em execução normalmente é chamado de **acumulador**. No entanto, você verá mais adiante que um acumulador não precisa simplesmente acumular. Um acumulador é muitas vezes um *latch* que contém primeiro um número e, depois, esse número combinado aritmética ou logicamente a outro número.

   O grande problema com a máquina de adição mostrada acima é bastante óbvio: talvez você tenha uma lista de 100 *bytes* que deseja somar. Você se senta à máquina de adicionar e obstinadamente insere cada número, acumulando a soma. Contudo, ao terminar, você descobre que alguns dos números da lista estavam incorretos. Então você começa a se perguntar se cometeu outros erros ao digitar todos eles. Agora você tem de fazer tudo de novo.

Talvez haja uma solução. No capítulo anterior, você viu como usar *flip--flops* para criar uma matriz de RAM contendo 64 KB de memória. Você também viu um painel de controle contendo chaves e lâmpadas:

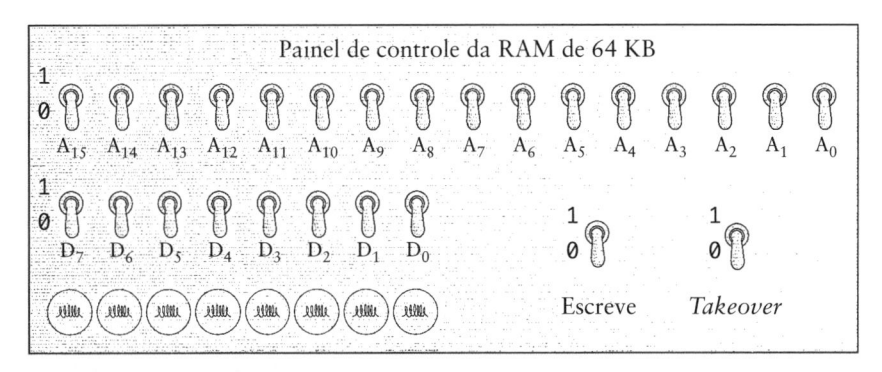

Painel de controle da RAM de 64 KB

A_{15} A_{14} A_{13} A_{12} A_{11} A_{10} A_9 A_8 A_7 A_6 A_5 A_4 A_3 A_2 A_1 A_0

D_7 D_6 D_5 D_4 D_3 D_2 D_1 D_0

Escreve   Takeover

Virar a chave rotulada como *Takeover* nos permite "assumir o controle" de toda a escrita e leitura dessa matriz de RAM, conforme mostrado aqui:

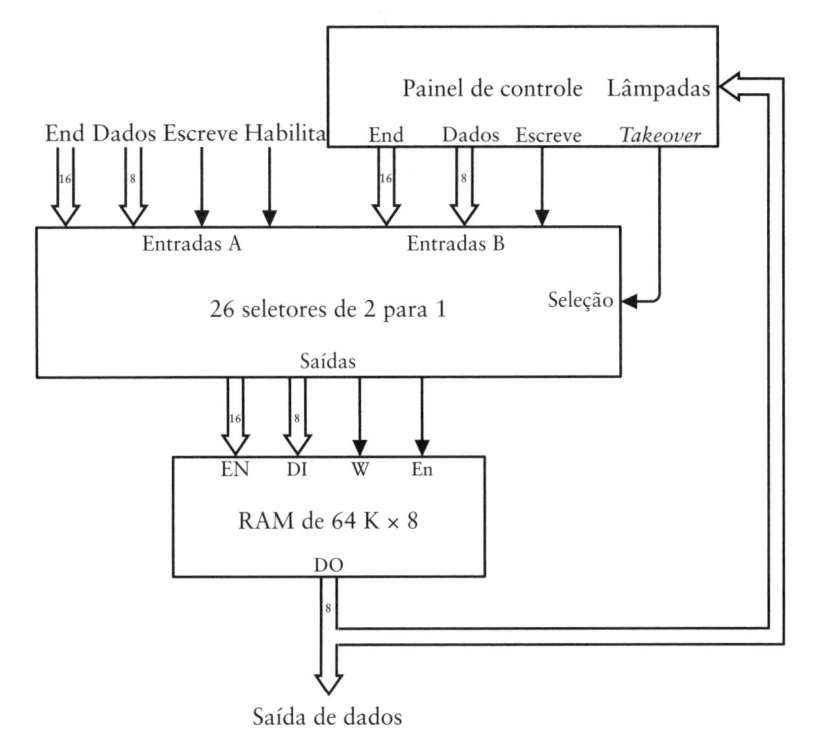

Painel de controle   Lâmpadas

End Dados Escreve Habilita   End   Dados Escreve   *Takeover*

Entradas A   Entradas B

26 seletores de 2 para 1   Seleção

Saídas

EN   DI   W   En

RAM de 64 K × 8

DO

Saída de dados

Se você tivesse digitado todos os 100 *bytes* nessa matriz de RAM em vez de diretamente na máquina de adição, seria muito mais fácil verificar os valores e fazer algumas correções.

Para simplificar os diagramas futuros neste livro, a matriz de RAM de 64 K × 8 será mostrada por si só, em vez de acompanhada pelo painel de controle e pelos 26 seletores necessários para assumir o controle da leitura e da escrita:

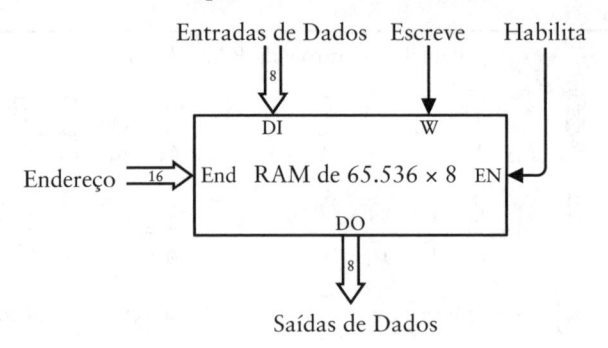

```
        Entradas de Dados   Escreve    Habilita
               ↓ 8            ↓           ↓
             ┌──────────────────────────────┐
             │    DI              W         │
  Endereço ──┤ 16                            │
             │ End  RAM de 65.536 × 8    EN │
             │              DO              │
             └──────────────┬───────────────┘
                            ↓ 8
                      Saídas de Dados
```

A existência do painel de controle – ou de algo equivalente que permita aos humanos escrever *bytes* na matriz de memória e lê-los de volta – está implícita nesse diagrama mais simples. Às vezes, também não mostro o sinal Habilita. Você pode supor que os *buffers tri-state* para as Saídas de Dados estão habilitados se esse sinal não for mostrado.

Suponha que queremos somar 8 *bytes*; por exemplo, os valores hexadecimais 35h, 1Bh, 09h, 31h, 1Eh, 12h, 23h e 0Ch. Se você usar o aplicativo de calculadora do Windows ou do macOS no modo Programador, descobrirá que a soma é E9h, mas vamos nos desafiar a criar um *hardware* que some esses números para nós.

Usando o painel de controle, você pode inserir esses 8 *bytes* na matriz de RAM a partir do endereço 0000h. Quando terminar, o conteúdo na matriz de RAM pode ser simbolizado da seguinte forma:

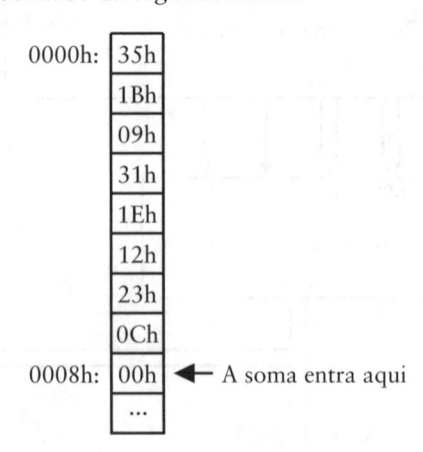

```
0000h: │ 35h │
       │ 1Bh │
       │ 09h │
       │ 31h │
       │ 1Eh │
       │ 12h │
       │ 23h │
       │ 0Ch │
0008h: │ 00h │  ← A soma entra aqui
       │ ... │
```

Daqui por diante, é assim que vou mostrar uma seção de memória. As caixas representam o conteúdo da memória. Cada *byte* de memória está em uma caixa. O endereço dessa caixa está à esquerda. Nem todos os endereços precisam ser indicados, porque eles são sequenciais e você sempre pode descobrir qual endereço se aplica a uma caixa específica. À direita estão alguns comentários sobre essa memória. Esse comentário em particular sugere que queremos construir algo que some os primeiros 8 *bytes* e depois escreva a soma na primeira posição de memória que contém um *byte* de 00h, que, nesse caso, está no endereço 0008h.

Logicamente, você não está limitado a armazenar apenas oito números. Se você tiver 100 números, armazenará esses números nos endereços 0000h a 0063h. Agora enfrentamos o desafio de conectar a matriz de RAM ao somador acumulador do Capítulo 17, que mais uma vez se parece com isto:

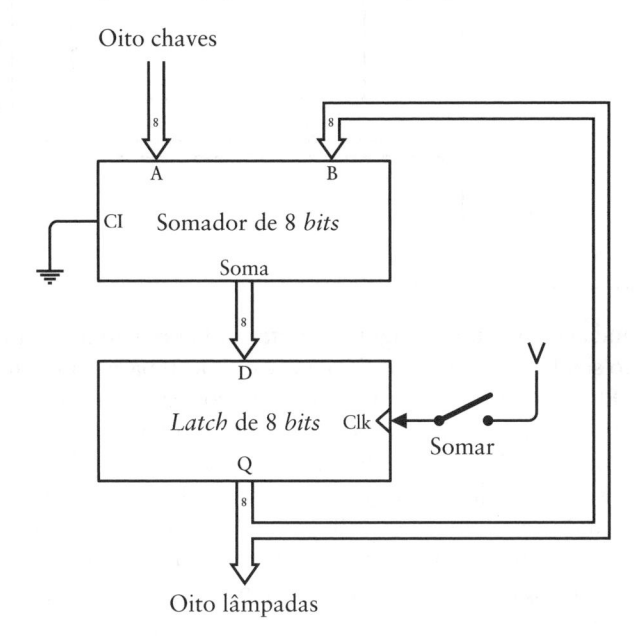

Essas chaves e lâmpadas não são mais necessárias porque temos chaves e lâmpadas no painel de controle que está conectado à matriz de memória. Podemos substituir as chaves do somador por sinais da Saída de Dados da matriz de RAM. Além disso, em vez da saída do *latch* que acende as lâmpadas, podemos direcionar essa saída para as Entradas de Dados da RAM:

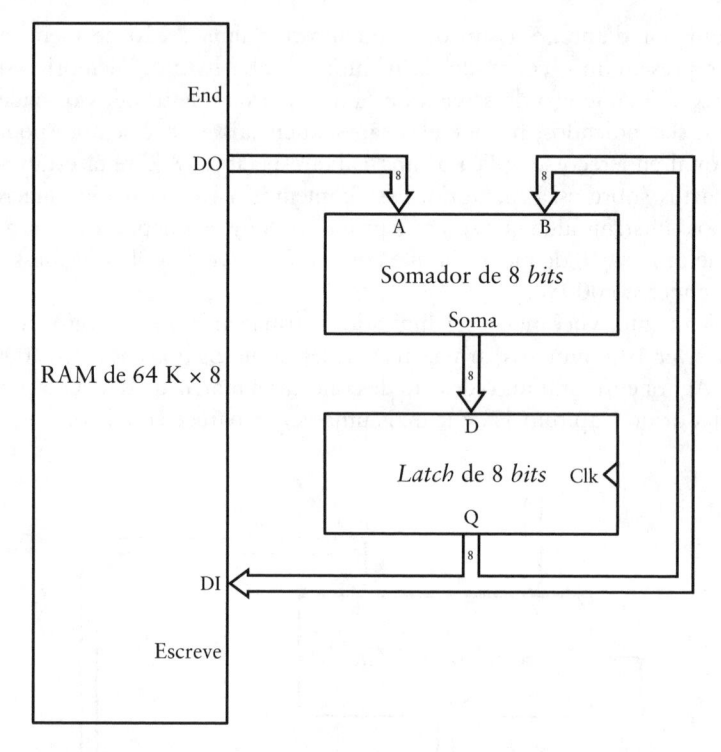

```
                    End
                     │
                    DO
         ┌──────┐  ┌─┴──┐   ┌────┐
         │      │  │ 8  │   │ 8  │
         │      │  ▼    ▼   │
         │      │  ┌─A────B─┐
         │      │  │Somador de 8 bits│
         │      │  │     Soma        │
         │ RAM de│  └────┬───────────┘
         │ 64 K × 8      │ 8
         │      │        ▼
         │      │  ┌──D──────────┐
         │      │  │Latch de 8 bits  Clk◄
         │      │  │     Q           │
         │      │  └─────┬───────────┘
         │      │        │ 8
         │     DI◄───────┘
         │      │
         │  Escreve
         └──────┘
```

Claro, ainda estão faltando algumas partes. A figura não mostra o que está conectado ao sinal de *Clock* no *latch*, o que é essencial para armazenar a soma acumulada. Ela também não mostra o que está conectado ao sinal Escreve na RAM, o que é essencial para armazenar o resultado final. Também estão faltando os 16 *bits* de endereço necessários para acessar o conteúdo.

O valor na entrada de Endereço para a RAM deve aumentar sequencialmente, começando em 0000h, depois 0001h, 0002h, 0003h e assim por diante. Esse é um trabalho para um contador construído a partir de uma fileira de *flip-flops* em cascata, como o que você viu na página 241 do Capítulo 17:

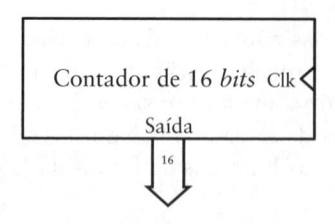

```
        ┌────────────────────────┐
        │  Contador de 16 bits  Clk◄
        │         Saída          │
        └──────────┬─────────────┘
                  16│
                   ▼
```

Observe que o caminho de dados da saída do contador é um pouco mais largo, para simbolizar 16 *bits* em vez de apenas 8.

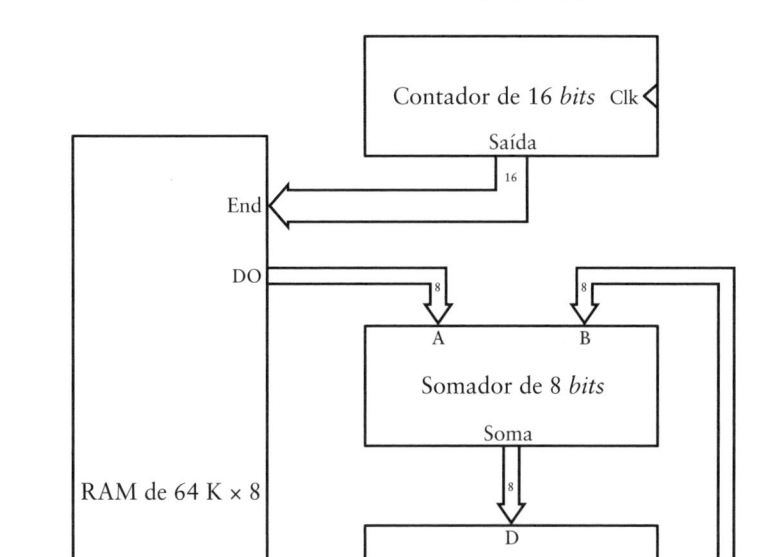

Este contador fornece a entrada de endereço (End) para a RAM:

[Diagrama: Contador de 16 bits (Clk, Saída 16 bits) conectado à entrada End da RAM de 64 K × 8. A saída DO (8 bits) da RAM vai para a entrada A do Somador de 8 bits; a entrada B vem do Q do Latch. A soma (8 bits) vai para D do Latch de 8 bits (Clk), e Q (8 bits) retorna para DI da RAM e para B do somador. A RAM tem entrada Escreve.]

Eu chamo essa máquina de "somador acumulador automatizado".

É claro que, ao adicionar um contador para fornecer o endereço da RAM, introduzimos outro sinal de *Clock* que faltava, necessário para aumentar o valor do contador, mas estamos nos preparando. Todos os principais caminhos de dados de 8 *bits* e 16 *bits* foram definidos. Agora, tudo de que precisamos são três sinais:

- a entrada de *Clock* para o contador;
- a entrada de *Clock* para o *latch*;
- a entrada Escreve para a memória de acesso randômico.

Sinais desse tipo às vezes são conhecidos coletivamente como **sinais de controle**, e muitas vezes acabam sendo a parte mais complexa de um circuito como esse. Esses três sinais devem ser coordenados e sincronizados.

A entrada de *Clock* para o contador faz com que o contador seja incrementado para o próximo endereço, de 0000h para 0001h e, então, de 0001h para 0002h, e assim por diante. Esse endereço acessa um *byte* específico de memória, que vai para o somador junto com a saída do *latch*. A entrada de *Clock* no *latch* deve então causar o armazenamento dessa nova soma. Na vida real, o acesso à memória e a adição não são operações instantâneas, o que significa que a entrada de *Clock* no *latch* precisa de um atraso com relação ao sinal de *Clock* no contador e, da mesma forma, o próximo sinal de *Clock* no contador deve ocorrer com um intervalo após o sinal de *Clock* no *latch*.

Para conseguir isso, vamos ligar dois *flip-flops* assim:

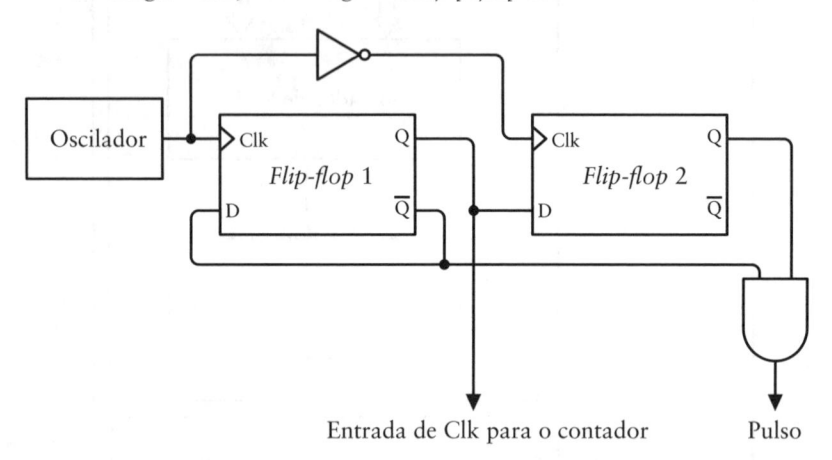

```
        ┌──────▷○──────────────────────┐
        │                              │
┌────────┐    ┌──────────┐    ┌──────────┐
│Oscilador├──▶│▷Clk    Q├───▶│▷Clk    Q├──┐
└────────┘    │ Flip-flop 1│    │ Flip-flop 2│  │
              │D      Q̄├┐   │D      Q̄├──┤
              └──────────┘│   └──────────┘  │
                          │        │         │
              ┌───────────┘        │         │
              │                    ▼         ▼
                          Entrada de Clk para o contador   Pulso
```

O oscilador à esquerda é apenas algo que alterna entre 0 e 1. Ele pode ser muito rápido, como um oscilador a cristal usado em relógios e computadores, ou pode ser tão simples quanto um interruptor ou botão que você pressiona com o dedo.

O primeiro *flip-flop* é conectado para dividir essa frequência ao meio, como você viu no final do Capítulo 17. A saída Q desse *flip-flop* se torna a entrada de *Clock* para o contador, que incrementa o valor do contador a cada transição de 0 para 1. Aqui está o diagrama de tempo para o primeiro *flip-flop*:

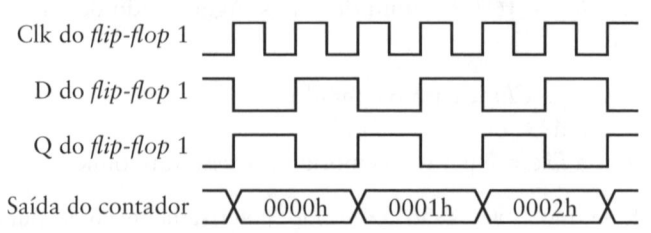

```
Clk do flip-flop 1    ┐ ┌─┐ ┌─┐ ┌─┐ ┌─┐ ┌─┐ ┌─┐ ┌─
                      └─┘ └─┘ └─┘ └─┘ └─┘ └─┘ └─┘
D do flip-flop 1      ┐   ┌───┐   ┌───┐   ┌───┐
                      └───┘   └───┘   └───┘   └───
Q do flip-flop 1      ┐ ┌───┐   ┌───┐   ┌───┐   ┌─
                      └─┘   └───┘   └───┘   └───┘
Saída do contador     ───⟨ 0000h ⟩⟨ 0001h ⟩⟨ 0002h ⟩───
```

A linha inferior do diagrama de temporização simboliza como a saída do contador muda.

A entrada de *Clock* para o segundo *flip-flop* é oposta à do primeiro *flip-flop*, e a entrada D é a saída Q do primeiro *flip-flop*, o que significa que a saída Q do segundo *flip-flop* fica deslocada em um ciclo a partir da saída Q do primeiro *flip-flop*. Para fins de comparação, o diagrama a seguir inclui a saída do contador do diagrama anterior:

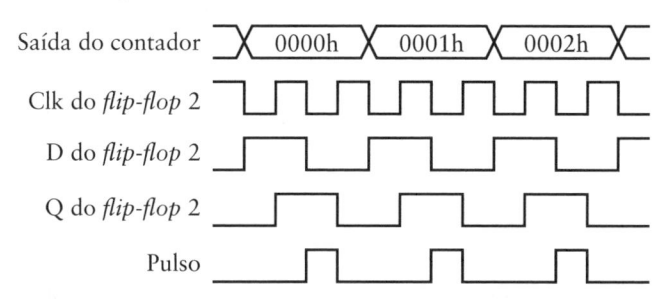

```
Saída do contador   ╳ 0000h ╳ 0001h ╳ 0002h ╳
Clk do flip-flop 2  ⎍⎍⎍⎍⎍⎍⎍⎍
D do flip-flop 2    ⎍_⎍_⎍_⎍_
Q do flip-flop 2    _⎍_⎍_⎍_⎍
Pulso               __⎍___⎍__
```

A porta AND combina a saída $\overline{Q}$ do primeiro *flip-flop* e a saída Q do segundo *flip-flop*. Vamos chamar essa saída da porta AND de **Pulso**.

Esse sinal de Pulso torna-se a entrada de *Clock* do *latch*:

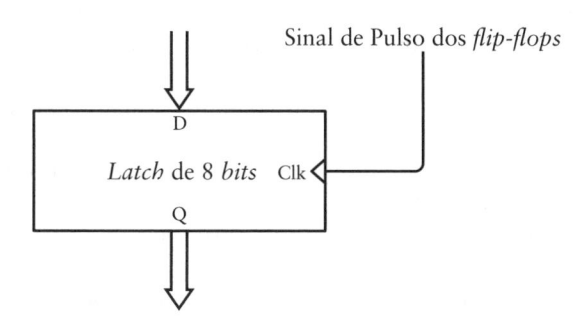

```
          ⇓⇓         Sinal de Pulso dos flip-flops
        ┌──┴──────────────┐
        │  D              │
        │ Latch de 8 bits  Clk ◁──┘
        │  Q              │
        └──┬──────────────┘
           ⇓
```

Queremos ter certeza de que há tempo suficiente para que o valor do contador enderece a memória e para que os dados da memória sejam adicionados à soma anterior antes de serem salvos no *latch*. O objetivo é garantir que tudo esteja **estável** antes que o *latch* salve a nova soma. Em outras palavras, queremos evitar falhas*. Isso foi realizado: a saída do contador permanece constante quando o sinal de Pulso é 1.

O outro sinal necessário no somador acumulador automatizado é o sinal de **Escreve** da memória. Já mencionei que queremos escrever a soma acumulada no primeiro local de memória que tenha um valor igual a 00h. Esse local de memória pode ser detectado obtendo os sinais de Saída de Dados da RAM e

---

* N. de R.T.: No original, é usado o termo "*glitches*". "*Glitch*" é um problema de causa intermitente ou transitória, ou seja, pode acontecer ou não, com resultados variados em momentos diferentes. Frequentemente resultam de erros de projeto.

enviando-os a uma porta NOR de 8 *bits*. A saída dessa porta NOR será 1 se todos os valores individuais das Saídas de Dados forem 0. Essa saída pode então ser combinada com a saída Pulso da configuração do *flip-flop*:

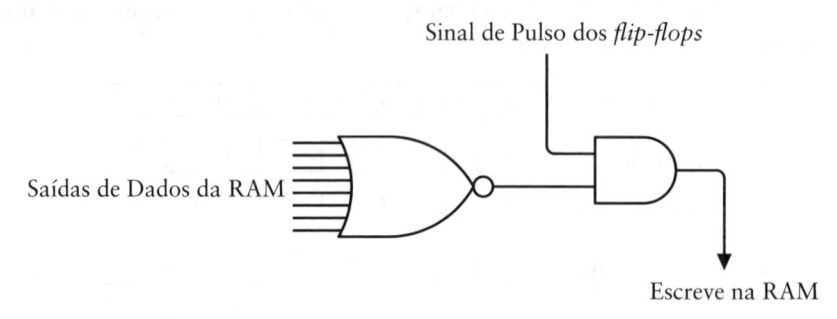

Sinal de Pulso dos *flip-flops*

Saídas de Dados da RAM

Escreve na RAM

⊕   Uma versão interativa do "somador acumulador automatizado" completo está disponível no *site* CodeHiddenLanguage.com.

Não fizemos algo para impedir que o "somador acumulador automatizado" continue para sempre. Enquanto o oscilador continuar gerando um sinal que alterna entre 0 e 1, o contador continuará a acessar a memória. Se os outros *bytes* na memória forem iguais a 00h, o circuito escreverá a soma calculada nesses locais.

Por fim, se o oscilador continuar, o contador atingirá FFFFh e, devido à sua característica circular, retornará para o valor 0000h e iniciará a adição acumulada novamente. No entanto, dessa vez, ele somará todos os valores na memória à soma já calculada.

Para ter algum controle sobre esse processo, você provavelmente desejará acrescentar um botão ou uma chave com o rótulo *Clear* (Limpar). O contador que fornece o endereço de memória é construído a partir de *flip-flops* acionados por borda, por isso provavelmente tem uma entrada *Clear*. O *latch* também é construído a partir de *flip-flops* acionados por borda, e os *flip-flops* acionados por borda foram usados para gerar os sinais de controle. Esse botão *Clear* é usado para limpar o contador e o *latch* e interromper o funcionamento do par de *flip--flops*. Assim, você pode inserir novos valores na memória e iniciar o processo de adição novamente.

Contudo, o maior problema com o "somador acumulador automatizado" é que ele é limitado a somar meros *bytes*, e os *bytes* só podem variar em valor de 00h a FFh, ou 255 em decimal.

A tarefa-exemplo que descrevi anteriormente para esse somador acumulador automatizado foi uma adição dos 8 *bytes*, 35h, 1Bh, 09h, 31h, 1Eh, 12h, 23h e 0Ch, que resultam em E9h, ou 233 em decimal. No entanto, suponha que houvesse um nono *byte* de 20h. A soma então teria sido de 109h, mas esse não é mais um valor de 1 *byte*. A saída do somador de 8 *bits* seria de apenas 09h, e é isso que seria armazenado na memória. O sinal de "vai-um" do somador indicaria que a soma excede FFh, mas o "somador acumulador automatizado" não está considerando esse sinal.

Suponha que você queira usar o "somador acumulador automatizado" para verificar depósitos em sua conta corrente. Nos Estados Unidos, o dinheiro é quantificado usando dólares e centavos (p. ex., $1.25), e muitos outros países têm sistemas semelhantes. Também é o caso do Brasil, com valores de reais e centavos (p.ex., R$1,25), usado nos exemplos a seguir. Para armazenar esse valor para um *byte*, você precisará convertê-lo para um número inteiro multiplicando por 100 para obter 125 centavos, que é 7Dh em hexadecimal.

Isso significa que, se você quiser usar *bytes* para armazenar quantias em dinheiro, estará limitado a valores de até FFh, ou 255 em decimal, ou menos R$2,55.

Para quantidades maiores, será preciso usar mais *bytes*. Que tal dois *bytes*? Os valores de dois *bytes* podem variar de 0000h a FFFFh, ou 65.535 em decimal, ou R$655,35.

Isso é muito melhor, mas você provavelmente também vai querer representar quantias negativas de dinheiro, bem como quantias positivas (p. ex., quando sua conta corrente entrar no limite especial). Isso significa usar o complemento de dois, que discuti no Capítulo 16. Com o complemento de dois, o valor positivo máximo em 16 *bits* é 7FFFh, ou 32.767 em decimal, e o valor mais negativo possível é 8000h, que é –32.768. Isso permitiria valores monetários entre –R$327,68 e R$327,67.

Vamos tentar três *bytes*. Usando o complemento de dois, os valores de três *bytes* podem variar de 800000h a 7FFFFFh, ou de –8.388.608 a 8.388.607 em decimal, o que se traduz em valores monetários de –R$83.886,08 a R$83.886,07. Acredito que esse é um intervalo muito mais seguro para as contas correntes da maioria das pessoas, então vamos ficar com ele.

Como o somador automatizado pode ser aprimorado para somar valores de três *bytes* em vez de apenas valores de um *byte*?

A resposta fácil é expandir a memória para armazenar valores de 24 *bits* e criar somadores e *latches* de 24 *bits*.

Contudo, talvez isso não seja prático. Talvez você já tenha investido na criação de uma matriz de RAM de 64 K × 8 e já tenha um somador de 8 *bits*, e eles não podem ser substituídos com facilidade.

Se ficarmos com a memória de 8 *bits*, os valores de 24 *bits* podem ser armazenados dividindo-os em três locais de memória consecutivos, mas a questão crucial é: em que sentido?

E o que quero dizer com isso?

Suponha que você queira armazenar o valor de R$10 mil. Isso é 1 milhão de centavos ou 0F4240h em hexadecimal, que são os três *bytes* 0Fh, 42h e 40h. Esses três *bytes* podem ser referidos, de forma simplificada, como *bytes* "alto" (o mais significativo), "médio" (o *byte* intermediário) e "baixo" (o menos significativo). Eles podem ser armazenados na memória de duas maneiras. Armazenamos os três *bytes* nesta ordem?

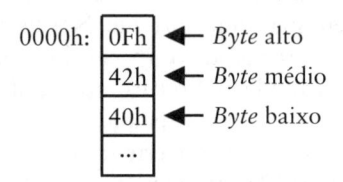

```
0000h: | 0Fh |  ← Byte alto
       | 42h |  ← Byte médio
       | 40h |  ← Byte baixo
       | ... |
```

Ou nesta ordem?

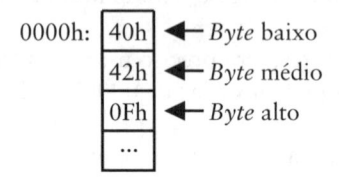

```
0000h: | 40h |  ← Byte baixo
       | 42h |  ← Byte médio
       | 0Fh |  ← Byte alto
       | ... |
```

Você poderia perguntar: "Qual é a maneira habitual de fazer isso?" ou "Qual é a maneira padrão da indústria, consagrada pelo tempo, de fazer isso?". Infelizmente, a resposta a essas perguntas é: ambas as maneiras. Alguns computadores fazem isso de uma maneira; outros fazem da outra.

Esses dois métodos para armazenar valores de múltiplos *bytes* são conhecidos como *big-endian* e *little-endian*. Mencionei essa diferença no Capítulo 13, ao discutir a respeito do Unicode. Os termos vêm do romance satírico de Jonathan Swift, "As viagens de Gulliver" (Parte I, Capítulos 4 e posteriores), que descreve como o povo de Lilliput estava enredado em uma longa controvérsia sobre se deveria quebrar um ovo na extremidade menor (*little-endian*) ou na maior (*big-endian*). Na indústria de computadores, essa não é tanto uma controvérsia, mas uma diferença básica com a qual todos aprenderam a conviver.

À primeira vista, a abordagem *big-endian* parece mais sensata porque é a mesma ordem em que normalmente escreveríamos os *bytes*. A abordagem *little-endian* é o contrário, porque começa com o *byte* menos significativo.

Mesmo assim, se você estiver lendo valores de múltiplos *bytes* da memória para fins de adição, talvez prefira começar com o *byte* menos significativo. A adição do *byte* menos significativo pode gerar um "vai-um" que é usado na adição do próximo *byte* mais significativo.

Por esse motivo, armazenarei *bytes* no formato *little-endian*, com o *byte* menos significativo primeiro. Contudo, isso só se aplica à ordem quando armazenada na memória. Ao mostrar valores hexadecimais de outra forma, continuarei a mostrar o *byte* mais significativo primeiro.

Ao descrever o que essa nova máquina faz, falarei em termos de depósitos e saques, como se estivesse calculando o saldo de uma conta bancária.

No entanto, os termos poderiam muito bem se aplicar a despesas e receitas ao administrar uma pequena empresa, ou a ativos e passivos.

Vamos começar com dois depósitos de R$450,00 e R$350,00. Em hexadecimal, eles são adicionados da seguinte forma:

$$\begin{array}{r} 00\ AF\ C8 \\ +\ 00\ 88\ B8 \\ \hline 01\ 38\ 80 \end{array}$$

À medida que cada par de *bytes* é somado a partir da direita, é gerado um "vai-um" que afeta o próximo par de *bytes*.

Agora vamos retirar R$500,00 dessa soma, que é 00C350h em hexadecimal:

$$\begin{array}{r} 01\ 38\ 80 \\ -\ 00\ C3\ 50 \\ \hline \end{array}$$

No Capítulo 16, descrevi como os números binários são subtraídos*. Primeiro, você converte o número que está sendo subtraído para o complemento de dois e, em seguida, soma. Para encontrar o complemento de dois de 00C350h, inverta todos os *bits* (*bits* 0 se tornam 1 e *bits* 1 se tornam 0) para obter FF3CAFh e, em seguida, some 1 para obter FF3CB0h. Agora some esse valor:

$$\begin{array}{r} 01\ 38\ 80 \\ +\ FF\ 3C\ B0 \\ \hline 00\ 75\ 30 \end{array}$$

Em decimal, essa soma é 30 mil, ou R$300. Agora vamos retirar outros R$500.

$$\begin{array}{r} 00\ 75\ 30 \\ +\ FF\ 3C\ B0 \\ \hline FF\ B1\ E0 \end{array}$$

O resultado é um número negativo. Nosso saldo caiu abaixo de zero! Para determinar esse valor negativo, inverta novamente todos os *bits* para obter 004E1Fh e some 1 para obter 004E20h, ou 20 mil em decimal. O saldo é de –R$200,00.

Felizmente, temos mais dinheiro entrando. Dessa vez, o depósito é uma grande quantia, R$2 mil, ou 030D40h. Some isso ao resultado negativo anterior:

$$\begin{array}{r} FF\ B1\ E0 \\ +\ 03\ 0D\ 40 \\ \hline 02\ BF\ 20 \end{array}$$

Isso, tenho o prazer de dizer, é 180 mil em decimal, ou R$1.800,00.

---

* N. de R.T.: Embora a representação usada seja hexadecimal, o raciocínio nas operações está usando os valores binários, o que encontra correspondência com os circuitos implementados.

Esse é o tipo de tarefa que eu quero que essa nova máquina faça. Quero que ela some e subtraia valores de três *bytes* armazenados na memória e escreva o resultado de volta na memória.

Eu realmente quero que **ele** subtraia. Eu quero que uma retirada de R$500 seja armazenada como os três *bytes* 00, C3 e 50, e não no complemento de dois. Quero que a máquina faça o trabalho para nós no cálculo do complemento de dois.

No entanto, se todos os números são armazenados na memória como valores positivos, os depósitos e as retiradas parecem iguais. Como eles podem ser distinguidos?

Precisamos de algo que acompanhe os números na memória para identificar o que queremos fazer com eles. Depois de considerar esse problema – talvez de um dia para outro, se for preciso –, você pode ter a brilhante ideia de preceder cada número na memória com algum tipo de código. Um código pode significar "some o valor de três *bytes* que segue" e outro código pode significar "subtraia o valor de três *bytes* que segue". Para o problema do exemplo que acabei de discutir, veja como isso pode aparecer na memória:

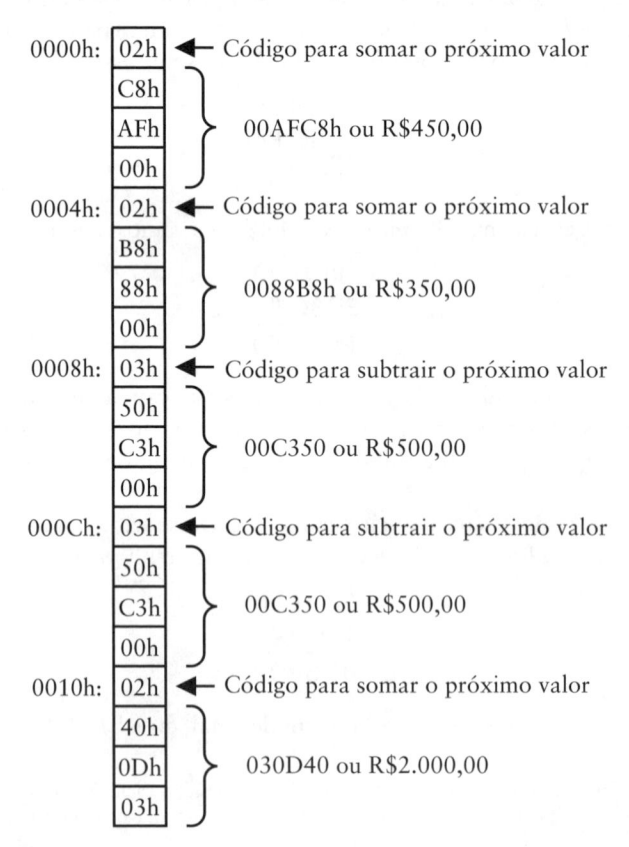

Endereço	Byte	Descrição
0000h:	02h	← Código para somar o próximo valor
	C8h	⎫
	AFh	⎬ 00AFC8h ou R$450,00
	00h	⎭
0004h:	02h	← Código para somar o próximo valor
	B8h	⎫
	88h	⎬ 0088B8h ou R$350,00
	00h	⎭
0008h:	03h	← Código para subtrair o próximo valor
	50h	⎫
	C3h	⎬ 00C350 ou R$500,00
	00h	⎭
000Ch:	03h	← Código para subtrair o próximo valor
	50h	⎫
	C3h	⎬ 00C350 ou R$500,00
	00h	⎭
0010h:	02h	← Código para somar o próximo valor
	40h	⎫
	0Dh	⎬ 030D40 ou R$2.000,00
	03h	⎭

Escolhi o código 02h para indicar que o próximo valor de três *bytes* deve ser somado ao total em execução, e o código 03h para indicar subtração. Esses códigos são um tanto arbitrários, mas não totalmente. (Você logo verá o que quero dizer.)

Códigos como esses às vezes são chamados de **códigos de instrução, códigos de operação** ou *opcodes*. Eles determinam a uma máquina o que fazer a partir do que está sendo lido da memória, e a máquina responde executando certas operações, tais como adição ou subtração.

O conteúdo da memória agora pode ser diferenciado como **código** e **dados**. Nesse exemplo, cada *byte* de código precede três *bytes* de dados.

Agora que temos códigos para adicionar e subtrair valores, vamos criar outro código para armazenar o total em execução na memória imediatamente após o código, bem como outro código visando parar a máquina para que ela não continue processando sem ter o que fazer:

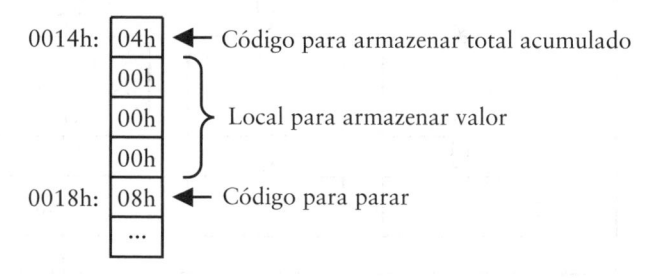

```
0014h: |04h| ← Código para armazenar total acumulado
       |00h|
       |00h| } Local para armazenar valor
       |00h|
0018h: |08h| ← Código para parar
       | ...|
```

Vamos chamar a máquina que executa esse feito maravilhoso de acumulador de *byte* triplo. Como o "somador acumulador automatizado", ele continuará a acessar uma matriz de memória de 64 K × 8 e acumulará o total usando um somador de 8 *bits*. No entanto, o número de *latches* deve ser aumentado para quatro: um para armazenar o código de instrução e outros três para armazenar o total acumulado. Aqui estão todos os principais componentes e caminhos de dados:

Diagrama

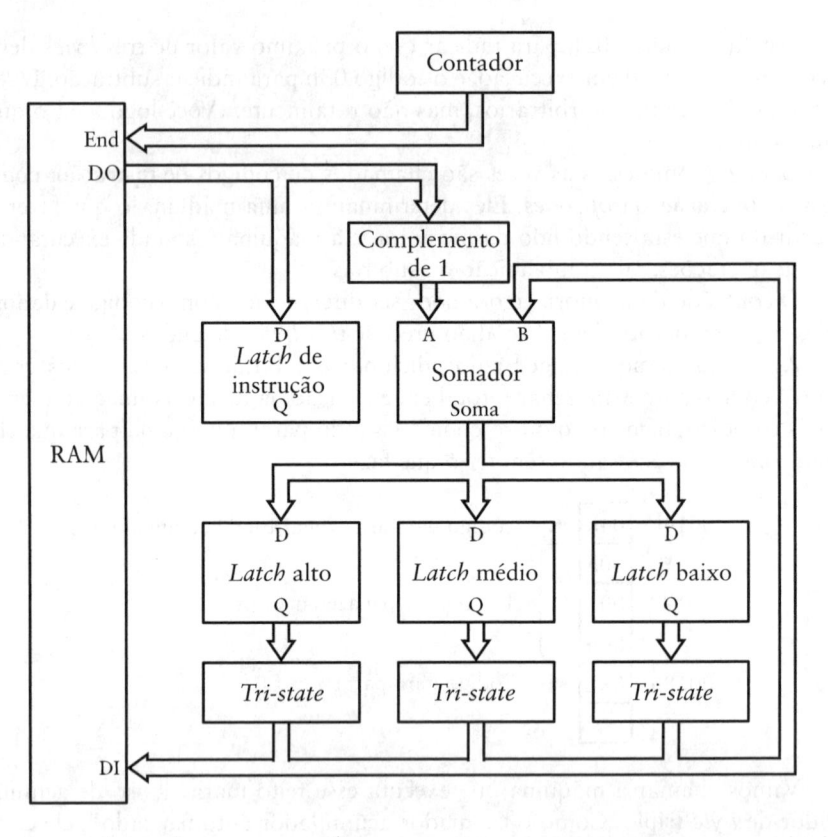

```
                    ┌──────────┐
                    │ Contador │
                    └──────────┘
      End
      DO
                    ┌──────────────┐
                    │ Complemento  │
                    │    de 1      │
                    └──────────────┘

          ┌─────────────┐    ┌─────────────┐
          │     D       │    │  A       B  │
          │  Latch de   │    │   Somador   │
          │  instrução  │    │             │
          │     Q       │    │    Soma     │
  RAM     └─────────────┘    └─────────────┘

     ┌───────────┐   ┌───────────┐   ┌───────────┐
     │    D      │   │    D      │   │    D      │
     │ Latch alto│   │Latch médio│   │Latch baixo│
     │    Q      │   │    Q      │   │    Q      │
     └───────────┘   └───────────┘   └───────────┘

     ┌───────────┐   ┌───────────┐   ┌───────────┐
     │ Tri-state │   │ Tri-state │   │ Tri-state │
     └───────────┘   └───────────┘   └───────────┘
      DI
```

Para evitar sobrecarregar o diagrama, não mostramos os numerosos sinais de controle. Vou passar grande parte do restante deste capítulo mostrando esses sinais de controle. Também não são mostradas nesse diagrama já complexo as entradas para as diversas caixas às quais os sinais de controle estão conectados (p. ex., as entradas de *Clock* para o contador e os *latches*, os sinais de Habilita para os *buffers tri-state* o sinal de Escreve para a RAM).

Assim como no "somador acumulador automatizado", o acumulador de *byte* triplo tem um contador de 16 *bits* que fornece um endereço para a memória de acesso randômico. A entrada de *Clock* para esse contador vem da mesma configuração de dois *flip-flops* mostrada anteriormente.

O acumulador de *byte* triplo tem quatro *latches*, e o primeiro é rotulado como "*Latch* de instrução". Ele é usado para manter o código de instrução dos endereços de memória 0000h, 0004h, 0008h e assim por diante.

Os outros três *latches* são rotulados como "*Latch* alto", "*Latch* médio" e "*Latch* baixo". Eles são usados para armazenar os três *bytes* do total acumulado. A entrada para esses três *latches* é a saída do somador, indicada por "Soma". As saídas vão para três caixas rotuladas como "*Tri-state*", que são *buffers tri-state*, descritos no capítulo anterior. Essas caixas têm sinais Habilita não mostrados na ilustração. Como acontece com qualquer *buffer tri-state*, se o sinal Habilita for 1, as Saídas serão iguais às Entradas: 0 se a entrada for 0 e 1 se a entrada for 1. No entanto, se o sinal Habilita for 0, então as Saídas não são nem 0 nem 1: não têm um valor de tensão nem um terra, simplesmente nada. Esse é o terceiro estado.

Cada um dos três *buffers tri-state* mostrados no acumulador de *byte* triplo tem seu próprio sinal Habilita. A qualquer momento, apenas um desses três sinais Habilita é definido como 1. Isso permite que as saídas dos três *buffers tri-state* sejam conectadas umas às outras sem conflitos entre tensões e terras. Os sinais Habilita controlam qual das três saídas de *latch* vai para a Entrada de Dados da RAM e para a entrada B do somador.

Esses três sinais Habilita dependem dos dois *bits* menos significativos do endereço de memória gerado pelo contador. Os *bytes* na memória foram armazenados de uma maneira muito metódica: primeiro um *byte* de instrução e, em seguida, os *bytes* baixo, médio e alto de um número de três *bytes*. As funções desses quatro *bytes* correspondem aos dois *bits* menos significativos do endereço de memória. Esses dois *bits* aumentam de 00 a 01 a 10 a 11 repetidas vezes, de modo que cada valor corresponda a um tipo específico de *byte* na memória:

- Se os dois *bits* menos significativos do endereço forem 00, o *byte* nesse endereço será um código de instrução.
- Se os dois *bits* menos significativos do endereço forem 01, o *byte* nesse endereço será o "*byte* baixo", ou seja, o menos significativo do número a ser somado ou subtraído.
- Da mesma forma, se os dois *bits* menos significativos forem 10, então ele será o "*byte* médio" do número.
- Se os dois *bits* menos significativos forem 11, então este será o "*byte* alto", ou seja, o mais significativo do número.

Os três sinais Habilita para os *buffers tri-state* podem ser gerados por um decodificador de 2 para 4 usando os dois *bits* menos significativos do endereço de memória, identificados aqui como A_0 e A_1:

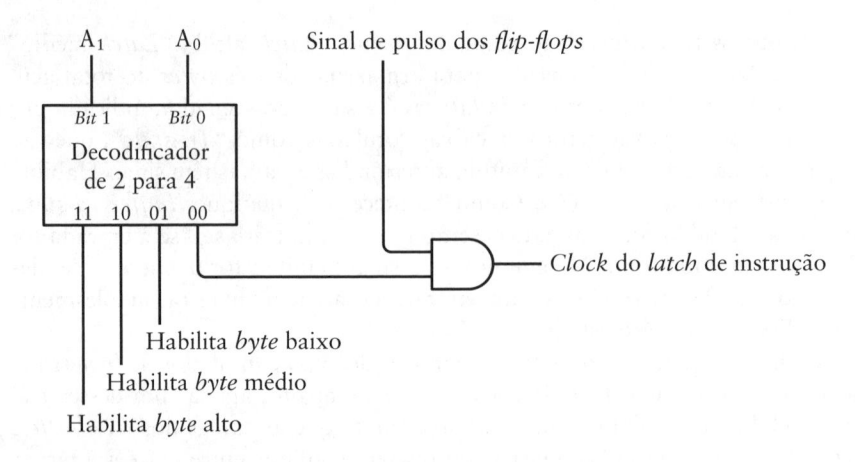

```
      A₁      A₀        Sinal de pulso dos flip-flops
      │       │              │
   ┌──┴───────┴──┐           │
   │  Bit 1  Bit 0│          │
   │ Decodificador│          │
   │   de 2 para 4│          │
   │ 11  10  01  00│         │
   └──┬───┬───┬───┬┘         │
      │   │   │   └──────┐   │
      │   │   │          ╲───┴──╲
      │   │   │           )      )── Clock do latch de instrução
      │   │   │          ╱──────╱
      │   │   │
      │   │   └── Habilita byte baixo
      │   └────── Habilita byte médio
      └────────── Habilita byte alto
```

Também é mostrada a entrada de *Clock* para o *latch* de instrução. Isso ocorre quando os dois *bits* menos significativos do endereço são 00 e o sinal de Pulso da configuração de *flip-flops* duplos é 1. A instrução permanece nesse *latch* enquanto os três *bytes* seguintes são acessados. Os sinais de *Clock* para os outros três *latches* são um pouco mais complicados, mas vou mostrá-los em breve.

Veja como funciona o acumulador de *byte* triplo. Vamos supor que todos os *latches* estejam inicialmente limpos e não contenham valores: o contador gera o endereço de RAM 0000h. O *byte* nesse endereço (nesse exemplo, 02h) é copiado para o Latch de Instrução.

O contador gera o endereço de RAM 0001h. Esse é a posição na memória do *byte* menos significativo do primeiro número. Esse *byte* vai para o somador. (Ignore a caixa rotulada como "Complemento de 1" por enquanto; suponha que ela não faça nada, o que é verdade quando está havendo uma soma.) Os dois *bits* menos significativos do endereço são 01, portanto o *buffer tri-state* vinculado ao *byte* menos significativo é selecionado. Contudo, como o *latch* do *byte* menos significativo foi zerado, a entrada B do somador é 00h. A saída Soma do somador é o *byte* menos significativo do primeiro número. Esse valor de um *byte* é retido no "*Latch* baixo".

O contador gera o endereço de RAM 0002h. Esse é o *byte* médio do primeiro número. Isso vai para o somador junto com o valor no "*Latch* médio", que é 00h. A saída Soma é a mesma que o *byte* médio da memória, e esse valor de um *byte* é retido no "*Latch* do meio".

O contador gera o endereço RAM 0003h. Esse é o *byte* mais significativo, e ele passa pelo somador e é retido no "*Latch* alto".

O contador gera o endereço de RAM 0004h. Esse é o código de instrução 02h, que significa somar.

O contador gera o endereço RAM 0005h. Esse é o *byte* menos significativo do segundo número. Ele vai para a entrada A do somador. O *buffer tri-state* do *byte* menos significativo está habilitado. Como o *latch* contém o *byte* menos significativo do primeiro número, isso se torna a entrada B do somador. Esses dois *bytes* são somados e, então, o byte resultante é retido no "*Latch* baixo".

Esse processo continua com os *bytes* médio e mais significativo e, em seguida, com o próximo número.

Ao projetar o acumulador de *byte* triplo, defini quatro códigos de instrução:

- 02h para somar o próximo número de três *bytes*;
- 03h para subtrair o próximo número de três *bytes*;
- 04h para escrever o total de três *bytes* na memória;
- 08h para parar a máquina.

Apenas quatro *bits* precisam ser armazenados no *latch* de instrução. Veja como esses *bits* correspondem às quatro instruções:

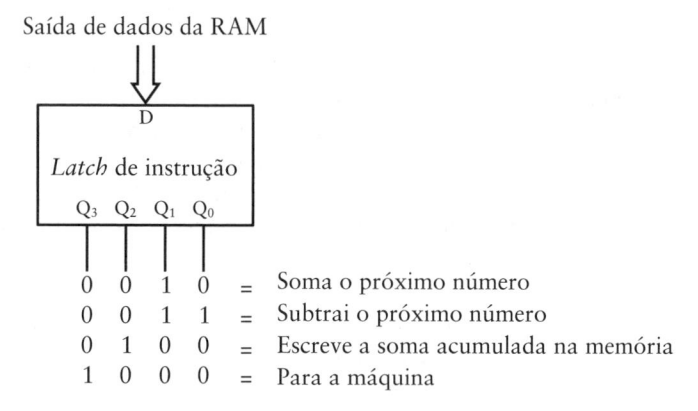

Saída de dados da RAM

```
        D
  Latch de instrução
  Q₃  Q₂  Q₁  Q₀
```

Q_3	Q_2	Q_1	Q_0		
0	0	1	0	=	Soma o próximo número
0	0	1	1	=	Subtrai o próximo número
0	1	0	0	=	Escreve a soma acumulada na memória
1	0	0	0	=	Para a máquina

O código de instrução permanece no *latch* enquanto os próximos três *bytes* são lidos para a máquina. Os *bits* no código de instrução são usados para controlar outras partes do acumulador de *byte* triplo.

Por exemplo, o *bit* Q_1 é 1 se os próximos três *bytes* tiverem de ser somados ou subtraídos do total em execução. Isso significa que esse *bit* pode ser usado para ajudar a determinar as entradas de *Clock* nos *latches* para os três *bytes* de dados. Aqui está o decodificador de 2 para 4 novamente, para mostrar como essas saídas são combinadas com o *bit* de instrução Q_1 e o sinal de Pulso dos *flip-flops*:

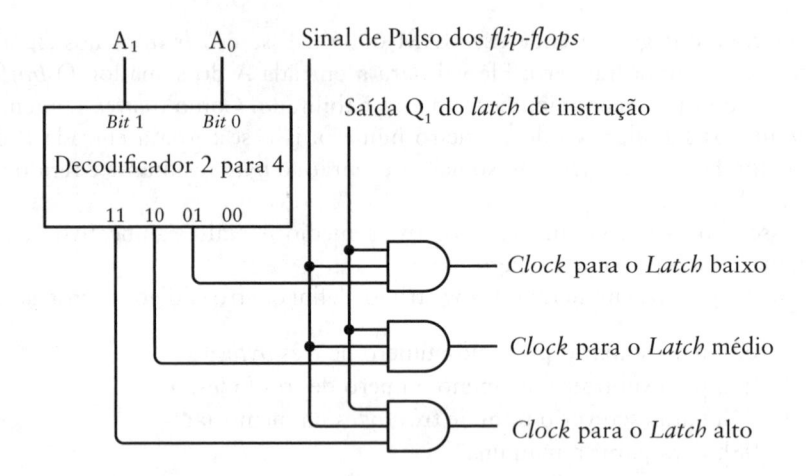

```
        A₁      A₀       Sinal de Pulso dos flip-flops
     ┌────────────┐
     │ Bit 1  Bit 0 │      Saída Q₁ do latch de instrução
     │ Decodificador 2 para 4 │
     │  11  10  01  00 │
     └────────────┘
```

(diagrama: Decodificador 2 para 4 com saídas conectadas a portas AND que geram)

— Clock para o Latch baixo
— Clock para o Latch médio
— Clock para o Latch alto

Como vimos anteriormente, quando os dois *bits* menos significativos do endereço são 00, o *byte* de instrução é retido no respectivo *latch*. Esse *byte* de instrução pode ser usado quando esses dois *bits* de endereço são 01, 10 e 11, à medida que os três *bytes* de dados são acessados. Se a instrução for Somar ou Subtrair, a saída Q_1 do *latch* da instrução será 1, e essas três portas AND geram sinais de *Clock* para reter sucessivamente os três *bytes* nos respectivos *latches*.

Pode ter parecido estranho que eu originalmente defini a instrução de Somar como 02h e a instrução de Subtrair como 03h. Por que não 01h e 02h? Ou 23h e 7Ch? Isso foi feito dessa maneira para que os códigos de instrução de Somar e Subtrair compartilhassem um *bit* que pudesse ser usado para controlar os sinais de *Clock* para as *latches*.

O *bit* Q_0 da instrução é 1 somente se o número nos próximos três *bytes* estiver sendo subtraído. Se for esse o caso, então o complemento de dois do número deve ser tomado. O complemento de dois é calculado encontrando primeiro o complemento de um e, em seguida, somando 1. O complemento de um é simplesmente inverter todos os *bits*, de 0 para 1 e de 1 para 0. O Capítulo 16 mostrou um circuito para fazer exatamente isso:

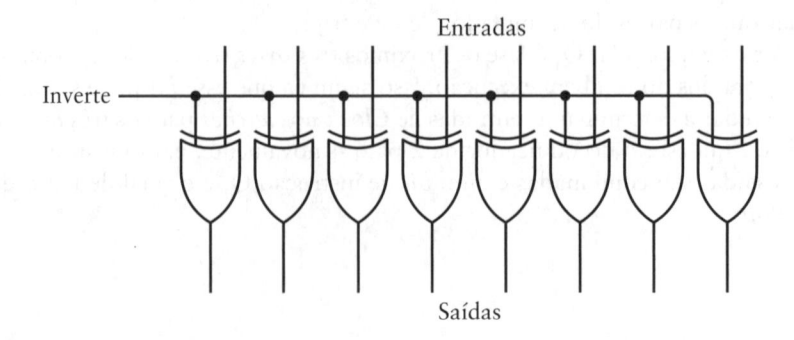

(diagrama: circuito com entrada "Inverte" e várias "Entradas" conectadas a portas XOR, produzindo "Saídas")

As entradas vêm das Saídas de Dados da RAM. As saídas vão para a entrada A do somador de 8 *bits*. O sinal Inverte pode vir diretamente da saída Q_0 do *latch* de instrução. Esse é o *bit* que indica que um número está sendo subtraído em vez de somado.

O complemento de dois é o complemento de um mais 1. Esta soma de 1 pode ser realizada definindo a entrada "vem-um" do somador como 1, mas somente para o primeiro dos três *bytes*:

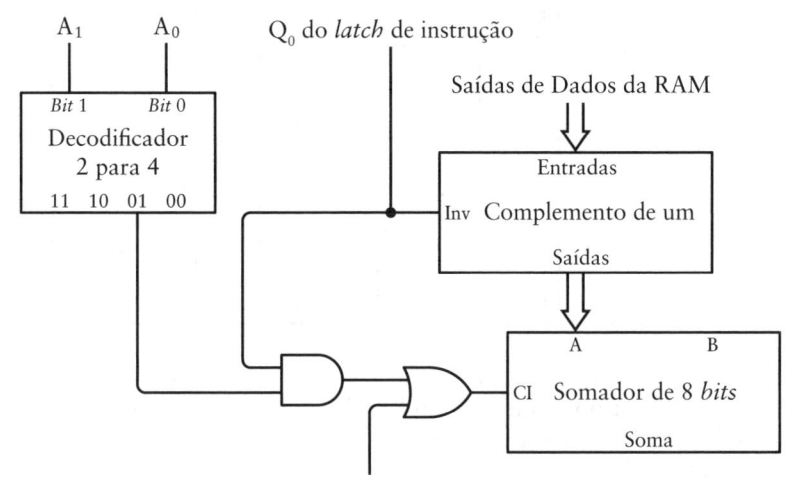

Sinal de "vai-um" dos *buffers tri-state*

Sempre que o *bit* menos significativo do *latch* de instrução for 1, está havendo uma subtração. Todos os *bytes* de dados provenientes da RAM devem ser invertidos. Esse é o propósito da caixa rotulada como "Complemento de um". Além disso, a entrada "vem-um" do somador deve ser definida como 1, mas somente para o primeiro *byte*. Esse é o propósito da porta AND. A saída 01 do decodificador será 1 somente para o primeiro *byte* de dados.

A porta OR está presente porque o "vem-um" para o somador também pode precisar ser ligado ao somar ou subtrair o segundo e o terceiro *bytes* de dados. Para manter os diagramas simples, havia ignorado totalmente o problema do transporte ("vai-um"), mas agora precisamos ter a coragem de enfrentá-lo de frente.

O acumulador de *byte* triplo contém três *latches* e três *buffers tri-state* para armazenar e acessar os três *bytes* do total acumulado:

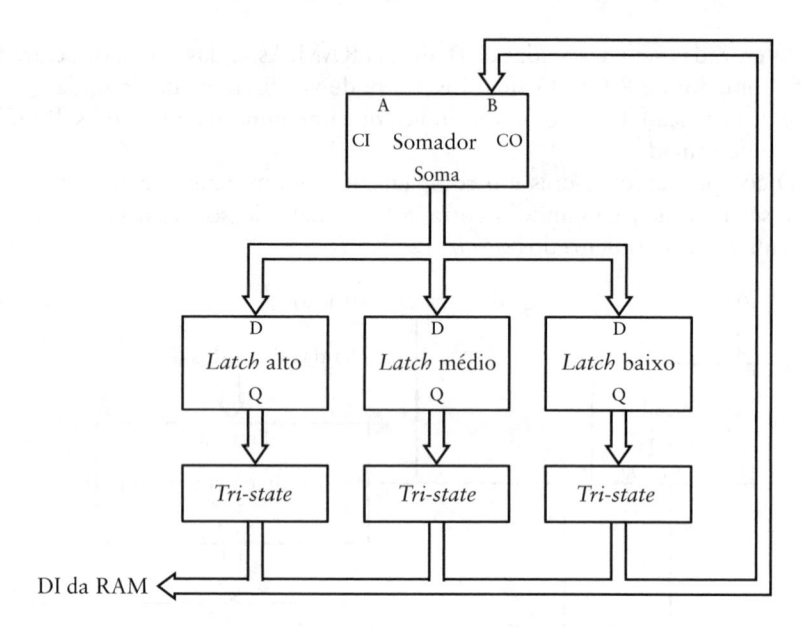

Mas não exatamente. Para acomodar o *bit* de "vai um", dois desses *latches* precisam armazenar nove *bits*: os oito *bits* da soma e o "vai-um" do somador. Dois dos *buffers tri-state* também precisam manipular nove *bits* para que um vai-um da soma do *byte* menos significativo possa ser usado na soma do *byte* médio e um vai-um da soma do *byte* médio possa ser usado ao somar o *byte* mais significativo:

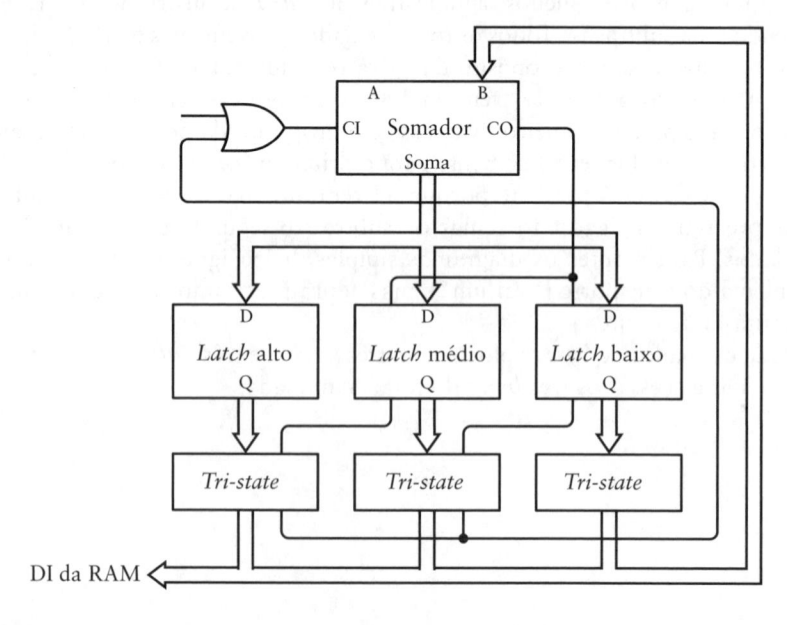

Observe que o sinal "vai-um" do somador é armazenado nos *latches* do *byte* menos significativo e do *byte* médio, mas esses valores vão para os *buffers tri-state* do *byte* médio e do *byte* mais significativo, o que eu sei que parece muito estranho, mas vejamos por que isso acontece.

Quando os *bytes* menos significativos são somados, a entrada "vem-um" do somador é 0 para uma soma e 1 para uma subtração. (Essa é a outra entrada da porta OR.) Essa soma pode resultar em um "vai-um". A saída "vai-um" do somador é salva pelo *latch* que recebe o *byte* menos significativo. No entanto, esse *bit* de "vai-um" deve ser usado ao somar o *byte* médio. É por isso que o valor do *bit* de "vai-um" no *latch* menos significativo é outra entrada para o *buffer tri-state* do *byte* médio. Da mesma forma, um "vai-um" resultante da soma dos *bytes* médios deve ser usado ao somar os *bytes* mais significativos.

Estamos na reta final agora, e todas as somas e subtrações estão sendo tratadas. O que ainda não foi tratado é o código de instrução 04h, usado para escrever os três *bytes* na memória. Este circuito usa o *bit* Q_2 armazenado no *latch* de instrução:

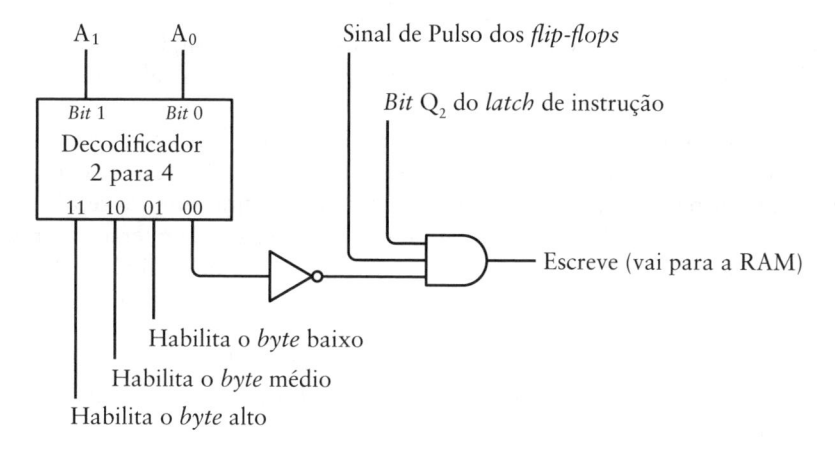

O sinal de escrita na RAM (Escreve) é gerado somente quando os dois *bits* inferiores do endereço da RAM são 01, 10 ou 11, que correspondem aos três *bytes* de dados. Esse é o propósito do inversor. Quando esses *bits* de endereço são 01, 10 ou 11, os três *buffers tri-state* sucessivos são habilitados. Se o *bit* Q_2 for 1 (indicando uma instrução de escrita) e o sinal de Pulso da configuração do *flip-flop* for 1, os três *bytes* serão sucessivamente gravados na memória.

A instrução final é 08h, ou seja, Parar. Isso é fácil. Quando o *bit* Q_3 do *latch* de instrução é 1, queremos basicamente que o oscilador que está funcionando durante todo o espetáculo pare de funcionar:

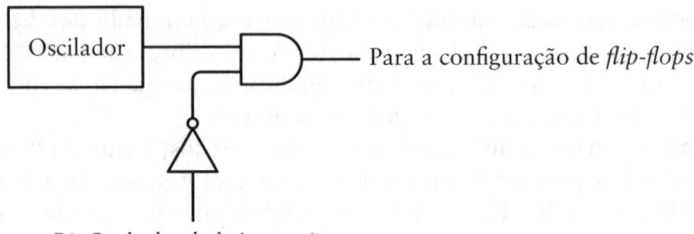

```
       ┌──────────┐
       │ Oscilador├──┐\
       └──────────┘  ) )─── Para a configuração de flip-flops
                ┌───/ /
                │  /
                ▽
                │
      Bit Q₃ do latch de instrução
```

Também seria conveniente adicionar um botão de *Clear*, que limpa o conteúdo dos *flip-flops*, do contador e de todos os *latches* em preparação para armazenar outro total acumulado.

⊕ Uma versão interativa do acumulador de *byte* triplo completo está disponível no *site* CodeHiddenLanguage.com.

Nesse ponto, deve ser óbvio por que eu defini os quatro códigos de instrução da maneira como fiz. Eu queria usar os *bits* diretamente no circuito. Eu queria que um *bit* indicasse uma soma ou uma subtração, outro *bit* indicasse subtração, outro escrevesse o resultado na memória e outro cessasse a operação. Se eu tivesse simplesmente usado os números 01h, 02h, 03h e 04h, teriam sido necessários outros circuitos para decodificar esses valores em sinais separados.

Também deve ser óbvio por que eu decidi usar três *bytes* para armazenar cada número em vez de quatro. Isso permitiu usar os *bits* A0 e A1 do endereço de memória para controlar os vários *latches* de maneira muito direta. Se eu tivesse usado quatro *bytes* para cada número, os códigos de operação teriam sido armazenados sucessivamente nos endereços de memória 0000h, 0005h, 000Ah, 000Fh, 0012h e assim por diante, o que teria tornado mais difícil controlar o armazenamento de tudo nos *latches* corretos.

Agora estou pronto para definir duas palavras: *hardware* e *software*. O acumulador de *byte* triplo ilustra claramente a distinção: o **hardware** é todo o conjunto de circuitos, enquanto o **software** abrange os códigos e dados armazenados na memória. Eles são considerados "*soft*" porque são fáceis de mudar. Se você digitar incorretamente um dos números ou misturar os códigos para soma e subtração, poderá alterar facilmente os valores. Enquanto isso, os circuitos são muito mais difíceis de mudar. Isso é verdade mesmo que os circuitos sejam apenas simulados, como no *site* CodeHiddenLanguage.com, em vez de serem construídos a partir de fios e transistores do mundo real.

Ainda assim, o acumulador de *byte* triplo demonstra uma conexão muito íntima entre *hardware* e *software*. Os códigos e os números são armazenados em *flip-flops* na memória, e os *bits* que compõem esses valores se tornam sinais que se integram ao restante do *hardware*. No nível mais básico, tanto o *hardware* quanto o *software* são apenas sinais elétricos interagindo com portas lógicas.

Se você fosse construir seu próprio acumulador de três *bytes* e o usasse para acompanhar as finanças de sua pequena empresa, poderia ficar justificadamente nervoso se o negócio começasse a ter mais sucesso do que você previu. Você pode facilmente encontrar uma receita ou despesa que exceda a capacidade dos três *bytes* da máquina. Essa máquina não é facilmente expansível. O limite de três *bytes* está incorporado ao *hardware*.

Lamentavelmente, devemos considerar o acumulador de *byte* triplo como um beco sem saída. Felizmente, nada do que aprendemos ao construí-lo será desperdiçado. Na verdade, descobrimos algo muito importante.

Fizemos a incrível revelação de que é possível construir uma máquina que responda a códigos armazenados na memória. O acumulador de *byte* triplo usava apenas quatro códigos, mas se os códigos de instrução forem armazenados como *bytes*, é possível definir até 256 códigos diferentes para realizar diversos tipos de tarefas. Essas 256 tarefas diferentes podem ser bastante simples, mas podem ser versáteis o suficiente para serem combinadas em tarefas mais complexas.

A chave aqui é que as tarefas mais simples são implementadas no *hardware*, enquanto as tarefas mais complexas são implementadas no *software*, como combinações de códigos de instrução.

Se você tivesse decidido construir uma máquina tão versátil em 1970, teria um grande trabalho pela frente. No entanto, em 1980, você não precisaria construí-la. Você poderia comprar um *chip* denominado **microprocessador**, que poderia acessar 64 KB de memória e interpretar quase 256 códigos de instrução diferentes.

O primeiro "computador em um *chip*" foi disponibilizado em novembro de 1971. Foi construído pela Intel e chamava-se 4004. Ele era um processador de quatro *bits* que continha 2.250 transistores e podia acessar 4 KB de memória. Em meados de 1972, a Intel lançou seu primeiro microprocessador de oito *bits*, o 8008, que podia acessar 16 KB de memória.

Esses *chips* não tinham versatilidade e capacidade de memória suficientes para serem transformados em computadores pessoais, com teclados e telas. Eles foram projetados principalmente para **sistemas embarcados**, onde trabalhariam em conjunto com outras lógicas digitais, talvez para controlar algumas máquinas ou executar tarefas dedicadas.

Então, em abril de 1974, a Intel lançou o 8080, um processador de oito *bits* com cerca de 4.500 transistores e que podia acessar 64 KB de memória. O Intel 8080 era encapsulado em um *chip* de 40 pinos:

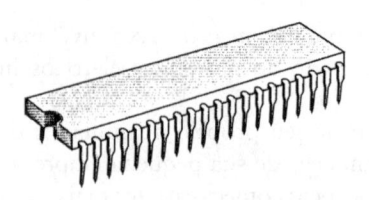

O Intel 8080 estava pronto para o grande momento. Esse foi o microprocessador usado no primeiro computador doméstico, o Altair 8800, mostrado na capa da *Popular Electronics,* ilustrada no final do Capítulo 19. Ele foi o avô dos microprocessadores Intel de 16 *bits* usados no primeiro IBM Personal Computer (PC), lançado em agosto de 1981.

Enquanto isso, a Motorola também estava fabricando microprocessadores. O Motorola 6800, também disponível em 1974, era outro microprocessador de oito *bits* que podia acessar 64 KB de memória. Uma versão simplificada do 6800 foi lançada pela MOS Technology em 1975: o MOS 6502. Esse foi o *chip* que Steve Wozniak (nascido em 1950) usou no influente computador Apple II, lançado em junho de 1977.

Embora o Intel 8080 e o Motorola 6800 fossem semelhantes em alguns aspectos – ambos eram microprocessadores de oito *bits* encapsulados em *chips* de 40 pinos que podiam acessar 64 KB de memória –, os códigos de instrução que eles implementavam eram completamente diferentes. Eles também diferiam de outra maneira fundamental. Lembre-se de que anteriormente eu discuti as abordagens *big-endian* e *little-endian* para armazenar números com múltiplos *bytes*. O microprocessador Motorola 6800 usava a abordagem *big-endian*, armazenando valores de múltiplos *bytes* com o *byte* mais significativo primeiro; já o Intel 8080 havia optado pela *little-endian*, armazenando o *byte* menos significativo primeiro.

A partir do próximo capítulo, vou levá-lo para dentro do Intel 8080, tentando construir um. Apenas usarei os componentes básicos que você já viu, como portas lógicas, *flip-flops*, somadores, *latches* e *buffers tri-state*.

Não vou terminar esse projeto ambicioso. Minha versão do Intel 8080 não será tão poderosa quanto a real. Contudo, vou chegar longe o suficiente para que, quando terminar, você tenha uma compreensão excepcionalmente profunda daquilo que acontece dentro de um computador.

21
A unidade lógica e aritmética

O computador moderno é uma montagem complexa de uma enorme quantidade de componentes, mas eles podem ser divididos genericamente em três categorias:

- memória;
- a unidade central de processamento, ou CPU (*central processing unit*);
- dispositivos de entrada e saída (E/S), geralmente chamados de periféricos.

No Capítulo 19, você aprendeu como a memória de acesso randômico é construída e estruturada e como cada *byte* na memória é acessado por meio de um endereço. No Capítulo 20, você viu como o conteúdo da memória pode armazenar números e como os códigos armazenados na memória podem controlar os circuitos que manipulam esses números. No caso mais geral, o conteúdo da memória também pode conter texto, imagens, música, filmes e qualquer outra coisa que possa ser representada em formato digital – isto é, com 0s e 1s. Os códigos de instrução armazenados na memória são muitas vezes chamados coletivamente de **código**, e todo o restante é chamado de **dados**. Em outras palavras, a memória contém "código e dados".

Os computadores também incluem vários dispositivos de entrada e saída (E/S), frequentemente chamados de periféricos. Quais periféricos um determinado computador inclui depende se o computador encontra-se sobre uma escrivaninha (*desktop*, em inglês), se pode ser levado debaixo do braço, se cabe em um bolso ou em uma bolsa ou se está embutido em um forno de micro-ondas, em um robô aspirador de pó ou em um automóvel.

Os dispositivos de E/S mais visíveis em um computador *desktop* são a tela de vídeo, o teclado e o *mouse*, talvez com uma impressora no canto. Um *notebook* (ou *laptop*) pode ter um *touchpad* em vez de um *mouse*, enquanto um telefone executa todas essas funções em uma única tela. Todos esses computadores incluem um dispositivo para armazenamento em massa, talvez um disco rígido em um computador *desktop*, uma unidade de estado sólido (SSD, de *solid-state drive*) em um *notebook* e armazenamento *flash* em um telefone, talvez estendido por uma unidade de armazenamento externo, tais como *flash drives* ou *pen drives*.

Outros dispositivos de E/S são menos óbvios, como circuitos para reproduzir som e música, circuitos para se conectar à internet por meio de um conector ethernet ou *wi-fi*, circuitos que captam sinais do sistema de posicionamento global (GPS) para dizer onde você está e para onde está indo, e até mesmo dispositivos que detectam gravidade e movimento para determinar como seu telefone está posicionado e se movendo em relação à Terra.

No entanto, o assunto deste capítulo (e dos próximos três capítulos) é a CPU, que às vezes é chamada de o "coração", ou a "alma", ou o "cérebro" do computador, dependendo da sua preferência metafórica.

O Capítulo 20 descreveu um acumulador para números de três *bytes* que consistia em um contador para acessar a memória, um somador e *latches*. Tudo era controlado por circuitos que usavam códigos armazenados na memória para somar e subtrair números e, mais tarde, para escrever o total acumulado na memória.

Uma CPU é muito parecida com o acumulador de *byte* triplo, porém ela é generalizada para responder a muitos códigos diferentes. Consequentemente, uma CPU é muito mais versátil do que a máquina que apresentamos anteriormente.

A CPU que começarei a construir nas páginas deste livro trabalhará com *bytes*. Isso significa que ela pode ser categorizada como uma CPU de 8 *bits*, ou um **processador de 8 *bits***. Contudo, ela será capaz de endereçar 64 K de memória de acesso randômico, o que requer um endereço de memória de 16 *bits*, ou dois *bytes*. Embora uma CPU de 8 *bits* trabalhe principalmente com *bytes*, ela também deve ser capaz de trabalhar com valores de 16 *bits* de forma limitada em conexão com esse endereço de memória.

Embora essa CPU não existirá no mundo material, ela (em teoria, pelo menos) será capaz de ler código e dados da memória para executar muitos tipos diferentes de tarefas aritméticas e lógicas. Em termos de capacidades de processamento aritmético e lógico, ela será equivalente a qualquer outro computador digital, não importa o quão sofisticado ele seja.

Ao longo dos anos, as CPUs de 8 *bits* deram lugar a CPUs de 16 *bits* e, depois, a CPUs de 32 e 64 *bits*, essas CPUs mais avançadas **não** se tornaram capazes de fazer diferentes tipos de tarefas de processamento. Em vez disso, elas executam as mesmas tarefas **mais rapidamente**. Em alguns casos, essa velocidade faz toda a diferença; por exemplo, quando a CPU está decodificando o *stream* (ou fluxo) de dados que codifica um filme. Uma CPU de 8 *bits* pode fazer esse mesmo processamento, mas provavelmente seria muito lento exibir o filme na velocidade em que ele deveria ser visto.

Embora uma CPU de 8 *bits* execute operações matemáticas e lógicas sobre *bytes*, ela também será capaz de trabalhar com números que exijam vários *bytes*. Por exemplo, suponha que você queira somar dois números de 16 *bits*, talvez 1388h e 09C4h (os valores hexadecimais para 5 mil e 2.500, respectivamente). Você inseriria os seguintes valores na memória para a CPU processar:

0000h:	3Eh
	88h
	C6h
	C4h
	32h
	10h
	00h
	3Eh
	13h
	CEh
	09h
	32h
	11h
	00h
	76h
	00h
0010h:	00h
	00h

Claro, todos esses *bytes* provavelmente não fazem muito sentido porque são uma mistura de códigos de instrução e dados, e você provavelmente não sabe quais são os códigos de instrução. Aqui está a versão comentada:

0000h:	3Eh	Código para mover o próximo *byte* para a CPU
	88h	*Byte* menos significativo de 1388h (decimal 5 mil)
	C6h	Código para somar o próximo *byte* ao valor na CPU
	C4h	*Byte* menos significativo de 09C4h (decimal 2.500)
	32h	Código para armazenar o resultado no endereço de memória
	10h	⎱ contido nos próximos 2 *bytes*
	00h	⎰ Endereço de memória 0010h
	3Eh	Código para mover o próximo *byte* para a CPU
	13h	*Byte* mais significativo de 1388h
	CEh	Código para somar com "vai-um" o próximo *byte* ao valor na CPU
	09h	*Byte* mais significativo de 09C4h
	32h	Código para armazenar o resultado no endereço de memória
	11h	⎱ contido nos próximos 2 *bytes*
	00h	⎰ Endereço de memória 0011h
	76h	Código para parar a CPU
	00h	
0010h:	00h	⎱ Local para armazenar resultado
	00h	⎰

Uma sequência de instruções como essas é chamada de **programa de computador**. (Mas você provavelmente adivinhou isso!) Esse é um programa bastante simples, que soma 1388h (que é o decimal 5 mil) e 09C4h (decimal 2.500). Primeiro, a CPU soma os *bytes* menos significativos dos dois valores de 16 *bits* (88h e C4h), e o resultado é armazenado no endereço de memória 0010h. Em seguida, os dois *bytes* mais significativos (13h e 09h) são somados com um possível "vai-um" a partir da primeira operação de soma. Essa soma é armazenada no endereço 0011h. Então a CPU para. A soma de 16 *bits* encontra-se nos endereços 0010h e 0011h, onde pode ser examinada.

De onde apanhei os códigos específicos 3Eh, C6h, 32h, CEh e 76h? Neste ponto, eu não havia sequer começado a construir a CPU, então eu poderia ter apenas inventado. No entanto, não inventei. Em vez disso, usei códigos de instrução reais implementados pelo famoso microprocessador Intel 8080, que foi usado no MITS Altair 8800, largamente considerado o primeiro computador pessoal comercialmente bem-sucedido. O primeiro IBM PC não usava o microprocessador 8080, mas usava o Intel 8088, que, como o número sugere, foi a próxima geração dessa família de processadores.

Neste capítulo e nos seguintes, uso o Intel 8080 como modelo para projetar minha própria CPU, mas apenas como um "modelo". Minha CPU implementará apenas um **subconjunto** do 8080. O Intel 8080 implementava 244 códigos de instrução; quando minha CPU estiver concluída, ela implementará pouco mais da metade deles. Independentemente disso, você ainda terá uma excelente ideia do que acontece no coração (ou alma ou cérebro) de um computador.

Eu tenho me referido a esses códigos como códigos de **instrução**, códigos de **operação** ou *opcodes*. Eles também são conhecidos como **códigos de máquina**, pois são usados diretamente pela máquina – o circuito que constitui a unidade central de processamento. O pequeno programa de computador mostrado anteriormente é um exemplo de um "programa em código de máquina".

Todos os códigos de instrução do 8080 têm apenas um *byte*. No entanto, alguns deles exigem um ou dois *bytes* adicionais após o *byte* de instrução. No exemplo anterior, os códigos de instrução 3Eh, C6h e CEh são sempre seguidos por outro *byte*. Essas são conhecidas como **instruções de dois *bytes***, visto que o *byte* que segue o código da operação realmente faz parte da mesma instrução. O código de instrução 32h é seguido por dois *bytes* que definem um endereço de memória. Essa é uma das várias **instruções de três *bytes***. Muitas instruções não exigem *bytes* adicionais, como o código 76h, que para a CPU. Essa variação no comprimento das instruções certamente complicará o projeto da CPU.

A sequência específica de códigos e dados no exemplo anterior **não** representa a melhor maneira de somar dois números de 16 *bits*. Os códigos de instrução e os dados estão todos misturados. Muitas vezes, é melhor manter o código e os dados em áreas separadas da memória. No próximo capítulo, você terá uma ideia melhor de como isso funciona.

Uma unidade central de processamento em si é composta por vários componentes. O restante deste capítulo se concentra na parte mais fundamental da CPU: a unidade lógica e aritmética, ou ALU (*arithmetic logic unit*). Essa é a parte da CPU que soma e subtrai, além de executar outras tarefas úteis.

Em uma CPU de 8 *bits*, a ALU só é capaz de realizar adição e subtração de 8 *bits*. Contudo, muitas vezes precisamos trabalhar com números que têm 16 *bits* de largura, ou 24 *bits*, ou 32 *bits*, ou talvez até maiores. Como você viu, esses números grandes devem ser somados e subtraídos em *bytes*, começando com o *byte* menos significativo. Cada soma ou subtração subsequente de um *byte* deve levar em conta o "vai-um" da operação anterior.

Isso implica que a nossa ALU deve ser capaz de realizar as seguintes operações básicas.

- Somar um número de 8 *bits* a outro.
- Somar um número de 8 *bits* a outro com o possível "vem-um" da soma anterior. Isso é conhecido como "soma com vem-um".
- Subtrair um número de 8 *bits* de outro.

- Subtrair um número de 8 *bits* de outro com o possível "vai-um" da subtração anterior. Isso é chamado de subtração com "vai-um" ou, mais comumente, "subtração com 'empresta um'" (ou ainda "subtração com *borrow*", pelos que preferem manter o termo em inglês), que é apenas uma terminologia ligeiramente diferente para a mesma coisa.

Por conveniência, vamos encurtar as descrições dessas quatro operações:

- Somar;
- Somar com "vem-um";
- Subtrair;
- Subtrair com "empresta um".

Mais tarde, estarei abreviando essas descrições ainda mais. Lembre-se de que as operações Somar com "vai-um" e Subtrair com "empresta um" usam o *bit* de "vai-um" da soma ou subtração anterior. Esse *bit* pode ser 0 ou 1, dependendo se a operação resultou ou não em um "vai-um". Isso significa que a ALU deve salvar o *bit* de "vai-um" de uma operação para usar na próxima operação.

Como de costume, o manuseio do *bit* de "vai-um" torna a aritmética básica consideravelmente mais complexa do que seria sem os *"vai-uns"*.

Por exemplo, suponha que você precise somar um par de números de 32 *bits,* com quatro *bytes* cada. Primeiro, você somaria os dois *bytes* menos significativos. Essa soma pode ou não resultar em um "vai-um". Vamos chamar esse sinal de controle gerado como resultado do "vai-um" de "*Flag* de Vai-um" (CY)*, uma vez que ele sinaliza se um "vai-um" resultou da soma. Esse "*flag* de Vai-um" pode ser 0 ou 1. Em seguida, você somaria os dois próximos *bytes* mais significativos com o "*flag* de Vai-um" da soma anterior e continuaria com os outros *bytes*.

A adição de um par de números de 32 *bits* requer quatro operações para os quatro pares de *bytes*:

- Somar;
- Somar com "vai-um";
- Somar com "vai-um";
- Somar com "vai-um".

O processo é semelhante para a subtração, porém o número que está sendo subtraído é convertido em complemento de dois, conforme discutido no Capí-

---

* N. de R.T.: *Flag*, em inglês, pode ser um substantivo ("bandeira"), ou uma ação ("fazer sinais com uma bandeira"). É usado em computação como "um sinalizador" de condições especiais, e faz parte do jargão usado na área no original em inglês.

tulo 16: todos os *bits* 0 se tornam 1 e todos os *bits* 1 se tornam 0. Para o primeiro *byte* de um número de múltiplos *bytes*, um 1 é somado com a marcação da entrada de "vai-um" do somador. Uma subtração de um número de 32 *bits* de outro, portanto, também requer quatro operações:

- Subtrair;
- Subtrair com "empresta um";
- Subtrair com "empresta um";
- Subtrair com "empresta um".

Quero encapsular os circuitos que executam essas adições e subtrações em uma caixa parecida com esta:

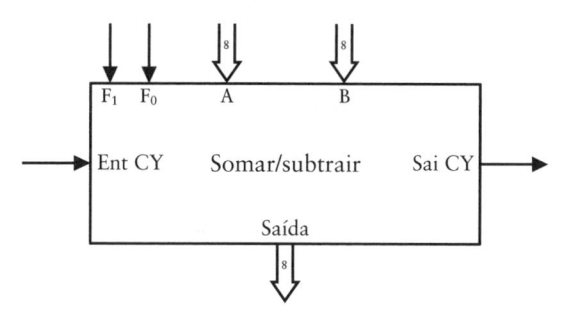

```
        ↓   ↓   ↓8    ↓8
       ┌─────────────────────────┐
       │ F₁  F₀  A     B         │
  ───▶ │ Ent CY  Somar/subtrair  Sai CY │ ───▶
       │              Saída             │
       └─────────────────────────┘
                    ↓8
```

Isso não deve parecer muito incomum. Duas entradas de 8 *bits* são somadas ou subtraídas resultando em uma saída de 8 *bits*. No entanto, essa caixa tem algumas diferenças de caixas semelhantes que já vimos até aqui.

Normalmente, ao rotular um somador de 8 *bits*, estava usando CI para sinal de "vem-um" e CO para o sinal de "vai-um". Contudo, essa caixa é rotulada de uma forma um pouco diferente. Estou usando a abreviação CY para representar o "*flag* de Vai-um". Como você verá, a saída "*flag* de Vai-um" (Sai CY) é a mesma que o "vai um" do somador, mas Ent CY é o "*flag* de Vai-um" produzido pela soma ou subtração anterior, e isso pode não ser o mesmo que o "vem-um" para o somador.

Esse diagrama também apresenta duas entradas novas, rotuladas com F_0 e F_1. O F significa "função", e essas duas entradas controlam o que acontece dentro da caixa:

F_1	F_0	Operação
0	0	Somar
0	1	Somar com "vai-um"
1	0	Subtrair
1	1	Subtrair com "empresta um"

Tenha em mente que estamos construindo algo que funciona em conjunto com os códigos de instrução armazenados na memória. Se projetarmos esses códigos de instrução de forma inteligente, então dois *bits* desses códigos podem ser usados para fornecer as entradas de função para esse módulo Somar/Subtrair, assim como os *bits* para os códigos de Somar e Subtrair no capítulo anterior. Grande parte desse módulo Somar/Subtrair deveria parecer familiar:

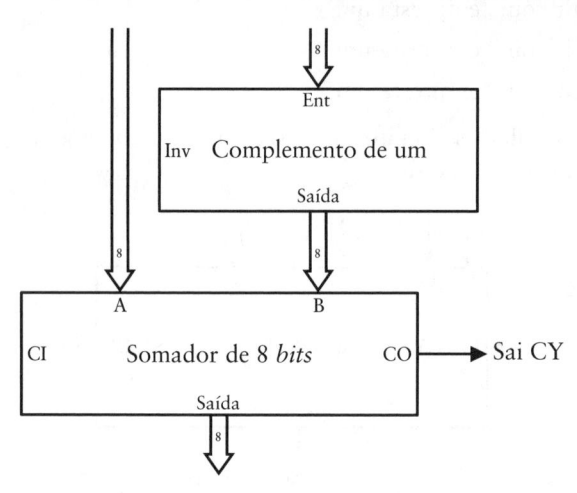

A caixa denominada "Complemento de um" inverte a entrada quando o sinal Inv ("Inverte") é 1. Ao realizar a subtração, isso é necessário como um primeiro passo para converter para o complemento de dois.

O "vai-um" gerado pelo somador torna-se o *flag* de Vai-um (Sai CY) do módulo de Somar/Subtrair. No entanto, o que falta nesse diagrama é o sinal Inv para a caixa Complemento de um e os sinais CI para o somador. O sinal Inv deve ser 1 para a subtração, mas o CI é um pouco mais complicado. Vejamos se isso pode ser esclarecido com um diagrama lógico:

F_1	F_0	Função	Inv	CI
0	0	Somar	0	0
0	1	Somar com "vai-um"	0	CY
1	0	Subtrair	1	1
1	1	Subtrair com "empresta um"	1	CY

Essa tabela mostra que o sinal Inv para o inversor do bloco "Complemento de um" é o mesmo que F_1. Isso é fácil, mas a entrada CI para o somador é um pouco mais confusa. Ela é 1 para uma operação de subtração. Esse é o primeiro *byte* de uma subtração de múltiplos *bytes* quando é preciso somar um ao complemento de um para obter o complemento de dois. Se F_0 é 1, então CI é o *flag* CY resultante da soma ou subtração anterior. Tudo isso pode ser feito com o seguinte circuito:

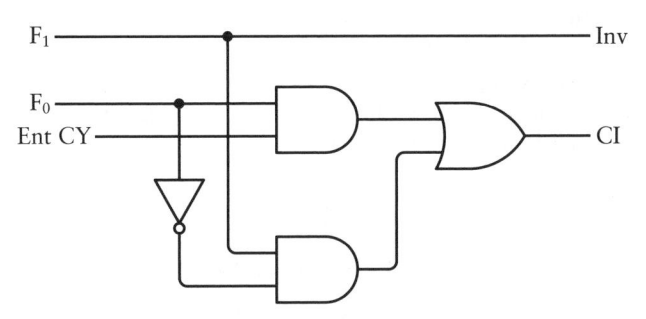

⊕ Uma versão interativa do módulo Somar/Subtrair completo está disponível no *site* CodeHiddenLanguage.com.

O que mais você pode querer que uma unidade lógica aritmética faça além de adição e subtração? Se a sua resposta for "multiplicação e divisão", creio que ficará desapontado. Se você considerar o quão difícil é construir circuitos para somar e subtrair, apenas tente imaginar a complexidade lógica da multiplicação e da divisão. Embora esse tipo de circuito seja possível, ele está muito além das modestas ambições deste livro. Além disso, como o Intel 8080 não implementou multiplicação ou divisão, minha CPU também não o fará. No entanto, se você for paciente, verá no Capítulo 24 como a CPU que estamos construindo terá as ferramentas básicas para realizar a multiplicação.

Em vez de nos preocuparmos com a multiplicação, vamos pensar na segunda palavra da expressão "unidade lógica e aritmética". Neste livro, a palavra "lógica" muitas vezes se refere a operações booleanas. Como elas podem ser úteis?

Suponha que você tenha os seguintes códigos ASCII armazenados na memória a partir de um endereço arbitrário:

1000h:	54h	T
	6Fh	o
	6Dh	m
	53h	S
	61h	a
	77h	w
	79h	y
	65h	e
	72h	r

Talvez você queira converter todo esse texto para minúsculas.

Se você olhar novamente a página 154, no Capítulo 13, verá que os códigos ASCII para as letras maiúsculas variam de 41h a 5Ah, e os códigos ASCII para as letras minúsculas variam de 61h a 7Ah. Os códigos ASCII para as letras maiúsculas e minúsculas correspondentes diferem em 20h. Se você sabe que uma letra é maiúscula, você pode convertê-la em minúsculas somando 20h ao código ASCII. Por exemplo, você pode somar 20h a 54h, que é o código ASCII para a letra **T** maiúscula, obtendo 74h, que é o código ASCII para a letra **t** minúscula. Aqui está a soma em binário:

$$\begin{array}{r} 0\ 1\ 0\ 1\ 0\ 1\ 0\ 0 \\ +\ 0\ 0\ 1\ 0\ 0\ 0\ 0\ 0 \\ \hline 0\ 1\ 1\ 1\ 0\ 1\ 0\ 0 \end{array}$$

No entanto, você não pode fazer isso para todas as letras. Se você adicionar 20h a 6Fh, que é o código ASCII para a letra **o** minúscula, obterá 8Fh, que não é um código ASCII:

$$\begin{array}{r} 0\ 1\ 1\ 0\ 1\ 1\ 1\ 1 \\ +\ 0\ 0\ 1\ 0\ 0\ 0\ 0\ 0 \\ \hline 1\ 0\ 0\ 0\ 1\ 1\ 1\ 1 \end{array}$$

Mas olhe atentamente para os padrões de *bits*. Aqui estão as letras **A** maiúscula e **a** minúscula, que têm os códigos ASCII 41h e 61h:

A: 0 1 0 0 0 0 0 1
a: 0 1 1 0 0 0 0 1

E aqui está o **Z** maiúsculo e o **z** minúsculo, que têm os códigos ASCII 5Ah e 7Ah:

Z: 0 1 0 1 1 0 1 0
z: 0 1 1 1 1 0 1 0

Para todas as letras, a única diferença entre as letras maiúsculas e respectivas minúsculas é de apenas um *bit*, que é o terceiro *bit* a partir da esquerda. Você pode converter maiúsculas em minúsculas ligando este *bit* em 1. Não importa se a letra já é minúscula, porque esse *bit* já estaria ligado.

Então, em vez de somar 20h, faz mais sentido usar uma operação booleana OR sobre cada par de *bits*. Você se lembra desta tabela do Capítulo 6?

OR	0	1
0	0	1
1	1	1

O resultado de uma operação OR é 1 se um dos dois operandos for 1.

Aqui está o **T** maiúsculo novamente, mas em vez de somar 20h, vamos aplicar uma operação OR entre os *bits* correspondentes de 54h (o **T**) e 20h:

$$\begin{array}{r} 0\ 1\ 0\ 1\ 0\ 1\ 0\ 0 \\ \text{OR}\ 0\ 0\ 1\ 0\ 0\ 0\ 0\ 0 \\ \hline 0\ 1\ 1\ 1\ 0\ 1\ 0\ 0 \end{array}$$

O resultado é um *bit* 1 se um dos *bits* correspondentes for 1. A vantagem desse método é que as letras minúsculas permanecem inalteradas. O resultado de uma operação OR com a letra **o** minúscula e 20h é:

$$\begin{array}{r} 0\ 1\ 1\ 0\ 1\ 1\ 1\ 1 \\ \text{OR}\ 0\ 0\ 1\ 0\ 0\ 0\ 0\ 0 \\ \hline 0\ 1\ 1\ 0\ 1\ 1\ 1\ 1 \end{array}$$

Se você aplicar uma operação OR de 20h com cada uma das letras na memória, poderá converter todas as letras para minúsculas:

1000h:
74h	t
6Fh	o
6Dh	m
73h	s
61h	a
77h	w
79h	y
65h	e
72h	r

O que fizemos aqui tem um nome: "operação OR *bit* a *bit*", porque executa uma operação OR entre cada par de *bits* correspondentes. Essa operação é útil para outras tarefas além de converter texto em minúsculas. Por isso, quero adicionar o seguinte circuito à unidade lógica aritmética:

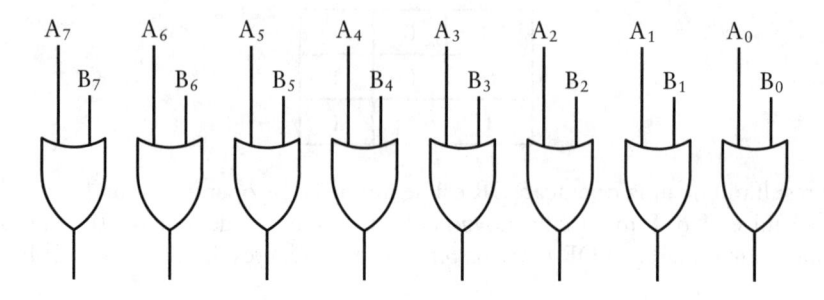

Para os 8 *bits* correspondentes de dois *bytes* rotulados como A e B, o circuito executa uma operação OR. Vamos colocar esse circuito em uma caixa com um rótulo simples:

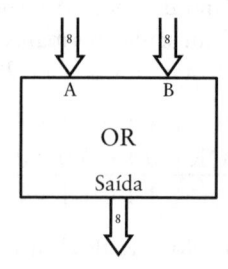

Agora reflita sobre como você pode converter um bloco de texto em maiúsculas. Esse é um processo um pouco diferente porque, em vez de definir um *bit* como 1, você deseja definir esse *bit* como 0. Em vez de uma operação OR, você precisará de uma operação AND. Aqui está a tabela do Capítulo 6:

AND	0	1
0	0	0
1	0	1

Em vez de usar uma operação OR com 20h, você usa a operação AND com DFh (11011111 em binário), que é o inverso de 20h. Aqui está um o minúsculo convertido em letra maiúscula:

$$\begin{array}{r} 0\ 1\ 1\ 0\ 1\ 1\ 1\ 1 \\ \text{AND}\ 1\ 1\ 0\ 1\ 1\ 1\ 1\ 1 \\ \hline 0\ 1\ 0\ 0\ 1\ 1\ 1\ 1 \end{array}$$

O código ASCII 6Fh torna-se o código 4Fh, que é o código ASCII para um **O** maiúsculo.

Se a letra já for maiúscula, uma operação AND com DFh não terá efeito. Aqui está o T maiúsculo:

$$\begin{array}{r} 0\ 1\ 0\ 1\ 0\ 1\ 0\ 0 \\ \text{AND}\ 1\ 1\ 0\ 1\ 1\ 1\ 1\ 1 \\ \hline 0\ 1\ 0\ 1\ 0\ 1\ 0\ 0 \end{array}$$

Ele permanece maiúsculo após a operação AND com DFh. Ao longo de todo o texto, uma operação AND converte cada uma das letras em maiúsculas:

1000h:		
	54h	T
	4Fh	O
	4Dh	M
	53h	S
	41h	A
	57h	W
	59h	Y
	45h	E
	52h	R

Isso será útil se a ALU incluir uma coleção de oito portas AND para executar a operação AND *bit* a *bit* entre dois *bytes:*

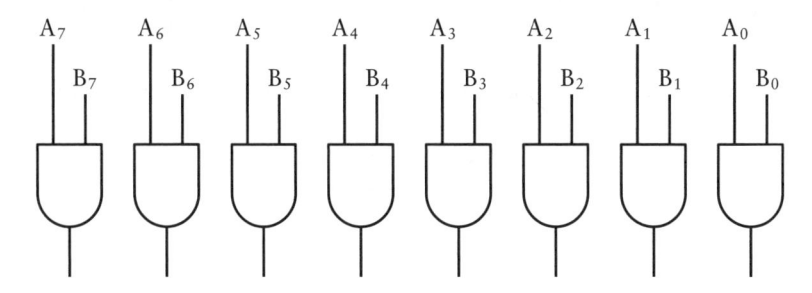

Vamos colocar isso em uma pequena caixa para facilitar a referência:

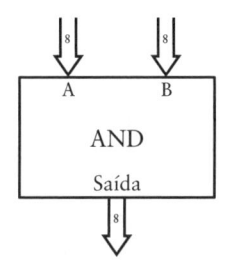

Uma operação AND *bit* a *bit* também é útil para definir se determinados *bits* de um *byte* são 0 ou 1. Por exemplo, suponha que você tenha um *byte* com um código ASCII para uma letra e queira saber se ela é minúscula ou maiúscula. Realize um AND *bit* a *bit* com 20h. Se o resultado for 20h, então a letra é minúscula. Se o resultado for 00h, ela é maiúscula.

Outra operação *bit* a *bit* útil é o OU exclusivo, ou XOR. O quadro a seguir foi visto no Capítulo 14, quando se tornou evidente que tal operação era útil para a soma:

XOR	0	1
0	0	1
1	1	0

Aqui está uma linha de oito portas XOR conectadas para executar uma operação XOR *bit* a *bit* entre dois *bytes*:

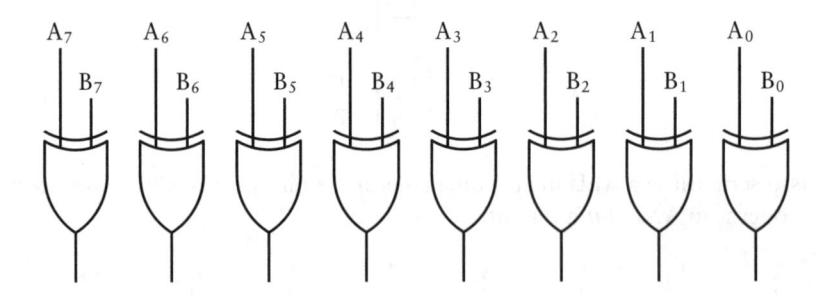

A_7 A_6 A_5 A_4 A_3 A_2 A_1 A_0
B_7 B_6 B_5 B_4 B_3 B_2 B_1 B_0

Mais uma vez, vamos colocar esse circuito em uma caixa conveniente:

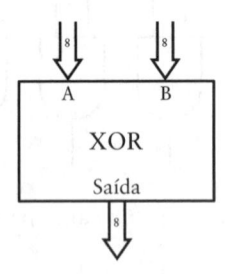

A B
XOR
Saída

A operação XOR é útil para inverter *bits*. Por exemplo, se você aplicasse uma operação XOR com os códigos ASCII para "TomSawyer" e 20h, todas as letras maiúsculas seriam convertidas em minúsculas e todas as letras minúsculas se tornariam maiúsculas! Executar uma operação XOR com FFh inverteria todos os *bits* em um dado valor.

Anteriormente, defini dois *bits* de função rotulados como F_1 e F_0 para o módulo Somar/Subtrair. Para toda a ALU, precisaremos de três *bits* de função:

F_2	F_1	F_0	Operação
0	0	0	Somar
0	0	1	Somar com "vai-um"
0	1	0	Subtrair
0	1	1	Subtrair com "empresta um"
1	0	0	AND *bit* a *bit*
1	0	1	XOR *bit* a *bit*
1	1	0	OR *bit* a *bit*
1	1	1	Comparar

Não estou atribuindo esses códigos de função arbitrariamente. Como você verá, esses códigos foram inferidos a partir dos códigos de instrução reais implementados pelo microprocessador Intel 8080. Além de AND, XOR e OR *bit* a *bit*, você verá que outra operação, denominada "Comparar", foi adicionada à tabela. Vou discutir a respeito dela em breve.

Mais no início deste capítulo, mostrei um pequeno programa com os códigos de operação C6h e CEh, que executavam uma soma com o próximo *byte* na memória. O código C6h é uma soma normal, enquanto CEh é uma soma com "vai-um". Elas são referidas na descrição do Intel 8080 como "instruções imediatas"*, porque usam o próximo *byte* após o código de operação como operando. No Intel 8080, esses dois códigos fazem parte de uma família de oito códigos de operação, mostrados aqui:

Instrução	*Opcode*
Somar imediato	C6h
Somar com "vai-um" imediato	CEh
Subtrair imediato	D6h
Subtrair com "empresta um" imediato	DEh
AND imediato	E6h
XOR imediato	EEh
OR imediato	F6h
Comparar imediato	FEh

---

* N. de R.T.: Esta denominação foi usada na descrição do conjunto de instruções no Manual de Programação do 8080. Os livros de Arquitetura de Computadores tratam deste aspecto entre os modos de endereçamento.

Esses *opcodes* têm o seguinte formato geral:

$$1\ 1\ F_2\ F_1\ F_0\ 1\ 1\ 0$$

onde F_2, F_1 e F_0 são os *bits* mostrados na tabela da página 333. Esses três *bits* são usados no próximo circuito, que combina as caixas AND, XOR e OR *bit* a *bit*:

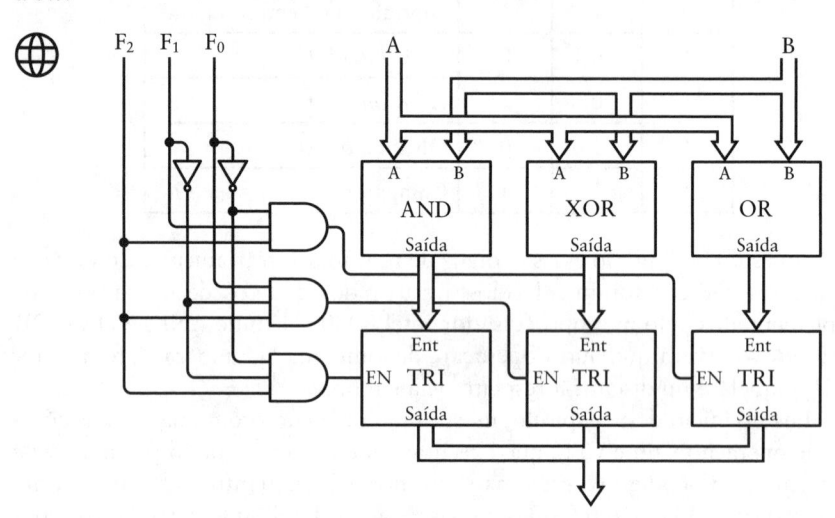

As entradas A e B são direcionadas para todas as três caixas AND, XOR e OR. Todas elas executam simultaneamente suas tarefas designadas, mas apenas uma deve ser selecionada como saída. Essa é a finalidade das três caixas rotuladas TRI, que são *buffers tri-state* de 8 *bits*. Os *buffers tri-state* permitem selecionar um deles (ou nenhum deles) com base nos três sinais de função F_0, F_1 e F_2. Se F_2 for 0, ou se F_2, F_1 e F_0 forem todos 1, nenhuma das saídas será selecionada.

Vamos encapsular esse diagrama em outra caixa:

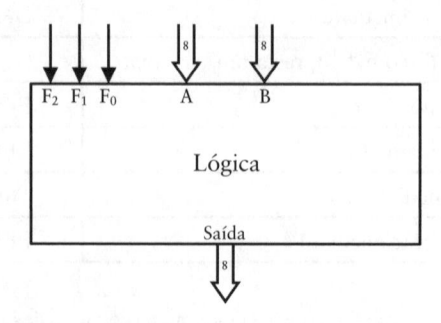

Esse é o componente lógico da unidade lógica e aritmética.

A tabela da página 333 mostra que, se F_2, F_1 e F_0 forem todos 1, será executada uma operação Comparar. O que isso significa?

Às vezes, é útil determinar se um número é menor, maior ou igual a outro. Como você faz isso? Basicamente, essa é uma subtração. Subtraia o *byte* B do *byte* A. Se o resultado for zero, você sabe que os dois números são iguais. Caso contrário, se o *"flag* de Vai-um" estiver ligado, o *byte* B é maior que o *byte* A; se o *"flag* de Vai-um" não estiver ligado, o *byte* A é maior.

A operação Comparar é como a operação Subtrair, mas o resultado não é salvo em qualquer lugar. Em vez disso, o *"flag* de Vai-um" é salvo.

No entanto, para uma operação Comparar, também é necessário saber se o resultado da operação foi zero, o que indica que os dois *bytes* são iguais entre si. Isso implica a necessidade de outro *flag*, chamado de *flag* de Zero, que deve ser salvo junto com o *"flag* de Vai-um".

Enquanto estamos nisso, vamos acrescentar outro *flag*, chamado de *flag* de Sinal. Esse *flag* será marcado se o *bit* mais significativo do resultado de uma operação for 1. Se o número estiver em complemento de dois, o *flag* de Sinal indica se o número é negativo ou positivo: o *flag* é 1 se o número for negativo e é 0 se o número for positivo.

(O Intel 8080, na verdade, define cinco *flags*. Não implementarei o *flag* de "Vai-um" Auxiliar, que indica se houve um "vai-um" dos 4 *bits* menos significativos do somador para os 4 *bits* mais significativos. Isso é necessário para implementar uma instrução do Intel 8080 chamada de "Acumulador de Ajuste Decimal", que converte o valor no acumulador de binário para decimal codificado em binário, ou BCD, discutido durante a construção de *clocks* no Capítulo 18. Minha CPU não implementará essa instrução. O outro *flag* que não implementarei é o *flag* de Paridade, que é 1 se o resultado da operação aritmética ou lógica tiver uma quantidade par de *bits* 1. Ele é bastante fácil de implementar com sete portas XOR, mas é muito menos útil do que os outros *flags*.)

Para algumas tarefas de programação, a operação Comparar é mais importante do que Somar e Subtrair. Por exemplo, suponha que você esteja escrevendo um programa que encontra algum texto em uma página *web*. Isso envolve a comparação dos caracteres do texto na página *web* com os caracteres do texto que você deseja localizar.

A unidade lógica e aritmética inteira combina o módulo Somar/Subtrair e o módulo Lógica com alguns circuitos de suporte bastante confusos:

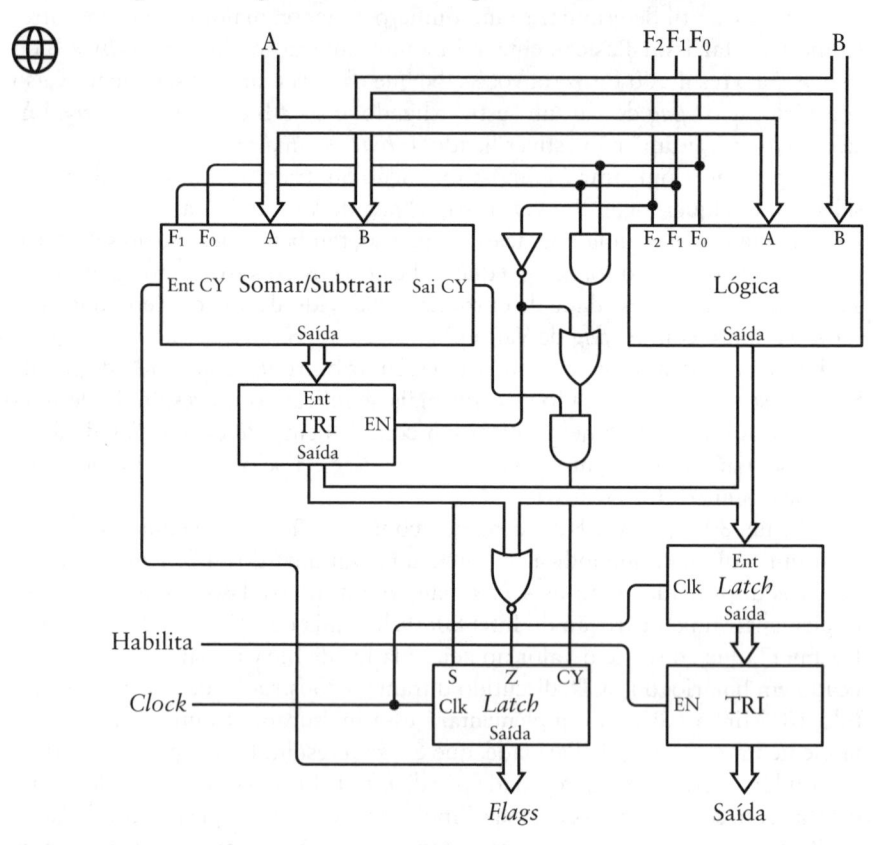

[Diagrama: circuito da ULA com módulos Somar/Subtrair e Lógica, buffers tri-state (TRI), latches, entradas A, B, $F_2 F_1 F_0$, Habilita, Clock, e saídas Flags (S, Z, CY) e Saída]

As duas caixas rotuladas como TRI são *buffers tri-state*. O módulo de Lógica habilita a saída somente para as três combinações de F_0, F_1 e F_2 que selecionam operações AND, OR e XOR. O *buffer tri-state* na saída do módulo Somar/Subtrair é ativado somente se F_2 for 0, o que indica soma ou subtração.

Na parte inferior, dois *latches* têm suas entradas Clk conectadas a uma entrada de *Clock* no canto inferior esquerdo que se aplica a toda a ALU. Outro *buffer tri-state* é controlado por um sinal Habilita no canto inferior esquerdo, que também é uma entrada para a ALU. O *buffer tri-state* no canto inferior direito é a saída composta dos módulos Somar/Subtrair e Lógica.

A maioria das portas lógicas no diagrama é dedicada ao "*flag* de Vai-um" (abreviado como CY). O "*flag* de Vai-um" deve ser ligado se o sinal F_2 for 0 (indicando uma operação de soma ou subtração) ou se F_1 e F_0 forem 1, o que indica uma operação de comparação.

Os três *flags* são entradas para o *latch* no centro na parte inferior. Uma porta NOR de oito entradas verifica se o resultado de uma operação é zero (todos os *bits* em zero). O resultado dessa operação corresponde ao *flag* de Zero (abreviado como Z). O *bit* mais significativo da saída de dados é o *flag* de Sinal (abreviado como S). Embora tenhamos apenas três *flags*, eles são tratados como 3 *bits* de um *byte*, pois são saídas da ALU. O "*flag* de Vai-um" retorna então à parte superior para fornecer a entrada Ent CY do módulo Somar/Subtrair.

O próximo passo é esconder toda essa lógica confusa em uma caixa simples:

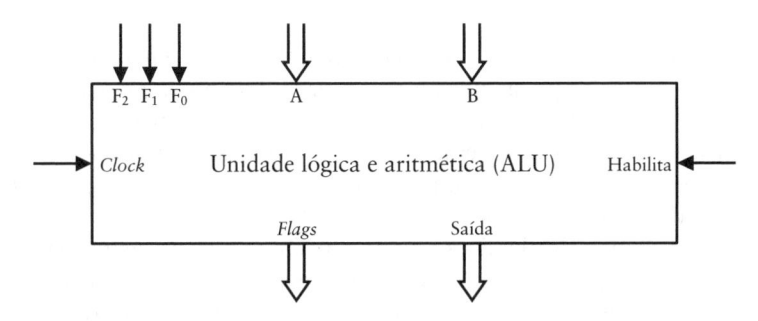

```
        ↓↓↓      ⇓       ⇓
       F₂ F₁ F₀   A       B
  →  Clock                         Habilita ←
           Unidade lógica e aritmética (ALU)
              Flags      Saída
               ⇓          ⇓
```

A unidade lógica e aritmética está pronta!

Embora a ALU seja um componente extremamente importante da unidade central de processamento, a CPU precisa de mais do que a execução em si das operações aritméticas e lógicas sobre números. Ela precisa de uma maneira de trazer os números para a ALU e de uma forma de armazenar os resultados e movimentá-los. Esse é o próximo passo.

22
Registradores e barramentos

Muitas das operações de rotina de um computador envolvem a movimentação de coisas, e "coisas" aqui significa *bytes*, é claro. Experimentamos essa movimentação de *bytes* toda vez que carregamos ou salvamos um arquivo, transmitimos músicas ou filmes ou fazemos videoconferências. Às vezes, se esses *bytes* não se moverem rápido o suficiente, o som ou o vídeo podem congelar ou ficar ilegíveis. Todos nós já passamos por isso.

Em um nível mais detalhado, os *bytes* também se movem dentro da própria unidade central de processamento (CPU). Os *bytes* se movem da memória para a CPU e para a unidade lógica e aritmética (ALU). Os resultados da ALU às vezes voltam para a ALU para realizar operações aritméticas ou lógicas adicionais antes de serem movidos para a memória.

Essa movimentação de *bytes* dentro da CPU não é tão glamorosa quanto o processamento numérico da ALU, mas é igualmente essencial.

À medida que esses *bytes* são movidos dentro da CPU, eles são armazenados em uma coleção de *latches*. Esse é um conceito que deve ser familiar, visto inicialmente no acumulador de *byte* triplo no Capítulo 20. Essa máquina continha quatro *latches* de 8 *bits*, um para armazenar um código de instrução e os outros três para armazenar *bytes* de dados.

A CPU que estou construindo nestes capítulos é baseada no microprocessador Intel 8080 e exigirá mais do que apenas quatro *latches*, mas não vou mostrar todos eles imediatamente. Primeiro, quero me concentrar em sete *latches* de 8 *bits* muito especiais que podem ser controlados diretamente pelas instruções da CPU. Esses *latches* são chamados de **registradores**, e um objetivo principal desses registradores é armazenar *bytes* à medida que são processados pela ALU.

Todos esses sete registradores são importantes, mas um deles é especialmente importante: o **acumulador**.

Por que o acumulador é tão especial? Como você se lembrará do capítulo anterior, a ALU tem duas entradas rotuladas como A e B. No Intel 8080 (e, portanto, na CPU que estou construindo), a primeira dessas duas entradas é **sempre** o valor armazenado no acumulador, e a saída da ALU é **sempre** armazenada de volta no acumulador. Do acumulador, ela pode ser movida para um dos outros registradores ou armazenada na memória.

Os sete registradores são identificados por letras. O acumulador também é conhecido como registrador A. Quatro dos outros registradores são rotulados, monotonamente, como B, C, D e E, mas os dois últimos registradores **não** são F e G. Como você verá, esses dois registradores são frequentemente usados juntos para criar um endereço de 16 *bits* para acessar a memória. Por isso, eles são chamados de H e L, significando "*byte* mais significativo" (*high*) e "*byte* menos significativo" (*low*), respectivamente.

Em resumo, o Intel 8080 (e a minha CPU) define sete registradores referidos como A, B, C, D, E, H e L.

Na página 322 do capítulo anterior, identifiquei o código de operação 3Eh como o "código para mover o próximo byte para a CPU". Mais precisamente, esse é o código para mover o próximo *byte* na memória para o acumulador, também conhecido como registrador A. Esse código 3Eh faz parte de uma família de códigos semelhantes implementados pelo 8080:

Código de operação	Significado
06h	Move o próximo *byte* para o registrador B
0Eh	Move o próximo *byte* para o registrador C
16h	Move o próximo *byte* para o registrador D
1Eh	Move o próximo *byte* para o registrador E
26h	Move o próximo *byte* para o registrador H
2Eh	Move o próximo *byte* para o registrador L
36h	Move o próximo *byte* para a memória no endereço [HL]
3Eh	Move o próximo *byte* para o registrador A

O código 3Eh está na parte inferior dessa tabela. Sim, é verdade que a ordem numérica desses códigos não corresponde à ordem alfabética dos registradores, mas a escolha foi essa.

Observe o código 36h. Esse código é diferente dos outros na tabela. Ele não move o *byte* após o código de operação para um dos sete *latches*. Em vez disso, esse *byte* é armazenado na memória no endereço de memória de 16 *bits* formado pelos registradores H e L, que é representado por [HL].

Eu ainda não concluí a construção de uma CPU que entenda essas instruções, mas se tivéssemos uma CPU desse tipo (ou um computador usando um Intel 8080), poderíamos executar o pequeno programa de computador a seguir, que usa três desses códigos de instrução:

0000h:	26h	Código para mover o próximo *byte* para H
	00h	
	2Eh	Código para mover o próximo *byte* para L
	08h	
	36h	Código para mover o próximo *byte* para [HL]
	55h	
	76h	Código para parar
	00h	
0008h:	00h	← Local onde o *byte* 55h é armazenado

Três desses códigos – 26h, 2Eh e 36h – estão na tabela que acabei de mostrar. O primeiro move o próximo *byte* na memória (que é 00h) para o registrador H. O segundo move o *byte* 08h para o registrador L. Os registradores H e L juntos agora formam o endereço de memória 0008h. O terceiro código de instrução é 36h, que significa armazenar o próximo *byte* (55h) na memória em [HL], que é o endereço formado pelos registradores H e L. Por fim, o código 76h é encontrado, o que para (ou susta) a execução da CPU.

O uso dos registradores H e L para formar um endereço de memória de 16 *bits* é conhecido como **endereçamento indireto** e, embora possa não ser óbvio no momento, é muito útil.

Se você examinar os *bits* nos oito códigos de operação na tabela anterior, descobrirá um padrão. Todos esses oito códigos são compostos por estes *bits*:

$$0\ 0\ D\ D\ D\ 1\ 1\ 0$$

em que DDD é um código de três *bits* para o **destino** do *byte*, conforme mostrado na tabela a seguir:

Código	Registrador ou memória
000	B
001	C
010	D
011	E
100	H
101	L
110	[HL] ou M
111	A

O código 110 nessa tabela indica um local de memória endereçado pela combinação de 16 *bits* dos registradores H e L. Eu, pessoalmente, prefiro indicar esse local da memória como [HL], mas a documentação da Intel para o 8080 refere-se a ele como M (significando **memória**, é claro), como se M fosse simplesmente outro registrador.

Se todos os códigos de operação executáveis por um processador de 8 *bits* tiverem 1 *byte* de comprimento, quantos códigos de operação poderão existir? Obviamente, 256. No entanto, o Intel 8080 define apenas 244 códigos de instrução, deixando 12 valores de 8 *bits* indefinidos. Até agora, você viu duas tabelas com oito códigos de instrução cada, a primeira no Capítulo 21, na página 333, e mais oito na tabela da página 340. Na página 322 do Capítulo 21, você também foi apresentado aos códigos 32h, que armazena um *byte* em um endereço de memória que aparece após o código de instrução, e 76h, que para o processador.

Segure firme, porque a tabela a seguir contém 64 códigos de operação:

Origem	Operação aritmética ou lógica							
	ADD	ADC	SUB	SBB	ANA	XRA	ORA	CMP
B	80h	88h	90h	98h	A0h	A8h	B0h	B8h
C	81h	89h	91h	99h	A1h	A9h	B1h	B9h
D	82h	8Ah	92h	9Ah	A2h	AAh	B2h	BAh
E	83h	8Bh	93h	9Bh	A3h	ABh	B3h	BBh
H	84h	8Ch	94h	9Ch	A4h	ACh	B4h	BCh
L	85h	8Dh	95h	9Dh	A5h	ADh	B5h	BDh
M	86h	8Eh	96h	9Eh	A6h	AEh	B6h	BEh
A	87h	8Fh	97h	9Fh	A7h	AFh	B7h	BFh

Essa tabela contém mais de um quarto de todos os códigos de operação implementados pelo Intel 8080. Essas operações constituem o núcleo das funções aritméticas e lógicas executáveis pela CPU.

Na parte superior das oito colunas de códigos de operação, você verá abreviações de três letras para Somar, Somar com "vai-um", Subtrair e Subtrair com "empresta um"; operações lógicas AND, XOR e OR; e Comparar. Essas são as abreviações que a Intel usa em sua documentação do microprocessador 8080. Você pode pensar nelas como **mnemônicos** (i.e., palavras simples para ajudá-lo a lembrar de operações mais longas), mas elas também desempenham um papel importante ao escrever programas para o 8080.

Cada uma das oito operações aritméticas e lógicas pode ser combinada com uma origem mostrada na coluna mais à esquerda, que lista os sete registradores e a memória acessada por [HL].

Essas abreviações fornecem maneiras convenientes de se referir aos códigos de instrução. Por exemplo, em vez de dizer "código para somar o conteúdo do registrador E ao acumulador" ou "código de operação 83h", você pode simplesmente dizer:

```
                              ADD E
```

A soma do registrador E com o acumulador é armazenada novamente no acumulador.

Em vez de dizer "Execute uma operação OU exclusivo (XOR) entre o acumulador e o *byte* de memória armazenado em [HL]" ou "código de operação AEh", você pode simplesmente dizer:

```
                              XRA M
```

O resultado é armazenado de volta no acumulador.

Essas abreviações são conhecidas formalmente como **instruções em linguagem de montagem** (referidas em inglês como *assembler* ou *assembly*). O termo originou-se no início da década de 1950 e refere-se ao processo de montagem (*assembling*) de um programa de computador. Os mnemônicos são uma maneira muito concisa de se referir a um código de instrução específico implementado pela CPU. A instrução em linguagem de montagem XRA M corresponde ao código de operação AEh e vice-versa.

Todas as 64 instruções da tabela anterior têm os seguintes padrões de *bits*:

```
                            1 0 F F F S S S
```

em que FFF é o código para uma função aritmética ou lógica tal como implementada na ALU no Capítulo 21. O código SSS refere-se ao registrador de origem ou à memória, e tem correspondência com um dos códigos listados na tabela da página 341.

Anteriormente, na página 340, você viu uma tabela de códigos de instrução que moviam o *byte* contido após o código de instrução para um dos registradores ou para a memória. Essas instruções são referidas como **instruções de movimento** em modo **imediato** e associadas ao mnemônico MVI. Agora estamos prontos para não mais nos referirmos a elas com descrições em linguagem natural; vamos começar a usar as instruções oficiais da linguagem de montagem:

Instrução em linguagem de montagem	Opcode
MVI B, dados	06h
MVI C, dados	0Eh
MVI D, dados	16h
MVI E, dados	1Eh
MVI H, dados	26h
MVI L, dados	2Eh
MVI M, dados	36h
MVI A, dados	3Eh

Também desloquei o código da operação para a última coluna para enfatizar a importância da instrução em linguagem de montagem. A palavra "dados" refere-se ao *byte* após o código de operação.

O código 32h, introduzido na página 322 do Capítulo 21, armazena o conteúdo do acumulador na memória, na posição correspondente ao endereço que segue o código de instrução. Esse é um de um par de códigos semelhantes. O código 3Ah carrega no acumulador o *byte* contido no endereço indicado:

Instrução em linguagem de montagem	Opcode
STA end	32h
LDA end	3Ah

●A abreviação STA significa "armazenar acumulador" (*store accumulator*) e LDA significa "carregar acumulador" (*load accumulator*). A abreviação end refere-se a um endereço de 16 *bytes* indicado em dois *bytes* após o código de operação.

O mnemônico HLT corresponde ao *opcode* 76h, que para a CPU.

Aqui está um pequeno programa de computador que usa algumas dessas instruções mostrando como os códigos de operação correspondem às instruções da linguagem de montagem:

```
0000h: │3Ah│ LDA 2044h
       │44h│
       │20h│
       │06h│ MVI B,33h
       │33h│
       │80h│ ADD B
       │32h│ STA 2044h
       │44h│
       │20h│
       │76h│ HLT
         ...
2044h: │66h│ ◄── Local onde a soma é armazenada
```

A instrução LDA carrega os valores no endereço 2044h no acumulador. Esse valor é de 66h. A instrução MVI carrega o valor 33h no registrador B. A instrução ADD soma o valor no registrador B ao valor no acumulador. Agora o acumulador contém o valor 99h. A instrução STA armazena essa soma na memória, no endereço 2044h, substituindo o valor 66h pelo valor 99h.

Os oito códigos de operação na tabela da página 333 do Capítulo 21 executam operações aritméticas e lógicas usando o *byte* após o código de instrução como dado. Essas instruções são mostradas aqui com seus mnemônicos oficiais do Intel 8080:

Instrução em linguagem de montagem	OpCode
ADI dados	C6h
ACI dados	CEh
SUI dados	D6h
SBI dados	DEh
ANI dados	E6h
XRI dados	EEh
ORI dados	F6h
CPI dados	FEh

Eu mencionei no Capítulo 21 que essas instruções são conhecidas como instruções "imediatas" porque elas executam uma operação aritmética ou lógica usando como dado o *byte* imediatamente após o *opcode*. Elas podem ser expressas, de forma sintética, como "somar imediato", "somar imediato com "vai-um", "subtrair imediato" e assim por diante. A operação sempre envolve o acumulador, e o resultado volta para o acumulador.

O pequeno programa mostrado anteriormente pode ser simplificado desta forma:

```
0000h: 3Ah  LDA 2044h
       44h
       20h
       C6h  ADI 33h
       33h
       32h  STA 2044h
       44h
       20h
       76h  HLT
       ...
2044h: 66h  ← Local onde a soma é armazenada
```

Agora, em vez de carregar o valor 33h no registrador B e somá-lo ao acumulador, o valor 33h é somado ao acumulador com a instrução ADI.

O Intel 8080 também define 63 instruções que movem *bytes* de um registrador para outro, do endereço de memória [HL] para um registrador ou de um registrador para esse endereço de memória:

	Opcodes para MOV destino, origem							
	Destino							
Origem	B	C	D	E	H	L	M	A
B	40h	48h	50h	58h	60h	68h	70h	78h
C	41h	49h	51h	59h	61h	69h	71h	79h
D	42h	4Ah	52h	5Ah	62h	6Ah	72h	7Ah
E	43h	4Bh	53h	5Bh	63h	6Bh	73h	7Bh
H	44h	4Ch	54h	5Ch	64h	6Ch	74h	7Ch
L	45h	4Dh	55h	5Dh	65h	6Dh	75h	7Dh
M	46h	4Eh	56h	5Eh	66h	6Eh		7Eh
A	47h	4Fh	57h	5Fh	67h	6Fh	77h	7Fh

Essas instruções são chamadas de instruções de **movimento**, abreviadas com o mnemônico MOV do 8080. Essas 63 instruções são escritas com o registrador de destino e o registrador de origem. O código 69h é

MOV L, C

O registrador de destino aparece primeiro, e o registrador de origem é o segundo. Tenha cuidado! Essa convenção pode ser confusa no início. Essa instrução significa "mova o *byte* no registrador C para o registrador L". Talvez você possa visualizá-la assim, com uma pequena seta mostrando como o *byte* é movido:

Move L ← C

O conteúdo anterior do registrador L é substituído pelo valor do registrador C. O conteúdo do registrador C não se altera e, na sequência, C e L contêm o mesmo valor.

Observe que sete dessas instruções realmente não fazem nada, porque os registradores de origem e destino são os mesmos; por exemplo:

MOV C, C

Mover o conteúdo de um registrador para si mesmo não tem efeito algum.

No entanto, não há uma instrução MOV M, M. Isso seria o código de operação 76h, que em vez disso é usado para a instrução que para (ou cessa a atividade do) computador, abreviada como HLT.

Aqui está outra maneira de escrever o pequeno programa que soma um valor ao *byte* na posição de memória 2044h:

```
0000h: 26h  MVI H,20h
       20h
       2Eh  MVI L,44h
       44h
       7Eh  MOV A,M
       CEh  ADI 33h
       33h
       77h  MOV M,A
       76h  HLT
       ...
2044h: 66h  ← Local onde a soma é armazenada
```

Essa versão demonstra a conveniência do endereçamento indireto usando os registradores H e L. Eles são definidos apenas uma vez para valores que formam um endereço de memória de 2044h. A primeira instrução MOV move o valor nesse endereço para o acumulador. O acumulador contém então o valor 66h. Em seguida, o valor 33h é somado a esse. A segunda instrução MOV move o valor do acumulador para a posição de memória 2044h sem precisar especificar esse endereço novamente.

Se você examinar os *bits* que compõem essas 63 instruções MOV, descobrirá o seguinte padrão:

0 1 D D D S S S

em que DDD é o registrador de destino e SSS é o registrador de origem. Esta é a mesma tabela que você viu anteriormente:

Código	Registrador ou memória
000	B
001	C
010	D
011	E
100	H
101	L
110	M
111	A

Uma maneira de projetar uma CPU é primeiro decidir quais instruções você deseja que a CPU implemente e, em seguida, descobrir de que conjunto de circuitos você precisa para fazer isso. Isso é basicamente o que estou fazendo aqui. Estou selecionando um subconjunto das instruções do Intel 8080 e, em seguida, construindo o circuito.

Para implementar todos os códigos de instrução que envolvem os sete registradores, a CPU precisa de uma maneira de armazenar *bytes* em sete *latches* e recuperar esses *bytes* com base nesses códigos de três *bits*. Por enquanto, vou ignorar o código 110 porque ele deve ser tratado como um caso especial. Os outros sete códigos podem ser usados como entradas para decodificadores de 3 para 8.

O circuito a seguir contém sete *latches* e sete *buffers tri-state*. Um decodificador de 3 para 8 é usado para reter o valor de entrada em um dos registradores, e outro decodificador de 3 para 8 é usado para habilitar a passagem através de um dos *buffers tri-state* do valor de um dos registradores:

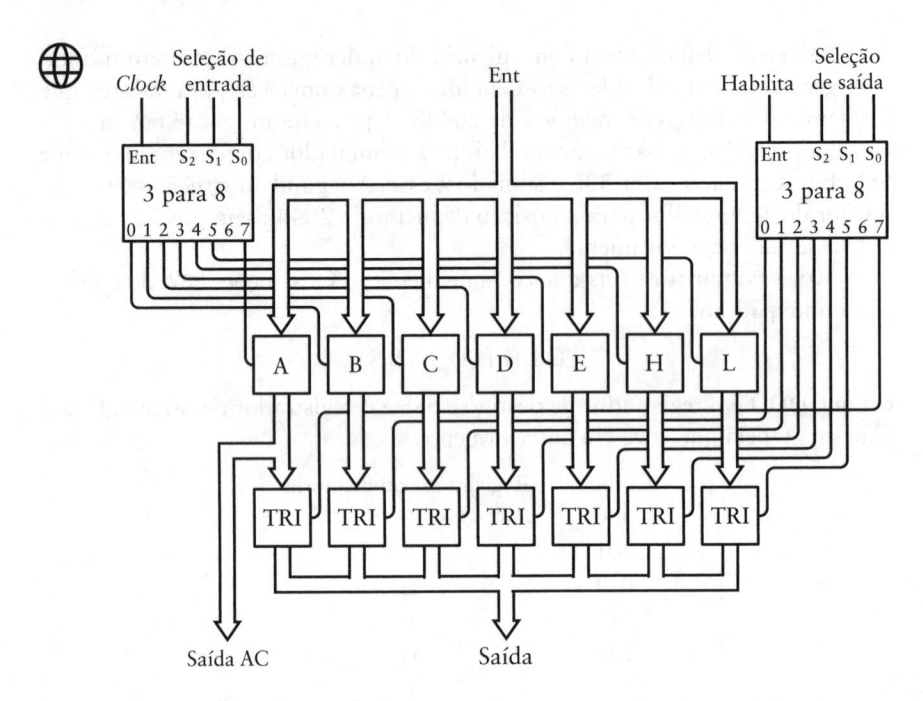

Isso é referido como "arranjo de registradores" e é o circuito mais importante que você verá neste capítulo. Eu sei que parece um pouco complexo no começo, mas na realidade é bastante simples.

Na parte superior do circuito há um caminho de dados de 8 *bits* rotulado como "Ent", por onde vem o *byte* a ser salvo no arranjo de registradores. As sete caixas rotuladas com letras são *latches* de 8 *bits*. Embora não explicitamente mostrados, cada um desses *latches* tem uma entrada de *Clock* à esquerda que salva um valor no *latch*.

Na parte superior do diagrama, à esquerda e à direita, há dois decodificadores de 3 para 8 com entradas de "Seleção" rotuladas como S_2, S_1 e S_0. Os valores dessas entradas de Seleção correspondem aos códigos para os sete *latches*, conforme mostrado na tabela anterior (lá referidos como DDD, para o destino, ou SSS, para a origem). É por isso que a saída rotulada 6 não é usada; essa saída corresponde a um valor de "Seleção" de 110, que se refere a uma posição de memória em vez de um *latch*.

O decodificador de 3 para 8 no canto superior esquerdo controla as entradas de *Clock* nesses *latches*. Esse sinal de *Clock* é direcionado para um dos sete *latches*, dependendo dos valores de S_0, S_1 e S_2. Esse processo salva o *byte* de entrada em um dos *latches*.

Embaixo de cada um dos sete *latches* há um *buffer tri-state*. Embora não identificados de forma explícita, cada um desses *buffers* tem uma entrada

Habilita. No canto superior direito há outro decodificador de 3 para 8. Esse decodificador habilita um dos sete *buffers tri-state*, e o *byte* armazenado no respectivo *latch* fica disponível no caminho de dados Saída na parte inferior.

Observe que o acumulador é tratado de uma forma um tanto especial aqui: o valor armazenado no acumulador está sempre disponível e identificado como "Saída AC" (acumulador) mostrada na parte inferior.

Os valores de 8 *bits* que entram nesse arranjo de registradores podem vir de várias origens: da memória, de um dos outros registradores ou da ALU. Os valores de 8 *bits* que saem desse arranjo de registradores podem ser armazenados na memória, armazenados em um dos outros registradores ou seguir para a ALU.

Só para que você não perca de vista a floresta enquanto passeia pelas árvores, aqui está um diagrama de blocos simplificado que mostra esses caminhos de dados:

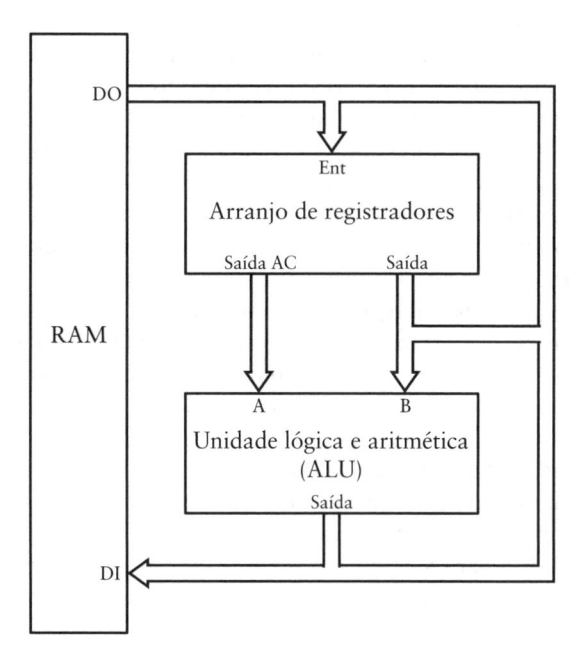

Muita coisa passa desapercebida a partir deste diagrama. Ele mostra apenas os principais caminhos de dados de 8 *bits*. Além do caminho que vem da saída AC do arranjo de registradores para a entrada A da ALU, todas as outras entradas e saídas estão interconectadas. Até mesmo a Saída de Dados (DO, do inglês *Data Output*) da RAM está conectada à Entrada de Dados (DI, do inglês *Data Input*) da RAM.

Isso é possível porque todas as saídas desses componentes passam por *buffers tri-state*, dos quais apenas um está habilitado em determinado momento. Esse valor habilitado então pode ser armazenado na memória com o sinal de Escreve ou pode ser armazenado em um dos sete registradores no arranjo de registradores, ou então o resultado de uma operação aritmética ou lógica pode ser trazido de volta para a ALU.

A conexão entre todas as entradas e saídas é chamada de **barramento de dados**. Esse é um caminho de dados comum às entradas e saídas de todos os componentes. Quando um *buffer tri-state*, conectado ao barramento de dados está habilitado, esse *byte* está disponível em todo o barramento de dados e pode ser usado por qualquer outro componente ligado ao mesmo barramento.

Esse barramento de dados é apenas para dados de 8 *bits*. Haverá outro barramento para o endereço de memória com 16 *bits*, porque esse endereço também pode vir de diversas origens. Esse barramento de 16 *bits* é chamado de **barramento de endereço**, e você o verá em breve.

Agora vejamos alguns detalhes incômodos. Sinceramente, eu gostaria que o arranjo de registradores fosse tão simples quanto o circuito que mostrei na página 348, mas ele precisará de algumas melhorias.

O arranjo de registradores que apresentei é ótimo para as instruções MOV que envolvem mover um *byte* de um registrador para outro. De fato, os decodificadores de 3 para 8 foram implementados no arranjo de registradores com a instrução MOV em mente: o conteúdo de um registrador pode ser ativado no barramento de dados, e esse valor pode ser armazenado em outro registrador.

Contudo, esse arranjo de registradores não funciona para as instruções STA e LDA. Essas instruções armazenam um valor do acumulador na memória e carregam um valor da memória no acumulador. Outras instruções também envolvem o acumulador. Todas as instruções aritméticas e lógicas armazenam o resultado no acumulador.

Por isso, a seção do acumulador do arranjo de registradores deve ser aprimorada mais um pouco para permitir que um valor seja armazenado no acumulador e posteriormente recuperado do acumulador, independentemente dos decodificadores de 3 para 8. Isso pode ser feito com apenas um pouco de lógica adicional no arranjo de registradores, envolvendo apenas o *latch* do acumulador e o *buffer tri-state*:

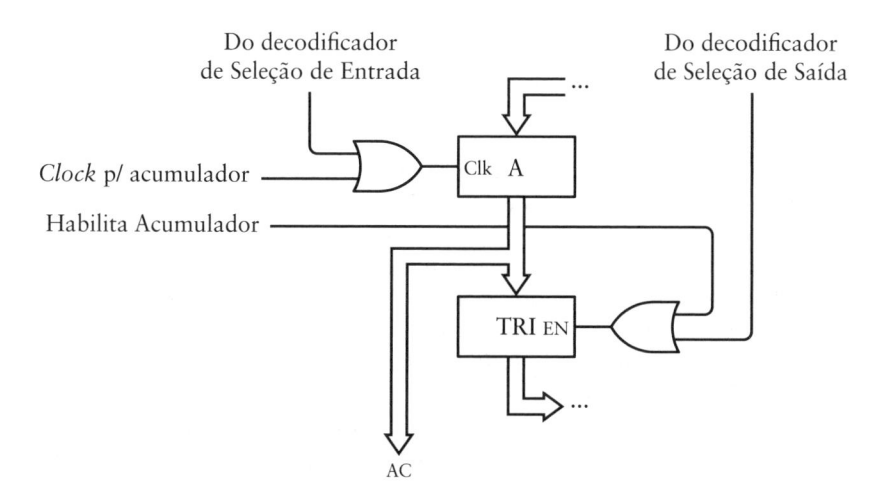

Registradores e barramento 351

[Diagrama: acumulador com entradas "Do decodificador de Seleção de Entrada", "Do decodificador de Seleção de Saída", "Clock p/ acumulador", "Habilita Acumulador", blocos "Clk A" e "TRI EN", saída "AC"]

Os dois sinais adicionais à esquerda foram acrescentados: as entradas para duas portas OR. Esses sinais permitem que um valor do barramento de dados seja salvo no acumulador (o *latch* rotulado como "A"), independentemente do decodificador de Seleção de Entrada, e seja habilitado no barramento de dados, independentemente do decodificador de Seleção de Saída.

Outro aprimoramento no arranjo de registradores é necessário para endereçar a RAM com a combinação dos registradores H e L, mas esse é muito mais complexo, então vamos adiá-lo o máximo possível para nos concentrarmos em outras necessidades.

Três *latches* adicionais de 8 *bits* devem ser conectados ao barramento de dados. Estes são os *latches* que armazenam os *bytes* de instrução:

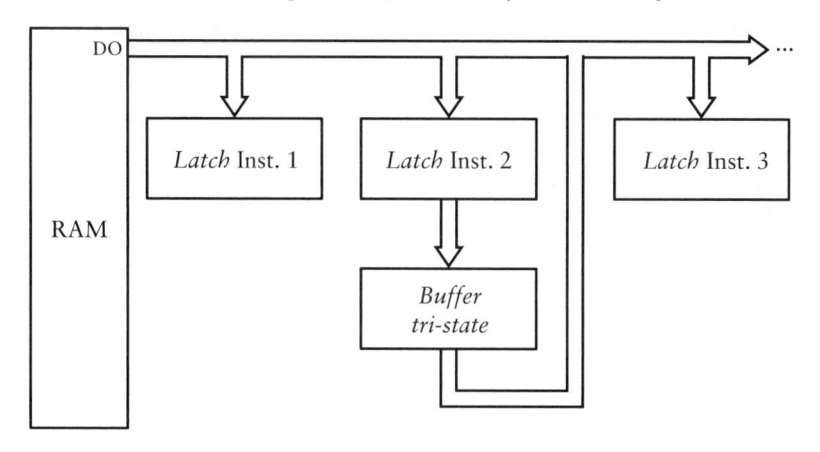

[Diagrama: RAM com saída D0 conectada a "Latch Inst. 1", "Latch Inst. 2" e "Latch Inst. 3"; o Latch Inst. 2 alimenta um "Buffer tri-state" que retorna ao barramento]

O código de operação é sempre armazenado no *Latch* de Instrução 1. Depois que o código de operação é armazenado no *latch*, ele pode ser usado para gerar todos os outros sinais que controlam a CPU. No próximo capítulo, você verá como isso funciona.

O *Latch* de Instrução 2 é usado para instruções que têm um *byte* adicional. Por exemplo, os códigos de operação de movimentação imediata (MVI) são seguidos por um *byte* que é então transferido para um dos registradores. As instruções aritméticas e lógicas imediatas, como ADI, também são seguidas por um *byte*. No caso de ADI, por exemplo, esse *byte* é somado ao acumulador. Portanto, o valor no *Latch* de Instrução 2 deve ser habilitado no barramento de dados, que é a finalidade do *buffer tri-state*.

Os *Latches* de Instrução 2 e 3 são usados em conjunto para as instruções com três *bytes* de comprimento (p. ex., STA e LDA). Para essas instruções, o segundo e o terceiro *bytes* constituem um valor de 16 *bits* usado para endereçar a memória.

Além do barramento de dados de 8 *bits*, a CPU precisa de um barramento de endereço de 16 *bits* para acessar até 64 K de memória. Pelo que você sabe até agora, o endereço usado para acessar a memória pode vir de três origens diferentes:

- Um valor chamado de **contador de programa**. Esse é o valor de 16 *bits* usado para acessar as instruções. Ele começa com 0000h e aumenta sequencialmente até alcançar uma instrução HLT.

- Os dois *bytes* seguintes aos códigos de operação STA ou LDA. Juntos, eles formam um endereço de 16 *bits*.

- Os registradores H e L formam um endereço de 16 *bits* (p. ex., na instrução MOV A, M). Quando usado dessa maneira, HL é chamado de **par de registradores**.

No "acumulador de *byte* triplo", a memória era acessada sequencialmente usando um contador de 16 *bits*. Com a CPU que estou construindo, não vou usar um contador. Como você verá no Capítulo 24, algumas instruções podem definir o contador de programa para um endereço diferente. Por isso, o contador de programa será um *latch* de 16 *bits* cujo valor geralmente é incrementado em uma unidade depois que um *byte* de instrução é lido da memória.

Aqui está o contador do programa na íntegra:

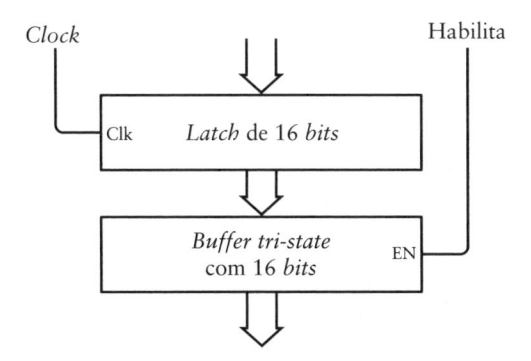

```
        Clock                          Habilita
          │                               │
          │    ┌──────────────────────┐
          └────┤Clk  Latch de 16 bits │
               └──────────────────────┘
                          │
                          ▼
               ┌──────────────────────┐
               │  Buffer tri-state    │ EN
               │     com 16 bits      ├──
               └──────────────────────┘
                          │
                          ▼
```

Observe que esses caminhos de dados são visivelmente mais largos do que os mostrados em diagramas anteriores, já que representam valores de 16 *bits*. Tanto a entrada na parte superior quanto a saída na parte inferior estão conectadas ao barramento de endereço. Qualquer valor no barramento de endereço pode ser salvo no *latch* usando a entrada de *Clock*, e o valor no *latch* pode ser colocado no barramento de endereço usando de Habilita.

Para uma instrução STA ou LDA, os dois *bytes* após o código de operação são armazenados nos *Latches* de Instrução 2 e 3. Isso significa que esses *latches* também devem ser conectados ao barramento de endereços por meio de um *buffer tri-state*.

Para uma instrução MOV que envolve um endereço de memória com o par de registradores HL, os valores nos *latches* H e L também devem ser conectados ao barramento de endereços. Ao construir o arranjo de registradores, não considerei esse requisito. No meu projeto do arranjo de registradores, os registradores H e L só entram em contato com o barramento de dados.

Além disso, quero apresentar mais duas instruções:

Instrução	Descrição	OpCode
INX HL	Incrementa o valor no par de registradores HL	23h
DCX HL	Decrementa o valor no par de registradores HL	2Bh

A instrução INX soma 1 ao valor de 16 *bits* no par de registradores HL. A instrução DCX o decrementa, subtraindo 1 desse valor.

Essas instruções são muito úteis, principalmente INX. Por exemplo, suponha que haja cinco *bytes* armazenados sequencialmente na memória, a partir do endereço 1000h, e você queira somá-los. Você só precisa definir os registradores H e L uma vez e, em seguida, incrementar o valor depois de acessar cada *byte*:

0000h:	2Eh	MVI L,00h
	00h	
	26h	MVI H,10h
	10h	
	7Eh	MOV A,M
	23h	INX HL
	86h	ADD M
	23h	INX HL
	86h	ADD M
	23h	INX HL
	86h	ADD M
	23h	INX HL
	86h	ADD M
	32h	STA 0011h
	11h	
	00h	
	76h	HLT
0011h:		← Local onde a soma é armazenada

Você deve se lembrar de que a ALU tem alguns *flags* que indicam quando o resultado é zero, se ele é negativo ou se houve um "vai-um" após uma soma ou subtração. Nenhum *flag* é afetado pelas instruções INX e DCX.

(O Intel 8080 também implementa instruções INX e DCX para os pares de registradores BC e DE, mas eles são menos úteis e não serão implementados na minha CPU. O Intel 8080 também implementa operações de incremento e decremento de 8 *bits*, abreviadas como INR e DCR, para todos os sete registradores e memória endereçados por HL, mas também não implementarei essas instruções.)

As instruções INX e DCX implicam que precisamos de alguns circuitos adicionais para executar incremento e decremento de 16 *bits*.

Mencionei anteriormente que o contador de programa – o *latch* usado para armazenar o valor de 16 *bits* que acessa instruções da memória – também deve ser incrementado depois que cada *byte* de uma instrução é lido da memória. Um incremento de 16 *bits* também é necessário aqui.

Um circuito de incremento e decremento é um pouco mais simples do que um para somar e subtrair, porque ele só precisa somar e subtrair o número 1. Aqui está uma versão de 8 *bits*, só para que você tenha uma ideia básica de como ele é implementado. As entradas são representadas por letras I e as saídas são representadas por letras O, ambas com índices para identificar os *bits* individuais. O sinal na entrada Dec é definido como 0 para incrementar o valor e 1 para decrementar o valor:

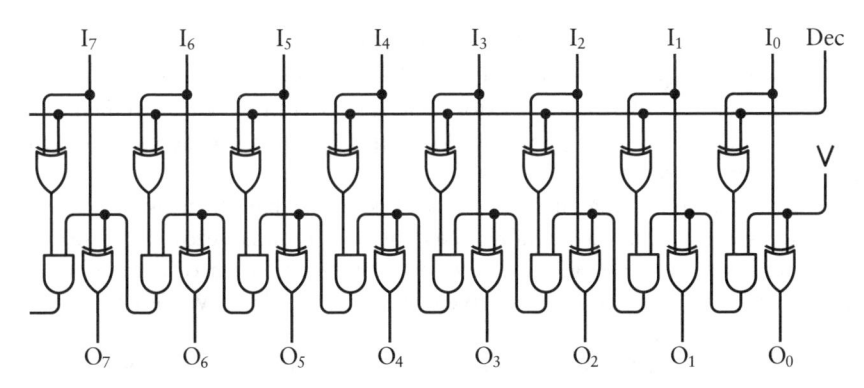

Vamos colocar esse conjunto de portas XOR e AND em um componente maior, que inclui um *latch* de 16 *bits* para armazenar um valor a ser aumentado ou diminuído em uma unidade e um *buffer tri-state* que oferece o resultado incrementado ou decrementado:

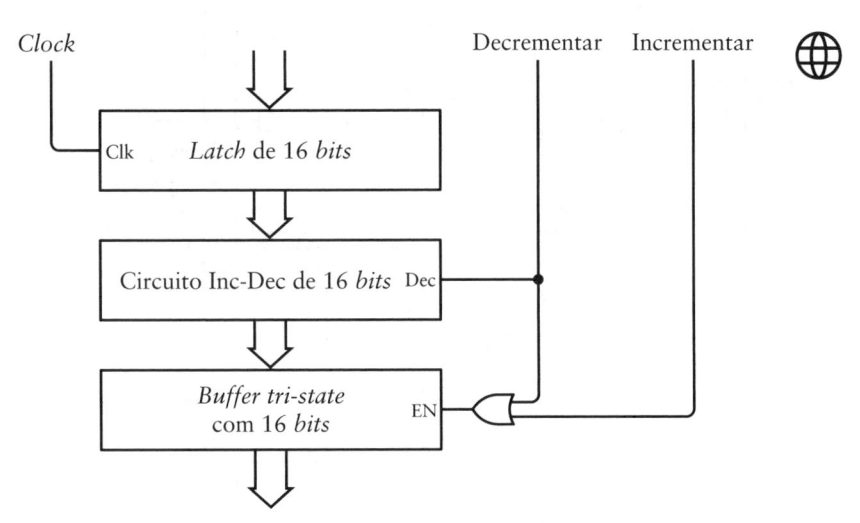

Vamos chamar esse componente de incrementador-decrementador. Assim como acontece com o contador de programa, a entrada de 16 *bits* para o *latch* e a saída de 16 *bits* do *buffer tri-state* estão conectadas ao barramento de endereço. Ambos os sinais de entrada Decrementar ou Incrementar podem habilitar o *buffer tri-state*, mas o sinal Decrementar diminui o valor no *latch*, enquanto o sinal Incrementar o incrementa.

O barramento de endereço de 16 *bits* serve principalmente para fornecer um endereço para a RAM, mas também deve ser capaz de mover valores de 16 *bits* entre os componentes da CPU.

Por exemplo, o contador de programa é usado para endereçar a RAM ao acessar instruções da memória. Depois que o valor no contador de programa acessa uma instrução, o valor deve ser movido para o incrementador-decrementador para ser incrementado e, em seguida, salvo de volta no *latch* do contador de programa.

Outro exemplo: uma instrução MOV A,M usa o par de registradores HL para acessar um *byte* da memória. No entanto, muitas vezes isso é seguido por uma instrução INX HL que move o valor de HL para o incrementador-decrementador para ser aumentado em 1 e, em seguida, salvo de volta no par de registradores HL.

Por fim, o problema que tenho evitado não pode mais ser adiado. O arranjo de registradores que mostrei anteriormente é muito limpo, elegante e jeitoso, mas não fornece uma maneira de colocar os valores de H e L no barramento de endereço de 16 *bits*. Aqui está uma correção para isso:

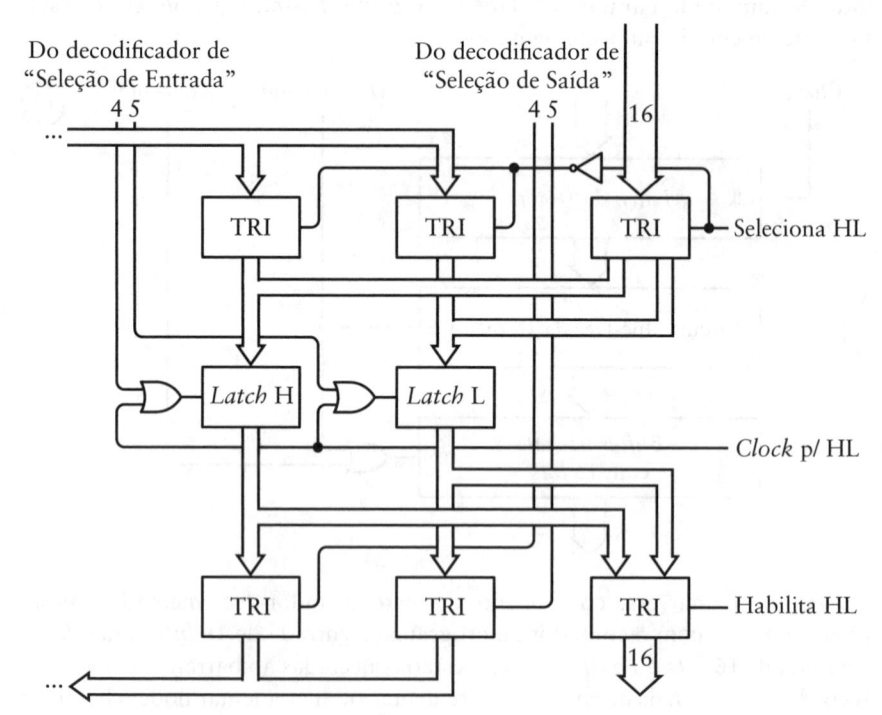

Observe as entradas e saídas de 16 *bits* bem à direita. Ambas serão conectadas ao barramento de endereços para permitir salvar um valor de 16 *bits* nos registradores H e L e para recuperá-lo.

Esse diagrama que aprimora os registradores H e L mostra alguns sinais e componentes novos, que foram acrescentados ao arranjo de registradores:

- O sinal "Seleciona HL" à direita controla a linha superior de novos *buffers tri-state*. O sinal determina se as entradas para os registradores H e L vêm da entrada normal para o arranjo de registradores ou da entrada de 16 *bits*.

- O sinal "*Clock* para HL" à direita entra em duas portas OR que foram acrescentadas às entradas de *Clock* dos *latches* para permitir salvar valores vindos do barramento de endereço.

- O sinal "Habilita HL" à direita habilita um novo *buffer tri-state* com 16 *bits* para que a saída composta dos *latches* H e L possa aparecer no barramento de endereço.

Mas que bagunça! No entanto, ninguém disse que construir um computador seria algo fácil.

Uma versão interativa do arranjo de registradores completo está disponível no *site* CodeHiddenLanguage.com.

Agora vamos conectar esses componentes de 16 *bits* a um barramento de endereços de 16 *bits*. O diagrama de blocos a seguir mostra parte do barramento de dados na parte superior como entrada para os *Latches* de Instrução 2 e 3, cujas saídas são combinadas em um *buffer tri-state* conectado ao barramento de endereço:

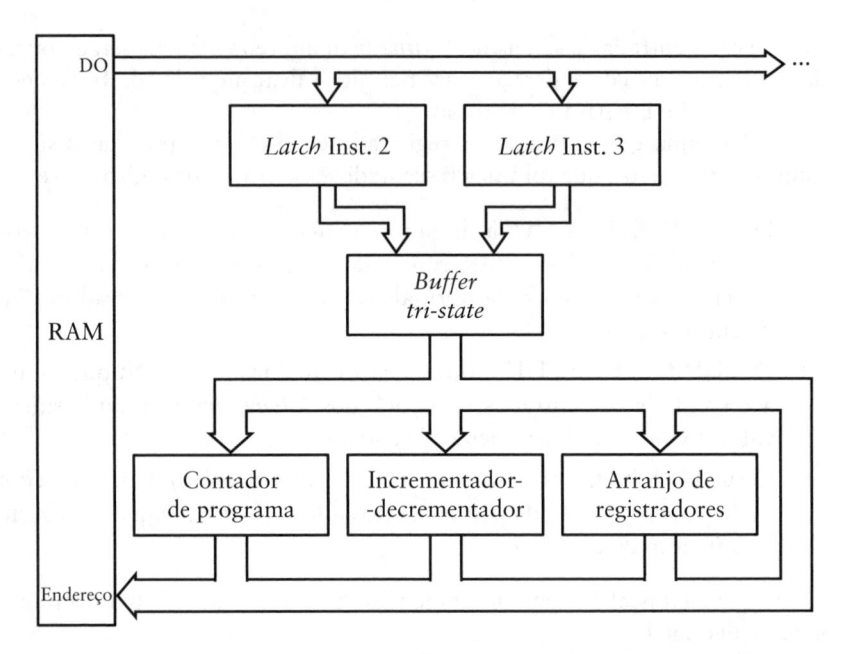

```
┌─────┐    DO
│     │─────┬──────────┬──────────────────────────▶ ...
│     │     ▼          ▼
│     │  ┌────────┐ ┌────────┐
│     │  │Latch   │ │Latch   │
│     │  │Inst. 2 │ │Inst. 3 │
│     │  └───┬────┘ └───┬────┘
│     │      ▼          ▼
│     │     ┌──────────────┐
│ RAM │     │   Buffer     │
│     │     │  tri-state   │
│     │     └──────┬───────┘
│     │      ┌─────┼──────┐
│     │      ▼     ▼      ▼
│     │  ┌──────┐┌──────┐┌──────────┐
│     │  │Conta-││Incre-││Arranjo de│
│     │  │dor de││menta-││registra- │
│     │  │progr.││dor-  ││dores     │
│     │  │      ││decr. ││          │
│     │  └──────┘└──────┘└──────────┘
│Ender│◀─────┴───────┴──────┘
└─────┘
```

O próprio barramento de endereço de 16 *bits*, visivelmente mais largo, contorna os componentes na parte inferior como entradas e saídas, além de fornecer o endereço para a RAM.

Assim como o diagrama de blocos do barramento de dados, mostrado anteriormente, esse diagrama de blocos do barramento de endereço não inclui alguns sinais essenciais: sinais para ativar os *buffers tri-state* e sinais para salvar o valor nesse barramento em diversos *latches*.

São esses sinais, devidamente coordenados e sincronizados, que fazem com que as instruções sejam executadas pela CPU. Esses sinais são a força vital pulsante do computador, e eles merecem seu próprio capítulo. Veremos isso em seguida.

23
Sinais de controle da CPU

Um velho ditado comumente ouvido nos círculos de engenharia afirma que os últimos 10% de um projeto exigem 90% do trabalho. Não importa o quão angustiante essa ideia possa parecer, isso é algo que se deve ter em mente. Já fizemos grandes progressos na construção de um computador, mas ainda não terminamos. O que resta não constitui exatamente 90% do trabalho, mas a reta final pode estar um pouco mais distante do que parece.

A unidade central de processamento (CPU) que venho projetando é baseada no microprocessador Intel 8080. A unidade lógica e aritmética (ALU) e o arranjo de registradores mostrados nos dois capítulos anteriores constituem partes importantes dessa CPU. A ALU executa operações aritméticas e lógicas sobre *bytes*. O arranjo de registradores contém *latches* para sete registradores identificados pelas letras A, B, C, D, E, H e L. Você também viu que três *latches* adicionais são necessários para salvar o *byte* de instrução e um ou dois *bytes* adicionais que acompanham algumas instruções.

Esses componentes são conectados uns aos outros e à memória de acesso randômico (RAM) por meio de dois barramentos de dados: um barramento de dados de 8 *bits* que transporta *bytes* entre os componentes e um barramento de endereço de 16 *bits* usado para um endereço de memória. No capítulo anterior, você também viu um contador de programa que mantém um endereço para essa RAM e um incrementador-decrementador que aumenta e diminui um endereço de memória de 16 *bits*.

Os dois barramentos fornecem a principal fonte de conexão entre esses componentes, mas os componentes também estão conectados com uma coleção mais complexa de **sinais de controle**, assim chamados porque controlam esses componentes para que operem de forma coordenada na execução das instruções armazenadas na memória.

A maioria desses sinais de controle pertence a um dos dois grupos seguintes:

- sinais que **disponibilizam um valor** em um dos dois barramentos;
- sinais que **salvam um valor** disponível em um dos dois barramentos.

Este capítulo dedica-se exclusivamente aos valores que **entram no** e **saem do** barramento.

Os sinais que colocam um valor no barramento são ligados às entradas Habilita de vários *buffers tri-state* que conectam as saídas dos componentes ao barramento. Os sinais que salvam um valor disponível no barramento geralmente controlam as entradas de *Clock* dos diversos *latches* que conectam os barramentos aos componentes no barramento. A única exceção é quando um valor no barramento de dados é salvo na memória usando o sinal Escreve da RAM.

A sincronização desses sinais é o que permite que a CPU execute instruções armazenadas na memória. É assim que os valores de 8 *bits* e 16 *bits* se movem entre os componentes da CPU e a memória. Essa é a maneira fundamental pela qual os códigos armazenados na memória controlam o *hardware* do computador. É assim que *hardware* e *software* estão unidos. Você pode visualizar esse processo como um marionetista controlando uma trupe de marionetes em uma dança primorosamente coreografada de lógica e aritmética. Os sinais de controle da CPU são as cordas.

A seguir estão os seis principais componentes, mostrando como eles estão conectados ao barramento de dados e ao barramento de endereço, e os sinais de controle que eles exigem.

A entrada de Endereço (*Address*) da memória está conectada ao barramento de endereço de 16 *bits*. A memória também está conectada ao barramento de dados de 8 *bits* por meio das "Entradas de Dados" (*Data In*) e "Saídas de Dados" (*Data Out*):

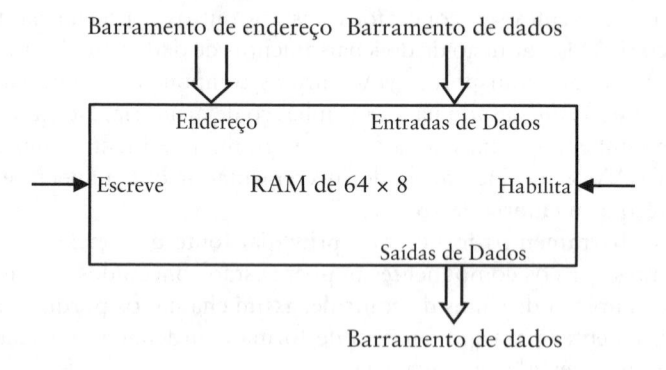

```
        Barramento de endereço   Barramento de dados
                  ⇓                    ⇓
        ┌──────────────────────────────────────────┐
        │      Endereço          Entradas de Dados │
    →   │ Escreve                                  │  ← Habilita
        │           RAM de 64 × 8                  │
        │                        Saídas de Dados   │
        └──────────────────────────────────────────┘
                                       ⇓
                                Barramento de dados
```

Os dois sinais de controle são Escreve, que ativa a gravação do valor no barramento de dados na memória, e Habilita, que habilita o *buffer tri-state* na saída de dados da RAM para que o conteúdo apareça no barramento de dados. Um painel de controle poderia ser anexado a essa matriz de memória para permitir que um ser humano escreva *bytes* na memória e os examine.

O componente mais complexo é, sem dúvida, o arranjo de registradores do Capítulo 22, que às vezes você verá abreviado como RA (*register array*):

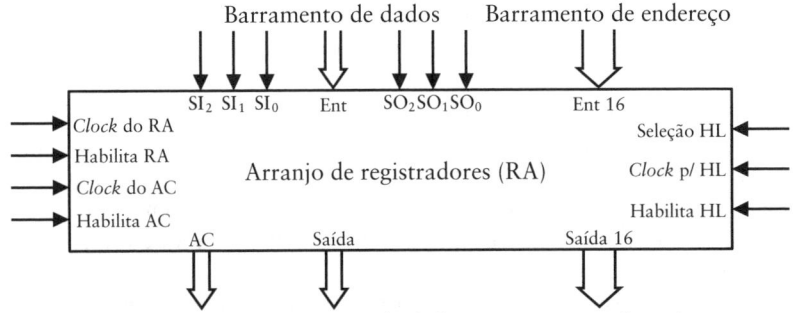

Sinais de controle da CPU 361

```
              Barramento de dados    Barramento de endereço
                ↓ ↓ ↓  ↓↓↓  ↓↓↓         ↓↓↓
              SI₂ SI₁ SI₀ Ent SO₂SO₁SO₀   Ent 16
→ Clock do RA                                        Seleção HL ←
→ Habilita RA                                                   
              Arranjo de registradores (RA)    Clock p/ HL ←
→ Clock do AC                                                   
→ Habilita AC                                        Habilita HL ←
                AC       Saída              Saída 16
                ⇓         ⇓                    ⇓
            Para a ALU  Barramento de dados   Barramento de endereço
```

O arranjo de registradores tem dois conjuntos de entradas de Seleção, mostradas na parte superior. Os sinais SI determinam qual registrador salva o valor disponível no barramento de dados. O sinal *Clock* do RA à esquerda determina quando esse valor é salvo. Os sinais SO, juntamente com o sinal Habilita RA à esquerda, disponibilizam o valor de um dos registradores no barramento de dados.

Como você viu no capítulo anterior, esse arranjo de registradores é complicado de duas maneiras. Primeiro, ele deve implementar dois sinais de controle adicionais para o acumulador, que às vezes será abreviado como AC: o sinal de *Clock* do acumulador salva no acumulador o valor disponível no barramento de dados, e o sinal Habilita Acumulador faz com que um *buffer tri-state* coloque o valor do acumulador no barramento de dados.

Segundo, os registradores H e L do arranjo de registradores também estão conectados ao barramento de endereço de acordo com os três sinais de controle mostrados à direita: Seleciona HL seleciona o barramento de endereço como entrada para os registradores H e L, *Clock* para HL salva o conteúdo do barramento de endereço nos registradores H e L, e Habilita HL ativa um *buffer tri-state* a colocar o conteúdo dos registradores H e L no barramento de endereço.

A ALU do Capítulo 21 tem entradas F_0, F_1 e F_2 que controlam se a ALU executa uma função de soma, subtração, comparação ou lógica:

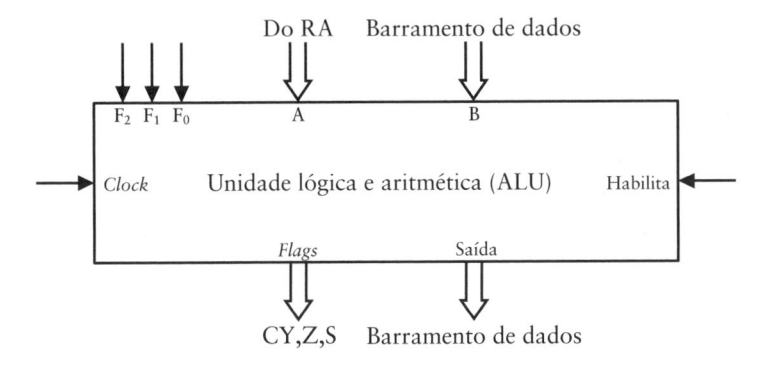

```
                    Do RA    Barramento de dados
           ↓↓↓       ↓             ↓
          F₂ F₁ F₀    A             B
→ Clock      Unidade lógica e aritmética (ALU)    Habilita ←
                    Flags         Saída
                     ⇓             ⇓
                   CY,Z,S    Barramento de dados
```

Observe que a entrada B e a Saída da ALU estão conectadas ao barramento de dados, mas a entrada A está conectada diretamente à saída AC do arranjo de registradores. A ALU é de certa forma dificultada pela necessidade de salvar o *flag* de "Vai-um" (CY), o *flag* de Zero (Z) e o *flag* de Sinal (S), que são definidos com base na operação aritmética ou lógica que está sendo executada.

A ALU também implementa um sinal de *Clock*, que salva o resultado da operação aritmética ou lógica em um *latch* (e salva os *flags* em outro *latch*), e um sinal Habilita, que faz com que o *buffer tri-state* coloque o resultado da ALU no barramento de dados.

Outro *latch* de 16 *bits* contém o valor atual do contador de programa, que é usado para endereçar *bytes* na memória:

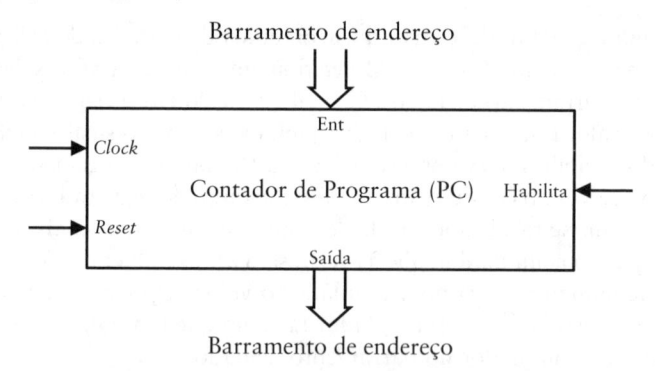

Barramento de endereço

Clock

Reset

Ent

Contador de Programa (PC)

Habilita

Saída

Barramento de endereço

O contador de programa é frequentemente abreviado como PC (da denominação original, em inglês, *Program Counter*). Ele tem três sinais de controle: o sinal de *Clock* salva no *latch* o valor de 16 *bits* contido no barramento de endereço; o sinal Habilita permite que o *buffer tri-state* coloque o conteúdo do *latch* no barramento de endereço; e o sinal de *Reset*, à esquerda, zera o conteúdo do *latch* para começar a acessar *bytes* da memória no endereço 0000h.

Três *latches* de 8 *bits* adicionais salvam até três *bytes* de uma instrução. Eles estão incorporados na seguinte caixa:

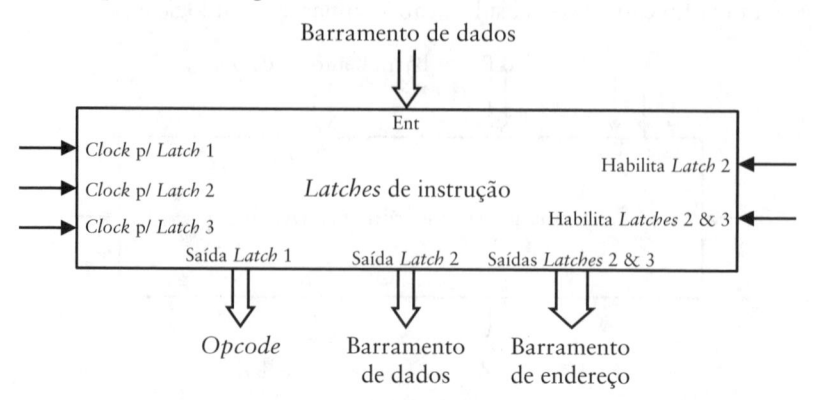

Barramento de dados

Ent

Clock p/ Latch 1
Clock p/ Latch 2
Clock p/ Latch 3

Latches de instrução

Habilita *Latch* 2
Habilita *Latches* 2 & 3

Saída *Latch* 1   Saída *Latch* 2   Saídas *Latches* 2 & 3

Opcode   Barramento de dados   Barramento de endereço

Algumas instruções consistem simplesmente em um código de operação; outras são seguidas por um ou dois *bytes* adicionais. Os três sinais de *Clock* à esquerda salvam até três *bytes* que compõem uma instrução.

O primeiro *byte* também é o código de operação, muitas vezes chamado de *opcode*. Se a instrução tiver um segundo *byte*, ele poderá ser habilitado no barramento de dados com o sinal Habilita *Latch* 2, à direita. Se o código de operação for seguido por dois *bytes*, eles constituem um endereço de memória de 16 *bits*, que pode ser colocado no barramento de endereço pelo sinal Habilita *Latches* 2 & 3, à direita.

O componente final é um circuito que pode incrementar ou decrementar um valor de 16 *bits*. A denominação deste poderá ser abreviada, às vezes, como Inc-Dec:

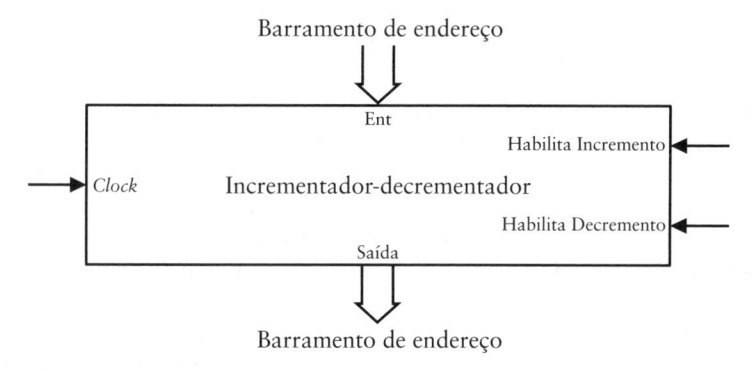

```
                    Barramento de endereço
                            ↓
         ┌──────────────────────────────────────────┐
         │              Ent                         │
         │                       Habilita Incremento│←──
  ──→ Clock  Incrementador-decrementador            │
         │                       Habilita Decremento│←──
         │             Saída                        │
         └──────────────────────────────────────────┘
                            ↓
                    Barramento de endereço
```

O sinal de *Clock* faz com que o valor do barramento de endereço seja salvo no *latch* Incrementador-decrementador. Os dois sinais Habilita à direita habilitam a liberação do valor incrementado ou do valor decrementado no barramento de endereço.

Para que você tenha uma pequena ideia de como esses vários sinais de controle devem ser coordenados, vamos considerar um pequeno programa do 8080 contendo apenas seis instruções. Algumas das instruções têm apenas um único *byte*, enquanto outras exigem um ou dois *bytes* adicionais após o código de operação:

```
0000h: [3Eh] MVI A,27h
       [27h]
0002h: [47h] MOV B,A
0003h: [C6h] ADI 61h
       [61h]
0005h: [80h] ADD B
0006h: [32h] STA 000Ah
       [0Ah]
       [00h]
0009h: [76h] HLT
000Ah: [   ] ← Local onde a soma é armazenada
```

Esse programa não faz muita coisa. A primeira instrução move o valor 27h para o registrador A, também conhecido como acumulador. A instrução MOV copia esse valor para o registrador B. O valor 61h é somado ao acumulador, que então contém o valor 88h. O valor no registrador B então é somado a isso, elevando o valor para AFh. A instrução STA armazena esse valor na memória, no endereço 000Ah. A instrução HLT para a CPU, pois não há mais nada a fazer nesse programa.

Vamos refletir sobre o que a CPU precisa fazer para executar essas instruções. A CPU usa um valor chamado de contador de programa para endereçar a memória, e move as instruções para os *latches* de instrução. O contador de programa é inicializado com o valor 0000h para acessar a primeira instrução na memória. Essa instrução é MVI, ou Move Imediato (*Move Immediate*), que se destina a mover o valor 27h para o acumulador.

Uma sequência de cinco etapas é necessária para processar essa primeira instrução. Cada etapa envolve disponibilizar algo no barramento de endereço e salvá-lo em outro lugar, ou disponibilizar algo no barramento de dados e salvá-lo em outro lugar, ou ambos.

O primeiro passo é endereçar a RAM com o valor 0000h no contador de programa e armazenar o valor 3Eh da memória no *Latch* de Instrução 1. Isso exige quatro sinais de controle envolvendo o barramento de endereço e o barramento de dados:

- Habilita Contador de Programa: coloca o valor do contador de programa no barramento de endereço. Esse valor é 0000h.
- Habilita as Saídas de Dados da RAM: coloca no barramento de dados o valor armazenado neste endereço da RAM. Esse valor é 3Eh.
- *Clock* do Incrementador-Decrementador: salva o valor contido no barramento de endereço no incrementador-decrementador.

- *Clock* do *Latch* de Instrução 1: salva no *Latch* de Instrução 1 o valor disponível no barramento de dados.

A segunda etapa incrementa o contador de programa. Isso envolve apenas o barramento de endereço:

- Habilita incremento: coloca o valor incrementado do incrementador-decrementador no barramento de endereço. Esse valor agora é 0001h.
- *Clock* do Contador de Programa: salva esse valor incrementado no contador de programa.

Agora que o primeiro *byte* de instrução foi salvo no *Latch* de Instrução 1, ele pode ser usado para controlar as etapas subsequentes. Nesse caso, a terceira e a quarta etapas são as mesmas que a primeira e a segunda etapas, porém acessam o *byte* no endereço de memória 0001h e o salvam no *Latch* de Instrução 2.

Essas etapas que leem *bytes* de instrução da memória são chamadas de **busca de instrução**. Elas têm o objetivo de acessar *bytes* de instrução da memória e armazená-los nos *latches* de instrução. Para a instrução MVI 27h, o valor 27h está agora no *Latch* de Instrução 2. Esse valor deve ser movido para o acumulador. Esse é o quinto passo, que é chamado de **execução da instrução**.

- Habilita *Latch* de Instrução 2: disponibiliza o valor desse *latch* no barramento de dados.
- *Clock* do Acumulador: salva no acumulador o valor disponível no barramento de dados.

Observe que todas essas cinco etapas envolvem no máximo apenas um valor no barramento de endereço e um valor no barramento de dados. Qualquer valor colocado em um dos dois barramentos é salvo em outro lugar.

Agora seguimos para a segunda instrução, que é MOV B,A. Como essa instrução tem apenas 1 *byte* de comprimento, apenas duas etapas são necessárias para a busca da instrução. A etapa de execução é:

- Habilita Arranjo de Registradores: exibe no barramento de dados o valor contido no arranjo de registradores.
- *Clock* do Arranjo de Registradores: salva no arranjo de registradores o valor contido no barramento de dados.

Espere um minuto! A descrição dessa etapa de execução menciona apenas o arranjo de registradores, e não os registradores A e B, que é o que essa etapa requer! Por quê?

É simples: os *bits* que compõem as instruções MOV do 8080 têm o formato

$$0\ 1\ D\ D\ D\ S\ S\ S$$

em que DDD é o registrador de destino e SSS é o registro de origem. O código de operação foi salvo no *Latch* de Instrução 1. O arranjo de registradores tem dois conjuntos de sinais de Seleção de três *bits* que determinam qual registrador é a origem e qual é o destino. Como você verá, esses sinais vêm do *opcode* armazenado no *Latch* de Instrução 1, portanto só é preciso habilitar o arranjo de registradores e ativar o *latch* no arranjo de registradores para concluir a execução.

Uma instrução de Soma Imediato (*Add Immediate*) aparece em seguida:

ADI 61h

Essa é uma dentre oito instruções semelhantes, com formato

1 1 F F F 1 1 0

em que FFF refere-se à **função** que a instrução executa: Somar, Somar com "vai--um", Subtrair, Subtrair com "empresta um", AND, XOR, OR ou Comparar. Você deve se lembrar de que a ALU tem uma entrada de função de três *bits* correspondente a esse conjunto de valores. Isso significa que os três *bits* de função do *opcode* no *Latch* de Instrução 1 podem ser levados diretamente para a ALU.

Depois que os dois *bytes* da instrução ADI são buscados, a execução da instrução requer mais duas etapas. Aqui está a primeira:

- Habilita *Latch* de Instrução 2: coloca o valor 61h no barramento de dados.
- *Clock* da ALU: salva o resultado da ALU e os *flags* nos *latches*.

Uma segunda etapa de execução é necessária para mover esse resultado para o acumulador:

- Habilita ALU: coloca o resultado da ALU no barramento de dados.
- *Clock* do acumulador: salva esse valor no acumulador.

Da mesma forma, a instrução ADD que vem em seguida requer duas etapas de execução. A primeira é:

- Habilita Arranjo de Registradores: disponibiliza o valor do registrador B no barramento de dados.
- *Clock* da ALU: salva o resultado da adição e os *flags*.

A segunda etapa de execução é a mesma que a execução da instrução ADI.

A instrução STA requer seis etapas para a busca da instrução. Os dois *bytes* após a instrução STA são armazenados nos *Latches* de Instrução 2 e 3. A etapa de execução requer os seguintes sinais de controle:

- Habilita *Latches* de Instrução 2 & 3: disponibiliza o segundo e o terceiro *bytes* da instrução no barramento de endereços para endereçar a RAM.
- Habilita Acumulador: coloca o valor do acumulador no barramento de dados.
- Escreve na RAM: escreve na memória o valor no barramento de dados.

Sinais de controle da CPU **367**

A instrução `HLT` faz algo único: impedir que a CPU siga executando outras instruções. Vou explicar a implementação disso mais adiante neste capítulo.

Essas etapas que venho descrevendo também são chamadas de **ciclos**, assim como os ciclos de lavagem, enxágue e centrifugação de uma máquina de lavar. Mais tecnicamente, eles são chamados de **ciclos de máquina**. Na CPU que estou criando, os *bytes* de instrução são acessados da memória em um ciclo que é sempre seguido por outro ciclo que incrementa o contador de programa. Assim, dependendo se a instrução tem um, dois ou três *bytes*, a CPU deve executar dois, quatro ou seis ciclos.

A execução da instrução requer um ou dois ciclos de máquina, dependendo da instrução que está sendo executada. Aqui está uma tabela mostrando o que deve ocorrer durante o primeiro ciclo de execução de todas as instruções que apresentei até agora:

	Primeiro ciclo de execução	
Instrução	Barramento de endereço de 16 *bits*	Barramento de dados de 8 *bits*
MOV r,r		Habilita Arranjo de Registradores
		Clock do Arranjo de Registradores
MOV r,M	Habilita HL	Habilita Saída de Dados da RAM
		Clock do Arranjo de Registradores
MOV M,r	Habilita HL	Habilita Arranjo de Registradores
		Escreve na RAM
MVI r,dados		Habilita *Latch* de Instrução 2
		Clock do Arranjo de Registradores
MVI M,dados	Habilita HL	Habilita *Latch* de Instrução 2
		Escreve na RAM
LDA	Habilita *Latches* de Instrução 2 & 3	Habilita Saída de Dados da RAM
		Clock do Acumulador
STA	Habilita *Latches* de Instrução 2 & 3	Habilita Acumulador
		Escreve na RAM
ADD r ...		Habilita Arranjo de Registradores
		Clock da ALU
ADD M ...	Habilita HL	Habilita Saída de Dados da RAM
		Clock da ALU
ADI dados ...		Habilita *Latch* de Instrução 2
		Clock da ALU
INX/DCX HL	Habilita HL	
	Clock p/ Incrementador-Decrementador	

Observe as reticências (...) na primeira coluna de três linhas. As linhas com a instrução ADD também incluem ADC, SUB, SBB, ANA, XRA, ORA e CMP; a linha com ADI também inclui ACI, SUI, SBI, ANI, XRI, ORI e CPI.

As quatro linhas inferiores dessa tabela são instruções que também exigem um segundo ciclo de execução. A tabela a seguir mostra o que deve ocorrer durante esse segundo ciclo de execução.

Segundo ciclo de execução

Instrução	Barramento de endereço de 16 *bits*	Barramento de dados de 8 *bits*
ADD r ...		Habilita ALU
		Clock do Acumulador
ADD M ...		Habilita ALU
		Clock do Acumulador
ADI dados ...		Habilita ALU
		Clock do Acumulador
INX HL	Habilita Incremento	
	Seleção HL	
	Clock p/ HL	
DCX HL	Habilita Decremento	
	Seleção HL	
	Clock p/ HL	

Para realizar tudo isso, o código de operação deve ser decodificado e transformado em sinais de controle que manipulam todos esses componentes e a RAM. Esses sinais de controle habilitam os *buffers tri-state*, as entradas de *Clock* dos diversos *latches*, a entrada Escreve da RAM e algumas outras entradas.

O restante deste capítulo mostrará como isso é feito. Esse é um processo que requer várias etapas e algumas estratégias diferentes.

Aqui está uma tabela dos códigos de operação para todas essas instruções:

Instrução	Código de operação
MOV r, r	0 1 D D D S S S
MOV r, M	0 1 D D D 1 1 0
MOV M, r	0 1 1 1 0 S S S
HLT	0 1 1 1 0 1 1 0
MVI r, dados	0 0 D D D 1 1 0
MVI M, dados	0 0 1 1 0 1 1 0
ADD, ADC, SUB, SBB, ANA, XRA, ORA, CMP r	1 0 F F F S S S
ADD, ADC, SUB, SBB, ANA, XRA, ORA, CMP M	1 0 F F F 1 1 0
ADI, ACI, SUI, SBI, ANI, XRI, ORI, CPI dados	1 1 F F F 1 1 0
INX HL	0 0 1 0 0 0 1 1
DCX HL	0 0 1 0 1 0 1 1
LDA endereço	0 0 1 1 1 0 1 0
STA endereço	0 0 1 1 0 0 1 0

Você se lembrará de que as sequências SSS e DDD nesses códigos de operação se referem a registradores de origem ou destino específicos, conforme mostrado nesta tabela:

SSS ou DDD	Registrador
0 0 0	B
0 0 1	C
0 1 0	D
0 1 1	E
1 0 0	H
1 0 1	L
1 1 1	A

A sequência de *bits* 110 está ausente dessa lista porque ela se refere à memória endereçada pelos registradores HL.

Para as instruções aritméticas e lógicas, os *bits* FFF significam **função** e referem-se a uma das oito operações aritméticas ou lógicas.

Uma parte fácil do circuito de controle da CPU é uma conexão simples entre o *Latch* de Instrução 1, a Seleção de Entrada e Seleção de Saída do arranjo de registradores e a Seleção de Função da ALU:

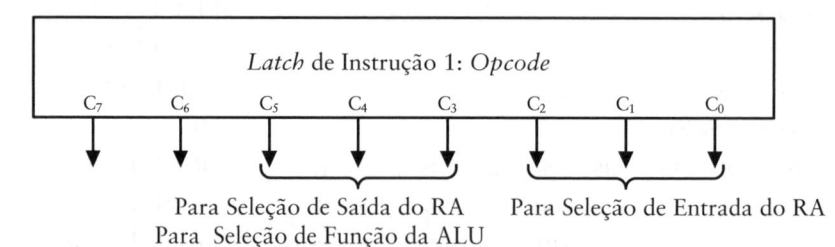

```
┌─────────────────────────────────────────────────────┐
│              Latch de Instrução 1: Opcode           │
│   C₇     C₆     C₅    C₄    C₃    C₂    C₁    C₀    │
└───┬──────┬──────┬─────┬─────┬─────┬─────┬─────┬─────┘
    ▼      ▼      ▼     ▼     ▼     ▼     ▼     ▼
                  └─────┬─────┘     └─────┬─────┘
           Para Seleção de Saída do RA   Para Seleção de Entrada do RA
           Para Seleção de Função da ALU
```

Os "C's" na figura acima são usados com o significado de "código". Os *bits* de saída C_0, C_1 e C_2 desse *latch* vão diretamente para a Seleção de Entrada do arranjo de registradores, enquanto os *bits* C_3, C_4 e C_5 vão para Seleção de Saída do arranjo de registradores e para Seleção de Função da ALU. Essa é uma forma de tirar proveito dos padrões nos códigos de operação.

Você poderá identificar alguns outros padrões nos *opcodes*: todos os códigos de operação que começam com 01 são instruções MOV, excluindo 76h, que é a instrução HLT. Todas as instruções aritméticas e lógicas (exceto as variações de operando imediato, como ADI, ACI e assim por diante) começam com os *bits* 10.

Um primeiro passo para decodificar o *opcode* é conectar os *bits* de saída do *Latch* de Instrução 1, mostrados anteriormente, a três decodificadores: um decodificador de 2 para 4 e dois decodificadores de 3 para 8. Eles são usados para gerar sinais adicionais. Alguns deles correspondem diretamente a instruções; outros correspondem a grupos de instruções:

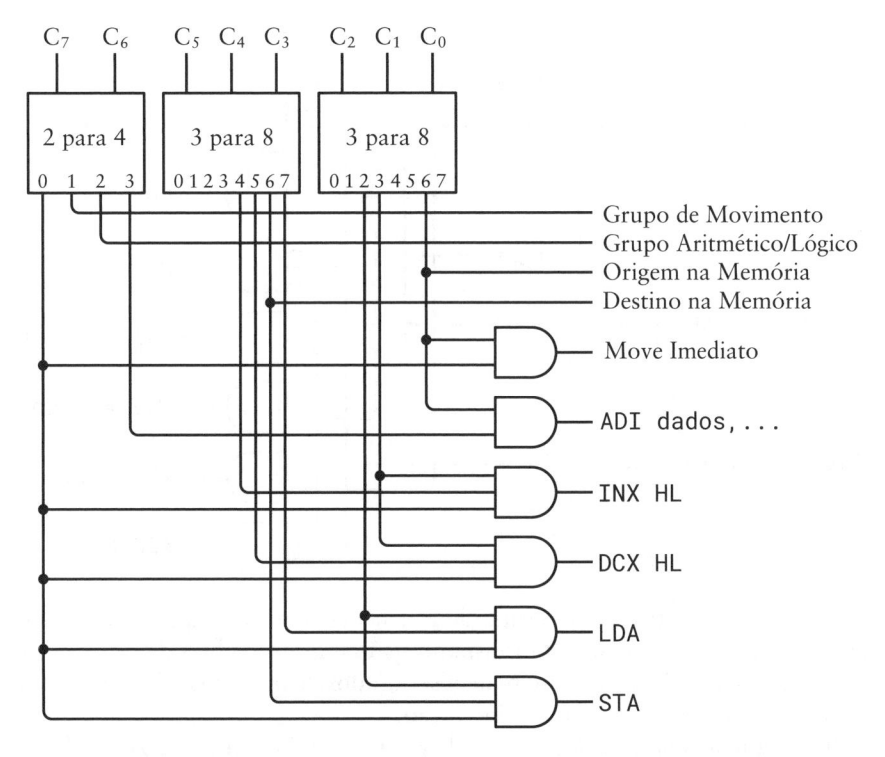

```
C₇  C₆    C₅ C₄ C₃    C₂ C₁ C₀
 |   |    |  |  |     |  |  |
┌────────┐ ┌────────┐ ┌────────┐
│ 2 para 4│ │ 3 para 8│ │ 3 para 8│
│ 0 1 2 3 │ │0 1 2 3 4 5 6 7│ │0 1 2 3 4 5 6 7│
└────────┘ └────────┘ └────────┘
```

— Grupo de Movimento
— Grupo Aritmético/Lógico
— Origem na Memória
— Destino na Memória

— Move Imediato

— ADI dados,...

— INX HL

— DCX HL

— LDA

— STA

O sinal identificado como "Grupo de Movimento", no topo à direita, corresponde a instruções que começam com os *bits* 01, enquanto o sinal que aponta para o "Grupo Aritmético/Lógico" corresponde a instruções que começam com os *bits* 10.

É importante distinguir as instruções MOV que envolvem a movimentação de *bytes* entre registradores daquelas que movem valores entre registradores e a memória. Essas instruções na memória são identificadas com valores de origem e destino de 110. Os sinais identificados como "Origem na Memória" e "Destino na Memória" no circuito anterior indicam esse caso, quando os *bits* de origem e destino são 110. Por fim, as instruções de Movimento Imediato são aquelas que começam com 00 e terminam com 110.

Esses cinco sinais no topo à direita no diagrama do circuito são decodificados aqui:

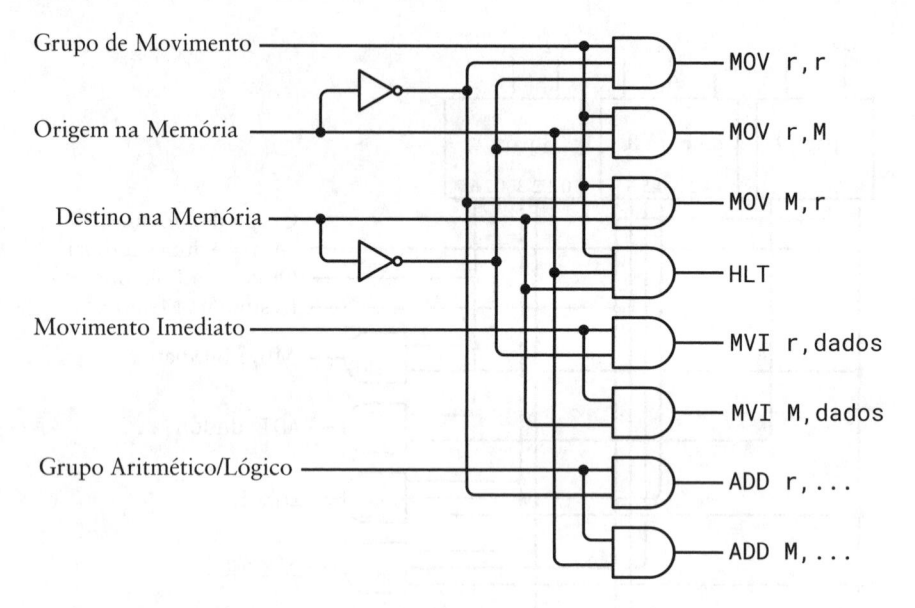

```
Grupo de Movimento ─────────┐
                            ├──▷○──┬──┬──┬──┬──┐
Origem na Memória ──────────┤      │  │  │  │  ├──D── MOV r,r
                            │      │  │  │  │  │
                            │      │  │  │  │  └──D── MOV r,M
Destino na Memória ─────────┤      │  │  │  │
                            │      │  │  │  └─────D── MOV M,r
                            ├──▷○──┤  │  │
                            │      │  │  └────────D── HLT
Movimento Imediato ─────────┤      │  │
                            │      │  └───────────D── MVI r,dados
                            │      │
                            │      └──────────────D── MVI M,dados
Grupo Aritmético/Lógico ────┤
                            ├─────────────────────D── ADD r,...
                            │
                            └─────────────────────D── ADD M,...
```

Agora cada instrução ou grupo de instruções semelhantes é representado por um sinal. Esses sinais estão disponíveis quando o código de operação é salvo no *Latch* de Instrução 1 e podem ser usados de maneiras adicionais para controlar o processamento dessa instrução.

Em seguida, o *opcode* deve ser usado para determinar quantos *bytes* adicionais de instrução devem ser buscados da memória e quantos ciclos de máquina são necessários para executar a instrução:

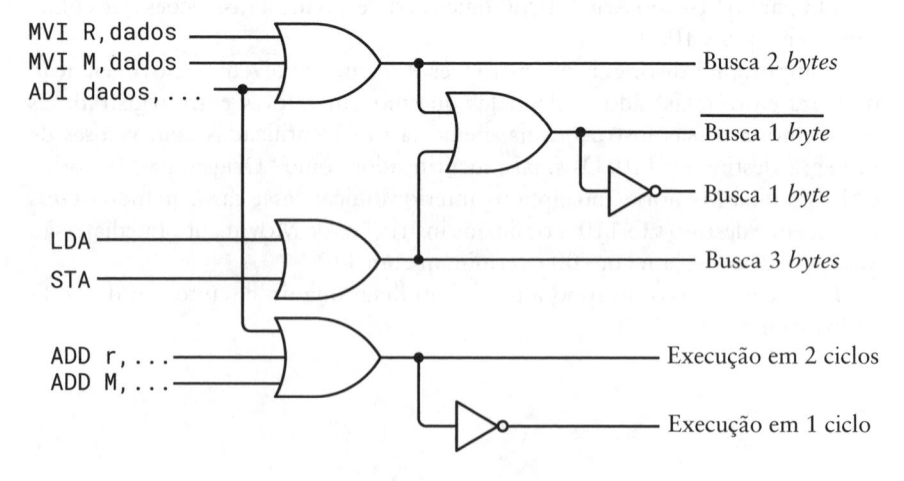

```
MVI R,dados ──┐
MVI M,dados ──┤)─┬──────────────── Busca 2 bytes
ADI dados,... ─┘ │
                 └─)──┬─────────── Busca 1 byte
                      │
                      └──▷○─────── Busca 1 byte
LDA ──┐
      )─┬──────────────────────── Busca 3 bytes
STA ──┘

ADD r,... ──┐
            )─┬──────────────── Execução em 2 ciclos
ADD M,... ──┘ │
              └──▷○─────────── Execução em 1 ciclo
```

O que acontece se um *opcode* não corresponder a alguma dessas instruções? Por exemplo, eu ainda não mencionei uma instrução peculiar do 8080, denominada NOP (*no operation*, ou nenhuma operação) e que tem *opcode* 00h.

Você notará que, se nenhum desses sinais de entrada à esquerda for 1, as saídas das portas OR serão todas 0, e os sinais à direita indicarão "busca um *byte*" e "execução em um ciclo".

A temporização básica da CPU é estabelecida por uma versão ampliada de um pequeno circuito que você encontrou pela primeira vez na página 300 do Capítulo 20:

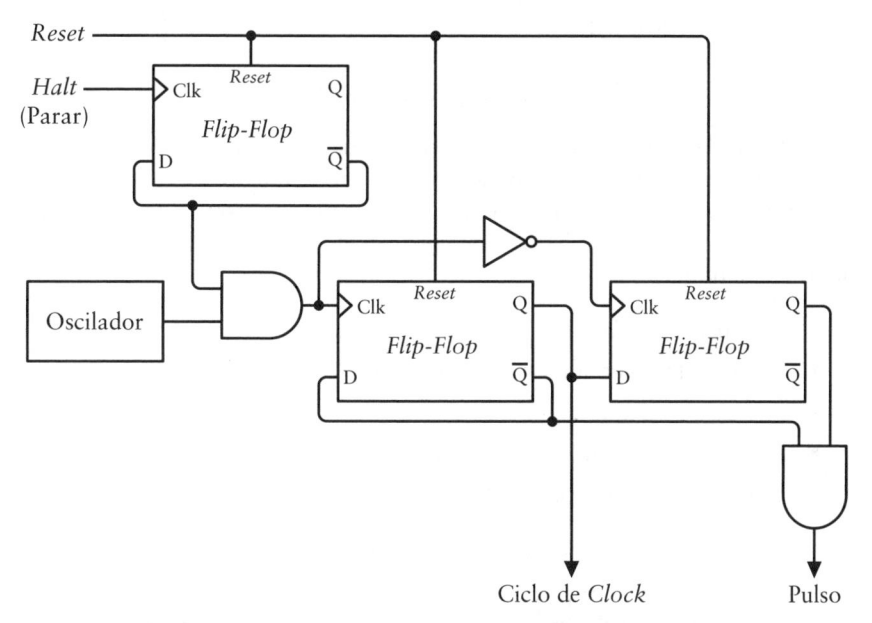

O oscilador à esquerda é um dispositivo que emite um sinal que alterna entre 0 e 1, em geral muito rapidamente. Isso é o que faz a CPU funcionar. É como o batimento cardíaco da CPU.

O sinal de *Reset* mostrado na parte superior vem de fora da CPU. Normalmente, ele é controlado pela pessoa que usa o computador para reinicializar a CPU. Normalmente, o sinal de *Reset* é 0, mas quando é 1 (p. ex., quando uma pessoa pressiona o botão "*Reset*"), a CPU para e tudo volta ao início.

Nesse circuito, o sinal de *Reset* reinicia os três *flip-flops* de modo que todas as saídas Q vão para 0 e todas as saídas $\overline{Q}$ ficam 1. Quando o sinal de *Reset* volta para 0, os *flip-flops* podem voltar a funcionar normalmente e a CPU começa a executar.

Depois que a CPU é reinicializada, a saída $\overline{Q}$ do *flip-flop* na parte superior é 1. É uma das duas entradas para a porta AND que permite ao oscilador controlar as entradas de *Clock* dos dois *flip-flops* na parte mais baixa do diagrama.

O sinal "*Halt*" (que significa "parar") na parte superior da figura indica que uma instrução HLT foi executada. Isso faz com que a saída $\overline{Q}$ do *flip-flop* na parte superior se torne 0, o que efetivamente impede que o oscilador controle a CPU. A CPU pode ser "reativada" com um sinal de *Reset*.

Se a CPU não tiver sido parada, ou bloqueada, os dois *flip-flops* na parte inferior do diagrama geram dois sinais chamados Ciclo de *Clock* e Pulso, que são mostrados neste diagrama de temporização:

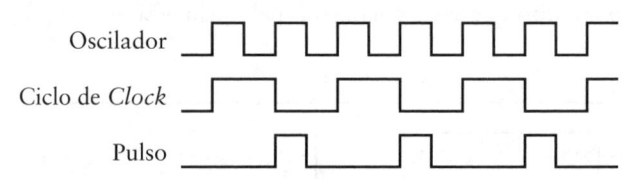

```
Oscilador     ‾|_|‾|_|‾|_|‾|_|‾|_|‾|_
Ciclo de Clock ‾|___|‾‾|___|‾‾|___|‾‾
Pulso         _____|‾|___|‾|___|‾|__
```

Cada Ciclo de *Clock* corresponde a um ciclo de máquina. Toda vez que o Ciclo de *Clock* passa de baixo para alto (de 0 para 1) ocorre um novo ciclo da máquina.

Por exemplo, no pequeno programa de exemplo mostrado anteriormente, a primeira instrução é um Move Imediato, ou MVI. Essa instrução requer cinco ciclos de máquina:

- buscar o *opcode*;
- incrementar o contador de programa;
- buscar o *byte* que segue o *opcode*;
- incrementar o contador de programa;
- executar a instrução.

Aqui estão esses cinco ciclos, identificados com rótulos um pouco abreviados:

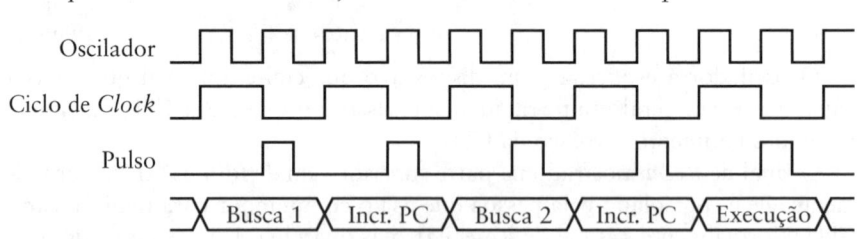

```
Oscilador      ‾|_|‾|_|‾|_|‾|_|‾|_|‾|_|‾|_|‾|_|‾|_|‾|_
Ciclo de Clock ‾|___|‾‾|___|‾‾|___|‾‾|___|‾‾|___|‾‾
Pulso          __|‾|___|‾|___|‾|___|‾|___|‾|___
               X Busca 1 X Incr. PC X Busca 2 X Incr. PC X Execução X
```

Todos esses ciclos estão associados a diferentes *buffers tri-state* sendo habilitados, o que faz com que valores diferentes estejam no barramento de endereço e no barramento de dados. Durante o ciclo de Busca 1, por exemplo, o contador de programa é habilitado no barramento de endereço, e a Saída de Dado da RAM é habilitado no barramento de dados. O sinal de Pulso é usado para controlar a entrada de *Clock* no *latch* do *Byte* de Instrução 1 e a entrada de *Clock* no incrementador-decrementador.

Durante o ciclo de incremento do PC, a saída do incrementador-decrementador está no barramento de endereço, e o sinal de Pulso é usado para salvar esse valor incrementado no contador de programa.

Anteriormente, você viu um circuito que indicava se uma instrução consistia em um, dois ou três *bytes* e se uma instrução requeria um ou dois ciclos de execução.

A próxima etapa na decodificação do *opcode* é gerar sinais que indiquem o tipo de ciclo atualmente em vigor: se é o primeiro, o segundo ou o terceiro ciclo de busca, se é um ciclo de incremento de PC ou se é o primeiro ou o segundo ciclo de execução.

Essa atividade é tratada pelo seguinte circuito, bastante complexo:

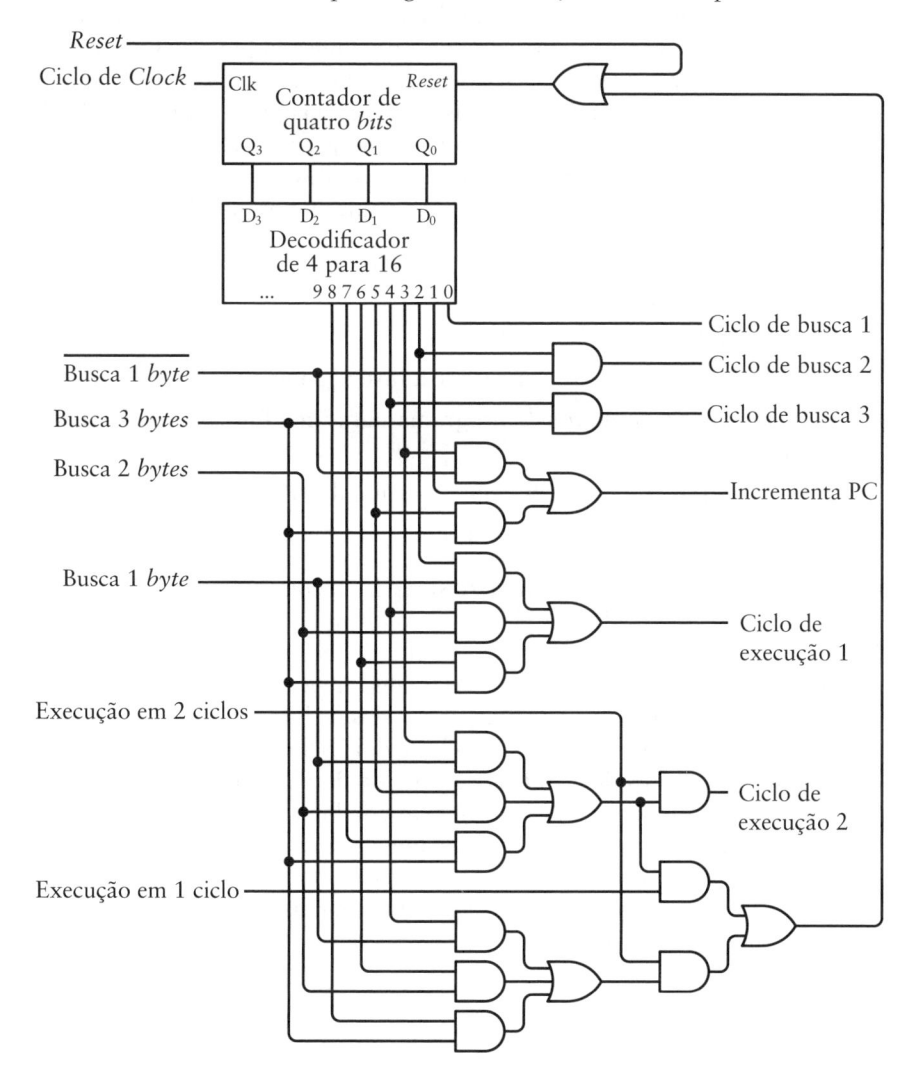

As entradas estão à esquerda, e as saídas estão à direita. Essas entradas e saídas às vezes têm nomes semelhantes, de modo que esse diagrama pode ser um pouco confuso no início. Por exemplo, a entrada "Busca 2 *bytes*" indica que a instrução tem dois *bytes* de comprimento. A saída "Ciclo de busca 2" indica que o segundo *byte* da instrução está sendo buscado no momento.

O sinal de *Reset* na parte superior é o mesmo que o sinal de *Reset* no circuito anterior; este é iniciado por uma pessoa que está usando a CPU a fim de reinicializá-la. Além disso, o contador de quatro *bits* também pode ser reiniciado a partir de um sinal na parte inferior do circuito.

O Ciclo de *Clock* avança o contador. Como esse é um contador de quatro *bits*, ele pode contar de 0000 a 1111, que corresponde em decimal de 0 a 15. Essas saídas vão diretamente para um decodificador de 4 para 16 abaixo do contador. O número binário do contador é decodificado potencialmente para 16 saídas sequenciais diferentes, mas esse circuito usa apenas as primeiras 9. Cada uma dessas saídas indica um novo ciclo de máquina, seja um ciclo de busca, um ciclo de incremento do contador de programa (que é abreviado como "Incrementa PC" no diagrama) ou um ciclo de execução.

À medida que as saídas do decodificador avançam por 0, 1, 2, 3 e assim por diante, os seguintes sinais são gerados:

0. Ciclo de busca 1.
1. Incrementa o contador de programa.
2. Ciclo de busca 2, mas somente se a instrução não for de um *byte*.
3. Incrementa o contador de programa para uma busca de dois ou três *bytes*.
4. Ciclo de busca 3, mas somente se o sinal de "Busca 3 *bytes*" for 1.
5. Incrementa o contador de programa para uma busca de três *bytes*.

O sinal "Ciclo de busca 1" e o primeiro sinal de "Incrementa contador de programa" sempre são gerados. Depois disso, o *opcode* é buscado, carregado no *Latch* de Instrução 1 e parcialmente decodificado, de modo que todos os sinais de entrada à esquerda do diagrama estejam disponíveis.

Uma instrução requer, no máximo, três ciclos de busca, cada um dos quais seguido por um ciclo de incremento do PC e dois ciclos de execução, para um total de 8, correspondendo às saídas de 0 a 7 do decodificador.

A lógica é confusa para levar em conta as combinações de buscas de vários *bytes* e vários ciclos de execução. Por exemplo, o sinal do "Ciclo de execução 1" à direita pode ser o terceiro ciclo para instruções que exigem uma busca de um *byte*, o quinto ciclo para instruções que exigem uma busca de dois *bytes* ou o sétimo ciclo para instruções que exigem uma busca de três *bytes*.

A lógica de *reset* na parte inferior é a mais complexa. Ele pode ocorrer já no quarto ciclo para uma instrução que requer um ciclo de busca e um ciclo de execução, ou no nono ciclo para uma instrução que requer três ciclos de busca e dois ciclos de execução.

Durante os três ciclos de busca, o contador de programa é habilitado no barramento de 16 *bits* e a Saída de Dados da RAM é habilitada no barramento de 8 *bits*. O sinal de Pulso causa o armazenamento do valor no barramento de endereço no incrementador-decrementador e o valor no barramento de dados em um dos três *latches* de instrução. Esse é o propósito do circuito a seguir, que gera todos os sinais para ciclos de busca de instrução (mas não ciclos de incremento do PC):

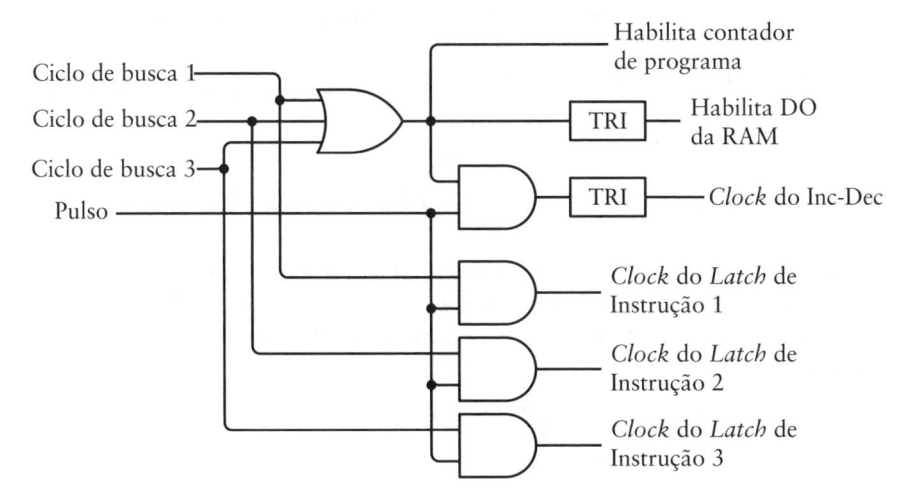

Independentemente de ser a primeira, a segunda ou a terceira busca, o contador de programa está habilitado no barramento de endereço e a Saída de Dados (DO) da RAM no barramento de dados. Em todos os três casos, o sinal de Pulso sempre controla a entrada de *Clock* no *latch* Incrementador-decrementador. Para os três ciclos de busca, o sinal de Pulso também controla o *clock* no *latch* de instrução correspondente.

Observe os *buffers tri-state* em dois desses sinais. Isso ocorre porque outros circuitos (que estão por vir) também podem estar controlando o sinal Habilita no *buffer tri-state* da Saída de Dados da RAM e o sinal de *Clock* no *latch* Incrementador-decrementador. O sinal à esquerda do *buffer tri-state* é tanto a entrada quanto o sinal Habilita.

Os sinais necessários para o ciclo de incremento do PC são manipulados totalmente por este circuito:

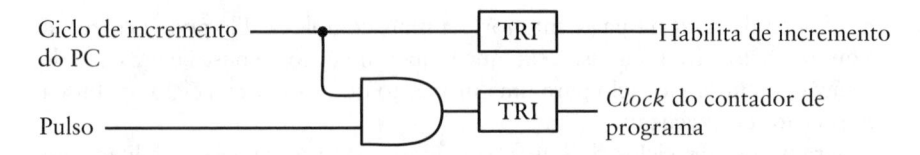

```
Ciclo de incremento ──────●──────┤ TRI ├────── Habilita de incremento
do PC                     │      └───┘
                          └──┐┌──┐
Pulso ───────────────────────┤│  ├──┤ TRI ├─── Clock do contador de
                             └┘  │    └───┘     programa
```

Agora todos os sinais para os ciclos de busca de instrução e para os ciclos de incremento do PC já foram criados. Tudo o que resta são os sinais para os ciclos de execução. Estes são mais complexos porque dependem da instrução específica que está sendo executada.

O grande circuito da página 374 tem dois sinais de saída rotulados como "Ciclo de execução 1" e "Ciclo de execução 2". Esses dois ciclos de execução podem ser abreviados como EC1 e EC2, conforme mostra o circuito a seguir:

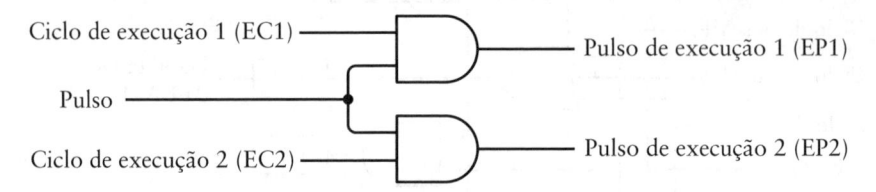

```
Ciclo de execução 1 (EC1) ──┐┌──┐
                            ││  ├── Pulso de execução 1 (EP1)
                            └┘
Pulso ──────────●───────────
                │           ┌┐──┐
Ciclo de execução 2 (EC2) ──┤│  ├── Pulso de execução 2 (EP2)
                            └┘
```

Esses dois sinais são combinados com o sinal de Pulso para dois sinais adicionais de "Pulso de execução", que são abreviados como EP1 e EP2.

Uma instrução é tratada de forma bastante simples. Esta é a instrução HLT, que paralisa a CPU:

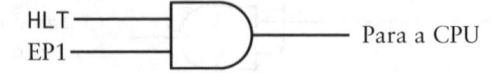

```
HLT ──┐┌──┐
      ││  ├── Para a CPU
EP1 ──┘└──┘
```

O sinal HLT à esquerda vem do decodificador de instruções da página 371; o sinal de parada à direita vai para o circuito com o oscilador da página 372.

A relação entre as outras instruções e os sinais correspondentes que devem ser gerados é bastante complexa; por isso, é melhor evitar muitas portas lógicas confusas e, em vez disso, manipulá-las com algumas matrizes de diodos (memória ROM*), como as que você viu no Capítulo 18.

Esta primeira matriz de diodos ROM lida com todos os sinais Habilita e de *Clock* em conexão com o barramento de endereços de 16 *bits* para o primeiro e o segundo ciclos de execução:

---

* N. de R.T.: As memórias ROM (*Read Only Memory*, que pode ser traduzido por "memória apenas de leitura") são implementadas através de matrizes de diodos "queimados" na programação; assim, não podem ter seu conteúdo modificado.

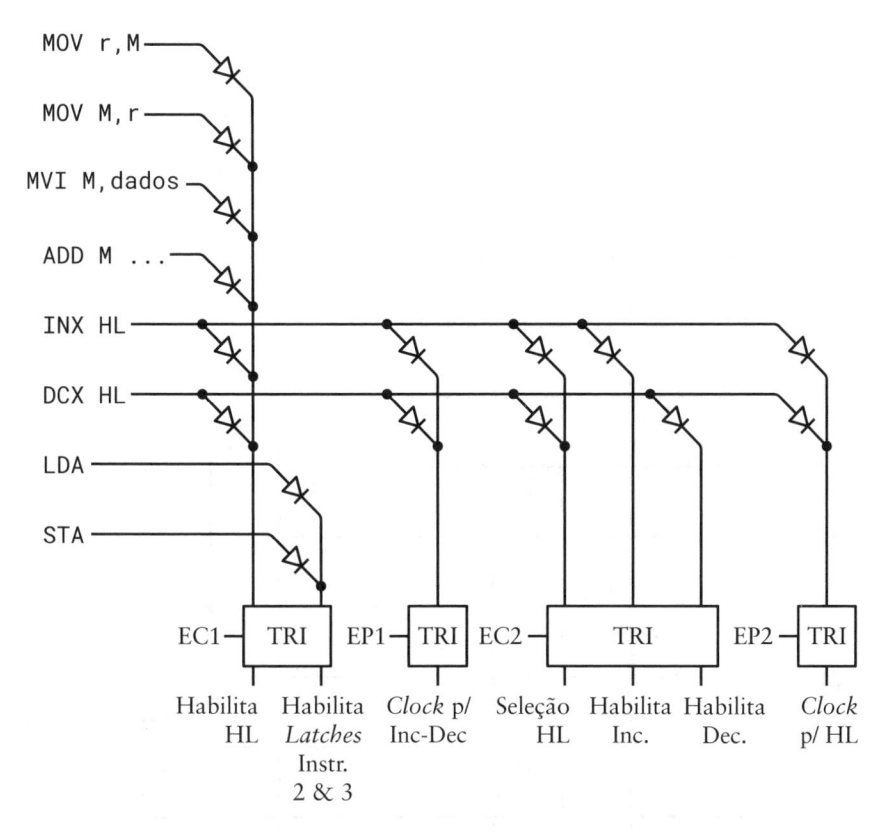

```
MOV r,M  ─┐
          ▽
MOV M,r ─┐
         ▽
MVI M,dados ┐
            ▽
ADD M ... ─┐
           ▽
INX HL ────●──────●──────●──────●──────●─────
           ▽      ▽      ▽      ▽      ▽
DCX HL ────●──────●──────●──────●──────●─────
           ▽      ▽      ▽      ▽
LDA ──┐
      ▽
STA ──┐
      ▽

     EC1┤TRI  EP1┤TRI  EC2┤    TRI    EP2┤TRI
     Habilita Habilita Clock p/ Seleção Habilita Habilita Clock
       HL    Latches  Inc-Dec    HL     Inc.     Dec.    p/ HL
              Instr.
              2 & 3
```

Tenha em mente que os sinais na parte inferior são apenas para o barramento de endereço. Em breve você verá os sinais para o barramento de dados de 8 *bits*. Esse diagrama corresponde à coluna com o cabeçalho "Barramento de endereço de 16 *bits*" das tabelas das páginas 367 e 368.

Esse *buffer tri-state*, à esquerda, na parte inferior do diagrama é habilitado pelo sinal "Ciclo de execução 1" (EC1). Isso controla o valor no barramento de endereço durante o primeiro ciclo de execução. Para todas as instruções MOV, MVI e aritméticas que envolvem a memória endereçada com os registradores HL, esse é o registrador HL.

Além disso, o registrador HL está habilitado para as instruções INX e DCX. Essas são as instruções que incrementam e decrementam o registrador HL. No entanto, para as instruções LDA e STA, o endereço de memória para carregar ou armazenar um *byte* é obtido dos *Latches* de Instrução 2 e 3.

No caso das instruções INX e DCX, o sinal "Pulso de execução 1" (EP1) salva o valor dos registradores HL no *latch* Incrementador-decrementador.

As instruções INX e DCX são as duas únicas instruções que envolvem o barramento de endereço durante o segundo ciclo de execução. Essas duas instruções fazem com que o valor incrementado ou decrementado do registrador HL esteja no barramento de endereço. O sinal do "Pulso de execução 2" (EP2) faz com que o novo valor de HL seja salvo nos registradores H e L.

A matriz de diodos ROM para o barramento de dados de 8 *bits* é um pouco mais complicada. Eu a dividi em dois diagramas correspondentes aos dois ciclos de instrução. Aqui está o primeiro ciclo de instrução:

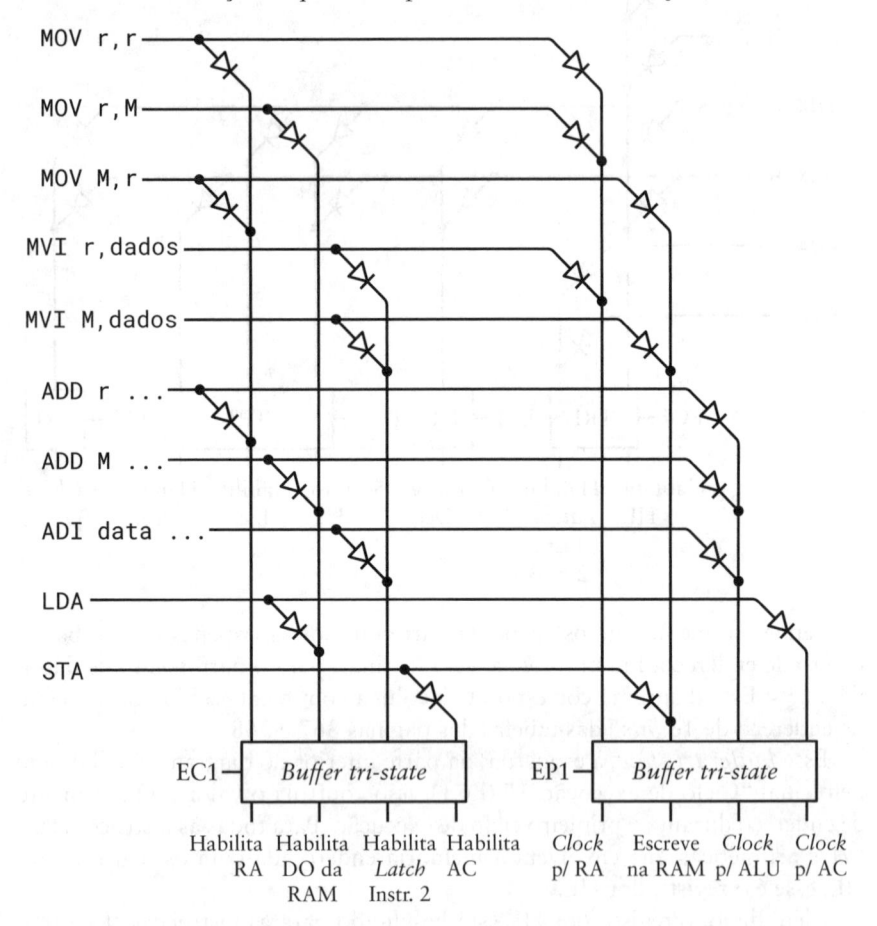

Esse circuito é a realização da coluna "Barramento de dados de 8 *bits*" da tabela da página 367. Os dois *buffers tri-state* na parte inferior são habilitados pelos sinais "Ciclo de execução 1" (EC1) e "Pulso de execução 1" (EP1). O primeiro *buffer tri-state* controla o que está no barramento de dados; o segundo *buffer tri-state* controla onde esse valor é armazenado.

Os três tipos de instruções MOV na parte superior são seguidos por um destino e uma origem. Esses destinos e origens podem ser qualquer um dos registradores ou podem ser posições de memória endereçadas pelos registradores HL. Quando a origem é um registrador, o arranjo de registradores (abreviado como RA no diagrama) é habilitado no barramento de dados; quando a origem é a memória, o sinal de Saída de Dados (DO) da RAM é habilitado. (Lembre-se de que a RAM é endereçada pelo barramento de 16 *bits* durante esse período, e a matriz de diodos ROM para o barramento de endereço coloca esse valor nos registradores HL.) Quando o destino é um registrador, o segundo *buffer tri-state* controla a entrada de *Clock* para o arranjo de registradores. Quando o destino é a memória, o sinal Escreve da RAM salva esse valor na memória.

Para os dois tipos de instruções MVI ("move imediato"), o conteúdo do *Latch* de Instrução 2 é habilitado no barramento de dados; esse valor é armazenado no arranjo de registradores ou salvo na memória.

Todas as instruções aritméticas e lógicas são representadas nesse diagrama pelas instruções ADD e ADI ("soma imediato"). O valor habilitado no barramento de dados é ou do arranjo de registradores, ou da Saída de Dados (DO) da RAM ou do *Latch* de Instrução 2, dependendo da instrução. Em todos os casos, esse valor é retido na ALU. Essas instruções exigem trabalho adicional durante o segundo ciclo de execução, que você verá em breve.

Para as instruções LDA ("carrega acumulador") e STA ("armazena acumulador"), a matriz de diodos ROM para o barramento de endereço garante que a RAM seja endereçada pelo conteúdo dos *Latches* de Instrução 2 e 3. Para LDA, a Saída de Dados da RAM é habilitada no barramento de dados, e esse valor é armazenado no acumulador. Para a instrução STA, o acumulador é habilitado no barramento de dados, e esse valor é armazenado na memória.

As instruções aritméticas e lógicas exigem um segundo ciclo de execução envolvendo o barramento de dados. A matriz de diodos ROM para esses casos é muito mais simples do que as outras:

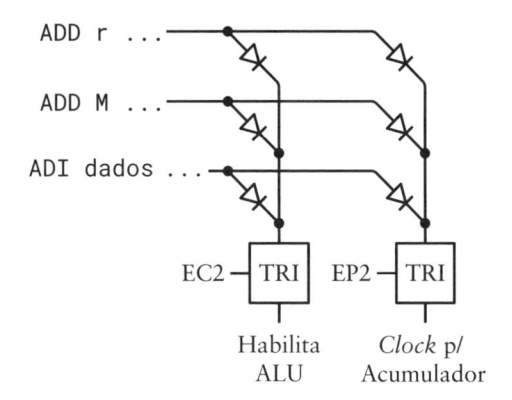

Para essas instruções, o valor da ALU é habilitado no barramento de dados, e esse valor deve ser salvo no acumulador, como também foi mostrado na coluna "Barramento de dados de 8 *bits*" da tabela da página 368.

⊕ Com isso, o subconjunto do microprocessador 8080 que venho construindo nos últimos três capítulos está completo, e uma simulação em funcionamento está disponível no *site* da CodeHiddenLanguage.com.

Os engenheiros que projetam computadores geralmente gastam muito tempo tentando fazer com que esses computadores sejam tão rápidos quanto possível. Diferentes projetos dos circuitos lógicos digitais podem ser mais rápidos ou mais lentos do que outros. Muitas vezes, tornar um circuito digital mais rápido requer a inclusão de mais portas lógicas.

Se eu quisesse acelerar a CPU que venho descrevendo, primeiro me concentraria nas buscas de instruções. Cada busca de instrução requer um segundo ciclo de máquina que tem o único propósito de incrementar o contador de programa. Eu tentaria incorporar essa lógica no próprio ciclo de busca de instruções para fazer essas duas coisas simultaneamente. Isso provavelmente envolveria um incrementador dedicado. Essa melhoria reduziria o tempo necessário para carregar instruções da memória pela metade.

Mesmo pequenas mudanças têm grandes benefícios. Se você estivesse projetando uma CPU que pudesse ser usada em milhões de computadores, cada um dos quais potencialmente executando milhões de instruções a cada segundo, eliminar ciclos de máquina seria de enorme benefício para todos os usuários.

Vejamos um programa simples que poderia ser executado por essa CPU. Suponha que você tenha cinco *bytes* armazenados na memória a partir do endereço 1000h e queira um programa que os some. Aqui está:

```
0000h: 2Eh  MVI L,00h
       00h
       26h  MVI H,10h
       10h
       7Eh  MOV A,M
       23h  INX HL
       86h  ADD M
       23h  INX HL
       86h  ADD M
       23h  INX HL
       86h  ADD M
       23h  INX HL
       86h  ADD M
       32h  STA 0011h
       11h
       00h
       76h  HLT
0011h:      ← Local onde a soma é armazenada
```

As duas primeiras instruções definem os valores dos registradores H e L. Em seguida, o programa usa HL para acessar os *bytes* e acumular a soma, incrementando HL após cada acesso à memória.

Como você pode ver, há repetições aqui. Uma instrução INX é seguida por uma instrução ADD quatro vezes. Isso não é tão ruim para esse programa em particular, mas e se você quisesse somar 20 valores? Ou 100? E se eles não fossem *bytes* que você quisesse adicionar, mas valores de 16 *bits* ou 32 *bits* que exigissem mais instruções para acumular a soma?

Repetições como essas podem ser evitadas? Pode haver uma instrução que faça com que outras sequências de instruções sejam repetidas? Mas como é isso? E como funciona?

Esse assunto é tão importante que um capítulo inteiro é dedicado a ele!

24
Laços, desvios e chamadas

Nossas vidas estão cheias de repetição. Contamos os dias com base nos ritmos naturais da rotação da Terra, na revolução da Lua em torno da Terra e na da Terra em torno do Sol. Cada dia é diferente, mas nossas vidas costumam ser estruturadas por rotinas padronizadas, semelhantes a cada dia.

Em certo sentido, a repetição também é a essência da computação. Ninguém precisa de um computador para somar dois números. (Pelo menos, esperemos que não.) Mas e a soma de mil ou 1 milhão de números? Esse é um trabalho para um computador.

Essa relação de computação e repetição era óbvia desde o início. Na famosa discussão de Ada Lovelace, de 1843, sobre a máquina analítica de Charles Babbage, ela escreveu:

> "Tanto por brevidade quanto por distinção, um grupo recorrente é chamado de ciclo. Um *ciclo* de operações, então, deve ser entendido como qualquer **conjunto de operações** que é repetido **mais de uma vez**. Seja ele repetido apenas **duas** vezes ou um número indefinido de vezes, ele continua sendo um **ciclo**, pois é o simples fato de **ocorrer uma repetição** que o constitui. Em muitos casos de análise, há um **grupo recorrente** de um ou mais **ciclos**; isto é, um **ciclo** de um **ciclo** ou um **ciclo** de **ciclos**."

Na terminologia moderna, esses ciclos são frequentemente chamados de **laços**. O que ela chama de ciclo de um ciclo agora é chamado de **laço aninhado**.

A CPU que venho construindo nos últimos capítulos parece deficiente a esse respeito. No final do capítulo anterior, mostrei um pequeno programa que soma cinco *bytes* que são armazenados na memória a partir do endereço 1000h:

0000h:	2Eh	MVI L,00h
	00h	
	26h	MVI H,10h
	10h	
	7Eh	MOV A,M
	23h	INX HL
	86h	ADD M
	23h	INX HL
	86h	ADD M
	23h	INX HL
	86h	ADD M
	23h	INX HL
	86h	ADD M
	32h	STA 0011h
	11h	
	00h	
	76h	HLT
0011h:		← Local onde a soma é armazenada

O par de registradores HL é usado para endereçar a memória. O primeiro *byte* é lido da memória para o acumulador com a instrução MOV e, em seguida, as instruções ADD subsequentes adicionam os outros quatro *bytes* ao acumulador. Depois que cada *byte* é lido da memória, o valor no par de registradores HL é incrementado com a instrução INX. Por fim, a instrução STA armazena o resultado na memória.

Como esse programa seria aprimorado para somar 100 ou mil *bytes*? Você continuaria acrescentando instruções INX e ADD para equiparar ao número de *bytes* que precisa somar? Isso não parece muito certo. Não é uma solução que funcionaria bem com outras necessidades. Não é uma solução "generalizada".

O que pode ser útil é uma nova instrução que permita repetir certas sequências de instruções (nesse caso, as instruções INX e ADD). No entanto, como seria isso?

A princípio, tal instrução parece tão diferente das instruções existentes que você pode temer que isso exigiria uma revisão completa da CPU, mas não se desespere ainda.

Normalmente, o contador de programa é incrementado após a CPU buscar cada *byte* de instrução. É assim que a CPU avança de uma instrução para a próxima. Uma instrução que executa um laço também deve, de alguma forma, alterar o contador de programa, mas de uma maneira diferente.

Você viu como instruções como LDA e STA são seguidas por dois *bytes* que, juntos, formam um endereço de memória de 16 *bits*. Considere uma instrução que é seguida por dois *bytes*, de modo muito parecido com LDA e STA, mas os dois *bytes* após a instrução não são usados para endereçar a memória. Em vez disso, esses dois *bytes* são armazenados no contador de programa. Essa instrução mudaria o curso normal da execução porque faria com que o contador de programa efetivamente desviasse para um endereço diferente.

Vamos chamar essa instrução de JMP, um mnemônico para *"jump"* (que significa pular, desviar) (pular, fazer uma transição abrupta)*. É assim que ela é chamada no microprocessador Intel 8080. (O Motorola 6809 deu à instrução um nome semelhante, BRA, uma versão curta de *"branch"*, que neste contexto significa bifurcação, desvio.)

A instrução JMP é seguida por dois *bytes* que formam um endereço de 16 *bits*. No exemplo a seguir, esse endereço é 0005h. Veja como isso poderia ficar:

0000h:	2Eh	MVI L,00h
	00h	
	26h	MVI H,10h
	10h	
	7Eh	MOV A,M
0005h:	23h	INX HL
	86h	ADD M
	C3h	JMP 0005h
	05h	
	00h	

Toda vez que as instruções INX e ADD são executadas, essa instrução JMP continua a execução no endereço 0005h para outra rodada das instruções INX e ADD. Esse é o laço.

A inclusão dessa instrução JMP à CPU é surpreendentemente fácil, mas vamos adiar isso por um momento. Primeiro, reconhecemos um problema: esse

---

* N. de R.T.: Usualmente, ambas instruções *"jump"* e *"branch"* são referidas como instruções de desvio.

pequeno programa com a instrução JMP continuará para sempre. Não há como parar o laço e, por isso, ele é chamado de **laço infinito**. O valor HL continuará a ser incrementado e o *byte* no endereço apontado por ele continuará a ser adicionado à soma no acumulador. Por fim, HL será igual a FFFFh, o endereço no final da memória. Depois de incrementado novamente, ele retornará para 0000h e começará a somar *bytes* de instrução ao acumulador!

Os laços são extremamente importantes na programação, mas tão importante quanto eles é utilizar os laços **às vezes**, mas não **sempre**.

Já existe algo na CPU que poderia ser capaz de controlar se um desvio ocorre ou não?

Sim, existe. Você se lembrará de que a unidade lógica e aritmética (ALU) construída no Capítulo 21 salva vários *flags* em um *latch*. Esses são o flag de Vai-um, o *flag* de Zero e o *flag* de Sinal, e eles indicam, respectivamente, se a operação da ALU causou um "vai-um", se o resultado foi igual a zero e se o *bit* mais significativo do resultado foi 1, indicando um número negativo no formato de complemento de dois.

Podemos conceber uma instrução que só desvia se o *flag* de Zero estiver ligado ou se o *flag* de Zero **não** estiver ligado. Na verdade, podemos definir um pequeno grupo de instruções de desvio:

Instrução	Descrição	*Opcode*
JMP end	Desvia	C3h
JNZ end	Desvia se o *flag* de Zero não estiver ligado	C2h
JZ end	Desvia se o *flag* de Zero estiver ligado	CAh
JNC end	Desvia se o *flag* de Vai-um não estiver ligado	D2h
JC end	Desvia se o *flag* de Vai-um estiver ligado	DAh
JP end	Desvia se for positivo (o *flag* de Sinal não estiver ligado)	F2h
JM end	Desvia se for negativo (o *flag* de Sinal estiver ligado)	FAh

Eu não estou inventando essas instruções e códigos de operação! Elas são instruções implementadas pelo microprocessador Intel 8080 que estou usando como um guia na construção do meu próprio subconjunto dessa CPU. O end na primeira coluna é um endereço de memória de dois *bytes* que vem após o *opcode*.

A instrução JMP é conhecida como um desvio **incondicional**. Isso faz com que a CPU altere seu curso normal de execução, independentemente das configurações dos *flags* da ALU. Os outros desvios são conhecidos como desvios **condicionais**. Essas instruções alteram o contador de programa somente se determinados *flags* estiverem ligados ou não na ALU. (A CPU do 8080 também implementa mais dois desvios condicionais baseados no *flag* de Paridade. Mencionei esse *flag* no Capítulo 21, mas a minha CPU não o implementa.)

Vejamos como esses desvios condicionais podem funcionar em um programa. Suponha que você queira somar 200 *bytes* que estão armazenados na memória a partir do endereço 1000h.

O truque aqui é usar um dos registradores para armazenar um valor chamado de **contador**. O contador começa no valor 200, que é o número de *bytes* a serem somados. Toda vez que um *byte* é acessado e somado, esse contador é decrementado. A todo momento, o valor do contador indica o número de *bytes* restantes para somar. Quando o valor chega a zero, o trabalho está concluído.

Isso significa que o programa precisa fazer malabarismos com duas operações aritméticas. Ele precisa manter o total acumulado dos *bytes* que está somando e precisa diminuir o contador toda vez que somar um novo *byte*.

Isso cria um pequeno problema: como você deve se lembrar, todas as operações aritméticas e lógicas usam o acumulador, o que significa que o programa precisa mover *bytes* dos registradores para o acumulador para fazer alguma aritmética; em seguida, ele precisa mover os novos *bytes* de volta para os registradores.

Vamos decidir armazenar o total acumulado dos *bytes* no registrador B e o contador no registrador C. Esses valores devem ser movidos para o acumulador para realizar qualquer operação aritmética e, em seguida, devem ser movidos de volta para B e C para a próxima repetição das instruções.

Como esse programa é um pouco mais longo do que os que você viu anteriormente, vou dividi-lo em três seções.

A primeira parte de um programa de computador geralmente é chamada de **inicialização**:

0000h:	2Eh	MVI L,00h
	00h	
	26h	MVI H,10h
	10h	
	0Eh	MVI C,200
	C8h	
	46h	MOV B,M

Essa seção define o valor composto de 16 *bits* do par de registradores HL como 1000h, que é o local dos números a serem somados. O registrador C é definido como decimal 200 (hexadecimal C8h), que é a quantidade de números que devem ser somados. Por fim, o registrador B recebe o primeiro número dessa lista.

A segunda parte desse programa contém as instruções que são repetidas:

0007h:
79h	MOV A,C
D6h	SUI 1
01h	
CAh	JZ 0015h
15h	
00h	
4Fh	MOV C,A
23h	INX HL
78h	MOV A,B
86h	ADD M
47h	MOV B,A
C3h	JMP 0007h
07h	
00h	

Essa seção começa copiando o valor do contador para o acumulador. A instrução SUI subtrai 1 desse número. Na primeira vez, o valor 200 torna-se 199. Se esse valor for zero (o que obviamente ainda não é), a instrução JZ desvia para o endereço 0015h, que é o próximo endereço após esse bloco. Esse tipo de instrução é conhecido como "saída do laço".

Caso contrário, o valor no acumulador (que agora é 199 durante a primeira rodada) é movido de volta para o registrador C. Agora o HL pode ser incrementado com INX. O total acumulado (armazenado no registrador B) é movido para A. O valor no endereço de memória contido em HL é somado a isso e, em seguida, o novo total é copiado de volta para o registrador B. Depois, uma instrução JMP incondicional desvia para o topo do bloco para iniciar a próxima rodada.

Cada uma dessas rodadas através do código geralmente é chamada de **iteração**. Por fim, o valor no registrador C será 1. Quando 1 é subtraído deste, ele se torna zero, e a instrução JZ desvia para o endereço 0015h:

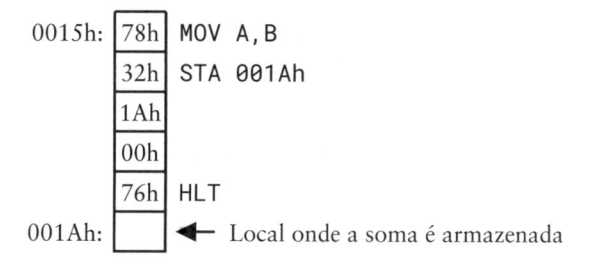

0015h:
78h	MOV A,B
32h	STA 001Ah
1Ah	
00h	
76h	HLT

001Ah: ← Local onde a soma é armazenada

O registrador B contém a soma final de todos os 200 números, a qual é movida para o acumulador em preparação para a instrução STA, que armazena o valor na memória. Em seguida, o programa encerra a execução por meio da instrução HLT.

Observe que é muito fácil de modificar esse programa se os números a serem somados residirem em um local de memória diferente ou se houver mais ou menos de 200 números. Todas essas informações são definidas no topo do programa e podem ser facilmente alteradas. Ao escrever um programa de computador, é sempre bom pensar em como ele pode ser alterado no futuro.

É muito raro o caso em que os programas de computador podem ser escritos apenas de uma maneira. Há uma forma ligeiramente diferente de escrever esse programa, envolvendo apenas uma instrução de desvio. Essa nova versão começa quase como a primeira:

0000h:	2Eh	MVI L,00h
	00h	
	26h	MVI H,10h
	10h	
	0Eh	MVI C,199
	C7h	
	46h	MOV B,M

A única diferença é que o valor no registrador C é definido como 199 em vez de 200. Você verá o motivo para isso em breve.

O meio do programa foi reorganizado. Agora ele começa incrementando HL e somando o próximo valor na lista:

0007h:	23h	INX HL
	78h	MOV A,B
	86h	ADD M
	47h	MOV B,A
	79h	MOV A,C
	D6h	SUI 1
	01h	
	4Fh	MOV C,A
	C2h	JNZ 0007h
	07h	
	00h	

Depois que o próximo valor é somado, o valor do contador no registrador C é movido para A, diminuído em 1, e o novo valor é movido de volta para o registrador C. Em seguida, a instrução JNZ desvia para o início do laço se o resultado da instrução SUI **não** for zero.

Se o resultado da instrução SUI **for** zero, o programa continuará com a próxima instrução após JNZ. Esta é a conclusão do programa, que armazena a soma acumulada na memória e termina:

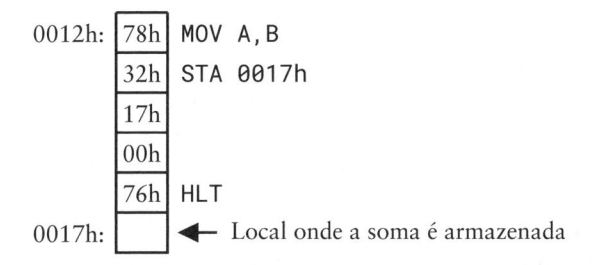

```
0012h:  │78h│ MOV A,B
        │32h│ STA 0017h
        │17h│
        │00h│
        │76h│ HLT
0017h:  │   │ ← Local onde a soma é armazenada
```

Ao remover uma das instruções de desvio, o programa foi encurtado em três *bytes*, mas ele pode parecer um pouco mais complexo. Você vê por que o registrador C tem de ser definido como 199 em vez de 200? É porque esse valor está sendo modificado e examinado (verificação da condição de teste) **depois** que um valor da memória foi somado. Se houvesse apenas dois números na lista para serem somados, ambos os números seriam acessados antes da primeira iteração da instrução JNZ. Assim, C teria de ser inicializado em 1 em vez de em 2. Esse programa não funcionaria para apenas um *byte* na lista. Percebe o motivo?

É comum cometer erros ao determinar quantas vezes um laço deve ser repetido. Problemas como esses são tão comuns na programação que o tipo de erro é referido informalmente como "*off-by-one*" (que pode ser entendido como "fora por um!"), e é assunto até para brincadeiras.

Talvez você não saiba quantos números precisam ser somados, mas você sabe que o último número da lista é 00h. Esse valor de 00h sinaliza ao seu programa que a lista está completa. Tal valor costuma ser chamado de "sentinela". Nesse caso, convém usar uma instrução "Compara" para confrontar o valor da memória com 00h e determinar quando o laço deve ser encerrado.

Começando com esse programa alternativo que usa um sentinela, não vou mais mostrar os valores carregados na memória, vou apenas apresentar as instruções. Em vez de mostrar endereços de memória por meio de números, vou usar palavras chamadas de **rótulos**. Eles podem parecer palavras, mas ainda representam locais na memória. Os rótulos são seguidos por dois pontos:

```
Inicio:     MVI L,00h
            MVI H,10h
            MVI B,00h
```

```
Laco:       MOV A,M
            CPI 00h
            JZ Fim
            ADD B
            MOV B,A
            INX HL
            JMP Laco
Fim:        MOV A,B
            STA Resultado
            HLT
Resultado:
```

Depois que o próximo valor na memória tiver sido carregado no acumulador com a instrução `MOV A,M`, a instrução `CPI` o compara com 00h. Se A for igual a 00h, o *flag* de Zero será ligado, e a instrução `JZ` desviará para o fim. Caso contrário, o valor é somado ao total acumulado em B, e o HL é incrementado para a próxima iteração.

O uso de rótulos evita que precisemos computar os endereços de memória das instruções, mas é sempre possível calcular os locais de memória desses rótulos. Se este programa iniciar na posição de memória 0000h, as três primeiras instruções exigem dois *bytes* cada; portanto, o rótulo `Laco` representa o endereço de memória 0006h. As próximas sete instruções ocupam um total de 12 *bytes*, de modo que o rótulo `Fim` é o endereço de memória 0012h, e `Resultado` é 0017h.

Se você ainda não supôs isso, o desvio condicional é uma característica muito importante de uma CPU, mas talvez seja muito mais importante do que você imagina. Deixe-me dizer-lhe o porquê.

Em 1936, Alan Turing, um graduado da Universidade de Cambridge, com 24 anos, decidiu resolver um problema em lógica matemática, proposto pelo matemático alemão David Hilbert, conhecido como *Entscheidungsproblem*, ou "problema de decisão": existe algum processo que possa determinar se uma declaração qualquer na lógica matemática é passível de decisão, ou seja, pode-se determinar se a afirmação é verdadeira ou falsa?

Ao responder a essa pergunta, Alan Turing adotou uma abordagem extremamente incomum. Ele levantou a hipótese da existência de uma máquina de computação simples que funcionava por regras simples. Ele não construiu realmente essa máquina. Em vez disso, ela era um computador em sua mente. No entanto, além de provar que o *Entscheidungsproblem* era falso, ele estabeleceu alguns conceitos básicos da computação digital que têm causado impacto na lógica matemática muito além desse problema.

A máquina de computação imaginária que Turing inventou é agora conhecida como uma máquina de Turing e, em termos de habilidade computacional, é funcionalmente equivalente a todos os computadores digitais que foram construídos desde então. (Se você está curioso para explorar o artigo original de Turing que descreve seu computador imaginário, meu livro *The Annotated Turing: A Guided Tour through Alan Turing's Historic Paper on Computability and the Turing Machine* pode ser útil.)

Diferentes computadores digitais funcionam em velocidades diferentes; eles podem acessar diferentes quantidades de memória e armazenamento e têm diferentes tipos de *hardware* conectados a eles. Contudo, em relação ao poder de processamento, todos são funcionalmente equivalentes. Todos podem fazer o mesmo tipo de tarefas, porque todos têm uma propriedade muito especial: um desvio condicional com base no resultado de uma operação aritmética.

Todas as linguagens de programação que oferecem suporte a um desvio condicional (ou algo equivalente a ele) são fundamentalmente equivalentes. Diz-se que essas linguagens de programação são "Turing-completas". Quase todas as linguagens de programação satisfazem essa condição, mas as linguagens de marcação – como a HTML (HyperText Markup Language), usada em páginas *web* – não são Turing-completas.

Além das instruções de desvio que listei anteriormente neste capítulo, outra instrução é útil para executar desvios. Esta é baseada no valor em HL:

Instrução	Descrição	*Opcode*
PCHL	Copiar HL para o contador de programa	E9h

As sete instruções de desvio e a PCHL são facilmente incorporadas ao circuito de temporização mostrado no capítulo anterior. No circuito da página 370 do Capítulo 23, vimos que os três decodificadores têm entradas correspondentes aos 8 *bits* do código de operação:

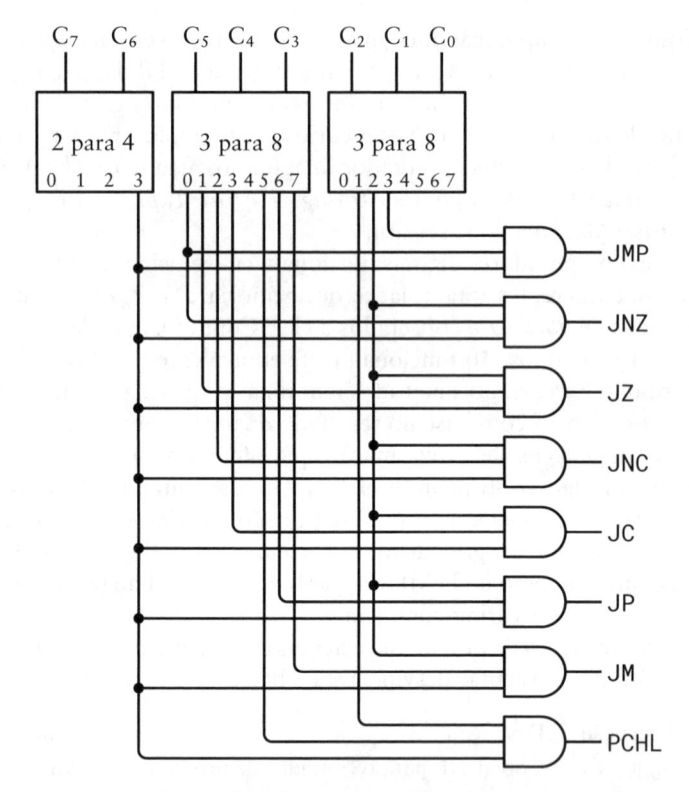

```
    C₇  C₆    C₅ C₄ C₃    C₂ C₁ C₀
    │   │     │  │  │     │  │  │
  ┌─────────┐ ┌────────┐ ┌────────┐
  │ 2 para 4│ │ 3 para 8│ │ 3 para 8│
  │ 0 1 2 3 │ │01234567│ │01234567│
  └─────────┘ └────────┘ └────────┘
```

(diagrama de decodificadores e portas AND gerando as saídas JMP, JNZ, JZ, JNC, JC, JP, JM, PCHL)

Várias combinações das saídas desses decodificadores são usadas para gerar sinais quando o *opcode* corresponde a uma instrução de desvio.

Todas as instruções de desvio, exceto PCHL, podem ser consolidadas em um grupo com uma porta OR de sete entradas:

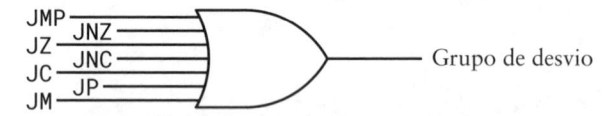

```
JMP ─┐
JNZ ─┤
JZ ──┤
JNC ─┤──▷── Grupo de desvio
JC ──┤
JP ──┤
JM ──┘
```

Isso pode ser usado para integrar as instruções de desvio ao circuito da página 371 do Capítulo 23, que determina quantos *bytes* de instrução devem ser buscados da memória e quantos ciclos são necessários para executar cada instrução. O sinal do Grupo de desvio indica que três *bytes* devem ser buscados da memória: o código da operação e um endereço de dois *bytes*. A instrução PCHL tem apenas um *byte* de comprimento. Todas essas instruções exigem apenas um ciclo para serem executadas e envolvem apenas o barramento de endereço.

Para a execução das instruções de desvio, vamos criar um sinal que indique se um desvio condicional deve ocorrer. Os sinais para o *byte* de instrução decodificado devem ser combinados com os *flags* da ALU no Capítulo 21:

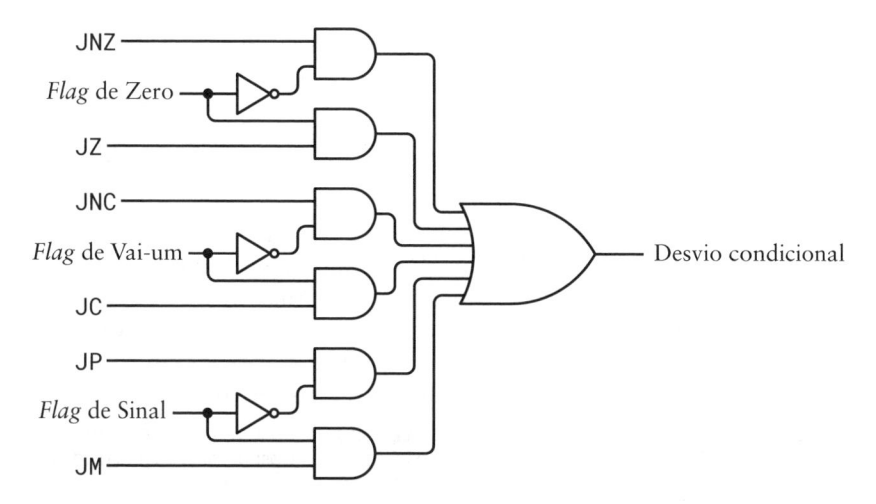

Laços, desvios e chamadas **395**

[Diagrama lógico: entradas JNZ, Flag de Zero (invertida), JZ, JNC, Flag de Vai-um (invertida), JC, JP, Flag de Sinal (invertida), JM, através de portas AND e uma porta OR, saída: Desvio condicional]

Então é bastante simples incorporar esses sinais na matriz de diodos ROM mostrada na página 378 do Capítulo 23:

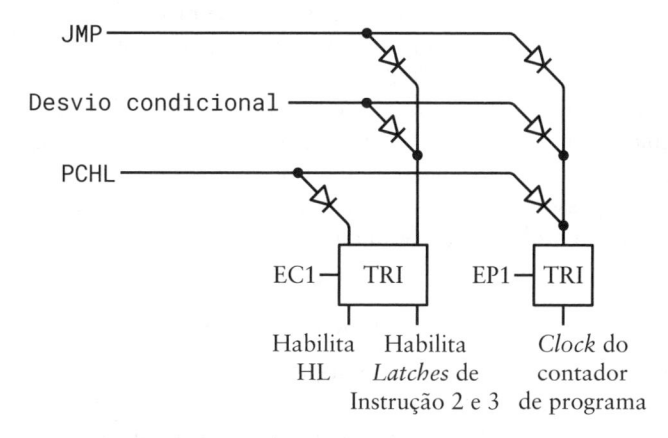

[Diagrama: JMP, Desvio condicional, PCHL conectados através de diodos a EC1–TRI e EP1–TRI, com sinais Habilita HL, Habilita *Latches* de Instrução 2 e 3, *Clock* do contador de programa]

As instruções JMP e de desvio condicional habilitam os *Latches* de Instrução 2 e 3 no barramento de endereço, enquanto a instrução PCHL habilita HL no barramento de endereço. Em todos os casos, esse endereço é armazenado no contador do programa.

⊕ Uma versão interativa da CPU aprimorada está disponível no *site* CodeHiddenLanguage.com.

Quase tudo o que você precisa fazer em um programa de computador envolve repetição e se torna um excelente candidato para um laço. A multiplicação é um bom exemplo. Voltando ao Capítulo 21, prometi mostrar-lhe como persuadir essa CPU a multiplicar, e agora é hora de ver como isso é feito.

Vejamos o caso mais simples, que é uma multiplicação de dois *bytes* (p. ex., 132 vezes 209 ou, em hexadecimal, 84h vezes D1h). Esses dois números são chamados de **multiplicador** e **multiplicando**, e o resultado é o **produto**.

Em geral, multiplicar um *byte* por outro cria um produto com dois *bytes* de largura. Para o meu exemplo, é fácil calcular o produto e encontrar 27.588, ou 6BC4h, mas vamos deixar que a CPU faça isso.

No passado, usei registradores H e L para um endereço de memória de 16 *bits*, mas você também pode usar H e L como registradores normais de 8 *bits* ou pode usar o par de registradores HL para armazenar um valor de dois *bytes*. Neste exemplo, usarei HL para armazenar o produto. O código para multiplicar dois *bytes* começa inicializando o registrador B com o valor do multiplicando, o C com o do multiplicador e os registradores H e L com zero:

```
Inicio:   MVI B,D1h     ; Inicializa B com o multiplicando
          MVI C,84h     ; Inicializa C com o multiplicador
          MVI H,00h     ; Inicializa HL em zero
          MVI L,00h
```

Eu acrescentei pequenas descrições à direita das instruções após um ponto e vírgula. Essas descrições são conhecidas como **comentários**, e o uso de um ponto e vírgula para iniciar um comentário pode ser encontrado na documentação original da CPU do Intel 8080.

Primeiro, vou mostrar-lhe um modo simples de multiplicar dois números, que é apenas uma soma repetida. Somarei o multiplicador aos registradores HL por um número de vezes igual ao multiplicando.

O primeiro passo é verificar se o multiplicando (armazenado no registrador B) é zero. Se for, a multiplicação está completa:

```
Laco:     MOV A,B
          CPI 00h       ; Verifica se B é zero
          JZ Fim        ; Terminou se for esse o caso
```

Se esse não for o caso, então o multiplicador (armazenado no registrador C) é somado ao conteúdo dos registradores H e L. Observe que essa é basicamente uma soma de 16 *bits*: C é somado a L movendo primeiro o conteúdo de L para o acumulador; em seguida, zero é somado a H com um possível "vai-um" resultante da primeira soma. Veja:

```
          MOV A,L       ; Soma C a HL
          ADD C
          MOV L,A
          MOV A,H
          ACI 00h
          MOV H,A
```

Agora o multiplicando no registrador B é diminuído, indicando um número a menos a ser somado a HL, e o programa desvia de volta para Laco, a fim de realizar outra iteração:

```
         MOV A,B      ; Decrementa B
         SBI 01h
         MOV B,A
         JMP Laco     ; Repete o cálculo
```

Quando ocorre o desvio para o rótulo Fim, em um dos segmentos anteriores, a multiplicação está concluída e os registradores HL contêm o produto:

```
Fim:     HLT          ; HL contém o resultado
```

Essa não é a melhor maneira de multiplicar dois *bytes*, mas tem a vantagem de ser fácil de entender. Soluções desse tipo às vezes são chamadas de abordagens de "força bruta". Nenhuma consideração está sendo dada à realização da multiplicação da forma mais rápida possível. O código nem sequer compara os dois números para usar o menor desses números para o laço. O acréscimo de apenas um pouco mais de código ao programa permitiria realizar 132 adições de 209 em vez de 209 adições de 132.

Existe uma maneira melhor de realizar essa multiplicação? Considere o modo como você faz uma multiplicação decimal no papel:

$$\begin{array}{r} 132 \\ \times\, 209 \\ \hline 1.188 \\ 264 \\ \hline 27.588 \end{array}$$

Os dois números sob o primeiro sublinhado são 132 vezes 9 e, em seguida, 132 vezes 2 deslocados de dois espaços à esquerda, efetivamente 132 vezes 200. Observe que você nem precisa anotar 132 vezes 0, porque o resultado é apenas zero. Em vez de realizar 209 adições ou 132 adições, apenas dois números precisam ser somados.

Como essa multiplicação é feita em binário? O multiplicador (que é 132 em decimal) é 10000100 em binário, e o multiplicando (209 em decimal) é 11010001 em binário:

$$\begin{array}{r} 10000100 \\ \times\, 11010001 \\ \hline 10000100 \\ 10000100 \\ 10000100 \\ 10000100 \\ \hline 110101111000100 \end{array}$$

Para cada *bit* no multiplicando (11010001), começando à direita, multiplique esse *bit* pelo multiplicador (10000100). Se o *bit* for 1, então o resultado é o multiplicador, deslocado para a esquerda para cada *bit*. Se o *bit* for 0, o resultado será 0, de modo que poderá ser ignorado.

Sob o primeiro sublinhado estão apenas quatro ocorrências do multiplicador (10000100). Existem apenas quatro porque há apenas quatro 1s no multiplicando (11010001).

Essa abordagem reduz o número de adições ao mínimo. Realizar a multiplicação dessa forma se torna ainda mais essencial se você estiver multiplicando números de 16 *bits* ou 32 *bits*.

Contudo, isso também parece mais complicado em alguns aspectos. Vamos precisar testar quais *bits* do multiplicador são 1 e quais são 0.

Esse teste de *bits* usa a instrução ANA (AND com acumulador) do 8080. Essa instrução executa uma operação AND *bit* a *bit* entre dois *bytes*. Como vimos anteriormente, ela é chamada de AND *bit a bit* porque, para cada *bit*, o resultado é 1 se os *bits* correspondentes de dois *bytes* forem 1, mas 0 caso contrário.

Vamos colocar o multiplicando no registrador D. Neste exemplo, esse é o *byte* D1h:

```
MVI D,D1h
```

Como você pode saber se o *bit* menos significativo do registrador D é 1? Execute uma operação ANA entre D e o valor 01h. Primeiro, você pode inicializar o registrador E com esse valor:

```
MVI E,01h
```

Como a ALU funciona apenas com o acumulador, você primeiro precisará mover um dos números para o acumulador:

```
MOV A,D
ANA E
```

O resultado dessa operação AND é 1 se o *bit* mais à direita de D (o *bit* menos significativo) for 1 e 0 caso contrário. Isso significa que o *flag* de Zero será ligado se o *bit* mais à direita de D for 0. Esse *flag* permite que um desvio condicional seja executado.

Para o próximo *bit*, você precisará executar uma operação AND não com 01h, mas com 02h, e para os *bits* restantes você estará executando operações AND com 04h, 08h, 10h, 20h, 40h e 80h. Olhe para essa sequência por um momento e você perceberá que cada valor é o dobro do valor anterior: 01h duplicado é 02h, que duplicado é 04h, que duplicado é 08h e assim por diante. Essa é uma informação útil.

O registrador E começa com 01h. Você pode duplicar o seu valor somando-o consigo mesmo:

```
MOV A,E
ADD E
MOV E,A
```

Agora o valor em E é igual a 02h. Execute essas três instruções novamente e ele será igual a 04h, depois 08h e assim por diante. O que essa operação simples basicamente faz é deslocar gradualmente um *bit* da posição menos significativa para a posição mais significativa, de 01h até 80h.

Também será preciso deslocar o multiplicador para somar ao resultado. Isso significa que o multiplicador não caberá mais em um registrador de 8 *bits* e deve, de alguma forma, ser tratado como um valor de 16 *bits*. Por isso, o multiplicador é o primeiro armazenado no registrador C, mas o registrador B é definido como 0. Você pode tratar os registradores B e C como um par que armazena esse multiplicador de 16 *bits*, e ele pode ser deslocado para as adições de 16 *bits*. A combinação de registradores B e C pode ser referida como BC.

Veja como os registradores são inicializados para esse multiplicador novo e aprimorado:

```
Inicio:   MVI D,D1h    ; Multiplicando
          MVI C,84h    ; Armazena multiplicador em BC
          MVI B,00h

          MVI E,01h    ; Testador de bits
          MVI H,00h    ; Usa HL para resultado de dois bytes
          MVI L,00h
```

A seção Laco começa testando se um *bit* no multiplicando é 1 ou 0:

```
Laco:     MOV A,D
          ANA E        ; Testa se bit é 0 ou 1
          JZ Salto
```

Se o *bit* for 1, significa que o resultado não é zero e o código a seguir será executado para somar o valor do par de registradores BC ao par de registradores HL. No entanto, os registradores de 8 *bits* precisam ser manipulados individualmente. Observe que ADD é usado para os *bytes* menos significativos, enquanto ADC é usado para o *byte* mais significativo, para levar em conta um possível "vem-um":

```
MOV A,L              ; Soma BC e HL
ADD C
MOV L,A
MOV A,H
ADC B
MOV H,A
```

Se você estivesse usando um Intel 8080 real em vez do subconjunto que eu construí, poderia substituir essas seis instruções por DAD BC, que soma, de forma muito conveniente, BC e HL. DAD é uma das várias instruções do 8080 que trabalham com valores de 16 *bits*.

A próxima tarefa é duplicar o valor de BC, basicamente deslocando-o para a esquerda para a próxima soma. Este código é executado independentemente de BC ter sido, ou não, somado a HL:

```
Salto:    MOV A,C      ; Duplica BC, o multiplicador
          ADD C
          MOV C,A
          MOV A,B
          ADC B
          MOV B,A
```

O próximo passo é duplicar o valor do registrador E, que é o testador de *bits*. Se o valor não for zero, ele voltará para o rótulo Laco para realizar outra iteração.

```
          MOV A,E      ; Duplica E, o testador de bits
          ADD E
          MOV E,A
          JNZ Laco
```

O código após o rótulo Laco é executado exatamente oito vezes. Depois que E foi duplicado oito vezes, o registrador de 8 *bits* "estoura"*, e E agora é igual a zero. A multiplicação está concluída:

```
Fim:      HLT          ; HL contém o resultado
```

Se você precisar multiplicar dois valores de 16 *bits* ou dois valores de 32 *bits*, o trabalho obviamente ficará um pouco mais complicado, e você terá de usar mais registradores. Quando você ficar sem registradores para armazenar valores intermediários, poderá usar uma área de memória para armazenamento temporário. Um pequeno bloco de memória usado dessa maneira é comumente referido como "memória de rascunho" (em inglês, *scratchpad memory*).

O objetivo desse exercício **não** é assustá-lo nem evitar que você siga uma carreira em programação de computadores. O objetivo é demonstrar que um conjunto de portas lógicas que respondem a códigos armazenados na memória pode, de fato, combinar operações muito simples para executar tarefas complexas.

Na programação de computadores da vida real, a multiplicação é muito mais fácil usando **linguagens de alto nível** (como são chamadas), que discutirei no Capítulo 27. Essa é a magia do *software*: outras pessoas fizeram o trabalho duro para que você não precise fazê-lo.

---

* N. de R.T.: "Estouro" ou "estourar" são traduções informais para o substantivo ou o verbo "*overflow*", que já apareceu no Capítulo 16. Refere-se à incapacidade para armazenar o valor correto, excessivo diante da área reservada.

A multiplicação em código de máquina requer o deslocamento de *bits*, o que foi realizado anteriormente somando um valor a si mesmo. Se você estivesse trabalhando com um microprocessador Intel 8080 real, em vez do subconjunto que eu construí, teria uma maneira melhor de deslocar *bits*. O Intel 8080 contém quatro instruções que executam o deslocamento de *bits* sem o incômodo de somar registradores a si mesmos. Elas são chamadas de **instruções de rotação** (rotate, em inglês):

Instrução	Descrição	*Opcode*
RLC	Rotaciona para a esquerda	07h
RRC	Rotaciona para a direita	0Fh
RAL	Rotaciona para a esquerda através do "vai-um"	17h
RAR	Rotaciona para a direita através do "vai-um"	1Fh

Essas instruções sempre executam a operação sobre o valor no acumulador e afetam o *flag* de Vai-um.

A instrução RLC desloca os *bits* do acumulador para a esquerda. No entanto, o valor do *bit* mais significativo é carregado no *flag* de Vai-um e no *bit* menos significativo:

```
CY ← 7 ← 6 ← 5 ← 4 ← 3 ← 2 ← 1 ← 0
```

A instrução RRC é semelhante, porém ela desloca os *bits* para a direita. O valor do *bit* menos significativo é carregado no *flag* de Vai-um e no *bit* mais significativo:

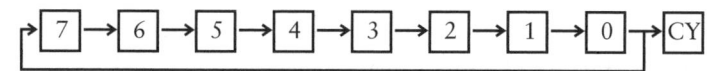

```
7 → 6 → 5 → 4 → 3 → 2 → 1 → 0 → CY
```

A instrução RAL é semelhante a duplicar o acumulador, mas o valor que está no *flag* de Vai-um é usado para carregar o *bit* menos significativo. Isso é útil ao deslocar um valor de vários *bytes*:

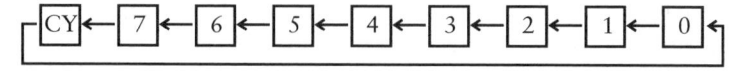

```
CY ← 7 ← 6 ← 5 ← 4 ← 3 ← 2 ← 1 ← 0
```

A instrução RAR é semelhante a RAL, mas desloca os *bits* para a direita:

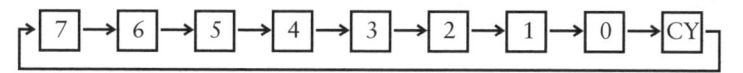

```
7 → 6 → 5 → 4 → 3 → 2 → 1 → 0 → CY
```

Embora essas instruções de rotação sejam certamente úteis em algumas circunstâncias, elas não são essenciais, e eu não as incluirei na CPU que estou construindo.

Você viu como pode usar desvios e laços para executar um grupo de instruções repetidamente, mas muitas vezes haverá momentos em que você vai querer uma maneira mais flexível de executar um grupo de instruções. Talvez você tenha escrito um grupo de instruções que deverão ser executadas a partir de diferentes partes de um programa de computador. (Talvez uma multiplicação versátil seja um exemplo disso.) Esses grupos de instruções são frequentemente chamados de **funções**, **procedimentos**, **sub-rotinas** ou simplesmente **rotinas**.

A CPU do Intel 8080 implementa sub-rotinas com uma instrução denominada CALL. A sintaxe da instrução CALL se parece muito com JMP, pois é seguida por um endereço de memória:

CALL end

Assim como a instrução JMP, a instrução CALL desvia para esse endereço para continuar a execução. No entanto, CALL é diferente de JMP porque primeiro salva um lembrete de "a partir de onde ele desviou" – especificamente, o endereço da instrução que vem após a instrução CALL. Como você verá em breve, esse endereço é armazenado em um lugar muito especial.

Outra instrução, chamada de RET (que significa "retorno"), também é semelhante a JMP, mas o endereço para o qual ela desvia é o endereço que foi salvo pela instrução CALL. As sub-rotinas geralmente terminam com uma instrução RET.

Aqui estão as instruções do 8080 para CALL e RET:

Instrução	Descrição	Opcode
CALL	Chamada de sub-rotina	CDh
RET	Retorno de sub-rotina	C9h

O Intel 8080 também aceita chamadas condicionais e retornos condicionais, mas eles são usados com muito menos frequência do que CALL e RET.

Vejamos um exemplo prático. Suponha que você estivesse escrevendo um programa em que precisa exibir o valor de um *byte* (p. ex., o *byte* 5Bh). No Capítulo 13, você viu como o ASCII pode ser usado para exibir letras, números e símbolos. No entanto, você não pode exibir o valor do *byte* 5Bh usando o código ASCII 5Bh. Esse é o código ASCII para um caractere de colchete à esquerda! Em vez disso, um *byte* como 5Bh precisaria ser convertido em dois códigos ASCII:

- 35h, que é o código ASCII para o caractere 5;
- 42h, que é o código ASCII para o caractere B.

Essa conversão exibe o valor dos *bytes* de uma maneira que as pessoas entendam (ou, pelo menos, as pessoas que conhecem hexadecimal).

A estratégia aqui é, a princípio, separar o *byte* em duas partes: os quatro *bits* mais significativos e os quatro *bits* menos significativos, às vezes chamados de *nibbles*. Neste exemplo, o *byte* 5Bh é separado em 05h e 0Bh.

Laços, desvios e chamadas **403**

Em seguida, cada um desses valores de quatro *bits* é convertido para ASCII. Para valores de 0h a 9h, os códigos ASCII vão de 30h a 39h para os caracteres de 0 a 9. (Consulte as tabelas nas páginas 153 e 154, no Capítulo 13, se precisar de uma revisão do código ASCII.) Para os valores de Ah a Fh, os códigos ASCII vão de 41h a 46h para os respectivos caracteres.

Aqui está uma pequena sub-rotina que converte um valor de quatro *bits* no acumulador em ASCII:

```
1532h:  FEh   Digito:   CPI 0Ah
        0Ah
        DAh             JC  Numero
        39h
        15h
        C6h             ADI 07h
        07h
1539h:  C6h   Numero:   ADI 30h
        30h
        C9h             RET
```

Voltei a mostrar os locais de memória porque eles são importantes para demonstrar o que está acontecendo aqui. Essa sub-rotina começa na posição de memória 1532h, mas não há nada de especial nisso. É simplesmente o local onde eu decidi que essa sub-rotina reside na memória.

A sub-rotina pressupõe que o acumulador contém o valor a ser convertido. Tal valor, presumivelmente disponível para uso, costuma ser chamado de **argumento** ou **parâmetro** da sub-rotina.

A sub-rotina usada no exemplo começa com uma instrução Compare Immediate (Compara Imediato), que habilita os *flags* da ALU como se ela tivesse realizado uma subtração. Se o acumulador contiver 05h, por exemplo, subtrair 0Ah desse número requer um empréstimo, de modo que a instrução liga o *flag* de Vai-um. Como o *flag* de Vai-um está ligado, a instrução JC desvia para a instrução no rótulo Numero, que soma 30h ao acumulador, tornando-o 35h, o código ASCII para o número 5.

Se, em vez disso, o acumulador tiver algo como o valor 0Bh, um pedido de empréstimo não será gerado quando 0Ah for subtraído. A instrução CPI não liga o *flag* de Vai-um, portanto não ocorre um desvio. Primeiro, 07h é somado ao acumulador (tornando-o 0Bh mais 07h, ou 12h, neste exemplo), então a segunda instrução ADI soma 30h, tornando-o 42h, o código ASCII para a letra B. Somar dois valores é um pequeno truque para fazer uso da segunda instrução ADI para ambos, letras e números.

Em ambos os casos, a próxima instrução é um RET, que encerra a sub-rotina.

Eu disse que estaríamos escrevendo uma sub-rotina que convertesse um *byte* inteiro em dois códigos ASCII. Essa segunda sub-rotina tem duas instruções CALL para Digito, uma vez com o *nibble* menos significativo e depois com o *nibble* mais significativo. No início da sub-rotina, o *byte* a ser convertido está no acumulador, e os resultados são armazenados nos registradores H e L. Essa sub-rotina, chamada de ToAscii, reside a partir do endereço de memória 14F8h:

14F8h:	47h	ToAscii:	MOV B,A
	E6h		ANI 0Fh
	0Fh		
	CDh		CALL Digito
	32h		
	15h		
14FEh:	6Fh		MOV L,A
	78h		MOV A,B
	0Fh		RRC
	0Fh		RRC
	0Fh		RRC
	0Fh		RRC
	E6h		ANI 0Fh
	0Fh		
	CDh		CALL Digito
	32h		
	15h		
1509h:	67h		MOV H,A
	C9h		RET

Essa sub-rotina primeiro salva o *byte* original em B e, em seguida, a instrução ANI (AND Imediato) executa uma operação AND *bit* a *bit* com 0Fh para preservar apenas os quatro *bits* menos significativos. Em seguida, ela faz um CALL para a sub-rotina Digito, localizada no endereço 1532h. Esse resultado é salvo em L. O *byte* original é recuperado do registrador B e, em seguida, quatro instruções RRC deslocam o *nibble* mais significativo para os quatro *bits* menos significativos. Após outra instrução ANI, há outra chamada para Digito. Esse resultado é armazenado no registrador H, e a sub-rotina termina com a instrução RET.

Vejamos como isso funciona. Em outro lugar pode haver um pequeno trecho de código que contém uma instrução CALL para a sub-rotina ToAscii, localizada em 14F8h:

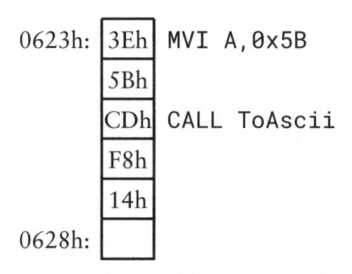

```
0623h:  3Eh   MVI A,0x5B
        5Bh
        CDh   CALL ToAscii
        F8h
        14h
0628h:
```

Quando o programa continua no endereço 0628h, os valores de H e L contêm os códigos ASCII para os dois dígitos de 5Bh.

Como funcionam o CALL e o RET?

Expliquei anteriormente que, quando uma instrução CALL é executada, um endereço é armazenado em um "local muito especial" que permite que o código seja retomado após a conclusão da sub-rotina. Esse local muito especial é chamado de **pilha**, uma área da memória que está localizada o mais longe possível de todo o restante. Em uma CPU de 8 *bits*, como no Intel 8080, a pilha reside bem no final da memória.

O Intel 8080 contém um registrador de 16 *bits* chamado de **ponteiro da pilha**. Quando o 8080 é reinicializado, o ponteiro da pilha é iniciado com o endereço 0000h. No entanto, um programa pode alterar esse endereço com as instruções SPHL (inicializa o ponteiro da pilha a partir de HL) ou LXI SP (carrega o ponteiro da pilha com o endereço imediato). Contudo, vamos deixá-lo no valor padrão de 0000h.

Quando o Intel 8080 executa a instrução CALL ToAscii, várias coisas acontecem em sequência:

- O ponteiro de pilha é decrementado. Como ele foi inicialmente definido como o valor 0000h, o decréscimo faz com que ele se torne o valor FFFFh, que é o valor máximo de 16 *bits* e que aponta para o último *byte* da memória de 16 *bits*.
- O *byte* mais significativo do endereço seguinte ao da instrução CALL (que é o endereço 0628h e é o valor atual do contador do programa) é salvo na memória no local endereçado pelo ponteiro da pilha. Esse *byte* é 06h.
- O ponteiro de pilha é decrementado, tornando-se agora o valor FFFEh.
- O *byte* menos significativo do endereço seguinte ao da instrução CALL é salvo na memória no local endereçado pelo ponteiro da pilha. Esse *byte* é 28h.

- O endereço na instrução CALL (14F8h) é carregado no contador de programa, o qual de fato desvia para esse endereço. Esse é o endereço da rotina ToAscii.

A área no final da RAM agora tem esta aparência:

FFFEh: | 28h | Endereço de retorno após a chamada ToAscii
       | 06h |

A instrução CALL efetivamente deixou um pequeno rastro de migalhas de pão para encontrar o caminho de volta para casa.

A rotina ToAscii agora está sendo executada. Ela também tem uma instrução CALL para a rotina Digito. Na rotina ToAscii, a posição de memória da instrução que segue esse CALL é 14Feh; portanto, quando ocorre essa instrução CALL, esse endereço é armazenado na pilha, que agora aparece assim:

FFFCh: | FEh | Endereço de retorno após a chamada Digito
       | 14h |
       | 28h | Endereço de retorno após a chamada ToAscii
       | 06h |

O valor do ponteiro da pilha agora é FFFCh, e a rotina Digito está em andamento. Quando a instrução RET na rotina Digito é executada, eis o que acontece:

- O *byte* no local da memória endereçado pelo ponteiro da pilha é acessado. Esse *byte* é FEh.
- O ponteiro da pilha é incrementado.
- O *byte* no local da memória endereçado pelo ponteiro da pilha é acessado. Esse *byte* é 14h.
- O ponteiro da pilha é incrementado.
- Esses dois *bytes* são carregados no contador de programa, que efetivamente desvia para o local de memória 14FEh na rotina ToAscii, retornando à rotina que chamou Digito.

A pilha agora está de volta ao estado em que estava antes da primeira chamada para `Digito`:

FFFEh: | 28h | Endereço de retorno após a chamada `ToAscii`
       | 06h |

O ponteiro da pilha agora é FFFEh. O endereço 14FEh ainda está armazenado na memória, mas tornou-se irrelevante. A próxima chamada para `Digito` faz com que um novo endereço de retorno seja armazenado na pilha:

FFFCh: | 09h | Endereço de retorno após a chamada `Digito`
       | 15h |
       | 28h | Endereço de retorno após a chamada `ToAscii`
       | 06h |

Esse é o endereço após a segunda chamada para `Digito` na rotina `ToAscii`. Quando `Digito` executa a instrução `RET` novamente, ele desvia para o endereço 1509h na rotina `ToAscii`. A pilha agora tem esta aparência novamente:

FFFEh: | 28h | Endereço de retorno após a chamada `ToAscii`
       | 06h |

Agora a instrução `RET` na rotina `ToAscii` pode ser executada. Isso recupera o endereço 0628h da pilha e desvia a execução para esse endereço, que é o endereço após a chamada para `ToAscii`.

É assim que a pilha funciona.

Formalmente, a pilha é categorizada como uma forma de armazenamento "último a entrar, primeiro a sair" (*last-in-first-out*, ou LIFO). O valor adicionado mais recentemente à pilha se torna o próximo valor recuperado da pilha. Muitas vezes, a pilha é visualizada como uma grande quantidade de pratos de cafeteria mantidos sobre um suporte com mola e as laterais bloqueadas. Assim, o acesso é limitado apenas aos da parte superior: pratos podem ser adicionados à pilha e recuperados posteriormente em ordem oposta.

Quando algo é adicionado à pilha, diz-se que é "empilhado"; quando algo é removido da pilha, diz-se que é "desempilhado". O Intel 8080 também oferece suporte para várias instruções `PUSH` e `POP` para salvar registradores na pilha e depois recuperá-los:

Instrução	Descrição	Opcode
PUSH BC	Salva os registradores B e C na pilha	C5h
PUSH DE	Salva os registradores D e E na pilha	D5h
PUSH HL	Salva os registradores H e L na pilha	E5h
PUSH PSW	Salva a Palavra de Estado do Programa na pilha	F5h
POP BC	Recupera os registradores B e C da pilha	C1h
POP DE	Recupera os registradores D e E da pilha	D1h
POP HL	Recupera os registradores H e L da pilha	E1h
POP PSW	Recupera a Palavra de Estado do Programa da pilha	F1h

A abreviação PSW corresponde a *Program Status Word* (Palavra de Estado do Programa) e não é uma novidade. É apenas o acumulador em um *byte* e os *flags* da ALU em outro *byte*.

As instruções PUSH e POP são uma maneira conveniente de salvar o conteúdo dos registradores ao fazer chamadas para sub-rotinas. Às vezes, o código que chama uma sub-rotina empilha o conteúdo dos registradores antes do CALL e os desempilha depois. Isso permite que a sub-rotina use os registradores sem se preocupar em como isso afetará o código que chama a sub-rotina. Ou então uma sub-rotina em si empilhará os registradores no início e os desempilhará antes do RET.

As instruções PUSH e POP devem ser balanceadas, assim como as instruções CALL e RET. Se uma sub-rotina chamar PUSH duas vezes e POP apenas uma vez e, em seguida, executar uma instrução RET, o código desviará para um local que você provavelmente não deseja que ele vá.

É possível que um código incorreto execute múltiplas operações de desempilhamento de forma excessiva, o que faz com que o ponteiro de pilha comece a endereçar o início da memória em vez do fim. Esse problema é chamado de **stack underflow** e pode resultar no conteúdo da pilha sobrescrevendo o código. Um problema relacionado é quando muita coisa é levada para a pilha e ela cresce em tamanho, provavelmente também sobrescrevendo o código. Isso é chamado de **estouro de pilha** (*stack overflow*), uma condição que deu nome a um fórum popular na internet para programadores que buscam respostas para seus problemas técnicos.

As instruções CALL e RET não são necessárias para que uma CPU seja Turing-completa, mas na prática elas são bastante convenientes, e alguns até as chamariam de indispensáveis. As sub-rotinas são os principais elementos organizacionais dos programas em linguagem de montagem (*assembly*) e desempenham papéis importantes em muitos outros tipos de linguagens de programação.

Infelizmente, não incluirei as instruções CALL, RET, PUSH e POP na CPU que venho projetando nos últimos capítulos. Eu me sinto muito mal por isso, mas elas exigiriam um projeto mais versátil do que aquele que mostrarei aqui.

No entanto, tenho certeza de que você pode facilmente imaginar como elas seriam implementadas: um novo *latch* de 16 *bits*, chamado de ponteiro da pilha, seria acrescentado ao barramento de endereço. Este se pareceria muito com o *latch* que armazena o contador de programa. Essa é a parte fácil. Mas também seria necessário empilhar o contador de programa na pilha durante as instruções CALL e desempilhá-lo nas instruções RET, o que exigiria que os dois *bytes* do contador de programa também estivessem no barramento de dados. Isso não acontece no projeto que estamos desenvolvendo.

⊕ Embora eu não tenha incluído as instruções relacionadas à pilha na CPU que venho construindo, criei um emulador completo do 8080 no *site* CodeHiddenLanguage.com.

Nos últimos capítulos, você viu como um microprocessador de 8 *bits* como o Intel 8080 executa os códigos de instrução. A Intel introduziu o 8080 em 1974, e agora ele é considerado bastante primitivo em comparação com tudo o que veio depois. À medida que as CPUs cresciam em tamanho para acomodar o processamento de 16 *bits*, 32 *bits* e até 64 *bits*, elas também se tornaram muito mais complexas.

Ainda assim, todas as CPUs funcionam basicamente da mesma maneira: elas executam instruções para buscar *bytes* da memória, executam operações aritméticas e lógicas neles e os armazenam de volta na memória.

Agora é hora de explorar o que mais é necessário para construir um computador real.

25
Periféricos

A unidade central de processamento (CPU) é certamente o componente mais importante de um computador, mas deve ser complementada com outro *hardware*. Como você viu, um computador também precisa de memória de acesso randômico (RAM), que contém instruções em código de máquina para o processador executar e dados para essas instruções acessarem. Como você também se lembrará, a RAM é volátil: ela perde seu conteúdo quando a energia é desligada. Assim, outro componente útil de um computador é um dispositivo de armazenamento em massa, de longo prazo, que pode reter código e dados na ausência de energia.

O computador também deve incluir alguma maneira para que essas instruções entrem na RAM e alguma maneira para que os resultados do programa sejam examinados. Os computadores modernos também têm microfones, câmeras e alto-falantes, bem como transmissores e receptores de rádio que se conectam a redes *wi-fi*, dispositivos *bluetooth* e os satélites que compõem o Sistema de Posicionamento Global (GPS).

Esses itens são conhecidos como dispositivos de **entrada** e dispositivos de **saída**, que costumam ser referidos coletivamente pela abreviação E/S e, de forma mais geral, são chamados de **periféricos**.

O periférico mais óbvio é provavelmente a tela de vídeo, porque é para ela que você está olhando com frequência, independentemente de usar um computador *desktop*, um *notebook*, um *tablet* ou um telefone celular. Talvez você esteja olhando para uma tela de vídeo enquanto lê este próprio livro!

Todas as telas de vídeo comumente usadas hoje criam uma imagem composta por linhas e colunas de *pixels*, que são pontinhos coloridos que você pode ver se examinar uma tela com uma lupa. O número composto de linhas e colunas de *pixels* é muitas vezes chamado de **resolução** de tela.

Por exemplo, a resolução padrão da televisão de alta definição (HDTV, de *high-definition television*) é indicada como 1.920 × 1.080, o que significa 1.920 *pixels* na horizontal e 1.080 *pixels* na vertical, compondo um total de cerca de 2 milhões de *pixels*, e cada um deles pode ter uma cor diferente. Isso quase se tornou a resolução mínima dos monitores de computador.

Esses *pixels* não são iluminados de uma só vez. O conteúdo da tela é armazenado em um bloco especial da memória, e os *pixels* individuais da tela são atualizados sequencialmente, começando da esquerda para a direita com a linha na parte superior e continuando para baixo na tela. Para evitar a cintilação, esse processo ocorre muito rapidamente, e a tela inteira geralmente é atualizada pelo menos 60 vezes por segundo. O circuito que controla esse processo é conhecido como **adaptador de vídeo**.

Quanta memória é necessária para armazenar o conteúdo de uma tela de 1.920 × 1.080?

Cada um dos 2 milhões de *pixels* tem uma cor específica, que é uma combinação das cores primárias vermelho, verde e azul, também conhecida como cor RGB, sigla derivada das cores citadas – *red*, *green* e *blue* – em inglês. (Se você é um artista, talvez esteja familiarizado com um conjunto diferente de cores primárias, mas essas são as três usadas na exibição de vídeo.) A variação na intensidade das cores desses componentes individuais cria todas as cores possíveis na tela de vídeo. As intensidades geralmente são controladas por um *byte* para cada cor primária, que é definido como 00h na ausência da cor e FFh para a intensidade máxima. Esse esquema permite que uma tela de vídeo seja capaz de reproduzir 256 níveis diferentes de vermelho, 256 níveis de verde e 256 níveis de azul, gerando um total de 256 × 256 × 256, ou 16.777.216 cores diferentes. (Sob a filosofia de que tudo sobre computadores pode ser melhorado, algumas empresas estão avançando para aumentar a gama de cores e a resolução. Isso requer mais de 8 *bits* por cor primária.)

Se você já fez qualquer trabalho com HTML na criação de páginas *web*, talvez saiba que as cores podem ser especificadas com valores hexadecimais de seis dígitos precedidos por um sinal #. Aqui estão as 16 cores padrão estabelecidas pela especificação HTML 4.01 de 1999:

Cor	Valor hexadecimal	Cor	Valor hexadecimal
Preto	"#000000"	Verde	"#008000"
Prata	"#C0C0C0"	Verde-limão	"#00FF00"
Cinza	"#808080"	Verde-oliva	"#808000"
Branco	"#FFFFFF"	Amarelo	"#FFFF00"
Marrom	"#800000"	Azul-marinho	"#000080"
Vermelho	"#FF0000"	Azul	"#0000FF"
Roxo	"#800080"	Azul-esverdeado	"#008080"
Magenta	"#FF00FF"	Ciano	"#00FFFF"

Outras cores são definidas com valores diferentes. Após o sinal # estão três pares de dígitos hexadecimais: o primeiro é o nível de vermelho de 00h a FFh; o segundo é o nível de verde; e o terceiro é o nível de azul. O preto ocorre quando todos os três componentes são 00h, e o branco ocorre quando todos os três componentes são FFh. Tons de cinza são possíveis quando todos os três componentes são iguais.

Para uma tela de 1.920 × 1.080, cada um dos 2 milhões de *pixels* requer três *bytes* para os componentes vermelho, verde e azul, compondo um total de 6 milhões de *bytes*, ou 6 *megabytes*.

Nos capítulos anteriores, tratei a RAM que uma CPU acessa como um bloco monolítico de memória. Na realidade, a memória que contém código e dados é geralmente compartilhada com a memória dedicada à tela de vídeo. Essa configuração permite que o computador atualize a tela de vídeo muito rapidamente, apenas escrevendo *bytes* na RAM, permitindo animações gráficas de alta velocidade.

A CPU de 8 *bits* que construí nos últimos capítulos tem um endereço de memória de 16 *bits* que é capaz de endereçar 64 *kilobytes* de memória. Obviamente, você não pode encaixar 6 *megabytes* de memória de vídeo em 64 *kilobytes* de memória. (Na verdade, você poderia engendrar algo em que vários blocos de memória são intercambiados no espaço de memória da CPU, mas isso certamente retardaria as coisas.)

É por isso que as telas de vídeo de alta resolução se tornaram viáveis apenas quando a memória se tornou barata e quando as CPUs mais poderosas puderam acessar essa memória com mais agilidade. Uma CPU de 32 *bits* pode acessar a memória em blocos de dados de 32 *bits* e, por isso, a memória de exibição de vídeo geralmente é organizada com quatro *bytes* por *pixel*, em vez de apenas os três necessários para os componentes vermelho, verde e azul. Isso significa que a memória de vídeo para uma tela de 1.920 × 1.080 requer 8 *megabytes* de memória em vez de apenas 6 *megabytes*.

Essa memória de vídeo geralmente é organizada na mesma ordem em que a tela é atualizada. Começando com a primeira linha, com o *pixel* mais à esquerda: três *bytes* para os componentes vermelho, verde e azul e um *byte* não utilizado. Desenhar qualquer coisa na tela, seja texto ou gráficos, requer um programa para determinar quais *pixels* definir na memória gráfica.

A computação gráfica geralmente envolve ferramentas matemáticas associadas à geometria analítica. A tela inteira – ou uma área retangular menor da tela – pode ser tratada como um sistema de coordenadas simples no qual cada *pixel* é um ponto referenciado com coordenadas horizontais e verticais (x, y). Por exemplo, o *pixel* na posição (10, 5) é 10 *pixels* a partir da esquerda e cinco *pixels* de cima para baixo. Desenhar uma linha diagonal desse ponto até a posição (15, 10) envolve colorir os *pixels* nos pontos (10, 5), (11, 6), (12, 7), (13, 8), (14, 9) e (15, 10). Outros tipos de linhas e curvas são mais complexos, é claro, mas há muitas ferramentas de *software* para ajudar.

O texto é um subconjunto de elementos gráficos. Cada caractere de uma fonte específica é definido por uma coleção de linhas retas e curvas com informações adicionais (chamadas de "dicas") que permitem que o texto seja renderizado para ter a máxima legibilidade.

Os gráficos tridimensionais são muito mais complexos, envolvendo vários tipos de sombreamento para indicar o efeito da luz e das sombras. Hoje, os programas são frequentemente assistidos por uma unidade de processamento gráfico (GPU, de *Graphics Processing Unit*), que faz parte da matemática pesada muitas vezes necessária para gerar gráficos 3D.

Quando os computadores pessoais se tornaram disponíveis pela primeira vez, os monitores de alta resolução simplesmente não eram viáveis. A primeira tela gráfica disponível para o IBM PC foi chamada de *Color Graphics Adapter* (CGA), que podemos entender como "adaptador gráfico colorido", era capaz de exibir em três formatos gráficos (ou "modos"): 160 × 100 *pixels* com 16 cores (mas usando um *byte* por *pixel*), 320 × 200 *pixels* com quatro cores (dois *bits* por *pixel*) e 640 × 200 *pixels* com duas cores (um *bit* por *pixel*). Independentemente do modo gráfico, apenas 16 mil *bytes* de memória eram necessários. Por exemplo, 320 *pixels* na horizontal por 200 *pixels* na vertical vezes ¼ *byte* por *pixel* é igual a 16 mil.

Algumas das primeiras telas de computador eram incapazes de exibir gráficos de qualquer natureza e estavam limitadas ao texto. Essa é outra maneira de reduzir os requisitos de memória, e essa foi a lógica por trás do *Monochrome Display Adapter* (MDA), ou "adaptador de vídeo monocromático", a outra tela disponível nos primeiros IBM PCs. O MDA era capaz de exibir apenas 25 linhas de texto de 80 caracteres em uma cor: verde em um fundo preto. Cada caractere era especificado por um código ASCII de 8 *bits* e era acompanhado por um *byte* de "atributo", que poderia ser usado para brilho, vídeo reverso, sublinhado ou para fazer o texto piscar. O número de *bytes* necessários para armazenar o conteúdo da tela era, portanto, 25 × 80 × 2, ou 4 mil *bytes*. O adaptador de vídeo continha circuitos que usavam memória apenas de leitura para converter cada caractere ASCII em linhas e colunas de *pixels*.

Assim como uma CPU contém barramentos internos para mover dados entre os componentes da CPU, a própria CPU normalmente é conectada a barramentos externos, que movem dados entre a CPU, a memória e os dispositivos periféricos.

A memória para a tela de vídeo ocupa o espaço de memória normal da CPU. Outros periféricos também podem fazer isso, o que é chamado de **E/S mapeada em memória**. No entanto, uma CPU pode definir um barramento separado para acessar periféricos e pode incluir recursos especiais para trabalhar com esses dispositivos de entrada/saída.

Nos capítulos anteriores, projetei uma CPU baseada no microprocessador Intel 8080. Entre as 244 instruções implementadas pelo 8080 estão duas instruções denominadas IN e OUT:

Instrução	Descrição	Opcode
IN porta	Lê um *byte* da entrada	DBh
OUT porta	Escreve um *byte* na saída	D3h

Ambas as instruções são seguidas por um número de **porta** de 8 *bits*, que é semelhante a um endereço de memória, mas tem apenas 8 *bits* de largura e destina-se especificamente a dispositivos de E/S. A instrução IN lê dessa porta e salva o resultado no acumulador. A instrução OUT escreve o conteúdo do acumulador nessa porta. Um sinal especial do 8080 indica se ele está acessando a RAM (o caso normal) ou se está acessando uma porta de E/S.

Por exemplo, considere o teclado em um computador *desktop* ou *notebook*. Cada tecla no teclado é uma simples chave, que é fechada quando a tecla é pressionada. Cada chave é identificada por um código exclusivo. Esse teclado pode estar configurado para ser acessado como número de porta 25h. Um programa pode executar a instrução:

IN 25h

O acumulador então conteria um código indicando qual tecla foi pressionada.

É tentador supor que esse código é o código ASCII da tecla, mas não é prático nem desejável projetar *hardware* que descubra o código ASCII. Por exemplo, a tecla A no teclado pode corresponder ao código ASCII 41h ou 61h, dependendo se um usuário também pressionou a tecla Shift, que é a tecla que determina se uma letra digitada é minúscula ou maiúscula. Além disso, os teclados de computador têm muitas teclas (como teclas de função e teclas de seta) que não correspondem a caracteres ASCII. Um pequeno programa de computador pode descobrir qual código ASCII (se houver) corresponde a uma tecla específica sendo pressionada no teclado.

Contudo, como o programa saberia quando uma tecla foi pressionada no teclado? Uma técnica utilizada é a de que o programa verifique o teclado com muita frequência. Essa abordagem é referida como **E/S programada** ou *pooling* (que significa "sondagem", em inglês). No entanto, uma abordagem melhor é a de que o teclado, de algum modo, informe à CPU quando uma tecla for pressionada. No caso geral, um dispositivo de E/S pode informar a CPU sobre tal evento emitindo uma **interrupção**, que é apenas um sinal especial indo para a CPU.

Para ajudar com as interrupções, a CPU 8080 implementou oito instruções, que podem ser referidas como instruções de **reinício**:

Instrução	Descrição	*Opcode*
RST 0	Chamada p/ endereço 0000h	C7h
RST 1	Chamada p/ endereço 0008h	CFh
RST 2	Chamada p/ endereço 0010h	D7h
RST 3	Chamada p/ endereço 0018h	DFh
RST 4	Chamada p/ endereço 0020h	E7h
RST 5	Chamada p/ endereço 0028h	EFh
RST 6	Chamada p/ endereço 0030h	F7h
RST 7	Chamada p/ endereço 0038h	FFh

Cada uma dessas instruções faz com que a CPU salve o contador de programa atual na pilha e, em seguida, desvie para o endereço de memória 0000h, 0008h, 0010h e assim por diante. Um RST 0 é basicamente o mesmo que uma reinicialização da CPU, mas os outros podem conter instruções de desvio ou chamada.

Vejamos como isso funciona. A CPU do 8080 incluía um sinal de interrupção externo. Quando um dispositivo periférico (como um teclado físico) ativa esse sinal de interrupção, ele também coloca o *byte* de uma dessas instruções de reinício no barramento de dados. Esse local de memória contém código para o tratamento desse dispositivo de E/S específico.

Isso é chamado de **E/S por interrupção**. A CPU não precisa se preocupar em sondar os dispositivos de E/S. Ela pode continuar fazendo outras tarefas até que o dispositivo de E/S use o sinal de interrupção para informá-la que algo novo aconteceu. É assim que um teclado pode informar à CPU que uma tecla foi pressionada.

Também é desejável usar interrupções para o *mouse* em um computador *desktop* ou *notebook*, para um *touchpad* em um *notebook* ou para uma tela sensível ao toque em um *tablet* ou telefone celular.

Um *mouse* parece estar conectado muito diretamente à tela de vídeo. Afinal, quando você move o *mouse* para cima, para baixo, para a esquerda ou para a direita em sua escrivaninha, o ponteiro do *mouse* se move de forma consistente na tela. Contudo, essa conexão é apenas uma ilusão. O *mouse* está apenas fornecendo pulsos elétricos e indicando como ele se moveu. É responsabilidade do *software* redesenhar o ponteiro do *mouse* em diferentes locais. Além do movimento, o *mouse* também sinaliza ao computador quando um de seus botões foi pressionado e quando ele é liberado, ou quando um botão de rolagem é girado.

Uma tela sensível ao toque é geralmente uma camada sobre uma tela de vídeo que pode detectar uma mudança na capacitância elétrica quando tocada pelo dedo. A tela sensível ao toque pode indicar a localização de um ou mais dedos usando o mesmo sistema de coordenadas (x, y) que um programa usa para exibir gráficos na tela. Os programas podem ser informados sobre quando um dedo toca a tela, quando se afasta da tela e como ele se move quando está tocando a tela. Essas informações podem ajudar o programa a executar diversas tarefas, como rolar a tela ou arrastar um objeto gráfico através dela. Um programa também pode interpretar o movimento de gestos de dois dedos, como fazemos para copiar e colar, ou para reduzir ou ampliar uma imagem.

Tudo no computador é digital. Tudo é um número. No entanto, o mundo real é, muitas vezes, analógico. Nossas percepções de luz e som parecem contínuas, ao invés de serem valores numéricos discretos.

Para ajudar na conversão de dados analógicos do mundo real para números e vice-versa, dois dispositivos foram inventados:

- O conversor analógico-digital (ADC, de *analog-to-digital converter*);
- O conversor digital-analógico (DAC, de *digital-to-analog-converter*).

A entrada de um ADC é uma tensão que pode variar entre dois valores de forma contínua, e a saída é um número binário que representa essa tensão. Os ADCs geralmente têm saídas de 8 *bits* ou 16 *bits*. Por exemplo, a saída de um ADC de 8 *bits* pode ser 00h para uma tensão de entrada de zero volt, 80h para 2,5 volts e FFh para 5 volts.

O DAC faz a operação contrária. A entrada é um número binário, talvez com 8 *bits* ou 16 *bits* de largura, e a saída é uma tensão correspondente a esse número.

Os DACs são usados em telas de vídeo para converter os valores digitais dos *pixels* em tensões que controlam a intensidade da luz emitida pelos componentes vermelho, verde e azul de cada *pixel*.

As câmeras digitais usam uma matriz de sensores de *pixel* ativo (APS, de *active-pixel sensors*) que respondem à luz emitindo uma tensão que então é convertida em números com um ADC. O resultado é um objeto denominado **mapa de *bits*** (ou *bitmap*), que é uma matriz retangular de *pixels*, cada um deles com uma cor específica. Assim como acontece com a memória em uma tela de vídeo, os *pixels* de um mapa de *bits* são armazenados sequencialmente, linha por linha, começando com a linha superior e terminando com a parte inferior, e da esquerda para a direita dentro de cada linha.

Os mapas de *bits* podem ser enormes. A câmera do meu telefone celular cria imagens com 4.032 *pixels* de largura e 3.024 *pixels* de altura, mas nem todos esses dados são necessários para reproduzir a imagem. Por isso, engenheiros e matemáticos desenvolveram várias técnicas para reduzir o número de *bytes* necessários para armazenar os mapas de *bits*. Esse processo é chamado de **compressão**.

Uma forma simples de compressão de mapa de *bits* é *Run-Length Encoding*, ou RLE. (Não há uma tradução consagrada para este método, que é uma espécie de codificação executada sobre a extensão dos dados.) Por exemplo, se houver 10 *pixels* da mesma cor em sequência, o *bitmap* precisará armazenar apenas esse *pixel* e o número 10. No entanto, isso funciona bem apenas para imagens que contêm grandes extensões com a mesma cor.

Um esquema de compactação de arquivos mais sofisticado, que ainda está em uso comum, é o *Graphics Interchange Format*, ou GIF, pronunciado como *guif*. O formato foi desenvolvido em 1987 pelo antigo serviço *on-line* CompuServe. Os arquivos GIF usam uma técnica de compactação denominada LZW (indicando seus criadores, Lempel, Zif e Welch), que detecta padrões de *pixels* de valor diferente em vez de apenas cadeias consecutivas de *pixels* de mesmo valor. Os arquivos GIF também incorporam um recurso de animação rudimentar, usando várias imagens.

Mais sofisticado que o GIF é o *Portable Network Graphics* (PNG), que data de 1996. O PNG converte efetivamente os valores de *pixel* adjacentes em diferenças entre os valores, que geralmente são números menores, podendo ser compactados com mais eficiência.

Um arquivo GIF ou PNG não é necessariamente menor do que o mapa de *bits* original, descompactado. Se alguns mapas de *bits* são reduzidos em tamanho por um determinado processo de compactação, outros muito provavelmente são aumentados em tamanho. Isso pode acontecer para imagens com muitas cores ou muitos detalhes.

Nesse caso, outras técnicas tornam-se úteis. Introduzido em 1992, o formato de arquivo JPEG (pronuncia-se *jota-peg*) tornou-se extremamente popular para arquivos de mapa de *bits* de imagens do mundo real. As câmeras de telefones celulares atuais criam arquivos JPEG prontos para serem compartilhados ou transferidos para outro computador.

JPEG é a sigla correspondente a *Joint Photographic Experts Group* e, ao contrário das técnicas de compactação anteriores, baseia-se na pesquisa psicovisual para explorar a maneira como o olho humano percebe as imagens. Em particular, a compactação JPEG pode descartar transições nítidas nas cores, o que reduz a quantidade de dados necessários para reproduzir a imagem. Para isso, recursos de matemática bastante sofisticados são utilizados.

A desvantagem da compactação JPEG é que ela não é reversível: você não pode voltar exatamente para a imagem original depois que ela é compactada. Por outro lado, GIF e PNG são reversíveis, e nada é perdido no processo de compressão. Por isso, GIF e PNG são consideradas técnicas de compactação sem perdas (*lossless*), enquanto JPEG é uma forma de compactação com perdas (*lossy*). A informação é perdida e, em casos extremos, isso pode resultar em distorções visuais.

Os computadores geralmente têm um microfone que detecta sons do mundo real e um alto-falante para produzir sons.

Som é vibração. As cordas vocais humanas vibram, uma tuba vibra, uma árvore caindo em uma floresta vibra, e esses objetos fazem com que as moléculas de ar se movam. Alternadamente, o ar empurra e puxa, comprime e dispersa, para frente e para trás, algumas centenas ou milhares de vezes por segundo. O ar vibra em nossos tímpanos, então percebemos o som.

Um microfone responde a essas vibrações, produzindo uma corrente elétrica cuja tensão varia de modo semelhante às ondas sonoras. Também análogos a essas ondas de som são os pequenos ressaltos e sulcos na superfície de um cilindro coberto com uma lâmina de estanho que Thomas Edison usou para gravar e reproduzir o som no primeiro fonógrafo, em 1877, bem como os ressaltos e sulcos dos discos de vinil, até hoje amados pelos audiófilos modernos e pelos entusiastas de tecnologias retrô.

No entanto, para os computadores, essa tensão precisa ser **digitalizada**, ou seja, transformada em números. Essa é outra função do ADC.

O som digitalizado fez um grande sucesso com os consumidores em 1983 com o disco compacto (CD, do inglês *compact disc*), tornando-se a maior história de sucesso de eletrônicos de consumo de todos os tempos. O CD foi desenvolvido pela Philips e Sony para armazenar 74 minutos de som digitalizado em um lado de um disco de 12 centímetros de diâmetro. A duração de 74 minutos foi escolhida para que a Nona Sinfonia de Beethoven pudesse caber em um CD. (Pelo menos é assim que diz a história.)

O som é codificado em um CD usando uma técnica chamada de **modulação por código de pulsos**, ou PCM (*pulse code modulation*). Apesar do nome chique, o PCM é conceitualmente um processo bastante simples: a tensão que representa uma onda sonora é convertida em valores digitais a uma taxa constante e armazenada. Durante a reprodução, os números são convertidos em uma corrente elétrica novamente usando um DAC.

A tensão da onda sonora é convertida em números a uma taxa constante, conhecida como **taxa de amostragem**. Em 1928, Harry Nyquist, da Bell Telephone Laboratories, mostrou que uma taxa de amostragem deve ser pelo menos o dobro da frequência máxima que precisa ser gravada e reproduzida. Normalmente, assume-se que os seres humanos ouvem sons que variam de 20 Hz a 20 mil Hz. A frequência de amostragem usada para CDs é um pouco mais do que o dobro desse máximo, especificamente 44.100 amostras por segundo.

O número de *bits* por amostra determina a faixa dinâmica do CD, que é a diferença entre o som de maior volume e o mais atenuado que podem ser gravados e reproduzidos. Isso é um pouco complicado: como a corrente elétrica varia aumentando e diminuindo de modo semelhante às ondas sonoras, os picos que ela atinge representam a **amplitude** da forma de onda. O que percebemos como a **intensidade** do som é proporcional ao dobro da amplitude. Um **bel** (que é três quartos do sobrenome de Alexander Graham Bell) é um aumento de 10 vezes na intensidade, e um **decibel** é um décimo de um bel. Um decibel representa aproximadamente o menor aumento na intensidade que uma pessoa pode perceber.

O uso de 16 *bits* por amostra permite uma faixa dinâmica de 96 decibéis, que é aproximadamente a diferença entre o limiar da audição (abaixo do qual não podemos ouvir) e o limiar da dor, que pode nos levar a colocar as mãos sobre os ouvidos se for ultrapassado. O CD usa 16 *bits* por amostra.

Para cada segundo de som, um CD contém 44.100 amostras de dois *bytes* cada. Mas você provavelmente também deseja o som estéreo, então usamos o dobro disso para gerar um total de 176.400 *bytes* por segundo. Isso significa 10.584.000 *bytes* por minuto de som. (Agora você sabe por que a gravação digital do som não era comum antes da década de 1980.) Os 74 minutos completos de som estéreo no CD exigem 783.216.000 *bytes*. CDs mais modernos aumentaram um pouco essa capacidade.

Embora os CDs tenham perdido importância nos últimos anos, os conceitos de som digital continuam os mesmos. Como você nem sempre precisa da qualidade de CD ao gravar e reproduzir som nos computadores domésticos, geralmente estão disponíveis taxas de amostragem mais baixas, incluindo 22.050 Hz, 11.025 Hz e 8 mil Hz. Você pode gravar usando um tamanho de amostra menor, de 8 *bits*, e pode cortar os dados pela metade gravando monofonicamente.

Assim como acontece com os mapas de *bits*, muitas vezes é útil comprimir arquivos de áudio para reduzir o armazenamento e diminuir o tempo necessário para transferir arquivos entre computadores. Uma técnica de compressão largamente difundida para áudio é o MP3, que se originou como parte de uma técnica de compressão para filmes, chamada de MPEG (*Moving Picture Experts Group*). O MP3 executa compressão com perdas, mas baseada em análise psicoacústica, para reduzir dados que não contribuem sensivelmente para a percepção da música.

Mapas de *bits* compactados com GIF, PNG ou JPEG e áudio compactado com MP3 podem ocupar memória, especialmente enquanto um programa está trabalhando com as informações. No entanto, na maior parte das vezes, eles são armazenados como arquivos em algum tipo de dispositivo de armazenamento.

Como você se lembrará, a memória de acesso randômico – seja ela construída a partir de relés, válvulas ou transistores – perde seu conteúdo quando a energia elétrica é desligada. Por isso, um computador completo também precisa de algo para armazenamento a longo prazo. Uma abordagem consagrada pelo tempo envolve fazer furos em papel ou papelão, como nos cartões perfurados da IBM. Nos primórdios dos pequenos computadores, rolos de fita de papel eram furados para salvar programas e dados, para depois recarregá-los na memória. Um incremento nisso foi o uso de fitas cassete de áudio, que também eram populares na década de 1980 para gravar e tocar música. Elas eram apenas uma versão menor das fitas magnéticas usadas por grandes computadores para armazenamento de dados em massa.

A fita, no entanto, não é um meio ideal para armazenamento e recuperação, porque não é possível mover rapidamente para uma posição arbitrária na fita. Ela pode levar muito tempo para avançar ou retroceder.

Um meio geometricamente mais propício ao acesso rápido é o disco. O disco em si é girado em torno de seu centro, enquanto uma ou mais cabeças presas aos braços podem ser movidas da parte mais externa do disco para o seu interior. Qualquer área do disco pode ser acessada muito rapidamente. Os *bits* são gravados pela magnetização de pequenas áreas do disco. As primeiras unidades de disco usadas para computadores foram inventadas na IBM em 1956. O Método de Acesso Randômico de Contabilidade e Controle (RAMAC) continha 50 discos de metal de 61 cm (ou 24 polegadas) de diâmetro e podia armazenar 5 *megabytes* de dados.

Uma tecnologia mais compacta e bastante popular em computadores pessoais antigos usava lâminas de plástico revestido, individualmente recobertas por um invólucro de proteção, feito de papelão ou plástico. Esses dispositivos foram chamados de *floppy disks* ou **disquetes** e começaram com 8 polegadas de diâmetro, depois 5,25 polegadas e depois 3,5 polegadas. Os disquetes podiam ser removidos da unidade de disco, facilitando seu uso para transferir dados de um computador para outro. Eles também eram um importante meio de distribuição de *software* comercial. Os disquetes praticamente desapareceram, exceto por um pequeno desenho de um disquete de 3,5 polegadas, que sobrevive como o ícone Salvar em muitas aplicações de computador.

O **disco rígido**, ainda encontrado dentro de alguns computadores pessoais, geralmente contém vários discos de metal embutidos de forma imutável dentro da unidade. Os discos rígidos geralmente são mais rápidos do que os disquetes e podem armazenar mais dados, mas os próprios discos não podem ser removidos com facilidade.

Hoje, o armazenamento é feito mais frequentemente na forma de uma unidade de estado sólido (SSD, do inglês *solid-state drive*) construída dentro do computador (ou *tablet* ou telefone celular) ou como memória *flash* em dispositivo portátil tal como o *pen drive*.

Os dispositivos de armazenamento em massa devem acomodar arquivos de vários tamanhos, que podem se originar de diversas fontes no computador. Para facilitar isso, o dispositivo de armazenamento em massa é dividido em áreas de tamanho fixo, denominadas **setores**. Disquetes e discos rígidos frequentemente tinham um tamanho de setor de 512 *bytes*. Os SSDs costumam ter tamanhos de setor de 512 *bytes* e 4.096 *bytes*.

Cada arquivo é armazenado em um ou mais setores. Se o tamanho do setor for de 512 *bytes* e o arquivo for inferior a 512 *bytes*, armazenar o arquivo exigirá apenas um setor, mas qualquer espaço restante não poderá ser usado para outra coisa. Um arquivo de 513 *bytes* requer dois setores, e um arquivo com tamanho de um *megabyte* requer 2.048 setores.

Os setores associados a um arquivo específico não precisam ser consecutivos; eles podem estar espalhados por toda a unidade. À medida que os arquivos são excluídos, os setores são liberados para outros arquivos. À medida que novos arquivos são criados, os setores disponíveis são usados, mas os setores não estão necessariamente agrupados.

Manter o controle de tudo isso, incluindo todo o processo de armazenar arquivos e recuperá-los, é o domínio de uma parte extremamente importante do *software* conhecida como **sistema operacional**.

26
O sistema operacional

Finalmente, montamos, pelo menos em nossa imaginação, o que parece ser um computador completo. Esse computador tem uma unidade central de processamento (CPU), certa quantidade de memória de acesso randômico (RAM), um teclado, uma tela de vídeo, cuja memória faz parte da RAM, e algum tipo de dispositivo de armazenamento em massa. Todo o *hardware* está no lugar, e olhamos com entusiasmo para a chave liga/desliga que vai energizá-lo e trazê-lo à vida. Talvez esse projeto tenha evocado em sua mente os trabalhos de Victor Frankenstein enquanto ele montava seu monstro, ou de Geppetto enquanto construía o boneco de madeira que ele chamaria de Pinóquio.

No entanto, ainda está faltando algo, e não é nem o poder de um raio nem a pureza de um desejo em direção a uma estrela. Vá em frente: ligue esse novo computador e diga-nos o que você vê.

À medida que a tela pisca, ela exibe puro lixo aleatório. Se você construiu um adaptador gráfico, haverá pontos de muitas cores, mas nada coerente. Para um adaptador de vídeo somente de texto, você verá caracteres aleatórios. É o que esperamos. A memória semicondutora perde seu conteúdo quando a energia está desligada e começa em um estado aleatório e imprevisível quando recebe energia pela primeira vez. Toda a RAM que foi construída para o microprocessador contém *bytes* quaisquer. O microprocessador começa a executar esses *bytes* randômicos como se fossem código de máquina. Isso não fará com que algo de ruim aconteça (p. ex., o computador não explodirá), mas tampouco será produtivo.

O que nos falta aqui é *software*. Quando um microprocessador é ligado pela primeira vez ou é reinicializado, ele começa a executar o código de máquina em um endereço de memória específico. No caso do Intel 8080, esse endereço é 0000h. Em um computador projetado corretamente, esse endereço de memória deve conter uma instrução em código de máquina (provavelmente a primeira de muitas) que a CPU executa quando o computador é ligado.

Como essa instrução em código de máquina chega lá? O processo de colocar *software* em um computador recém-projetado é um dos aspectos mais confusos do projeto. Uma maneira de fazer isso é com um painel de controle semelhante ao do Capítulo 19, usado para escrever *bytes* na memória de acesso randômico e depois lê-los:

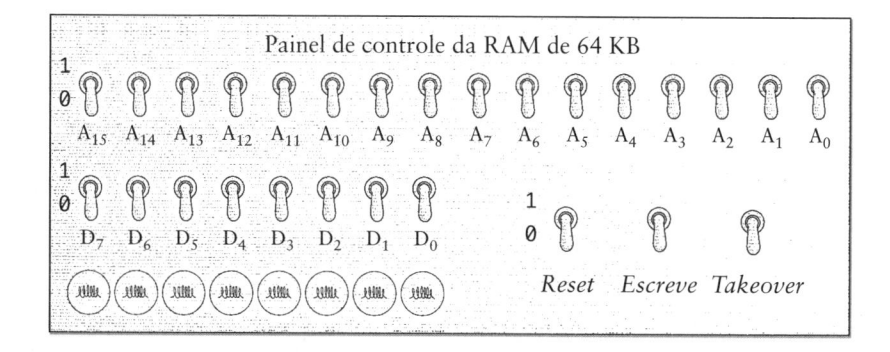

```
                    Painel de controle da RAM de 64 KB
1
0  ⏻  ⏻  ⏻  ⏻  ⏻  ⏻  ⏻  ⏻  ⏻  ⏻  ⏻  ⏻  ⏻  ⏻  ⏻  ⏻
   A₁₅ A₁₄ A₁₃ A₁₂ A₁₁ A₁₀ A₉ A₈ A₇ A₆ A₅ A₄ A₃ A₂ A₁ A₀

1
0  ⏻  ⏻  ⏻  ⏻  ⏻  ⏻  ⏻       1
   D₇ D₆ D₅ D₄ D₃ D₂ D₁ D₀    0  ⏻     ⏻     ⏻

                                 Reset Escreve Takeover
```

Diferente do painel de controle anterior, esse tem uma chave denominada *Reset**. A chave *Reset* está conectada à entrada *Reset* da CPU. Enquanto essa chave estiver ligada, o microprocessador não faz coisa alguma. Quando você desliga a chave, o microprocessador começa a executar o código de máquina no endereço 0000h.

Para usar esse painel de controle, você liga a chave *Reset* para reiniciar o microprocessador e impedi-lo de executar o código de máquina. Ligue a chave *Takeover* para assumir o controle do barramento de endereços e do barramento de dados. Nesse momento, você pode usar as chaves rotuladas de A_0 a A_{15} para especificar um endereço de memória de 16 *bits*. As lâmpadas rotuladas de D_0 a D_7 mostram o conteúdo de 8 *bits* nesse endereço de memória. Para escrever um novo *byte* nesse endereço, configure o *byte* nas chaves D_0 a D_7 e ligue e desligue a chave Escreve. Depois de terminar de inserir *bytes* na memória, desligue a chave *Takeover* e desligue a chave *Reset*, então o microprocessador executará o programa.

É assim que você insere seus primeiros programas em código de máquina em um computador que você acabou de montar do zero. Sim, é insuportavelmente trabalhoso. Isso é óbvio. Ainda, é natural que você cometa pequenos erros de vez em quando. Um risco ocupacional é que seus dedos terão bolhas e seu cérebro se transformará em mingau.

Contudo, o que faz tudo valer a pena é quando você começa a usar a tela de vídeo para mostrar os resultados de seus pequenos programas. Uma das primeiras partes de código que você escreverá é uma pequena sub-rotina que converte números em ASCII. Por exemplo, se você escreveu um programa que resulta no valor 4Bh, não é possível simplesmente escrever esse valor na memória de vídeo. O que você verá na tela, nesse caso, é a letra K, porque essa é a letra que corresponde ao código ASCII 4Bh. Em vez disso, você precisa exi-

---

* N. de R.T.: No capítulo 17, esclarecemos que o termo *Reset*, que significa "inicializar", não seria traduzido por estar largamente difundido.
  O termo *Takeover*, "assumir o controle", explicado no Capítulo 19, também é mantido pela dificuldade de tradução de forma sucinta.

bir **dois** caracteres ASCII: 34h, que é o código ASCII para 4, e 42h, que é o código ASCII para B. Você já viu um trecho de código que faz exatamente isso: a rotina `ToAscii`, apresentada na página 402 do Capítulo 24.

Uma de suas maiores prioridades é provavelmente se livrar desse painel de controle ridículo, e isso envolve escrever um **"tratador" de teclado:** um programa que lê caracteres digitados do teclado, os armazena na memória e os escreve na tela. A transferência de caracteres do teclado para a tela às vezes é chamada de "eco" e dá a ilusão de uma conexão direta entre o teclado e a tela.

Talvez você queira expandir esse tratador de teclado para algo que execute **comandos** simples, ou seja, algo útil para o tratador de teclado fazer. O código que você escreve para tratar esses comandos agora é chamado de **processador de comandos**. Para mantê-lo simples no início, você decide usar apenas três comandos. Esses três comandos correspondem à primeira letra que é digitada na linha:

- W, de *Write*, para Escreve;
- D, de *Display*, para Exibe;
- R, de *Run*, para Roda (alternativa frequente para Executa).

O tratador de teclado executa esses comandos quando você pressiona a tecla *Enter* para sinalizar que terminou de digitar o comando.

Se a linha de texto começar com um W, o comando significa "Escrever" alguns *bytes* na memória. A linha que você digita na tela tem a seguinte aparência:

```
W 1020 35 4F 78 23 9B AC 67
```

Esse comando instrui o processador de comandos a escrever os *bytes* hexadecimais 35h, 4Fh e assim por diante na memória, a partir do endereço 1020h. Para realizar esse trabalho, o tratador de teclado precisa converter códigos ASCII em *bytes*, uma reversão da conversão `ToAscii` que demonstrei anteriormente.

Se a linha de texto começar com um D, o comando significa "Exibir" alguns *bytes* na memória. A linha que você digita na tela tem esta aparência:

```
D 1030
```

O processador de comandos responde exibindo *bytes* armazenados a partir do local 1030h. Você pode usar o comando Exibir para examinar o conteúdo da memória.

Se a linha de texto começar com um R, o comando significa "Rodar". Tal comando tem a seguinte aparência:

```
R 1000
```

Esse comando significa "Rode (ou execute) o programa armazenado a partir do endereço 1000h". O processador de comandos pode armazenar 1000h no par de registradores HL e, em seguida, executar a instrução `PCHL`, que carrega o contador de programa a partir do par de registradores HL, efetivamente desviando para esse endereço.

Fazer com que esse tratador de teclado e o processador de comandos funcionem é um marco importante. Depois de fazer isso, você não precisará mais sofrer a indignidade do painel de controle. Inserir dados do teclado é mais fácil, rápido e elegante.

Claro, você ainda tem o problema de que todo o código que você inseriu desaparece quando você desliga a energia. Por isso, você provavelmente desejará armazenar todo esse novo código na memória apenas de leitura, ou ROM. Nos primórdios dos microprocessadores, como o Intel 8080, era possível programar *chips* de ROM na privacidade da sua casa. Os *chips* de memória programável apenas de leitura (PROM, de *Programmable read-only memory*) são programáveis apenas uma vez. Os *chips* de memória reprogramável apenas de leitura (EPROM, de *Erasable programmable read-only memory*) podem ser programados e reprogramados após serem totalmente apagados pela exposição à luz ultravioleta.

Essa ROM contendo seu tratador de teclado ocuparia o espaço de endereços a partir de 0000h, ocupado anteriormente pela RAM. Você ainda manteria a RAM, é claro, mas ela residiria a partir de um endereço mais adiante no espaço de memória.

A criação do processador de comandos é um marco importante não só porque fornece um meio mais rápido para inserir *bytes* na memória, mas também porque o computador agora é **interativo**.

Depois de ter o processador de comandos na ROM, você pode começar a experimentar a escrita de dados da memória para a unidade de disco e ler os dados de volta para a memória. Armazenar programas e dados no disco é muito mais seguro do que armazená-los na RAM (onde eles desaparecerão se faltar energia) e muito mais flexível do que armazená-los na ROM.

Mais cedo ou mais tarde você pode querer adicionar alguns novos comandos ao processador de comandos. Por exemplo, um comando S pode significar "Armazenar (*Store*) certa quantidade de memória em um determinado grupo de setores de disco", enquanto o comando L pode significar "Carregar (*Load*) o conteúdo desses setores de disco na memória".

Claro, você precisará de uma forma de monitorar o que está armazenando em quais setores do disco. Provavelmente você manterá lápis e papel à mão para essa finalidade. Tenha cuidado: você não pode simplesmente armazenar algum código localizado em um endereço e, posteriormente, carregá-lo de volta na memória em outro endereço e esperar que ele funcione. Todas as instruções de Desvio e Chamada estarão erradas, porque indicam os endereços antigos. Além disso, você pode ter um programa que é mais longo do que o tamanho do setor do seu disco, então terá de armazená-lo em vários setores. Alguns setores no disco já estarão ocupados por outros programas ou dados, portanto os setores livres disponíveis no disco para armazenar um programa longo podem não ser consecutivos.

Após algum tempo, você pode decidir que o trabalho administrativo manual envolvido em manter o controle de onde tudo está armazenado no disco é muito grande. Nesse ponto, você estará pronto para pensar em um **sistema de arquivos**.

Um sistema de arquivos é um *software* que organiza dados em arquivos. Um arquivo é simplesmente uma coleção de dados relacionados que ocupa um ou mais setores no disco. Mais importante ainda, cada arquivo é identificado por um **nome** que ajuda você a lembrar o que o arquivo contém. Você pode pensar no disco como algo semelhante a um gabinete de arquivos, no qual cada arquivo tem uma pequena etiqueta que indica seu nome.

Um sistema de arquivos é quase sempre parte de uma coleção maior de *software* conhecida como **sistema operacional**. O tratador de teclado e o processador de comandos que estamos construindo neste capítulo certamente poderiam evoluir para um sistema operacional. No entanto, em vez de percorrer esse longo processo evolutivo, vamos dar uma olhada em um sistema operacional real e ter uma ideia do que ele faz e de como funciona.

Historicamente, o sistema operacional mais importante para microprocessadores de 8 *bits* foi o CP/M, a partir do seu nome original *Control Program/Monitor*, que significa Programa de Controle/Monitor, porém mais tarde ele foi renomeado *Control Program for Microprocessors* (para Programa de Controle para Microcomputadores). Ele foi escrito em meados da década de 1970 para o microprocessador Intel 8080 por Gary Kildall (1942–1994), que mais tarde fundou a Digital Research Incorporated (DRI).

O CP/M era armazenado no disco, mas a maior parte do disco estava disponível para armazenar seus próprios arquivos. O sistema de arquivos do CP/M é bastante simples, mas satisfaz dois requisitos principais. O primeiro é que cada arquivo no disco é identificado por um nome, que também é armazenado no disco. O segundo é que os arquivos não precisam ocupar setores consecutivos em um disco. Muitas vezes, à medida que arquivos de vários tamanhos são criados e excluídos, o espaço livre no disco se torna fragmentado. A habilidade de um sistema de arquivos de armazenar um arquivo grande em setores não consecutivos é muito útil. A tabela que relaciona os arquivos aos seus setores de disco também é armazenada no disco.

No CP/M, cada arquivo é identificado com um nome de duas partes. A primeira parte é conhecida como **nome do arquivo** e pode ter até oito caracteres, e a segunda parte é conhecida como **tipo do arquivo**, ou **extensão**, e pode ter até três caracteres. Existem vários tipos de arquivo padrão. Por exemplo, "TXT" indica um arquivo de texto (i.e., um arquivo contendo apenas códigos ASCII e legível por nós humanos), e "COM" (que é a abreviação de "comando") indica um arquivo contendo instruções em código de máquina do 8080, ou seja, um programa.

Essa convenção para a denominação de arquivos veio a ser conhecida como 8.3 (diz-se "oito ponto três"), indicando o máximo de oito letras antes do ponto e as três letras depois. Embora os sistemas de arquivos modernos tenham removido a limitação de oito mais três caracteres, essa convenção geral para nomear arquivos ainda é bastante comum.

Os computadores que usavam o CP/M continham uma ROM com um trechinho de código conhecido como "carregador de inicialização" (*bootstrap loader*), cujo nome em inglês está relacionado ao fato de que esse código efetivamente "puxa para cima" o restante do sistema operacional pelos "cordões das botas"*. O carregador de inicialização salva o primeiro setor do disquete na memória e o executa. Esse setor contém o código para carregar o restante do CP/M para a memória. Todo o processo corresponde à **inicialização** do sistema operacional, mas é tradicionalmente referido através do jargão: "dar *boot*" ou simplesmente "*boot*".

O próprio CP/M foi organizado em uma hierarquia: no nível mais baixo estava o "sistema básico de entrada/saída" (BIOS, do inglês *Basic Input/Output System*). Ele continha código que acessava diretamente o *hardware* do computador, incluindo leitura e gravação de setores do disco. Cada fabricante de um computador que executava CP/M fornecia o *software* específico de BIOS para seu conjunto específico de *hardware*.

O próximo na hierarquia era o "sistema operacional básico do disco" (BDOS, do inglês *Basic Disk Operating System*). A principal função do BDOS era organizar os setores de disco manipulados pelo BIOS em arquivos.

Depois que o CP/M já está carregado na memória, ele executa um programa chamado de "processador de comando do console" (CCP, do inglês *Console Command Processor*) para sinalizar um estado de prontidão (referido em inglês pelo termo *prompt*) exibido na tela:

A>

Em computadores que têm mais de uma unidade de disco, o A refere-se à primeira unidade de disco, aquela a partir da qual o CP/M foi carregado. O alerta é o seu sinal para digitar algo e pressionar a tecla *Enter*. A maioria dos comandos é para atuar sobre arquivos, como listá-los (DIR, de diretório), apagá-los (ERA, de *erase*, que significa apagar), renomeá-los (REN) e exibir o conteúdo (TYPE). Para o CP/M, um nome não reconhecido é tratado como um programa armazenado em algum lugar no disco.

O CP/M também continha uma coleção de sub-rotinas que os programas podiam usar para ler do teclado, exibir caracteres na tela de vídeo, salvar

---

* N. de R.T.: esta analogia ficou consagrada. Puxar para cima os cordões das botas como início do processo de amarrar as botas é comparado ao processo de carregar informações iniciais na memória; estas então executam a carga do sistema operacional.

dados em um arquivo no disco e carregar o conteúdo desse arquivo de volta para a memória.

Os programas executados no CP/M não precisavam acessar o *hardware* dos computadores diretamente porque a parte BDOS do CP/M usava a parte BIOS para acessar o *hardware*. Isso significa que um programa escrito para CP/M poderia ser executado em qualquer computador que executasse CP/M, sem precisar conhecer o *hardware* subjacente. Esse princípio de **independência de dispositivos** foi crucial para o desenvolvimento do *software* comercial. Mais tarde, tais programas tornaram-se conhecidos como aplicações, **aplicativos** ou *apps*.

Uma coleção de sub-rotinas fornecidas por um sistema operacional é referida como "*interface* de programação de aplicativos" (ou API, do inglês *application programming interface*). Em um mundo ideal, o programador de um programa aplicativo precisa saber apenas sobre a API, e não como uma API é implementada ou qual *hardware* ela acessa. Na realidade, às vezes um pouco mais de conhecimento é útil.

Para um usuário de computador, um sistema operacional é a ***interface* do usuário**, ou UI (*user interface*). No caso do CP/M, essa foi a "*interface* da linha de comandos" (CLI, do inglês *command-line interface*) implementada pelo CCP. Para um programador, um sistema operacional também é a API – a coleção de sub-rotinas disponíveis para um programa aplicativo.

No caso do CP/M, essas sub-rotinas tinham um ponto de entrada comum no endereço 0005h na memória, e um programa usaria uma dessas sub-rotinas fazendo uma chamada para essa posição de memória:

```
CALL 0005h
```

Ou simplesmente:

```
CALL 5
```

Isso era conhecido como *interface* "Call 5".

A rotina específica era definida pelo valor no registrador C. Aqui estão alguns exemplos:

Registrador C	Função Call 5 do CP/M
01h	Entrada do console (lê um caractere do teclado)
02h	Saída do console (exibe um caractere na tela)
09h	Imprime *string* (exibe uma cadeia de caracteres)
15h	Abre arquivo (usa um arquivo existente)
16h	Fecha arquivo (para de usar um arquivo)
20h	Lê sequencial (lê *bytes* do arquivo)
21h	Escreve sequencial (grava *bytes* no arquivo)
22h	Cria arquivo (compõe um novo arquivo)

Muitas vezes, uma dessas funções exigiria mais informações. Por exemplo, quando o registrador C contém 09h, o par de registradores DE contém o endereço dos caracteres ASCII a serem exibidos na tela. O cifrão ($) é usado para marcar o final da cadeia de caracteres.

O que CALL 5 realmente faz? O local da memória em 0005h é configurado pelo CP/M para conter uma instrução JMP, que desvia para um local na parte BDOS do CP/M, na qual então verifica o valor do registrador C e desvia para a sub-rotina correspondente.

O CP/M já foi um sistema operacional muito utilizado para o 8080 e continua sendo historicamente importante. Ele foi a principal influência por trás de um sistema operacional de 16 *bits* denominado QDOS (*Quick and Dirty Operating System*, que poderia ser traduzido como "Sistema Operacional Rápido e Sujo"), escrito por Tim Paterson, da Seattle Computer Products, para os *chips* 8086 e 8088 de 16 *bits* da Intel. Mais tarde, o QDOS foi renomeado para 86-DOS e licenciado pela Microsoft Corporation. Sob o nome MS-DOS (*Microsoft Disk Operating System*), o sistema operacional foi licenciado para a IBM para o primeiro "computador pessoal" da IBM (*IBM Personal Computer*), introduzido em 1981. Embora uma versão de 16 *bits* do CP/M (chamada de CP/M-86) também estivesse disponível para o IBM PC, o MS-DOS rapidamente se tornou o padrão na época. O MS-DOS (chamado de PC-DOS nos computadores da IBM) também foi licenciado para outros fabricantes, que criaram computadores compatíveis com o IBM PC.

Como o nome indica, o MS-DOS é principalmente um sistema operacional de disco, assim como o Apple DOS, criado em 1978 para o Apple II. O sistema tinha pouquíssima capacidade adicional à habilidade de gravar arquivos em discos e, mais tarde, ler esses arquivos.

Em teoria, os programas aplicativos devem acessar o *hardware* do computador apenas pelas *interfaces* fornecidas pelo sistema operacional. No entanto, muitos programadores das décadas de 1970 e 1980 muitas vezes ignoravam o sistema operacional, particularmente ao lidar com a tela de vídeo. Os programas que escreviam *bytes* diretamente na memória da tela de vídeo eram executados mais rapidamente do que os programas que não faziam isso. De fato, para algumas aplicações, como aquelas que precisavam exibir gráficos na tela de vídeo, o sistema operacional era totalmente inadequado. O que muitos programadores mais gostaram nesses primeiros sistemas operacionais era que eles "ficavam fora do caminho" e permitiam que os programadores escrevessem programas que rodassem tão rapidamente quanto o *hardware* permitisse.

A primeira indicação de que os computadores domésticos seriam muito diferentes de seus primos maiores e mais caros foi provavelmente o aplicativo VisiCalc. Projetado e programado por Dan Bricklin (nascido em 1951) e Bob Frankston (nascido em 1949) e introduzido em 1979 para o Apple II, o VisiCalc usava a tela para dar ao usuário uma visão bidimensional de uma planilha. Antes do VisiCalc, uma planilha era um grande pedaço de papel com linhas e colunas, geralmente usadas para fazer uma série de cálculos. O VisiCalc substituiu o papel pela tela de vídeo, permitindo que o usuário se movesse pela planilha, inserisse números e fórmulas e recalculasse tudo após uma alteração.

O que é surpreendente sobre o VisiCalc é que ele era um aplicativo que **não podia ser duplicado em computadores maiores**. Um programa como o VisiCalc precisava atualizar a tela muito rapidamente. Por isso, ele escrevia diretamente na memória de acesso randômico usada para a tela de vídeo do Apple II. Essa memória fazia parte do espaço de endereços do microprocessador. Não era assim que os grandes computadores eram projetados ou operados.

Quanto mais rápido um computador puder responder ao teclado e alterar a tela de vídeo, mais estreita será a interação potencial entre o usuário e o computador. A maioria dos *softwares* escritos na primeira década do computador pessoal (até a década de 1980) escrevia diretamente na memória da tela de vídeo. Como a IBM estabeleceu um padrão de *hardware* ao qual outros fabricantes de computadores aderiram, os fabricantes de *software* poderiam ignorar o sistema operacional e usar o *hardware* diretamente, sem medo de que seus programas não funcionassem corretamente (ou de forma alguma) em algumas máquinas. Se todos os clones do PC tivessem *interfaces* de *hardware* diferentes para seus monitores de vídeo, teria sido muito difícil para os fabricantes de *software* acomodar todos os diferentes projetos.

Contudo, à medida que os aplicativos proliferaram, apareceram problemas. Os aplicativos mais bem-sucedidos assumiam o controle de toda a tela e implementavam uma *interface* de usuário sofisticada, baseada no teclado. No entanto, cada aplicativo tinha suas próprias ideias sobre a interface de usuário, o que significava que as habilidades aprendidas em um aplicativo não podiam ser aproveitadas em outros. Os programas também não podiam coexistir muito bem. Mover de um programa para outro geralmente exigia terminar o programa em execução e iniciar o próximo.

Uma visão muito diferente da computação pessoal vinha se desenvolvendo por vários anos no Palo Alto Research Center (PARC), que foi fundado pela Xerox em 1970, em parte para ajudar a desenvolver produtos que permitiriam à empresa entrar na indústria de computadores.

O primeiro grande projeto no PARC foi o Alto, projetado e construído em 1972 e 1973. Pelos padrões daqueles anos, esse foi um trabalho impressionante. A unidade básica do sistema, montada em pé sobre o piso, tinha processamento de 16 *bits*, duas unidades de disco de 3 MB e 128 KB de memória (expansível para 512 KB). O Alto precedeu a disponibilidade de microprocessadores de único *chip* de 16 *bits*, de modo que o processador teve de ser construído com cerca de 200 circuitos integrados.

A tela de vídeo foi um dos vários aspectos incomuns do Alto. A tela era aproximadamente do tamanho e da forma de uma folha de papel: 20 cm de largura e 25 cm de altura. Ela funcionava em um modo gráfico com 606 *pixels* horizontalmente por 808 *pixels* verticalmente, compondo um total de 489.648 *pixels*. Um *bit* de memória era dedicado a cada *pixel*, o que significava que cada *pixel* poderia ser preto ou branco. A quantidade total de memória dedicada à tela de vídeo era de 64 KB, que fazia parte do espaço de endereços do processador.

Ao escrever nessa memória de vídeo, o *software* podia desenhar imagens na tela ou exibir texto em diferentes fontes e tamanhos. Em vez de usar a tela de vídeo simplesmente para ecoar o texto digitado pelo teclado, a tela se tornou uma matriz bidimensional de informações de alta densidade e uma fonte mais direta de entrada do usuário.

O Alto também incluía um pequeno dispositivo denominado *mouse*, que rolava sobre a mesa e tinha três botões. Essa foi uma invenção do engenheiro e inventor Douglas Engelbart (1925–2013) enquanto estava no Stanford Research Center. Ao rolar o *mouse* sobre a mesa, o usuário do Alto podia posicionar um ponteiro na tela e interagir com os objetos exibidos na tela.

Durante o restante da década de 1970, os programas escritos para o Alto desenvolveram algumas características muito interessantes. Vários programas foram colocados em janelas e exibidos na mesma tela simultaneamente. O vídeo gráfico do Alto permitiu que o *software* fosse além do texto e realmente espelhasse a imaginação do usuário. Objetos gráficos (como botões, *menus* e pequenas imagens chamadas de ícones) tornaram-se parte da interface do usuário. O *mouse* era usado para selecionar janelas ou acionar os objetos gráficos para executar funções do programa.

Esse era um *software* que ia além da interface do usuário, chegando à intimidade do usuário. Era um *software* que facilitava a extensão do computador em domínios além daqueles de simples processamento de números. Foi um *software* projetado – para citar o título de um artigo escrito por Douglas Engelbart em 1963 – "para o Aumento do intelecto do homem".

O Alto foi o início da "interface gráfica do usuário" (GUI, do inglês *graphical user interface*), muitas vezes pronunciada como *güi*, e grande parte do trabalho conceitual pioneiro é atribuído a Alan Kay (nascido em 1940). No entanto, a Xerox não vendeu o Alto (ele teria custado mais de US$ 30 mil se fosse vendido), e mais de uma década se passou antes que as ideias do Alto fossem incorporadas em um produto de consumo bem-sucedido.

Em 1979, Steve Jobs e um contingente da Apple Computer visitaram o PARC e ficaram bastante impressionados com o que viram, mas eles levaram mais de três anos para introduzir um computador que tivesse uma interface gráfica. Este foi o malfadado Apple "Lisa", em janeiro de 1983. Um ano depois, no entanto, a Apple introduziu o Macintosh, que foi muito mais bem-sucedido.

O Macintosh original tinha um microprocessador Motorola 68000, 64 KB de ROM contendo o sistema operacional, 128 KB de RAM, uma unidade de disquete de 3,5 polegadas (armazenando 400 KB por disquete), um teclado, um *mouse* e uma tela de vídeo capaz de exibir 512 *pixels* horizontalmente por 342 *pixels* verticalmente. (A tela em si media apenas nove polegadas na diagonal.) Isso formava um total de 175.104 *pixels*. Cada *pixel* era associado a 1 *bit* de memória e podia ser preto ou branco; portanto, cerca de 22 KB eram necessários para a RAM de vídeo.

O *hardware* do Macintosh original era elegante, mas dificilmente revolucionário. O que tornou o Mac tão diferente de outros computadores disponíveis em 1984 foi o sistema operacional Macintosh, referido genericamente na época como ***software* do sistema** e mais tarde conhecido como Mac OS, e atualmente como macOS.

Um sistema operacional monousuário e baseado em texto, como CP/M, MS-DOS ou Apple DOS, não é muito grande, e a maior parte da API oferece suporte ao sistema de arquivos. No entanto, um sistema operacional gráfico como o macOS é muito maior e tem centenas de funções de API. Cada uma delas é identificada por um nome que descreve o que a função faz.

Enquanto um sistema operacional baseado em texto, como o MS-DOS, fornece algumas funções de API simples para permitir que os programas aplicativos exibam texto na tela como uma teleimpressora, um sistema operacional gráfico, como o macOS, deve fornecer uma maneira de os programas exibirem **gráficos** na tela. Em teoria, isso pode ser feito implementando uma única função de API que permite que um aplicativo defina a cor de cada *pixel* em uma determinada coordenada horizontal e vertical. No entanto, isso é ineficiente e resulta em gráficos muito lentos.

Faz mais sentido para o sistema operacional fornecer um sistema completo de programação gráfica, o que significa que o sistema operacional inclui funções de API para desenhar linhas, retângulos e curvas, bem como texto. As linhas podem ser sólidas ou compostas por traços ou pontos. Retângulos e elipses podem ser preenchidos com vários padrões. O texto pode ser exibido em várias fontes e tamanhos e com efeitos como negrito e sublinhado. O sistema gráfico é responsável por determinar como apresentar esses objetos gráficos como uma coleção de pontos na tela.

Os programas que são executados em um sistema operacional gráfico usam as mesmas APIs para desenhar elementos gráficos na tela de vídeo do computador e na impressora. Portanto, um aplicativo de processamento de textos pode exibir um documento na tela para que ele se pareça muito semelhante ao documento impresso posteriormente, um recurso conhecido como WYSIWYG (pronuncia-se *wizzy wig*). Esse é um acrônimo em inglês para "O que você vê é o que você recebe", uma contribuição para o jargão de computador feita pelo comediante Flip Wilson em sua personagem Geraldine.

Parte do apelo de uma *interface* gráfica do usuário é que diferentes aplicativos têm *interfaces* de usuário semelhantes e aproveitam a experiência de um usuário. Isso significa que o sistema operacional também deve oferecer suporte a funções de API que permitem que os aplicativos implementem diversos componentes da interface do usuário, como botões e **menus**. Embora a GUI habitualmente seja vista como um ambiente fácil para os usuários, também é importante ressaltar que se trata de um ambiente melhor para os programadores. Os programadores podem implementar uma *interface* de usuário moderna sem ter de reinventar a roda.

Mesmo antes da introdução do Macintosh, diversas empresas haviam começado a criar um sistema operacional gráfico para o IBM PC e compatíveis. Em certo sentido, os desenvolvedores da Apple tiveram um trabalho mais fácil, porque estavam projetando o *hardware* e o *software* juntos. O *software* de sistema do Macintosh tinha que oferecer suporte a apenas um tipo de unidade de disquete, um tipo de exibição de vídeo e duas impressoras. No entanto, a implementação de um sistema operacional gráfico para o PC exigia o suporte de muitos dispositivos de *hardware* diferentes.

Além disso, embora o IBM PC tivesse sido introduzido apenas alguns anos antes (em 1981), muitas pessoas haviam se acostumado a usar seus aplicativos favoritos do MS-DOS e não estavam prontas para abrir mão deles. Era considerado muito importante para um sistema operacional gráfico para o PC executar aplicativos do MS-DOS, bem como aplicativos projetados expressamente para o novo sistema operacional. (O Macintosh não executava *software* do Apple II, principalmente porque usava um microprocessador diferente.)

Em 1985, a Digital Research (empresa por trás do CP/M) introduziu o GEM (*Graphical Environment Manager*, ou Gerenciador de Ambiente Gráfico), a VisiCorp (empresa de *marketing* do VisiCalc) introduziu o VisiOn, e a Microsoft lançou o Windows versão 1.0, que foi rapidamente percebido como o provável vencedor na "guerra das janelas". Contudo, isso não aconteceu até o lançamento do Windows 3.0, em maio de 1990, quando o Windows começou a atrair um número significativo de usuários, para depois de um longo período se tornar o sistema operacional dominante para *desktops* e *notebooks*. Apesar das aparências superficialmente semelhantes do Macintosh e do Windows, as APIs para os dois sistemas são totalmente diferentes.

Contudo, telefones celulares e *tablets* são outra história. Embora existam muitas semelhanças nas *interfaces* gráficas de telefones celulares, *tablets* e computadores pessoais maiores, essas APIs também são diferentes. Atualmente, o mercado de celulares e *tablets* é dominado por sistemas operacionais criados pela Google e pela Apple.

Embora não seja muito visível à maioria dos usuários de computadores, o legado e a influência do sistema operacional UNIX continuam sendo uma presença poderosa. O UNIX foi desenvolvido no início da década de 1970, na Bell Telephone Laboratories, em grande parte por Ken Thompson (nascido em 1943) e Dennis Ritchie (1941–2011), que também tinham algumas das melhores barbas da indústria de computadores. O nome engraçado do sistema operacional é um jogo de palavras: o UNIX foi originalmente escrito como uma versão menos resistente de um sistema operacional anterior, chamado de Multics (que significa *Multiplexed Information and Computing Services*), que a Bell Labs vinha desenvolvendo com o MIT e a GE.

Entre os programadores de computador mais radicais, o UNIX é o sistema operacional mais amado de todos os tempos. Enquanto quase todos os sistemas operacionais são escritos para computadores específicos, o UNIX foi projetado para ser "facilmente transferível", o que significa que ele pode ser adaptado para execução em uma grande variedade de computadores.

A Bell Labs era uma subsidiária da American Telephone & Telegraph (AT&T) na época em que o UNIX foi desenvolvido e, portanto, estava sujeita a decretos judiciais destinados a restringir a posição de monopólio da AT&T na indústria de telefonia. Originalmente, a AT&T estava proibida de comercializar o UNIX; a empresa foi obrigada a licenciá-lo para outros. Assim, a partir de 1973, o UNIX foi extensivamente licenciado para universidades, corporações e o governo. Em 1983, a AT&T foi autorizada a voltar ao negócio de computadores e lançou sua própria versão do UNIX.

O resultado é que não há uma única versão do UNIX. Há, em vez disso, uma grande variedade de versões diferentes, conhecidas sob diferentes nomes e em execução em diferentes computadores, vendidos por diferentes fornecedores. Muitas pessoas "colocaram os dedos" no UNIX e deixaram lá suas impressões digitais. Ainda assim, uma "filosofia UNIX" predominante parece guiar as pessoas à medida que acrescentam partes ao UNIX. Parte dessa filosofia é usar arquivos de texto como um denominador comum. Muitos pequenos programas da linha de comandos do UNIX (chamados de utilitários) leem arquivos de texto, fazem algo com eles e, em seguida, enviam o resultado para outro arquivo de texto. Os utilitários do UNIX podem ser concatenados em sequências que fazem diferentes tipos de processamento nesses arquivos de texto.

O desenvolvimento mais interessante para o UNIX nos últimos anos foi a Free Software Foundation (FSF) e o projeto GNU, ambos fundados por Richard Stallman (nascido em 1953). GNU significa "GNU's Not UNIX" (inglês para "GNU não é UNIX"), o que, logicamente, não é UNIX. Em vez disso, o GNU destina-se a ser compatível com o UNIX, mas ele é distribuído de uma maneira que impede que o *software* se torne propriedade. O projeto GNU resultou na criação de muitos utilitários e ferramentas compatíveis com UNIX, inclusive o Linux, que é o núcleo (ou *kernel*) de um sistema operacional compatível com UNIX.

Escrito em grande parte pelo programador finlandês Linus Torvalds (nascido em 1969), o Linux tornou-se bastante popular nos últimos anos. O sistema operacional Android é baseado no *kernel* do Linux, grandes supercomputadores usam Linux exclusivamente, e ele também é bastante comum em servidores da internet.

No entanto, a internet é um assunto para o capítulo final deste livro.

27
Codificação

Todos os computadores executam código de máquina, mas programar em código de máquina é como comer com um palito de dente. As mordidas são muito pequenas, e o processo é tão trabalhoso que o jantar leva uma eternidade. Da mesma forma, os *bytes* de código de máquina executam as menores e mais simples tarefas de computação imagináveis (p. ex., carregar um número da memória para o processador, somá-lo a outro, armazenar o resultado de volta à memória), de modo que é difícil imaginar como eles contribuem para uma refeição inteira.

Pelo menos progredimos daquela era primitiva no início do capítulo anterior, quando estávamos usando chaves em um painel de controle para inserir dados binários na memória. Naquele capítulo, descobrimos que poderíamos escrever programas simples que nos permitissem usar o teclado e a tela de vídeo para inserir e examinar *bytes* hexadecimais do código de máquina. Isso certamente foi melhor, mas não é a última palavra em melhorias.

Como você sabe, os *bytes* do código de máquina estão associados a certos mnemônicos curtos, como MOV, ADD, JMP e HLT, que nos permitem fazer referência ao código de máquina em algo vagamente semelhante ao inglês. Esses mnemônicos são frequentemente escritos com operandos que indicam ainda mais o que a instrução do código de máquina faz. Por exemplo, o *byte* 46h do código de máquina do 8080 faz com que o microprocessador mova para o registrador B o *byte* armazenado no endereço de memória referenciado pelo valor de 16 *bits* no par de registradores HL. Isso é escrito de forma mais concisa como

MOV B,M

em que o M significa "memória". A coleção total desses mnemônicos (com alguns recursos adicionais) é uma linguagem de programação de um tipo chamado de **linguagem de montagem** (ou, em sua versão em inglês, *assembly*)*.
É muito mais fácil escrever programas em linguagem de montagem do que em código de máquina. O único problema é que a CPU não consegue entender a linguagem de montagem diretamente.

---

* N. de R.T.: A denominação "*assembler*" (que significa "montador", em inglês) também é largamente utilizada neste contexto, apesar da distorção quanto ao seu significado. O termo vai reaparecer na próxima página.

Nos primeiros dias de trabalho com um computador tão primitivo, você provavelmente gastaria muito tempo escrevendo programas de linguagem de montagem no papel. Quando você estivesse satisfeito de que tinha algo que pudesse funcionar, você o "montaria manualmente", o que significa que você converteria as instruções em linguagem de montagem para *bytes* de código de máquina manualmente, usando uma tabela ou outro material de referência e, em seguida, os inseriria na memória.

O que torna a montagem manual tão difícil são todos os desvios e chamadas. Para montar manualmente uma instrução JMP ou CALL, você precisa saber o endereço binário exato do destino, e isso depende de ter todas as outras instruções de código de máquina no lugar. É muito melhor que o computador faça essa conversão para você. Mas como isso poderia ser feito?

Primeiro, você poderia escrever um **editor de textos**, que é um programa que permite digitar linhas de texto e salvá-las como um arquivo. (Infelizmente, você teria de montar manualmente esse programa.) Em seguida, você poderia criar arquivos de texto contendo instruções em linguagem de montagem. Também seria preciso montar manualmente outro programa, chamado de **montador** (ou *assembler*). Esse programa leria um arquivo de texto contendo instruções em linguagem de montagem e converteria essas instruções em código de máquina, que seria salvo em outro arquivo. O conteúdo desse arquivo então poderia ser carregado na memória para execução.

Se você estivesse executando o sistema operacional CP/M em seu computador 8080, grande parte desse trabalho já estaria feito para você. Você já teria todas as ferramentas de que precisa. O editor de textos é chamado de ED.COM e permite criar e modificar arquivos de texto. (Editores de textos modernos simples incluem o Bloco de Notas, em Windows, e o TextEdit, em macOS, em computadores Apple.) Vamos supor que você crie um arquivo de texto com o nome PROGRAMA1.ASM. O tipo de arquivo ASM indica que esse arquivo contém um programa em linguagem de montagem. O arquivo pode ter esta aparência:

```
        ORG 0100h
        LXI DE,Texto
        MVI C,9
        CALL 5
        RET
Texto:  DB 'Hello!$'
        END
```

Esse arquivo tem alguns comandos que não vimos antes. O primeiro é um comando ORG (de "origem"). Esse comando **não** corresponde a uma instrução do 8080. Em vez disso, ele indica que o endereço do próximo comando deve começar na posição 0100h, que é o endereço onde o CP/M carrega programas na memória.

O próximo comando é uma instrução LXI (*load extended immediate*), que carrega um valor de 16 *bits* no par de registradores DE. Essa é uma das várias instruções do Intel 8080 que minha CPU não implementa. Nesse caso, esse valor de 16 *bits* é dado com o rótulo Texto. Esse rótulo está localizado perto da parte final do programa, na frente de uma declaração DB (*data byte*), algo que não vimos antes. A declaração DB pode ser seguida por vários *bytes* separados por vírgulas ou, como faço aqui, por algum texto entre aspas simples.

A instrução MVI (*move immediate*) move o valor 9 para o registrador C. O comando CALL 5 faz uma chamada para o sistema operacional CP/M, que analisa o valor no registrador C e desvia para a função apropriada. Essa função exibe uma cadeia de caracteres que começa no endereço fornecido pelo par de registradores DE e para quando um cifrão é encontrado. (Você notará que o texto na última linha do programa termina com um cifrão. O uso de um cifrão para significar o fim de uma cadeia de caracteres é bastante estranho, mas é assim que o CP/M funciona.) O comando RET final termina o programa e retorna o controle para o CP/M. (Na verdade, essa é uma das várias maneiras de encerrar um programa no CP/M.) O comando END indica o final do arquivo em linguagem de montagem.

Agora você tem um arquivo de texto contendo sete linhas de texto. O próximo passo é montá-lo. O CP/M inclui um programa denominado ASM.COM, que é o **montador** do CP/M. Você executa o ASM.COM a partir da linha de comando do CP/M que é composta assim:

ASM PROGRAMA1.ASM

O programa ASM examina o arquivo PROGRAMA1.ASM e cria um novo arquivo, chamado de PROGRAMA1.COM, que contém o código de máquina correspondente aos comandos que escrevemos em linguagem de montagem. (Na verdade, há outra etapa no processo, mas ela não é importante neste relato do que acontece.)

O arquivo PROGRAMA1.COM contém os seguintes 16 *bytes*:

11 09 01 0E 09 CD 05 00 C9 48 65 6C 6C 6F 21 24

Os três primeiros *bytes* são a instrução LXI, os próximos dois são a instrução MVI, os próximos três são a instrução CALL, e o próximo é a instrução RET. Os últimos sete *bytes* são os caracteres ASCII para as cinco letras de "*Hello*", o ponto de exclamação e o cifrão. Em seguida, você pode executar o programa PROGRAMA1 a partir da linha de comando do CP/M:

PROGRAMA1

O sistema operacional carrega esse programa na memória e o executa. Como resultado, aparece na tela a saudação

Hello!

Um montador como o ASM.COM lê um programa em linguagem de montagem (geralmente chamado de arquivo de **código-fonte**) e grava em um arquivo contendo código de máquina – um arquivo **executável**. Diante do contexto geral, os montadores são programas bastante simples, porque há uma correspondência um-para-um entre os mnemônicos da linguagem de montagem e o código de máquina. O montador trabalha separando cada linha de texto em mnemônicos e argumentos e, em seguida, compara essas pequenas palavras e letras com uma lista que o montador mantém de **todos** os possíveis mnemônicos e argumentos. Esse é um processo chamado de **análise sintática** (*parsing* é o termo em inglês, largamente adotado no jargão técnico) e envolve muitas instruções CMP seguidas de desvios condicionais. Essas comparações revelam quais instruções de código de máquina correspondem a cada comando.

A cadeia de *bytes* contida no arquivo PROGRAMA1.COM começa com 11h, que é a instrução LXI. Esta é seguida pelos *bytes* 09h e 01h, que constituem o endereço de 16 *bits* 0109h. O montador descobre esse endereço para você: se a instrução LXI em si está localizada em 0100h (como ocorre quando o CP/M carrega o programa na memória para ser executado), o endereço 0109h é onde a cadeia de texto começa. Geralmente, um programador que usa um montador não precisa se preocupar com os endereços específicos associados a diferentes partes do programa.

A primeira pessoa a escrever o primeiro montador teve de montar o programa à mão, é claro. Uma pessoa que escreve um novo montador (talvez melhorado) para o mesmo computador pode escrevê-lo em linguagem de montagem e, em seguida, usar o primeiro montador para montá-lo. Uma vez que o novo montador está montado, ele pode montar a si mesmo.

Toda vez que um novo microprocessador é desenvolvido, um novo montador é necessário. No entanto, o novo montador pode primeiro ser escrito em um computador existente usando o montador desse computador. Isso é chamado de **montador-cruzado** (*cross-assembler*). O montador é executado no computador A, mas cria código que é executado no computador B.

Um montador elimina os aspectos menos criativos do programa em linguagem de montagem (a parte da montagem manual), mas a linguagem de montagem ainda tem dois grandes problemas. Você provavelmente já supôs que o primeiro problema é que a programação em linguagem de montagem pode ser muito tediosa. Afinal, você está trabalhando no nível de CPU e tem de se preocupar com cada pequeno detalhe.

O segundo problema é que a linguagem de montagem não é facilmente transferível. Se você fosse escrever um programa em linguagem de montagem para o Intel 8080, ele não seria executado no Motorola 6800. Nesse caso, você deve reescrever o programa na linguagem de montagem do 6800. Isso provavelmente não será tão difícil quanto escrever o programa original, porque você já resolveu os principais problemas organizacionais e algorítmicos, mas, ainda assim, dá muito trabalho.

Muito do que os computadores fazem é cálculo matemático, mas a maneira como a matemática é realizada na linguagem de montagem é desajeitada e confusa. Seria preferível expressar operações matemáticas usando uma notação algébrica consagrada pelo tempo, por exemplo:

```
Ângulo = 27,5
Hipotenusa = 125,2
Altura = Hipotenusa × Seno(Ângulo)
```

Se esse texto fizesse realmente parte de um programa de computador, cada uma das três linhas seria conhecida como um **comando**. Na programação, assim como na álgebra, nomes como Ângulo, Hipotenusa e Altura são chamados de **variáveis**, porque podem ser associados a valores diferentes. O sinal de igual indica uma **atribuição**: a variável Ângulo é definida com o valor 27,5, e a Hipotenusa é definida como 125,2. Seno é uma **função**. Em algum lugar, há um trecho de um código que calcula o seno trigonométrico de um ângulo e retorna esse valor.

Tenha em mente que esses números do exemplo não são os inteiros comuns na linguagem de montagem; eles são números com partes inteira e fracionária. No jargão da computação, eles são conhecidos como números em **ponto flutuante***.

Se tais comandos estivessem em um arquivo de texto, deveria ser possível escrever um programa em linguagem de montagem que lesse o arquivo de texto e convertesse as expressões algébricas em código de máquina para executar o cálculo. Bem, por que não?

O que você está prestes a criar aqui é uma **linguagem de programação de alto nível**. A linguagem de montagem é considerada uma linguagem de **baixo nível**, porque é muito próxima do *hardware* do computador. Embora o termo "alto nível" seja usado para descrever qualquer linguagem de programação que não seja a linguagem de montagem, algumas linguagens usam níveis mais altos do que outras. Se você fosse o presidente de uma empresa e pudesse sentar-se ao seu computador e digitar (ou, melhor ainda, apenas apoiar os pés na mesa e ditar) "Calcule todos os lucros e perdas para este ano, escreva um relatório anual, imprima alguns milhares de cópias e envie-as a todos os nossos acionistas", você estaria trabalhando com uma linguagem realmente de alto nível. No mundo real, as linguagens de programação não chegam nem perto desse ideal.

As linguagens humanas são o resultado de milhares de anos de influências complexas, mudanças aleatórias e adaptações. Até mesmo linguagens artificiais, como o Esperanto, traem suas origens na linguagem real. Linguagens de computador de alto nível, no entanto, são concepções mais deliberadas.

---

* N. de R.T.: No Brasil, usa-se a "vírgula" para separar a parte inteira da fracionária. Nos EUA, o "ponto" é usado nesta função. Por razões de simplicidade e conexão com a literatura técnico-científica, termos relacionados (como é o caso de "ponto-flutuante") são traduzidos diretamente, sem adaptação.

O desafio de inventar uma linguagem de programação é bastante atraente para algumas pessoas, porque a linguagem define como uma pessoa transmite instruções ao computador. Quando escrevi a primeira edição original deste livro, encontrei uma estimativa de 1993 de que havia mais de mil linguagens de alto nível inventadas e implementadas desde o início da década de 1950. No final do ano de 2021, um *site* intitulado Online Historical Encyclopedia of Programming Languages (hopl.info) exibia o total de 8.945.

Claro, não é suficiente simplesmente "definir" uma linguagem de alto nível, o que envolve o desenvolvimento de uma **sintaxe** para expressar todas as coisas que você deseja fazer com a linguagem. Também é preciso escrever um **compilador**, que é o programa que converte os comandos de sua linguagem de alto nível em código de máquina. Assim como um montador, um compilador deve ler um arquivo de código-fonte caractere por caractere e dividi-lo em palavras curtas, símbolos e números. No entanto, um compilador é muito mais complexo do que um montador. Um montador é simplificado de uma certa maneira por causa da correspondência um-para-um entre instruções de linguagem de montagem e o código de máquina. Um compilador geralmente precisa valer-se de muitas instruções de código de máquina para traduzir um único comando de uma linguagem de alto nível. Os compiladores não são fáceis de escrever. Livros inteiros são dedicados ao seu projeto e à sua construção.

Linguagens de alto nível têm vantagens e desvantagens. Uma das principais vantagens é que as linguagens de alto nível geralmente são mais fáceis de aprender e programar do que as linguagens de montagem. Programas escritos em linguagens de alto nível são, quase sempre, mais claros e concisos. As linguagens de alto nível em geral são facilmente transferíveis, ou seja, não dependem de um processador específico como as linguagens de montagem. Elas permitem que os programadores trabalhem sem saber a estrutura subjacente da máquina na qual o programa será executado. Claro, se você precisar executar o programa em mais de um processador, precisará de compiladores que gerem código de máquina para esses diferentes processadores. Os arquivos executáveis atuais ainda são específicos para cada CPU.

Por outro lado, muitas vezes um bom programador de linguagem de montagem é capaz de escrever um código mais rápido e mais eficiente do que o gerado por um compilador. Isso significa que um executável produzido a partir de um programa escrito em uma linguagem de alto nível será maior e mais lento do que um programa funcionalmente idêntico escrito em linguagem de montagem. (No entanto, nos últimos anos, isso se tornou menos óbvio, à medida que os microprocessadores se tornaram mais complexos e os compiladores também se tornaram mais sofisticados na otimização do código.)

Embora uma linguagem de alto nível geralmente torne um processador muito mais fácil de usar, ela não o torna mais poderoso. Algumas linguagens de alto nível não oferecem suporte a operações comuns em CPUs, como deslocamento de *bits* e teste de *bits*. Essas tarefas podem ser mais difíceis usando uma linguagem de alto nível.

Nos primórdios dos computadores domésticos, a maioria dos programas aplicativos era escrita em linguagem de montagem. Hoje, as linguagens de montagem raramente são usadas, exceto para fins especiais. À medida que mais *hardware* foi adicionado aos processadores que implementam o conceito de *pipeline* (execução progressiva de vários códigos de instrução simultaneamente), a linguagem de montagem tornou-se mais complicada e mais difícil. Ao mesmo tempo, os compiladores tornaram-se mais sofisticados. A maior capacidade de armazenamento e memória dos computadores atuais também desempenhou um papel importante nessa tendência: os programadores não sentem mais a necessidade de criar código que seja executado em uma pequena quantidade de memória e que caiba em um pequeno disquete.

Os projetistas dos primeiros computadores tentaram formular problemas para eles em notação algébrica, mas geralmente considera-se que o primeiro compilador funcional real foi o Arithmetic Language versão 0 (ou A-0), criado para o UNIVAC por Grace Murray Hopper (1906–1992) na empresa Remington-Rand em 1952. A Dra. Hopper também cunhou o termo "compilador". Ela começou a usar computadores desde cedo, quando trabalhou para Howard Aiken no Mark I, em 1944. Com 80 anos, ela ainda estava trabalhando na indústria de computadores, fazendo relações públicas para a Digital Equipment Corporation (DEC).

A mais antiga linguagem de alto nível ainda em uso hoje (embora bastante revisada ao longo dos anos) é FORTRAN. Muitas das primeiras linguagens de computador têm nomes inventados que são escritos em maiúsculas, já que são acrônimos. FORTRAN é uma combinação das três primeiras letras de *FORmula* e das quatro primeiras letras de *TRANslation*. Foi desenvolvida na IBM em meados da década de 1950 para a série 704 de computadores. Por muitos anos, FORTRAN foi considerada a linguagem preferida de cientistas e engenheiros. Ela tem vasto suporte para ponto flutuante e até aceita números complexos, que são combinações de números reais e imaginários.

COBOL, cuja sigla deriva de *COmmon Business Oriented Language* (ou Linguagem Orientada a Negócios Comuns), é outra linguagem de programação antiga que ainda está em uso, principalmente em instituições financeiras. A linguagem COBOL foi criada por um comitê de representantes das indústrias norte-americanas e do Departamento de Defesa dos EUA a partir de 1959, mas foi influenciada pelos primeiros compiladores de Grace Hopper. Em parte, COBOL foi projetada para que os gerentes, embora provavelmente não fizessem a codificação real, pudessem pelo menos "ler" o código do programa e verificar se ele estava fazendo o que deveria. (No entanto, na vida real isso raramente acontece.)

Uma linguagem de programação extremamente influente mas que não está em uso hoje (exceto, possivelmente, por amadores) é ALGOL. O termo significa *ALGOrithmic Language* (ou Linguagem Algorítmica), mas também compartilha seu nome com a segunda estrela mais brilhante da constelação de Perseus. Originalmente projetada por um comitê internacional em 1957 e 1958, ALGOL é ancestral direta de muitas linguagens populares de uso geral do último meio século. Ela foi pioneira em um conceito que mais tarde ficou conhecido como **programação estruturada**. Ainda hoje, às vezes as pessoas se referem a linguagens de programação "tipo ALGOL".

ALGOL estabeleceu estruturas de programação que agora são comuns a quase todas as linguagens de programação. Estas foram associadas a certas palavras-chave, que são palavras dentro da linguagem de programação para indicar operações específicas. Múltiplos comandos eram combinados em **blocos**, que eram executados sob certas condições ou com um determinado número de iterações.

A instrução if executa comando ou bloco de comandos com base em uma condição lógica (p. ex., se a variável altura for menor que 55). O comando for executa um comando ou um bloco de comandos várias vezes, geralmente com base no incremento de uma variável. Um **arranjo** (ou *array*) é uma coleção de valores do mesmo tipo (p. ex., nomes de cidades). Os programas eram organizados em blocos e funções.

Embora houvesse versões de FORTRAN, COBOL e ALGOL disponíveis para computadores domésticos, nenhuma delas causou maior impacto em máquinas pequenas que a BASIC.

A linguagem BASIC (*Beginner's All-purpose Symbolic Instruction Code*, ou, em português, código de instruções simbólicas de uso geral para principiantes) foi desenvolvida em 1964 por John Kemeny e Thomas Kurtz, do departamento de matemática de Dartmouth, em conexão com o sistema de compartilhamento de tempo de Dartmouth. A maioria dos estudantes em Dartmouth não era composta por estudantes de matemática ou engenharia; portanto, não se podia esperar que mexessem com a complexidade dos computadores e a dificuldade na sintaxe de programação. Um estudante de Dartmouth, sentado em um terminal, poderia criar um programa BASIC simplesmente digitando comandos BASIC precedidos por números. Os números indicavam a ordem dos comandos no programa. O primeiro programa BASIC no primeiro manual de instruções BASIC publicado foi

```
10 LET X = (7 + 8) / 3
20 PRINT X
30 FIM
```

Muitas implementações subsequentes do BASIC foram na forma de **interpretadores** em vez de **compiladores**. Enquanto um compilador lê um arquivo de código-fonte e cria um arquivo executável com código de máquina, um interpretador lê o código-fonte e o executa diretamente, sem criar um arquivo executável. Os interpretadores são mais fáceis de escrever do que os compiladores, mas o tempo de execução do programa interpretado costuma ser mais longo do que o de um programa compilado. Em computadores domésticos, o BASIC começou cedo, quando os amigos Bill Gates (nascido em 1955) e Paul Allen (nascido em 1953) escreveram um interpretador para BASIC para o Altair 8800 em 1975 e iniciaram sua empresa, a Microsoft Corporation.

A linguagem de programação Pascal herdou grande parte de sua estrutura do ALGOL, mas incluiu recursos de COBOL. A linguagem Pascal foi projetada no final da década de 1960 pelo professor suíço de ciência da computação Niklaus Wirth (nascido em 1934). Ela foi bastante popular entre os primeiros programadores do IBM PC, mas de uma forma muito específica: o produto Turbo Pascal, introduzido pela Borland International em 1983 pela barganha de US$ 49.95. A linguagem Turbo Pascal foi escrita pelo estudante dinamarquês Anders Hejlsberg (nascido em 1960) e veio completa, com um "ambiente de desenvolvimento integrado" (IDE, do inglês *integrated development environment*). O editor de textos e o compilador foram combinados em um único programa, o que facilitou uma programação muito rápida. Ambientes de desenvolvimento integrados eram populares em computadores de grande porte (*mainframes*), mas o Turbo Pascal anunciou sua chegada em pequenas máquinas.

Pascal também foi uma grande influência sobre Ada, uma linguagem desenvolvida para uso pelo Departamento de Defesa dos Estados Unidos. A linguagem recebeu esse nome em homenagem a Augusta Ada Byron, que apareceu no Capítulo 15 como a cronista da Máquina Analítica de Charles Babbage.

Depois veio a C, uma linguagem de programação muito amada, criada entre 1969 e 1973 em grande parte por Dennis M. Ritchie no Bell Telephone Laboratories. As pessoas muitas vezes perguntam por que a linguagem é chamada de C. A resposta mais simples é que ela foi derivada de uma linguagem precursora, denominada B, que era uma versão simplificada da BCPL (Basic CPL), que foi derivada da CPL (Combined Programming Language).

A maioria das linguagens de programação procura eliminar remanescentes da linguagem de montagem, como endereços de memória. Não é o caso de C. A linguagem C inclui um recurso denominado **ponteiro**, que é basicamente um endereço de memória. Os ponteiros eram muito convenientes para os programadores que sabiam como usá-los, mas perigosos para quase todos os outros.

Por sua habilidade de escrever sobre áreas importantes da memória, os ponteiros eram uma fonte comum de falhas. O programador Alan I. Holub escreveu um livro sobre C intitulado *"Enough Rope to Shoot Yourself in the Foot"*, o que poderia ser traduzido como "Corda suficiente para dar um tiro no próprio pé".

A linguagem C tornou-se a avó de uma série de linguagens mais seguras que C e acrescentou a facilidade de trabalhar com **objetos**, que são entidades de programação que combinam código e dados de uma forma muito estruturada. As mais famosas dessas linguagens são a C++, criada em 1985 pelo cientista da computação dinamarquês Bjarne Stroustrup (nascido em 1950); Java, projetada por James Gosling (nascido em 1955) na Oracle Corporation em 1995; e C#, originalmente projetada por Anders Hejlsberg na Microsoft em 2000. No momento em que este livro foi escrito, uma das linguagens de programação mais usadas é outra linguagem influenciada por C denominada Python, originalmente projetada pelo programador holandês Guido von Rossum (nascido em 1956) em 1991. No entanto, se você estiver lendo este livro nas décadas de 2030 ou 2040, poderá estar familiarizado com linguagens que ainda nem foram inventadas.

Diferentes linguagens de programação de alto nível induzem o programador a pensar de maneiras diferentes. Por exemplo, algumas linguagens de programação mais recentes se concentram na manipulação de funções em vez de variáveis. Estas são chamadas de linguagens de programação **funcionais** e, para um programador acostumado a trabalhar com linguagens de **procedimentos** (no jargão, **"procedurais"**) convencionais, elas podem inicialmente parecer bastante estranhas. No entanto, oferecem soluções alternativas que podem inspirar os programadores a reorientar completamente sua forma de abordar os problemas. No entanto, independentemente da linguagem, a CPU ainda executa o mesmo e antigo código de máquina.

Contudo, existem maneiras pelas quais o *software* pode suavizar as diferenças entre várias CPUs e seus códigos de máquina nativos. O *software* pode emular várias CPUs, permitindo que as pessoas executem *softwares* antigos e jogos de computador antigos em computadores modernos. (Isso não é novidade: quando Bill Gates e Paul Allen decidiram escrever um interpretador BASIC para o Altair 8800, eles o testaram em um programa emulador do Intel 8080 que escreveram em um computador de grande porte DEC PDP-10 da Universidade de Harvard.) As linguagens Java e C# podem ser compiladas em código intermediário, semelhante ao código de máquina, que então é convertido em código de máquina quando o programa é executado. Um projeto denominado LLVM destina-se a fornecer uma ligação virtual entre qualquer linguagem de programação de alto nível e qualquer conjunto de instruções implementado por uma CPU.

Essa é a magia do *software*. Com memória e velocidade suficientes, qualquer computador digital pode fazer qualquer coisa que qualquer outro computador digital possa fazer. Essa é a implicação do trabalho de Alan Turing, na década de 1930, sobre o que tem sido referido como "**computabilidade**" (habilidade de resolver efetivamente problemas computacionais).

No entanto, o que Turing também demonstrou é que existem certos problemas algorítmicos que estarão para sempre fora do alcance do computador digital, e um desses problemas tem implicações surpreendentes: **você não pode escrever um programa de computador que determine se outro programa de computador está funcionando corretamente.** Isso significa que nunca podemos ter certeza de que nossos programas estão funcionando da maneira como deveriam.

Esse é um pensamento preocupante, e é por isso que longos testes e depuração são uma parte tão importante do processo de desenvolvimento de *software*.

Uma das linguagens influenciadas por C mais bem-sucedidas é JavaScript, originalmente projetada por Brendan Eich (nascido em 1961) na empresa Netscape e que apareceu pela primeira vez em 1995. JavaScript é a linguagem que as páginas *web* utilizam para fornecer recursos interativos que vão além da simples apresentação de texto e mapas de *bits* controlados por HTML (*Hypertext Markup Language*). No momento em que escrevo, quase 98% de 10 milhões dos principais *sites* usam pelo menos algum código em JavaScript.

Todos os navegadores *web* de uso comum hoje entendem JavaScript, o que significa que você pode começar a escrever programas em JavaScript em um computador *desktop* ou *notebook* sem baixar ou instalar ferramentas de programação adicionais.

Você gostaria de experimentar um pouco de JavaScript agora mesmo?

Tudo o que você precisa fazer é criar um arquivo em HTML que contenha algum trecho em JavaScript usando o Bloco de Notas do Windows ou o programa TextEdit do macOS. Salve-o em um arquivo e carregue-o em seu navegador *web* favorito, como Edge, Chrome ou Safari.

No Windows, execute o programa Bloco de Notas. (Talvez seja necessário encontrá-lo usando o recurso de pesquisa no *menu* Iniciar.) Ele está preparado para você digitar texto.

No macOS, execute o programa TextEdit. (Talvez seja necessário localizá-lo usando o "Spotlight Search", que é o nome pomposo para a "lupa".) Na primeira tela que aparecer, clique no botão de Novo Documento. O TextEdit foi projetado para criar um arquivo de texto formatado (*rich text*) que contém informações de formatação de texto. Não desejamos isso. Queremos um arquivo de texto sem formatação. Portanto, no *menu* Format (formatar), selecione Make Plain Text (criar texto sem formatação). Além disso, na seção Spelling and Grammar (ortografia e gramática) do *menu* Edit (editar), desmarque as opções para verificar e corrigir a ortografia.

Agora digite o seguinte:

```
<html>
    <head>
        <title>Meu JavaScript</title>
    </head>
    <body>
        <p id="result">Os resultados do programa entram aqui!</p>
        <script>
            // Programas JavaScript entram aqui
        </script>
    </body>
</html>
```

Isso é HTML, que é baseada em *tags* (ou **marcações**) que cercam várias seções do arquivo. O arquivo inteiro começa com uma *tag* <html> e termina com a *tag* </html>, que delimitam todo o restante. Dentro disso, a seção <head> inclui um <title> que aparecerá na parte superior da página *web*. A seção <body> inclui um <p> ("parágrafo") com o texto "Os resultados do programa entram aqui!".

A seção <body> também inclui uma seção <script>. É aí que seus programas em JavaScript residirão. Já existe um pequeno programa lá, que consiste apenas em uma linha que começa com duas barras. Essas duas barras indicam que essa linha é um **comentário**. Tudo o que segue as duas barras até o final da linha é para o benefício dos seres humanos que leem o programa. Isso é totalmente ignorado quando o código JavaScript é executado.

Ao digitar essas linhas no Bloco de Notas ou no TextEdit, você não precisa usar recuos (de *indent*) como eu fiz. Você pode até colocar grande parte disso na mesma linha. Contudo, por uma questão de clareza, coloque as *tags* <script> e </script> em linhas separadas.

Agora salve esse arquivo em algum lugar: no Bloco de Notas ou no TextEdit, selecione Save (salvar) no *menu* File (arquivo). Selecione um local para salvar o arquivo; a área de trabalho do computador é conveniente. Chame o arquivo de MeuExperimentoJavaScript.html ou algo semelhante. A extensão do nome de arquivo após o ponto é muito importante: certifique-se de que é **html**. O TextEdit pedirá que você verifique se é isso que você realmente quer. Confirme!

Depois de salvar o arquivo, não feche o Bloco de Notas ou o TextEdit ainda. Mantenha-o aberto para que você possa fazer alterações adicionais no arquivo.

Agora encontre o arquivo que você acabou de salvar e clique duas vezes nele. O Windows ou o macOS devem carregar esse arquivo no navegador *web* padrão do seu sistema. O título da página *web* deve ser "Meu JavaScript", e o canto superior esquerdo da página *web* deve exibir "Os resultados do programa entram aqui!". Caso contrário, verifique se tudo foi digitado sem erros no arquivo.

Aqui está o processo para experimentar o JavaScript: no Bloco de Notas ou no TextEdit, você insere algum código JavaScript entre as *tags* <script> e </script> e salva o arquivo novamente. Agora vá para o navegador *web* e atualize a página, provavelmente clicando em um ícone de seta circular. Desse modo, você pode executar um programa JavaScript diferente (ou uma variação de algum programa) após efetuar duas etapas: salvar a nova versão do arquivo e, em seguida, atualizar a página no navegador *web*.

Aqui está um primeiro programa razoável que você pode digitar na área entre as *tags* <script> e </script>:

```
let mensagem = "Olá, do meu programa em JavaScript!";
document.getElementById("result").innerHTML = mensagem;
```

Esse programa contém dois **comandos**, e cada um ocupa uma linha diferente e termina com um ponto e vírgula.

No primeiro comando, a palavra let é uma palavra-chave em JavaScript (o que significa que é uma palavra especial, que tem um significado em JavaScript) e mensagem é uma variável. Você pode usar a palavra-chave let para definir essa variável com algum valor e, posteriormente, modificá-la para outro valor. Você não precisa usar a palavra mensagem. Você pode usar msg ou qualquer outra coisa que comece com uma letra e não contenha espaços ou sinais de pontuação. Nesse programa, a variável mensagem é definida como uma cadeia de caracteres que começa e termina com aspas. Você pode colocar a mensagem que quiser entre essas aspas.

O segundo comando é definitivamente mais obscuro e complexo, mas é necessário para permitir que JavaScript interaja com o código em HTML. A palavra-chave document refere-se à página *web*. Dentro da página *web*, getElementById procura um "elemento" (de *Element*) em HTML com o nome "result". Essa é a *tag* <p>, e innerHTML insere o conteúdo da variável mensagem entre as *tags* <p> e </p> como se você a tivesse digitado originalmente lá. (O recurso de Element, innerHTML, define ou retorna o conteúdo em HTML de um elemento.)

Esse segundo comando é longo e confuso porque JavaScript deve ser capaz de acessar ou alterar qualquer coisa na página *web*, por isso deve ser flexível o suficiente para fazer isso.

Compiladores e interpretadores são mais exigentes com a ortografia do que os rigorosos professores de inglês, por isso certifique-se de digitar essa segunda declaração exatamente como foi mostrado. JavaScript é uma linguagem que diferencia entre maiúsculas e minúsculas, referido em inglês com o termo *case-sensitive*. Certifique-se de que você digitou innerHTML corretamente, pois as palavras InnerHTML ou innerHtml não funcionarão. É por isso que você se beneficiará se a correção ortográfica no programa TextEdit do macOS. Caso contrário, o TextEdit mudará let para Let, e o código não funcionará.

Ao salvar essa nova versão do arquivo e atualizar a página no navegador *web*, você verá aquela mensagem no canto superior esquerdo. Se isso não acontecer, verifique o seu trabalho.

Vamos tentar outro programa simples usando o mesmo arquivo. Se você não quiser excluir o programa que já foi escrito, coloque-o entre estas duas sequências especiais de símbolos:

```
/*
let message = "Olá do meu programa JavaScript!!";
document.getElementById("result").innerHTML = mensagem;
*/
```

Para JavaScript, qualquer coisa entre `/*` e `*/` é tratada como um comentário e ignorada. Como em muitas linguagens influenciadas por C, JavaScript tem dois tipos de comentários: comentários de várias linhas usando `/*` e `*/` e comentários de única linha usando `//`.

O próximo programa realiza um pouco de aritmética:

```
let a = 535.43;
let b = 289.771;
let c = a * b;
document.getElementById("result").innerHTML = c;
```

Como em muitas linguagens de programação, a multiplicação é especificada por um asterisco em vez de um sinal de vezes, porque o sinal de multiplicação padrão não faz parte do conjunto de caracteres ASCII.

Observe que o último comando é o mesmo do programa anterior, exceto que agora `innerHTML` entre as *tags* `<p>` está sendo definida como a variável c, que é o produto dos dois números. A linguagem JavaScript não se importa se você definir `innerHTML` como uma cadeia de caracteres ou como um número. Ela fará o que for preciso para exibir o resultado.

Um dos recursos mais importantes em linguagens de alto nível é o **laço** (ou *loop*). Você viu como os laços são feitos em linguagem de montagem, com a instrução `JMP` e desvios condicionais. Algumas linguagens de alto nível incluem uma declaração chamada de `goto`, que é muito semelhante a um desvio. No entanto, comandos goto são desencorajados, exceto para alguns fins especiais. Um programa que requer muitos desvios logo se torna muito difícil de ser mantido. O termo técnico é **código espaguete**, pois os desvios parecem ficar todos enredados uns nos outros. Por isso, JavaScript nem sequer implementa um goto.

As modernas linguagens de programação de alto nível gerenciam laços sem "pular de um lugar para outro." Por exemplo, suponha que você queira somar todos os números entre 1 e 100. Aqui está uma maneira de escrever esse programa com um laço em JavaScript:

```
let total = 0;
let valor = 1;

while (valor <= 100)
{
    total = total + valor;
    valor = valor + 1;
}

document.getElementById("result").innerHTML = total;
```

Não se preocupe com as linhas em branco. Elas são usadas aqui para separar várias partes do programa, para haver maior clareza. O código começa com uma seção de **inicialização**, em que duas variáveis são definidas com seus valores iniciais. O laço consiste no comando while e no bloco de código entre as chaves. Se a variável valor for menor ou igual a 100, o bloco de código será executado. Isso soma valor ao total e aumenta o valor em 1. Quando valor se torna maior que 100, o programa continua com o comando após a chave de fechamento à direita. Esse comando exibe o resultado.

Você pode ficar intrigado se encontrar um problema de álgebra com estas duas declarações:

```
total = total + valor;
valor = valor + 1;
```

Como o total pode ser igual ao total mais o valor? Isso não significa que o valor é igual a zero? E como pode o valor ser igual a valor mais 1?

Em JavaScript, o sinal de igual não simboliza igualdade. Em vez disso, é um operador de **atribuição**. A variável à esquerda do sinal de igual recebe o valor calculado à direita do sinal de igual. Em outras palavras, o valor à direita do sinal de igual "entra" na variável à esquerda. Em JavaScript (como em C), testar se duas variáveis são iguais envolve o duplo sinal de igual (==).

Para esses dois comandos, JavaScript implementa alguns atalhos emprestados de C. Esses dois comandos podem ser abreviados da seguinte forma:

```
total += valor;
Valor += 1;
```

A combinação do sinal de mais com o sinal de igual significa somar o que está à direita à variável que está à esquerda.

É muito comum que as variáveis sejam incrementadas em uma unidade, como acontece aqui com valor, de modo que a instrução que incrementa valor pode ser abreviada desta forma:

```
valor++;
```

Além disso, as duas declarações podem ser combinadas em uma:

```
total += valor++;
```

O valor é somado a total e, em seguida, é aumentado em 1. Contudo, isso pode ser um pouco obscuro e confuso para pessoas que não são tão habilidosas em programação quanto você, então pode ser mais prudente evitá-lo.

Outra maneira comum de escrever esse programa é com um laço baseado na palavra-chave for:

```
let total = 0;

for (let valor = 1; valor <= 100; valor++)
{
    total += valor;
}
document.getElementById("result").innerHTML = total;
```

O comando for contém três cláusulas separadas por sinais de ponto e vírgula. A primeira delas inicializa a variável valor como 1. O bloco de código dentro das chaves é executado somente se a segunda cláusula for verdadeira, ou seja, se valor for menor ou igual a 100. Depois que esse bloco de código é executado, valor é incrementado. Além disso, como o bloco de código contém apenas um comando, as chaves podem ser removidas.

Aqui está um pequeno programa que faz um laço através de números de 1 a 100 e exibe as raízes quadradas desses números:

```
for (let valor = 1; valor <= 100; valor++)
{
    document.getElementById("result").innerHTML +=
        "A raiz quadrada de " + valor + " é " +
        Math.sqrt(valor) + "<br />";
}
```

O bloco de código executado dentro do laço é apenas um comando, mas o comando é tão longo que eu o escrevi em três linhas. Observe que a primeira dessas três linhas termina com +=, o que significa que o que se segue é adicionado ao elemento (innerHTML) da *tag* <p>, criando mais texto a cada iteração do laço. O que é adicionado ao elemento (innerHTML) é uma combinação de texto e números. Particularmente, observe Math.sqrt, que é uma função de JavaScript que calcula a raiz quadrada. Ela faz parte da linguagem JavaScript. (Uma função desse tipo às vezes é chamada de função interna.) Observe também a *tag*
, que é uma quebra de linha em HTML.

Quando o programa terminar, você verá uma longa lista de texto. Você provavelmente precisará rolar a página para ver tudo.

O próximo programa que vou mostrar implementa um famoso algoritmo para encontrar números primos: o crivo de Eratóstenes. Eratóstenes (176–194 a.C.) foi o bibliotecário da lendária biblioteca de Alexandria; ele também é lembrado por calcular com precisão a circunferência da Terra.

Números primos são aqueles números inteiros que são igualmente divisíveis apenas por si mesmos e por 1. O primeiro número primo é 2 (o único número primo par), e os primos continuam com 3, 5, 7, 11, 13, 17, 19, 23, 29 e assim por diante.

A técnica de Eratóstenes inicia com uma lista dos números inteiros positivos, começando com 2. Como 2 é um número primo, elimine todos os números que são múltiplos de 2 (i.e., todos os números pares, exceto 2). Esses números não são primos. Como 3 é um número primo, elimine todos os números que são múltiplos de 3. Já sabemos que 4 não é um número primo, porque já foi eliminado. O próximo primo é 5, então elimine todos os múltiplos de 5. Continue assim. O que lhe restar serão os números primos.

Esse programa em JavaScript que implementa esse algoritmo usa uma entidade de programação comum: o **arranjo** (ou *array*). Um arranjo é muito parecido com uma variável quanto a ter um nome, mas ele armazena vários itens, e cada um dos quais é referenciado por um **índice** entre colchetes após o nome do arranjo.

O arranjo nesse programa é chamado de `primos` e contém 10.000 valores booleanos. Em JavaScript, os valores booleanos são `true` ou `false`, que são palavras-chave em JavaScript. (Desde o Capítulo 6 você já deve estar familiarizado com esse conceito.)

Veja como o programa cria o arranjo `primos` e como ele inicialmente define todos os valores desse arranjo como `true`:

```
let primos = [];

for (let ind = 0; ind < 10000; ind++)
{
    primos.push(true);
}
```

Há uma maneira muito mais curta de fazer isso, mas é um pouco mais obscura:

```
let primos = new Array(10000).fill(true);
```

O cálculo principal envolve dois laços `for`, um dentro do outro. (Diz-se que o segundo laço `for` está **aninhado** no primeiro.) São necessárias duas variáveis para indexar o arranjo e, em vez de usar variações da palavra "índice", usei as variáveis bem mais curtas i1 e i2. Os nomes das variáveis podem incluir números, mas os nomes devem começar com letras:

```
for (let i1 = 2; i1 <= 100; i1++)
{
    se (primos[i1])
    {
        for (let i2 = 2; i2 < 10000 / i1; i2++)
        {
            primos[i1 * i2] = false;
        }
    }
}
```

O primeiro laço for incrementa a variável i1 de 2 até 100, que é a raiz quadrada de 10.000. O comando if executa a próxima parte somente se esse elemento do arranjo for true, indicando que é um primo. Esse segundo laço começa a aumentar a variável i2 a partir de 2. O produto de i1 e i2 é, portanto, 2 vezes i1, 3 vezes i1, 4 vezes i1 e assim por diante. Esses números não são primos, de modo que o elemento do arranjo é definido como false.

Pode parecer estranho aumentar i1 apenas até 100 e i2 apenas até 10.000 dividido por i1, mas isso é tudo o que é necessário para incluir todos os primos até 10.000.

A parte final do programa exibe os resultados:

```
for (let ind = 2; ind < 10000; ind++)
{
    if (primos[ind])
    {
        document.getElementById("result").innerHTML +=
            ind + " ";
    }
}
```

Se a programação em JavaScript lhe interessa, por favor, **não** continue usando o Bloco de Notas ou o TextEdit. Existem ferramentas muito melhores disponíveis, que lhe avisarão se você escrever algo incorretamente ou errar de alguma outra maneira.

⊕ Se você quiser examinar alguns programas em JavaScript simples e com comentários suficientes para fornecer uma forma de tutorial, consulte esta seção do capítulo em CodeHiddenLanguage.com.

Às vezes, as pessoas discutem se a programação é uma arte ou uma ciência. Por um lado, os currículos universitários são chamados de "ciência" da computação, mas, por outro lado, você tem livros como a famosa série *"The Art of Computer Programming"* (em português, A arte da programação de computadores"), de Donald Knuth. A programação tem elementos de ciência e de arte, mas, na verdade, é outra coisa. "Em vez disso", escreveu o físico Richard

Feynman, "ciência da computação é como engenharia – é tudo sobre como conseguir que algo faça alguma coisa".

Muitas vezes, essa é uma batalha difícil. Como você pode ter descoberto, é muito fácil cometer erros em programas de computador e gastar muito tempo rastreando esses erros. A depuração é uma arte (ou uma ciência, ou um feito de engenharia) por si só.

O que você viu é apenas o que referimos como "a ponta do *iceberg*" na programação JavaScript. No entanto, a história nos diz para sermos cautelosos em torno dos *icebergs*. Às vezes, o próprio computador faz algo inesperado. Por exemplo, tente este pequeno programa em JavaScript:

```
let a = 55.2;
let b = 27.8;
let c = a * b;
document.getElementById("result").innerHTML = c;
```

O que esse programa exibe é 1534.5600000000002, o que não parece certo, e não está certo. O resultado correto é simplesmente 1534.56.

O que aconteceu?

Os números de ponto flutuante são excepcionalmente importantes na computação, de modo que um padrão foi estabelecido em 1985 pelo Institute of Electrical and Electronics Engineers (IEEE) e reconhecido pelo American National Standards Institute (ANSI). O padrão ANSI/IEEE 754-1985 é chamado de Padrão IEEE para Aritmética Binária de Ponto Flutuante. Ele não é tão extenso como outros padrões (tem apenas 18 páginas), mas explica os detalhes da codificação de números de ponto flutuante de uma maneira conveniente. Esse é um dos padrões mais importantes em toda a computação; ele é usado por praticamente todos os computadores contemporâneos e programas de computador que você encontrará.

O padrão de ponto flutuante do IEEE define dois formatos básicos: precisão simples, que requer quatro *bytes* por número, e precisão dupla, que requer oito *bytes* por número. Algumas linguagens de programação lhe dão uma escolha de qual deles usar; JavaScript usa exclusivamente a precisão dupla.

O padrão do IEEE é baseado na representação de números em notação científica, onde um número tem duas partes: uma **mantissa** (ou **significando**) é multiplicada por 10 elevado a uma potência inteira, chamada de **expoente**. Veja:

$$42.705,7846 = 4,27057846 \times 10^4$$

Essa representação em particular é chamada de formato **normalizado**, porque a mantissa tem apenas um dígito à esquerda do separador das casas decimais.

O padrão do IEEE representa números em ponto flutuante da mesma maneira, mas em binário. Todos os números binários que você viu neste livro até agora eram inteiros, mas também é possível usar a notação binária para números fracionários. Por exemplo, considere este número binário:

$$101,1101$$

Não chame essa vírgula de "vírgula decimal"! Como esse é um número binário, essa vírgula é mais apropriadamente chamada de **vírgula binária**. Os dígitos à esquerda da vírgula binária compõem a parte inteira, e os dígitos à direita dela compõem a parte fracionária.

Ao converter de binário para decimal no Capítulo 10, você viu como os dígitos correspondem a potências de 2. Os dígitos à direita da vírgula binária são semelhantes, mas correspondem a potências **negativas** de 2. O número binário 101,1101 pode ser convertido em decimal multiplicando os *bits* pelas potências de 2, positivas e negativas correspondentes, da esquerda para a direita:

$$1 \times 2^2 +$$
$$0 \times 2^1 +$$
$$1 \times 2^0 +$$
$$1 \times 2^{-1} +$$
$$1 \times 2^{-2} +$$
$$0 \times 2^{-3} +$$
$$1 \times 2^{-4}$$

Essas potências negativas de dois podem ser calculadas começando em 1 e dividindo repetidamente por 2:

$$1 \times 4 +$$
$$0 \times 2 +$$
$$1 \times 1 +$$
$$1 \times 0,5 +$$
$$1 \times 0,25 +$$
$$0 \times 0,125 +$$
$$1 \times 0,0625$$

Por esse cálculo, o equivalente decimal de 101,1101 é 5,8125.

Na forma normalizada da notação científica decimal, a mantissa tem apenas um dígito à esquerda da vírgula decimal. Da mesma forma, na notação científica binária, a mantissa normalizada também tem apenas um dígito à esquerda do ponto binário*. O número 101.1101 é expresso como

---

* N. de R.T.: A partir deste ponto, até o final deste capítulo, por consistência com a norma do IEEE que está sendo explicada, será usado o "ponto" como separador entre as partes inteira e fracionária na representação e em explicações relativas aos números binários.

$$1.011101 \times 2^2$$

Uma implicação dessa regra é que um número binário normalizado em ponto flutuante sempre tem um 1 e nada mais à esquerda da vírgula binária.

O padrão do IEEE para um número em ponto flutuante de precisão dupla requer oito *bytes*. Os 64 *bits* são alocados desta forma:

| s = 1 *bit* de Sinal | e = Expoente de 11 *bits* | f = Fração da mantissa de 52 *bits* |

Como a mantissa de um número em ponto flutuante binário normalizado sempre tem um 1 à esquerda do ponto binário, esse *bit* **não** está incluído no armazenamento de números em ponto flutuante no formato do IEEE. A parte **fracionária** de 52 *bits* da mantissa é a única parte armazenada. Assim, mesmo que apenas 52 *bits* sejam usados para armazenar a mantissa, diz-se que a precisão é de 53 *bits*. Em breve você terá uma ideia do que significa a **precisão** de 53 *bits*.

A parte do expoente de 11 *bits* pode variar de 0 a 2047. Ele usa o que se chama de "expoente em **excesso**", porque um número denominado excesso deve ser subtraído do expoente para que se tenha como resultado um expoente com sinal. Para números em ponto flutuante de precisão dupla, esse excesso é 1023.

O número representado por esses valores de *s* (o *bit* de sinal), *e* (o expoente) e *f* (a fração da mantissa) é

$$(-1)^s \times 1.f \times 2^{e-1023}$$

Esse 1 negativo elevado à potência *s* é a maneira irritantemente inteligente de um matemático dizer: "Se *s* é 0, o número é positivo (porque qualquer coisa elevada à potência 0 é igual a 1); se *s* é 1, o número é negativo (porque –1 elevado à potência 1 é –1)".

A próxima parte da expressão é 1.*f*, que significa um 1 seguido por um ponto binário, seguido pelos 52 *bits* da fração da mantissa. Isso é multiplicado por 2 elevado a uma potência. O expoente em excesso é o expoente de 11 *bits* armazenado na memória que deve ter o excesso subtraído (neste caso, 1023).

Estou passando por cima de alguns detalhes. Por exemplo, com o que descrevi, não há como representar zero. Esse é um caso especial, mas o padrão do IEEE também pode acomodar zero negativo (para representar números negativos muito pequenos), infinito positivo e negativo e um valor conhecido como NaN, que significa "Não é um número". Esses casos especiais são uma parte importante do padrão de ponto flutuante.

O número 101.1101 que usei para um exemplo anterior é armazenado com uma mantissa de 52 *bits* com este valor

0111 0100 0000 0000 0000 0000 0000 0000 0000 0000 0000 0000 0000

Coloquei espaços a cada quatro dígitos para torná-lo mais legível. O expoente em excesso é 1025, então o número é

$$1.011101 \times 2^{1025-1023} = 1.011101 \times 2^2$$

Excluindo o zero, o menor número em ponto flutuante de precisão dupla, positivo ou negativo (o que é definido pelo sinal) é

$1.0000000000000000000000000000000000000000000000000000 \times 2^{-1022}$

São 52 zeros após o ponto binário. O maior é

$1,1111111111111111111111111111111111111111111111111111 \times 2^{1023}$

O intervalo possível, expresso em decimal, é de aproximadamente $2,2250738585072014 \times 10^{-308}$ a $1,7976931348623158 \times 10^{308}$. Dez à potência 308 é um número muito grande. É 1 seguido por 308 zeros decimais.

Os 53 *bits* da mantissa (incluindo o *bit* 1 que não aparece na representação) têm resolução aproximadamente equivalente a 16 dígitos decimais, mas isso tem limites. Por exemplo, os dois números 140.737.488.355.328,00 e 140.737.488.355.328,01 são armazenados exatamente da mesma forma. Em seus programas de computador, esses dois números são idênticos.

Outro problema é que a grande maioria das frações decimais não é armazenada exatamente. Por exemplo, considere o número decimal 1,1. Ele é armazenado com uma mantissa de 52 *bits* de

0001 1001 1001 1001 1001 1001 1001 1001 1001 1001 1001 1001 1010

Essa é a parte fracionária à direita do ponto binário. O número binário completo para o decimal 1,1 é este:

1,0001 1001 1001 1001 1001 1001 1001 1001 1001 1001 1001 1001 1010

Se você quiser converter esse número para decimal, começará assim:

$$1 + 2^{-3} + 2^{-4} + 2^{-7} + 2^{-8} + 2^{-11} + \ldots$$

Isso é equivalente a

$1 + 0,0625 + 0,03125 + 0,00390625 + 0,001953125 + 0,000244140625 + \ldots$

Por fim, você descobrirá que ele não é igual a 1,1 decimal, mas é igual a

1,10000000000000008881...

Depois de começar a executar operações aritméticas com números que não são representados exatamente, você também obterá resultados que não são exatos. É por isso que JavaScript indica que multiplicar 55,2 e 27,8 resulta em 1534,5600000000002.

Estamos acostumados a pensar nos números como uma sequência contínua, sem lacunas. No entanto, por necessidade, os computadores armazenam valores discretos. O estudo de **matemática discreta** oferece algum suporte teórico para a matemática dos computadores digitais.

Outra camada de complexidade na aritmética de ponto flutuante envolve o cálculo de coisas divertidas, como raízes, expoentes, logaritmos e funções trigonométricas. Todos esses trabalhos podem ser feitos com as quatro operações básicas em ponto flutuante: soma, subtração, multiplicação e divisão.

Por exemplo, o seno trigonométrico pode ser calculado com uma expansão em série, como esta:

$$\text{sen}(x) = x - \frac{x^3}{3!} + \frac{x^5}{5!} - \frac{x^7}{7!} + \cdots$$

O argumento x deve estar em **radianos**, dos quais existem 2π em 360 graus. O ponto de exclamação é um sinal de **fatorial**. Ele significa multiplicar todos os inteiros desde 1 até o número indicado. Por exemplo, 5! é igual a 1 × 2 × 3 × 4 × 5. Isso é apenas uma multiplicação. O expoente em cada termo é também uma multiplicação. O resto é apenas divisão, adição e subtração. A única parte realmente assustadora são as reticências no final, o que significa continuar os cálculos "para sempre". Contudo, na realidade, se você se restringir ao intervalo de 0 a π/2 (do qual todos os outros valores senoidais podem ser derivados), não precisará ir a qualquer lugar perto do infinito. Depois de cerca de uma dúzia de termos, você terá a precisão necessária para usar a resolução de 53 *bits* dos números de precisão dupla.

É claro que os computadores devem facilitar as coisas para as pessoas, então a tarefa de escrever uma série de rotinas para fazer aritmética em ponto flutuante parece estar em desacordo com esse objetivo. No entanto, essa é a beleza do *software*. Uma vez que alguém escreve as rotinas de ponto flutuante para uma máquina em particular, outras pessoas podem usá-las. A aritmética de ponto flutuante é tão importante para aplicações científicas e de engenharia que tradicionalmente recebe uma prioridade muito alta. Nos primórdios dos computadores, escrever rotinas de ponto flutuante sempre foi um dos primeiros trabalhos de *software* após a construção de um novo tipo de computador. As linguagens de programação geralmente contêm bibliotecas inteiras de funções matemáticas. Você já viu aqui a função em Javascript Math.sqrt.

Também faz sentido projetar *hardware* especial que faça cálculos de ponto flutuante diretamente. O primeiro computador comercial que incluía *hardware* de ponto flutuante opcional foi o IBM 704, em 1954. O 704 armazenava todos os números como valores de 36 *bits*. Para números em ponto flutuante, isso se dividia em uma mantissa de 27 *bits*, um expoente de 8 *bits* e um *bit* de sinal. O *hardware* de ponto flutuante podia realizar soma, subtração, multiplicação e divisão. Outras funções de ponto flutuante tinham que ser implementadas em *software*.

A aritmética de ponto flutuante no *hardware* chegou aos *desktops* em 1980, quando a Intel lançou o *chip* coprocessador de dados numéricos 8087, um tipo de circuito integrado usualmente referido, até hoje, como **coprocessador aritmético** ou **unidade de ponto flutuante** (FPU, do inglês *floating-point unit*). O 8087 é chamado de **coprocessador** porque não poderia ser usado sozinho. Ele só podia ser usado em conjunto com o 8086 e o 8088, os primeiros microprocessadores de 16 *bits* da Intel. Na época, o 8087 foi considerado o circuito integrado mais sofisticado já produzido, mas com o tempo os coprocessadores matemáticos foram embutidos na própria CPU.

Os programadores de hoje usam números em ponto flutuante como se fossem simplesmente parte do computador, como de fato são.

28
O cérebro do mundo

Durante 1936 e 1937, o autor inglês Herbert George Wells deu uma série de palestras públicas sobre um tema bastante peculiar. A essa altura, H. G. Wells tinha cerca de setenta e poucos anos. Seus famosos romances de ficção científica – A *máquina do tempo*, A *ilha do Doutor Moreau*, O *homem invisível* e A *guerra dos mundos* – foram publicados na década de 1890 e o tornaram famoso. Contudo, Wells evoluiu para um intelectual voltado para a sociedade, que pensava profundamente sobre questões sociais e políticas, e compartilhou esses pensamentos com o público.

As palestras que Wells proferiu em 1936 e 1937 foram publicadas em forma de livro em 1938, sob o título O *cérebro do mundo*. Nessas palestras, Wells propôs um tipo de enciclopédia, mas não uma que seria criada para fins comerciais e vendida de porta em porta. Essa enciclopédia mundial encapsularia o conhecimento global de uma maneira que não havia sido feita antes.

Aqueles eram tempos precários na Europa: as memórias da Guerra Mundial apenas duas décadas antes ainda estavam frescas, e ainda assim a Europa parecia estar se movendo em direção a outro conflito englobando o continente. Como otimista e utopista, Wells acreditava que a ciência, a racionalidade e o conhecimento eram as melhores ferramentas para guiar o mundo para o futuro. A enciclopédia mundial que ele propôs conteria:

> "[...] os conceitos dominantes de nossa ordem social, os contornos e as principais particularidades em todos os campos do conhecimento, uma imagem exata e razoavelmente detalhada do nosso universo, uma história geral do mundo e [...] um sistema confiável e completo de referência às principais fontes de conhecimento."

Em suma, apresentaria "uma interpretação comum da realidade" e uma "unificação mental".

Tal enciclopédia precisaria ser continuamente atualizada com nosso conhecimento em expansão do mundo, mas no processo de seu desenvolvimento, ela se tornaria:

> [...] uma espécie de câmara de compensação mental para a mente, um depósito onde o conhecimento e as ideias são recebidos, classificados, resumidos, digeridos, esclarecidos e comparados. [...] Ela constituiria o início material de um verdadeiro cérebro do mundo.

Os primeiros computadores digitais embrionários estavam sendo construídos na década de 1930, e é improvável que Wells tivesse algum conhecimento sobre eles, então ele realmente não teve escolha a não ser conceber essa enciclopédia na forma de livros: "vinte ou trinta ou quarenta volumes". No entanto, ele estava familiarizado com a tecnologia emergente do microfilme:

> Parece possível que, em um futuro próximo, tenhamos bibliotecas microscópicas de registro, nas quais uma fotografia de todos os livros e documentos importantes do mundo será guardada e disponibilizada facilmente para a inspeção do aluno. [...] Está próximo o tempo em que qualquer estudante, em qualquer parte do mundo, poderá sentar-se com seu projetor em seu próprio estudo, de acordo com sua conveniência, para examinar qualquer livro, qualquer documento, em uma réplica exata.

Que visão de futuro!

Menos de uma década depois, em 1945, o engenheiro e inventor Vannevar Bush teve uma visão semelhante, mas um pouco mais avançada.

Bush já havia deixado sua marca na história da computação. A partir de 1927, Bush e seus alunos no departamento de engenharia elétrica do Massachusetts Institute of Technology (MIT – Instituto de Tecnologia de Massachusetts) construíram um analisador diferencial, um computador analógico inicial que resolvia equações diferenciais. No início da década de 1930, ele era decano de engenharia e vice-presidente do MIT.

O obituário de Bush em 1974 no *New York Times* o chamou de "o paradigma do engenheiro – um homem que fez as coisas", seja resolvendo problemas técnicos ou reduzindo a burocracia do governo. Durante a Segunda Guerra Mundial, Bush foi encarregado de coordenar mais de 30 mil cientistas e engenheiros no esforço de guerra, incluindo a supervisão do Projeto Manhattan, que criou a primeira bomba atômica. Por várias décadas, Bush foi um dos principais defensores do envolvimento de cientistas e engenheiros em políticas públicas.

No final da Segunda Guerra Mundial, Bush escreveu um artigo, agora famoso, para a edição de julho de 1945 do *Atlantic Monthly*. Intitulado "Como podemos pensar", em retrospectiva ele parece bastante profético. Uma versão resumida do artigo foi publicada em uma edição de setembro da revista *Life* e acompanhada por algumas ilustrações fantasiosas.

Assim como Wells, Bush se concentrou na informação e na dificuldade de mantê-la atualizada:

> Há uma montanha de pesquisa cada vez maior, mas há cada vez mais evidências de que estamos sendo sobrecarregados hoje, à medida que a especialização se estende. O investigador fica perplexo com as descobertas e conclusões de milhares de outros trabalhadores – conclusões que ele não consegue encontrar tempo para

entender, muito menos para lembrar, à medida que elas aparecem. [...] A dificuldade parece ser não tanto que publicamos indevidamente em vista da extensão e da variedade dos interesses atuais, mas sim que a publicação foi estendida muito além de nossa capacidade atual de fazer uso real do registro. A soma da experiência humana está sendo expandida a uma velocidade prodigiosa, e os meios que usamos para atravessar o labirinto consequente até o item momentaneamente importante são os mesmos que foram usados nos dias dos navios a vela.

Bush estava ciente da tecnologia em rápida evolução que poderia ajudar o cientista do futuro. Em seu artigo, ele concebe uma câmera amarrada à testa que pode ser acionada sempre que algo precisa ser gravado. Ele fala sobre microfilme, sobre "transmissão fac-símile" de documentos e sobre máquinas que podem gravar a fala humana diretamente e convertê-la em texto.

No entanto, no final do artigo, Bush identifica um problema que ainda resta: "[...] pois podemos estender enormemente o registro; no entanto, mesmo em sua estrutura atual, dificilmente podemos consultá-lo". A maioria das informações é organizada e indexada em ordem alfabética, mas isso é claramente inadequado:

A mente humana não funciona assim. Opera por associação. Com um item ao seu alcance, ela referencia instantaneamente o próximo, que é sugerido pela associação de pensamentos, de acordo com alguma intrincada teia de trilhas carregadas pelas células do cérebro.

Bush idealizava uma máquina como, um "arquivo privado mecanizado e biblioteca", uma mesa elaborada que armazena microfilme, e a torna facilmente acessível, dando-lhe um nome: Memex.

A maior parte do conteúdo do Memex é comprada em microfilme pronto para inserção. Livros de todos os tipos, fotos, periódicos atuais, jornais, são assim obtidos e colocados no lugar. A correspondência comercial segue o mesmo caminho, e há previsão para a entrada direta. No topo do Memex há uma placa transparente. Nela são colocadas notas escritas à mão, fotografias, memorandos, todos os tipos de coisas. Quando se está no lugar, o toque em uma chave faz com que ela seja fotografada no próximo espaço vazio em uma seção do Memex [...].

No entanto, o mais importante é que notas e comentários marginais podem ser adicionados a esses documentos e unidos pela "indexação associativa".

Esta é a propriedade essencial do Memex. O processo de interligar dois itens é o mais importante.... Além disso, quando vários itens tiverem sido unidos desse modo para formar uma trilha, eles podem ser revisados, rápida ou lentamente, movendo uma alavanca como quando se vira as páginas de um livro. É exatamente como se os itens físicos tivessem sido reunidos a partir de fontes amplamente separadas e unidos para formar um novo livro. Aparecerão formas totalmente novas de enciclopédias, prontas com uma malha de trilhas associativas que as atravessam, prontas para serem jogadas no Memex e lá amplificadas.

Bush até antecipou a conveniência preguiçosa de não ser forçado a se lembrar de algo, porque o usuário dessa máquina "pode readquirir o privilégio de esquecer as múltiplas coisas que ele não precisa ter imediatamente à mão, com alguma garantia de poder encontrá-las novamente se elas se mostrarem importantes".

Em 1965, duas décadas depois que Bush escreveu sobre o Memex, a perspectiva de realizar esse sonho em forma de computador estava se tornando possível. O visionário computacional Ted Nelson (nascido em 1937) assumiu o desafio de modernizar o Memex em um artigo intitulado "Processamento complexo de informações: uma estrutura de arquivo para o complexo, o mutável e o indeterminado", publicado na *ACM '65*, os anais de uma conferência da Association for Computing Machinery. O resumo começa com:

> Se quisermos usar o computador para arquivos pessoais e como um complemento à criatividade, os tipos de estruturas de arquivos necessários são totalmente diferentes em caráter daqueles habituais nos negócios e no processamento de dados científicos. Eles precisam fornecer a capacidade de arranjos intrincados e idiossincráticos, modificabilidade total, alternativas incertas e documentação interna completa.

Fazendo referência ao artigo de Bush sobre o Memex, Nelson afirma que "o *hardware* está pronto" para uma realização de computador. Sua estrutura de arquivos proposta é ambiciosa e atraente, e ele precisa inventar uma nova palavra para descrevê-la:

> Deixe-me apresentar a palavra "hipertexto", um corpo de material em forma de escrita ou imagem, interconectado de uma maneira tão complexa que não poderia ser convenientemente apresentado ou representado no papel. Ele pode conter resumos ou mapas do seu conteúdo e das suas inter-relações; pode conter anotações, adições e notas de rodapé de estudiosos que o examinaram. Deixe-me sugerir que tal objeto e sistema, adequadamente projetado e administrado, poderia ter um grande potencial para a educação, aumentando a gama de escolhas do aluno, seu senso de liberdade, sua motivação e sua compreensão intelectual. Tal sistema poderia crescer indefinidamente, incluindo gradualmente mais e mais do conhecimento escrito do mundo. No entanto, sua estrutura interna de arquivos teria de ser construída de modo a aceitar crescimento, mudança e arranjos informativos complexos.

Nesses escritos de H. G. Wells, Vannevar Bush e Ted Nelson, é evidente que pelo menos algumas pessoas estavam pensando sobre a internet muito antes de ela se tornar viável.

Comunicar-se entre computadores a longas distâncias é uma tarefa formidável. A própria internet originou-se de pesquisas do Departamento de Defesa dos Estados Unidos na década de 1960. A Advanced Research Projects Agency Network (Arpanet) tornou-se operacional em 1971 e estabeleceu muitos dos conceitos da internet. Talvez o mais crucial tenha sido a **comutação de pacotes**, que é a técnica de separar dados em **pacotes** menores que são acompanhados por informações conhecidas como **cabeçalho**.

Por exemplo, suponha que o computador A contenha um arquivo de texto de 30 mil *bytes* de tamanho. O computador B está conectado de alguma forma ao computador A. Ele emite uma solicitação para esse arquivo de texto do computador A por meio de sinais enviados pela conexão. O computador A responde primeiro dividindo esse arquivo de texto em 20 partes de 1.500 *bytes* cada. Cada um desses pacotes contém uma seção de cabeçalho que identifica a origem (computador A), o destino (computador B), o nome do arquivo e os números que identificam os pacotes (p. ex., parte 7 de 20). O computador B acusaria o recebimento de cada pacote e, em seguida, remontaria o arquivo. Se estivesse faltando um pacote específico (talvez perdido na transmissão), ele solicitaria outra cópia desse pacote.

O cabeçalho também pode conter uma forma de **verificação**, tal como o *checksum*, que é um número calculado de alguma forma padrão a partir de todos os *bytes* do arquivo. Sempre que o computador B recebe um pacote, ele executa esse cálculo e verifica o resultado em relação ao valor recebido. Se o resultado não for igual à soma informada, ele deve assumir que o pacote foi corrompido na transmissão. Então, ele solicita outra cópia do pacote.

A comutação de pacotes tem várias vantagens em relação ao envio do arquivo em sua totalidade. Primeiro, a conexão entre os dois computadores estaria disponível para compartilhamento com outros computadores trocando seus próprios pacotes. Nenhum computador poderia obstruir o sistema com uma solicitação de arquivo grande. Além disso, se forem detectados erros em um pacote, somente esse pacote precisará ser reenviado, não todo o arquivo.

Ao longo deste livro, você viu como a informação digital é transmitida através de fios. Uma corrente que flui através de um fio é um binário 1, e a ausência de uma corrente é um binário 0. No entanto, os fios nos circuitos mostrados neste livro são bastante curtos. Transmitir informações digitais por distâncias mais longas requer estratégias diferentes.

Os telefones fixos tornaram-se os primeiros meios de comunicação digital de longa distância, principalmente porque já existiam e estavam convenientemente disponíveis. Contudo, o sistema telefônico foi projetado para pessoas falarem com e ouvirem umas às outras. Tecnicamente, o sistema telefônico transmite formas de onda de áudio na faixa de 300 Hz a 3.400 Hz, o que é considerado suficiente para a fala humana.

Uma abordagem simples para converter 0s e 1s binários em uma forma de onda de áudio é por meio de um processo de **modulação**, que significa alterar um sinal de áudio analógico de alguma forma para que ele codifique informações digitais.

Por exemplo, um dos primeiros dispositivos de modulação foi o Bell 103, que era fabricado pela AT&T a partir de 1962 e teve uma influência longa que se estendeu até a década de 1990. Esse dispositivo podia operar no modo *full duplex*, o que significa que ele podia enviar e receber informações ao mesmo tempo. Em uma extremidade da linha telefônica havia uma estação de **origem**, e na outra extremidade estava a estação de **resposta**. Essas duas estações se comunicavam a uma taxa de 300 *bits* por segundo.

O Bell 103 usava uma técnica chamada de "chaveamento por deslocamento de frequência" (FSK, do inglês *frequency-shift keying*) para codificar 0s e 1s em um sinal de áudio. A estação de origem codificava um binário 0 como uma frequência de 1.070 Hz e um binário 1 como 1.270 Hz. Aqui está o código ASCII de 8 *bits* para a letra W codificado como essas duas frequências:

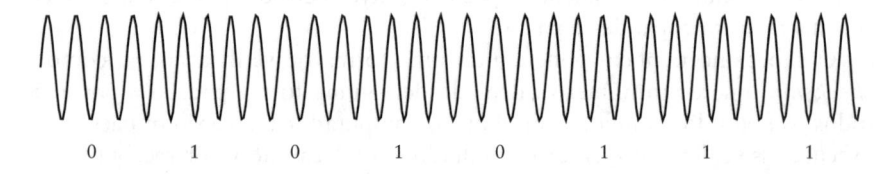

```
  0       1       0       1       0       1       1       1
```

Pode ser difícil de ver nesse diagrama, mas o espaço entre os ciclos para os *bits* 0 é um pouco maior do que para os *bits* 1, porque a frequência é menor. A estação de resposta funcionava de forma semelhante, mas usando frequências de 2.025 Hz e 2.225 Hz. Muitas vezes, um *bit* de paridade era incluído como uma forma simples de verificação de erros.

O dispositivo que modula esse tom para codificar dados binários também é capaz de **demodular** um tom de entrada e convertê-lo de volta em 0s e 1s. Esses dispositivos são, portanto, chamados de moduladores-demoduladores, ou *modems*.

O *modem* Bell 103 era capaz de transmitir dados a uma taxa de 300 *bits* por segundo. Ele também foi chamado de dispositivo de 300 *baud*, uma medida em homenagem a Émile Baudot, que você conheceu no Capítulo 13. A taxa de transmissão é a taxa de símbolos, que às vezes é igual a *bits* por segundo e às vezes não. Por exemplo, suponha que você tenha criado um esquema FSK que usasse quatro frequências diferentes para representar as sequências de *bits* 00, 01, 10 e 11. Se a forma de onda que representa esses tons mudasse mil vezes por segundo, ela seria classificada como 1.000 *baud*, mas transmitiria 2 mil *bits* por segundo.

Um *modem* de 300 *bauds* emite um ruído bem peculiar ao conectar dois computadores. O som é frequentemente usado em programas de TV e filmes para evocar a computação doméstica das décadas de 1980 e 1990.

Por fim, os *modems* que funcionavam em linhas telefônicas digitais alcançaram velocidades de 56 *kilobits* por segundo. Esses são os *modems* de 56K, que ainda são usados em alguns locais. Velocidades de conexão mais rápidas podem ser alcançadas com uma linha de assinante digital (DSL, do inglês *digital subscriber line*), um cabo coaxial e satélites. Estes carregam formas de onda em frequências de rádio, e técnicas de modulação muito sofisticadas permitem codificar mais informações digitais dentro das formas de onda para alcançar taxas muito maiores de transmissão digital.

Um meio de comunicação diferente é usado para grande parte do cabeamento de internet intercontinental, bem como para conexões entre áreas costeiras. No fundo do mar existe uma miríade de cabos de fibra óptica. Esses cabos são feitos de fibras finas de vidro ou plástico que transportam feixes de luz infravermelha. A luz normalmente não se dobra, é claro, mas ela reflete na superfície interna da fibra, de modo que as fibras podem se dobrar e ainda funcionar bem.

Várias centenas dessas fibras são geralmente agrupadas em um cabo, permitindo que cada uma delas faça uma transmissão separada. Algumas fibras podem transportar diversos sinais. A informação digital é codificada em cabos de fibra óptica pulsando a luz: a luz é efetivamente desligada e ligada muito rapidamente, onde desligado é um 0 e ligado é um 1. Isso é o que permite a comunicação de alta velocidade exigida pela internet moderna.

A topologia também é fundamental: a internet poderia ter sido criada construindo um computador enorme em algum lugar do mundo e conectando todos os outros computadores a essa máquina. De certa forma, isso tornaria a internet muito mais simples, mas esse esquema tem desvantagens claras: as pessoas que vivem a uma longa distância desse computador central sofreriam atrasos maiores e, se esse computador gigante falhasse, derrubaria a internet do mundo inteiro.

Em vez disso, a internet é descentralizada, com muita redundância e nenhum ponto único de falha. Existem computadores muito grandes, chamados de **servidores**, que armazenam muitos dados. Já computadores menores, que acessam esses dados, às vezes são chamados de **clientes**. No entanto, os computadores clientes que usamos não se conectam diretamente aos servidores. Em vez disso, você acessa a internet por meio de um provedor de serviços de internet (ISP, do inglês *internet service provider*). Você com certeza sabe quem é o seu ISP porque provavelmente recebe uma conta mensal dele. Se você acessa a internet por meio de um telefone celular, então sua operadora de telefonia também é o seu ISP.

Além de fios, cabos e ondas de rádio, tudo na internet é interconectado por meio de **roteadores**, assim chamados porque fornecem uma rota entre cliente e servidor. Você pode ter um roteador em sua casa como parte do *modem* por meio do qual você acessa a internet ou como parte de um *hub wi-fi* (ou ponto central da rede sem fio). Esses roteadores contêm conectores para cabos ethernet, que podem ser usados para conectar fisicamente computadores e, talvez, uma impressora.

Os roteadores que compõem as partes interligadas da internet são mais sofisticados do que esses roteadores domésticos. A maioria desses roteadores está conectada a outros roteadores, para os quais transmite pacotes, e esses roteadores são, por sua vez, conectados a outros roteadores, compondo uma malha bastante complexa. Os roteadores contêm suas próprias CPUs, porque armazenam tabelas de roteamento ou uma política de roteamento algorítmica, que descreve a melhor rota para um pacote chegar ao seu destino.

A outra peça de *hardware* onipresente é o "controlador de interface de rede" (NIC, do inglês *network interface controller*). Cada NIC tem um identificador exclusivo que é uma parte permanente do *hardware*. Esse identificador é o endereço de "controle de acesso à mídia" (MAC, do inglês *media access control*). Um endereço MAC consiste em um total de 12 dígitos hexadecimais, às vezes em seis grupos de dois dígitos cada.

Cada peça de *hardware* conectada à internet tem seu próprio endereço MAC. Computadores *desktop* e *notebooks* geralmente têm vários endereços para a conexão ethernet do computador, *wi-fi* e *bluetooth*, o qual pode se conectar a dispositivos próximos por meio de ondas de rádio. Você pode descobrir esses endereços MAC pelas informações de configuração no seu computador. O *modem* e o *hub wi-fi* também têm endereços MAC, que provavelmente estão impressos em etiquetas nesses dispositivos. Seu telefone celular provavelmente tem endereços MAC para *wi-fi* e *bluetooth*. O uso de 12 dígitos hexadecimais para o endereço MAC sugere que o mundo não ficará sem eles em breve. Existem mais de 30 mil endereços MAC para cada ser humano no planeta.

Embora a internet ofereça suporte para vários serviços distintos, como *e-mail* e compartilhamento de arquivos, a maioria das pessoas interage com ela por meio da World Wide Web, que foi em grande parte inventada pelo cientista inglês Tim Berners-Lee (nascido em 1955) em 1989. Ao criar a *web*, ele adotou a palavra "hipertexto", que havia sido cunhada por Ted Nelson quando Berners-Lee tinha 10 anos de idade.

O tipo básico de documento na *web* é chamado de **página** ou **página** *web* e consiste em texto usando a linguagem de marcação de hipertexto (HTML, do inglês Hypertext Markup Language). Você já viu um pouco de HTML no capítulo anterior. Os documentos HTML contêm *tags* ou marcações de texto, como <p> para indicar um parágrafo, <h1> para um título de nível superior e <img> para uma imagem de mapa de *bits*.

Uma das *tags* HTML mais importantes é <a>, que significa **âncora**. A *tag* de âncora inclui um *hiperlink*, que geralmente é uma cadeia de texto curta e formatada de modo diferente (geralmente com um sublinhado) que, quando clicada ou tocada, carrega uma página *web* diferente. É assim que várias páginas *web* são vinculadas. Às vezes, os *links* podem ser partes diferentes de um documento maior, como um sumário de um livro, e às vezes podem fornecer fontes de referência ou informações adicionais, para continuar invocando *links* que se aprofundam em um tópico.

Nas duas décadas de sua existência, a *web* cresceu enormemente. Nem H. G. Wells nem Vannevar Bush poderiam ter imaginado o potencial para a pesquisa *on-line*, para compras e para entretenimento, a alegria dos vídeos de gatos e o apelo perverso de se envolver em discussões políticas viciosas com estranhos. De fato, olhando para trás, a revolução dos computadores antes da internet agora parece incompleta. A internet tornou-se o auge e o ponto culminante da revolução dos computadores, e o sucesso dessa revolução deve ser julgado na forma como a internet tornou o mundo um lugar melhor. Esse é um assunto para mentes capazes de pensar muito mais profundamente do que a minha.

As páginas *web* são identificadas com um "localizador uniforme de recursos" (URL, do inglês *uniform resource locator*). Uma das páginas do *site* que construí para este livro tem o URL

https://www.CodeHiddenLanguage.com/Chapter27/index.html

Este endereço em URL consiste em um nome de domínio (www.CodeHiddenLanguage.com), um diretório (Chapter27) e um arquivo HTML (index.html). O URL começa com um **protocolo**. O prefixo "http" vem de Hypertext Transfer Protocol (Protocolo de Transferência de Hipertexto), enquanto "https" é a variante segura do HTTP. Esses protocolos descrevem como um programa, como um navegador *web*, obtém páginas de um *site*.

(Isso é um pouco confuso, mas há também algo chamado de *uniform resource identifier*, ou URI, que tem o mesmo formato de um URL, mas que pode ser usado como um identificador exclusivo, em vez de fazer referência a uma página *web*.)

Qualquer aplicativo em execução em um computador moderno pode fazer uma chamada para o sistema operacional para iniciar o que é denominado **solicitação HTTP**. O programa precisa fazer pouco mais do que especificar um URL como uma cadeia de texto, como "https://www.CodeHiddenLanguage.com". Algum tempo depois (mas não muito, esperemos), o aplicativo recebe uma **resposta HTTP**, dando ao aplicativo a página solicitada. Se a solicitação falhar, a resposta será um código de erro. Por exemplo, se o cliente solicitar um arquivo que não existe (p. ex., https://www.CodeHiddenLanguage.com/PaginaFalsa.html), a resposta será o conhecido código 404, que indica que a página *web* não foi localizada.

O que acontece entre essa solicitação e a resposta é uma comunicação bastante elaborada entre o cliente que faz a solicitação e o servidor que responde a ela.

O URL do *site* é apenas o pseudônimo amigável para humanos para o identificador real do *site*, que é um endereço IP (Internet Protocol) – por exemplo, 50.87.147.75. Esse é um endereço no IP Versão 4, que é um número de 32 *bits*. O endereço no IP versão 6 usa 128 *bits*. Para obter o endereço IP do *site*, o navegador *web* (ou outro aplicativo) acessa o sistema de nomes de domínio (DNS, do inglês *domain name system*), que é como um grande diretório que mapeia URLs para endereços IP.

O endereço IP de um *site* é fixo. O computador cliente também tem um endereço IP, que provavelmente é atribuído ao computador pelo ISP. Cada vez mais, os eletrodomésticos têm endereços IP que são acessíveis localmente por meio de seu computador. Os aparelhos são exemplos da Internet das Coisas (IOT, do inglês *Internet of Things*).

De qualquer forma, quando seu navegador *web* faz uma solicitação HTTP para uma página *web*, o cliente se comunica com o servidor por meio de um conjunto de protocolos conhecidos coletivamente como TCP/IP, sigla para *Transmission Control Protocol/Internet Protocol* (Protocolo de Controle de Transmissão e Protocolo de Internet). Esses são os protocolos que dividem um arquivo em pacotes e que precedem os dados com informações de cabeçalho. Os cabeçalhos incluem endereços IP de origem e destino, que permanecem os mesmos durante todo o percurso dos pacotes através dos vários roteadores que conectam o cliente e o servidor. O cabeçalho também contém endereços MAC de origem e destino. Esses mudam à medida que o pacote se move de um roteador para outro.

A maioria desses roteadores contém uma tabela de roteamento ou uma política de roteamento, que indica o roteador mais eficiente para continuar o trajeto da solicitação do cliente ao servidor e o trajeto da resposta do servidor ao cliente. Esse roteamento de pacotes por roteadores é certamente o aspecto mais complexo da internet.

Quando você acessa o *site* CodeHiddenLanguage.com pela primeira vez, provavelmente digita algo como

CodeHiddenLanguage.com

no seu navegador *web*. Você não precisa colocar o nome de domínio em maiúsculas seletivamente, como eu fiz. Os nomes de domínio não fazem diferença entre maiúsculas e minúsculas.

O próprio navegador iniciará esse nome de domínio com *https* ao fazer a solicitação HTTP. Observe que nenhum arquivo é especificado. Quando o servidor recebe uma solicitação para o *site* CodeHiddenLanguage.com, as informações associadas ao *site* incluem uma lista que indica qual arquivo deve ser retornado. Para esse *site*, o arquivo no topo dessa lista é default.html. Isso é o mesmo que se você tivesse digitado

CodeHiddenLanguage.com/default.html

no navegador *web*. Essa é a página inicial (*home page*) do *site*. Os navegadores *web* permitem que você apresente o arquivo HTML diretamente por meio de uma opção como "Exibir código-fonte da página".

Quando o navegador *web* obtém esse arquivo default.html, ele inicia o trabalho de **análise** (*parsing*) que descrevi no Capítulo 27. Isso envolve percorrer o texto do arquivo HTML caractere por caractere, identificar todas as *tags* e montar a página. No nível de CPU, a análise geralmente envolve muitas instruções CMP seguidas por desvios condicionais. Esse é um trabalho geralmente relegado a uma porção de *software* chamada de motor HTML, que provavelmente é escrito em C++. Ao exibir a página, o navegador *web* usa os recursos gráficos do sistema operacional.

Na análise de default.html, o navegador *web* descobrirá que esse arquivo faz referência a outro arquivo, denominado style.css. Esse é um arquivo de texto com informações de estilo (CSS, do inglês *cascading style sheet*) (que pode ser traduzido como "folhas de estilo em cascata") que descreve os detalhes de como a página é formatada. O navegador *web* faz outra solicitação HTTP para obter esse arquivo. Mais abaixo na página default.html, o navegador *web* encontra uma referência a um arquivo JPEG denominado Code2Cover.jpg. Essa é uma imagem da capa deste livro. Outra solicitação HTTP recupera esse arquivo.

Mais abaixo na página há uma lista de alguns dos capítulos do livro, com *links* para outras páginas do *site*. O navegador ainda não carrega essas outras páginas, mas as exibe como *hiperlinks*.

Quando você clica no *link* para o Capítulo 6, por exemplo, o navegador faz uma solicitação HTTP para https://www.codehiddenlanguage.com/Chapter06. Mais uma vez, nenhum arquivo é especificado, mas o servidor verifica sua lista. O arquivo default.html está na parte superior, mas esse arquivo não existe na pasta Chapter06. O próximo na lista é index.html, e esse é o arquivo retornado.

Em seguida, o navegador começa a analisar essa página. Ela também se refere ao arquivo style.css, mas o navegador *web* armazenou esse arquivo em *cache*, o que significa que ele salvou esse arquivo para uso futuro, portanto não precisa baixá-lo novamente.

Essa página index.html tem diversas *tags* <iframe>, que fazem referência a outros arquivos HTML. Esses arquivos também são baixados. Eles têm seções <script> que listam vários arquivos em JavaScript. Esses arquivos em JavaScript agora são baixados para que o código em JavaScript possa ser analisado e executado.

O código em JavaScript costumava ser **interpretado** pelo navegador *web* à medida que era analisado. Hoje, no entanto, os navegadores *web* contêm mecanismos (também referidos como "motores") JavaScript que **compilam** o JavaScript – não todos de uma só vez, mas apenas quando necessário. Essa é uma técnica chamada de compilação *just-in-time* (JIT), que pode ser entendida como "sob demanda".

Embora o *site* CodeHiddenLanguage.com forneça gráficos interativos para sua área de trabalho, as páginas HTML em si são estáticas. Também é possível que um servidor forneça conteúdo dinâmico da *web*. Quando um servidor recebe um endereço URL específico, ele pode fazer o que quiser com ele, e o servidor pode criar arquivos HTML em tempo real e entregá-los de volta ao cliente.

Às vezes, uma série de *strings* (cadeias) de consulta são anexadas a URL. Elas geralmente vêm após um ponto de interrogação e são separadas pelo símbolo &. O servidor também pode analisá-las e interpretá-las. Os servidores também oferecem suporte a um estilo de URL denominado REST (*representational state transfer*), que envolve a movimentação de arquivos de dados do servidor para o cliente. Esses recursos são referidos como "no lado do servidor" (*server-side*), porque envolvem programas em execução no servidor, enquanto JavaScript é uma linguagem de programação "no lado do cliente" (*client-side*). Os programas no lado do cliente em JavaScript podem interagir com programas no lado do servidor, que estão no servidor, como indicado.

A programação *web* oferece uma riqueza impressionante de opções, como provam as inúmeras variedades de *sites*. À medida que mais e mais processamento e armazenamento de dados são deslocados para os servidores, esses servidores se tornam coletivamente conhecidos como **nuvem** (*cloud*). À medida que mais e mais dados pessoais dos usuários são armazenados na nuvem, os computadores reais que as pessoas usam para criar ou acessar esses dados se tornam menos importantes. A nuvem torna a experiência de computação centrada no usuário, em vez de centrada no *hardware*.

Você se pergunta: o que H. G. Wells ou Vannevar Bush teriam pensado sobre a internet?

Tanto Wells quanto Bush acreditavam com otimismo que era essencial melhorar nosso acesso ao conhecimento e à sabedoria do mundo. É difícil argumentar com isso. No entanto, igualmente óbvio é que fornecer esse acesso não impulsiona automaticamente a civilização para uma idade de ouro. As pessoas agora tendem a ficar mais sobrecarregadas do que nunca com a quantidade de informações disponíveis, sem sentir que podem administrá-las.

No sentido de que a internet representa uma amostra de muitos tipos diferentes de pessoas, personalidades, crenças e interesses, ela é certamente uma espécie de cérebro mundial. Contudo, ela definitivamente não é a "interpretação comum da realidade", conforme Wells desejava. Quase tão prevalentes quanto o conhecimento autêntico são as manifestações enervantes da pseudociência e das teorias da conspiração.

Acho que Wells teria adorado a ideia do Google Books (books.google.com), que foi formado a partir da digitalização de livros e revistas de diferentes bibliotecas. Muitos desses livros – aqueles que não estão mais sob direitos autorais – são totalmente acessíveis. Infelizmente, os criadores do Google Books aparentemente esqueceram-se dos cartões de catálogo e, em vez disso, forçam o usuário a confiar somente nos recursos de busca ou pesquisa, que têm sérias falhas. Esse problema fundamental costuma tornar extremamente difícil encontrar algo específico no Google Books.

Quase em completo contraste com o Google Books está o JSTOR (www.jstor.org), abreviação de Journal Storage, uma coleção de revistas acadêmicas cujos artigos foram organizados e catalogados de maneira primorosamente meticulosa. O JSTOR começou como um *site* restrito, mas depois de um incidente vergonhoso envolvendo a acusação e o trágico suicídio de um programador determinado a tornar o conteúdo do JSTOR disponível gratuitamente, ele se tornou muito mais acessível ao público em geral.

Para aqueles que podem ler a notação tradicional da música ocidental, o International Music Score Library Project (imslp.org) é para as partituras musicais o que o Google Books é para os livros. O IMSLP é um enorme repositório de partituras digitalizadas que não estão mais protegidas por direitos autorais. Felizmente, elas estão catalogadas e indexadas de maneira altamente utilizável.

Se você pensar sobre as ideias de Vannevar Bush e Ted Nelson em relação à capacidade de criar nossa própria rede de documentos, algo parece estar faltando. *Sites* como Google Books, JSTOR e IMSLP são resistentes ao tipo de vinculação arbitrária que eles imaginaram. Os aplicativos modernos de processamento de textos e planilha aceitam armazenar *links* para fontes de informação, mas não de maneira muito flexível.

O *site web* que mais se aproxima do conceito de Wells de uma enciclopédia mundial é, obviamente, a Wikipédia (wikipedia.org). O conceito básico da Wikipédia – uma enciclopédia que pode ser editada por seus usuários – poderia facilmente ter resultado em algo que acabasse em caos e consequente inutilidade. No entanto, sob a direção diligente e consciencisosa de Jimmy Wales (nascido em 1966), a Wikipédia tornou-se o *site* mais essencial da internet.

Em *O cérebro do mundo*, H. G. Wells escreveu:

> Uma enciclopédia apelando a toda a humanidade não pode admitir dogmas estreitos sem, ao mesmo tempo, admitir críticas corretivas. Terá de ser protegida editorialmente e com o máximo ciúme contra a invasão incessante da propaganda estreita. Terá um sabor geral do que muitas pessoas chamarão de ceticismo. O mito, por mais venerado que seja, deve ser tratado como mito e não como

uma representação simbólica de alguma verdade superior ou de qualquer evasão. Visões, projetos e teorias devem ser distinguidos do fato fundamental. Ela necessariamente pressionará fortemente contra as ilusões nacionais de grandeza e contra todas as suposições sectárias. Será necessariamente *para* e não indiferente àquela comunidade mundial da qual deve tornar-se finalmente uma parte essencial. Se isso é o que você chama de viés, viés é o que a enciclopédia mundial certamente terá. Terá, e não pode deixar de ter, um viés de organização, comparação, construção e criação. É um projeto essencialmente criativo. Esse tem de ser o fator dominante para direcionar o crescimento de um novo mundo.

Essas são metas ambiciosas, e é impressionante o quão perto a Wikipédia chegou de atender a esses requisitos.

Acredito que a maioria de nós não permanece tão otimista quanto Wells em acreditar que a simples presença de um corpo de conhecimento pode ajudar a guiar o mundo para um futuro melhor. Às vezes nos dizem que, se o construirmos, ele virá, e por mais que queiramos acreditar nisso, não é uma garantia. A natureza humana raramente está de acordo com as expectativas.

No entanto, todos nós devemos fazer o que for possível.

Índice

NÚMEROS

0 (zero) e 1 (um)
  álgebra booleana, 45-46
  como "não" e "sim", 47-48, 116-117
  importância de, 93-94
  portas AND e, 73-74

A

A análise matemática da lógica (Boole), 89
acionamento de relés, 67-68
acumulador de *byte* triplo, 307-311, 316-318, 320
acumuladores, 338-350, 388-389
Aiken, Howard, 183-184, 440-441
álgebra, 42-45
  booleana, 42-56, 89, 327-328, 451
  convencional, 42-47
ALGOL, 441-442
algoritmo de números primos, 451
algoritmos, 93, 451
al-Khwarizmi, Muhammed ibn Musa, 93
Allen, Paul, 443-445
Altair 8800, 292, 317-318, 322-323
Alto, 429-432
ALU (*arithmetic logic unit*)
  acumulador em, 338-339
  bits de função, 332
  entradas, 336, 361-362
  flags, 337
  função de, 323-325, 359
  movimento de *byte* em, 338
  operações AND *bit* a *bit*, 331-332
Ampère, André-Marie, 27-28
amperes/amps, 27-29
amplificação de sinal, 67-68, 87, 189-190
Analisador Diferencial, 183-184
analógico, 183-184, 416
AND (interseção de classes), 47-49, 51-52, 54-55, 64-65
Android, 433-434
ânodos, 24
ANSI, conjunto de caracteres, 159-161, 453-454
API (*application programming interface*), 427-428, 432-433
Apple, 431-434
Apple DOS, 432-433
Apple II, 428-430
apps, 427-428
argumentos, 403-404
Aristóteles, 41, 46-47
armazenamento
  LIFO, 407-408 *ver também* memória
  memória, 270-271, 419-421
  sistema operacional, 425-426
arquivo de código fonte, 437-438
arquivos, 425-427, 437-438
arquivos de texto sem formatação, 156-158
arquivos executáveis, 437-438, 440-441
As leis do pensamento (Boole), 56
ASCII (*American Standard Code for Information Interchange*)
  caracteres, 152-158
  códigos de teclados e, 413-415
  convertendo números para, 422-424
  extensões, 159-162
  memória e, 158-159
  uso da ALU, 327-331
ASL (*American sign language*), 3-4
AT&T, 433-434, 464-465
Atanasoff, John V., 188-189
Atkins, Kathleen, v-x
átomos, 23
AWG (*American wire gauge*), 49-50

B

Babbage, Charles, 110, 183-187
Barbier, Charles, 13-14
Bardeen, John, 189-190
barramento de dados, 349-350, 359
barramento de endereço, 349-350, 352-353
barramentos, 349-350, 352-353, 359-360
BASIC, 441-444
BCD (*binary-coded decimal*), 244-246, 255-256, 335
BDOS (*Basic*), 427-428
Bell 103, 464-465
Bell Labs, 183, 189-190, 433-434

Berners-Lee, Tim, 466-467
BIOS (*basic input/output system*), 426-428
bit de sinal, 211-212
bits
   blocos de construção como, 117
   código QR, 131-137
   códigos de barras UPC, 125-131
   cunhagem do termo, 115
   memória e, 288-289
   mensagens ocultas em, 122-125
   múltiplos de, 138
   possibilidades transmitidas por, 120-123
   soma e "vai-um", 169-171
bits compondo palavras, 138-139
bits de soma, 169-177
bits de "vai-um", 169-172, 174-179, 197
blocos, 441-442
BOM (*byte order mark*), 163-164
Boole, George, 42, 44-45, 49-50, 56
Braille
   comunicação via, 3-4, 148-149
   descrição do código, 13-20
   grau 2, 17-20
   invenção de, 13-14
   oito pontos, 19-20
Braille grau 2, 17-20
Braille, Louis, 13, 16-18
Brattain, Walter, 189-190
buffers tri-state, 283-285, 296, 308-309, 313, 336, 349-350, 374
Burks, Arthur W., 188-189
busca de instrução, 364-365, 376-377
Bush, Vannevar, 183-184, 460-463, 470-471
Byron, Augusta Ada, 186-187, 384, 443-444

bytes
   caracteres ASCII e, 158-159
   montagem de memória, 272
   movimentação dentro da CPU, 338-343, 345-346
   sistema hexadecimal e, 138-140, 142

C

cabos de fibra óptica, 465-466
câmeras digitais, 416-418
campainhas, 214-216
caracteres
   Braille, 16-20
   codificação, 148
   codificação não latina, 159-162
   código Morse, 2-12
   EBCDIC, 157-158
   gráficos e de controle, 154-155
carga elétrica, 23-24
carregador de inicialização, 426-427
cascata, 181-182
Catálogo TTL para engenheiros de projeto, 195-197, 241
cátodos, 24
CDs (*compact discs*), 418-419
células de memória, 279-280
chave *Takeover*, 289-291, 295
chaves elétricas
   circuitos para acionar, 66-69
   códigos binários e, 29-30
   diagrama de ligado/desligado, 31-32
   linha paralela de, 52-56, 64-65
   relé, 63
   relógio digital, 252-253
   série de, 50-51, 64-65, 71-73
chips, 193-197, 317-318
   CMOS, 194-195
   de CI (circuito integrado), 192-197

   de PROM, 425-426
   de silício, 194-195
   TTL, 194-195, 241
ciclos, 364-367, 384
ciclos do oscilador, 216-218
circuito integrado/*chip*, 193-197
circuitos elétricos
   aterramento, 34-39
   buffers tri-state, 283-285
   contadores binários, 237-238
   CPU de sete registradores, 347-350
   descrição de, 21-24, 26-30
   exercícios de lógica via, 53-54
   hardware como, 316-317
   incremento/decremento, 354-355
   leis de De Morgan para, 89
   memória em, 220-221
   não circulares, 38-39
   números binários e, 29-30, 113
   oscilador, 214-217
   pilhas em, 26-27
   redes, 64-65
   relés de escrita, 66-87
   retorno em, 32-35
classes algébricas, 43-48
clientes, 465-466
COBOL, 441-442
CodeHiddenLanguage.com, vii-x, 131-132, 466-469
codificação, 435-458
codificadores/codificação, 17-18, 114, 148
código de avanço de linha, 156-158
código de barras, produto, 125-131
código de retorno do carro, 156-158
código Morse
   binário, 12
   códigos de barras escaneáveis e, 126-127
   códigos indefinidos, 11-12

comunicação via, 2-6,
148-149
letras e números em, 2,
5-7
pontuação em, 5-6
por fios, 31-33, 38-39
tabelas de decodificação,
7-12
traduzindo, 7-8
transmissão telegráfica de,
59-60
*Código: A vida secreta dos
computadores* (Petzold),
v-xii
códigos *ver também* códigos
de instrução; códigos de
operação
ASCII, 152-158
binários. *ver* códigos
binários
Braille, 13-20
codificação e, 435-458
código de barras UBC,
125-131
código Morse, 2-12
código QR (*quick
response*), 130-137
códigos Baudot, 148-152
comunicação via, 1-4
erros em, 17-18
linguagem como, 90
precedência/
deslocamento, 19-20
teclado, 413-415
usados por computadores,
3-5
códigos Baudot, 148-152
códigos binários
Braille, 15, 19-20,
148-149
circuitos elétricos e, 29-30
código Morse, 6, 12,
148-149
códigos de deslocamento
e escape em, 19-20
potências de dois em,
102-103
uso do telégrafo, 61-62
códigos de área, 121-122
códigos de deslocamento,
19-20, 148-152

códigos de escape, 19-20
códigos de instrução, 306-309,
311, 316-319, 323-324
ver também códigos de
operação
códigos de máquina, 321-324,
422-423
códigos de operação, 306-307,
323-324, 333-334, 339-348
ver também códigos de
instrução; sinais de controle
códigos de precedência, 19-20
comando RET, 401-409
comandos, 438-439, 441-442,
446-447
comentários, 396-397
compiladores, 439-441,
443-444
complemento de dez, 208-209
complemento de dois, 209-210,
212-213, 313
complemento de nove,
198-199
complemento de um, 201-202,
206-207, 313
compressão, 416-420
computador de números
complexos, 183
computadores
baseados em decimal, 110
chips, 193-197
componentes dos, 319
história dos, 183-190
linguagem dos, 4-5
máquinas de somar como,
168
microprocessadores em,
317-318
transistores em, 189-193
uso da eletricidade em, 21
computadores eletromecânicos,
183-184
comunicação
bits para, 122-125
desenvolvimento de, 1-4
digital de longa distância,
463-465
por fios, 31-33, 38-39
ruído e, 119
telégrafo, 57-61
comutação de pacotes, 463

condutores elétricos, 26-27,
32-35, 189-190
conhecimento compartilhado,
459-460, 470-472
conjuntos algébricos, 43-44
contador de programa,
352-356, 362, 364-365
contadores, 193, 237-239,
387-388
contadores de década, 247-248
contadores de propagação,
238-239
contagem
contadores de década,
247-248
decimal, 91
flip-flops para, 220-221,
298
número binário, 237-238
primeiros sistemas de, 92
conversão dólar/número,
302-307
cor do *pixel*, 143-144, 411-412
corrente, 27-29, 267
corrente de dreno, 267
CP/M (*control program for
microcomputers*), 426-429,
432-433, 436-437
CPU (*central processing unit*)
ciclos da máquina,
364-367
componentes, 323-324,
360-364
função da, x-xii, 320,
408-409
movimentação de *bytes*
na, 338-353
programa para, 321-324
sinais de controle,
359-383
velocidade da, 320
crivo de Eratóstenes, 451
curtos-circuitos, 28-29,
281-282

D

dados
bytes após códigos como,
342-343
comunicação de longa
distância, 463-465

flip-flop acionado por nível, 220-227
memória como código e, 319, 323-324
daguerreótipos, 57
DBCS (*Double-byte character sets*), 161-162
De Morgan, Augustus, 89, 186-187
decodificadores/decodificação
 2 para 4, 310-312
 3 para 5, 267-269
 3 para 8, 114, 274-275, 347-348
 4 para 16, 279-282, 285-286
 BCD, 255-259, 269
 erros, 17-18
 Unicode, 164-167
decrementos, 354-355, 359, 374, 396-397
depuração, 444-445, 452-453
desvio condicional, 387-388, 391-393
desvio incondicional, 387-388
dez, 91, 93-98
digitalização
 clock, 243-269
 conversão analógica/digital, 416
 dados como *bytes*, 138-139
 som, 417-419
diodos, 261-262, 264
discos, armazenamento, 419-421, 427-428
dispositivos de entrada/saída (E/S), 319-320, 410-421
divisores de frequência, 235-236, 300
Dodgson, Charles, 41
dois, 12
DRAM (RAM dinâmica), 288-289
Dummer, Geoffrey, 193

E

E/S mapeada em memória, 413-414
E/S por interrupção, 414-415
EBCDIC (*Extended BCD Interchange Code*), 157-159
Ebert, Robert, 120-122
Eccles, William Henry, 220
Edison, Thomas, 21, 418-419
EDVAC (*Electronic Discrete Variable Automatic Computer*), 188-189
eletricidade, 21-30, 113, 214-216
eletricidade estática, 23-24
eletromagnetismo, 57-60, 67-69, 214-215
eletrônica de estado sólido, 190-191, 420-421
elétrons, 23-27, 37-38
emojis, 163-164
empréstimo na subtração, 198-200
encapsulamento, 175-176
enciclopédia mundial, 459-460, 471-472
endereçamento indireto, 340-341, 346-347
endereço IP (Internet Protocol), 467-468
endereços MAC, 465-467
Engelbart, Douglas, 431-432
ENIAC (*Electronic Numerical Integrator and Computer*), 188-189
entrada de *clock*, 216-217, 224-225, 229-233, 299-301
entrada de dados, 222-233, 235-236, 239-240, 270-278, 291
entradas
 buffer, 87
 dispositivos, 66-67
 divisor de frequência, 235-236
 flip-flop R-S, 220-227
 inversor, 215-216
 máquina de somar, 170-171
 porta AND, 73-74, 88, 173-174
 porta NAND, 85
 porta NOR, 83
 porta OR, 77
 relé, 69-70

telégrafo, 62-63
tempo de propagação, 195-196
entradas *Clear*, 239-240, 246-247, 302
Eratóstenes, 451
erros, 17-18, 162-163, 391-392
erros de transmissão, 17-18
exabytes, 288-289
execução de instruções, 365-369, 377-382

F

fan outs, 87
feedback, 219
Festa, Scout, v
Feynman, Richard, 452-453
fios
 acionando relés com, 67-68
 chaves ao longo dos, 23
 comunicação por fios, 38-39
 conectividade via, 21-22, 26-27
 flip-flop, 217-221
 internet, 464-466
 máquina de somar, 170-172
 resistência e comprimento de, 38-40, 61-62
 resistência e espessura de, 27-28
 válvulas, 187-188
flags, 335, 337
Fleming, John Ambrose, 187-188
flip-flops
 armazenamento de memória via, 270-276
 montando, 217-242
 relógio feito de, 245-252
flip-flop acionado por borda, 229-241, 245-246, 293-294
flip-flop acionado por nível, 220-227, 230-231
flip-flops R-S (*Reset-Set*), 220-227
fonte de corrente, 267
força eletromotriz, 28-29
Forest, Lee de, 187-188

formato normalizado, 453-455
FORTRAN, 440-442
frações, 95-96, 213, 453-457
frequência do oscilador,
　217-218, 235-236, 238-239
Fuchs, Jim, v

G

Gates, Bill, 443-445
GIF (*Graphics Interchange
　Format*), 417-418
gigabytes, 287-288
GNU, 434
Goldstine, Herman H., 188-189
Google Books, 470-472
gráficos, 412-414, 417-418,
　432-434
GUI (*Graphical User
　Interface*), 431-433

H

hardware de computador,
　428-429
　　acessando, 428-429
　　definição, 316-317
　　portas lógicas e, 64
　　relés em, 63
　　software unido com, 360
　　telégrafos e, 7
Harvard Mark I/II, 110,
　183-184, 186-188, 440-441
Haüy, Valentin, 13-14
hertz, 217-218
Hertz, Heinrich Rudolph,
　217-218
Hilbert, David, 391-392
hipertexto, 461-462, 466-467
Hopper, Grace Murray,
　440-442
HTML (*Hypertext Markup
　Language*), 143-144,
　158-159, 392-393, 411-412,
　445-446, 466-467, 470-471
HTTP (*Hypertext Transfer
　Protocol*), 466-468, 469
Humbert, Haze, vii-x

I

IBM, 138-139, 157-158,
　188-189, 317-318, 419-420,
　429-430, 441-442

IBM PC, 428-429, 432-434
identificadores de página de
　código, 161-162
IMSLP (International Music
　Score Library Project),
　471-472
incrementos, 245-246,
　354-355, 359, 374, 376-377
indexação associativa,
　460-461
indicadores de tipo de dados,
　135
inicialização, 388-389,
　448-449
Instituição Real para Jovens
　Cegos, 13
instrução CALL, 401-409,
　436-438
instruções de desvio, 386-395,
　436-437
instruções de movimentação,
　345-346, 349-350, 353-354,
　371
instruções de reinicialização,
　414-415
instruções de rotação,
　400-402
instruções mover imediato,
　342-345, 374, 437-438
instruções PUSH/POP,
　407-408
inteiros, 213
Intel 8080
　códigos de operação,
　　339-356
　editor de textos,
　　436-437
　flags, 335
　instruções, 323-324,
　　333-334
　microprocessadores,
　　317-318, 322-323
　portas de E/S, 413-414
　registradores, 339
　sistema operacional,
　　426-427
Intel 8087, 458
internet, a, ix-xii, 463-472
interseção de classes, 44-45,
　47-48
inversão, 201-204

inversores
　circuitos, 215-216
　definição, 78
　flip-flop, 270-271
　função de, 86
　portas AND de três
　　entradas, 88
　portas OR mais, 83
　regras que regem, 79
ISO/IEC 8859, 137
isolantes, 27-28
iterações, 389-390

J

JavaScript, ix-xii, 444-454,
　470-471
Jobs, Steve, 431-432
Jordan, F. W., 220
JPEG, 417-418
JSTOR, 471-472

K

Kemeny, John, 441-442
Kilby, Jack, 193
Kildall, Gary, 426-427
kilobytes, 286-287
Knuth, Donald, 452-453
Kurtz, Thomas, 441-442

L

laços, 384, 386-390, 395,
　447-448, 451
laços aninhados, 384, 451
laços infinitos, 229-230
lâmpadas incandescentes,
　21-22, 29-30
lançamentos de moedas, 12
Langue des signes québécoise
　(LSQ), 3-4
lanternas, 1-6, 21-30
latches, 226-228, 272,
　308-309, 338, 341-342,
　351, 362
LEDs (*Light-emitting diodes*),
　29-30, 261-269
lei da contradição, 45-46
lei de Ohm, 27-29, 39-40
Leibniz, Gottfried Wilhelm
　von, 42
leis de De Morgan, 89
leis de Moore, 194-195

linguagem
    alto nível, 400-401,
        439-454
    código como, 3-4
    escrita, 3-4, 13-14, 19-20,
        138-139
    números como, 90
    programação, 435-441,
        443-445
linguagem aritmética, 440-441
linguagem de montagem,
    435-441
linguagem de programação C,
    443-445
linguagem Pascal, 443-444
linguagens de alto nível,
    400-401, 439-454
Linux, 434
logaritmo de base dois,
    122-123
logaritmos, 122-123, 185-186
lógica
    aristotélica, 41-42, 46-47
    circuitos elétricos como,
        53-54
    função da ALU, 327-328,
        334-335
    lei da contradição, 45-46
    prova matemática da, 42,
        46-47
Lógica formal (De Morgan), 89
Longfellow, Henry Wadsworth,
    117

M

Macintosh, 431-434
macOS, 432-433
mapas de *bits*, 416
Máquina Analítica, 185-187
máquina de previsão de marés,
    183-184
Máquina Diferencial, 185-186
máquinas de somar
    ALU como, 323-328
    automatizadas, 293-314
    baseadas em portas
        lógicas, 168-182
    computadores de relé
        como, 183-184
    de 8 *bits* acionadas por
        borda, 293-294

subtração com, 203-208,
    212-213
matemática *ver também*
    álgebra booleana
    aritmética de ponto
        flutuante, 453-458
    geometria analítica,
        412-413
    lógica e, 42
    portas lógicas e, 64
matriz de pontos, 260-262
matrizes de RAM (*random-
    -access memory*), 277-291,
    295-299, 351, 354-355, 410
matrizes de ROM, 378,
    380-382, 395
Mauchly, John, 188-189
megabytes, 287-288
meio somador, 175-177
Memex, 460-462
memória *ver também* matrizes
    de RAM
    acessando, 352-353
    armazenamento, 270-271,
        419-421
    ASCII e, 158-159
    barramentos, 360
    código e dados como,
        319, 323-324
    computador antigo,
        188-189
    construção, 242
    endereço, 276-281,
        285-291, 297-300,
        340-341
    flip-flops para, 220-227,
        270-278, 288-289
    formato Unicode,
        163-165
    humana, 270
    matriz de diodos, 264
    rótulos, 391-392
    som, 419-420
    tela de vídeo, 410-414
    unidades de, 287-289
memória de leitura/escrita,
    276-278
memória de rascunho, 400-401
memória volátil, 288-289, 410
método *big-endian*, 162-164,
    304-305, 318

método *little-endian*, 162-163,
    304-305, 318
microfones, 417-420
microprocessador 6800, 318,
    431-432, 438-439
microprocessador 8080. *ver*
    Intel 8080
microprocessadores, 317-318,
    322-323, 422-423, 431-432
    ver também Intel 8080
Microsoft, 159-160, 428-429,
    433-434, 443-444
mnemônicos, 341-342, 435,
    437-439
modems, 464-465
modulação, 463-465
módulos, código QR, 131-132
Moore, Claudette, v-x
Moore, Gordon E., 194-195
Morse, Samuel Finley Breese,
    7, 57-60
MOS 6502, 318
mostrador de cátodo frio,
    253-254
Motorola 6800, 318, 431-432,
    438-439
mouse, 414-416, 431-432
MP3, 419-420
MS-DOS, 428-429, 432-434
multiplexação, 260
multiplicação, 327-328,
    395-402
música digitalizada, 471-472

N

Nakashima, Akira, 67-68
nanossegundos, 196-197
NASA Jet Propulsion
    Laboratory, 124
navegadores *web*, 469
Nelson, Ted, 461-463, 466-467
nêutrons, 23
nibbles, 138-139, 159-160,
    402-404
NIC (*Network interface
    control*), 465-466
nomes de arquivos, 156-157,
    426-427
notação posicional, 93-97
Noyce, Robert, 193, 196-197
numeração binária

bits como dígitos em,
    115, 117
complemento de dois,
    209-210
contagem em, 237-238
eletricidade e, 113
equivalentes decimais,
    111-112, 453-454
equivalentes octais,
    112-113
hexadecimais e, 141, 142
máquinas de somar para,
    168-182
possibilidades
    transmitidas por,
    119-123
revolução digital via, 110
sistema descrito,
    105-108
somando/multiplicando,
    110-111, 397-398
subtração e, 201-204
numeração octal (base oito),
    99-104, 112-113, 138-140,
    274
números com sinal/sem sinal,
    212-213
números em ponto flutuante,
    453-458
números negativos, 198-199,
    200-202, 207-213, 454-455
números/numeração *ver*
    também o sistema específico
    por nome
    Braille, 18-19
    código Morse, 5-6
    contagem, 91
    conversão dólar/número,
        302-307
    linguagem de, 90
    numerais romanos, 92-93
    ponto flutuante, 453-458
números romanos, 92-93
números sem sinal, 212-213
nuvem, 470-471
Nyquist, Harry, 418-419

O

O'Brien, Larry, v
Ohm, Georg Simon, 27-28
ohms, 27-28, 39-40

operação AND *bit* a *bit*,
    331-332, 398-399
operação Comparar, 335
operação OR *bit* a *bit*,
    329-330
operações simples a complexas,
    400-401
operadores AND, 89, 330-331,
    398-399
operadores NOT, 47-48,
    54-56, 78, 83
operadores OR, 89, 328-331
operandos, 42, 89
OR (união de classes), 47-49,
    51-52, 54-55, 64-65
Organon (Aristóteles), 41
osciladores, 216-217, 233-236,
    238-239, 266, 300, 373
overflow, 204-206, 211-212,
    408-409

P

padrões, código QR, 132-135
padrões de máscara, 133-135
padrões IEEE, 453-456
painéis de controle
    fiação, 66-87
    instalações de *software*
        via, 422-423
    máquina de somar em
        binário, 170-171,
        177-178, 204-205
    RAM, 288-291, 295
palavras-chave, 446-447
Panchot, Joel, v
parada, 364-365, 374, 378
parâmetros, 403-404
paraquedas do módulo
    Perseverance, 122-125
PARC (Palo Alto Research
    Center), 429-430
paridade, 128-129
Paterson, Tim, 428-429
PCM (*Pulse code modulation*),
    418-419
Pearson Education, Inc., ii
periféricos, 319, 410-421
período do oscilador, 217-218,
    245-246
petabytes, 288-289
pilhas, 24-27, 32-33, 405-409

pixels
    comprimindo, 416-418
    cor dos, 143-144
    tela de vídeo, 410-413,
        429-432
PNG (*Portable Network*
    Graphics), 417-418
pontuação, 5-6, 18-19
porta OU exclusivo, 174-176
portas AND
    à base de transistores,
        191-192
    chip de silício, 196-197
    criação de *clock* com,
        258-259
    entrada/saída, 86,
        171-172
    flip-flop, 223-226,
        239-240, 250-251,
        270-271
    montagem de memória,
        270-271, 274-275,
        278-281
    símbolo para, 73-74
    subtração com, 212-213
    três entradas, 74, 88, 114
portas de E/S, 413-414
portas lógicas
    ALU, 336
    chip de silício, 195-196
    hardware e *software* e,
        316-317
    matemática + *hardware*
        como, 64
    portas AND, 73-74
    portas NAND, 83-85
    portas NOR, 80-83
    portas OR, 75-77
    portas XOR, 174-176
    progressão tecnológica
        de, 197
    regras que regem, 79
    relés conectados como,
        67-68, 70-74
    somando com, 168-182
    transistores para, 191-193
    velocidade e, 381-382
portas NAND, 83-89, 172-174,
    195-197, 247-250
portas NOR
    chip 7402, 196-197

entradas/saídas, 86
fiação, 80-83
flip-flop, 217-221,
    270-271
projeto de relógio com,
    251-252, 258-259
subtração com, 212-213
versatilidade de, 88
portas OR
baseadas em transistores,
    191-192
chip de silício, 196-197
entradas/saídas, 86, 115,
    173-175, 239-240
fiação, 75-77
projeto de relógio com,
    258-259
símbolo para, 172-173
portas XOR, 174-176,
    205-207, 252-254
possibilidades de transporte,
    119-123
potencial, 27-29, 38-39
processador de comandos,
    424-426
produtos Campbell, 126-130
programa ASM, 436-438
programação estruturada,
    441-442
programadores, 428-429,
    438-441
programas completos de
    Turing, 392-393
programas de computador,
    321-323, 392-393, 428-429,
    435-458
projeto de um relógio, 243-269
prótons, 23

Q
QDOS (*Quick and Dirty
    Operating System*), 428-429
Quick Response (QR), código,
    130-137

R
redes, 64-65
registradores, 338-361
regras associativas, 43-47
regras comutativas, 43-45
regras distributivas, 43-45

regras matemáticas, 42-44
reinicialização, 373, 376-377,
    422-423
relâmpago, 24
relés/repetidores
acionados eletricamente,
    67-68
computadores com,
    183-184, 186-188
double-throw, 77
em cascata, 70-74
fiação, 66-87, 214-215
máquina de somar,
    171-172, 177-178
série de, 70-74
telégrafo, 62-63
repetição, 384
resistores elétricos
comprimento do fio e,
    38-40, 61-62
isolantes, 26-28
medição em ohms, 28-30
terra como, 37-38
resolução, 410
retornos nos circuitos, 32-35
Revere, Paul, 117-119
Ritchie, Dennis, 433-434
ROM (*read-only memory*),
    264-265, 267, 425-426
roteadores, 465-468
rotinas, 401-405
rótulos, 391-392
ruído, 119

S
saída de dados, 275-291,
    296-297, 301-302
saídas
buffer, 87
dispositivos, 66-67
divisor de frequência,
    235-236
flip-flop R-S, 220-227
inversor, 215-216
máquina de somar,
    170-171
porta AND, 73-74
porta NAND, 85,
    173-174
porta NOR, 83
porta OR, 77, 173-174

relé, 69-70
telégrafo, 62-63
salvando dados, 226-227
Seemann, Mark, v
seletores, 289-291
semicondutores, 189-190
sentinelas, 391-392
servidores, 465-466, 470-471
setores, 420-421
Shannon, Claude Elwood,
    67-68, 89
Shockley, William, 189-191
silício, 189-191
silogismos, 41, 46-47
sinais amplificadores, 62-63,
    67-68, 87, 189-190
sinais de controle, 299,
    359-383
Sinais de escrita, 270-276
sinal de inversão, 205-206
sinal Habilita, 283-285,
    308-309
Sinnott, Dierdre, v
Siskel, Gene, 120-122
sistema de base 10, 91, 96-98
sistema decimal
BCD (*Binary-coded
    decimal*), 244-246
computadores baseados
    em, 110
contagem no, 91, 96-97
conversões binárias,
    108-112, 453-454
conversões octais,
    101-103
hexadecimais e, 141-142,
    144-147
multiplicação no,
    397-398
naturalidade do, 98
subtração e, 200-203,
    207-213
sistema hexadecimal (base 16)
códigos Baudot e,
    148-152
conversão ASCII/
    hexadecimal, 152-157
descrição de, 140-147
passando de 8 *bits* para,
    162-163
Unicode e, 162-163, 166

sistema numérico hindu-
 -arábico, 92-94
sistema operacional, 420-434
sistema quaternário, 104-105,
 107, 140
sistema telefônico, 67-68
sites, 466-468
software
 compatibilidade, 444-445
 definição, 316-317
 hardware unido com, 360
 sistema operacional,
  420-434
som, 417-420
somador acumulador
 automatizado, 299,
 301-302, 307-309
somador de 8 bits, 179-182,
 203-207, 212-213, 228-229,
 307-308
somadores acumuladores,
 228-230, 232-234, 294, 297
somadores completos, 176-180
Stibitz, George, 183-184
Stroustrup, Bjarne, 444-445
sub-rotinas, 401-405, 427-428
subtração, 198-213, 305-307,
 312-313, 323-328
SVG (Scalable Vector
 Graphics), v
Swan, Joseph, 21

T

tabelas de adição, 96-97, 103,
 110
tabelas de funções, 220-227,
 231-234
tabelas de multiplicação,
 96-97, 104, 110
tablets, 433-434
tags, 445-446, 466-467
TCP/IP, 467-468
tear de Jacquard, 185-187

teclados, 413-415, 429-430
tela de vídeo, 410-414, 416,
 429-432
tela do clock, 253-269
tela sensível ao toque, 416
telefones, 433-434
telégrafo
 bidirecional, 31-33
 comprimento de fio para,
  39-40
 hardware do computador
  e, 7
 invenção de, 57-62
 relés/repetidores, 62-63
teleimpressoras, 148-149, 151
tempo de propagação, 195-196
tensão, 27-29, 37-39
terabytes, 287-288
terminais de bateria, 25-27
terra, aterramento via, 34-39
terra elétrico, 34-39, 267
testes booleanos, 47-56
texto
 arquivos de texto sem
  formatação, 156-159
 codificação de caracteres,
  148
 editor, 436-437
 memória para, 412-414
 mudando minúsculas/
  maiúsculas, 327-332
 quebra automática de
  linhas, 156-158
Thompson, Ken, 433-434
Thomson, William, 183-184
Torvalds, Linus, 434
transistor NPN, 189-191
transistores, 189-193, 268-269,
 281-285
tratador de teclado, 424-426
tubos de Nixie, 253-255,
 258-259
Tukey, John Wilder, 115

tungstênio, 21-22
Turing, Alan, 391-393

U

UI (user interface), 427-430
underflow, 408-409
união de classes, 43-44, 47-48
Unicode, ix-xii, 162-167
UNIVAC (Universal Automatic
 Computer), 188-189
UNIX, 433-434
UPC (Universal Product Code),
 125-131
URL (Uniform resource
 locator), 466-468

V

Vail, Alfred, 7
valores true/false, 451-453
válvulas, 187-188, 191-192
velocidade de computação,
 196-197, 381-383, 429-430
VisiCalc, 429-430
Volta, Conde Alessandro,
 27-28
Von Neumann, John, 188-189

W

Watt, James, 29-30
Wells, H. G., 459, 463,
 470-472
Wilson, Flip, 432-433
Windows, 159-161, 433-434
Wirth, Niklaus, 443-444
Wozniak, Steve, 318
WYSIWYG (what you see is
 what you get), 432-433

X

Xerox, 431-432

Z

Zuse, Conrad, 183